LIQUIDATION DES RÉGIMES MATRIMONIAUX

ISBN 978-2-247-08923-9

31-35, rue Froidevaux
75685 PARIS CEDEX 14
SERVICE CLIENTÈLE
tél. 0 820 800 017
fax 33(0)1 41 48 47 92

www.editions-DALLOZ.fr

DALLOZ RÉFÉRENCE

LIQUIDATION DES RÉGIMES MATRIMONIAUX

PREMIÈRE ÉDITION
2011/2012

STÉPHANE DAVID
Expert judiciaire
près la cour d'appel de Paris,
Maître de conférence,
(Université Paris Est)
et Directeur de sessions de formation à l'ENM

ALEXIS JAULT
Docteur en droit

DALLOZ

Sommaire

			Numéros des paragraphes		Numéros des pages
		Table des matières			page VII
		Introduction			page 1
Livre	0.	Préliminaire à la liquidation du régime matrimonial	0.00	à	02.13
Titre	**01**	**La date de dissolution du régime matrimonial**	**01.00**	**à**	**012.23**
Chapitre	011	Date de dissolution de principe	011.00	à	011.12
Chapitre	012	Report de la date de dissolution	012.00	à	012.23
Titre	**02**	**La date de jouissance divise**	**02.00**	**à**	**02.13**
Livre	1	La liquidation du régime matrimonial de la communauté légale	1.00	à	122.25
Titre	**11**	**L'élaboration du canevas liquidatif**	**11.00**	**à**	**114.27**
Chapitre	111	Identification des patrimoines	111.00	à	111.41
Chapitre	112	Mouvements de valeurs entre communauté et patrimoine propre : les récompenses	112.00	à	112.112
Chapitre	113	Mouvements de valeurs entre l'indivision et le patrimoine personnel : les comptes d'indivision	113.00	à	113.61
Chapitre	114	Mouvements de valeurs entre deux patrimoines propres : les créances entre époux	114.00	à	114.27
Titre	**12**	**L'exposé du canevas liquidatif**	**12.00**	**à**	**122.25**
Chapitre	121	Exposé théorique du canevas liquidatif	121.00	à	121.34
Chapitre	122	Exposé pratique du canevas liquidatif	122.00	à	122.25
Livre	2	La liquidation d'un régime de communauté conventionnelle	2.00	à	222.18
Titre	**21**	**La communauté de meubles et acquêts**	**21.00**	**à**	**212.23**
Chapitre	211	Élaboration du canevas liquidatif	211.00	à	211.19
Chapitre	212	Exposé du canevas liquidatif	212.00	à	212.23
Titre	**22**	**La communauté universelle**	**22.00**	**à**	**222.18**
Chapitre	221	Élaboration du canevas liquidatif	221.00	à	221.14
Chapitre	222	Exposé du canevas liquidatif	222.00	à	222.18

LIVRE 3 LA LIQUIDATION DU RÉGIME MATRIMONIAL DE LA SÉPARATION DE BIENS .... 3.00 à 322.23

Titre 31 L'élaboration du canevas liquidatif .... 31.00 à 314.20
Chapitre 311 Identification des patrimoines .... 311.00 à 311.29
Chapitre 312 Identification des mouvements de valeurs : leur recensement .... 312.00 à 312.38
Chapitre 313 Identification des mouvements de valeurs : leur neutralisation .... 313.00 à 313.29
Chapitre 314 Identification des mouvements de valeurs : le règlement des créances .... 314.00 à 314.20

Titre 32 L'exposé du canevas liquidatif .... 32.00 à 322.23
Chapitre 321 Exposé théorique du canevas liquidatif .... 321.00 à 321.24
Chapitre 322 Exposé pratique du canevas liquidatif .... 322.00 à 322.23

LIVRE 4 LA LIQUIDATION DU RÉGIME MATRIMONIAL DE LA PARTICIPATION AUX ACQUÊTS .... 4.00 à 422.22

Titre 41 L'élaboration du canevas liquidatif .... 41.00 à 414.16
Chapitre 411 Liquidation de l'indivision .... 411.00 à 411.06
Chapitre 412 Liquidation de la créance de participation .... 412.00 à 412.57
Chapitre 413 Liquidation des comptes annexes .... 413.00 à 413.14
Chapitre 414 Règlement de la créance de participation .... 414.00 à 414.16

Titre 42 L'exposé du canevas liquidatif .... 42.00 à 422.22
Chapitre 421 Exposé théorique du canevas liquidatif .... 421.00 à 421.27
Chapitre 422 Exposé pratique du canevas liquidatif .... 422.00 à 422.22

PRINCIPALES ABRÉVIATIONS UTILISÉES .... page 263

INDEX THÉMATIQUE ALPHABÉTIQUE .... page 267

Table des matières

		SOMMAIRE	V
		INTRODUCTION	1
LIVRE	0.	PRÉLIMINAIRE À LA LIQUIDATION DU RÉGIME MATRIMONIAL	5
TITRE	01.	LA DATE DE DISSOLUTION DU RÉGIME MATRIMONIAL	7
CHAPITRE	011.	DATE DE DISSOLUTION DE PRINCIPE	9
CHAPITRE	012.	REPORT DE LA DATE DE DISSOLUTION	11
section	1.	**Report conventionnel**	12
section	2.	**Report judiciaire**	13
	§ 1.	*Conditions du report*	13
	§ 2.	*Demande de report*	14
TITRE	02.	LA DATE DE JOUISSANCE DIVISE	17
LIVRE	1.	LA LIQUIDATION DU RÉGIME MATRIMONIAL DE LA COMMUNAUTÉ LÉGALE	19
TITRE	11.	L'ÉLABORATION DU CANEVAS LIQUIDATIF	21
CHAPITRE	111.	IDENTIFICATION DES PATRIMOINES	23
section	1.	**Patrimoines propres**	25
	§ 1.	*Recensement des biens propres*	25
	§ 2.	*Preuve des biens propres*	28
section	2.	**Patrimoine indivis**	28
section	3.	**Patrimoine commun**	29
	§ 1.	*Recensement de l'actif commun*	29
	A.	Détermination de l'actif de communauté	29
	B.	Évaluation de l'actif de communauté	32
	§ 2.	*Recensement du passif de communauté*	34
	A.	Détermination du passif de communauté	34
	B.	Évaluation du passif de communauté	37
CHAPITRE	112.	MOUVEMENTS DE VALEURS ENTRE COMMUNAUTÉ ET PATRIMOINE PROPRE : LES RÉCOMPENSES	39
section	1.	**Avant-propos**	42
section	2.	**Localisation des récompenses**	44
	§ 1.	*Récompenses dues par la communauté*	45
	§ 2.	*Récompenses dues à la communauté*	47
	A.	Cas dans lesquels une récompense est due	47
	B.	Cas dans lesquels une récompense est exclue	50
	1°	*Charges de la jouissance et dépenses d'entretien des biens propres*	50
	2°	*Financement de certains biens propres par nature*	53
	3°	*Plus-values industrielles des biens propres*	53
	C.	Preuve du droit à récompense	56

section 3. **Calcul des récompenses** ... 56
§ 1. *Choix proposé* ... 57
A. Dépense faite ... 57
B. Profit subsistant ... 57
1° *Évaluation du profit subsistant en cas de dépense relative à des travaux* ... 58
2° *Évaluation du profit subsistant en présence d'une dépense d'acquisition* ... 62
§ 2. *Choix opéré* ... 74
A. Principe ... 74
B. Exceptions ... 75
1° *Dépense nécessaire* ... 76
2° *Dépense d'acquisition ou d'amélioration* ... 78
3° *Dépense de conservation* ... 84
section 4. **Règlement des récompenses** ... 85
§ 1. *Solde en faveur de la communauté* ... 86
§ 2. *Solde en faveur d'un époux* ... 87

CHAPITRE 113. MOUVEMENTS DE VALEURS ENTRE L'INDIVISION ET LE PATRIMOINE PERSONNEL : LES COMPTES D'INDIVISION ... 91
section 1. **Établissement du compte d'indivision** ... 94
§ 1. *Créances d'un époux à l'encontre de l'indivision* ... 94
A. Créances nées des impenses réalisées sur un bien indivis ... 94
1° *Impenses d'amélioration relatives à un bien indivis* ... 95
2° *Impenses nécessaires à la conservation d'un bien indivis* ... 97
B. Créances nées de la gestion d'un bien indivis ... 102
1° *Principe du droit à rémunération* ... 102
2° *Régime de l'indemnité d'indivisaire gérant* ... 105
§ 2. *Dettes des époux à l'égard de l'indivision* ... 106
A. Dettes nées de la jouissance d'un bien indivis ... 106
1° *Principe d'une indemnité pour jouissance privative* ... 106
2° *Évaluation de l'indemnité pour jouissance privative* ... 107
a) *Quantum* de l'indemnité ... 108
b) Durée de l'indemnité ... 109
B. Dettes nées de la perception des fruits et revenus des biens indivis ... 112
C. Dettes nées de la détérioration du bien indivis ... 113
section 2. **Règlement des créances d'indivision** ... 114
§ 1. *Entrée en compte* ... 115
§ 2. *Conséquences de l'entrée en compte* ... 116
§ 3. *Règlement du solde du compte* ... 117

CHAPITRE 114. MOUVEMENTS DE VALEURS ENTRE DEUX PATRIMOINES PROPRES : LES CRÉANCES ENTRE ÉPOUX ... 119
section 1. **Localisation des créances entre époux** ... 120
section 2. **Valorisation des créances entre époux** ... 122
section 3. **Règlement des créances entre époux** ... 126

TITRE 12. **L'EXPOSÉ DU CANEVAS LIQUIDATIF** ... 129

CHAPITRE 121. EXPOSÉ THÉORIQUE DU CANEVAS LIQUIDATIF ... 131
section 1. **Règlement de l'indivision pré-communautaire** ... 131
section 2. **Règlement de la communauté** ... 132
§ 1. *Reprises* ... 132
§ 2. *Récompenses* ... 133
§ 3. *Actif de communauté* ... 133
§ 4. *Passif de communauté* ... 133
§ 5. *Balance et droits des parties* ... 133
§ 6. *Partage et/ou convention d'indivision* ... 133
section 3. **Liquidation des comptes d'indivision post-communautaire** ... 134
section 4. **Liquidation des créances entre époux** ... 134
section 5. **Établissement du compte final** ... 134

CHAPITRE 122. EXPOSÉ PRATIQUE DU CANEVAS LIQUIDATIF ... 135
section 1. **Énoncé du cas pratique** ... 135
section 2. **Corrigé du cas pratique** ... 136
§ 1. *Observations préalables à la liquidation* ... 136
§ 2. *Identification des patrimoines et des mouvements de valeurs* ... 136
§ 3. *État liquidatif* ... 138

LIVRE 2. LA LIQUIDATION D'UN RÉGIME DE COMMUNAUTÉ CONVENTIONNELLE 141

TITRE 21. LA COMMUNAUTÉ DE MEUBLES ET ACQUÊTS 143

CHAPITRE 211. ÉLABORATION DU CANEVAS LIQUIDATIF 145
section 1. Actif de la communauté de meubles et acquêts 146
section 2. Passif de la communauté de meubles et acquêts 146

CHAPITRE 212. EXPOSÉ DU CANEVAS LIQUIDATIF 151
section 1. Exposé théorique du canevas liquidatif 151
section 2. Exposé pratique du canevas liquidatif 151
§ 1. Énoncé du cas pratique 151
§ 2. Corrigé du cas pratique 152
A. Observations préalables à la liquidation 152
B. Identification des patrimoines et des mouvements de valeurs 153
C. État liquidatif 155

TITRE 22. LA COMMUNAUTÉ UNIVERSELLE 157

CHAPITRE 221. ÉLABORATION DU CANEVAS LIQUIDATIF 159
section 1. Actif de la communauté universelle 159
section 2. Passif de la communauté universelle 160

CHAPITRE 222. EXPOSÉ DU CANEVAS LIQUIDATIF 161
section 1. Exposé théorique du canevas liquidatif 161
section 2. Exposé pratique du canevas liquidatif 161
§ 1. Énoncé du cas pratique 161
§ 2. Corrigé du cas pratique 162
A. Observations préalables à la liquidation 162
B. Identification des patrimoines et des mouvements de valeurs 163
C. État liquidatif 164

LIVRE 3. LA LIQUIDATION DU RÉGIME MATRIMONIAL DE LA SÉPARATION DE BIENS 167

TITRE 31. L'ÉLABORATION DU CANEVAS LIQUIDATIF 169

CHAPITRE 311. IDENTIFICATION DES PATRIMOINES 171
section 1. Patrimoines personnels 171
section 2. Patrimoine indivis 173
§ 1. Actif 173
A. Indivision volontaire 173
B. Indivision présumée 174
§ 2. Passif 175
§ 3. Patrimoine de la société d'acquêts 176

CHAPITRE 312. IDENTIFICATION DES MOUVEMENTS DE VALEURS : LEUR RECENSEMENT 179
section 1. Créances entre époux 179
§ 1. Créances fondées sur le remboursement d'un prêt 179
§ 2. Créances fondées sur l'idée de révocation d'une donation 181
§ 3. Créances fondées sur l'idée de responsabilité civile 185
§ 4. Créances fondées sur l'enrichissement sans cause 186
section 2. Créances d'indivision 187
section 3. Récompenses 190

CHAPITRE 313. IDENTIFICATION DES MOUVEMENTS DE VALEURS : LEUR NEUTRALISATION 191
section 1. Neutralisation fondée sur l'existence d'une obligation contributive 192
§ 1. Principe de la neutralisation 192
§ 2. Limites à la neutralisation 194
section 2. Neutralisation fondée sur l'existence d'une donation 198
§ 1. Mouvements de valeurs antérieurs au 1er janvier 2005 199
§ 2. Mouvements de valeurs postérieurs au 1er janvier 2005 201

CHAPITRE 314. IDENTIFICATION DES MOUVEMENTS DE VALEURS : LE RÈGLEMENT DES CRÉANCES 203
section 1. Créances entre époux 203

section 2. **Créances d'indivision** ... 203
§ 1. *Solde en faveur de l'indivision* ... 204
§ 2. *Solde en faveur de l'indivisaire* ... 205
section 3. **Récompenses** ... 206

TITRE 32. L'EXPOSÉ DU CANEVAS LIQUIDATIF ... 207

CHAPITRE 321. EXPOSÉ THÉORIQUE DU CANEVAS LIQUIDATIF ... 209
section 1. **Règlement de l'indivision** ... 209
§ 1. *Comptes d'indivision* ... 209
§ 2. *Actif indivis* ... 210
§ 3. *Passif indivis* ... 210
§ 4. *Balance et droits des parties* ... 210
§ 5. *Partage* ... 210
section 2. **Règlement de la société d'acquêts** ... 210
section 3. **Liquidation des créances entre époux** ... 211
section 4. **Établissement du compte final** ... 211

CHAPITRE 322. EXPOSÉ PRATIQUE DU CANEVAS LIQUIDATIF ... 213
section 1. **Énoncé du cas pratique** ... 213
section 2. **Corrigé du cas pratique** ... 214
§ 1. *Observations préalables à la liquidation* ... 214
§ 2. *Identification des patrimoines et des mouvements de valeurs* ... 214
§ 3. *État liquidatif* ... 217

LIVRE 4. **LA LIQUIDATION DU RÉGIME MATRIMONIAL DE LA PARTICIPATION AUX ACQUÊTS** ... 219

TITRE 41. L'ÉLABORATION DU CANEVAS LIQUIDATIF ... 221

CHAPITRE 411. LIQUIDATION DE L'INDIVISION ... 223
section unique ... 223

CHAPITRE 412. LIQUIDATION DE LA CRÉANCE DE PARTICIPATION ... 225
section 1. **Détermination du patrimoine originaire** ... 228
§ 1. *Actif originaire* ... 228
A. Contenu de l'actif originaire ... 228
B. Preuve de la consistance de l'actif originaire ... 228
C. Évaluation de l'actif originaire ... 229
1° *Biens se retrouvant en nature dans le patrimoine de l'époux au jour de la liquidation* ... 229
2° *Biens ne se retrouvant pas en nature dans le patrimoine de l'époux au jour de la liquidation* ... 232
§ 2. *Passif originaire* ... 235
A. Contenu du passif originaire ... 235
B. Preuve du passif originaire ... 235
C. Évaluation du passif originaire ... 235
1° *Principe* ... 235
2° *Cas particuliers* ... 237
§ 3. *Établissement du compte originaire* ... 237
section 2. **Détermination du patrimoine final** ... 238
§ 1. *Actif final* ... 238
A. Contenu de l'actif final ... 238
1° *Biens existants* ... 238
2° *Éléments réunis fictivement* ... 239
B. Preuve de la consistance de l'actif final ... 240
C. Évaluation de l'actif final ... 240
1° *Évaluation des biens existants* ... 240
2° *Évaluation des biens réunis fictivement* ... 243
§ 2. *Passif final* ... 243
1° *Contenu du passif final* ... 243
2° *Preuve de la consistance du passif final* ... 243
C. Évaluation du passif final ... 243
§ 3. *Établissement du compte final* ... 244
section 3. **Détermination des acquêts nets réalisés par chacun des époux** ... 244

CHAPITRE 413. LIQUIDATION DES COMPTES ANNEXES 245
section unique 245

CHAPITRE 414. RÈGLEMENT DE LA CRÉANCE DE PARTICIPATION 247
section 1. **Principe du règlement en argent** 247
section 2. **Hypothèses de règlement en nature** 248

TITRE 42. **L'EXPOSÉ DU CANEVAS LIQUIDATIF** 251

CHAPITRE 421. EXPOSÉ THÉORIQUE DU CANEVAS LIQUIDATIF 253
section 1. **Règlement de l'indivision** 253
§ 1. *Comptes d'indivision* 253
§ 2. *Actif indivis* 253
§ 3. *Passif indivis* 254
§ 4. *Balance et droits des parties* 254
section 2. **Liquidation de la créance de participation** 254
section 3. **Liquidation des créances entre époux** 254
section 4. **Établissement du compte final** 255

CHAPITRE 422. EXPOSÉ PRATIQUE DU CANEVAS LIQUIDATIF 257
section 1. **Énoncé du cas pratique** 257
section 2. **Corrigé du cas pratique** 258
§ 1. *Observations préalables à la liquidation* 258
§ 2. *Identification des patrimoines et des mouvements de valeurs* 259
§ 3. *État liquidatif* 261

PRINCIPALES ABRÉVIATIONS UTILISÉES 263
INDEX ALPHABÉTIQUE THÉMATIQUE 267

Introduction

Notion de liquidation. L'objet de cet ouvrage portant sur la liquidation du régime matrimonial, il importe de délimiter les contours de l'étude. La liquidation du régime matrimonial peut être définie comme étant l'ensemble des opérations qui consistent à identifier, qualifier et valoriser, d'une part, les biens appartenant aux époux, et, d'autre part, les différents mouvements de valeurs ayant pu intervenir entre eux, sous la forme de récompenses, de créances entre époux ou de comptes d'indivision selon le régime matrimonial auquel ils sont soumis. À cette double opération, il convient d'ajouter le calcul de la créance de participation sous le régime spécifique de la participation aux acquêts. Il s'agit, par ce biais, de dresser le bilan économique entre des personnes qui ont été mariées [1], étant ici précisé que les opérations de liquidation peuvent être amiables ou judiciaires [2].

Domaine de la liquidation. La liquidation du régime matrimonial ne doit pas être confondue avec le règlement de ce dernier. Régler le régime matrimonial consiste en effet non seulement à le liquider mais également à statuer sur le sort concret des biens, ce règlement pouvant prendre deux formes selon que les parties décident de répartir leurs biens par le biais d'un partage ou qu'elles décident, au rebours, de se maintenir dans l'indivision. Cette distinction entre « liquidation » et « règlement » du régime matrimonial, qui n'est pas toujours bien faite [3], n'est d'ailleurs pas ignorée par le législateur. Ainsi, par exemple, l'article 255, 10° du code civil permet au juge conciliateur de désigner un notaire « *en vue d'élaborer un projet de liquidation du régime matrimonial et de formation des lots à partager* ». De même, l'article 265-2 du code civil permet aux époux, pendant l'instance de divorce, de passer toutes conventions « *pour la liquidation et le partage de leur régime matrimonial* » et l'article 267 précise qu'à défaut d'un tel règlement, « *le juge, en prononçant le divorce, ordonne la liquidation et le partage de leurs intérêts patrimoniaux* ». De même, toujours en cas de divorce, l'article 267 du code civil dispose qu'à défaut de règlement conventionnel par les époux, le juge, en prononçant le divorce, « *ordonne la liquidation et le partage de leurs intérêts patrimoniaux* ». En cas de séparation de biens judiciaire, l'article 1444 du code civil indique, pour sa part, que la séparation est nulle « *si les poursuites tendant à liquider les droits des parties n'ont pas été commencées dans les trois mois du jugement passé en force de chose jugée et si le règlement définitif n'est pas intervenu dans l'année d'ouverture des opérations de liquidation* ». Toujours en matière de divorce, l'article 1115 du code de procédure civile, précisant les modalités de l'article 257-2 du code civil, qui impose à l'époux demandeur à l'instance d'inclure dans sa demande une proposition de règlement des intérêts pécuniaires et patrimoniaux des époux, énonce que cette proposition « *précise les intentions du demandeur quant à la liquidation de la communauté ou de l'indivision et, le cas échéant, quant à la répartition des biens* ». Cette distinction se retrouve également en dehors du droit des régimes matrimoniaux. Ainsi, en matière d'incapacité, l'article 389-5, alinéa 3, du code civil, précise que l'autorisation du juge des tutelles est requise « *pour le partage amiable, et l'état*

1. V. la définition donnée par F. Terré et Ph. Simler, *Droit civil, Les régimes matrimoniaux*, Dalloz, 5e éd., 2008, n° 638, à propos de la communauté légale : « *Le terme de liquidation désigne l'ensemble des opérations tendant, sinon à la réduction de la communauté dissoute à un solde en espèces liquides, du moins à l'établissement d'une situation nette susceptible d'un règlement par voie de partage* ».
2. Sur cette dualité, v. *ibid.*

3. V. J. Flour et G. Champenois, *Les régimes matrimoniaux*, Armand Colin, coll. U, 2e éd., 2001, n° 543, qui constatent, à juste titre, que « *la terminologie (est) assez mal fixée* ».

liquidatif » dans lequel est impliqué un mineur et l'article 507 même code civil dispose, pour sa part, que le partage à l'égard d'un majeur protégé, ainsi que l'état liquidatif, peut être fait à l'amiable sur autorisation du conseil de famille ou, à défaut, du juge. Ces quelques exemples montrent bien que la liquidation et le règlement du régime matrimonial constituent deux opérations bien distinctes. Tout au plus peut-on reprocher au législateur de se borner, le plus souvent, à évoquer le seul partage au titre du règlement du régime matrimonial, oubliant ainsi que les parties peuvent préférer opter pour un maintien dans l'indivision.

Moment de la liquidation. Diversité de situations. À quel moment de la vie du couple la liquidation est-elle susceptible d'intervenir ? À titre liminaire, il n'est sans doute pas inutile de souligner que la liquidation du régime matrimonial n'est pas l'apanage du divorce, loin s'en faut. Ainsi, en cas de décès de l'un des époux, la liquidation de la succession du défunt devra être précédée de la liquidation du régime matrimonial des époux. De même, en cas de changement de régime matrimonial, la liquidation est susceptible de s'imposer. Ainsi, en cas de changement volontaire de régime, l'article 1397 du code civil, tel qu'issu de la loi n° 2007-308 du 5 mars 2007, impose aux parties, à peine de nullité, d'inclure dans l'acte notarié « *la liquidation du régime matrimonial modifié si elle est nécessaire* »[1]. De même encore, la liquidation du régime matrimonial s'impose, à peine de nullité, en cas de changement judiciaire de régime, c'est-à-dire en cas de séparation de biens judiciaire, ainsi que le précise l'article 1444 du code civil. La liquidation s'impose encore en cas de demande de liquidation anticipée de la créance de participation formulée par un époux marié sous le régime de la participation aux acquêts, conformément à l'article 1580 du code civil. Enfin, la liquidation devra également être opérée en cas de séparation de corps. En effet, aux termes de l'article 302 du code civil, « *la séparation de corps entraîne toujours séparation de biens* », de sorte que lorsque les époux étaient mariés sous le régime légal, la substitution de régime entraîne la dissolution et la liquidation du régime préexistant. En revanche, si les époux étaient déjà mariés sous le régime de la séparation de biens, le prononcé de la séparation de corps n'impose pas nécessairement la liquidation du régime préexistant.

Dans toutes ces hypothèses, la liquidation obéira à la plupart des règles qui seront envisagées au sein de cet ouvrage, notamment en ce qui concerne la liquidation des mouvements de valeurs, même si l'accent sera mis sur les spécificités, nombreuses, liées au divorce.

Moment de la liquidation : le cas spécifique du divorce. Lorsque les parties s'engagent dans la voie du divorce, la liquidation et susceptible d'intervenir à divers stades[2].

– La liquidation peut d'abord intervenir au cours de la procédure de divorce. Ainsi, dans le cadre du divorce par consentement mutuel, la loi impose aux époux de régler leur régime matrimonial, ce qui signifie qu'ils doivent non seulement le liquider, mais encore se déterminer sur le sort de leurs biens dans la convention qu'ils soumettent à homologation du juge (C. civ., art. 230). La liquidation s'impose donc, par la force des choses, avant le prononcé du divorce.

– Dans le cadre d'un divorce contentieux, le législateur n'a pas souhaité conditionner le divorce à l'obligation pour les époux de régler préalablement leur régime matrimonial. Si ces derniers disposent de cette faculté (C. civ., art. 265-2), la loi s'évertue surtout à les inciter *a minima* à aborder, dès le début de la procédure de divorce, les questions relatives à la liquidation de leur régime matrimonial et non plus d'attendre pour ce faire que le divorce soit prononcé, ce qui donne trop souvent lieu à d'interminables querelles entre eux. À cette fin, le législateur confère la faculté au magistrat conciliateur, en vertu respectivement des articles 255, 9° et 255, 10° du code civil, de nommer au titre des mesures provisoires, un professionnel qualifié et/ou un notaire. Le premier a pour mission de « *dresser un inventaire estimatif ou de faire des propositions quant au règlement des intérêts pécuniaires des époux* », ce qui postule indirectement l'établissement par ses soins d'un état liquidatif et le second, plus clairement encore, « *d'élaborer un projet de liquidation du régime matrimonial et de formation des lots à partager* ». À défaut de conciliation, l'article 252-3 du code civil prévoit que le juge demande aux époux de préparer pour l'audience un projet de règlement des effets du divorce. Concrètement, l'article 257-2 du code civil impose dans la foulée à l'époux demandeur au divorce, à peine d'irrecevabilité, de joindre à sa demande introductive d'instance « *une proposition de règlement des intérêts pécuniaires et patrimoniaux des époux* » et donc notamment un aperçu liquidatif. L'article 1115 du code de procédure civile précise du reste que « *la proposition de règlement des intérêts*

1. C'est-à-dire, selon le vœu du législateur, lorsqu'il y a changement complet de régime, notamment en cas de passage d'un régime communautaire à un régime séparatiste. Sur ce point, v. not. B. Beignier, J. Combret et E. Frémont, « Le changement de régime matrimonial depuis le 1er janvier 2007. Questions diverses. Éléments de réponse », *JCP éd. N 2007*, 1163, spéc. n° 2.

2. Pour une étude détaillée, v. P.-J. Claux et S. David, *Droit et pratique du divorce*, Dalloz action, 2010/2011, nos 237.10 et s.

pécuniaires des époux prévue par l'article 257-2 du code civil contient un descriptif sommaire de leur patrimoine et précise les intentions du demandeur quant à la liquidation de la communauté ou de l'indivision et, le cas échéant, quant à la répartition des biens ».

- À défaut pour les parties d'avoir réglé conventionnellement leur régime matrimonial en cours d'instance, le juge qui prononce le divorce « *ordonne la liquidation et le partage de leurs intérêts patrimoniaux* » (C. civ., art. 267). Cela étant, à ce stade ultime de la procédure de divorce, le juge aux affaires familiales est compétent pour intervenir non seulement sur des questions relatives au partage[1], ce qui est classique, mais aussi, depuis la loi du 26 mai 2004, sur des difficultés liquidatives. En effet, l'article 267, alinéa 4, du code civil lui permet de statuer sur les désaccords persistant entre les époux, sous réserve à la fois qu'un projet d'état liquidatif ait été dressé par un notaire désigné sur le fondement l'article 255, 10° du code civil et que ce dernier contienne des « informations suffisantes ». Dès lors que ces deux conditions cumulatives sont réunies et que l'un des époux lui en fait la demande, le juge doit répondre aux prétentions formulées. La décision du juge est destinée à s'imposer au notaire liquidateur qui établira l'acte de partage au vu du projet d'état liquidatif dressé par le notaire expert en cours d'instance et de la décision du juge[2].

- Lorsque toutes ou partie des questions liquidatives demeurent en suspens après le prononcé du divorce, la liquidation du régime matrimonial des époux est appelée à intervenir soit dans le cadre des opérations amiables de règlement du régime matrimonial (C. civ., art. 835 à 839; CPC., art. 1358 à 1379 s.), soit, à défaut d'accord, dans le cadre d'une phase judiciaire (C. civ., art. 840 à 842; CPC., art. 1359 s.)[3]. Notons simplement à ce propos que les textes mettent l'accent sur le « partage », ce qui est réducteur et est contredit d'une certaine façon par la pratique, tant on sait que les difficultés inhérentes au règlement du régime matrimonial concernent très généralement des questions d'ordre liquidatif, davantage que les modalités du partage entre les époux.

1. D'une part, il dispose du pouvoir, au regard du contexte de la séparation, d'ordonner le maintien dans l'indivision ou d'accorder une attribution préférentielle (C. civ., art. 267, al. 2). D'autre part, il peut accorder à l'un des époux ou aux deux une avance sur sa part de communauté ou des biens indivis (C. civ., art. 267, al. 3).

2. Circ. 16 juin 2010, CIV/10/10.
3. V. P.-J. Claux et S. David, *Droit et pratique du divorce*, Dalloz action, 2010/2011, n°s 237.110 et s.

LIVRE

0. PRÉLIMINAIRE À LA LIQUIDATION DU RÉGIME MATRIMONIAL

SECTION 0 ORIENTEUR

0.00 Plan du livre.

Titre	01	La date de dissolution du régime matrimonial
Chap.	011	Date de dissolution de principe
Chap.	012	Report de la date de dissolution
Titre	02	La date de jouissance divise

0.01 Textes applicables.

> Date des effets patrimoniaux du divorce entre époux

C. civ., art. 262-1

Le jugement de divorce prend effet dans les rapports entre les époux, en ce qui concerne leurs biens :

– lorsqu'il est prononcé par consentement mutuel, à la date de l'homologation de la convention réglant l'ensemble des conséquences du divorce, à moins que celle-ci n'en dispose autrement;

– lorsqu'il est prononcé pour acceptation du principe de la rupture du mariage, pour altération définitive du lien conjugal ou pour faute, à la date de l'ordonnance de non-conciliation.

À la demande de l'un des époux, le juge peut fixer les effets du jugement à la date à laquelle ils ont cessé de cohabiter et de collaborer. Cette demande ne peut être formée qu'à l'occasion de l'action en divorce. La jouissance du logement conjugal par un seul des époux conserve un caractère gratuit jusqu'à l'ordonnance de non-conciliation, sauf décision contraire du juge.

> Report judiciaire de la date de dissolution de la communauté

C. civ., art. 1442, alinéa 2

Les époux peuvent, l'un ou l'autre, demander, s'il y a lieu, que, dans leurs rapports mutuels, l'effet de la dissolution soit reporté à la date où ils ont cessé de cohabiter et de collaborer.

> Date de la jouissance divise

C. civ., art. 829

En vue de leur répartition, les biens sont estimés à leur valeur à la date de la jouissance divise telle qu'elle est fixée par l'acte de partage, en tenant compte, s'il y a lieu, des charges les grevant.

Cette date est la plus proche possible du partage.

Cependant, le juge peut fixer la jouissance divise à une date plus ancienne si le choix de cette date apparaît plus favorable à la réalisation de l'égalité.

0.02 Jurisprudence de référence.

> Report judiciaire de la date des effets patrimoniaux du divorce entre époux : la cessation de la cohabitation fait présumer la cessation de la collaboration

• **Civ. 1re, 17 déc. 2008, n° 07-21.837,** NP

* V. ss n° 012.19

« Qu'en se déterminant ainsi, sans relever aucun élément justifiant de la réalité de la collaboration des époux après la date de leur séparation de fait, alors que la cessation de la cohabitation fait présumer la cessation de la collaboration, la cour d'appel n'a pas donné de base légale à sa décision au regard du texte susvisé ».

> Report judiciaire de la date des effets patrimoniaux du divorce entre époux : la preuve pèse sur le défendeur

• **Civ. 1re, 31 mars 2010, n° 08-20.729,** *Bull.* I, n° 80

* V. ss n° 012.19

« Qu'en statuant ainsi, alors qu'il incombe à celui qui s'oppose au report de prouver que des actes de collaboration ont eu lieu postérieurement à la séparation des époux, la cour d'appel a inversé la charge de la preuve ».

0.03 Bibliographie indicative.

Articles. J.-L. Puygauthier, « La date de la dissolution du régime matrimonial après la réforme du divorce par la loi du 26 mai 2004 », *JCP N* 2005, 1343; « La séparation de fait et la super-rétroactivité de la dissolution du régime matrimonial après la réforme du divorce », *JCP N* 2005, 1384.

0.04 **Questions essentielles.**

• Quelles sont les conséquences de la date de dissolution du régime matrimonial sur la liquidation ?

* V. s^s^ n°s 01.12 s.

• Quels sont les intérêts qui s'attachent pour l'une des parties à solliciter le report judiciaire de la date de dissolution du régime matrimonial ?

* V. s^s^ n°s 012.11 s.

• Sur qui pèse la charge de la preuve en cas de demande de report judiciaire de la date de dissolution du régime matrimonial ?

* V. s^s^ n°s 012.19

• Quelle est la date de jouissance divise ?

* V. s^s^ n°s 02.11 s.

0.09 **Division.** Quel que soit le régime matrimonial des époux, et préalablement aux opérations de liquidation à proprement parler, il est nécessaire de fixer, d'une part, la date des effets patrimoniaux du divorce entre les époux, qui correspond à la date de dissolution de leur régime matrimonial (titre 01) et, d'autre part, de déterminer la date de jouissance divise (titre 02).

TITRE

01. La date de dissolution du régime matrimonial

SECTION 0 ORIENTEUR

01.00 Plan du livre.

Chap. 011 Date de dissolution de principe
Chap. 012 Report de la date de dissolution
Sect. 1 Report conventionnel
Sect. 2 Report judiciaire

01.11 Pluralité des dates de dissolution. En matière de divorce, la date de dissolution du régime matrimonial est à géométrie variable, selon qu'il s'agit de déterminer la date à laquelle le divorce prend effet dans les rapports des époux avec les tiers ou dans les rapports des époux entre eux[1]. Dans la perspective liquidative, cependant, seule la date de prise des effets du divorce entre les époux est à considérer.

01.12 Conséquences de la dissolution du régime matrimonial sur la liquidation. La détermination de la date de dissolution du régime matrimonial des époux emporte toute une série de conséquences, dans le détail desquelles il n'y a pas lieu de rentrer, à l'exception de celles qui influent sur la liquidation du régime matrimonial.

– Tous les biens acquis par les époux, postérieurement à la dissolution du régime matrimonial, sont exclus de la liquidation. Plus particulièrement, si les époux sont mariés sous un régime de type communautaire, la date de dissolution est donc la date à laquelle la communauté cesse et laisse place à l'indivision post-communautaire. Aussi, tous les biens acquis postérieurement à cette date demeurent-ils personnels à celui qui les a acquis, sous réserve d'une éventuelle reddition de compte si l'époux acquéreur a utilisé des fonds communs à cette fin. En d'autres termes, il faut avoir présent à l'esprit que la consistance des éléments de la communauté se détermine à la date de la dissolution.

À compter de cette date, les biens qui composaient la communauté deviennent donc indivis; ils constituent l'indivision post-communautaire qui, jusqu'au partage, garde une autonomie; elle peut se trouver augmentée des fruits ou des plus-values. Par ailleurs, elle peut se trouver modifiée dans sa composition lorsqu'il y a subrogation réelle. Par exemple, si un immeuble indivis brûle, l'indemnité d'assurance perçue en contrepartie sera indivise comme l'était l'immeuble.

– Suivant les termes de l'article 1473 du code civil, « les récompenses dues par la communauté ou à la communauté portent intérêt de plein droit du jour de la dissolution. Toutefois, lorsque la récompense est égale au profit subsistant, les intérêts courent du jour de la liquidation ». En principe, c'est à partir de la date de dissolution de la communauté que les récompenses dues à la communauté ou par la communauté portent intérêt. Il en résulte qu'un époux peut avoir un intérêt évident à faire remonter la dissolution de la communauté le plus loin possible dans le temps, ainsi lorsqu'il y a eu remboursement d'une dette de la communauté à l'aide de sommes propres.

En revanche, si la récompense est égale au profit subsistant, c'est-à-dire qu'elle représente un pourcentage de la valeur du bien, la récompense portera

1. Pour une synthèse de la question, v. J.-L. Puygauthier, « La date de la dissolution du régime matrimonial après la réforme du divorce par la loi du 26 mai 2004 », *JCP N* 2005, 1343.

intérêt légal seulement au jour de la liquidation, c'est-à-dire en pratique lorsque la récompense sera calculée, suivant l'article 1469 du code civil.

- La dissolution du régime matrimonial marque la substitution des règles des créances d'indivision à celles des récompenses. En d'autres termes, lorsque les époux sont mariés sous un régime de type communautaire, les règles relatives au calcul des récompenses n'ont plus vocation à s'appliquer à compter de la dissolution. Ce sont les règles relatives à l'indivision qui s'applique désormais, notamment l'article 815-13 du code civil.

- Dans le même ordre d'idées, la date de dissolution du régime matrimonial marque la fin de l'application du régime spécifique aux créances entre époux et sa substitution par les règles de droit commun[1]. Aussi, les créances nées entre les époux après la dissolution ne peuvent-elles être revalorisées. À l'instar de toute créance de droit commun, elles sont soumises au principe du nominalisme monétaire.

01.13 **Division.** L'article 262-1 du code civil fixe la date à laquelle le divorce prend effet entre les époux en ce qui concerne leurs biens (chap. 1). Cela étant, l'article réserve la possibilité d'une modification de cette date (chap. 2).

1. Article 1543 (séparation de biens) et article 1479 (communauté légale) du code civil.

CHAPITRE

011. Date de dissolution de principe

SECTION 0
ORIENTEUR

011.00 **Plan du livre.**
Sect. unique

011.11 **Règle légale.** En ce qui concerne la date de principe de dissolution du régime matrimonial des époux, il convient de distinguer le droit issu de la loi du 11 juillet 1975 de celui issu de la loi du 26 mai 2004.

- Sous l'empire du droit issu de la loi du 11 juillet 1975, applicable dès lors que l'assignation en divorce a été délivrée avant le 1er janvier 2005, la date de dissolution de la communauté était fixée, dans le cadre des divorces contentieux, à la date de l'assignation. En matière de divorce sur requête conjointe, c'est généralement les époux qui fixaient eux-mêmes, dans la convention définitive, cette date et, à défaut, il était généralement retenu le jour où la convention définitive était présentée au juge aux affaires familiales[1]. Certains auteurs préféraient toutefois retenir la date où le juge était saisi de la requête initiale[2].

- Sous l'empire du droit issu de la loi du 26 mai 2004, applicable principalement dès lors que l'assignation en divorce a été délivrée à compter du 1er janvier 2005, la dissolution de la communauté est fixée à la date de l'ordonnance de non-conciliation, sauf dans le divorce par consentement mutuel où la date de dissolution est la date de l'homologation de la convention réglant l'ensemble des conséquences du divorce, à moins que celle-ci n'en dispose autrement[3].

Remarque : à vrai dire, la prescription légale en matière de divorce par consentement mutuel est peu réaliste. En effet, il est impossible *de facto* aux époux de prévoir, lorsqu'ils signent leur acte portant règlement de leur régime matrimonial, la date exacte de la future homologation par le juge. Aussi, en pratique, les époux optent-ils le plus souvent pour une date proche, si ce n'est identique, à la date à laquelle ils signent l'acte, voire une date plus ancienne lorsqu'ils sont séparés de fait depuis quelque temps déjà.

011.12 **Cas de la participation aux acquêts.** Si les époux ont choisi le régime de la participation aux acquêts, aux termes de l'article 1572, alinéa 1er, du code civil, « *le régime matrimonial est réputé dissous au jour de la demande* », en cas de divorce. Cette singularité crée une asymétrie avec la date de dissolution de droit commun. Au vrai, sous l'empire de la loi du 11 juillet 1975, elle ne soulevait pas de difficulté particulière. Il était en effet aisé de considérer que la date de la demande correspondait à la date de l'assignation, qui était justement la date de dissolution de principe[4]. En revanche, sous l'empire du droit nouveau, elle est source de confusion. Aussi, deux analyses semblent-elles concevables.

La première consiste à considérer que la disposition spéciale de l'article 1572 doit l'emporter sur celle, générale, de l'article 262-1, conformément aux règles classiques d'interprétation. Dans ce cas, la date de dissolution de la participation aux acquêts restera malgré tout difficile à déterminer, le jour de la demande pouvant en effet correspondre soit à

1. J. Flour et G. Champenois, *Les régimes matrimoniaux*, Armand Colin, coll. U, 2e éd., 2001, n° 180.
2. V. not. A. Rieg et F. Lotz, *Technique des régimes matrimoniaux*, Litec, 3e éd., 1993, n° 455 – J. Hauser et D. Huet-Veiller, *Traité de droit civil*, sous la direction de J. Ghestin, *La famille*, vol. 2, *Dissolution de la famille*, L.G.D.J., 1re éd., 1991, n° 423.
3. Article 262-1, alinéa 2 ancien, du code civil.
4. En ce sens, v. not. A. Colomer, *Rép. civ.*, V° *Participation aux acquêts*, 2004, n° 74.

l'introduction de la requête initiale, soit à l'assignation en divorce.

La seconde analyse consiste à considérer que le nouvel article 262-1 a implicitement abrogé la disposition de l'article 1572, dont la survivance ne serait jamais que la manifestation d'un oubli du législateur. Dans ce cas, la date de dissolution du régime matrimonial des époux mariés sous le régime de la participation aux acquêts sera, par principe, l'ordonnance de non-conciliation, conformément au droit commun. Cette dernière analyse présente l'avantage d'unifier la date de dissolution du régime matrimonial des époux, quel que soit le choix opéré par ces derniers. Elle trouve, du reste, un solide appui dans la lettre de l'article 262-1 qui régit la question de la date de prise d'effet du divorce dans les rapports entre époux en ce qui concerne leurs biens, sans distinguer selon le régime matrimonial qu'ils ont pu choisir[1].

1. En ce sens (impl.), v. J.-F. Pillebout, *La participation aux acquêts, Formules commentées de contrat de mariage*, Litec, 2e éd., 2005, no 86 et 206.

CHAPITRE

012. Report de la date de dissolution

SECTION 0 ORIENTEUR

012.00 **Plan du livre.**

Sect. 1 Report conventionnel

Sect. 2 Report judiciaire

§ 1 Conditions du report

§ 2 Demande de report

012.11 **Intérêt du report.** L'intérêt du report de la date de dissolution est lié aux conséquences attachées à cette dernière (v. s[s] n° 01.12). Il peut s'agir, pour l'époux demandeur, de se prévaloir ainsi du caractère personnel d'une acquisition ou encore de solliciter des intérêts sur le montant d'une récompense, lorsque celle-ci est égale à la dépense faite. En pratique, cependant, l'intérêt du report est plus limité et réside essentiellement dans la volonté du demandeur de se prévaloir de créances à l'encontre de l'indivision. À cet égard, plus le report rétroagit dans le temps, plus le montant de la créance sollicitée est élevé. Un exemple permet de mieux le comprendre.

Exemple : des époux sont mariés sous le régime de la communauté légale. Au cours de l'union, ils acquièrent ensemble un appartement moyennant un prix de 300 000 €, entièrement réglé à l'aide d'un emprunt. Les échéances de cet emprunt sont réglées à l'aide des revenus professionnels de l'époux. Une requête en divorce est finalement introduite et l'ordonnance de non-conciliation est rendue le 20 janvier 2008, étant entendu que les époux sont séparés depuis le mois de septembre 2005. Au jour de la liquidation, il apparaît que l'époux a continué à rembourser les mensualités de l'emprunt à l'aide de ses revenus. L'époux a ainsi réglé la somme de 20 000 € depuis le mois de janvier 2008 et 35 000 € depuis le mois de septembre 2005.

Dans l'exemple donné, le bien acquis par les époux est un acquêt de communauté. Les mensualités de l'emprunt ayant été réglées à l'aide des revenus de l'époux, c'est-à-dire à l'aide de fonds communs, l'époux *solvens* ne peut prétendre à une récompense pour les sommes réglées jusqu'à la dissolution. En revanche, il peut prétendre à une créance contre l'indivision post-communautaire pour les sommes qu'il a réglées après la dissolution, sur le fondement de l'article 815-13 du code civil. S'agissant d'une impense utile à la conservation du bien, la créance de l'époux sera valorisée à hauteur de la plus forte des deux sommes que représentent respectivement la dépense faite et le profit subsistant (v. s[s] n°s 113.11 s.).

On comprend donc que l'époux concerné a tout intérêt à demander le report de la date de dissolution, afin de pouvoir bénéficier d'une créance contre l'indivision, depuis septembre 2005 (date de la séparation de fait), plutôt que depuis janvier 2008 (date de l'ordonnance de non-conciliation).

012.12 **Intérêts du report. Limites.** Le report de la date de dissolution peut donc permettre à un époux d'invoquer une créance qui aurait du en principe ne pas être indemnisée. Cela étant, il ne faut pas exagérer l'utilité de ce report. La dépense faite par l'époux entre la date reportée de la dissolution et l'ordonnance de non-conciliation peut en effet tomber sous le coup de la contribution aux charges du mariage (C. civ., art. 214) et, le cas échéant, neutraliser la créance de l'époux *solvens*. L'obligation de contribuer aux charges du mariage des époux ne cesse en effet pas par principe avec la date de dissolution du régime matrimonial, mais avec l'ordonnance de non-conciliation, car c'est à cette date que le juge conciliateur peut allouer à l'un des époux une pension alimentaire destinée à prendre naturellement le relais de la contribution

(C. civ., art. 255, 6°)[1]. Aussi, toute dépense engagée entre la date de dissolution et l'ordonnance de non-conciliation, et qui relèverait de la notion de charges du mariage, est-elle susceptible d'être considérée comme une simple exécution de l'obligation mise à la charge de l'époux par l'article 214 du code civil, sauf à ce dernier à démontrer que la dépense litigieuse excédait sa part contributive. Cette argumentation, très prisée en régime séparatiste (V. n°s 313.12 s.), pourrait également trouver à s'appliquer dans un régime communautaire, puisque les revenus des époux, voués jusqu'à la date de dissolution à alimenter le pot commun, demeurent au contraire personnels à leur titulaire à compter de cette date, ce qui peut soulever le doute sur la réalité de l'exécution de son obligation contributive par l'un des époux.

012.13 Double tempérament. Dans une matière où le rôle de la volonté ne cesse de s'accroître, il n'est pas étonnant que la loi offre aux époux la possibilité de s'affranchir de la règle légale et donc de choisir eux-mêmes, d'un commun accord, la date de dissolution de leur régime matrimonial (sect. 1). Par ailleurs, les textes offrent la faculté à chacun des époux de solliciter un report judiciaire de cette date (sect. 2).

SECTION 1
REPORT CONVENTIONNEL

012.14 Convention entre époux. Avant même la loi du 11 juillet 1975, où la liquidation de la communauté n'avait lieu qu'après le prononcé du divorce et compte tenu du fait que les règles du règlement du régime matrimonial n'étaient pas d'ordre public et que les époux pouvaient tout prévoir à ce sujet, la Cour de cassation avait admis que les époux puissent d'un commun accord reporter conventionnellement la date de dissolution de leur régime matrimonial à une date différente de celle de l'assignation, en l'occurrence celle de la séparation de fait[2]. Dans l'affaire jugée, la date choisie par les époux était postérieure à la date de l'assignation, étant ici souligné que la formule générale employée ne laissait guère de doute sur la faculté de solliciter un report de la date des effets du divorce entre époux à une date antérieure à l'assignation.

Cette solution prétorienne a été consacrée par la loi du 11 juillet 1975, puis confirmée par celle du 26 mai 2004. il est aujourd'hui admis que l'immutabilité des conventions matrimoniales ne s'appliquant pas aux époux en instance de divorce, ces derniers peuvent passer toute convention pour la liquidation et le partage de leur régime matrimonial pendant l'instance[3] et peuvent à cette occasion choisir la date de dissolution de leur régime matrimonial[4]. Concrètement, la date choisie par les époux peut être aussi bien postérieure à la date prévue par la loi que plus ancienne. En pratique, les époux retiennent très généralement une date antérieure correspondant à la date de la séparation de fait, en raison de son importance symbolique. Soulignons que si les époux peuvent se mettre d'accord en cours d'instance, ils peuvent également le faire après le prononcé du divorce s'ils n'ont pas réglé leur régime matrimonial en cours d'instance. Enfin, il ne faut oublier que la date librement choisie par les époux ne produit d'effets qu'entre eux. Si elle n'est pas opposable aux tiers, ces derniers pourraient cependant l'invoquer, s'il y allait de leur intérêt.

012.15 Forme du report conventionnel. La forme que doit emprunter l'accord des époux quant au report de la date de dissolution du régime matrimonial dépend dans une marge mesure de l'époque à laquelle les époux décident de s'accorder sur le principe du report. De ce point de vue, il ne faut pas perdre de vue que, dans la pratique, le report n'a jamais lieu pour lui-même, de manière autonome. L'accord des époux sur ce point capital s'intègre en effet dans la question plus globale du règlement de leur régime matrimonial. Cela étant dit, il convient de distinguer selon que l'accord des époux, portant sur ledit règlement, intervient en cours d'instance ou après le prononcé du divorce.

– Si le report a lieu en cours d'instance, il faut distinguer deux hypothèses. Soit le règlement du régime matrimonial porte sur des biens soumis à publicité foncière et, dans ce cas, la convention qui inclut le report de la date de dissolution doit être passée en la forme notariée, conformément aux prescriptions de l'article 265-2, alinéa 2, du code civil.

Remarque : la question se pose de savoir si l'acte notarié portant règlement du régime matrimonial de l'article 265-2 du code civil doit être ou non soumise à homologation judiciaire[5]. Si une grande par-

1. V. Cass. Ch. mixte, 12 mai 2000, *Bull. ch. mix.*, n° 2 – *Defrénois 2000*, art. 37261, p. 1303, obs. J. Massip, qui juge que les mesures provisoires se substituent d'office à une condamnation judiciaire antérieure fondée sur l'article 214.
2. Civ. 1re, 17 oct. 1973, *Bull. civ.* I, n° 270 – *Journ. not. et av.* 1974, p. 116.
3. C'est-à-dire à compter de l'assignation et non de la requête initiale. V. Civ. 1re, 17 déc. 1996, *Defrénois* 1997, p. 455.
4. Article 1397-1 du code civil.
5. P.-J. Claux et S. David, *Droit et pratique du divorce*, Dalloz référence, 2010/2011, n° 237.93.

tie des auteurs répond par la négative[1], au rebours, l'on peut constater qu'en pratique, les avocats demandent le plus souvent au juge d'homologuer la convention notariée, ce qui soulève une seconde difficulté, qui consiste à savoir si l'acte demeure alors ou non sous le coup d'une éventuelle action en complément de part.

Soit le règlement du régime matrimonial ne porte pas sur des biens soumis à publicité foncière et alors, de deux choses l'une, soit les parties optent pour un acte notarié, auquel cas elles devront utiliser la voie de l'article 265-2 du code civil, soit elles optent pour un acte sous seing privé, de sorte qu'elles devront alors respecter les règles de l'article 268 du code civil et soumettre leur convention à homologation judiciaire[2].

– Si les époux décident de procéder au report de la date de dissolution de leur régime matrimonial après le prononcé du divorce, le report devra être intégré à l'acte portant règlement du régime matrimonial, quelle que soit sa forme.

SECTION 2
REPORT JUDICIAIRE

012.16 Fondement textuel. Aux termes de l'article 262-1, alinéa 4, du code civil : « À la demande de l'un des époux, le juge peut fixer les effets du jugement à laquelle ils ont cessé de cohabiter et de collaborer »[3]. Le report judiciaire, qui a lieu à une date précise (§ 2), est soumis à la réunion de certaines conditions (§ 1).

012.17 Cas de la participation aux acquêts. Les époux mariés sous le régime de la participation aux acquêts bénéficient-ils de la possibilité de demander le report judiciaire de la date de dissolution de leur régime matrimonial ? La question s'est posée[4] car si l'article 1442 du code civil rappelle cette possibilité pour la communauté, aucun texte ne la prévoit pour la participation aux acquêts. Il apparaît toutefois légitime de considérer que la généralité de l'article 262-1 du code civil n'exclut pas le régime de la participation aux acquêts. De plus, l'article 1578 du code civil indique que les règles prescrites pour parvenir au partage judiciaire des successions et communautés s'appliquent à la demande en liquidation de la créance de participation[5].

§ 1
Conditions du report

012.18 Absence de cohabitation et de collaboration entre les époux. Que le divorce soit soumis au droit issu de la loi du 11 juillet 1975 ou à celui issu de la loi du 26 mai 2004, la demande de report judiciaire de la date de dissolution du régime matrimonial est soumise à une double condition cumulative quant à la situation relationnelle des époux : la cessation de toute cohabitation et collaboration des époux[6].

En pratique, la fin de la cohabitation ne soulève pas de difficultés majeures. Il suffit en effet à l'époux demandeur d'établir la date de la séparation de fait, ce qui est généralement aisé[7].

En revanche, la preuve de la fin de la collaboration est plus délicate à rapporter, car on constate souvent la permanence d'un certain nombre de mouvements de valeurs entre les époux, malgré leur séparation. Il s'agit alors de faire le tri entre ceux qui constituent l'exécution des devoirs légaux auxquels ces derniers demeurent soumis jusqu'au divorce et ceux qui relèvent la persistance d'un véritable « *animus collaborandi* ». Le report n'est admis que lorsque l'absence de volonté des époux de participer à un programme patrimonial commun d'existence est démontrée.

012.19 Charge de la preuve. La difficulté pour l'époux demandeur de rapporter la preuve de la

1. En ce sens, v. not., A. Batteur, F. Douet, L. Mauger-Vielpeau, N. Rivière, A. Tisserand-Martin, *Le guide des divorces*, Dalloz, 2e éd., 2007, n° 522-62 – M.-P. Murat-Sempetro et V. Trambouze, « Les conventions de divorce », *JCP N.* 2006, 1238, p. 1353 – N. Couzigou-Suhas, « Les incitations procédurales à une liquidation rapide et efficace du régime matrimonial », *JCP N.* 2005, 1178. *Contra*, v. cependant, P.-J. Claux et E. Breton, « Notaire-avocat : une synergie nécessaire », *AJ famille 2005*, p. 15 – A. Depondt, « Liquidation des intérêts patrimoniaux et fiscalité du divorce après la loi du 26 mai 2004 », *Dr. et patr.*, avr. 2005, p. 70.
2. Certains auteurs estiment que l'article 268 du code civil est la seule voie ouverte aux époux qui souhaiteraient reporter conventionnellement la date de dissolution de leur régime matrimonial. En ce sens, v. M.-P. Murat-Sempietro et V. Trambouze, *op. cit.*, n° 302.
3. Sur cette possibilité, v. J.-L. Puygauthier, « La séparation de fait et la super-rétroactivité de la dissolution du régime matrimonial après la réforme du divorce », *JCP N*, 2005, 1384. Lorsque les époux sont mariés sous le régime de la communauté, la possibilité est rappelée par l'article 1442, alinéa 2, du code civil.
4. V. J.-F. Pillebout, *op. cit.*, Textes et précisions, p. 48.
5. Sur cet argument, v. J.-F. Pillebout, *op. et loc. cit.*
6. Sur le caractère cumulatif de ces conditions, v. Civ. 1re, 12 janv. 1982, *Bull. civ.* I, n° 12 – *D.* 1982, IR p. 472, obs. D. Martin.
7. Elle résulte fréquemment de la preuve du départ d'un des époux (v. not., CA Paris, 20 nov. 1987, *Juris-Data n° 027481*), de l'imposition fiscale séparée des époux (CA Paris, 18 sept. 1985 : *Juris-Data* n° 026203) ou encore, par exemple, de l'incarcération de l'un d'eux (CA Paris, 3 nov. 1987 : *Juris-Data* n° 026731).

double condition cumulative posée par le texte est aujourd'hui en grande partie gommée par le fait que la Cour de cassation considère que « *la cessation de la cohabitation fait présumer la cessation de la collaboration* »[1]. Il en résulte concrètement qu'il suffit désormais à l'époux demandeur au report de démontrer l'existence d'une séparation de fait, pour pouvoir bénéficier d'une présomption simple suivant laquelle les conjoints sont censés corrélativement avoir cessé de collaborer et obtenir ainsi le report souhaité. Sans surprise, la Cour de cassation a tiré les conséquences de sa pétition de principe sur le terrain de la preuve, en précisant qu'il appartenait au défendeur, qui souhaite contrarier la demande de report de son conjoint, de prouver la réalité d'une collaboration postérieure à la date de la séparation de fait[2].

Or, l'on sait que cette dernière preuve n'est pas aisée à rapporter. Les exemples sont nombreux et peu favorables à l'époux défendeur. Ainsi, que les époux se soient mutuellement consentis une donation au dernier vivant, qu'ils aient maintenu en fonctionnement un compte bancaire joint et que le mari ait versé au surplus une somme mensuelle à son épouse ne constituent pas, aux yeux des Hauts magistrats, des indices révélateurs de la volonté des époux séparés de poursuivre leur collaboration[3]. Une solution identique a été rendue à propos d'un mari qui s'était porté caution solidaire de son épouse pour le paiement des loyers et charges dues par celle-ci en sa qualité de locataire[4]. Ce n'est pas tout. Alors qu'il semblerait légitime de considérer que la déclaration séparée des époux au titre de l'impôt sur le revenu constitue le signe tangible de la fin de leur collaboration, la Cour de cassation a précisé que rien n'empêche de retenir une date de dissolution antérieure, dès lors que la séparation de fait est plus ancienne, nonobstant le fait que les époux aient pourtant continué à se soumettre à une imposition commune[5]. *A fortiori*, a-t-il été justement admis que le maintien de l'épouse au sein du logement pour s'occuper des enfants ne saurait constituer une preuve tangible de la persistance de la collaboration patrimoniale entre les époux[6].

L'étude de la jurisprudence révèle ainsi que le fardeau de la preuve est bien lourd à supporter pour le défendeur et, par-delà, que la présomption, en principe simple, édictée par les Hauts magistrats confine aujourd'hui à une présomption pratiquement irréfragable.

Le message délivré par les Hauts magistrats à destination des professionnels est clair. Lorsque les difficultés liquidatives sont envisagées en cours d'instance, à partir du moment où la date de séparation de fait des époux ne fait l'objet d'aucune discussion et que l'un d'entre eux entend solliciter le report judiciaire de l'article 262-1, le débat sur la date de dissolution de la communauté n'a plus guère de raison d'être, tant l'issue de la demande, favorable à l'époux demandeur, paraît évidente. Ce faisant, la Cour de cassation préconise une solution, dont l'immense mérite est de couper court dans une large mesure à un contentieux, relativement nourri sous l'empire des textes anciens, lequel a déjà été opportunément circonscrit à la seule durée de l'instance en divorce, par la loi du 26 mai 2004 (v. s^s^ n° 012.22).

§ 2
Demande de report

012.20 **Titulaire de l'action.** Sous l'empire du droit antérieur, seul l'époux innocent dans la séparation pouvait demander le report de la date de dissolution[7]. Le législateur voulait ainsi éviter, qu'après plusieurs années de séparation de fait, le conjoint à qui incombait à titre principal la séparation, vienne demander sa part dans les acquêts réalisés par son conjoint seul.

Avec la loi du 26 mai 2004, la situation est différente puisque la référence à la faute dans la séparation est supprimée dans les textes. Désormais, il suffit qu'il y ait eu cessation de la cohabitation et de la collaboration pour que le report puisse être prononcé. Il n'y a plus lieu, en aucun cas, de tenir compte des circonstances de la séparation de fait.

Cette solution est dans la logique d'un divorce purement objectif dont la loi nouvelle a entendu élargir le domaine. Sans doute a-t-on pu objecter que l'éviction de toute référence à la faute pouvait permettre à un conjoint de se prévaloir d'une sépa-

1. Civ. 1re, 17 déc. 2008, n° 07-21.837, NP – *AJ fam.* 2009, p. 81, obs. I. Gallmeister – *RJPF* 2009-3/23, obs. Th. Garé – *RTD civ.* 2009, 103, obs. Hauser.
2. Civ. 1re, 31 mars 2010, n° 08-20.729, *Bull. civ.* n° 80 – *AJ fam.* 2010. 276, obs. S. David – *JCP N* 2010, 1255, note J. Massip.
3. Civ. 1re, 14 mars 2006, *Bull. civ.* I, n° 153 – *AJ fam.* 2007. 35, obs. S. David – *D.* 2006, IR p. 1249 – *JCP N*, 2006, 1279, note V. Brémond – *Dr. famille* 2006, comm. n° 145, obs. V. Larribau-Terneyre – *RTD civ.* 2006, p. 546, obs. J. Hauser.
4. Civ. 1re, 14 nov. 2006, *Bull. civ.* I, n° 475 – *AJ fam.* 2007. 36, obs. S. David – *Dr. famille* 2007, n° 12, obs. V. Larribau-Terneyre – *RJPF* 2007 – 2/18, obs. Th. Garé – *RTD civ.* 2007, p. 96, obs. J. Hauser.
5. Civ. 1re, 28 févr. 2006, *Bull civ.* I, n° 116 – *AJ fam.* 2007. 35, obs. S. David – *JCP N* 2006, 1279, note V. Brémond – *JCP* 2006, I, 193, obs. A. Tisserand-Martin.
6. Civ. 1re, 31 mars 2010, n° 08-20.729, préc.
7. Article 262-1, alinéa 2 ancien, du code civil.

ration de fait qui lui est entièrement imputable pour limiter les droits du conjoint innocent. Mais il a été répondu, au cours des débats parlementaires, qu'il était alors possible d'effacer les conséquences choquantes qui pouvaient résulter d'une telle situation par l'attribution de dommages-intérêts ou par le biais de la prestation compensatoire, laquelle doit tenir compte du patrimoine respectif des époux après la liquidation du régime matrimonial.

012.21 Moment de la demande. Sous l'empire du droit antérieur, si le report judiciaire n'était pas demandé lors du divorce, il pouvait l'être lors des opérations de liquidation[1]. En revanche, l'article 262-1 du code civil précise aujourd'hui expressément que la demande de report « *ne peut être formée qu'à l'occasion de l'action en divorce* ». En d'autres termes, et contrairement au droit antérieur, la demande de report doit désormais être formée devant le seul juge du divorce. En conséquence, la demande peut être présentée pour la première fois en appel, à condition cependant que la question du divorce soit encore débattue, ce qui suppose que la décision de divorce n'ait pas acquis force de chose jugée[2].

L'obligation qui est désormais ainsi faite à l'époux qui souhaite solliciter un report de la date de dissolution du régime matrimonial d'agir devant le juge du divorce implique, en pratique, que ce dernier dispose au préalable d'un état liquidatif qui lui permettra de jauger de l'opportunité d'une telle demande. C'est l'une des raisons qui doit inciter les avocats à s'intéresser *ab initio* aux questions d'ordre liquidatives en demandant la nomination, si besoin est, d'un professionnel qualifié ou d'un notaire au titre des mesures provisoires (C. civ., art. 255, 9° et 255, 10°)[3].

012.22 Caractère facultatif du report. La loi du 26 mai 2004 ne s'est pas contentée de supprimer la référence à la faute dans les articles 262-1 et 1442 du code civil. Elle a aussi modifié, sans s'en expliquer, la rédaction du premier de ces textes. L'ancien article prévoyait que l'un ou l'autre des époux pouvait demander que l'effet du jugement de divorce dans les rapports pécuniaires entre époux soit avancé à la date de la cessation de la cohabitation et de collaboration. Le nouvel article 262-1 prévoit, au sein de l'alinéa 4, que « *le juge peut fixer les effets du jugement à la date à laquelle ils ont cessé de cohabiter et de collaborer* », ce qui laisse clairement à penser que le juge dispose d'un pouvoir d'appréciation en la matière.

Cette interprétation, qui a fait l'objet de sérieuses critiques[4], a été confirmée par la circulaire de la chancellerie du 23 novembre 2004, suivant laquelle, s'agissant du report, « *le juge apprécie l'opportunité d'y faire droit au regard de chaque situation* »[5].

Cela étant, si le report est désormais facultatif pour le juge, il n'en reste pas moins, selon la Cour de cassation, que lorsque les conditions dudit report sont remplies, le juge ne peut le refuser que par une décision motivée[6]. Or, on ne voit guère ce qui pourrait précisément « motiver » le juge à refuser le report en l'absence manifeste de cohabitation et de collaboration entre les époux, sauf éventuellement à tenir compte de l'attitude répréhensible du demandeur et donc à réintroduire l'ancienne référence aux causes de la séparation, abandonnée par la loi du 26 mai 2004.

012.23 Point de départ du report. S'agissant plus précisément du moment auquel le report judiciaire produit ses effets, la Cour de cassation a précisé qu'il s'agit de la première heure du jour fixé pour la date où les époux ont cessé de cohabiter et de collaborer[7]. C'est donc au début de la journée (0h) que le régime est réputé dissous et non à l'issue (24 heures) de celle-ci.

1. Civ. 2e, 7 déc. 1994, *Bull. civ.* II, n° 255 – *Defrénois* 1995, p. 1831, obs. J. Massip – Civ. 1re, 19 févr. 2002, *Bull. civ.* I, n° 61 – *D.* 2002, Somm. p. 2445, obs. V. Brémond – *Dr. famille* 2002, comm. n° 69, note H. Lécuyer – *RJPF* 2002 – 6/24, note A. Leborgne.
2. Civ. 1re, 14 mars 2006, *Bull. civ.* I, n° 152 – *AJ fam.* 2007. 35, obs. S. David – *D.* 2006, pan. p. 2437, obs. M. Douchy-Oudot – *RTD civ.* 2006, p. 546, obs. J. Hauser.
3. V. à ce propos, P.-J. Claux et S. David, « Divorce : le notaire nommé expert au cours de la procédure », *Defrénois* 2008, art. 38799.
4. V. J. Massip, Le nouveau droit du divorce, Defrénois, 2005, n° 125.
5. Circ. 23 nov. 2004 de présentation de la loi relative au divorce, du décret portant réforme de la procédure en matière familiale et du décret fixant les modalités de substitution d'un capital à une rente allouée au titre de la prestation compensatoire, n° 57.
6. Civ. 1re, 31 mars 2010, n° 08-20.729, préc.
7. Civ. 1re, 14 nov. 2006, *AJ fam.* 2007. 36, obs. S. David.

TITRE

02. La date de jouissance divise

SECTION 0

ORIENTEUR

02.00 **Plan du livre.**
Sect. unique

02.11 **Définition.** La date de la jouissance divise correspond à la date la plus proche du partage. Autrefois assénée par la Cour de cassation[1], cette solution a été expressément consacrée par la loi du 23 juin 2006 à l'article 829, alinéa 2, du code civil, aux termes duquel « *cette date est la plus proche possible du partage* ».

C'est donc une date en constante évolution[2], qui ne saurait être figée jusqu'à l'aboutissement des opérations de règlement du régime matrimonial, sous peine d'engendrer des situations inextricables.

02.12 **Effets.** La date de jouissance divise constitue la date à partir de laquelle l'indivision cesse et que chaque indivisaire devient propriétaire du bien qui lui est attribué dans son lot. Ainsi, concrètement, chacun des copartageants fait siens les fruits des biens que le partage lui attribue et les perçoit dorénavant divisément et à titre exclusif, tandis qu'il abandonne aux autres copartageants les fruits des biens qui composent leurs lots. À partir de cette date, les revenus des biens héréditaires cessent de tomber dans la masse indivise et de lui profiter collectivement.

C'est également à cette date que les biens, objets du partage, sont estimés (v. s[s] n°s 111.28 s.). Cette règle classique s'appuie sur des arguments solides. Il s'agit, par ce biais, de faire en sorte que les deux époux profitent ou souffrent pareillement de l'augmentation ou de la diminution ayant pu se produire dans la valeur des biens durant la période où ils étaient indivis entre eux[3]. Un argument de droit tiré de l'article 889 du code civil milite également en ce sens. Selon ce texte, relatif à l'action en complément de part, « *pour apprécier s'il y a eu lésion, on estime les objets suivant leur valeur à l'époque du partage* ». Si l'estimation qui sert de base à la composition des lots devait se faire en se plaçant à une date largement antérieure au partage, toute variation d'une certaine importance, dans la valeur des biens, qui se serait produite durant l'indivision, risquerait de rendre le partage rescindable pour lésion.

02.13 **Portée.** Il importe toutefois de souligner que la règle de l'article 829, alinéa 2, du code civil, n'est pas d'ordre public. Ainsi, sous le régime de la communauté légale, la Cour de cassation admet que rien n'empêche les parties de s'accorder aux fins d'évaluer les biens communs à une date anté-

1. Civ. 1re, 16 mars 1982, *JCP* 1983, II, n° 20076, note E. S. Sallé de La Marnière – Civ. 1re, 11 oct. 1989, *Bull. civ.* I, n° 312 – *Defrénois* 1990, art. 34816, p. 877, obs. G. Champenois – *RTD civ.* 1991, p. 392, obs. F. Lucet – Civ. 1re, 29 nov. 1994, *Bull. civ.* I, n° 346 – Civ. 1re, 7 avr. 1998, préc. – Civ. 1re, 16 juil. 1998, préc. – Civ. 1re, 19 janv. 1999, *Bull. civ.* I, n° 20 – *RTD civ.* 2000, p. 613, obs. B. Vareille – Civ. 1re, 30 oct. 2006, *Bull. civ.* I, n° 446 – *JCP* 2007, I, 142, n° 26, obs. A. Tisserand-Martin.
2. V. Civ. 1re, 18 févr. 1986 : *JCP N* 1986, prat. 9946, selon laquelle un accord sur les évaluations retenues par l'expert peut être remis en cause si le partage n'intervient pas dans un bref délai.
3. Civ. 1re, 22 févr. 1955 : *JCP N* 1955, II, 8744 – *D.* 1955, p. 333. – Civ. 1re, 7 nov. 1966 : *JCP N* 1966, II, 14896.

rieure, fût-ce pour certains bien seulement[1]. Par ailleurs, il résulte du nouvel article 829, alinéa 3, du code civil, que « *le juge peut fixer la date de jouissance divise à une date plus ancienne si le choix de cette date apparaît plus favorable à la réalisation de l'égalité* ».

Qu'il s'agisse des parties ou du magistrat, la pétrification de la date de jouissance divise au cours des opérations de règlement du régime matrimonial ou, en tout cas, à une date très antérieure au partage, doit être évitée dans la mesure du possible. Les uns comme les autres doivent avoir à l'esprit qu'une telle pétrification est susceptible, d'une part, de créer une inégalité d'une certaine importance entre les lots, ce qui risque de rendre le partage amiable rescindable pour lésion et, d'autre part, de neutraliser les comptes de l'indivision, au détriment de l'une des parties.

Exemple : dans le cadre d'une procédure de divorce, une ordonnance de non-conciliation est rendue le 22 septembre 2000. Les époux divorcent en 2001. En 2005, au cours des opérations de règlement du régime matrimonial, le magistrat saisi fixe - par erreur - la date de jouissance divise à la date de l'ordonnance de non-conciliation, soit le 22 septembre 2000 (v. sur la confusion entre la date de dissolution de la communauté et la date de jouissance divise, s[s] n° 111.29). En 2010, le mari sollicite en justice, pour le compte de l'indivision, le paiement de l'indemnité pour jouissance privative qu'il estime due par son épouse, qui occupait l'ancien logement familial indivis depuis l'ordonnance de non-conciliation, sans avoir obtenu la jouissance gratuite (C. civ., art. 815-9). La demande du mari est rejetée puisque l'indivision post-communautaire était en quelque sorte mort-née le 22 septembre 2000 par l'effet de la décision de 2005 !

1. Cass., ass. plén., 22 avr. 2005, *Bull. AP*, n° 5 – *BICC* 1er juil. 2005, rapp. J.-P. Gridel, concl. F. Cavarroc – *JCP N* 2005, 1344, n° 28, note Ph. Simler – *JCP N* 2006, 1229, n° 21, obs. A. Tisserand-Martin – *D.* 2005, IR p. 1250 – *JCP* 2005, II, 10089, note Ph. Simler – *RLDC* 2005/18, n° 753, note F. Léandri – *Dr. famille* 2005, comm. n° 140, note B. Beignier – *RTD civ.* 2005, p. 810, obs. M. Grimaldi. V. déjà en ce sens, Civ. 1re, 23 nov. 1977, n° 76-10.476, *Bull. civ.* I, n° 437 – Civ. 1re, 30 juin 1998, n° 96-14.157, *Bull. civ.* I, n° 228 – *JCP N* 1999, 339, note J. Casey – *JCP* 1998, I, 183, n° 7, obs. A. Tisserand.

LIVRE

1. LA LIQUIDATION DU RÉGIME MATRIMONIAL DE LA COMMUNAUTÉ LÉGALE

SECTION 0
ORIENTEUR

1.00 Plan du livre.

Titre	**11**	**L'élaboration du canevas liquidatif**
Chap.	111	Identification des patrimoines
Chap.	112	Mouvements de valeurs entre communauté et patrimoine propre : les récompenses
Chap.	113	Mouvements de valeurs entre l'indivision et le patrimoine personnel : les comptes d'indivision
Chap.	114	Mouvements de valeurs entre deux patrimoines propres : les créances entre époux
Titre	**12**	**L'exposé du canevas liquidatif**
Chap.	121	Exposé théorique du canevas liquidatif
Chap.	122	Exposé pratique du canevas liquidatif

1.03 Bibliographie indicative.

Actualisables. Bonneau Th., RÉP. CIV., *V° Compte,* 1996 – Colomer A., RÉP. CIV., *V° Communauté,* 1988 – M. Donnier, J.-CL. CIVIL, art. 815 à 815-18, Fasc. 40; J. Lafond, J.-CL. NOTARIAL FORMULAIRE, Fasc. 80, Comptes d'indivision – D. R. Martin, J.-CL. CIVIL, Art. 1478 à 1481, Fasc. 70 – F.-X. Testu, RÉP. CIV., *V° Indivision*, 1997.

Ouvrages.

> **Généralités.** Aubry et Rau, *Droit civil français,* t. VIII, Librairies techniques, 7e éd., par A. Ponsard, 1973; J. Patarin et G. Morin, *La réforme des régimes matrimoniaux,* t. I, Statut fondamental et régime légal, éd. *Defrénois,* 4e éd., 1977 – Capitant H. *et alii, Les grands arrêts de la jurisprudence civile,* t. 1, *Introduction, Personnes, Familles, Biens, Régimes matrimoniaux, Successions*, Dalloz, 12e éd., 2007 – Grimaldi M. *et alii, Droit patrimonial de la famille,* Dalloz Action, 3e éd., 2008 – A. Pène, *Méthodologie des liquidations-partage en droit patrimonial de la famille,* Litec, 2005 – Rieg A. et Lotz F., *Technique des régimes matrimoniaux,* Litec, 3e éd., par A. Rieg, F. Lotz et P. Rieg, 1993 – Savatier R., *La communauté conjugale nouvelle en droit français,* Dalloz, 1970.

Thèses. Aymeric N.-H., *Essai sur une théorie générale du compte en droit privé,* th., éd. Panthéon Assas, 2008 – Colomer A., *L'instabilité monétaire et les régimes matrimoniaux, Le mal et ses remèdes,* th., Rousseau & Cie, 1955 – Fayard M.-C., *Les impenses,* Thèse LGDJ, 1969 – Pierre-François G. L., *La notion de dette de valeur en droit civil, Essai d'une théorie,* th., LGDJ, 1975 – Trescases A., *Assurances et droit des régimes matrimoniaux Assurances et droit des régimes matrimoniaux,* thèse Defrénois, 2007 – Yildirim G., *L'autonomie financière dans la communauté de vie,* th., PULIM, 2001.

TITRE

11. L'élaboration du canevas liquidatif

SECTION 0

ORIENTEUR

11.00 Plan du titre.

Chap. 111 Identification des patrimoines
Sect. 1 Patrimoines propres
Sect. 2 Patrimoine indivis
Sect. 3 Patrimoine commun
Chap. 112 Mouvements de valeurs entre communauté et patrimoine propre : les récompenses
Sect. 1 Avant-propos
Sect. 2 Localisation des récompenses
Sect. 3 Calcul des récompenses
Sect. 4 Règlement des récompenses
Chap. 113 Mouvements de valeurs entre l'indivision et le patrimoine personnel : les comptes d'indivision
Sect. 1 Établissement du compte d'indivision
Sect. 2 Règlement des créances d'indivision
Chap. 114 Mouvements de valeurs entre deux patrimoines propres : les créances entre époux
Sect. 1 Localisation des créances entre époux
Sect. 2 Valorisation des créances entre époux
Sect. 3 Règlement des créances entre époux

CHAPITRE

111. Identification des patrimoines

SECTION 0
ORIENTEUR

111.00 Plan du chapitre.

Sect. 1 Patrimoines propres
§ 1 Recensement des biens propres
§ 2 Preuve des biens propres
Sect. 2 Patrimoine indivis
Sect. 3 Patrimoine commun
§ 1 Recensement de l'actif commun
A. Détermination de l'actif de communauté
B. Évaluation de l'actif de communauté
§ 2 Recensement du passif de communauté
A. Détermination du passif de communauté
B. Évaluation du passif de communauté

111.01 Textes applicables.

> **Droit d'usage et droit aux revenus** [C. civ., art. 815-9 à 815-13]

• C. civ., art. 815-9

Chaque indivisaire peut user et jouir des biens indivis conformément à leur destination, dans la mesure compatible avec le droit des autres indivisaires et avec l'effet des actes régulièrement passés au cours de l'indivision. À défaut d'accord entre les intéressés, l'exercice de ce droit est réglé, à titre provisoire, par le président du tribunal.

L'indivisaire qui use ou jouit privativement de la chose indivise est, sauf convention contraire, redevable d'une indemnité.

• C. civ., art. 815-10

Sont de plein droit indivis, par l'effet d'une subrogation réelle, les créances et indemnités qui remplacent des biens indivis, ainsi que les biens acquis, avec le consentement de l'ensemble des indivisaires, en emploi ou remploi des biens indivis.

Les fruits et les revenus des biens indivis accroissent à l'indivision, à défaut de partage provisionnel ou de tout autre accord établissant la jouissance divise.

Aucune recherche relative aux fruits et revenus ne sera, toutefois, recevable plus de cinq ans après la date à laquelle ils ont été perçus ou auraient pu l'être.

Chaque indivisaire a droit aux bénéfices provenant des biens indivis et supporte les pertes proportionnellement à ses droits dans l'indivision.

• C. civ., art. 815-11

Tout indivisaire peut demander sa part annuelle dans les bénéfices, déduction faite des dépenses entraînées par les actes auxquels il a consenti ou qui lui sont opposables.

À défaut d'autre titre, l'étendue des droits de chacun dans l'indivision résulte de l'acte de notoriété ou de l'intitulé d'inventaire établi par le notaire.

En cas de contestation, le président du tribunal de grande instance peut ordonner une répartition provisionnelle des bénéfices sous réserve d'un compte à établir lors de la liquidation définitive.

À concurrence des fonds disponibles, il peut semblablement ordonner une avance en capital sur les droits de l'indivisaire dans le partage à intervenir.

• C. civ., art. 815-12

L'indivisaire qui gère un ou plusieurs biens indivis est redevable des produits nets de sa gestion. Il a droit à la rémunération de son activité dans les conditions fixées à l'amiable ou, à défaut, par décision de justice.

• C. civ., art. 815-13

Lorsqu'un indivisaire a amélioré à ses frais l'état d'un bien indivis, il doit lui en être tenu compte selon l'équité, eu égard à ce dont la valeur du bien se trouve augmentée au temps du partage ou de l'aliénation. Il doit lui être pareillement tenu compte des dépenses nécessaires qu'il a faites de ses deniers personnels pour la conservation desdits biens, encore qu'elles ne les aient point améliorés.

Inversement, l'indivisaire répond des dégradations et détériorations qui ont diminué la valeur des biens indivis par son fait ou par sa faute.

> **Reprise des biens – Principe**

• C. civ., art. 1467, al. 1er

La communauté dissoute, chacun des époux reprend ceux des biens qui n'étaient point entrés en communauté, s'ils existent en nature, ou les biens qui y ont été subrogés.

> Présomption de communauté

• C. civ., art. 1402, al. 1er

Tout bien, meuble ou immeuble, est réputé acquêt de communauté si l'on ne prouve qu'il est propre à l'un des époux par application d'une disposition de la loi.

> Preuve du caractère propre des biens

• C. civ., art. 1402, al. 2

Si le bien est de ceux qui ne portent pas en eux-mêmes preuve ou marque de leur origine, la propriété personnelle de l'époux, si elle est contestée, devra être établie par écrit. À défaut d'inventaire ou autre preuve préconstituée, le juge pourra prendre en considération tous écrits, notamment titres de famille, registres et papiers domestiques, ainsi que documents de banque et factures. Il pourra même admettre la preuve par témoignage ou présomption, s'il constate qu'un époux a été dans l'impossibilité matérielle ou morale de se procurer un écrit.

> Détermination de l'actif – Principe

• C. civ., art. 1401

La communauté se compose activement des acquêts faits par les époux ensemble ou séparément durant le mariage, et provenant tant de leur industrie personnelle que des économies faites sur les fruits et revenus de leurs biens propres.

> Détermination de l'actif – Preuve

• C. civ., art. 1402

Tout bien, meuble ou immeuble, est réputé acquêt de communauté si l'on ne prouve qu'il est propre à l'un des époux par application d'une disposition de la loi.

Si le bien est de ceux qui ne portent pas en eux-mêmes preuve ou marque de leur origine, la propriété personnelle de l'époux, si elle est contestée, devra être établie par écrit. À défaut d'inventaire ou autre preuve préconstituée, le juge pourra prendre en considération tous écrits, notamment titres de famille, registres et papiers domestiques, ainsi que documents de banque et factures. Il pourra même admettre la preuve par témoignage ou présomption, s'il constate qu'un époux a été dans l'impossibilité matérielle ou morale de se procurer un écrit.

> Détermination des biens propres

[C. civ., art. 1404, 1405, 1406, 1407 et 1408]

• C. civ., art. 1404

Forment des propres par leur nature, quand même ils auraient été acquis pendant le mariage, les vêtements et linges à l'usage personnel de l'un des époux, les actions en réparation d'un dommage corporel ou moral, les créances et pensions incessibles, et, plus généralement, tous les biens qui ont un caractère personnel et tous les droits exclusivement attachés à la personne.

Forment aussi des propres par leur nature, mais sauf récompense s'il y a lieu, les instruments de travail nécessaires à la profession de l'un des époux, à moins qu'ils ne soient l'accessoire d'un fonds de commerce ou d'une exploitation faisant partie de la communauté.

C. civ., art. 1405

Restent propres les biens dont les époux avaient la propriété ou la possession au jour de la célébration du mariage, ou qu'ils acquièrent, pendant le mariage, par succession, donation ou legs.

La libéralité peut stipuler que les biens qui en font l'objet appartiendront à la communauté. Les biens tombent en communauté, sauf stipulation contraire, quand la libéralité est faite aux deux époux conjointement.

Les biens abandonnés ou cédés par père, mère ou autre ascendant à l'un des époux, soit pour le remplir de ce qu'il lui doit, soit à la charge de payer les dettes du donateur à des étrangers, restent propres, sauf récompense.

• C. civ., art. 1406

Forment des propres, sauf récompense s'il y a lieu, les biens acquis à titre d'accessoires d'un bien propre ainsi que les valeurs nouvelles et autres accroissements se rattachant à des valeurs mobilières propres.

Forment aussi des propres, par l'effet de la subrogation réelle, les créances et indemnités qui remplacent des propres, ainsi que les biens acquis en emploi ou remploi, conformément aux articles 1434 et 1435.

• C. civ., art. 1407

Le bien acquis en échange d'un bien qui appartenait en propre à l'un des époux est lui-même propre, sauf la récompense due à la communauté ou par elle, s'il y a soulte.

Toutefois, si la soulte mise à la charge de la communauté est supérieure à la valeur du bien cédé, le bien acquis en échange tombe dans la masse commune, sauf récompense au profit du cédant.

• C. civ., art. 1408

L'acquisition faite, à titre de licitation ou autrement, de portion d'un bien dont l'un des époux était propriétaire par indivis, ne forme point un acquêt, sauf la récompense due à la communauté pour la somme qu'elle a pu fournir.

> Détermination du passif – Principe

• C. civ., art. 1409

La communauté se compose passivement :

– à titre définitif, des aliments dus par les époux et des dettes contractées par eux pour l'entretien du ménage et l'éducation des enfants, conformément à l'article 220;

– à titre définitif ou sauf récompense, selon les cas, des autres dettes nées pendant la communauté.

> Détermination du passif – Dettes exclues du passif commun

[C. civ., art. 1410, 1416 et 1417]

• C. civ., art. 1410

Les dettes dont les époux étaient tenus au jour de la célébration de leur mariage, ou dont se trouvent grevées les successions et libéralités qui leur échoient durant le mariage, leur demeurent personnelles, tant en capitaux qu'en arrérages ou intérêts.

• C. civ., art. 1416

La communauté qui a acquitté une dette pour laquelle elle pouvait être poursuivie en vertu des articles précédents a droit néanmoins à récompense, toutes les fois que cet engagement avait été contracté dans l'intérêt personnel de l'un des époux, ainsi pour l'acquisition, la conservation ou l'amélioration d'un bien propre.

111.02 **Jurisprudences.**

> L'emprunt souscrit par un époux seul pendant le mariage est présumé être une dette définitive de la communauté

• Civ. 1re, 19 sept. 2007, n° 05-15.940, *Bull. civ.* I, n° 278

« Attendu qu'en vertu de l'article 1409 du code civil, la communauté se compose passivement, à titre définitif ou sauf récompense, des dettes nées pendant la communauté et que celles résultant d'un emprunt contracté par un époux sans le consentement exprès de l'autre doivent figurer au passif définitif de la communauté dès lors qu'il n'est pas établi qu'il a souscrit cet engagement dans son intérêt personnel; qu'ayant relevé que Mme X... ne démontrait pas que son époux avait contracté les emprunts dans son intérêt personnel, la cour d'appel a décidé, à bon droit, que les dettes litigieuses devaient être inscrites au passif de la communauté; que le moyen ne peut être accueilli ».

111.03 **Bibliographie indicative.**

* V. références s^s n° 1.03

Ouvrages.

> Recensement des biens propres. R. Cabrillac, *Droit civil, Les régimes matrimoniaux,* Montchestien, 5e éd., 2004, nos 147 et s.; A. Colomer, *Droit civil – Régimes matrimoniaux,* Litec, 12e éd., 2004, nos 572 et s.; *Les régimes matrimoniaux et le droit commercial,* t. 2, Les sociétés commerciales et les régimes matrimoniaux, Defrénois, 1984, nos 352 et s. [valeurs mobilières]; G. Cornu, *Les régimes matrimoniaux,* PUF, 8e éd., 1997, p. 355 et s.; J. Flour et G. Champenois, *Les régimes matrimoniaux,* Armand Colin, 2e éd., 2001, nos 275 et s.; Ph. Malaurie et L. Aynès, *Droit civil, Les régimes matrimoniaux,* Defrénois, 2e éd., 2007, nos 336 et s.; F. Terré et Ph. Simler, *Droit civil, Les régimes matrimoniaux,* Dalloz, 5e éd., 2008, nos 307 et s.

> Recensement des biens communs. R. Cabrillac, *Droit civil, Les régimes matrimoniaux,* Montchestien, 5e éd., 2004, nos 138 et s.; A. Colomer, *Droit civil – Régimes matrimoniaux,* Litec, 12e éd., 2004, nos 572 et s.; G. Cornu, *Les régimes matrimoniaux,* PUF, 8e éd., 1997, p. 313 et s.; J. Flour et G. Champenois, *Les régimes matrimoniaux,* Armand Colin, 2e éd., 2001, nos 256 et s.; Ph. Malaurie et L. Aynès, *Droit civil, Les régimes matrimoniaux,* Defrénois, 2e éd., 2007, nos 328 et s.; F. Terré et Ph. Simler, *Droit civil, Les régimes matrimoniaux,* Dalloz, 5e éd., 2008, nos 276 et s.

Articles.

> Recensement des biens propres. Colomer A., « Augmentation de capital et répartition des biens en régime matrimonial communautaire », *Defrénois* 1981, art. 32606 et 32612 – Hovasse H., « Époux et valeurs mobilières », *Dr. et patr.* 2002, n° 103, 42 – Lejeune F., « Déclaration de remploi et d'origine des fonds, outils de transmission patrimoniale entre époux », *Dr. et patr.* avr. 2008, 22 – Libchaber R., « Le portefeuille de valeurs mobilières : bien unique ou pluralité de biens ? », *Defrénois* 1997, p. 65, spéc. n° 21 – Martin D., « L'acquisition de parts indivises d'un bien propre », *D.* 1974, chron. 165; « Du portefeuille de valeurs mobilières considéré comme une universalité de fait », *Vie jud.* 3 févr. 1992, n° 2392, 3.

> Recensement des biens communs. Cermolacce A., « L'introuvable acquêt », *JCP N* 2009, 1186 – Depondt A., « Le sort des stock-options en cas de divorce », *RLDC* 2006, 2199 – Fosseart E., « Stock-options et régime légal », *Gaz. Pal.* 21 nov. 2000, 16 – Hublot G. et Lécuyer H., « Liquidation des stock-options en cas de divorce », *JCP N* 2009, 1002 – Laye-Baffert C. et Dadoit M., « Le sort des stock-options dans les partages de communauté et les transmissions familiales », *Defrénois* 2002, art. 37581 – Sallé De La Marnierre E. S., « Date d'évaluation des biens dans les partages », *D.* 1967, chron. 227 – Voisin V., « Controverses sur les contingences du régime légal des stock-options », *Dr. et patr.* 2005, n° 135, 53.

> Passif de communauté. Chazal J.-P. et Ferré-André S., « L'incroyable destin de l'article 1387-1 du code civil », *D.* 2006, Point de vue, 316 – Crocq P., « Les bons sentiments ne font pas les bons textes », *D.* 2005, Tribune, 2025 – David S., « Les tiers créanciers et la famille », *AJ fam.* 2003, 9 – Piedelièvre S., « Le nouvel article 1387-1 du code civil (ou de l'utilisation d'un pavé par un ours) », *D.* 2005, Point de vue, p. 2138 – Larribau-Terneyre V., « Le créancier se trouve fort dépourvu quand le divorce fut venu... », *Dr. fam.* 2005, chron. 21 – Ponton-Grillet D., « Droit civil et qualification des dettes d'impôt conjugales nées au cours du régime de communauté légale », *JCP N,* 1993, I, 423 – Vauvillé F., « L'institutrice et l'artisan..., », *RJPF* 2005-11/20.

11.09 **Division.** Confronté à deux époux mariés sous le régime légal, le liquidateur est appelé à déceler l'existence éventuelle d'un patrimoine propre à chacun des époux (sect. 1) et d'un patrimoine constitué, au rebours, par les deux époux; il peut s'agit alors soit d'un patrimoine indivis, constitué avant le mariage (sect. 2), soit d'un patrimoine commun, constitué pendant le mariage (sect. 3).

SECTION 1
PATRIMOINES PROPRES

§ 1
Recensement des biens propres

111.11 **Intérêt de la détermination des biens propres pour la liquidation.** Les biens propres existants encore à la date de la liquidation faisant l'objet d'une reprise en nature de la part de l'époux qui en est le propriétaire, il appartient donc au praticien confronté à une liquidation d'identifier, avec le plus de précision possible, la composition du patrimoine propre de chacun des époux. Il n'est pas question ici d'entreprendre une étude détaillée des biens propres, ce qui dépasserait sensiblement l'objet de cette étude[1]. Aussi se contentera-t-on d'en donner la typologie. Sous le régime de la communauté légale, les biens propres sont énumérés par la loi, aux articles 1404 à 1408 du code civil. À la lecture de ces articles, il apparaît que l'identification des biens propres peut être ordonnée autour de quatre grandes rubriques.

111.12 Biens propres par leur origine. Sont propres les biens présents, c'est-à-dire les biens appartenant aux époux au jour de la célébration du mariage, ainsi que les biens futurs, c'est-à-dire les biens acquis par les époux au cours de l'union à titre gratuit (C. civ., art. 1405, al. 1er). Sont également propres les biens acquis par arrangement de famille (C. civ., art. 1405, al. 3).

111.13 Biens propres par nature. Certains biens ou droits sont expressément déclarés propres à raison de leur nature par la loi, tels les vêtements et linges à usage personnels, les actions en réparation d'un dommage corporel ou moral[2], les créances et pensions incessibles : notamment les pensions alimentaires, les pensions d'invalidité[3], les pensions de retraite ainsi que les pensions allouées en cas d'accident du travail[4]. Les arrérages peuvent néanmoins être communs, notamment lorsqu'ils ont pour objet de se substituer aux gains et salaires de l'époux bénéficiaire, mais également parce qu'ils constituent des fruits de bien propre[5]. Et, plus généralement, sont propres tous les biens qui ont un caractère personnel et tous les droits exclusivement attachés à la personne (C. civ., art. 1404, al. 1er)[6]. Sont également propres par nature, mais à charge de récompense, les instruments de travail nécessaires à la profession de l'un des époux qui ne sont pas l'accessoire d'un fonds d'une exploitation qui dépend de la communauté (C. civ., art. 1404, al. 2)[7].

111.14 Biens propres par dépendance à un autre bien propre. Sont notamment propres les biens acquis par le jeu de l'accession à un bien propre, tel l'immeuble bâti sur le terrain propre de l'un des époux[8]. Sont également propres les accroissements se rattachant à des valeurs mobilières propres (C. civ., art. 1406), telles les valeurs mobilières acquises au moyen d'un droit préférentiel de souscription ou celles distribuées aux actionnaires après incorporation de réserve[9]. Sont également propres les parts indivises nouvellement acquises d'un bien dont l'époux est déjà indivisaire (C. civ., art. 1408)[10], quelle que soit la source de l'indivision originelle[11], que le bien indivis soit un immeuble ou un meuble[12], et quel que soit le mode d'acquisition

1. Sur la détermination des biens propres dans le régime légal, v. not. R. Cabrillac, *Droit civil, Les régimes matrimoniaux*, Montchestien, 5e éd., 2004, nos 147 et s. – A. Colomer, *Droit civil – Régimes matrimoniaux*, Litec, 12e éd., 2004, nos 572 et s. – G. Cornu, *Les régimes matrimoniaux*, PUF, 8e éd., 1997, p. 355 et s. – J. Flour et G. Champenois, *Les régimes matrimoniaux*, Armand Colin, coll. U, 2e éd., 2001, nos 275 et s. – Ph. Malaurie et L. Aynès, *Droit civil, Les régimes matrimoniaux*, *Defrénois*, 2e éd., 2007, nos 336 et s. – F. Terré et Ph. Simler, *Droit civil, Les régimes matrimoniaux*, Dalloz, 5e éd., 2008, nos 307 et s.
2. L'indemnité perçue est également propre et ce quelle que soit sa forme, capital ou rente (v., par exemple, Civ. 1re, 7 nov. 1995, *JCP* 1996, I, 3908, no 12, obs. Ph. Simler – *JCP N* 1996, II, 798, note Ph. Simler – Civ. 1re, 6 févr. 2001, *JCP* 2001, I, 103, no 10, obs. Ph. Simler). *A contrario*, les dommages et intérêts alloués en réparation d'un préjudice matériel sont communs (v. Civ. 1re, 12 mai 1981, *Bull. civ.* I, no 156 – *Defrénois* 1981, art. 32750, p. 1314, obs. G. Champenois, à propos de dommages et intérêts alloués à un époux en raison de la falsification d'un chèque tiré par sa femme sur son compte).
3. Civ 1re, 7 nov. 1995, préc.
4. CA Bordeaux, 5 mai 1993, *JCP* 1995, I, 3821, no 16, obs. Ph. Simler.
5. *Cf.* l'article 584 du code civil, selon lequel les arrérages des rentes sont des fruits civils. Sur ce dernier point, v. J. Flour et G. Champenois, *op. cit.*, no 311.
6. Exemples donnés pêle-mêle : les souvenirs de famille – les lettres missives reçues par les époux – les diplômes – les bijoux (la solution est toutefois discutée pour ces derniers. Pour, F. Terré et Ph. Simler, *op. cit.*, no 327 – contre, J. Flour et G. Champenois, *op. cit.*, no 308).
7. Ne constitue pas un instrument de travail le fonds de commerce en lui-même ou une exploitation. En ce sens, v. CA Fort-de-France, 28 mai 1999, *JCP*, 2000, I, 245, no 13, obs. Ph. Simler (à propos de terrains agricoles).
8. V. par exemple, Civ. 1re, 13 nov. 1980, *Bull. civ.* I, no 292 – *JCP* 1981, II, 19668, note G.-L. Pierre-François – *Defrénois* 1981, art. 32608, p. 465, obs. G. Champenois – *D.* 1981, IR p. 463, obs. D. Martin – Civ. 1re, 14 mars 1984, *Bull. civ.* I, no 61 – *JCP* 1984, IV, 127 – Civ. 1re, 6 nov. 1984, *Bull. civ.* I, no 293 – *Defrénois* 1985, art. 33489, p. 460, obs. G. Champenois – *D.* 1985, IR p. 303, obs. D. Martin – CA Lyon, 14 mars 2000, *Juris-Data* no 116927 – Com. 24 juin 2003, *Bull. civ.* IV, no 105 – *D.* 2003, Jur. 2167, note Ph. Delmotte – *Dr. fam.* 2003, comm. no 104 (1er arrêt), note B. Beignier – *RJPF* 2003, 12/28, obs. F. Vauvillé – *Defrénois* 2004, art. 37856, p. 71, obs. G. Champenois – *D.* 2004. somm. 51, obs. P.-M. Le Corre – *JCP* 2004, I, 115, no 8, obs. Ph. Pétel – *JCP* 2004, I, 129, no 13, obs. Ph. Simler – *Dr. et patr.* juin 2004, p. 36, étude V. Brémond – CA Bastia, 11 avr. 2007, *Juris-Data* no 331431.
9. Sur cette question, v. A. Colomer, « Augmentation de capital et répartition des biens en régime matrimonial communautaire », *Defrénois* 1981, art. 32606 et 32612 – *Les régimes matrimoniaux et le droit commercial*, t. 2, *Les sociétés commerciales et les régimes matrimoniaux*, *Defrénois*, 1984, nos 352 et s.
10. V. D. Martin, « L'acquisition de parts indivises d'un bien propre », *D.* 1974, chron. 165.
11. Pour l'acquisition de parts d'une société en participation, dépourvue de la personnalité morale, v. CA Reims, 28 nov. 2002, *JCP* 2004, I, 129, no 10, obs. Ph. Simler.
12. Civ. 1re, 16 oct. 1957, *Bull. civ.* I, no 377 – TGI Béthune, 12 déc. 1962, *Gaz. Pal.* 1963, 1, p. 297.

des nouvelles fractions indivises[1]. Enfin, et plus généralement, sont propres les biens acquis à titre d'accessoire d'un propre (C. civ., art. 1406), ce qui suppose l'intention de les affecter à un bien propre (élément subjectif) et le placement effectif dans la dépendance économique d'un tel bien (élément objectif), comme, par exemple, le véhicule automobile acquis pour les besoins de l'exploitation d'une clientèle d'agent d'assurance[2] ou les marchandises achetées pour les besoins de l'exploitation d'un fonds de commerce[3].

111.15 Biens propres par subrogation à un autre bien propre. Des biens peuvent être propres par le jeu de la subrogation automatique, telles les créances et indemnités remplaçant des propres (C. civ., art. 1406, al. 2)[4] ou les biens échangés, dès lors que la valeur du bien échangé est supérieure ou égale à l'éventuelle soulte due au coéchangiste (C. civ., art. 1407), ou encore les droits sociaux acquis en contrepartie d'un apport en nature[5], voire les actions acquises dans le cadre de la gestion d'un portefeuille de valeurs mobilières propre.

Pour aller plus loin : l'application des formalités du remploi étant en effet impraticable aux ordres de bourse en raison de la célérité et de la multiplicité des transactions, il est possible en ce domaine d'avoir recours à la notion de portefeuille de valeurs mobilières, telle qu'elle a été dégagée par la jurisprudence[6]. Rappelons que le portefeuille de valeurs mobilières consiste en une universalité de fait régie par le mécanisme de la subrogation réelle[7]. La notion de portefeuille permet ainsi de conserver la qualité de biens propres attachée aux valeurs mobilières qu'il comportait avant le mariage, ou au jour où il a été reçu par succession ou libéralité : il présente globalement la nature d'un bien propre malgré les variations de son contenu, au fil des opérations d'achat et de vente que sa gestion implique. Autrement dit, les valeurs mobilières nouvelles acquises grâce à la revente de titres détenus avant le mariage, demeurent des biens propres sans qu'il soit nécessaire de respecter les formes du remploi. Mais, pour que la subrogation réelle puisse produire cet effet, encore faut-il que le compte titres, support du portefeuille, fonctionne sans confusion avec des titres communs : à défaut la présomption de communauté devrait recevoir application sur l'ensemble du portefeuille[8]. Par ailleurs, dans la mesure où la gestion du portefeuille ne crée pas seulement des mouvements de titres, mais peut également induire une circulation de monnaie, les réalisations de droits sociaux qui résultent d'opérations d'arbitrage au sein du portefeuille peuvent dégager des liquidités : les fonds obtenus par réalisation de valeurs propres constituent eux-mêmes des propres par subrogation, conformément à l'article 1406, alinéa 2, du code civil et leur emploi pour l'acquisition ultérieure de nouveaux titres s'inscrit dans le fonctionnement naturel du portefeuille. La Cour de cassation semble implicitement avoir admis récemment pour la première le jeu de la subrogation automatique dans le cadre du portefeuille de valeur mobilière en droit des régimes matrimoniaux[9].

Des biens peuvent également être propres par le jeu de la subrogation volontaire, ce qui sera le cas des biens acquis à l'aide de deniers propres ou provenant de la vente d'un propre, dès lors que les formalités de l'emploi ou du remploi ont été respectées et que les fonds propres utilisés représentent au moins la moitié du coût d'acquisition (C. civ., art. 1406, al. 2 et 1434 et 1435)[10].

1. Not. par licitation, v. Civ. 1re, 23 mars 1954, *JCP* 1954, II, 8180, note H. Blin – Civ. 1re, 14 mai 1991, *Bull. civ.* I, n° 151 – *JCP* 1992, II, 21820, note J.-F. Pillebout – *JCP N* 1992, II, 10, note J.-F. Pillebout.
2. Civ. 1re, 8 nov. 1989, *Bull. civ.* I, n° 340 – *JCP N* 1991, II, 61, obs. Ph. Simler.
3. Civ. 1re, 23 janv. 1979, *Bull. civ.* I, n° 32 – *Defrénois* 1979, art. 31954, obs. A. Colomer.
4. V. Civ. 1re, 6 janv. 1981, *D.* 1981, IR p. 643, obs. D. Martin – *Defrénois* 1981, art. 32750, p. 624, obs. G. Champenois (fonds provenant d'une souscription en faveur des victimes d'une catastrophe et destinés à réparer les préjudices immobiliers et mobiliers). Pour des exemples, v. F. Terré et Ph. Simler, *op. cit.*, n° 352.
5. Civ., 18 déc. 1935, DP 1936.1.129, note M. Fréjaville – S. 1937.1.57, note P. Durand – Civ. 1re, 21 nov. 1978, *Bull. civ.* I, n° 353 – *D.* 1979, IR p. 254, note D. Martin – *Defrénois* 1979, art. 32038, p. 954, obs. G. Champenois – *JCP* 1980, I, 19451, note R. Le Guidec – CA Metz, 4 janv. 1990, *Juris-Data* n° 047570 – Civ. 1re, 10 juill. 1996, *Bull. civ.* I, n° 314 – *Dr. et patr.* 1996, p. 1463, obs. A. Bénabent – *D.* 1996. somm. 394, obs. M. Grimaldi – *JCP* 1997, I, 4008, n° 9, obs. Ph. Simler. En revanche, la subrogation réelle automatique ne joue pas en cas d'apport en numéraire (Civ. 1re, 5 mars 1991, *Bull. civ.* I, n° 80 – *D.* 1991, Jur. 565, note R. Le Guidec – *Defrénois* 1992, art. 35220, p. 400, obs. G. Champenois – *RTD civ.* 1992, p. 439, obs. F. Lucet et B. Vareille).
6. Sur ce point, v. not. H. Hovasse, « Époux et valeurs mobilières », *Dr. et patr.* 2002, n° 103, p. 42 – R. Libchaber, « Le portefeuille de valeurs mobilières : bien unique ou pluralité de biens ? », *Defrénois* 1997, p. 65, spéc. n° 21 – D. Martin, « Du portefeuille de valeurs mobilières considéré comme une universalité de fait », *Vie jud.* 3 févr. 1992, n° 2392, p. 3
7. V., à propos de la gestion du portefeuille par un usufruitier, Civ. 1re, 12 nov. 1998, *Bull. civ.* I, n° 315 – *D.* 1999, Jur. 167, note L. Aynès – p. 633, note S. Fiorina – *JCP* 1999, II, 10027, note S. Piedelièvre – *JCP* 1999, I, 120, n° 29, obs. H. Périnet-Marquet – *JCP N* 1999, I, p. 351, note H. Hovasse – *RTD civ.* 1999, p. 422, obs. F. Zénati – p. 674, obs. J. Patarin
8. En ce sens, v. H. Hovasse, « Époux et valeurs mobilières », art. préc., spéc. p. 43
9. V. Civ. 1re, 19 nov. 2008, n° 07-17.435, *RJPF* 2009, 1/34, obs. F. Vauvillé – *JCP* 2009, I, 140, n° 9, obs. Ph. Simler.
10. Sur cette question, v. la synthèse de F. Lejeune, « Déclaration de remploi et d'origine des fonds, outils de transmission patrimoniale entre époux », *Dr. et patr.* avr. 2008, p. 22.

§ 2
Preuve des biens propres

111.16 Preuve de la nature propre d'un bien meuble. La principale difficulté rencontrée par la pratique concerne la preuve de la nature propre d'un bien. Cette difficulté intéresse les meubles car pour les immeubles, les titres de propriété établis par les notaires indiquent avec certitude la date et les conditions de leur acquisition et, en ce qui concerne les immeubles acquis par prescription acquisitive, ils constituent des biens propres à l'époux qui en avait la possession au moment du mariage[1]. Mais, lorsqu'il y a un bien meuble revendiqué en tant que propre par un époux, comment se présente sa revendication sur le plan juridique ? Ce problème est résolu par l'application de la présomption de communauté, visée par l'article 1402, alinéa 1er, du code civil. Par conséquent, il revient à l'époux revendiquant un bien comme lui étant propre, et dont cette nature est contestée par son conjoint, d'en apporter positivement la preuve, suivant les modalités prévues par la loi, énoncées à l'article 1402, alinéa 2, du code civil[2].

SECTION 2
PATRIMOINE INDIVIS

111.17 Existence et autonomie de l'indivision pré-communautaire. Il n'est plus rare aujourd'hui de devoir liquider le régime matrimonial d'époux ayant vécu de nombreuses années en situation de concubinage avant de se marier. Il n'est pas davantage exceptionnel que les futurs époux aient acquis un ou plusieurs biens ensemble, en indivision, avant le mariage. Quand arrive l'heure du règlement des intérêts patrimoniaux des époux en cas de divorce, le liquidateur est appelé à s'intéresser à cette indivision pré-communautaire.

111.18 Distinction entre l'indivision pré-communautaire et la communauté des époux. Il convient d'emblée de préciser que l'indivision pré-communautaire est distincte de la communauté qui lie les époux à compter de leur mariage. En d'autres termes, le ou les biens indivis ne deviennent nullement communs du seul fait du mariage sous le régime de la communauté[3]. De même, l'indivision pré-conjugale ne se confond pas avec l'indivision post-communautaire. Il s'agit d'une indivision autonome, qui doit être liquidée, et éventuellement partagée, conformément au droit commun de l'indivision (C. civ., art. 815 et s.).

111.19 Nécessité de la liquidation en cas de divorce. L'autonomie de l'indivision constituée entre les futurs époux implique que ceux-ci peuvent très bien réaliser le partage en cours d'union, en dehors du règlement du régime matrimonial[4]. Inversement, par principe, rien ne les oblige à liquider cette indivision lors de la dissolution du régime. Néanmoins, dans le cadre d'une procédure de divorce, la loi prescrivant un règlement global des intérêts patrimoniaux des époux[5], la liquidation est rendue nécessaire[6].

111.20 Composition active de la masse indivise. Sont indivis les biens que les époux ont acquis en indivision, quels que soient les droits de chacun dans cette indivision, ainsi que les créances dont l'indivision serait titulaire à l'égard des indivisaires. En pratique, un compte d'indivision sera établi pour chaque époux et seul le solde sera pris en considération. Lorsque le solde de ce compte sera favorable à l'indivision, il sera porté à l'actif - au rebours, lorsqu'il sera favorable à l'époux, il devra être porté au passif (v. s^s^ n° 111.21). Sont également indivises les créances que l'indivision pourrait avoir à l'encontre de la communauté, notamment à raison de l'utilisation de fonds indivis à son profit.

111.21 Composition passive de la masse indivise. Conformément au droit commun, le passif indivis est, pour sa part, déterminé par l'article 815-17 du code civil. Sont donc indivises essentielle-

1. Article 1405 du code civil.
2. Sur le renversement de la présomption de communauté, v. not. R. Cabrillac, *op. cit.*, n° 136 – A. Colomer, *Droit civil – Régimes matrimoniaux*, *op. cit.*, n°s 411 et s. – G. Cornu, *op. cit.*, p. 350 et s. – J. Flour et G. Champenois, *op. cit.*, n°s 333 et s. – Ph. Malaurie et L. Aynès, *op. cit.*, n°s 380 et s. – F. Terré et Ph. Simler, *op. cit.*, n°s 372 et s.
3. Civ. 1re, 20 janv. 1969, *D.* 1969. somm. 65 – *JCP* 1969, IV, 56 – Civ. 1re, 22 juill. 1985, *Bull. civ.* I, n° 234 – *D.* 1985, IR p. 481 – *JCP N* 1986, II, 77, note Ph. Simler – *Defrénois* 1986, art. 33636, p. 1476, obs. G. Champenois. Sur cette question, v. F. Terré et Ph. Simler, *op. cit.*, n° 276, spéc. note 1. Seul un apport du bien à la communauté par contrat de mariage ou convention modificative pourrait permettre à transformer ces biens en biens communs.
4. Civ. 1re, 22 oct. 1985, *Bull. civ.* I, n° 267 – *D.* 1986, Jur. 241, note A. Breton.
5. La règle est valable quelle que soit la forme du divorce. V. pour les divorces contentieux l'article 267 du code civil : « *Le juge, en prononçant le divorce, ordonne la liquidation et le partage (des) intérêts patrimoniaux (des époux)* ». Pour le divorce par consentement mutuel, v. l'article 230 du code civil : la convention soumise à homologation doit régler « *les conséquences du divorce* ».
6. En ce sens, v. Y. Flour et F.-J. Pansier, Questions pratiques, *Defrénois* 1998, art. 36883, n° 3, note 1.

ment[1] les dettes résultant du fonctionnement de l'indivision, comme, par exemple, le solde de l'emprunt souscrit pour acquérir le bien indivis, ainsi que les dettes à l'égard des indivisaires, c'est-à-dire les dettes relatives au remboursement des impenses, et enfin, les dettes que pourrait avoir l'indivision à l'égard de la communauté qui aurait réglé des dépenses afférentes au bien indivis[2].

111.22 Exclusion des créances entre futurs époux. En revanche, les créances entre les futurs époux doivent être exclues de la liquidation de l'indivision pré-conjugale. En effet, celles-ci doivent être réglées dans le cadre des comptes de créances entre époux, même si elles n'en ont pas la nature (v. s^s n° 114.22)[3].

SECTION 3
PATRIMOINE COMMUN

111.23 Division. La masse commune est composée à la fois des éléments d'actif (§ 1) et de passif (§ 2), qu'il convient de recenser.

§ 1
Recensement de l'actif commun

111.24 Plan. Il appartient au liquidateur de déterminer la consistance de la communauté (A), puis de l'évaluer (B).

A.
Détermination de l'actif de communauté

111.25 Liste indicative. L'article 1401 du code civil dispose que « la communauté se compose activement des acquêts faits par les époux ensemble ou séparément, et provenant tant de leur industrie personnelle que des économies faites sur les fruits et revenus de leurs biens propres ». Le texte n'envisage pas toutes les catégories de biens communs[4]. Aussi, convient-il d'en dresser une classification, sans pour autant prétendre à l'exhaustivité[5].

- Acquêts. Le régime légal étant celui de la communauté réduite aux acquêts, la catégorie la plus importante des biens communs est logiquement celle des acquêts de communauté, c'est-à-dire des biens acquis par les époux au cours de l'union et qui ne sont pas déclarés propres à raison des circonstances de leur acquisition.

- Gains et salaires des époux. La nature des gains et salaires des époux n'est plus discutée aujourd'hui. Il est en effet acquis que les gains et salaires, sont en eux-mêmes, c'est-à-dire indépendamment des acquisitions qu'ils ont pu permettre, des biens communs[6] et ce dès avant leur perception, c'est-à-dire même lorsqu'ils sont encore à l'état de créance[7]. Par conséquent, les gains et salaires non perçus ou non employés sont à comprendre dans la masse partageable. Ainsi, les revenus d'un époux qui seraient perçus après la dissolution, mais à raison

1. L'article 815-17 vise également les dettes préexistantes à l'indivision, et dont les créanciers auraient pu se désintéresser sur le bien indivis. Cette catégorie vise pour l'essentiel les dettes et charges héréditaires et ne concerne donc pas les indivisions conventionnelles entre futurs époux. Sur cette catégorie de dette, v. F.-X. Testu, Rép. civ., V° *Indivision*, 1997, n°s 1051 et s.
2. Du moins si l'on tient l'indivision pour une entité comptable distincte des indivisaires. En revanche, si l'on estime que le financement de l'indivision par la communauté doit se résoudre sur le terrain des récompenses, il n'y a pas lieu de considérer que l'indivision est débitrice de la communauté, puisque ce sont les époux qui seront débiteurs d'une récompense à l'égard de la communauté. Sur cette hypothèse, v. s^s n° 112.16.
3. V. cependant Y. Flour et F.-J. Pansier, Questions pratiques, *Defrénois* 1998, art. 36883, n° 2, qui, dans le cadre de la liquidation de l'indivision pré-communautaire, intègrent les créances entre futurs époux.
4. V. en dernier lieu, A. Cermolacce, « L'introuvable acquêt », *JCP N* 2009, 1186.
5. Sur la composition de l'actif de communauté, v. not., R. Cabrillac, *op. cit.*, n°s 138 et s. – A. Colomer, *Droit civil – Régimes matrimoniaux*, *op. cit.*, n°s 572 et s. – G. Cornu, *op. cit.*, p. 313 et s. – J. Flour et G. Champenois, *op. cit.*, n°s 256 et s. – Ph. Malaurie et L. Aynès, *op. cit.*, n°s 328 et s. – F. Terré et Ph. Simler, *op. cit.*, n°s 276 et s.
6. Civ. 1re, 8 févr. 1978, n° 75-15.731, *Bull. civ.* I, n° 53 – *D.* 1978, IR p. 238, obs. D. Martin – *Gaz. Pal.* 1978, 2, Jur. 361, note J. Viatte – *JCP N* 1981, II, 114, note H. Thuillier – *RTD civ.* 1979, p. 592, obs. R. Nerson et J. Rubellin-Devichi – *Defrénois* 1978, art. 31764, p. 879, obs. G. Champenois.
7. Il en va toutefois différemment des stock-options, lorsque l'option n'est pas levée au jour de la liquidation. Selon la Cour d'appel de Paris (CA Paris, 7 mai 2004, *Dr. fam.* 2005, comm. n° 217, obs. L. Grosclaude – *AJ fam.* 2004. 331, note L. Attuel-Mendes – *Defrénois* 2005, art. 38119, p. 421, note T. Léobon – *RTD civ.* 2004, p. 539, obs. B. Vareille), la valeur du différentiel entre le prix d'exercice de l'option et la valeur du titre au jour de son acquisition – qui constitue un substitut de gains et salaires – ne doit être intégrée à la communauté que si l'option a été levée au jour de la liquidation. Sur ce point, v. également A. Depondt, « Le sort des stock-options en cas de divorce », *RLDC* 2006, 2199 – E. Fosseart, « Stock-options et régime légal », *Gaz. Pal.* 21 nov. 2000, p. 16 – G. Hublot et H. Lécuyer, « Liquidation des stock-options en cas de divorce », *JCP N* 2009, 1002 – C. Laye-Baffert et M. Dadoit, « Le sort des stock-options dans les partages de communauté et les transmissions familiales », *Defrénois* 2002, art. 37581 – V. Voisin, « Controverses sur les contingences du régime légal des stock-options », *Dr. et patr.* 2005, n° 135, p. 53.

d'une activité antérieure doivent être intégrés à l'actif de communauté[1], de même que l'indemnité de départ à la retraite perçue après la dissolution[2].

Précisons simplement qu'il convient de retenir une acception large de la notion de gains et salaires, lesquels consistent dans l'ensemble des revenus professionnels des époux ainsi que leurs différents substituts. Sont ainsi communes, par exemple, les primes et autres gratifications[3], les indemnités allouées en raison d'une incapacité temporaire de travail[4] les indemnités de reconstitution de carrière[5], de licenciement[6], ou de départ à la retraite[7].

Pour aller plus loin : s'agissant de l'indemnité de licenciement, en cas de contestation sur la date à laquelle l'indemnité a été perçue, la jurisprudence indique qu'il convient de se référer à la date à laquelle le licenciement a été notifié au salarié[8]. En conséquence, lorsque le licenciement a été notifié à l'un des époux après la date de dissolution de la communauté, l'indemnité lui est personnelle.

– Biens directement créés par l'industrie des époux. Puisque les gains et salaires provenant de l'industrie des époux sont communs, il est logique de considérer qu'il en va, à plus forte raison, de même des biens créés par les époux. La force de travail a en effet une vocation communautaire.

– Fruits et revenus des biens propres. À l'instar des gains et salaires, il est aujourd'hui acquis que les fruits et revenus des biens propres des époux sont communs depuis le célèbre arrêt *Authier*[9] qui affirme explicitement que les revenus des biens propres tombent en communauté. En revanche, le sort des dividendes du portefeuille de valeur mobilière divise la doctrine. La question se pose en effet de savoir si le fonctionnement d'un portefeuille propre suffit à renverser la règle selon laquelle les fruits et revenus des biens propres sont communs. Suivant une première opinion, le réinvestissement des fruits dans le portefeuille confère la qualité de biens propres aux titres ainsi obtenus, sous réserve de récompenses[10]. Mais cette analyse a été critiquée par une seconde opinion, en ce qu'elle conférerait un pouvoir d'attraction excessif au portefeuille, alors qu'il y a eu rupture dans la chaîne de biens propres[11].

On considère généralement qu'ils ne prennent cette nature qu'au stade de leur perception. La créance de fruits et revenus de biens propres reste donc propre[12].

– Créances contre les tiers. Les créances que la communauté peut avoir contre des tiers doivent être également intégrées à l'actif de communauté. Ainsi en est-il, par exemple, de la créance qui serait née d'un prêt d'argent de deniers communs consenti par un époux à un tiers. Il en va de même des créances que pourrait avoir la communauté contre l'indivision pré-conjugale constituée entre les futurs époux, à condition de considérer que c'est bien l'indivision qui est débitrice de la communauté et non les époux indivisaires qui sont débiteurs d'une récompense de ce chef à l'égard de la communauté (v. s^s n° 112.16 sur ces deux analyses possibles).

1. Civ. 1re, 13 oct. 1993, *JCP* 1994, I, 3785, n° 2, obs. Ph. Simler – *RTD civ.* 1994, p. 926, obs. B. Vareille.
2. CA Paris, 14 avr. 1995, *D.* 1995, IR, p. 127. Il en va en revanche différemment pour l'indemnité de départ en pré-retraite perçue après la dissolution, dans la mesure où une telle indemnité ne peut être considérée comme un complément des salaires perçus antérieurement, mais constitue une compensation de la perte des salaires qui auraient pu l'être après la dissolution (Civ. 1re, 22 févr. 2000, *Juris-Data* n° 000707. V. également, Civ. 1re, 5 mars 2008, *AJ fam.*, 2008, p. 215, obs. P. Hilt, à propos d'une indemnité de transaction née après la dissolution).
3. Civ. 1re, 30 juin 1992, *JCP N* 1993, 112, n° 6, obs. Ph. Simler.
4. Civ. 1re, 23 oct. 1990, *Bull. civ.* I, n° 218 – *JCP N* 1991, II, 61, obs. Ph. Simler.
5. CA Lyon, 17 mai 1962, *Gaz. Pal.* 1962, 2, p. 166 – Civ. 1re, 15 févr. 1965 (sur pourvoi), *D.* 1965, Jur. 256, note A. B. – *Defrénois* 1966, art. 28781.
6. CA Paris, 25 mars 1987, *Journ. not. et av.* 1987, art. 59016, obs. A. Raison – Civ. 1re, 5 nov. 1991, *Bull. civ.* I, n° 292 – *JCP N* 1992, II, 206, obs. Ph. Simler – *D.* 1991, IR, p. 284 – *Defrénois* 1992, art. 35220, obs. G. Champenois – CA Rouen, 14 déc. 1993 (sur renvoi), *JCP* 1994, IV, 1973 – Civ. 1re, 14 mai 1996 (sur nouveau pourvoi), *Bull. civ.* I, n° 200 – Civ. 1re, 3 juin 1997, *Dr. fam.* 1997, comm. n° 142, obs. B. Beignier – Civ. 1re, 16 juill. 1997, *Dr. fam.* 1997, comm. n° 124 – CA Paris, 17 sept. 1998, *D.* 1998, IR, p. 221 – CA Paris, 17 sept. 1999, *JCP* 1999, II, 10031, note M.-C. Psaume – CA Dijon, 4 févr. 2003, *JCP* 2003, IV, 2676. Sur cette question, v. A. Mazeaud, « Les indemnités de rupture du contrat de travail en régime de communauté entre époux », *D.* 1986, chron. 235.
7. CA Versailles, 21 juin 1993, *Gaz. Pal.* 1994, 2. somm. 451 – CA Aix-en-Provence, 31 mars 1994, *JCP* 1995, I, 3821, n° 16, obs. Ph. Simler.
8. Civ. 1re, 3 févr. 2010, *Bull. civ.* I, n° 33.
9. Civ. 1re, 31 mars 1992, n° 90-17.212, *Bull. civ.* I, n° 96 – *JCP N* 1992, II, 22003, note J.-F. Pillebout – *JCP N* 1993, II, 22003, note A. Tisserand – *Defrénois* 1992, art. 35348, obs. G. Champenois – *RTD civ.* 1993, p. 401, obs. F. Lucet et B. Vareille – H. Capitant *et alii*, *Les grands arrêts de la jurisprudence civile*, t. 1, *Introduction, Personnes, Familles, Biens, Régimes matrimoniaux, Successions*, Dalloz, 12e éd., 2007, n° 96. V. également Civ. 1re, 4 janv. 1995, *Bull. civ.* I, n° 4 – *D.* 1995. somm. 328, obs. M. Grimaldi – *JCP 1995*, I, 3869, n° 7, obs. Ph. Simler – *RTD civ.* 1996, p. 969, obs. B. Vareille.
10. En ce sens, v. R. Libchaber, « Le portefeuille de valeurs mobilières : bien unique ou pluralité de biens ? », art. préc., n° 21 – S. Piedelièvre note sous Civ. 1re, 12 nov. 1998, préc.
11. H. Hovasse, « Époux et valeurs mobilières », art. préc., p. 44.
12. Sur ce point, v. spécialement J. Flour et G. Champenois, *op. cit.*, n° 273.

– Récompenses dues par les époux à la communauté. Lorsque le solde du compte de récompense d'un époux est favorable à la communauté, et lorsque le règlement de ce solde a lieu par l'utilisation de la méthode de l'imputation, il convient de rajouter fictivement la dette de récompense de l'époux concerné à l'actif de communauté (v. s[s] n° 112.103).

– Biens réunis fictivement. Lorsqu'un époux a aliéné frauduleusement un bien commun au cours de l'union, cette aliénation n'est pas remise en cause à l'égard du bénéficiaire. En revanche, conformément à l'article 1421 du code civil, elle est inopposable au conjoint de l'auteur de l'aliénation. La mise en œuvre pratique de cette inopposabilité consiste à inscrire fictivement à l'actif de communauté la valeur du bien litigieux. Il en va de même des biens aliénés de manière irrégulière, c'est-à-dire sans le consentement du conjoint, au cours de l'indivision.

– Biens acquis après la dissolution, mais en raison d'une cause antérieure. À ce titre, le bien acquis par un époux au cours de l'indivision post-communautaire en vertu d'une promesse synallagmatique de vente conclue au cours de l'union, mais dont le transfert effectif de propriété avait été retardé à la réitération du consentement et/ou au complet paiement du prix qui a eu lieu après la dissolution, doit être intégré à la communauté[1]. De même, les biens ou indemnités qui viennent en remplacement des éléments de l'actif après la date de dissolution sont subrogés aux biens anciens[2], de sorte qu'ils doivent être intégrés à l'actif de communauté.

– Biens mixtes. Les biens dont le titre est propre, mais la finance commune doivent être portés à l'actif de communauté pour leur valeur patrimoniale. C'est le cas notamment des offices ministériels[3], des clientèles des professions libérales (clientèle de cabinet dentaire[4], clientèle médicale[5], portefeuille d'agent d'assurance[6], *etc.*), ou encore de la clientèle d'une activité soumise à la possession d'une autorisation particulière[7].

– Biens dont l'origine est inconnue. Par application du principe de la présomption de communauté (C. civ., art. 1402), il y a lieu de tenir, jusqu'à preuve contraire, pour communs tous les biens dont l'origine ou les circonstances de l'acquisition est inconnue. Ainsi en est-il, par exemple, des fonds déposés sur les comptes bancaires. Le fait qu'un compte soit ouvert au nom d'un seul des époux ne signifie pas pour autant que le solde, créditeur ou débiteur, de ce compte soit propre à l'époux concerné. Les fonds doivent être considérés comme communs en raison de l'indétermination de leur origine[8], sauf cas particuliers.

Quant au fonds déposé par les époux sur des comptes ouverts au nom de leurs enfants, leur nature peut prêter à controverse. S'il est démontré que l'opération est constitutive d'un placement fiscalement avantageux des disponibilités du ménage, les fonds pourront être qualifiés d'acquêts de communauté[9]. En revanche, s'il s'agit de simples présents d'usages, les fonds ne peuvent être tenus pour communs, pas plus que l'époux qui a ouvert le compte ne sera débiteur d'une récompense à

1. Civ. 1re, 29 nov. 1988, *JCP* 1989, II, 21339, note Ph. Simler – *Defrénois* 1989, art. 34570, obs. G. Champenois. Sur cette hypothèse, v. également les obs. de A. Tisserand-Martin au *JCP* 2007, I, 208, n° 10.
2. Req. 2 févr. 1925, *D.* 1926.1.57, note R. Savatier. Pour une application récente, v. Civ. 1re, 11 mars 2009, *RTD civ.* 2009, p. 355, obs. B. Vareille – *RLDC* 2009/60, n° 3434, obs. É. Pouliquen.
3. Civ. 1re, 21 oct. 1959, *JCP* 1959, II, 11353, note E. Becqué – *Gaz. Pal.* 1960, 1, p. 44 – CA Paris, 6 mai 1970, *D.* 1970, Jur. 620 – *JCP* 1970, II, 16380, note J. C.
4. V., par exemple, Civ. 1re, 12 janv. 1994, *Bull. civ.* n° 10 – *D.* 1994, Jur. 311, 2e esp., note R. Cabrillac – *D.* 1995. somm. 41, obs. M. Grimaldi – *Defrénois* 1994, art. 35761, note L. Aynès – *JCP* 1994, I, 3795, n° 1, obs. Ph. Simler – *LPA* 2 juin 1995, p. 25, note D. Fiorina – *JCP N* 1994, II, 329, note J.-F. Pillebout – *JCP N* 1995, II, 121, n° 9, obs. Ph. Simler – *RTD civ.* 1994, p. 642, obs. F. Zénati – *RTD civ.* 1996, p. 231, obs. B. Vareille.
5. V. not., Civ. 1re, 27 avr. 1982, *Bull. civ.* I, n° 145 – *JCP* 1982, IV, 236 – Civ. 1re, 17 déc. 1996, *Bull. civ.* I, n° 449 – *JCP* 1997, I, 4047, n° 16, obs. Ph. Simler – *Defrénois* 1997, art. 36526, obs. M. Grimaldi.
6. Civ. 1re, 9 oct. 1962, *D.* 1962, Jur. 724 – *JCP* 1963, II, 13203, note P. Esmein – *RTD civ.* 1963, p. 81, obs. H. Desbois.
7. Par exemple une licence de taxi (*Bull. civ.* I, n° 121 – *D.* 2008, Jur. 2264, note T. Douville – *JCP* 2008, I, 144, obs. Ph. Simler – *RTD civ.* 2009, p. 352, obs. B. Vareille – Civ. 1re, 16 avr. 2008, n° 07-16.105, *RLDC* 2008/50, n° 3036, obs. F. Léandri), une officine de pharmacie (Civ. 1re, 18 oct. 2005, n° 02-20.329, *Bull. civ.* I, n° 373 – *RLDC* 2006/23, n° 967) ou encore une concession de conchyliculture (Civ. 1re, 8 déc. 1987, *JCP* 1989, II, 21326, note Ph. Simler – *D.* 1989, Jur. 61, note Ph. Malaurie – Civ. 1re, 14 mars 2006, n° 03-19.728, *Bull. civ.* I, n° 148 – *RLDC* 2006/29, n° 2155, obs. C. Larée – *JCP* 2006, I, 193, n° 8, obs. Ph. Simler – *JCP* 2006, IV, 1791 – *AJ fam.* 2006. 382, obs. P. Hilt).
8. Civ. 1re, 11 juin 1991, *Bull. civ.* I, n° 190 – *JCP* 1992, II, 21899, note G. Paisant – *Defrénois* 1992, art. 35408, p. 1550, obs. G. Champenois – CA Paris, 12 sept. 2007, *Juris-Data* n° 343725 – Civ. 1re, 9 juill. 2008, *AJ fam.* 2008. 438, obs. P. Hilt – *JCP* 2008, I, 202, n° 7, obs. Ph. Simler – *RTD civ.* 2009, p. 158, obs. B. Vareille.
9. CA Paris, 11 janv. 1992, *D.* 1992. somm. 68, obs. F. Lucet – *JCP* 1992, I, 3614, n° 8, obs. Ph. Simler – Civ. 1re, 18 juill. 1995, *JCP* 1996, I, 3908, n° 11, obs. Ph. Simler et, sur renvoi, CA Limoges, 10 sept. 1997, *Dr. fam.* 1998, comm. n° 103, obs. B. Beignier. Certaines décisions préfèrent cependant traiter la question en termes de récompenses (Civ. 1re, 19 nov. 1996, *Dr. fam.* 1997, comm. n° 17, obs. B. Beignier et, sur renvoi, CA Rouen, 8 juin 1999, *Dr. fam.* 2000, comm. n° 60).

l'encontre de la communauté[1]. En d'autres termes, il convient de rechercher le véritable titulaire du compte pour déterminer la nature des fonds qui y sont déposés[2].

111.26 Exclusion des créances entre époux et des créances d'indivision. Si les créances que la communauté peut avoir contre les tiers doivent être intégrées à l'actif de communauté, en revanche les créances que les époux peuvent avoir l'un contre l'autre, de même que les créances que pourrait avoir l'indivision post-communautaire à l'encontre de l'un des époux ne doivent pas être intégrées à la masse active. Elles relèvent en effet de comptes distincts (v. s[s] n°s 113.52 s. et 121.32 s.).

111.27 Date de détermination de l'actif commun. C'est à la date de dissolution de la communauté que l'on doit se placer pour déterminer l'existence des biens[3]; toute acquisition effectuée postérieurement à cette date par un époux étant, par principe, sa propriété exclusive. Cette solution s'infère de la disposition de l'article 1442, alinéa 1er, du code civil, aux termes duquel « *il ne peut y avoir lieu à la continuation de la communauté, malgré toutes conventions contraires* ». Cela dit, les biens existants au moment de la dissolution peuvent être remplacés par des biens subrogés. Ainsi, par exemple, si un immeuble qui dépendait de la masse commune est détruit par un incendie au cours de l'indivision post-communautaire, l'indemnité d'assurance remplacera le bien.

B. Évaluation de l'actif de communauté

111.28 Évaluation de l'actif commun à la date de jouissance divise[4]. En vertu de l'article 1476 du code civil, le partage de la communauté est soumis aux règles gouvernant le partage entre cohéritiers en matière successorale. Il en résulte que la date d'évaluation des biens communs doit être la même que celle retenue pour l'évaluation de l'actif successoral, qui est, en principe, la date la plus proche du partage, dite date de jouissance divise. Ce choix est justifié par la volonté d'assurer l'égalité en valeur des copartageants. Les époux profitent ou subissent en effet également des changements de valeur affectant les biens au cours de l'indivision post-communautaire. La Cour de cassation a d'ailleurs rappelé la règle à plusieurs reprises : « *En cas de divorce [...], la valeur (des éléments de la communauté à liquider) doit être fixée au jour le plus proche du partage, compte tenu des modifications apportées à l'état de ces biens pendant la durée de l'indivision post communautaire* »[5]. Cette solution classique a été expressément consacrée par la loi du 23 juin 2006 à l'article 829 du code civil, aux termes duquel « *en vue de leur répartition, les biens sont estimés à leur valeur au jour de la jouissance divise [...]. Cette date est la plus proche possible du partage* ».

111.29 Remarque(s). Les confusions entre la date de dissolution de la communauté et la date de jouissance divise sont fréquentes et certains modèles d'actes notariés, qui ne font référence qu'à la date de jouissance divise, contribuent à cet imbroglio. Faut-il rappeler que ces deux dates, hormis généralement dans le cadre du divorce par consentement mutuel, sont distinctes en ce sens que la première coïncide avec la date de l'ordonnance de non-conciliation ou de la séparation de fait des époux, alors que la seconde correspond à la date la plus proche du partage. Il apparaît en conséquence indispensable que cette distinction apparaisse très clairement dans les actes.

111.30 Évaluation de l'actif commun à une date distincte. La règle de principe n'est pas d'ordre public. La Cour de cassation considère classiquement que rien n'empêche les époux de s'accorder aux fins d'évaluer les biens communs à une date antérieure, fût-ce pour certains biens seulement[6].

1. V. Civ. 1re, 6 juill. 2000, *JCP* 2001, I, 309, n° 7, obs. Ph. Simler, qui juge que la présomption de communauté « *ne peut jouer dès lors que les sommes litigieuses sont jugées appartenir à un tiers* ». V., en dernier lieu, Civ. 1re, 6 janv. 2010, n° 08-20.055, NP.
2. Sur cette question, v. G. Yildirim, *L'autonomie financière dans la communauté de vie*, thèse PULIM, 2001, n°s 141 et s., spéc. n° 144.
3. Civ. 1re, 7 avr. 1998, *Bull. civ.* I, n° 138 – *JCP* 1998, I, 183, n° 6, obs. A. Tisserand – *JCP N* 1999, 320, note C. Schaeffer – *Defrénois* 1998, art. 36903, p. 1469, obs. G. Champenois – *Dr. fam.* 1998, comm. n° 120, obs. B. Beignier – *RTD civ.* 1998, p. 712, obs. J. Patarin – *RTD civ.* 1999, p. 174, obs. B. Vareille – Civ. 1re, 16 juill. 1998, *Bull. civ.* I, n° 249 – *Defrénois* 1998, art. 36903, p. 1469, obs. G. Champenois – *LPA* 10 juin 1999, p. 16, note G. Teilliais – Civ. 1re, 28 janv. 2003, *Bull. civ.* I, n° 22 – *D.* 2003, Jur. 643, note C. Barberot – *JCP* 2003, I, 158, n° 17, obs. A. Tisserand – *Defrénois* 2003, art. 37825, p. 1361, obs. G. Champenois.
4. V. E. S. Sallé De La Marnierre, « Date d'évaluation des biens dans les partages », *D.* 1967, chron. 227.
5. Civ. 1re, 16 mars 1982, *JCP* 1983, II, n° 20076, note E. S. Sallé de La Marnière – Civ. 1re, 11 oct. 1989, *Bull. civ.* I, n° 312 – *Defrénois* 1990, art. 34816, p. 877, obs. G. Champenois – *RTD civ.* 1991, p. 392, obs. F. Lucet – Civ. 1re, 29 nov. 1994, *Bull. civ.* I, n° 346 – Civ. 1re, 7 avr. 1998, préc. – Civ. 1re, 16 juill. 1998, préc. – Civ. 1re, 19 janv. 1999, *Bull. civ.* I, n° 20 – *RTD civ.* 2000, p. 613, obs. B. Vareille – Civ. 1re, 30 oct. 2006, *Bull. civ.* I, n° 446 – *JCP* 2007, I, 142, n° 26, obs. A. Tisserand-Martin.
6. Cass., ass. plén., 22 avr. 2005, n° 02-15.180, *Bull. AP*, n° 5 – BICC 1er juill. 2005, rapp. J.-P. Gridel, concl. F. Cavarroc – *JCP N* 2005, 1344, n° 28, note Ph. Simler – *JCP N* 2006, 1229, n° 21, obs. A. Tisserand-Martin – *D.* 2005, IR p. 1250 – *JCP* 2005, II, 10089, note Ph. Simler – *RLDC* ▶

Par ailleurs, il résulte du nouvel article 829, alinéa 3, du code civil, que « *le juge peut fixer la date de jouissance divise à une date plus ancienne si le choix de cette date apparaît plus favorable à la réalisation de l'égalité* ».

111.31 Cas des actifs financiers. Un second correctif relève de la nature même des biens concernés. En effet, la pratique notariale a depuis longtemps pris l'habitude de valoriser certains actifs financiers des époux au jour de la dissolution de la communauté. De ce point de vue, il convient de distinguer plusieurs hypothèses, selon la nature des comptes considérés.

– Les comptes de dépôt ouvert au nom personnel de chacun des époux sont traditionnellement valorisés au jour de la dissolution [1], les pertes postérieures étant supportées par l'époux gérant, au même titre que les accroissements postérieurs doivent lui profiter. Cette solution s'explique par la volonté de supprimer à la source toute possibilité de rétablissements comptables souvent laborieux.

Exemple 1 : l'époux est titulaire d'un compte-courant ouvert en son nom personnel dans les livres d'un établissement bancaire, dont le solde au moment de l'ordonnance de non-conciliation s'élevait à 11 000 € et, au jour de la liquidation, à 15 000 €. Pour sa part, l'épouse est titulaire d'un compte-courant ouvert en son nom personnel dans les livres du même établissement bancaire, dont le solde au moment de l'ordonnance de non-conciliation s'élevait à 23 000 € et, au jour de la liquidation, à 15 000 €.

Dans l'exemple donné, le compte ouvert de l'époux sera compté dans l'actif de communauté pour 11 000 € et le compte ouvert au nom de l'épouse sera reporté pour 23 000 €. Dans le cadre des opérations de partage, chaque compte sera attribué à son titulaire, de sorte que le mari profitera seul des accroissements liés à son compte depuis l'ordonnance de non-conciliation et que, corrélativement, l'épouse supportera seule les pertes réalisées depuis lors.

– En ce qui concerne les comptes joints ouverts au nom des deux époux, on constate en pratique qu'ils ont le plus souvent été clôturés par les époux dès la dissolution de la communauté et ont fait l'objet d'un partage de fait entre eux. Il n'est alors plus question de ces comptes dans le cadre des opérations liquidatives, sauf si l'un des époux s'est attribué le solde, auquel cas celui-ci doit figurer à l'actif commun selon sa valeur au jour de la dissolution de la communauté. Lorsque le compte n'a pas été clôturé, il convient de distinguer selon que ledit compte fonctionne dans l'intérêt exclusif de l'un des époux ou, au contraire, dans l'intérêt commun.

Lorsque le compte joint litigieux est géré de fait par un époux seul, dans son intérêt, il convient d'appliquer les mêmes solutions que pour un compte de dépôt. Le compte est donc valorisé au jour de la dissolution.

Exemple 1 : soit un compte joint présentant un solde créditeur à la date de dissolution de la communauté de 15 000 €. Le compte est géré par le mari. À la date du partage, le compte présente un solde créditeur de 5 000 €. Le compte est attribué, dans le cadre du partage, au mari pour 15 000 €, car celui-ci est présumé avoir dépensé la différence (10 000 €) dans son intérêt personnel.

Exemple 2 : soit un compte joint présentant un solde créditeur à la date de dissolution de la communauté de 15 000 €. Le compte est géré par le mari. À la date du partage, le compte présente un solde créditeur de 25 000 €. Le compte est attribué, dans le cadre du partage, au mari pour 15 000 €, lequel est présumé avoir déposé des fonds personnels (revenus) depuis la date de dissolution de la communauté, de sorte que la différence (10 000 €) lui reste acquise.

En revanche, il en va différemment dans l'hypothèse, fréquente, où le compte joint a continué de fonctionner dans l'intérêt commun des époux, généralement pour permettre le règlement des dettes communes (mensualités d'emprunt, dettes fiscales, *etc.*). Dans ce cas, il convient de valoriser ces comptes à la date la plus proche du partage, conformément au principe, sous peine de faire peser sur le seul époux attributaire les dettes en question.

Exemple : soit un compte joint présentant un solde créditeur à la date de dissolution de la communauté de 15 000 €. Le compte est géré par le mari. À la date du partage, le compte présente un solde créditeur de 5 000 €. Le compte est attribué, dans le cadre du partage, au mari pour 5 000 €, pour éviter que ce dernier ne supporte seul le règlement d'une dette commune.

– La valorisation des comptes titres, supports d'un portefeuille de valeurs mobilières, doit, pour sa part, se faire à la date la plus proche du partage, conformément au principe, sous peine de faire profiter au seul époux attributaire des dividendes produits par les valeurs mobilières portées en compte.

Exemple : soit un compte titre présentant un solde créditeur à la date de dissolution de la com-

► 2005/18, n° 753, note F. Léandri – *Dr. fam.* 2005, comm. n° 140, note B. Beignier – *RTD civ.* 2005, p. 810, obs. M. Grimaldi. V. déjà en ce sens, Civ. 1re, 23 nov. 1977, n° 76-10.476, *Bull. civ.* I, n° 437 – Civ. 1re, 30 juin 1998, n° 96-14.157, *Bull. civ.* I, n° 228 – *JCP N* 1999, 339, note J. Casey – *JCP* 1998, I, 183, n° 7, obs. A. Tisserand.

1. Pour une application, v. CA Bordeaux, 26 févr. 2008, *Juris-Data* n° 359321.

munauté de 15 000 €. Le compte est géré par le mari. À la date du partage, le compte présente un solde créditeur de 18 000 €. Le compte est attribué, dans le cadre du partage, au mari pour 18 000 €, sous peine de lui faire profiter seul des dividendes produits par les valeurs mobilières portées en compte (3 000 €).

111.32 Cas de la disparition d'un bien au cours de l'indivision. Comment faut-il valoriser les biens communs qui existaient au jour de la dissolution, mais qui ont disparu au cours de la période de l'indivision post-communautaire, spécialement par la faute de l'un des époux ? De ce point de vue, deux hypothèses doivent être distinguées.

– Lorsque le bien a été aliéné après la date de dissolution, et si l'aliénation est irrégulière, c'est-à-dire si elle a eu lieu sans le consentement du conjoint, le bien doit être compté dans l'actif pour sa valeur à la date la plus proche du partage[1]. En revanche, si l'aliénation est régulière, c'est le prix de vente qu'il convient de prendre en considération[2]. En pareil cas, les époux peuvent demander au notaire vendeur de répartir le produit de la vente entre eux, sans attendre le règlement définitif de leur régime matrimonial. À défaut d'accord, le notaire ne saurait allotir l'un des époux, sauf à engager sa responsabilité[3].

– Lorsque la valeur du bien a été réduite à néant à la suite d'une faute de gestion de l'un des époux, la jurisprudence indiquait naguère que le bien en question devait être intégré à l'actif de communauté pour sa valeur au jour de la dissolution[4]. Depuis l'entrée en vigueur de la loi du 31 décembre 1976, il semble qu'il faille raisonner différemment. Désormais, en effet, le bien ne doit plus être intégré à l'actif de communauté. En revanche, l'époux par la faute duquel le bien a été perdu sera redevable d'une dette à l'égard de l'indivision de ce fait, sur le fondement de l'article 815-13, alinéa 2, du code civil (v. s^s n°s 113.48 s.).

1. CA Bordeaux, 18 févr. 1954, *D.* 1955, Jur. 151, note A. Weill – Civ., 30 mars 1954, *D.* 1954, Jur. note M. Le Noan. Il convient en effet de rappeler que la sanction traditionnelle de la vente d'un bien indivis, au mépris de la règle de l'unanimité édictée à l'article 815-3 du code civil, n'est pas la nullité de l'acte mais son inopposabilité aux autres indivisaires (v. par exemple, Civ. 1re, 7 juill. 1987, *Bull. civ.* I, n° 221 – *JCP* 1988, II, 20999, note P. Jourdain – *RTD civ.* 1989, p. 582, obs. F. Zénati – Civ. 1re, 15 juin 1994, *Bull. civ.* I, n° 212 – *RTD civ.* 1995, p. 411, obs. J. Patarin – Civ. 1re, 22 janv. 2009, *RJPF* 2009 5/33, obs. J. Casey). Concrètement, le bien aliéné devra donc être intégré fictivement à l'actif de communauté, pour sa valeur au jour le plus proche du partage.
2. Civ. 1re, 17 nov. 1971, *D.* 1972, Jur. 261, note J. Dedieu.
3. Pour une application, v. CA Paris, 13 mars 1997, *Juris-Data* n° 021517.
4. Civ. 1re, 15 nov. 1972, *Bull. civ.* I, n° 242.

§ 2
Recensement du passif de communauté

111.33 Plan. Après avoir envisagé les éléments d'actifs, il appartient corrélativement au liquidateur de déterminer la consistance du passif commun (A), puis de l'évaluer (B).

A.
Détermination du passif de communauté

111.34 Distinction entre l'obligation à la dette et la contribution à la dette. Aux fins de procéder aux opérations de liquidation, il est fondamental de distinguer le passif provisoire du passif définitif de communauté, seul ce dernier concernant la liquidation[5]. Cette distinction est souvent exprimée par les termes d'obligation et de contribution à la dette.

– L'obligation à la dette (ou passif provisoire) ne concerne que les relations des époux avec leurs créanciers[6]. En d'autres termes, c'est ici la question du droit de gage des créanciers qui se pose : sur quels biens les créanciers peuvent-ils se faire payer ? Cette question est donc étrangère à la détermination du passif de communauté.

– La contribution à la dette (ou passif définitif), quant à elle, concerne les relations entre les époux : la dette doit-elle être supportée *in fine* par la communauté ou par l'un des époux seul ? Deux cas de figure peuvent ici se présenter : soit la dette litigieuse a été réglée au cours de l'union et alors se pose la question d'une éventuelle récompense; soit la dette n'est toujours pas réglée au jour de la liquidation et se pose alors la question de l'inscription ou non de cette dette au passif. C'est cette dernière question qui nous intéressera ici.

111.35 Dettes pesant à titre définitif sur la communauté. Sans faire ici le relevé de l'inventaire de l'ensemble des dettes que doit supporter à titre définitif la communauté, et qui doivent donc être inscrites au passif dans la liquidation, il est néanmoins possible d'en dresser une typologie. Notons, au préalable, que lorsque le solde du compte de récompenses d'un époux lui est favorable, au détriment de la communauté, la pratique notariale intègre les prélèvements dans le partage par une sorte de règlement en plus prenant au bénéfice de l'époux en question (v. s^s n° 112.112). Il en résulte, au stade de la liquidation, que le solde en question doit être inclus fictivement dans le passif de com-

5. Pour une étude approfondie de cette distinction en droit des régimes matrimoniaux, v. not. J. Flour et G. Champenois, *op. cit.*, n°s 412 et s.
6. Sur ce point, v. S. David, « Les tiers créanciers et la famille », *AJ fam.* 2003. 9.

munauté. Outre ce « passif comptable », la communauté doit supporter, par principe, toutes les dettes contractées par les époux pendant le mariage.

111.36 Dettes nées du chef d'un seul des époux. Cette assertion vise, d'une part, les dettes nées du chef d'un seul des époux. L'article 1409 du code civil dispose, en effet, que toute dette contractée par un époux seul pendant le mariage doit être supportée par la communauté, y compris les dettes contractées dans les conditions de l'article 1415 du code civil, c'est-à-dire les dettes d'emprunt ou de cautionnement[1]. Deux exemples courants permettront d'illustrer cette règle.

Exemple : au cours de l'union, l'un des époux fait procéder à la réalisation de travaux sur le logement de la famille, qui est un bien commun, moyennant la somme de 40 000 €. Ayant obtenu de l'entrepreneur des facilités de paiement, il apparaît que la dette n'est pas intégralement réglée au jour de la liquidation, de sorte que 15 000 € restent dus.

Dans l'exemple donné, la dette ayant été souscrite par un époux seul au cours de l'union, elle doit, par principe, être considérée comme ayant été contractée dans l'intérêt de la communauté, de sorte qu'elle devra être inscrite au passif. Notons par ailleurs que, faute de précisions, il convient de présumer que les sommes réglées au cours de l'union l'ont été avec des deniers communs, de sorte qu'aucune récompense n'est à calculer.

Exemple : au cours de l'union, l'un des époux souscrit un cautionnement au profit de l'enfant commun du couple, sans le consentement de son conjoint. En raison de la défaillance du débiteur principal, l'époux caution se trouve poursuivi par le créancier, pour la somme de 20 000 €. Au jour de la liquidation, il apparaît que cette somme n'est toujours pas réglée. Dans l'exemple donné, la dette de cautionnement doit être présumée avoir été contractée dans l'intérêt de la communauté. Par conséquent, la dette de 20 000 € devra être inscrite au passif de communauté.

111.37 Dettes nées du chef des deux époux. *A fortiori*, le principe vise, d'autre part, les dettes nées du chef des deux époux, c'est-à-dire celles que les époux ont pu contracter ensemble, solidairement ou conjointement, durant leur union. La règle est énoncée à l'article 1418, alinéa 2, du code civil s'agissant des dettes solidaires; elle va de soi, à défaut de texte dérogatoire, concernant les dettes conjointes.

111.38 Dettes exclues du passif commun définitif. Toutes les dettes souscrites par les époux au cours de l'union ne doivent pas nécessairement être inscrites au passif de la communauté; certaines d'entre elles demeurent à la charge exclusive de l'un des époux.

Il en est ainsi des dettes propres par nature (C. civ., art. 1410), c'est-à-dire des dettes dont les époux étaient tenus au jour de la célébration de leur mariage, ou dont se trouvent grevées les successions et les libéralités qui leur échoient durant le mariage, ce qui vise notamment les droits de mutation.

Restent propres également les dettes délictuelles ou quasi délictuelles (C. civ., art. 1417, al. 1er), c'est-à-dire les dettes nées à raison d'infractions pénales ou les réparations et dépens auxquels un époux a été condamné pour des délits ou quasi-délits civils. Ainsi, par exemple, la dette de réparation due par un mari à sa femme à la suite d'un accident de la circulation est propre à celui-ci[2]. De même, les pénalités de retard consécutives à une fraude fiscale sont une dette propre à l'époux fautif[3]. En revanche, les sommes dues au titre du redressement fiscal, au titre de l'impôt sur le revenu, restent communes, le redressement n'étant pas une sanction mais un paiement différé de l'impôt qui est lui-même commun, du moins pour les revenus perçus au cours de l'union[4].

1. En ce sens, v. très nettement Civ. 1re, 19 sept. 2007, no 05-15.940, *Bull. civ.* I, no 278, *AJ fam.* 2007. 438, obs. P. Hilt – *RLDC* 2007/43, no 2753, obs. C. Jeanne – *JCP* 2008, I, 208, no 13, obs. Ph. Simler – *RJPF* 2007, 11/18, obs. F. Vauvillé – *D.* 2008, Pan. p. 2247, obs. V. Brémond.

2. Civ. 1re, 19 févr. 1980, *Bull. civ.* I, no 59 – *JCP* 1980, IV, 173, *Defrénois* 1980, art. 32448, p. 1295, obs. G. Champenois.
3. Civ. 1re, 19 févr. 1991, *Bull. civ.* I, no 64 – *Defrénois* 1991, art. 35119, p. 1130, obs. G. Champenois – CA Bordeaux, 17 mai 1994, *Juris-Data* no 053234 – Civ. 1re, 20 janv. 2004, *Bull. civ.* I, no 20 – *RJPF* 2004, 4/31 – *JCP* 2005, I, 128, no 14, obs. A. Tisserand – *Dr. fam.* 2004, comm. no 85, note B. Beignier – *RTD civ.* 2004, p. 765, obs. B. Vareille – CA Nîmes, 9 janv. 2007, *JCP* 2007, I, 208, no 17, obs. A. Tisserand-Martin. La jurisprudence estime en revanche que les majorations de retard de cotisations dues à un régime légal d'assurance vieillesse et d'invalidité décès sont communes, en tant qu'accessoire indissociable des cotisations (Civ. 1re, 17 mai 1993, *Bull. civ.* I, no 178 – *Defrénois* 1993, art. 35663, p. 1363, obs. J. Massip – *JCP N* 1994, II, 225, obs. G. W.).
4. Civ. 1re, 19 févr. 1991, préc. – Civ. 1re, 17 sept. 2003, *Bull. civ.* I, no 176 – *JCP* 2003, IV, 2707 – *D.* 2003, IR p. 2409 – *AJ fam.* 2003. 429, obs. S. D.-B. – *RTD civ.* 2004, p. 134, obs. B. Vareille – Civ. 1re, 20 janv. 2004, *Bull. civ.* I, no 20 – *JCP* 2005, I, 128, no 14, obs. A. Tisserand-Martin – *RTD civ.* 2004, p. 765, obs. B. Vareille. Sur le caractère commun, au stade de la contribution à la dette, de la dette d'impôt sur le revenu, v. D. Ponton-Grillet, « Droit civil et qualification des dettes d'impôt conjugales nées au cours du régime de communauté légale », *JCP N* 1993, I, 423, nos 5 et s.

Sont exclues du passif commun définitif, de la même manière, les dettes contractées au mépris des devoirs du mariage (C. civ., art. 1417, al. 2), ce qui vise, par exemple, les dettes contractées pour entretenir une concubine, la pension due à un enfant adultérin, ou encore la dette souscrite pour s'assurer une habitation séparée en violation de l'obligation de communauté de vie. En revanche, les dettes de loisirs, même d'un montant élevé, ne doivent pas, par principe, être considérée comme ayant été contractées en violation des devoirs du mariage[1].

Il en est ainsi également, dans certaines circonstances, des dettes professionnelles, depuis que la « loi Dutreil » du 2 août 2005 en faveur des petites et moyennes entreprises, a introduit dans le code civil un texte curieux, tant par sa place que par son contenu : l'article 1387-1, lequel dispose : « *Lorsque le divorce est prononcé, si des dettes ou sûretés ont été consenties par les époux, solidairement ou séparément, dans le cadre de la gestion d'une entreprise, le tribunal de grande instance peut décider d'en faire supporter la charge exclusive au conjoint qui conserve le patrimoine professionnel ou, à défaut, la qualification professionnelle ayant servi de fondement à l'entreprise* ». L'on sait que cette disposition, dont le but louable était de protéger le conjoint du chef d'entreprise qui s'est endetté au profit de celle-ci en cas de divorce, a immédiatement suscité de très vives critiques doctrinales[2]. Interprétant celle-ci comme permettant au juge de libérer le conjoint d'une dette qu'il avait régulièrement contractée pendant le cours du mariage, il fut notamment reproché au nouveau texte de porter une très grave atteinte tout à la fois à la force obligatoire du contrat, à la sécurité juridique et au crédit des entreprises.

Rapidement, certains auteurs, s'appuyant notamment sur les travaux préparatoires de la loi du 2 août 2005, ont cependant démontré que, dans l'esprit du législateur, les tiers n'étaient pas concernés[3]. Cette interprétation de bon sens a recueilli l'adhésion des premiers magistrats appelés à appliquer le texte. Ainsi, par exemple, par une décision clairement et fortement motivée[4], le tribunal écarte l'application de l'article 1387-1 en tant qu'il régirait l'obligation à la dette. Il fait valoir que cet article, bien qu'édicté pour protéger le conjoint du chef d'entreprise « *ne peut être interprété comme conduisant à la suppression pure et simple, en dépit des engagements contractuels souscrits, de l'obligation à la dette de l'ex-conjoint du chef d'entreprise* ». Une telle interprétation « *constituerait une grave entorse à l'intangibilité et à la force obligatoire du contrat risquant de limiter sensiblement les crédits octroyés aux jeunes entreprises ou aux entreprise les moins riches, dès lors que les établissement bancaires ne pourraient plus compter avec certitude sur les sûretés consenties par le conjoint du chef d'entreprise* ». Il convient donc, poursuit le tribunal, « *d'entendre ces dispositions protectrices comme permettant seulement au juge de décider, dans le cadre de la liquidation de la communauté... et uniquement dans les rapports entre époux, que la contribution finale à la dette sera éventuellement supportée exclusivement par le conjoint qui conserve le patrimoine professionnel (...)* ». L'on peut donc espérer que l'article 1387-1 ne s'applique pas à l'obligation à la dette, mais seulement à la contribution à la dette en cas de divorce. Concrètement, il permettrait seulement que l'époux, qui est à l'origine de la dette, en assume seul la charge dans ses rapports avec son conjoint. Ainsi cantonné, le texte ne serait plus dangereux mais de peu d'utilité, en ce qu'il ouvrirait alors un recours contre une personne insolvable ou, en tout cas, en difficulté[5].

Enfin, plus généralement, demeurent propres les dettes contractées dans l'intérêt personnel de l'un des époux (C. civ., art. 1416), sans qu'importe à ce titre que la dette ait été souscrite par un époux seul ou par les deux, solidairement ou conjointement. En guise d'illustration, le texte précise que les dettes contractées pour l'acquisition, la conservation ou l'amélioration d'un propre doivent être supportées à titre définitif par l'époux propriétaire. La solution a vocation à s'appliquer sans qu'importe que le bien ait eu ou non une affectation communautaire. En revanche, elle s'efface si la dette litigieuse constitue une charge de la jouissance, auquel cas elle doit alors être assumée par la communauté (v. s[s] n° 112.34).

Exemple : au cours de l'union, les époux souscrivent un emprunt à hauteur de 30 000 €, aux fins de réaliser la réfection de la toiture du logement familial, bien propre de l'épouse. Les mensualités sont remboursées à l'aide des revenus de l'épouse. Au

1. En ce sens, v. CA Riom, 10 nov. 1988, *JCP* 1991 *éd. N*, II, 62, obs. Ph. Simler (à propos d'une dette contractée par un époux passionné par le sport automobile).
2. V. not., P. Crocq, « Les bons sentiments ne font pas les bons textes », *D.* 2005, Tribune, p. 2025 – S. Piedelièvre, « Le nouvel article 1387-1 du code civil (ou de l'utilisation d'un pavé par un ours) », *D.* 2005, Point de vue, p. 2138 – V. Larribau-Terneyre, « Le créancier se trouve fort dépourvu quand le divorce fut venu... », *Dr. fam.* 2005, chron. 21.
3. V., not., F. Vauvillé, « L'institutrice et l'artisan... », *RJPF* 2005, 11/20 et, pour l'analyse des travaux parlementaire, J.-P. Chazal et S. Ferré-André, « L'incroyable destin de l'article 1387-1 du code civil », *D.* 2006, Point de vue, p. 316.
4. TGI Évreux, 17 nov. 2006, *Defrénois* 2008, art. 38719, n° 4, obs. G. Champenois – *LPA* 15-16 août 2007, note V. Edel.
5. En ce sens, v. not., G. Champenois, obs. sous TGI Évreux, 17 nov. 2006, préc. Comp. F. Vauvillé, « L'institutrice et l'artisan... », art. préc., qui évoque le cas – rare – où le « failli » revenu à meilleure fortune devrait et pourrait payer.

jour de la liquidation, il apparaît que les sommes remboursées au cours du mariage du chef de cet emprunt s'élèvent à 20 000 €, dont 700 € d'intérêts et que le capital restant dû s'élève à 10 000 €.

Dans l'exemple donné, la dette étant relative à un bien propre de l'épouse, elle doit être considérée comme ayant été contractée dans son intérêt personnel, nonobstant le fait que le bien était constitutif du logement familial. La dette est donc propre à l'épouse au stade de la contribution à la dette. Il en résulte ici deux conséquences : d'une part, la communauté qui a procédé au remboursement de l'emprunt peut prétendre à une récompense à l'encontre de l'épouse, du chef du capital qu'elle a réglé jusqu'à la dissolution et, d'autre part, le capital restant dû au jour de la liquidation ne devra pas être inscrit au passif de communauté.

Exemple : au cours de l'union, les époux souscrivent un emprunt à hauteur de 15 000 €, aux fins de réaliser le ravalement du logement familial, bien propre de l'épouse. Les mensualités sont remboursées à l'aide des salaires de l'épouse. Au jour de la liquidation, il apparaît que les sommes remboursées au cours du mariage du chef de cet emprunt s'élèvent à 8 000 €, dont 400 € d'intérêts et que le capital restant dû s'élève à 12 000 €.

Dans l'exemple donné, bien que la dette soit relative à un bien propre de l'épouse, elle peut être considérée comme une charge de la jouissance (v. s[s] n° 112.34), incombant à ce titre à la communauté pendant la durée de l'union. Il en résulte ici deux conséquences. D'abord, les sommes remboursées au cours de l'union par la communauté ne lui ouvrent pas droit à récompense, tant pour les intérêts que pour le capital. En revanche, le solde de l'emprunt est une dette propre à l'épouse et ne doit pas être inscrit au passif de la communauté, cette dernière ne devant assumer les charges de la jouissance des biens propres des époux que jusqu'à la dissolution.

Outre les dettes relatives à un bien propre, seule hypothèse visée par la loi, il est sans doute possible d'imaginer d'autres catégories de dettes contractées dans l'intérêt personnel d'un époux, et notamment des dépenses engagées à des fins extrapatrimoniales, comme les frais de procès relatif aux droits de la personnalité d'un époux par exemple[1], ou encore la souscription d'un cautionnement au profit d'un tiers en tant que service d'ami. Il va sans dire que la démonstration de l'intérêt personnel de l'époux débiteur risque cependant de s'avérer délicate dans ce cas de figure.

111.39 Exclusion des créances entre époux et des dettes d'indivision. De même que les créances entre époux ne doivent pas incluses dans l'actif de communauté (v. s[s] n° 111.26), elles ne doivent pas davantage être intégrées dans le passif. La même exclusion s'applique pour les dettes que l'indivision post-communautaire pourrait avoir à l'encontre d'un des époux. Ces dettes relèvent en effet de comptes distincts (v. s[s] n°s 113.52 s. et 114.21 s.).

B.
Évaluation du passif de communauté

111.40 Évaluation du passif commun à la date de jouissance divise. En ce qui concerne la date d'évaluation du passif commun, il convient d'appliquer, *mutatis mutandis*, les mêmes règles que pour l'actif (v. s[s] n° 111.28). En d'autres termes, l'évaluation de la masse passive doit avoir lieu à la date la plus proche du partage.

111.41 Cas particulier de l'emprunt. Lorsque la dette définitive de communauté consiste dans le solde d'un emprunt, il convient de souligner que la pratique notariale ne prend en considération que le capital restant dû.

Exemple : au cours de l'union, les époux acquièrent un appartement moyennant un prix de 200 000 €, lequel est intégralement financé à l'aide d'un emprunt. Au jour de la liquidation, il apparaît que le capital restant dû s'élève à 94 000 €, sans compter les intérêts. Seul le capital restant dû sera inscrit au passif de la communauté, soit 94 000 €.

1. Exemple cité par Ph. Simler, *in* F. Terré et Ph. Simler, *op. cit.*, n° 428. V. Cependant les réticences émises par M. Champenois, *in* J. Flour et G. Champenois, *op. cit.*, n° 468.

CHAPITRE

112. Mouvements de valeurs entre communauté et patrimoine propre : les récompenses

SECTION 0 ORIENTEUR

112.00 Plan du chapitre.

Sect. 1 Avant-propos

Sect. 2 Localisation des récompenses

§ 1 Récompenses dues par la communauté

§ 2 Récompenses dues à la communauté

A. Cas dans lesquels une récompense est due

B. Cas dans lesquels une récompense est exclue

1° Charges de la jouissance et dépenses d'entretien des biens propres

2° Financement de certains biens propres par nature

3° Plus-values industrielles des biens propres

C. Preuve du droit à récompense

Sect. 3 Calcul des récompenses

§ 1 Choix proposé

A. Dépense faite

B. Profit subsistant

1° Évaluation du profit subsistant en cas de dépense relative à des travaux

2° Évaluation du profit subsistant en présence d'une dépense d'acquisition

§ 2 Choix opéré

A. Principe

B. Exceptions

1° Dépense nécessaire

2° Dépense d'acquisition ou d'amélioration

3° Dépense de conservation

Sect. 4 Règlement des récompenses

§ 1 Solde en faveur de la communauté

§ 2 Solde en faveur d'un époux

112.01 Textes applicables.

> Récompenses dues par la communauté

• C. civ., art. 1433, al. 1er et 2

La communauté doit récompense à l'époux propriétaire toutes les fois qu'elle a tiré profit de biens propres.

Il en est ainsi, notamment, quand elle a encaissé des deniers propres ou provenant de la vente d'un propre, sans qu'il en ait été fait emploi ou remploi.

> Récompenses dues à la communauté

• C. civ., art. 1437

Toutes les fois qu'il est pris sur la communauté une somme, soit pour acquitter les dettes ou charges personnelles à l'un des époux, telles que le prix ou partie du prix d'un bien à lui propre ou le rachat des services fonciers, soit pour le recouvrement, la conservation ou l'amélioration de ses biens personnels, et généralement toutes les fois que l'un des deux époux a tiré un profit personnel des biens de la communauté, il en doit la récompense.

> Calcul de la récompense

• C. civ., art. 1469

La récompense est, en général, égale à la plus faible des deux sommes que représente la dépense faite et le profit subsistant.

Elle ne peut, toutefois, être moindre que la dépense faite quand celle-ci était nécessaire.

Elle ne peut être moindre que le profit subsistant, quand la valeur empruntée a servi à acquérir, à conserver ou à améliorer un bien qui se retrouve, au jour de la liquidation de la communauté, dans le patrimoine emprunteur. Si le bien acquis, conservé ou amélioré a été aliéné avant la liquidation, le profit est évalué au jour de l'aliénation; si un nouveau bien a été subrogé au bien aliéné, le profit est évalué sur ce nouveau bien.

> Compte de récompense

• C. civ., art. 1468

Il est établi, au nom de chaque époux, un compte des récompenses que la communauté lui doit et des récompenses qu'il doit à la communauté, d'après les règles prescrites aux sections précédentes.

> Règlement des récompenses

[C. civ., art. 1470 et 1471]

• C. civ., art. 1470

Si, balance faite, le compte présente un solde en faveur de la communauté, l'époux en rapporte le montant à la masse commune.

S'il présente un solde en faveur de l'époux, celui-ci a le choix ou d'en exiger le paiement ou de prélever des biens communs jusqu'à due concurrence.

• C. civ., art. 1471

Les prélèvements s'exercent d'abord sur l'argent comptant, ensuite sur les meubles, et subsidiairement sur les immeubles de la communauté. L'époux qui opère le prélèvement a le droit de choisir les meubles et les immeubles qu'il prélèvera. Il ne saurait cependant préjudicier par son choix aux droits que peut avoir son conjoint de demander le maintien de l'indivision ou l'attribution préférentielle de certains biens.

Si les époux veulent prélever le même bien, il est procédé par voie de tirage au sort.

> Intérêts des récompenses

• C. civ., art. 1473

Les récompenses dues par la communauté ou à la communauté portent intérêts de plein droit du jour de la dissolution.

Toutefois, lorsque la récompense est égale au profit subsistant, les intérêts courent du jour de la liquidation.

• C. civ., art. 1417

La communauté a droit à récompense, déduction faite, le cas échéant, du profit retiré par elle, quand elle a payé les amendes encourues par un époux, en raison d'infractions pénales, ou les réparations et dépens auxquels il avait été condamné pour des délits ou quasi-délits civils.

Elle a pareillement droit à récompense si la dette qu'elle a acquittée avait été contractée par l'un des époux au mépris des devoirs que lui imposait le mariage.

112.02 Jurisprudence de référence.

> Remboursement d'un emprunt : la communauté a droit à récompense uniquement pour le capital remboursé par ses soins

• Civ. 1re, 31 mars 1992, n° 90-17.212, *Bull. civ.* I, n° 96

* V. s^s n°s 112.33

« Attendu qu'en statuant ainsi, alors que pour déterminer la somme due par un époux, en cas de règlement des annuités afférentes à un emprunt souscrit pour l'acquisition d'un bien qui lui est propre, il y a lieu d'avoir égard à la fraction ainsi remboursée du capital, à l'exclusion des intérêts qui sont une charge de la jouissance, la cour d'appel a violé les textes susvisés ».

> Preuve des récompenses dues par la communauté : l'encaissement fait présumer le profit

• Civ. 1re, 8 févr. 2005, n° 03-13.456, *Bull. civ.* I, n° 65

* V. s^s n°s 112.21

« Attendu qu'il incombe à celui qui demande récompense à la communauté d'établir que les deniers provenant de son patrimoine propre ont profité à celle-ci ; que, sauf preuve contraire, le profit résulte notamment de l'encaissement de deniers propres par la communauté, à défaut d'emploi ou de remploi ».

> Récompense : les deniers propres déposés sur un compte ouvert au seul nom de l'époux demandeur sont présumés avoir été utilisés dans son intérêt personnel

• Civ. 1re, 8 nov. 2005, n° 03-14.831, *Bull. civ.* I, n° 409

* V. s^s n°s 112.21

« Attendu qu'il incombe à celui qui demande récompense à la communauté d'établir que les deniers provenant de son patrimoine propre ont profité à celle-ci ; que, sauf preuve contraire, le profit résulte notamment de l'encaissement de deniers propres par la communauté, à défaut d'emploi ou de remploi ; que l'arrêt attaqué relève que les comptes bancaires sur lesquels avaient été versées la rente accident du travail et celles servies par la compagnie d'assurance en réparation de son incapacité consécutive à l'accident dont elle avait été victime, en juin 1989, ainsi que les provisions qui lui avaient été payées, étaient ouverts au seul nom de Mme Z..., de sorte qu'elle n'établissait pas que ces fonds propres avaient été encaissés par la communauté ».

> Récompense : la perception de deniers propres ne permet pas de présumer l'encaissement par la communauté

• Civ. 1re, 19 sept. 2007, n° 06-20.132, NP

* V. s^s n°s 112.21

« Attendu qu'il incombe à l'époux qui demande récompense à la communauté d'établir, par tous moyens laissés à l'appréciation souveraine des juges du fond, que les deniers provenant de son patrimoine propre ont profité à la communauté et qu'il ne lui suffit pas d'établir qu'il a perçu des deniers propres pendant la durée du régime sans en avoir fait d'emploi ; qu'ayant souverainement estimé, par motifs adoptés, que M. X... n'établissait pas que la communauté avait tiré profit d'une somme qu'il avait évaluée forfaitairement à 100 000 euros sans apporter aucun justificatif ».

> Le travail en industrie ne donne pas lieu à récompense

• Civ. 1re, 11 mars 2009, n° 07-21.356, *Bull. civ.* I, n° 59

* V. s^s n°s 112.42

« Qu'en se déterminant ainsi, alors que le profit subsistant devait être déterminé d'après la proportion dans laquelle les fonds empruntés à la communauté avaient contribué au financement de la construction édifiée sur le terrain appartenant en propre au mari, la cour d'appel, qui n'a pas recherché, comme il lui était demandé, la fraction remboursée par la communauté du capital des emprunts souscrits pour financer l'amélioration de ce bien, n'a pas mis la Cour de cassation en mesure d'exercer son contrôle ».

> Récompense : la dépense faite inclut les frais de l'acquisition, y compris pour les acquisitions à titre gratuit

• Civ. 1re, 4 juill. 1995, n° 93-12.347, *Bull. civ.* I, n° 290

* V. s^s n°s 112.48

« Vu l'article 1469, alinéa 3, du code civil ;

Attendu que ce texte ne distingue pas selon que l'acquisition est effectuée à titre onéreux ou à titre gratuit ; que les frais d'enregistrement d'un acte de donation, dont le paiement a permis la réalisation de cette donation et l'acquisition d'un bien à titre gratuit, donnent lieu, lorsque ces frais ont été réglés par la communauté et lorsque le bien se retrouve à la dissolution de celle-ci dans le patrimoine du donataire, à une récompense calculée selon les modalités de l'article 1469, alinéa 3, du code civil ».

> Récompense : le profit subsistant doit être évalué à la date la plus proche du partage

• Civ. 1re, 16 juill. 1969, n° 67-11.456, *Bull. civ.* I, n° 275

* V. ss nos 112.51

« Attendu qu'aux termes de l'article 1469 du code civil modifié par la loi du 13 juillet 1965, applicable en l'espèce, la récompense "ne peut être moindre que le profit subsistant quand la valeur empruntée a servi à conserver ou à améliorer un bien qui se retrouve, au jour de la dissolution de la communauté dans le patrimoine emprunteur", que c'est par une exacte application de cette disposition que les juges d'appel ont adopté pour date d'évaluation le jour de la liquidation ou le jour le plus proche possible ».

> Récompense : en présence de travaux, le profit subsistant est égal à a plus-value

• Civ. 1re, 6 juin 1990, n° 88-10.532, *Bull. civ.* I, n° 134

* V. ss nos 112.55

« En l'espèce, les deniers de la communauté conjugale ayant servi au paiement de la totalité des dépenses de plantation de vignes sur le terrain de Mme X..., la cour d'appel, en décidant que la récompense due par celle-ci était déterminée par la différence entre la valeur actuelle du terrain planté de vignes et la valeur du terrain nu, a fait une exacte application du texte visé au moyen (C. civ., art., 1469, al. 3) ».

> Récompense : en présence d'une acquisition partielle, le profit subsistant est égal à la proportion dans laquelle le patrimoine prêteur a contribué à son financement

• Civ. 1re, 11 oct. 1989, n° 87-11.954, *Bull. civ.* I, n° 312

* V. ss nos 112.57

« Vu l'article 1469, alinéa 3, du code civil;

Attendu qu'il résulte de ce texte que, lorsque des fonds de la communauté ont servi à acquérir ou à améliorer un bien qui se retrouve, au jour de la liquidation de la communauté, dans le patrimoine propre de l'un des époux, le profit subsistant, auquel la récompense due à la communauté ne peut être inférieure, doit se déterminer d'après la proportion dans laquelle les fonds empruntés à ladite communauté ont contribué au financement de l'acquisition ou de l'amélioration; que, dans le cas où ce financement n'a été que partiel, le profit subsistant ne peut être égal à la valeur totale du bien acquis ou à l'intégralité de la plus-value résultant de l'amélioration ».

> Récompense : le remboursement pendant l'union d'un emprunt contracté avant le mariage s'analyse en une dépense d'acquisition

• Civ. 1re, 5 nov. 1985, n° 84.12-572, *Bull. civ.* I, n° 284

« Vu l'article 1469, alinéa 3 du code civil;

Attendu [...] que cette disposition ne distingue pas selon que le bien a été acquis avant ou pendant le mariage, dès lors que le prix ou le remboursement du prêt contracté en vue de le payer a été réglé, au cours du régime, et de deniers communs ».

> Récompense due à raison d'une dépense d'acquisition : en l'absence de profit subsistant, aucune récompense ne saurait être imposée au patrimoine emprunteur

• Civ. 1re, 20 sept. 2006, n° 04.18.309

« Attendu qu'après avoir admis le principe du droit à récompense de la communauté et souverainement constaté que la valeur du bateau au jour de son aliénation s'élevait à 100 000 francs, alors que la valeur du bateau au jour de son acquisition, indépendante de l'origine des fonds ayant servi au paiement, était de 106 267,85 francs, la cour d'appel a pu en déduire, quelle que soit l'utilisation des deniers communs, qu'en l'absence de profit subsistant, aucune récompense n'était due ».

112.03 Bibliographie indicative.

* V. références ss n° 1.03

Articles.

> Récompenses. Bigot J., « Clair-obscur sur l'assurance-vie, De l'arrêt Pelletier à l'arrêt Praslicka », *JCP* 1993, I, 3718 – Brémond V., « l'industrie personnelle des époux déployée au profit d'un bien propre peut-elle donner naissance à un droit à récompense pour la communauté ? », *JCP N*, 1994, I, 15 – Cabrillac R., « Le travail d'un époux sur un bien dans les régimes matrimoniaux », *Mélanges offerts à Christian Mouly,* Litec, 1998, t. 1, 257 – David S. et Jault A., « Le calcul des récompenses », *AJ fam.* 2010, 173 – Devos A., « Le régime de communauté », « Le statut matrimonial du Français », 75e congrès des notaires de France, t. 1, 1978 – Lécuyer H., « Crédit immobilier et droit patrimonial de la famille », *LPA* 29 avr. 1998, p. 21 – Morin G., « Examens de quelques problèmes que soulève en pratique la nouvelle théorie des récompenses », *Defrénois* 1971, art. 29769; « Qui, de la communauté ou des époux, doit supporter les charges usufructuaires des biens propres ? », *Mélanges offerts à André Colomer*, Litec, 1993, 259 – Pasqualini F., « L'emprunt et le régime matrimonial », *Defrénois* 1991, art. 35013 – Pène A., « La problématique des chaînes de récompenses : esquisse d'une méthodologie », *JCP N* 1999, p. 1320 – Philippe C., « La récompense retrouve son sens originaire de juste indemnisation », *RLDC* 2008/51, n° 3070 – Pouderoux S., « Les clauses de récompenses », *Dr. et patr.*, juin 1996, 37 – Ponsard A., « Commentaire de la loi n° 65-570 du 13 juillet 1965, portant réforme des régimes matrimoniaux », *D.* 1966, L., 111 – Saujot C., « Le fondement des récompenses », *RTD civ.* 1970, 684 – Simler Ph., « Faut-il parler de résurgence de l'usufruit de la communauté sur les biens propres des époux ? », *Mélanges Danièle Huet-Weiller,* PUS – LGDJ, 1994, 427.

112.04 Questions essentielles.

• Dans quels cas l'appauvrissement de la communauté au profit de l'un des patrimoines propres ne donne pas lieu à récompense au profit de celle-ci ?

* V. ss n° 112.32

• Quelles sont les règles de calcul des récompenses ?

* V. ss n° 112.45

SECTION 1
AVANT-PROPOS

112.11 Distinction. Au cours du mariage, il est inévitable que d'incessants mouvements de valeurs se produisent entre les époux. Le moment venu, il appartient au liquidateur de procéder à des opérations de compte, lesquelles consistent concrètement à recenser, qualifier et évaluer ces différents mouvements. Dans cette tâche peu aisée, il lui faut distinguer entre les récompenses, dont l'objet est de rectifier les mouvements de valeur qui ont pu se produire au cours de la communauté entre le patrimoine commun et les patrimoines propres de chaque époux (v. s^s^ nº 111.11); les comptes d'indivision, qui naissent des mouvements de valeurs intervenus avant la naissance de la communauté ou, au contraire, après sa dissolution, entre le patrimoine personnel de l'un des époux et la masse indivise[1] (v. s^s^ chap. 113) et, enfin, les créances entre époux, qui ont vocation à régir les mouvements de valeur qui ont pu se produire au cours de la communauté entre les patrimoines propres des époux (v. s^s^ chap. 114).

112.12 Objet de la technique des récompenses. Les récompenses sont régies par les articles 1433, 1437 et 1468 et suivants du code civil. Elles ont pour objet de rectifier les mouvements de valeur qui ont pu se produire au cours de la communauté entre le patrimoine commun et les patrimoines propres de chaque époux et donc d'éviter, à des fins d'équité[2], que l'une des masses de biens ne s'enrichisse injustement au détriment de l'une des deux autres.

112.13 Domaine d'application de la technique des récompenses. Au regard de leur définition, les récompenses doivent être clairement distinguées des autres mouvements de valeurs susceptibles d'intervenir directement ou indirectement entre les époux, qu'il s'agisse des créances qui peuvent être dues par l'un des époux à son conjoint, en raison de transferts de valeurs intervenus entre les deux patrimoines propres ou des créances qui peuvent naître dans le cadre des comptes d'indivision, lesquels régissent les mouvements de valeurs intervenus avant la naissance ou après la dissolution de la communauté[3].

112.14 Distinction entre les récompenses et les comptes d'indivision. La solution doit sans doute être quelque peu tempérée lorsque le mouvement de valeurs postérieur à la dissolution de la communauté est relatif à un bien qui doit être réintégré à cette dernière et non considéré comme indivis[4]. Ainsi, par exemple, lorsqu'un époux souscrit une promesse synallagmatique de vente au cours de l'union et que le transfert de propriété est retardé à la réitération du consentement par acte authentique, la jurisprudence considère que le bien doit être tenu pour commun, lorsque la signature de l'acte authentique a lieu après la date de dissolution[5]. Or, il est fréquent que le prix de vente soit également réglé lors de la réitération du consentement. Dans un tel cas de figure, l'époux qui aurait réglé le prix d'acquisition avec des fonds personnels pourrait certainement se prévaloir d'une récompense à l'encontre de la communauté et non d'une créance contre l'indivision ou contre son conjoint, même si, matériellement, le mouvement de valeurs a eu lieu après la date de dissolution[6].

112.15 Distinction entre les récompenses et les mouvements de valeurs survenus entre la masse commune et un patrimoine tiers. Les récompenses n'ont aucune vocation à appréhender les mouvements de valeur intervenus entre la masse commune et un patrimoine tiers. Ainsi en est-il, par exemple, de la construction édifiée sur un terrain appartenant à un tiers à l'aide de fonds communs[7]. De même, les travaux réalisés aux frais de la communauté sur le bien appartenant aux parents de l'un des époux ne donnent pas lieu à récompense, même si le bien en question a ensuite fait l'objet d'une donation au profit dudit époux[8].

1. La jurisprudence rappelle régulièrement cette distinction. V. Civ. 1re, 17 nov. 1971, *D.* 1972, Jur. 261, note J. Dedieu – Civ. 1re, 15 févr. 1973, nº 70-11.606, *D.* 1975, Jur. 509, note R. Savatier – *Defrénois* 1975, art. 30858, p. 235, note R. Savatier – Civ. 1re, 22 oct. 1985, nº 84-10.983, *Bull. civ.* I, nº 266 – *D.* 1986, Jur. 205, note A. Breton – *Defrénois* 1986, art. 33808, p. 1255, obs. A. Breton – Civ. 1re, 9 juill. 1991, nº 89-11.341, *Bull. civ.* I, nº 234 – Civ. 1re, 15 nov. 1994, nº 92-21.127, NP – Civ. 1re, 17 déc. 1996, nº 95-11.929, *Bull. civ.* I, nº 451 – *D.* 1998, Jur. 189, note V. Brémond – CA Paris, 19 déc. 2007, *Juris-Data* nº 353739 – CA Paris, 24 janv. 2008, *Juris-Data* nº 355345.
2. Sur le fondement de la technique des récompenses, v. plus particulièrement A. Colomer, *L'instabilité monétaire et les régimes matrimoniaux, Le mal et ses remèdes*, Rousseau & Cie, 1955, n°s 26 et s. – C. Saujot, « Le fondement des récompenses », *RTD civ.* 1970, p. 684.
3. Sur ces mouvements de valeur, v. chap. 113.
4. Sur cette catégorie de biens, v. s^s^ nº 111.25.
5. Civ. 1re, 29 nov. 1988, *JCP* 1989, II, 21339, note Ph. Simler – *Defrénois* 1989, art. 34570, p. 899, obs. G. Champenois.
6. V. cependant, CA Versailles, 17 mars 1987, *Juris-Data* nº 041371, qui estime que, dans une telle hypothèse, la communauté est redevable à l'époux d'une indemnité fondée sur l'article 815-13 du code civil.
7. Civ. 1re, 6 juill. 2000, *Juris-Data* nº 002913.
8. Civ. 1re, 5 mars 2002, *Bull. civ.* I, nº 73 – *JCP* 2002, IV, 1655, *Dr. fam.* 2002, comm. nº 91. V. également, Civ. 1re, 26 mai 1999, *Dr. fam.* 1999, comm. nº 83, obs. B. Beignier – *JCP N* 1999, 1113 – *RTD civ.* 2000, p. 614, obs. B. Vareille – *RJPF* 1999, 6/34, obs. F. Vauvillé.

112.16 Cas particulier de l'indivision pré-communautaire. La question se pose en effet avec davantage d'acuité lorsque la communauté rembourse des dettes nées d'une indivision pré-communautaire. Faut-il alors assimiler à un patrimoine tiers cette indivision pré-communautaire et considérer que la technique des récompenses doit recevoir application lorsque la communauté règle une dette incombant à cette dernière (v. s^s n° 111.21) ?

Très strictement, parce que l'indivision pré-communautaire peut être tenue pour une entité comptable distincte tant à l'égard des indivisaires [1] que de ses créanciers [2], comme s'il s'agissait d'une universalité de droit, même si elle n'a pas, juridiquement, la personnalité morale [3], l'on devrait admettre que lorsque la communauté a réglé une dette indivise, la créance devra être portée à l'actif de la communauté pour son montant nominal, comme toute créance à l'égard d'un tiers et que, réciproquement, la somme constitue un élément de passif de l'indivision.

Exemple : Quelque temps avant de se marier, les futurs époux achètent en indivision par moitié un immeuble, pour un montant de 140 000 €, à l'aide d'un emprunt. Au jour de la célébration du mariage, le solde de l'emprunt restant dû s'élève à 100 000 €. Ce solde est réglé au cours de l'union à l'aide des revenus des époux. Dans l'exemple donné, il conviendra d'inscrire à l'actif de communauté la créance dont elle dispose à l'encontre de l'indivision pour son montant nominal, conformément au droit commun, soit 100 000 € et, au passif de l'indivision, la dette de cette dernière à l'égard de la communauté, soit 100 000 €. Au final, il y aura compensation entre les deux mouvements de valeur. Il en va cependant autrement lorsque le bien n'est pas indivis par moitié, mais dans une autre proportion. En effet, dans cette dernière hypothèse, si le montant de la créance inscrite à l'actif de la communauté est partagé par moitié entre les époux au titre de leurs droits dans la communauté, en revanche, la dette indivise sera partagée conformément aux droits des époux dans l'indivision. Par exemple, si les droits du mari sont de 60 % et ceux de l'épouse de 40 %, celle-ci devra assumer la dette indivise à hauteur de 40 000 € tandis que l'époux devra l'assumer à hauteur de 60 000 €.

À l'inverse, selon ce raisonnement, l'utilisation de fonds indivis au profit de la communauté devrait donner naissance non pas à une récompense au profit des époux coïndivisaires, mais à une créance de l'indivision contre la communauté.

Exemple : quelque temps avant de se marier, les futurs époux achètent en indivision par moitié un immeuble destiné à être le logement de la famille, pour un montant de 100 000 €, payé comptant. Au cours de l'union, les époux acquièrent un nouveau bien plus vaste, qui constitue le nouveau logement familial, pour un montant de 200 000 €. Cette acquisition est réalisée à l'aide d'un emprunt, qui est réglé à l'aide des loyers de l'ancien logement familial, loué à cette fin. Au jour de la liquidation, il apparaît que l'emprunt a été intégralement réglé au cours de l'union. Dans l'exemple donné, il conviendra d'inscrire à l'actif de l'indivision pré-conjugale la créance dont elle dispose à l'encontre de la communauté pour sa valeur nominale, conformément au droit commun, soit 200 000 € et, au passif de la communauté, la dette de cette dernière à l'égard de l'indivision, soit 200 000 €. Au final, il y aura compensation entre les deux mouvements de valeur. Il en va cependant autrement lorsque le bien n'est pas indivis par moitié, mais dans une autre proportion.

La pratique notariale, relayée par certains auteurs [4], a cependant tendance à nier l'existence de cette entité distincte que constitue l'indivision pré-communautaire, pour mettre en avant les membres de cette indivision, c'est-à-dire les époux, et considéré que la communauté a réglé en réalité une dette propre à chacun d'eux, ce qui créé un droit à récompense à son profit. Il est possible de souligner, au soutien de cette assertion, que les droits indivis de chacun des époux sur le bien constituent un bien présent et, à ce titre, forment un bien propre [5]. Partant, il doit être admis que les époux indivisaires qui se servent de fonds communs pour régler une dette indivise tirent un profit personnel de l'opération, de telle manière qu'il paraît alors difficile de faire totalement abstraction de la technique des récompenses.

1. Cette analyse est incontestablement celle de la jurisprudence en matière de créances d'indivision (v. s^s n° 113.52).
2. En matière de passif, la solution est imposée par le système mis en place par l'article 815-17 du code civil, qui permet aux créanciers de l'indivision de saisir directement le bien indivis, sans transiter par le patrimoine des indivisaires. Sur l'autonomie de l'indivision par rapport aux indivisaires en matière de passif, v. F.-X. Testu, Rép. civ., *V° Indivision*, art. préc., n°s 92 et s. et n° 1048.
3. Soulignons que l'avant-projet de réforme du droit des biens prévoit de consacrer expressément cette analyse (v. art. 569, al. 2 C. civ. nouveau : « L'indivision n'a pas la personnalité morale »).
4. En ce sens, v. G. Morin, « Examens de quelques problèmes que soulève en pratique la nouvelle théorie des récompenses », *Defrénois* 1971, art. 29769, n° 3, spéc. b : cet auteur envisage l'hypothèse d'une indivision entre un époux, dont le premier mariage a été dissous par décès, et ses enfants.
5. Sur ce point, v. Y. Flour et F.-J. Pansier, Questions pratiques, *Defrénois* 1998, art. 36883, n° 2 – F. Terré et Ph. Simler, *op. cit.*, n° 276, note 1.

Exemple : quelque temps avant de se marier, les futurs époux achètent en indivision un immeuble, pour un montant de 140 000 €, à l'aide d'un emprunt sans intérêts. Aux termes de l'acte d'acquisition, il apparaît que les droits du futur époux sont de 60 % et ceux de la future épouse de 40 %. Au jour de la célébration du mariage, le solde de l'emprunt restant dû s'élève à 100 000 €. Ce solde est réglé au cours de l'union à l'aide des revenus des époux. Au jour de la liquidation, l'immeuble en question est évalué à 200 000 €. Dans l'exemple donné, il est possible de considérer que chacun des époux est débiteur d'une récompense à l'égard de la communauté, pour avoir retiré un profit personnel de la dépense engagée par cette dernière. S'agissant d'une dépense d'acquisition, la récompense globale ne peut être inférieure au profit subsistant, qui sera ici proportionnel au montant des fonds communs investis, soit :

$$\frac{100\,000\ €}{140\,000\ €} \times 200\,000\ € = 142\,857\ €$$

Le mari étant titulaire de 60 % des droits indivis, il est débiteur à l'égard de la communauté d'une récompense à hauteur de 60 % × 142 857 €, soit 85 714,20 €. L'épouse étant titulaire de 40 % des droits indivis, elle est, pour sa part, débitrice à l'égard de la communauté d'une récompense égale à 40 % × 142 857 €, soit 57 142,80 €.

À suivre cette logique, il convient, à l'inverse, de considérer que dès lors que la communauté utilise des deniers indivis (notamment, les loyers de biens indivis) à son profit, celle-ci est débitrice d'une récompense à l'égard de chacun des époux.

Exemple : quelque temps avant de se marier, les futurs époux achètent en indivision par moitié un immeuble destiné à être le logement de la famille, pour un montant de 100 000 €, payé comptant. Au cours de l'union, les époux acquièrent un nouveau bien plus vaste, qui constitue le nouveau logement familial, pour un montant de 200 000 €. Cette acquisition est réalisée à l'aide d'un emprunt sans intérêts, qui est réglé à l'aide des loyers de l'ancien logement familial, loué à cette fin. Au jour de la liquidation, il apparaît que l'emprunt a été intégralement réglé au cours de l'union et que la valeur vénale du second bien est évaluée à 300 000 €. Dans l'exemple donné, il est possible de considérer que la communauté est débitrice d'une récompense à l'égard de chacun des époux indivisaire. S'agissant d'une dépense d'acquisition, la récompense globale ne peut être inférieure au profit subsistant, qui correspond ici à la valeur actuelle du bien acquis, l'investissement du patrimoine prêteur étant intégral, soit 300 000 €. Les époux étant chacun titulaire de la moitié des droits indivis, chacun peut se prévaloir d'une récompense à hauteur de la moitié de cette somme contre la communauté, soit 150 000 €.

112.17 Caractère supplétif de la technique des récompenses. Les règles relatives au droit et à l'évaluation des récompenses – à l'instar des autres règles relatives à la liquidation – ne sont pas considérées comme étant d'ordre public[1]. Elles ne s'imposent donc pas aux époux qui ont tout loisir de renoncer à une récompense déterminée[2] ou d'établir le calcul d'une récompense sur des bases différentes[3].

Les époux peuvent le faire initialement par des dispositions particulières de leur contrat de mariage, étant ici souligné que de telles clauses relatives aux récompenses sont vraisemblablement constitutives d'un avantage matrimonial prenant effet après la dissolution du régime et qu'elles sont en conséquence révoquée de plein droit en cas de divorce[4]. Ces aménagements peuvent aussi voir lieu à compter de la dissolution de leur régime matrimonial, spécialement lors des opérations de liquidation puisqu'ils ont alors la liberté de disposer de leurs droits respectifs[5]. En revanche, de telles conventions ne peuvent être établies en cours d'union, à peine de porter atteinte au principe de l'immutabilité du régime matrimonial maintenu par l'article 1396, alinéa 3, du code civil, sauf à les inscrire dans le cadre d'un changement de régime matrimonial, respectant les règles générales de l'article 1397 du code civil ou à passer une convention de liquidation anticipée sur le fondement des articles 265-2 et 1451 du code civil.

Ces précisions étant faites, il s'agit pour le praticien intervenant en matière liquidative de localiser l'existence d'un droit à récompense (sect. 2), dans l'affirmative, de calculer son montant (sect. 3), puis de s'attacher à son règlement (sect. 4).

SECTION 2
LOCALISATION DES RÉCOMPENSES

112.18 Division. La généralité du principe des récompenses rend inutile, et d'ailleurs impossible,

1. Pour une analyse approfondie, v. A. Colomer, RÉP. CIV., *V° Communauté*, 1988, n°s 1345 et s.
2. Civ., 24 janv. 1894, *DP* 1894, I, p. 337, note M. Planiol.
3. Civ. 1re, 28 juin 1983, n° 82-12.926, *Bull. civ.* I, n° 190 – *D.* 1984, Jur. 254 – *JCP* 1984, II, 20330 note J.-F. Pillebout et *JCP N* 1984, II, 185 – *Defrénois* 1984, art. 33250, note J. Morin.
4. Sur cette question, v. *supra Cf.* C. civ., art. 265, al. 2.
5. S. Pouderoux, « Les clauses de récompenses », *Dr. et patr.*, juin 1996, p. 37. V. également, A. Devos, « Le régime de communauté », *in Le statut matrimonial du français, 75e congrès des notaires de France*, t. 1, nos 287 et s.

une énumération exhaustive de tous les cas où le mécanisme est susceptible de s'appliquer. Il s'agit ici de mettre simplement l'accent sur quelques exemples concrets, en raison de leur intérêt pratique, en distinguant selon que la récompense est due par la communauté (§ 1) ou à la communauté (§ 2). Les récompenses sont en effet présentées comme des dettes de la communauté envers l'un des patrimoines propres ou, inversement. Quoique cette analyse ait été critiquée[1], elle n'en demeure pas moins inévitable d'un point de vue pratique[2].

§ 1
Récompenses dues par la communauté

112.19 Principe général. Selon les termes de l'article 1433, alinéa 1er, du code civil, « *la communauté doit récompense à l'époux propriétaire toutes les fois qu'elle a tiré profit de biens propres* » et l'alinéa 2 de prendre soin de préciser qu'il « *en est ainsi, notamment, quand* [la communauté] *a encaissé des deniers propres ou provenant de la vente d'un propre sans qu'il en ait été fait emploi ou remploi* ».

112.20 Illustrations. La généralité du principe rend bien évidemment impossible une énumération limitative des cas d'application. Cependant, en dehors de l'illustration fournie à l'alinéa 2, quelques exemples peuvent être proposés. Ainsi, la communauté sera débitrice d'une récompense à l'égard du patrimoine propre de l'un des époux, lorsque notamment :

- l'acquisition d'un bien commun a été réalisée, partiellement, grâce à l'aliénation d'un bien propre ou à l'utilisation de deniers propres;

- la réparation ou l'amélioration d'un bien commun a été financée par des fonds propres;

- une dette relevant du passif commun définitif a été payée par l'un des époux à l'aide de deniers propres[3];

- en revanche, il n'y a pas lieu à récompense, ce qui se conçoit aisément, lorsque l'acquisition d'un bien commun a été financée par un tiers. Ainsi, par exemple, le remboursement par le biais d'une assurance invalidité d'une dette d'emprunt incombant à la communauté ne donne pas lieu à récompense au profit de l'époux sur la tête duquel l'assurance a été souscrite, l'indemnité versée par l'assureur n'ayant jamais figuré dans le patrimoine personnel de l'époux accidenté[4].

112.21 Preuve du droit à récompense. Dans les liquidations contentieuses, il n'est pas rare que la demande de récompense formulée par l'un des époux à l'encontre de la communauté soit contestée par son conjoint. En ce cas, conformément à la règle générale du droit commun énoncée à l'article 1315, alinéa 1er, du code civil, il appartient à l'époux demandeur d'apporter la preuve de l'existence de la récompense qu'il invoque.

Cette preuve d'un droit à récompense contre la communauté se décompose en deux éléments. D'une part, l'époux en question doit prouver le caractère propre des deniers considérés. Il s'agit alors pour lui de combattre la force d'attraction de la communauté, selon laquelle les opérations litigieuses sont présumées avoir été financées à l'aide de deniers communs. Il doit concrètement, pour ce faire, conformément aux dispositions de l'article 1402, alinéa 2, du code civil, produire en principe un écrit démontrant qu'il était à l'origine propriétaire de biens propres (inventaire, relevés de compte, *etc.*) ou qu'il a reçu à un moment donné durant le mariage des deniers propres (acte de donation, acte de partage successoral, *etc.*). Soulignons que le défaut de stipulation d'une clause d'emploi ou de remploi n'est pas un obstacle à la reconnaissance d'un droit à récompense[5].

Le fait qu'il ait existé des deniers propres ne suffit pas à justifier *ipso facto* le droit à récompense. S'agissant de deniers recueillis dans une succession ou provenant de la vente d'un bien propre, l'époux héritier ou vendeur a pu les dépenser dans son intérêt personnel ou les déposer sur un compte demeuré en l'état depuis lors. Encore faut-il en conséquence que l'époux qui prétend bénéficier d'un droit à récompense démontre ensuite que la communauté « *a tiré profit de biens propres* ». Précisons toutefois que pareille démonstration n'est requise que si « *une contestation est élevée* » (C. civ., art. 1433, al. 3) par le conjoint de l'époux qui se prétend créancier de la récompense. Un fait reconnu ou simplement non contesté n'a pas besoin d'être prouvé[6]. Il arrive en effet que le conjoint du demandeur conteste le seul calcul de la récom-

1. V. M. Planiol et G. Ripert, *Traité pratique de droit civil français*, t. IX, *Les régimes matrimoniaux*, LGDJ, 2e éd. par J. Boulanger, 1960, no 887, qui estiment qu'il s'agit là d'une « *pure fiction* », « *la communauté (ne pouvant) être créancière ou débitrice de l'un des conjoints* ».
2. En ce sens, v. J. Flour et G. Champenois, *op. cit.*, no 548, note 5. Cette présentation sera donc retenue ici.
3. V. par exemple, Civ. 1re, 26 juin 1990, no 88-19.811, *Defrénois* 1990, art. 34917, p. 1360, obs. G. Champenois, concernant un époux qui avait réglé une dette ménagère avec des deniers propres.
4. Civ. 1re, 1er déc. 1987, no 86-12.361, *Bull. civ.* I, no 316 – *JCP* 1989, II, 21338, note Ph. Simler – *Defrénois* 1988, art. 34229, p. 538, obs. G. Champenois.
5. V. CA Paris, 12 mars 2008, *Juris-Data* no 360038.
6. V. par exemple, Civ. 1re, 3 déc. 1996, *JCP* 1997, I, 4047, no 21, obs. A. Tisserand – CA Bordeaux, 4 juin 1997, *Dr. fam.* 1998, comm. no 15, obs. B. Beignier.

pense, tout en reconnaissant le bien fondé de son principe.

Reste à s'entendre sur le sens de la formule employée. La réalisation du profit, et par-delà le bien fondé d'une demande de récompense contre la communauté, résulte-t-elle d'une simple confusion des deniers propres avec les liquidités communes, nécessite-t-elle une utilisation dans l'intérêt commun par les époux, ou faut-il exiger, plus radicalement, que la communauté se soit enrichie grâce à leur affectation à des dépenses communes ?

En pratique, la question ne soulève guère de difficulté lorsque les fonds propres ont servi à la conservation, l'amélioration ou, plus encore, l'acquisition d'un bien commun, auquel cas l'enrichissement de la communauté est patent. En revanche, elle prend toute son acuité dans certaines hypothèses. C'est le cas, par exemple, lorsque les fonds propres ont simplement permis de financer les vacances de la famille ou, ce qui arrive très fréquemment, lorsqu'un époux a déposé ses deniers propres sur un compte en banque, que ces sommes n'ont pas fait l'objet d'un quelconque remploi et ont servi à faire face aux dépenses courantes de la famille, de sorte qu'au jour de la dissolution, elles ont plus ou moins disparu.

En apparence, l'interrogation soulevée trouve une réponse limpide à la lecture de l'article 1433 du code civil; elle a pourtant alimenté de nombreux débats en doctrine et généré de multiples soubresauts jurisprudentiels [1].

Sans revenir en détail sur ces derniers, qu'il nous suffise de rappeler que la Cour de cassation considère, depuis un arrêt remarqué en date du 8 février 2005, que « *le profit résulte notamment de l'encaissement de deniers propres par la communauté, à défaut d'emploi ou de remploi* » [2]. La formule, consacrée ensuite sur le plan fiscal par la Chambre commerciale [3], a été depuis maintes fois reprise [4]. Il en découle concrètement que la communauté doit rembourser ce qu'elle a indûment encaissé, sans qu'importe l'utilisation qu'elle en a faite (acquisition, dépenses courantes, *etc.*). En d'autres termes, si durant le mariage, il y a eu des deniers propres et si, à la fin, il n'en reste plus, c'est que la communauté les a encaissés, si bien qu'une récompense est due.

Conforme à la lettre des textes, la solution est source d'une simplification heureuse, sur le terrain de la preuve, puisqu'il suffit désormais à l'époux demandeur d'établir - par tous moyens laissés à l'appréciation des juges du fond, conformément à l'article 1433, alinéa 3, du code civil - que ses deniers propres ont été encaissés par la communauté, ce qui présume l'enrichissement corrélatif de cette dernière et fonde son droit à récompense.

Si l'encaissement laisse ainsi présumer le profit, encore faut-il établir l'encaissement par la communauté. Cette preuve est rapportée, selon la Haute juridiction, lorsque les deniers propres ont été portés au crédit d'un compte joint ouvert au nom des deux époux [5]. Ce n'est pas le cas, en revanche, lorsque les sommes en question ont été déposées sur un compte ouvert au seul nom de l'époux demandeur, auquel cas ce dernier est présumé les avoir utilisées dans son intérêt personnel. Notons que, dans une affaire récente [6], la Cour de cassation s'est montrée particulièrement sévère. En l'espèce, un époux avait déposé des deniers propres sur un compte ouvert à son seul nom, lequel a été transformé quelque temps après en compte joint. La décision refuse néanmoins à l'époux le bénéfice d'une récompense, faute de n'avoir justifié ni du solde du compte personnel ni que les deniers y étaient encore déposés au moment de sa transformation en compte joint.

Au regard de la dichotomie opérée par la Cour de cassation, il appartient en conséquence à l'époux qui sollicite une récompense à l'encontre de la communauté du fait de l'encaissement par celle-ci de deniers lui appartenant en propre d'apporter la preuve du virement de ces derniers sur un compte joint, auquel cas il bénéficie automatiquement de la présomption simple de profit consacrée par la jurisprudence. C'est alors au conjoint défendeur d'appor-

1. Pour une synthèse, v. E. Naudin, « Encaissement de deniers propres et droit à récompense », *Dr. fam.* 2006, Études, p. 14.
2. Civ. 1re, 8 févr. 2005, no 03-13.456, *Bull. civ.*I, no 65 – *Rapp. C. cass.* 2005, p. 215 – *BICC* 15 mai 2005, no 899 – *AJ fam.* 2005. 149, obs. P. Hilt (1re esp.) – *D.* 2005, Jur. 2116, obs. V. Brémond – *Dr. fam.* 2005, comm. no 80, note B. Beignier – *JCP N* 2005, 1351, note J.-F. Pillebout – *JCP* 2005, I, 163, no 12, obs. A. Tisserand-Martin – *JCP N* 2005, 1401, no 12, obs. A. Tisserand-Martin – *Defrénois* 2005, art. 38244, p. 1506, obs. G. Champenois – *RJPF* 2005, 5/22, obs. F. Vauvillé – *RLDC* 2005/15, no 631, obs. F. Léandri – *RTD civ.* 2005, p. 445, obs. B. Vareille.
3. Com. 8 nov. 2005, no 03-14.831, *Bull. civ.* I, no 403 – *AJ fam.* 2006. 76, obs. P. Hilt – *JCP N* 2007, 1112, obs. J.-P. Garçon – *RTD civ.* 2006, p. 813, obs. B. Vareille.
4. V. not., Civ. 1re, 28 nov. 2006, no 04-17.147, *Bull. civ.* I, no 515 – *AJ fam.* 2007. 42, obs. P. Hilt – *RJPF* 2007, 4/27, obs. F. Vauvillé – Civ. 1re, 25 avr. 2007, no 05-19.129, NP – Civ. 1re, 8 avr. 2009, no 07-20.500, NP – Civ. 1re, 8 juill. 2010, no 09-16.193, NP.
5. Civ. 1re, 8 févr. 2005, no 03-15.384, *Bull. civ.* I, no 66 – *AJ fam.* 2005. 149, obs. P. Hilt (2e esp.) – Civ. 1re, 6 juill. 2005, no 02-17.628, *RJPF* 2005, 11/29, obs. F. Vauvillé – Civ. 1re, 25 avr. 2007, préc.
6. Civ. 1re, 8 nov. 2005, no 03-14.831, *Bull. civ.* I, no 409 – *AJ fam.* 2006. 33, obs. P. Hilt – *Dr. fam.* 2005, comm. no 274, note B. Beignier – *RJPF* 2006, 3/53, note S. Valory – *RTD civ.* 2006, p. 814, obs. B. Vareille – Civ. 1re, 3 févr. 2010, *Bull. civ.* I, no 33.

ter la preuve que les deniers propres ont été utilisés, en réalité, dans son intérêt exclusif, ce qui sera souvent malaisé. À ce propos, un auteur a souligné qu'il convient d'exclure des dépenses « égoïstes » toutes celles qui figurent dans les charges du mariage, sachant que cette catégorie - qui englobent notamment les dépenses de loisirs [1] - est entendue largement par la jurisprudence. La raison en est qu'une telle dépense a nécessairement un intérêt familial, au moins sous-jacent. Au vrai, le raisonnement ne peut être retenu au sens strict car il revient à considérer que les dépenses constitutives d'une charge du mariage ne peuvent jamais donner lieu à récompense, ce qui peut aboutir à vider de sa substance la technique des récompenses. Mieux vaut sans doute limiter cette analyse aux dépenses de la vie courante, c'est-à-dire concrètement les dépenses ménagères (qui, d'ailleurs, incombent nécessairement à titre définitif à la communauté, comme l'indique l'article 1409 du code civil), ainsi qu'aux dépenses afférentes à un bien commun. Au contraire, toute dépense afférente à un bien propre, fût-elle constitutive d'une charge du mariage, est susceptible de donner lieu à récompense, car seul l'époux propriétaire a vocation à bénéficier de la propriété du bien lors de la dissolution (sous réserve, toutefois, que ladite dépense ne soit pas constitutive d'une charge de la jouissance, laquelle devrait alors être assumée par la communauté; v. s^s^ n°s 112.33 s.).

Au rebours, si l'époux demandeur a déposé les sommes litigieuses sur un compte ouvert en son seul nom, c'est à lui qu'il appartient de démontrer que ces dernières ont été encaissées, nonobstant ce dépôt, par la communauté. Par exemple, en démontrant que les sommes propres ont fait l'objet, peu de temps après leur dépôt, d'un virement sur un compte joint ou qu'elles ont permis de financer les vacances de la famille.

Reste l'hypothèse où l'époux demandeur ne parvient pas à rapporter la preuve ni de l'utilisation des sommes propres dans un intérêt commun ni *a minima* du dépôt des sommes litigieuses sur un compte joint. En pareil cas, la Cour de cassation considère que la perception de deniers propres ne permet pas de présumer ni l'encaissement par la communauté ni le profit de celle-ci [2]. Pratiquement, il n'est donc pas suffisant pour l'époux demandeur d'établir qu'il a perçu des deniers propres en cours de mariage et n'en a plus au moment des opérations de règlement du régime matrimonial pour obtenir paiement d'une récompense.

112.22 Récompense et contribution aux charges du mariage. Enfin, il n'est pas inutile de souligner que la Cour de cassation considère que l'époux qui se prétend créancier d'une récompense à l'encontre de la communauté n'a pas à démontrer que la dépense qu'il a engagée excède sa part de contribution aux charges du mariage [3]. Il est admis, en effet, que la perception des revenus du travail et du capital suffit à caractériser, par principe, le respect de cette obligation. Cela étant, rien n'empêche en théorie le conjoint du demandeur de tenter d'apporter la preuve contraire, ce qui implique concrètement qu'il démontre que le créancier n'a pas, par ailleurs, contribué aux charges du mariage ou, à tout le moins, n'a pas suffisamment contribué aux charges du mariage, que ce soit en numéraire, en nature ou en industrie, ce qui sous-tend une situation assez exceptionnelle.

§ 2
Récompenses dues à la communauté

A.
Cas dans lesquels une récompense est due

112.23 Principe général. À l'instar de l'article 1433 du code civil, dont il a d'ailleurs inspiré les termes, l'article 1437 *in fine* du même code pose un principe général, suivant lequel « *généralement, toutes les fois que l'un des deux époux a tiré un profit personnel des biens de la communauté, il en doit récompense* ». Il en résulte que tout enrichissement de l'un des patrimoines propres, aux dépens de la communauté, donne lieu à récompense au profit de cette dernière.

112.24 Illustrations du droit à récompense. La multiplicité des cas de récompense rend là encore illusoire tout recensement exhaustif. Qu'il nous suffise de rappeler quelques applications, en vue de présenter le principe sous un jour plus concret.

112.25 Acquisition d'un bien propre ou financement des travaux relatifs à un bien propre. Une récompense est due à la communauté, notamment lorsque cette dernière a pris en charge les frais d'acquisition d'un bien propre [4] de l'un des

1. V. G. Champenois, note sous Civ. 1re, 14 janv. 2003, *Defrénois* 2003, art. 37791, p. 997.
2. Civ. 1re, 19 sept. 2007, n° 06-20.132, *RJPF* 2007, 12/28, obs. F. Vauvillé.

3. En ce sens, v. Civ. 1re, 6 mars 2007, n° 05-15.292, NP. Sur la situation par principe contraire en cas de demande de créance entre époux ou de créance d'indivision dans le régime de la séparation de biens, v. s^s^ chap. 313.
4. Et cela même si le bien a été acquis avant le mariage, dès lors que la dépense engagée par la communauté (remboursement des échéances d'un emprunt le plus souvent) l'a été au cours de l'union (Civ. 1re, 5 nov. 1985, *Bull. civ.* I, n° 284 – *D.* 1987, Jur. 26, note R. Le Guidec – *JCP N* 1986, II, 97, note Ph. Simler – *Defrénois* 1986, art. 33700, p. 465, obs. G. Champenois – ▶

époux ou qu'elle a financé des travaux nécessaires, d'amélioration ou de conservation [1] relatifs à un bien propre et peu importe à ce titre que les dettes dont il s'agit ont été réglées par prélèvements sur les revenus de biens communs, sur les économies en provenant, sur le prix de biens communs aliénés, mais encore s'ils ont été payés à l'aide de revenus professionnels ou même de revenus de biens propres.

112.26 Dettes personnelles à l'un des époux. Une récompense est due à la communauté lorsque des dettes incombant personnellement à l'un des époux ont été acquittées au moyen de deniers communs (C. civ., art. 1412). Il en est ainsi des dettes propres par nature à l'époux débiteur, car antérieures au mariage [2] ou grevant des successions ou des libéralités, telles que les frais, les charges et les droits de mutation [3] ou encore le passif successoral. Il en est de même des dettes nées pendant le mariage et obligeant la communauté au stade de l'obligation mais qui pèsent à titre définitif, c'est-à-dire au stade de la contribution, sur le patrimoine propre du débiteur : les dettes contractées dans l'intérêt personnel d'un époux (C. civ., art. 1416), les amendes pénales [4] et les réparations et dépens dus par un époux ayant engagé sa responsabilité civile délictuelle ou quasi délictuelle, « *déduction faite* » du profit que la communauté a pu en retirer (C. civ., art. 1417, al. 1er) et les dettes contractées au mépris des devoirs du mariage (C. civ., art. 1417, al. 2).

► Civ. 1re, 25 mai 1992, *Bull. civ.* I, n° 155 – *D.* 1992, IR p. 218 – *JCP* 1992, I, 3614, n° 11, obs. A. Tisserand – *JCP N* 1992, 380, obs. A. T. – Civ. 1re, 16 juin 1998, *JCP* 1998, I, 183, n° 9, obs. A. T. – *JCP N* 1999, 728, note A. T.).

112.27 Donation de biens communs. Cette donation, faite par les époux, peut donner lieu à récompense dans certains cas. À cet égard, il convient de distinguer selon que la donation a été consentie à un enfant commun ou au profit d'autres personnes.

En principe, la donation de biens communs à des enfants communs, faite par un époux seul, mais avec l'autorisation de son conjoint, reste à la charge définitive de la communauté (C. civ., art. 1439, al. 1er). Mais l'époux donateur peut déclarer expressément qu'il s'en charge pour le tout ou, simplement, pour une portion supérieure à la moitié, auquel cas, et dans cette mesure, il doit récompense à la communauté (C. civ., art. 1439, al. 2). On retrouve le principe selon lequel l'époux qui entend ainsi consentir une libéralité à titre personnel mais qui utilise pour ce faire des biens communs, doit, en dernière analyse, rembourser la communauté.

Lorsque la donation est faite conjointement par les parents, la loi présume alors qu'ils ont voulu la supporter chacun pour moitié, mais à titre personnel (C. civ., art. 1438, al. 1er). Une récompense est due en conséquence par chacun d'entre eux à la communauté pour moitié sans que ces deux dettes puissent se compenser. Si la libéralité a été exécutée pour plus de la moitié sur les propres de l'un des époux, ce dernier bénéficie d'un recours, non contre la communauté, mais contre son conjoint, pour se faire rembourser ce qu'il a payé en trop (C. civ., art. 1438, al. 2).

La donation de biens communs consentie au profit d'autres personnes peut également générer un droit à récompense au profit de la communauté. C'est le cas, notamment, si elle a été consentie par un époux seul. Une telle donation est en principe nulle puisqu'elle nécessite pour sa validité le consentement des deux époux. Elle peut cependant ne pas avoir été sanctionnée (par exemple, parce que l'action en nullité n'a pas été exercée dans le délai requis par l'article 1427 du code civil), de telle manière que l'époux donateur, qui se trouve alors avoir indûment appauvri la communauté, lui doit récompense. Ainsi, par exemple, il convient de rappeler que les gains et salaires, du moins lorsqu'ils n'ont pas été économisés, peuvent être librement donnés par l'époux qui les a encaissés, sur le fondement de leur libre disposition (C. civ., art. 223),

1. V. par exemple, pour des constructions, Civ. 1re, 13 nov. 1980, *Bull. civ.* I, n° 292 – *JCP* 1981, II, 19668, note G.-L. Pierre-François – *Defrénois* 1981, art. 32608, p. 465, obs. G. Champenois – *D.* 1981, IR p. 463, obs. D. Martin – CA Lyon, 16 avr. 1975, *JCP* 1975, II, 18104, note J. Patarin – Civ. 1re, 16 déc. 1997, *Defrénois* 1998, art. 36765, p. 409, obs. G. Champenois – Civ. 1re, 6 mars 2001, *JCP* 2002, I, 167, n° 11, obs. A. Tisserand – *RJPF* 2001, 9/30, obs. F. Vauvillé – Com. 24 juin 2003, *Bull. civ.* IV, n° 105 – *D.* 2003, Jur. 2167, obs. Ph. Delmotte – *Dr. fam.* 2003, comm. n° 104 (1er arrêt), note B. Beignier – *RJPF* 2003, 12/28, obs. F. Vauvillé – *Defrénois* 2004, art. 37856, p. 71, obs. G. Champenois. Pour des plantations sur un bien propre, v. Civ. 1re, 6 nov. 1984, *Bull. civ.* I, n° 293 – *Defrénois* 1985, art. 33489, p. 460, obs. G. Champenois – *D.* 1985, IR p. 303, obs. D. Martin.
2. Pour des emprunts souscrits avant le mariage, v. Civ. 1re, 20 janv. 2004, *D.* 2004. somm. 2262, obs. J. Revel. Il en va de même de la dette de prestation compensatoire due à une première épouse (Civ. 1re, 3 nov. 1988, *Bull. civ.* I, n° 299 – Civ. 1re, 28 mars 2006, *JCP N* 2006, 1234, note J. Vassaux – *JCP* 2006, I, 193, n° 20, obs. A. Tisserand-Martin).
3. Pour des droits de mutation, v. Civ. 1re, 9 déc. 1986, n° 84-17.288, *Bull. civ.* I, n° 292 – *Defrénois* 1987, art. 34015, p. 929, obs. G. Morin. Pour une soulte due au titre d'un partage de succession, v. Civ. 1re, 14 mars 1972, *Bull. civ.* I, n° 81.
4. Et même l'astreinte accessoire de la condamnation pénale de l'un des époux, v. Civ. 1re, 12 nov. 2009, *RJPF* 2010, 3/15, obs. F. Vauvillé.

après acquittement des charges du mariage[1]. Il n'empêche que le donateur a pu appauvrir la communauté à des fins personnelles, par exemple au profit d'une maîtresse, et qu'il doit alors récompense à la communauté.

Elle peut également avoir été consentie avec l'accord du conjoint, aux fins d'habilitation, (C. civ., art. 1422) auquel cas la donation demeure à la charge exclusive de l'époux qui a la qualité de donateur; ayant en quelque sorte emprunté à la communauté ce dont il a gratifié le donataire, il doit récompense à celle-ci. En revanche, lorsque la donation est faite conjointement par les deux époux, qui ont alors la qualité de codonateurs, une partie de la doctrine estime qu'aucune récompense n'est due[2].

112.28 Assurance-vie. La souscription d'une assurance-vie peut également donner lieu au règlement d'une récompense au profit de la communauté[3].

C'est le cas, tout d'abord, lorsque l'assurance a été souscrite au profit du conjoint. Dans une telle hypothèse, si le capital perçu par ce dernier lui est propre, les primes versées peuvent cependant donner lieu à récompense si elles ont été manifestement exagérées eu égard aux facultés du souscripteur[4]. Cette dernière solution ne vaut cependant que si le conjoint du souscripteur est le bénéficiaire effectif et non simplement désigné du contrat d'assurance-vie. Ainsi, dans l'hypothèse où l'un des époux souscrit un tel produit en désignant comme bénéficiaire son conjoint survivant ou, à défaut, ses enfants nés ou à naître et que le conjoint décède, de sorte que ce sont les enfants de ce dernier qui bénéficient de l'assurance-vie, l'application de l'article L. 132-16 du code des assurances doit être écartée[5]. Dans ce cas, il conviendra d'appliquer les solutions relatives à l'assurance souscrite au profit d'un tiers.

C'est le cas, ensuite, mais les opinions demeurent partagées, lorsque l'assurance a été contractée par un époux à son profit personnel. Dans une telle hypothèse, la tendance dominante est de considérer le capital comme propre à l'époux souscripteur et donc d'admettre un droit à récompense au profit de la communauté, qui est présumée avoir réglé les primes[6]. La question reste de savoir si la communauté a droit à récompense pour tout ce qu'elle a versé, ce qui semble raisonnable[7], ou seulement si les primes sont excessives eu égard aux facultés du ménage[8].

C'est le cas, enfin, si l'assurance profite à un tiers. Cette dernière confère, en effet, à son bénéficiaire un droit direct contre l'assureur (C. assur., art. L. 132-12), de telle manière qu'une récompense est alors due, qui porte sur l'intégralité des primes, même si elles ne sont pas exagérées[9].

112.29 Rente viagère. De la même façon, une rente viagère donne lieu à récompense lorsqu'elle a été constituée par l'un des époux à son profit personnel, à la condition que ce dernier survive à la dissolution de la communauté (les arrérages de la rente sont communs, de sorte que le crédirentier ne s'enrichit pas tant que dure la communauté). En ce cas, la récompense est égale à la valeur de la rente au jour de la dissolution. En revanche, la rente constituée par l'un des époux au profit de son conjoint est normalement consentie à titre gratuit, ce qui entraîne une absence de récompense. La solution est identique lorsque la rente est constituée au profit des deux époux, avec clause de réversibilité au profit du survivant, car la réversibilité est

1. Civ. 1re, 29 févr. 1984, *Bull. civ.* I, n° 81 – *D.* 1984, Jur. 601, note D. Martin – *JCP* 1985, II, 20443, note R. Le Guidec – *Defrénois* 1984, art. 33379, p. 1074, obs. G. Champenois – CA Toulouse, 29 mars 2000, *Dr. fam.* 2000, comm. n° 100, note B. Beignier – Civ. 1re, 25 janv. 2005, *Bull. civ.* I, n° 35 – *JCP* 2005, I, 163, n° 11, obs. Ph. Simler – *Gaz. Pal.* 2005, p. 3464, note G. Deharo – *AJ fam.* 2005. 280, obs. P. Hilt – *Dr. fam.* 2005, comm. n° 95, note V. Larribau-Terneyre).
2. J. Flour et G. Champenois, *op. cit.*, n° 565 – G. Marty et P. Raynaud, *Droit civil, Les régimes matrimoniaux*, Sirey, 2e éd. par P. Raynaud, 1986, n° 239. *Contra*, R. Cabrillac, *op. cit.*, n° 279 – A. Colomer, *Droit civil – Régimes matrimoniaux*, *op. cit.*, n° 947 – A. Rieg et F. Lotz, *Technique des régimes matrimoniaux,* Litec, 3e éd., par A. Rieg, F. Lotz et P. Rieg, 1993, n° 520 – F. Terré et Ph. Simler, *op. cit.*, n° 658 *in fine*, qui estiment que chacun des époux doit une récompense égale à la moitié du bien donné.
3. Pour une étude détaillée de la question, v. A. Trescases, *Assurances et droit des régimes matrimoniaux Assurances et droit des régimes matrimoniaux*, Thèse *Defrénois*, 2007, nos 472 et s. V. également, J. Bigot, « Clair-obscur sur l'assurance-vie, De l'arrêt *Pelletier* à l'arrêt *Praslicka* », *JCP* 1993, I, 3718, spéc. nos 19 et s.
4. Par l'application combinée des articles L. 132-16 et L. 132-13, alinéa 2, du code des assurances.
5. Civ. 1re, 22 mai 2007, *JCP* 2007, I, 208, n° 18, obs. A. Tisserand – *JCP* 2007, IV, 2296.
6. En ce sens, v. not. Aubry et Rau, *Droit civil français*, t. VIII, Librairies techniques, 7e éd., par A. Ponsard, 1973, n° 163 – J. Flour et G. Champenois, *op. cit.*, n° 313 – J. Patarin et G. Morin, *La réforme des régimes matrimoniaux*, t. I, *Statut fondamental et régime légal*, éd. *Defrénois*, 4e éd., 1977, n° 144. Ces auteurs considèrent toutefois que le capital est commun en cas d'assurance-décès souscrite par un époux sur sa tête sans désignation d'un bénéficiaire et en cas d'assurance-retraite.
7. En ce sens, v. not., Aubry et Rau, par Ponsard, *op. et loc. cit.* – J. Flour et G. Champenois, *op. cit.*, n° 313.
8. En ce sens, v. not., J. Patarin et G. Morin, *op. et loc. cit.*
9. Civ. 1re, 10 juill. 1996, *Bull. civ.* I, n° 309 – *D.* 1988, Jur. 26, note F. Sauvage – *JCP* 1997, I, 4008, n° 16, obs. A. Tisserand – *Defrénois* 1997, art. 36640, p. 1080, obs. G. Champenois.

alors présumée avoir été consentie à titre gratuit. Toutefois, les époux disposent de la faculté de conférer un caractère onéreux à la réversibilité, auquel cas une récompense est due, égale à la valeur de réversion de la rente (C. civ., art. 1973, al. 3).

112.30 Retraite sans réversion. La constitution d'une retraite sans réversion par un époux, qui constitue un droit personnel à cet époux, devrait normalement donner lieu à récompense[1], tout au moins lorsque ce dernier a souscrit volontairement à un régime de retraite complémentaire.

112.31 Fruits de biens propres et prescription applicable. De manière générale, un droit à récompense est prévu pour la communauté dans les hypothèses qui s'apparentent à un manque à gagner. Il en est ainsi pour les fruits de biens propres que l'époux a négligé de percevoir ou à consommer frauduleusement, sans qu'aucune recherche, toutefois, soit recevable au-delà des cinq dernières années (C. civ., art. 1403, al. 2).

B. Cas dans lesquels une récompense est exclue

112.32 Exclusion du droit à récompense. Dans certaines hypothèses spécifiques, l'appauvrissement de la communauté ne donne pas lieu à récompense à son profit.

1° Charges de la jouissance et dépenses d'entretien des biens propres

112.33 Charges de la jouissance des biens propres, mises à la charge définitive de la communauté. En cas de dépenses courantes ou d'entretien d'un bien propre ou, d'une manière générale de toutes les dettes considérées comme une charge de la jouissance des biens propres, qui ont pu être réglées à l'aide de deniers communs, il est admis que la communauté n'a pas droit à récompense pour la raison bien connue que les fruits et revenus des biens propres tombant en communauté, celle-ci est tenue corrélativement de supporter les charges de la jouissance[2]. Il n'est pas inutile de souligner que cette règle s'applique quelle que soit l'affectation du bien litigieux. Aussi la communauté doit-elle supporter les charges de la jouissance des biens propres des époux, quand bien même les biens concernés ne seraient pas utilisés dans l'intérêt de la communauté, mais dans celui exclusif de l'époux propriétaire[3]. Par ailleurs, la solution a pour corollaire logique que, si ces dépenses sont réglées par un époux à l'aide de deniers propres, il devient lui-même créancier d'une récompense à l'encontre de la communauté[4].

112.34 Notion de charges de la jouissance. Simple à énoncer, cette règle n'en pose pas moins des difficultés de mise en œuvre. D'abord, la notion de charges de la jouissance s'avère délicate à appréhender. Les charges de la jouissance sont généralement définies, de manière assez laconique, comme « *les dettes périodiques, qui sont normalement la charge des fruits des biens propres* »[5]. Pour déterminer la teneur exacte de cette notion, il a pu sembler naturel de se référer aux régimes des charges usufructuaires, et notamment aux articles 605, 608, 609, 612 et 613 du code civil[6]. Mais la Cour de cassation a finalement rejeté cette possibilité en indiquant que le régime des charges usufructuaires, et notamment l'article 609 du code civil, était inapplicable en la matière, puisque la communauté n'est pas usufruitière des biens propres des époux[7]. Aussi n'est-il pas possible de définir avec exactitude la notion de charges de la jouissance, dont seules quelques appli-

1. Civ. 1re, 23 mai 2006, n° 05-11.512 – *Bull. civ.* I, n° 259 – *D.* 2006, IR p. 1634 – *JCP* 2006, I, 193, n° 11, obs. Ph. Simler – *RTD civ.* 2008, p. 141, obs. B. Vareille – Civ. 1re, 31 oct. 2007, *Bull. civ.* I, n° 333 – *RTD civ.* 2008, p. 141, obs. B. Vareille. En faveur de cette solution, v. R. Cabrillac, *op. cit.*, n° 278 – P.-J. Claux, « Retraite et divorce », *AJ fam.* 2002. 278.
2. Civ. 1re, 31 mars 1992, *Authier*, n° 90-17.212, *Bull. civ.* I, n° 96 – *JCP N* 1992, II, 22003, note J.-F. Pillebout – *JCP N* 1993, II, 22003, note A. Tisserand – *Defrénois* 1992, art. 35348, p. 1121, obs. G. Champenois – *RTD civ.* 1993, p. 401, obs. F. Lucet et B. Vareille – H. Capitant *et alii*, *Les grands arrêts de la jurisprudence civile*, t. 1, *op. cit.*, n° 96. Sur cette question, v. G. Morin, « Qui, de la communauté ou des époux, doit supporter les charges usufructuaires des biens propres ? », *in Mélanges offerts à André Colomer*, Litec, 1993, p. 259 – Ph. Simler, « Faut-il parler de résurgence de l'usufruit de la communauté sur les biens propres des époux ? », *in Mélanges Danièle Huet-Weiller*, PUS – LGDJ, 1994, p. 427.
3. Civ. 1re, 31 mars 1992, préc., qui revient sur une jurisprudence antérieure contraire (Civ. 1re, 15 juillet 1981, *Bull. civ.* I, n° 256 – *JCP* 1982, II, 33, note Ph. Rémy – *Defrénois* 1981, art. 32797, p. 1654, obs. G. Champenois). Sur ce point, v. la note précitée de A. Tisserand sous Civ. 1re, 31 mars 1992, spéc. p. 22. Comp. *infra* avec la solution symétrique retenue en matière de calcul de la récompense.
4. La règle est également énoncée par Civ. 1re, 31 mars 1992, préc.
5. J. Patarin et G. Morin, *op. cit.*, n° 280.
6. Sur la notion de charge usufructuaire, telle que définie par ces articles, v. plus particulièrement M. Planiol et G. Ripert, *Traité pratique de droit civil français*, t. III, *Les biens*, LGDJ, 2e éd., par M. Picard, 1952, nos 840 et s.
7. Civ. 1re, 7 mars 2000, n° 97-11.524, *JCP* 2000, I, 245, n° 15, obs. Ph. Simler – *RJPF* 2000, 7-8/33, obs. F. Vauvillé.

cations marquantes peuvent être dégagées de la jurisprudence :

- les intérêts d'emprunt réglés par la communauté concernant un prêt souscrit pour financer tout ou partie de l'acquisition d'un bien propre ou des travaux relatifs à un tel bien sont ainsi constitutifs, pour la jurisprudence, d'une charge de la jouissance[1]. La solution peut toutefois soulever des difficultés d'application, en particulier quant à la notion d'intérêts. Ainsi en est-il pour l'indemnité due en cas de remboursement anticipé au titre des intérêts non encore échus, visée par l'article L. 312-21, alinéa 2, du code de la consommation. La question peut se poser de savoir si pareille indemnité prend la qualification des intérêts qu'elle est censée remplacer[2].

Aux intérêts, doivent sans doute être assimilés les autres frais accessoires de l'emprunt, telle, par exemple, l'assurance souscrite en cas de décès ou de chômage[3]. En cas d'emprunt relatif à un bien propre, seuls les paiements correspondant au remboursement du capital peuvent générer une récompense au profit de la communauté[4];

Exemple : au cours de l'union, l'un des époux reçoit par donation-partage une villa, dont la valeur était estimée à 480 000 €. Pour l'équilibre des lots, l'époux en question a dû régler à sa sœur une soulte de 160 000 €. Aux fins de régler cette soulte, il a dû recourir à un emprunt dont les mensualités ont été payées à l'aide des revenus du ménage. Au jour de la dissolution, il apparaît que 120 000 € en capital et 20 000 € en intérêts ont été remboursés. Lors de la liquidation, la villa est estimée à 720 000 €. Dans le cas donné, le bien reçu par donation-partage est propre à l'époux bénéficiaire (C. civ., art. 1405), à charge de récompense au profit de la communauté qui a réglé l'emprunt, mais uniquement pour le capital, les intérêts restant à sa charge. S'agissant d'une dépense d'acquisition, la récompense est égale au profit subsistant, soit :

$$\frac{120\ 000\ €}{480\ 000\ €} \times 720\ 000\ € = 180\ 000\ €$$

- en ce qui concerne la taxe foncière relative à un bien propre, après avoir estimé qu'il s'agissait d'une charge de la jouissance incombant à titre définitif à la communauté[5], la Cour de cassation a, en dernière analyse, indiqué que cet impôt incombait en réalité à l'époux propriétaire, au motif que l'impôt foncier est une charge attachée à la propriété[6];

- dans le même ordre d'idées, la Cour de cassation a précisé que la taxe professionnelle relative à une entreprise propre à l'un des époux était une charge de la jouissance, incombant à ce titre à la communauté[7];

- de même encore, il a pu être jugé que le versement d'une rente viagère grevant une donation-partage dont a bénéficié l'un des époux au cours de l'union est une simple charge des fruits, incombant à ce titre à la communauté[8];

1. Sur cette question, v. les notes précitées sous Civ. 1re, 31 mars 1992, H. Capitant et *alii*, *Les grands arrêts de la jurisprudence civile*, t. 1, *op. et loc. cit.*, spéc. nos 12 et s. – F. Lucet et B. Vareille.
2. Sur cette hypothèse, v. H. Lécuyer, « Crédit immobilier et droit patrimonial de la famille », *LPA*, 29 avr. 1998, p. 21 : l'auteur estime que l'indemnité n'est pas une charge de la jouissance et relève donc du régime du capital. Concrètement, une récompense serait donc due à la communauté si, d'aventure, celle-ci réglait une telle indemnité relative à un emprunt contractée pour l'acquisition d'un propre ou des travaux afférents à un tel bien.
3. V. la formulation large retenue par Civ. 1re, 17 nov. 2010, no 09-68.630, NP, qui indique que la communauté doit assumer « *les intérêts et accessoires à valoir sur les sommes empruntées pour financer un bien appartenant en propre au mari* ».
4. V. not., Civ. 1re, 31 mars 1992, préc. – Civ. 1re, 24 oct. 2000, no 98-19.767, *Dr. fam.* 2000, comm. no 145, note B. Beignier – *D.* 2001, Jur. 2936, obs. M. Nicod – *RJPF* 2001, 2/40, obs. F. Vauvillé – *RTD civ.* 2001, p. 650, obs. B. Vareille – CA Lyon, 6 mai 2002, no 2000/06856, NP – CA Toulouse, 12 juin 2007, *Juris-Data* no 345361 – Civ. 1re, 3 févr. 2010, *Dr. fam.* 2010, comm. no 43, obs. B. Beignier – *AJ fam.* 2010. 139, obs. P. Hilt.
5. Civ. 1re, 7 mars 2000, préc.
6. Civ. 1re, 19 février 2002, no 99-15.727, *RJPF* 2002, 6/35. Le caractère de charge de la propriété de l'impôt foncier avait déjà été affirmé par la Cour de cassation, mais à propos de l'impôt relatif à un bien commun (v. Civ. 1re, 8 févr. 1978, *D.* 1978, Jur. 602, note D. Martin, [2e esp.]). En faveur de cette solution, v. G. Champenois, obs. *Defrénois* 2003, p. 1001, note 4 – M. Grimaldi, Sol. exam. prof., *Defrénois* 1990, art. 34825, no 4 – B. Vareille, obs. *RTD civ.* 2004 p. 135. Mais *contra*, v. A. Chappert, « Le passif successoral et le fisc », *Defrénois*, 1992, art. 35218, spéc. p. 351 – G. Morin, « Qui, de la communauté ou des époux, doit supporter les charges usufructuaires des biens propres ? », art. préc., p. 266 (pour qui les impôts fonciers sont une charge de la jouissance « *par excellence* ») – J. Patarin et G. Morin, *op. cit.*, no 244 (« *les dettes qui sont normalement la charge des fruits des biens propres consistent dans des dettes, généralement périodiques, qui sont dues en raison ou à l'occasion de la propriété du bien propre : prime d'assurance contre l'incendie, impositions foncières, abonnement pour le service des eaux, frais de procès intéressant la jouissance de ces biens propres...* ») – D. Ponton-Grillet, « Droit civil et qualification des dettes d'impôts conjugales nées au cours du régime de communauté légale », *JCP N* 1993, 423, no 10 – F. Terré et Ph. Simler, *op. cit.*, no 656, note 1 (qui semblent cependant partagés).
7. Civ. 1re, 3 déc. 2002, no 00-16.877, *Bull. civ.* I, no 291 – *D.* 2003. somm. 1864, obs. J. Revel – *JCP* 2003, I, 158, no 10, obs. Ph. Simler et no 14, obs. A. Tisserand – *Defrénois* 2003, art. 37791, p. 1000, obs. G. Champenois – *AJ fam.* 2003, nos 72 obs. S. D.-B. – *RJPF* 2003, 4/31, obs. F. Vauvillé – *RTD civ.* 2004, p. 134, obs. B. Vareille.
8. Civ. 1re, 15 mai 2008, *AJ fam.* 2008. 352, obs. P. Hilt – *RTD civ.* 2009, p. 160, obs. B. Vareille.

– enfin, doivent également être considérées comme des charges de la jouissance les charges normales d'une exploitation propre. Ainsi en est-il, par exemple, des frais de replantation d'une propriété viticole[1], mais non l'apurement du solde débiteur des comptes bancaires professionnels d'un époux afin d'éviter la disparition d'un fonds artisanal propre[2].

112.35 Dépenses d'entretien. Quant aux dépenses d'entretien, qui sont assimilées aux charges de la jouissance[3], il est difficile de tracer avec netteté la ligne qui les démarque des dépenses de conservation et des dépenses nécessaires qui, elles, donnent lieu à récompense. Deux critères d'identification de la dépense d'entretien qui est une charge du revenu sont généralement proposés[4] :

– les dépenses d'entretien sont, d'abord, régulières et périodiques, en ce sens qu'il est possible à un propriétaire, administrateur consciencieux de ses biens, de les prévoir, même si leur montant peut être élevé[5]. Il reste que ce critère n'est pas évident à mettre en œuvre en matière de charge de la jouissance. Ainsi, par exemple, le ravalement et le remplacement d'une chaudière sont considérés comme des dépenses d'entretien sur la foi de ce critère en matière d'usufruit[6], alors que la cour d'appel de Paris a pu considérer que ces mêmes dépenses relativement à un bien propre étaient des dépenses nécessaires devant donc donner lieu à récompense[7]. En réalité, la solution semble dépendre des circonstances factuelles qui entourent la dépense. Ainsi, le remplacement d'une chaudière à la fin de sa durée de vie normale et prévisible peut sans doute être considéré comme une dépense d'entretien, alors que le même remplacement dû, par exemple, à une implosion fortuite et accidentelle devra vraisemblablement être qualifié de dépense d'amélioration, voire nécessaire, et donc donner lieu à récompense au profit de la communauté qui l'aurait financé;

– les dépenses d'entretien n'ont, par ailleurs, qu'une durée limitée, tout au plus égale à la durée d'une vie humaine. Au contraire, les dépenses de conservation ou nécessaires nécessitent des dégradations portant atteinte à la stabilité ou à la durabilité de la construction ou de l'ouvrage.

112.36 Dépenses de menu entretien. La question demeure néanmoins de savoir si certaines des dépenses d'entretien, les dépenses les plus minimes que l'on qualifie souvent de dépenses de menu entretien, ne sont pas une charge de l'usage[8]. Dans l'affirmative, de telles dépenses ne devraient être assumées à titre définitif par la communauté que dans l'hypothèse où le bien a une affectation communautaire, c'est-à-dire dans l'hypothèse où le bien est utilisé dans l'intérêt du ménage. L'utilisation d'un bien propre par un époux dans un but purement personnel et égoïste justifierait alors que la dépense soit à la charge définitive de celui-ci, de sorte que la communauté pourrait prétendre à une récompense si elle l'avait réglée. Si un arrêt a pu statuer en ce sens[9], la doctrine considère aujourd'hui unanimement que la position n'a plus de raison d'être depuis l'importante décision du 31 mars 1992[10].

112.37 Caractère absolu de la règle. La seconde difficulté soulevée par la règle selon laquelle les charges de la jouissance relatives à un bien propre réglées par la communauté ne donnent pas lieu à récompense consiste dans la question de savoir si cette règle est absolue ou non. En d'autres termes, on peut s'interroger sur la légitimité de cette dispense de récompense lorsque le bien concerné ne produit, en l'espèce, aucun fruit ou autre revenu, ou même si les fruits ou revenus sont simplement inférieurs au montant des charges[11]. De ce point de

1. CA Bordeaux, 30 sept. 1998, *JCP* 1999, I, 154, n° 14, obs. A. Tisserand.
2. Civ. 1re, 14 nov. 2007, n° 05-18.570, *AJ fam.* 2008. 38, obs. P. Hilt – *JCP* 2008, I, 144, n° 20, obs. A. Tisserand-Martin – *RTD civ.* 2008, p. 144, obs. B. Vareille.
3. CA Paris, 17 mai 1977, *Defrénois* 1979, art. 32141, p. 1518, 1re esp., note G. Morin. Lorsque le bien reçoit une affectation familiale, l'absence de récompense pour de telles dépenses peut également être justifiée par l'application de l'article 1409 du code civil. Selon cet article, les dettes ménagères, contractées conformément à l'article 220 du code civil, sont en effet nécessairement communes au stade de la contribution à la dette, de sorte qu'elle n'ouvrent jamais droit à récompense au profit de la communauté. Or, les dépenses d'entretien sont sans aucun doute des dettes ménagères solidaires.
4. Pour une analyse complète de ces critères, v. M.-C. Fayard, *Les impenses*, thèse, préf. de R. Nerson, biblio. dr. pr., LGDJ, t. CIII, 1969, nos 16 et s.
5. La modicité de la dépense engagée, parfois avancée comme critère de la dépense d'entretien (sur ce point, v. M.-C. Fayard, *Les impenses*, th. préc., *loc. cit.*), n'apparaît en effet pas comme un élément véritablement décisif. Pour la démonstration, v. M.-C. Fayard, *Les impenses*, th. préc., n° 17.
6. T. civ. Seine, 11 mars 1936, DH 1936, p. 264 – *Gaz. Pal.* 1936.2.118.
7. CA Paris, 16 mars 1978, *Defrénois* 1979, art. 32141, p. 1518, 2e esp., note G. Morin.
8. En ce sens et pour une analyse complète, v. M.-C. Fayard, *Les impenses*, th. préc., n° 19.
9. Civ. 1re, 15 juill. 1981, préc.
10. En ce sens, v. not. G. Cornu, *op. cit.*, p. 418 – F. Lucet et B. Vareille, obs. sous Civ. 1re, 31 mars 1992, préc., p. 403 et s. – F. Terré et Ph. Simler, *op. cit.*, n° 657, note 4, pour qui la solution de 1981 « *doit être considérée comme obsolète* » – A. Tisserand, note sous Civ. 1re, 31 mars 1992, préc., spéc. p. 22.
11. Sur cette délicate question, v. la note précitée de A. Tisserand, sous Civ. 1re, 31 mars 1992, préc., spéc. p. 22.

vue, conformément à l'analyse menée par certains auteurs, il est possible de donner à la jurisprudence une portée suffisamment large pour estimer que la communauté saisit les revenus bruts des biens propres à la source, à charge pour elle de supporter les dépenses de jouissance, y compris lorsque les fruits et revenus du bien n'en couvrent pas l'intégralité. Ainsi, la règle selon laquelle la communauté doit assumer les charges de la jouissance des biens propres des époux joue de manière forfaitaire et absolue[1]. De plus, ce caractère absolu peut être justifié par le double argument que la communauté a virtuellement la jouissance des propres des époux[2] et que la décision de 1992 ne ménage pas de tempérament à la règle qu'il pose[3].

2°
Financement de certains biens propres par nature

112.38 Acquisition de biens propres par nature financée par la communauté. En application des dispositions de l'article 1404, alinéa 1er, du code civil, le financement par la communauté de l'acquisition de biens propres par nature de l'un des époux ne donne pas lieu à récompense à son profit, sauf si l'acquisition en question porte sur des instruments de travail nécessaires à l'exercice de la profession de l'un d'entre eux (C. civ., art. 1404, al. 2). Ainsi, par exemple, la communauté qui aurait financé l'acquisition des vêtements et linges à usage personnel d'un époux ne peut se prévaloir d'une récompense contre cet époux.

3°
Plus-values industrielles des biens propres

112.39 Pas de récompense pour le travail en industrie. Lorsqu'un époux améliore un bien lui appartenant en propre ou un bien appartenant à son conjoint par son industrie, c'est-à-dire par son travail personnel[4], la jurisprudence considère que la communauté ne peut bénéficier d'une récompense[5], sans doute parce qu'elle ne s'est pas réellement appauvrie[6].

Remarque : précisons, par ailleurs, que l'époux qui améliorerait un bien *commun* par son industrie ne pourrait pas davantage se prévaloir d'une récompense à l'encontre de la communauté. La force de travail d'un époux a en effet une vocation communautaire, de sorte qu'il ne pourrait être soutenu dans ce cas que la communauté a tiré profit du patrimoine propre de l'époux. De plus, la jurisprudence a précisé qu'un tel époux ne pourrait pas davantage se prévaloir de l'action de *in rem verso* contre la communauté, l'enrichissement procuré n'étant pas sans cause[7].

Bien que la Cour de cassation ait parfois pris le soin de préciser que l'activité en question avait eu lieu pendant les heures de loisirs de l'époux considéré, il est généralement admis que la solution prévaut même si l'époux a réalisé l'amélioration sur ses heures de travail[8]. Au reste, les dernières décisions rendues en la matière semblent avoir

1. En ce sens, v. A. Colomer, *Droit civil – Régimes matrimoniaux*, *op. cit.*, n° 809 – G. Cornu, *op. cit.*, p. 418 – J. Flour et G. Champenois, *op. cit.*, n° 273 – F. Lucet et B. Vareille, obs. sous Civ. 1re, 31 mars 1992, préc., p. 404 (selon la formule de ces auteurs, le communauté « *endossera alors le risque d'improductivité, comme elle bénéficie des charges de rendement* ») – A. Tisserand, note sous Civ. 1re, 31 mars 1992, préc., spéc. p. 22 (qui émet néanmoins certains doutes). Cette analyse semble, au demeurant, avoir été consacrée récemment par la Cour de cassation, qui indique que ce sont les revenus « bruts » des biens propres qui tombent en communauté (Civ. 1re, 14 nov. 2007, préc.).
2. En ce sens, v. A. Chappert, « Le passif successoral et le fisc », art. préc., *loc. cit.*
3. En ce sens, v. A. Colomer, *op. et loc. cit.*
4. Sur cette hypothèse, v. V. Brémond, « l'industrie personnelle des époux déployée au profit d'un bien propre peut-elle donner naissance à un droit à récompense pour la communauté ? », *JCP N* 1994, I, 15 – R. Cabrillac, « Le travail d'un époux sur un bien dans les régimes matrimoniaux », *in Mélanges offerts à Christian Mouly*, Litec, 1998, t. 1, p. 257, spéc. nos 4 et s.
5. Civ. 1re, 30 juin 1992, n° 90-19.346, *JCP* 1993, I, 3656, n° 11, obs. A. Tisserand – *RTD civ.* 1993, p. 410, obs. F. Lucet et B. Vareille – Civ. 1re, 5 avril 1993, *Bull. civ.* I, n° 137 – *JCP* 1993, I, 3656, obs. V. Brémond – *JCP* 1994, I, 3733, n° 11, obs. V. Brémond – *JCP* 1994, I, 3733, n° 20, obs. A. Tisserand – *JCP N* 1994, II, 234, n° 18, obs. A. Tisserand – *Defrénois* 1993, art. 35579, p. 800, obs. G. Champenois – *RTD civ.* 1993, pp. 410 et 638, obs. F. Lucet et B. Vareille (sur ce dernier arrêt, v. également les développements de F. L. Boussougou-Bou-Mbine, *La pénétration des idées communautaires dans les régimes séparatistes*, thèse, préf. G. Champenois, LGDJ, biblio. dr. pr., t. 324, 1999, nos 333 et s.). Comp. Civ. 1re, 18 mai 1994, *Bull. civ.* I, n° 172 – *D.* 1995. somm. 43, obs. M. Grimaldi – *JCP* 1995, I, 3821, n° 19, obs. Ph. Simler – *Defrénois* 1994, art. 36040, p. 442, obs. G. Champenois – *RTD civ.* 1994, p. 930, obs. B. Vareille – CA Bourges, 15 nov. 1995 (rendu su renvoi de Civ. 1re, 5 avr. 1993, préc.), *Dr. fam.* 1996, comm. n° 14, note B. Beignier – CA Paris, 20 mars 2003, *JCP* 2004, I, 129, n° 18, obs. A. Tisserand – *Dr. fam.* 2003, comm. n° 120, note B. Beignier – Civ. 1re, 28 févr. 2006, *Bull. civ.* I, n° 106 – *JCP* 2006, I, 193, n° 19, obs. A. Tisserand-Martin – *AJ fam.* 2006. 208, obs. P. Hilt – *D.* 2006, IR p. 882 – *RTD civ.* 2006, p. 360, obs. B. Vareille – CA Bastia, 11 avr. 2007, *Juris-Data* n° 331431 – CA Toulouse, 12 juin 2007, *Juris-Data* n° 345361.
6. V. J. Flour et G. Champenois, *op. cit.*, n° 563.
7. Civ. 1re, 18 nov. 1997, *JCP* 1998, I, 135, n° 14, obs. A. Tisserand – *Dr. fam.* 1998, comm. n° 11, obs. B. Beignier.
8. En ce sens, v. M. Grimaldi, obs. sous Civ. 1re, 18 mai 1994, préc. – Ph. Simler, obs. sous Civ. 1re, 18 mai 1994, préc. Mais *contra*, v. R. Cabrillac, « Le travail d'un époux ▶

abandonné cette nuance[1]. Il est entendu, en revanche, que si l'amélioration ou la conservation du bien propre est aussi due à l'utilisation de matériaux payés par la communauté, celle-ci a alors droit à récompense de ce chef, ce qui est sans doute plus simple à énoncer qu'à chiffrer. La détermination du montant de la récompense suppose en effet de valoriser la force de travail de l'époux concerné, ce qui est plus facile à énoncer qu'à faire[2]. Le montant de la récompense due à la communauté de ce chef est en effet déterminé par référence à la plus-value procurée au bien par les travaux; mais, dans la mesure où la plus-value est imputable à deux sources (matériaux et main-d'œuvre), elle ne peut être attribuée intégralement à la communauté. En d'autres termes, il convient ici de déterminer la fraction de la plus-value rattachable à l'utilisation des matériaux afin de déterminer le montant de la récompense due à la communauté par l'époux.

Exemple : au cours de l'union, l'un des époux réalise des travaux d'amélioration sur un bien qui lui est propre, à l'aide de son industrie personnelle. Les matériaux nécessaires à ces travaux sont acquis à l'aide des économies du ménage, pour un montant total de 10 000 €. Lors de la liquidation, la valeur du bien est estimée à 150 000 €, étant acquis que sans les travaux, il ne vaudrait que 100 000 €. De plus, il ressort de différents devis réalisés que, sans l'activité déployée par l'époux, la réalisation des travaux aurait coûté, matériaux et main-d'œuvre réunis, 25 000 €. Dans l'exemple donné, la plus-value globale procurée par les travaux s'élève à 50 000 € (150 000 € - 100 000 €). La fraction de la plus-value rattachable à l'utilisation des matériaux est égale à (10 000 € / 25 000 €) × 50 000 €, soit 20 000 €. La récompense due à la communauté est donc de 20 000 €.

112.40 **Remarque(s).** Le plus simple pour valoriser la récompense consiste, sans doute, non pas à chercher à valoriser directement la force de travail de l'époux considéré comme le font les tribunaux, mais à demander aux époux de produire chacun un devis qui récapitule le coût des travaux (main-d'œuvre et matériaux réunis). Il est alors aisé de déterminer la fraction de la plus-value rattachable à la dépense engagée par la communauté, comme le montre l'exemple précédent.

112.41 **Application aux clientèles civiles.** Cette jurisprudence, principalement rendue à propos de travaux réalisés par un époux, a néanmoins vocation à s'appliquer à d'autres hypothèses. En particulier, elle s'applique aux cas des clientèles civiles. Ainsi, l'époux qui aurait fortement développé la valeur de sa clientèle propre au cours de l'union à raison de sa force de travail ne saurait être redevable d'une récompense de ce chef à l'égard de la communauté[3].

Exemple : un époux s'installe en qualité d'avocat à son compte quelque temps avant le mariage. Sa clientèle est alors résiduelle et peut être valorisée à 1 000 €. Au jour de la liquidation, il apparaît que la valeur de sa clientèle est estimée à 200 000 €. La plus-value réalisée au cours de l'union est ici de 199 000 €. Mais, dans la mesure où elle a pour origine l'industrie personnelle de l'époux, elle ne peut donner lieu à récompense au profit de la communauté.

► époux sur un bien dans les régimes matrimoniaux », art. préc., n°s 6 et s. – B. Vareille, obs. sous Civ. 1re, 18 mai 1994, préc., qui distingue « *l'industrie personnelle de loisir* » et « *l'industrie personnelle à caractère professionnel* ».

1. V. Civ. 1re, 28 févr. 2006, préc., qui énonce dans un attendu dénué de distinction « *qu'un époux ne doit récompense à la communauté que lorsqu'il est pris une somme sur celle-ci ou, plus généralement, lorsque l'époux a tiré un profit personnel des biens de la communauté; qu'il s'ensuit que la plus-value procurée par l'activité d'un époux ayant réalisé lui-même certains travaux sur un bien qui lui est propre ne donne pas lieu à récompense au profit de la communauté* ». V. cependant, CA Bastia, 11 avr. 2007, préc. qui précise que l'industrie a été déployée pendant les heures de loisirs de l'époux.
2. Sur ces difficultés, v. A. Tisserand, obs. sous CA Paris, 20 mars 2003, préc. En l'espèce, la cour d'appel a fixé le montant du profit subsistant dont avait bénéficié l'époux concerné et, partant, le montant de la récompense due à la communauté « *équitablement* », ce qui en dit long sur les difficultés inhérentes à cette situation.
3. Sur cette hypothèse, v. F. L. Boussougou-Bou-Mbine, *La pénétration des idées communautaires dans les régimes séparatistes*, th. préc., n° 335 – A. Colomer, *Droit civil – Régimes matrimoniaux, op. cit.*, n° 941, spéc. note 30 – *Les régimes matrimoniaux et le droit commercial*, t. 1, *Le fonds de commerce et les régimes matrimoniaux, Defrénois*, 1977, n° 153. V. Civ., 3 nov. 1954, *Defrénois* 1955, art. 27363 – *JCP* 1954, II, 8441, note P. Esmein – *RTD civ.* 1955, p. 140, obs. R. Savatier. Et il en va de même si le bien exploité est propre à l'autre époux (Civ. 1re, 30 juin 1992, *JCP* 1993, I, 3656, n° 11, obs. A. Tisserand – *RTD civ.* 1993, p. 410, obs. F. Lucet et B. Vareille). Cela étant, l'époux n'échappera pas toujours au règlement d'une récompense pour autant. Ainsi lorsque la communauté met à disposition de l'époux, à titre « gratuit », un bien commun pour qu'il exerce sa profession, un arrêt (Civ. 1re, 25 mai 1997, *Dr. fam.* 1997, comm. n° 63, obs. B. Beignier) a pu décider que l'époux était débiteur d'une récompense au profit de la communauté, motif pris que sans cette mise à disposition, sa clientèle se serait moins développée. Ainsi, l'époux ne doit aucune récompense pour la fraction de la plus-value rattachable à son industrie personnelle, mais en doit une pour la mise à disposition, alors même que, dans le cadre de cette dernière hypothèse, il n'y a pas plus de mouvement de valeurs entre le patrimoine propre de l'époux et la communauté que dans la première !

112.42 Une solution menacée ? Une jurisprudence récente de la Cour de cassation semble de nature à menacer les solutions présentées précédemment. Un arrêt rendu en matière de créances entre époux séparés de biens, en date du 12 décembre 2007[1], décide en effet, sur le fondement de l'article 1469, alinéa 3, applicable par renvoi de l'article 1543 aux rapports entre époux séparés de biens, que l'accroissement du patrimoine d'un époux par l'industrie personnelle de son conjoint ouvre droit, au profit de ce dernier, à une créance. C'en est assez pour que certains commentateurs estiment la solution transposable à la théorie des récompenses et annonciatrice d'un revirement de jurisprudence en matière d'industrie personnelle. Ainsi, selon M. Storck, « *la Haute juridiction consacre en cette espèce une nouvelle application du mécanisme des récompenses en cas de collaboration d'un époux à l'activité professionnelle du conjoint, tant dans le cadre d'un régime séparatiste que d'un régime communautaire* »[2]. Cette analyse paraît cependant exagérée, en ce qu'elle donne à l'arrêt une portée qu'il n'a manifestement pas. L'arrêt a été rendu en matière de créance entre époux dans la séparation de biens et il nous semble quelque peu audacieux de la transposer à la technique des récompenses dans la communauté, du moins en l'état[3].

En effet, dans l'affaire jugée, il était question d'une épouse collaboratrice bénévole à l'activité professionnelle de son époux. Or, sous le régime de la communauté, il paraît difficile de considérer que, dans une telle hypothèse, la communauté se serait appauvrie du fait de cette activité bénévole. Certes, la force de travail de l'époux collaborateur, dont la vocation communautaire est incontestable, a été mise au profit du seul patrimoine propre de son conjoint, donc *a priori* au détriment de la communauté. Néanmoins, n'est-il pas possible de considérer que cette aide a permis à l'époux exploitant de prélever une rémunération supérieure à celle qui aurait été la sienne s'il avait travaillé seul ou s'il avait eu recours à un salarié ? Or, on le sait, les revenus d'une exploitation, fût-elle propre, sont des deniers communs. L'activité bénévole du conjoint, loin de préjudicier à la communauté est donc autant bénéfique à la communauté qu'au patrimoine propre de l'époux exploitant[4].

De même, dans l'hypothèse où l'un des époux, habile de ses mains, améliore matériellement l'un de ses propres ou un propre de son conjoint, admettre le bénéfice d'une récompense au profit de la communauté sans aucune nuance revient à dire que cette dernière a le monopole de la force de travail, ce qui est sans doute exagéré[5]. On peut au moins penser que la jurisprudence, si la volonté d'un revirement se confirmait[6], reviendrait à la distinction entre l'activité déployée lors des heures de loisirs - qui ne donnerait lieu à aucune récompense - et celle déployée de manière habituelle.

Il est néanmoins incontestable que la jurisprudence tend de plus en plus à admettre l'idée d'une indemnisation des travaux réalisés par l'industrie personnelle. Ainsi, la Cour de cassation a admis, il y

1. Civ. 1re, 12 déc. 2007, *JCP* 2008, I, 144, n° 24, obs. M. Storck – *JCP N* 2008, I, p. 1252, obs. R. Le Guidec – *RJPF* 2008, 4/24, obs. F. Vauvillé – *RLDC* 2008/46, n° 2870, obs. J.-R. Binet – *AJ fam.* 2008. 85, obs. P. Hilt – *Defrénois* 2008, art. 38854-4, p. 2204, obs. G. Champenois – *RTD civ.* 2008, p. 695, obs. Th. Revet.
2. Obs. sous Civ. 1re, 12 déc. 2007, préc. Dans le même sens, v. C. Philippe, « La récompense retrouve son sens originaire de juste indemnisation », *RLDC* 2008/51, n° 3070, spéc. p. 47 – Th. Revet, obs. sous Civ. 1re, 12 déc. 2007, préc.
3. M. Storck reconnaît d'ailleurs que l'affaire incite « *à une certaine prudence dans la lecture de cet arrêt* » (obs. préc.). V. également G. Champenois, obs. préc., qui invite à la prudence. D'ailleurs un arrêt rendu par la première Chambre civile le 11 mars 2009 (n° 07-21.356, *RLDC* 2009/60, n° 3434, obs. Pouliquen – *RLDC* 2009/63, n° 3547, obs. C. Campels – *RTD civ.* 2009, p. 353, obs. B. Vareille – *D.* 2009, Pan. p. 2511, obs. J. Revel) semble condamner cette analyse (v. cependant B. Vareille, obs. préc., p. 354 et 355, qui estime que l'arrêt ne tranche pas la question de l'industrie personnelle). En l'espèce, un époux commun en biens avait réalisé des travaux d'amélioration sur l'un de ses biens propres en partie à l'aide d'un emprunt, remboursé par la communauté, et en partie à l'aide de son industrie personnelle. Au titre de la récompense, la cour d'appel avait retenu l'intégralité du montant de la plus-value procurée au bien. L'arrêt est censuré par la Cour de cassation qui énonce que le travail accompli par l'époux ne doit pas être pris en compte pour calculer le montant de la récompense due à la communauté.
4. V. également C. Philippe, « La récompense retrouve son sens originaire de juste indemnisation », art. préc., *loc. cit.*, qui, bien que favorable à l'extension de la jurisprudence du 12 décembre 2007 à la théorie des récompenses, estime néanmoins que la récompense ne serait possible que si « *l'activité en cause n'est pas la modalité choisie pour l'exécution de la contribution aux charges du mariage et que le travail n'a pas par ailleurs une juste rémunération, ce qui serait le cas si les économies réalisées de ce fait avaient permis l'acquisition de biens communs* ».
5. En ce sens, v. G. Champenois, obs. sous Civ. 1re, 12 déc. 2007, préc.
6. Ce qui est loin d'être évident. Notons, en effet, que dans le domaine voisin des comptes d'indivision, la Cour de cassation a indiqué, par un arrêt en date du 23 juin 2010, que l'activité personnelle déployée par un indivisaire sur un bien indivis ne saurait être assimilée à une amélioration au sens de l'article 815-13 du code civil (Civ. 1re, 23 juin 2010, *RJPF* 2010, 10/21, obs. F. Vauvillé), signe d'une notable défaveur à l'égard de l'idée d'indemniser l'industrie personnelle.

a peu, en matière de créances d'indivision, que l'indivisaire qui réalise des travaux sur un bien indivis à l'aide de son industrie personnelle peut se prévaloir d'une créance contre l'indivision de ce chef sur le fondement de l'article 815-13 du code civil[1]. Il est donc possible aujourd'hui de s'interroger sur la pérennité de la jurisprudence selon laquelle l'industrie personnelle déployée par un époux sur un propre ne donne jamais lieu à récompense, sans pour autant pouvoir affirmer qu'elle est d'ores et déjà dépassée.

C.
Preuve du droit à récompense

112.43 **Énoncé de la règle.** Il convient de rappeler qu'au regard de la présomption de communauté, tout ce qui a été dépensé dans l'intérêt personnel de l'un des époux est présumé avoir été payé par la communauté.

Il en résulte que le principe de la récompense suppose la preuve d'un seul élément. Il suffit pour l'époux demandeur de démontrer que des deniers quelconques ont été utilisés au seul profit de son conjoint, autrement dit que des travaux ont été réalisés sur un bien propre de ce dernier, que l'une de ses dettes personnelles a été payée durant le mariage, *etc.* Or, ce sont là des faits souvent incontestés et qui, s'ils étaient discutés, pourraient être prouvées par tous moyens. Un argument d'analogie, en ce sens, peut être tiré de l'article 1433, alinéa 3, du code civil. Bien plus, la solution paraît conforme au droit commun qui enseigne que la preuve des faits juridiques est libre. En réalité, une fois cette preuve rapportée, ce qui est singulièrement aisé, il appartient alors à l'époux potentiellement débiteur de la récompense de prouver le contraire, c'est-à-dire de démontrer que l'opération considérée relative à un bien propre a été financée à l'aide de deniers propres, ce qui, pour le coup, apparaît beaucoup plus délicat.

112.44 **Difficultés de mise en œuvre de la règle.** En dépit de son apparente simplicité, la règle n'en demeure pas moins difficile à mettre en œuvre dans certaines hypothèses. À l'image de la preuve du droit à récompense au profit d'un époux, dont il a été observé que le profit retiré par l'opération par la communauté soulevait des difficultés probatoires (v. s^s n° 112.21), la preuve que des deniers communs ont été utilisés dans le seul intérêt personnel de l'époux considéré n'est pas toujours évidente à rapporter. Ainsi en va-t-il plus particulièrement en matière de cautionnement souscrit au profit d'un tiers. Un exemple concret permettra d'illustrer les difficultés rencontrées.

Exemple : au cours de l'union, un époux souscrit seul, c'est-à-dire sans le consentement de son conjoint, un cautionnement au profit d'un ami. L'ami en question se trouve finalement défaillant et le créancier actionne l'époux caution qui règle la dette à l'aide de ses gains et salaires, c'est-à-dire de deniers communs, conformément à l'article 1415 du code civil. Dans cette hypothèse, la jurisprudence estime que la dette de cautionnement doit être considérée par principe comme étant commune au stade de la contribution à la dette[2]. Aussi appartient-il au conjoint de la caution de démontrer que la dette a été en réalité souscrite dans le seul intérêt de cette dernière pour qu'une récompense soit due à la communauté. Or, la dépense n'étant pas afférente à un bien propre de l'époux caution, cette démonstration s'avère délicate. L'ami cautionné est-il commun aux deux époux ? Dans ce cas, il convient sans doute de considérer que la dette n'a pas été souscrite dans le seul intérêt de la caution. Est-il personnel à la caution ? La récompense semble alors s'imposer. Il reste que, dans le cas d'une liquidation conflictuelle, l'on imagine aisément que le conjoint de la caution prétendra ne pas connaître l'ami commun...

SECTION 3
CALCUL DES RÉCOMPENSES

112.45 **Application de l'article 1469 du code civil[3].** Lorsque le principe d'une récompense due par la communauté ou à la communauté est acquis, il reste à en calculer le montant. Le siège de la matière se situe à l'article 1469 du code civil. Ce « *texte fondamental* »[4] offre un choix entre la dépense faite et le profit subsistant puis fournit les solutions, en prenant soin de distinguer selon la nature de la dépense effectuée (§ 1).

1. Civ. 1re, 13 mars 2007, n° 05-13.320, *Bull. civ.* I, n° 109 – *JCP* 2007, VI, 1812 – *RTD civ.* 2007, p. 801, obs. B. Vareille – *Defrénois* 2008, art. 38770, p. 1093, note D. Fiorina – *LPA* 19 mars 2008, n° 57, note A. Chamoulaud-Trapiers.

2. Civ. 1re, 19 sept. 2007, n° 05-15.940, *Bull. civ.* I, n° 278 – *AJ fam.* 11/2007, p. 438, obs. P. Hilt – *RLDC* 2007/43, n° 2753, obs. C. Jeanne – *JCP* 2008, I, 208, n° 13, obs. Ph. Simler – *Defrénois* 2008, art. 38854, p. 2207, obs. G. Champenois – *D.* 2007, Jur. 3112, note V. Barabé-Bouchard – *D.* 2008, Pan. p. 2247, obs. V. Brémond. La solution doit logiquement s'appliquer au cautionnement. En ce sens, v. P. Hilt, obs. sous Civ. 1re, 19 sept. 2007, préc.
3. S. David et A. Jault, « le calcul des récompenses », *AJ. fam.* 2010, p. 173.
4. A. Colomer, *Droit civil – Régimes matrimoniaux*, *op. cit.*, n° 961.

§ 1
Choix proposé

112.46 Dépense faite ou profit subsistant. Le montant d'une récompense peut être égal soit à la dépense faite (A), soit au profit subsistant (B). Il convient donc de définir ces deux notions.

A.
Dépense faite

112.47 Notion. La notion de dépense faite ne doit pas être prise au pied de la lettre. En effet, tous les chefs de récompense ne procèdent pas nécessairement d'une dépense au sens courant du terme. Aussi faut-il voir dans la notion de dépense faite tout appauvrissement subi par le patrimoine créancier de la récompense. L'appauvrissement constitutif de la dépense faite peut avoir lieu en valeur, par exemple lorsque le patrimoine créancier de la récompense a très concrètement réglé la facture de travaux ou toute autre dette. Mais l'appauvrissement peut également avoir lieu en nature. Ainsi en est-il, par exemple, dans l'hypothèse de l'échange d'un bien propre moyennant une soulte payée par la communauté et dont le montant est supérieur à la valeur du bien échangé. Le bien acquis étant commun, l'époux échangiste a droit à récompense contre la communauté et, pour lui, la dépense faite correspond à la valeur du bien cédé, alors même qu'il n'a déboursé aucune somme.

112.48 Cas particulier de la dépense d'acquisition : le sort des frais. En cas d'acquisition, selon une acceptation stricte, la dépense représente exclusivement le prix payé ou la proportion du prix payé par le patrimoine prêteur en contrepartie du bien acquis. Il reste que l'acquisition d'un bien suppose non seulement de payer le prix mais aussi divers frais annexes : droits de mutation, honoraires du notaire, salaire du conservateur des hypothèques, commission de l'agent immobilier, *etc.* Aussi est-il aujourd'hui admis que la notion de dépense englobe toutes les « *dépenses inhérentes à l'acquisition* »[1], y compris les frais, qu'il s'agisse d'une acquisition à titre onéreux ou à titre gratuit[2]. Cette acception large de la notion de dépense faite dans l'hypothèse d'une acquisition est justifiée par la lettre de l'alinéa 3 de l'article 1469 du code civil, qui emploie l'expression de « *valeur empruntée* » et non plus simplement de « *dépense faite* »[3]. De plus, on a justement souligné qu'il est souvent difficile, en pratique, de déterminer *a posteriori* lequel des patrimoines - créancier ou débiteur de la récompense - a assumé les frais, ceux-ci ayant été inclus dans un règlement global. Plus encore, à supposer même que les frais aient été réglés séparément par le patrimoine créancier de la récompense, ce fait procède généralement du hasard plus que d'une volonté délibérée de dissocier frais et prix[4].

112.49 Date d'évaluation. Le montant de la dépense faite doit être recherché à la date à laquelle cette dépense a eu lieu, à l'époque de l'opération qui cause la récompense. C'est dire qu'en pratique, la connaissance de la dépense peut soulever des problèmes de preuve, notamment lorsqu'elle se situe de nombreuses années avant la dissolution de la communauté. De même, la valorisation de la dépense faite est susceptible d'être délicate lorsqu'elle a été engagée dans une monnaie étrangère. Dans ce cas, en effet, il est nécessaire de trouver le taux de change en vigueur à l'époque où la dépense a été faite, afin de réaliser l'ensemble des opérations de calcul en euros.

B.
Profit subsistant

112.50 Définition. Le profit subsistant peut se définir, par opposition à la dépense faite, comme l'enrichissement dont a bénéficié le patrimoine débiteur de la récompense ou, plus généralement comme « *l'avantage réellement procuré au fonds emprunteur* »[5].

112.51 Date d'évaluation. Le profit subsistant ne doit être évalué qu'au moment du dénouement, c'est-à-dire « *au jour de la liquidation ou au jour le plus proche possible* »[6]. Cette solution, un temps dis-

1. M. Grimaldi, note sous Civ. 1re, 4 juill. 1995, n° 93-12.347, *Defrénois* 1995, art. 36213, p. 1448.
2. Civ. 1re, 4 juill. 1995, n° 93-12.347, *Bull. civ.* I, n° 290 – *JCP N* 1996, II, p. 153, note J.-F. Pillebout – *JCP N* 1997, II, p. 839, n° 15, obs. A. Tisserand – *Defrénois* 1995, art. 36213, p. 1448, obs. M. Grimaldi – *Defrénois* 1996, art. 36358, p. 821, obs. G. Champenois – *RTD civ.* 1996, p. 975, obs. B. Vareille.
3. V. J. Flour et G. Champenois, *op. cit.*, n° 584 – F. Terré et Ph. Simler, *op. cit.*, n° 677.
4. F. Terré et Ph. Simler, *op. et loc. cit.*
5. Civ. 1re, 6 nov. 1984, n° 83-15.231, *Bull. civ.* I, n° 293 – *Defrénois* 1985, art. 33489, p. 460, obs. G. Champenois – Civ. 1re, 13 janv. 1993, *Bull. civ.* I, n° 9 – *JCP* 1993, IV, n° 632 – *D.* 1993, IR p. 42.
6. Civ. 1re, 16 juill. 1969, n° 67-11.456, *Bull. civ.* I, n° 275 – *D.* 1970, Jur. 181, note R. Savatier – *JCP* 1970, II, 16158, note J. Patarin – *RTD civ.* 1970, p. 345, obs. R. Nerson – H. Capitant et *alii*, *Les grands arrêts de la jurisprudence civile*, t. 1, *op. cit.*, n° 97 – *Journ. not. et av.* 1970, art. 49514, note A. Raison. V. également, CA Paris, 19 nov. 1966, *D.* 1967, Jur. 150, note Ph. Malaurie – *JCP* 1967, II, 15007, note J. Patarin – *Defrénois* 1967, art. 28941 – *Journ. not. et av.* 1969, art. 49315, note A. Raison – *RTD civ.* 1967, p. 621, obs. R. Nerson – ▶

cuté[1], est aujourd'hui acquise et a été confirmée, depuis la loi du 23 décembre 1985, par la nouvelle rédaction de l'article 1469, alinéa 3. Cependant, elle ne joue que si le règlement des comptes de récompenses est fondu dans l'opération de partage. En effet, si la date de jouissance divise ne correspond pas à celle du règlement de la récompense, c'est à cette dernière date que le profit subsistant devra être évalué[2].

112.52 Distinction selon l'objet de l'opération visée. Cela étant, l'appréciation du profit subsistant se fait différemment selon l'objet de l'opération considérée, plus précisément selon qu'il s'agit d'une dépense relative à des travaux (1°) ou à une acquisition (2°).

1°
Évaluation du profit subsistant en cas de dépense relative à des travaux

112.53 Prise en considération de la plus-value. En présence d'une demande de récompense liée à des travaux, plusieurs méthodes sont concevables pour déterminer le profit subsistant (ultérieurement désigné, dans les calculs, sous l'abréviation « PS »).

112.54 Première méthode. Elle consisterait à se servir de l'équation utilisée en cas d'acquisition[3]. On appliquerait alors à la valeur finale du bien le pourcentage que les sommes dépensées représentent dans la valeur du bien au jour de travaux, soit :

$$PS = \frac{C}{X} \times V$$

C = Contribution du patrimoine prêteur
V = Valeur actuelle du bien
X = Valeur du bien amélioré au jour des travaux

Exemple : un époux fait construire une piscine sur un terrain propre, moyennant un prix de 10 000 €. Les travaux sont financés par des deniers communs. Avant les travaux, le terrain ne valait que 100 000 €. Au jour de la liquidation, la valeur de l'ensemble s'élève à 300 000 €. Dans l'exemple donné, le profit subsistant est donc de :

$$\frac{10\,000\ €}{100\,000\ €} \times 300\,000\ € = 30\,000\ €$$

Cette première technique est fermement condamnée par la Cour de cassation, au motif qu'elle revient à réévaluer la dépense et non à estimer le profit subsistant, comme l'impose l'article 1469 du code civil[4].

112.55 Deuxième méthode. Elle consisterait à rechercher la plus-value procurée au bien au moment où la dépense a été faite et à appliquer à la valeur actuelle du bien le rapport entre cette plus-value et la plus-value totale du bien amélioré telle qu'elle s'établissait après la réalisation de la dépense[5], soit :

$$PS = \frac{P}{W} \times V$$

P = Plus-value immédiate
V = Valeur actuelle du bien
W = Valeur du bien après réalisation de la dépense

► *Rec. gén. lois et jur.* 1969, p. 17, obs. R. Nerson – CA Lyon, 23 février 1971, *D.* 1971, Jur. 656, note G. Morin – *JCP* 1971, II, 16940, note R. Savatier – Civ. 1re, 15 févr. 1973, *D.* 1973, Jur. 558, note G. Morin.

1. Sur les hésitations antérieures entre la date de la dissolution et la date de la jouissance divise, v. la synthèse de D. R. Martin, J.-Cl. civil, Art. 1468 à 1474, Fasc. 55, n° 57.
2. Civ. 1re, 24 oct. 1972, *Bull. civ.* I, n° 212 – *D.* 1973, Jur. 285, note A. Breton – *Defrénois* 1973, art. 30258, note A. Breton – *RTD civ.* 1973, p. 373, obs. R. Savatier – *RTD civ.* 1973, p. 607, obs. P. Hébraud : « *Si le profit subsistant est, en application de l'article 1469, habituellement calculé au jour de la liquidation ou au jour le plus proche possible, il n'existe pourtant aucun lien nécessaire entre le jour de la jouissance divise et celui auquel est fixé le montant de la récompense par l'évaluation du profit subsistant, ce dernier pouvant être antérieur si le débiteur de la récompense a payé celle-ci sans attendre le partage* ».
3. En ce sens, R. Savatier, *La communauté conjugale nouvelle en droit français*, Dalloz, 1970, n° 105. Sur l'utilisation de cette méthode en cas d'amélioration, v. A. Colomer, *Droit civil – Régimes matrimoniaux, op. cit.*, n° 987 – J. Flour et G. Champenois, *op. cit.*, n° 576, spéc. p. 534, note 1. Sur l'utilisation de cette méthode en cas de conservation d'un bien, v. G. Marty et P. Raynaud, *op. cit.*, n° 354.
4. V. Civ. 1re, 11 juin 1991, n° 90-12.142, *Bull. civ.* I, n° 191 – *JCP N* 1992, II, 214, qui censure une cour d'appel pour avoir utilisé une « *méthode aboutissant à réévaluer la dépense faite et non à calculer l'avantage procuré au patrimoine de la femme* ». V. également CA Paris, 17 mai 1977, *Defrénois* 1979, art. 34141, p. 1518, 1re esp., note G. Morin (condamnation de la méthode retenue par un expert qui consistait à « *calculer le pourcentage que représentait la dépense prise en charge par la communauté dans la valeur de l'immeuble au jour des travaux puis à appliquer ce pourcentage à la valeur actuelle de cet immeuble* ») – Civ. 1re, 6 nov. 1984, *Bull. civ.* I, n° 292 – *Defrénois* 1985, art. 33489, p. 460, obs. G. Champenois – Civ. 1re, 12 mars 1991, *Juris-Data* n° 000828 – Civ. 1re, 16 avr. 1991, *Bull. civ.* I, n° 135 – *JCP* 1991, IV, 233 – *JCP N* II, 343 – *D.* 1991, IR p. 138 – *Defrénois* 1991, art. 35082, p. 862 (3e esp.), obs. G. Champenois – Civ. 1re, 25 juin 1991, *Bull. civ.* I, n° 206 – *D.* 1992. somm. 223, obs. M. Grimaldi – *JCP N* 1992, II, 210, obs. A. T. – Civ. 1re, 5 nov. 2008, n° 07-14.379, *AJ fam.* 2009. 38, obs. P. Hilt – *RJPF* 2009, 2/30 – *RTD civ.* 2009, p. 164, obs. B. Vareille.
5. Sur cette méthode, v. D. R. Martin, J.-Cl. civil, Art. 1468 à 1474, Fasc. 55, art. préc., n° 82 – F. Terré et Ph. Simler, *op. cit.*, n° 675.

Exemple : Reprenons l'exemple précédent, en précisant que le terrain ne valait que 100 000 € avant les travaux et qu'il vaut, une fois les travaux réalisés, 120 000 €. Au jour de la liquidation, la valeur de l'ensemble s'élève toujours à 300 000 €. Dans l'exemple donné, la plus-value immédiatement procuré au bien s'élève à 120 000 € - 100 000 € = 20 000 € et le profit subsistant pour le patrimoine emprunteur, fixé suivant la méthode énoncée, serait alors de :

$$\frac{20\,000\text{ €}}{120\,000\text{ €}} \times 300\,000\text{ €} = 50\,000\text{ €}$$ [1]

Cette méthode doit également être écartée, en ce qu'elle « *se disqualifie en figeant, au départ, un taux de plus-value qui ne tient pas compte du dépérissement probable du profit procuré par la dépense* »[2]. Elle n'a d'ailleurs jamais été admise par la Cour de cassation, qui lui préfère une **troisième méthode**, « *plus conforme au sens littéral de l'expression profit subsistant* »[3], selon laquelle le profit subsistant est égal à la différence entre la valeur actuelle du bien et celle qu'il aurait eue si la dépense n'avait pas été faite[4]. En présence de travaux, la jurisprudence retient donc le critère de la simple plus-value, étant entendu que doit être considérée la seule plus-value procurée au patrimoine emprunteur par la dépense et non pour une autre cause. Seules les plus-values imputables aux fluctuations économiques doivent profiter au créancier de la récompense et être prises en compte dans la réévaluation. Au rebours, les plus-values imputables au débiteur de la récompense lui profitent et n'ont donc pas à être prises en compte pour le calcul du profit subsistant. Notons que ce calcul, simple à l'énoncé, débouche en pratique sur de réelles difficultés et postule, à défaut d'accord entre les parties, la mise en œuvre d'une expertise, souvent fort délicate à opérer.

Exemple : un époux fait construire une piscine sur un terrain propre. Les travaux sont financés par des deniers communs. Lors de la liquidation, l'ensemble immobilier propre vaut 700 000 € et il est établi que, sans la piscine, il vaudrait 650 000 €. Le profit subsistant pour l'époux propriétaire est de :

700 000 - 650 000 = 50 000 €

112.56 En cas de pluralité de dépenses. Lorsque plusieurs dépenses relatives à des travaux ont été engagées relativement au même bien, il convient de déterminer, pour chaque dépense considérée, le montant de la plus-value qui en est la conséquence.

Exemple : un époux fait construire une piscine sur un terrain commun à l'aide de deniers propres. Son conjoint fait réaliser un court de tennis, également avec des deniers propres sur ce même terrain. Lors de la liquidation, l'ensemble immobilier commun vaut 800 000 €. Il est établi que, sans la piscine, il vaudrait 750 000 € et que, sans le court de tennis, il ne vaudrait que 780 000 €. Le profit subsistant afférent à la dépense relative à la piscine s'élève donc à 800 000 € - 750 000 € = 50 000 €. De même, le profit subsistant afférent à la dépense relative au court de tennis s'élève à :

800 000 € - 780 000 € = 20 000 €

112.57 En cas de dépense unique financée par deux patrimoines. Lorsque la même dépense relative à des travaux a été financée à l'aide de deux patrimoines différents, il convient de déterminer la proportion dans laquelle chaque patrimoine a contribué à la réalisation de la plus-value[5]. Pour ce faire, il convient, « *d'abord, de chiffrer la plus-value procurée par les travaux [...] en déduisant de la valeur actuelle de ce bien sa valeur actuelle sans les travaux et, ensuite, de déterminer le profit subsistant d'après la proportion dans laquelle les fonds empruntés [...] avaient contribué au financement des travaux* »[6].

1. À partir du même exemple, M. Simler préfère diviser le montant de la plus-value immédiatement procuré au bien à sa valeur avant les travaux augmentée du montant des travaux, le tout appliqué à la valeur actuelle du bien, soit : 20 000 €/110 000 € × 300 000 € = 54 545 € (F. Terré et Ph. Simler, *op. et loc. cit.*, p. 542, note 1).
2. D. R. Martin, J.-Cl. civil, Art. 1468 à 1474, Fasc. 55, art. préc. *loc. cit.*
3. F. Terré et Ph. Simler, *op. et loc. cit.*
4. Civ. 1re, 6 nov. 1984, n° 83-15.231, *Bull. civ.* I, n° 293 – *Defrénois* 1985, art. 33489, p. 460, obs. G. Champenois – Civ. 1re, 6 juin 1990, n° 88-10.532, *Bull. civ.* I, n° 134 – *JCP* 1991, II, 21652, note J.-F. Pillebout – *D.* 1990, IR p. 158 – *Defrénois* 1991, art. 35074, p. 801, note X. Savatier – *Defrénois* 1991, art. 35082, p. 862, obs. G. Champenois – *RTD civ.* 1991, p. 591, obs. F. Lucet et B. Vareille – Civ. 1re, 9 oct. 1990, *Bull. civ.* I, n° 208 – *JCP* 1991, II, 21652, note J.-F. Pillebout – *Defrénois* 1991, art. 35074, p. 801, note X. Savatier – *Defrénois* 1991, art. 35082, p. 862, obs. G. Champenois – *RTD civ.* 1991, p. 591, obs. F. Lucet et B. Vareille – Civ. 1re, 3 déc. 2002, *Juris-Data* n° 016832 – Civ. 1re, 8 févr. 2005, *Juris-Data* n° 026910 – Civ. 1re, 10 mai 2006 (2 arrêts), *JCP* 2006, I, 193, n° 21, obs. A. Tisserand-Martin – Civ. 1re, 27 mars 2007, n° 05-17.389, *Juris-Data* n° 038283 – Civ. 1re, 5 nov. 2008, préc.
5. Pour une illustration récente, v. Civ. 1re, 19 mars 2008, *RJPF* 2008-6/35, obs. F. Vauvillé, qui censure une cour d'appel pour avoir fixé le montant de la récompense à l'intégralité de la plus-value.
6. Civ. 1re, 27 mars 2007, préc. V. également, Civ. 1re, 11 oct. 1989, n° 87-11.954, *Bull. civ.* I, n° 312 – *Defrénois* 1990, art. 34816, p. 877, obs. G. Champenois – *RTD civ.* 1991, p. 392, obs. F. Lucet – Civ. 1re, 16 déc. 1997, *Bull. civ.* I, n° 371 – *JCP* 1998, I, 135, n° 16, obs. A. Tisserand – *RTD civ.* 1998, p. 968, obs. B. Vareille – *Defrénois* 1998, art. 36765, p. 409, obs. G. Champenois – Civ. 1re, 10 mai 2007, n° 06-12.071, NP – Civ. 1re, 28 oct. 2009, *RLDC* 2009/66, n° 3658, obs. É Pouliquen. V. également, Civ. 1re, 11 mars 2009, *RLDC* 2009/63, n° 3547, note C. Campels – *RTD civ.* 2009, p. 353, obs. B. Vareille – *D.* 2009, Pan. p. 2511, obs. J. Revel (en ▶

Exemple : un époux fait construire une piscine sur un terrain commun pour partie à l'aide de ses gains et salaires (à hauteur de 5 000 €) et pour partie à l'aide de fonds propres (à hauteur de 10 000 €). La valeur de l'ensemble immobilier au jour de la liquidation s'élève à 800 000 €, étant entendu que sans la piscine le bien ne vaudrait que 760 000 €. La plus-value est donc de 800 000 € - 760 000 € = 40 000 €. La proportion dans laquelle le patrimoine créancier de la récompense a contribué à cette plus-value est de :

$$\frac{10\,000\text{ €}^{a}}{15\,000\text{ €}^{c}} \times 40\,000\text{ €}^{b} = 26\,666\text{ €}$$

a = Dépense faite
b = Plus-value
c = Coût global des travaux

En cas d'accession. Bien que l'accession soit à proprement parler une technique d'acquisition de la propriété, elle est analysée par la jurisprudence relative aux récompenses comme une simple amélioration du bien originel du propriétaire du fonds accédant. Aussi, dans cette hypothèse[1], à savoir des constructions ou des plantations réalisées au moyen de fonds communs sur un terrain propre ou, inversement, de constructions édifiées sur un terrain commun et financées par des fonds propres, le profit subsistant est égal non pas à la valeur du bien construit, mais à la plus-value procurée par la construction au fonds sur lequel celle-ci est implantée[2], autrement dit à la différence entre la valeur actuelle de l'ensemble immobilier (terrain + construction) et la valeur actuelle du terrain.

Exemple : un époux possède un terrain propre sur lequel une maison est édifiée aux frais de la communauté. Le coût de la construction s'élève à 30 000 €. Au jour de la liquidation de la communauté, la propriété vaut 80 000 €, mais une expertise révèle que le terrain ne vaut que 30 000 €. Une récompense est due à la communauté qui a financé la construction d'un bien (la maison) considéré comme un propre par accessoire (C. civ., art. 1406). Le profit subsistant pour le patrimoine emprunteur correspond à la différence entre la valeur de la propriété et la valeur du terrain, soit 50 000 €. Dans ce cas de figure, la question est néanmoins débattue de savoir s'il faut avoir égard à la valeur que le terrain aurait eue en l'absence de construction - c'est-à-dire le terrain nu -, ou à celle (dépréciée) qu'il a compte tenu des constructions dont il est revêtu[3]. Pour les tenants de la première branche de l'option, il est plus exact de comparer l'état initial de l'immeuble et son état final, la valeur de l'ensemble immobilier étant la résultante de la plus-value apportée par la construction et d'une certaine moins-value subie par le terrain qui supporte désormais une construction[4]. En revanche, pour les tenants de la seconde branche de l'option, il est plus logique de retenir la valeur correspondant à la situation réelle du bien au jour du calcul de la récompense[5].

De cette hypothèse, il convient de rapprocher celle où l'édification d'une construction est précédée de la démolition de la construction ancienne. Dans cette situation, la Cour de cassation a indiqué qu'il ne fallait pas ignorer l'existence de la construction ancienne[6]. Par conséquent, le calcul du profit subsistant suppose de déduire de la valeur actuelle de l'ensemble immobilier (terrain + construction nouvelle) la valeur de celui-ci dans son état au jour précédant le commencement des tra-

► l'espèce, les travaux relatifs au propre de l'un des époux n'avaient pas, à proprement parler, été financés par deux patrimoines distincts, mais avaient en partie été financés par un emprunt remboursé par la communauté et avaient en partie été réalisés par l'industrie personnelle de l'époux. Il reste que l'industrie personnelle déployée sur un bien propre ne donnant pas lieu à récompense, la récompense ne pouvait être égale à l'entière plus-value procurée au bien. Aussi, à l'instar de l'hypothèse où deux patrimoines ont contribué au financement, la Cour de cassation a énoncé que « *le profit subsistant devait être déterminé d'après la proportion dans laquelle les fonds empruntés à la communauté avaient contribué au financement de la construction* »).

1. Le règlement de la récompense en cas d'accession doit être opéré sur le fondement de l'article 1469 du code civil et non sur le fondement de l'article 555 du même code. V. Civ. 1re, 19 juill. 1966, *D.* 1966, Jur. 713, note J. Dedieu – TGI Boulogne-sur-Mer, 13 févr. 1976, *JCP* 1979, II, 19194, note J. Patarin.
2. TGI Bressuire, 4 févr. 1969, *D.* 1969, Jur. 320 – *Journ. not. et av.* 1969, art. 49315, note A. Raison – Civ. 1re, 6 nov. 1984, préc. – Civ. 1re, 6 juin 1990, préc. – Civ. 1re, 9 oct. 1990, préc. – CA Nîmes, 22 avr. 2009, *Juris-Data* n° 004632 – CA Lyon, 14 mai 2009, *Juris-Data* n° 005232.
3. En faveur de la première méthode, v. G. Champenois, obs. sous Civ. 1re, 9 oct. 1990, préc. En faveur de la seconde méthode, v. J. Patarin et G. Morin, *op. cit.*, n° 297, exemple n° 1 – F. Lucet et B. Vareille, obs. *RTD civ.* 1991, p. 591, n° 3.
4. En ce sens, v. J. Flour et G. Champenois, *op. cit.*, n° 583.
5. En ce sens, v. J.-F. Pillebout, note sous Civ. 1re, 6 juin 1990, préc. – F. Lucet et B. Vareille, obs. sous Civ. 1re civ., 6 juin 1990, préc. – J. Patarin et G. Morin, *op. cit.*, n° 297, exemple n° 1 – A. Précigout, *JCP* 1966, I, 1978, n° 212.
6. Civ. 1re, 13 janv. 1993, n° 91-13.984, *Bull. civ.* I, n° 9 – *D.* 1993. somm. 220, obs. M. Grimaldi – *Defrénois* 1993, art. 35490, p. 382, obs. G. Champenois – *RTD civ.* 1994, p. 665, obs. B. Vareille – *JCP* 1994, I, 3733, n° 21, obs. A. Tisserand.

vaux (terrain + construction ancienne). Cette solution semble conforter l'idée selon laquelle en cas de construction sur un terrain nu (hypothèse évoquée précédemment), il conviendrait de soustraire de la valeur actuelle de l'ensemble immobilier la valeur du terrain nu et non celle du terrain en tenant compte de la construction dont il est revêtu. Il faut, en effet, se référer à l'état du bien avant les travaux[1].

Enfin, lorsque le financement par le patrimoine prêteur n'est que partiel, le profit subsistant doit toujours se déterminer en fonction de la plus-value apportée au terrain par les plantations ou constructions mais dans la proportion dans laquelle les fonds empruntés ont contribué au financement de l'opération litigieuse[2].

Exemple : reprenons l'hypothèse précédente. Un époux possède un terrain propre sur lequel une maison est édifiée. Le coût de la construction s'élève à 30 000 €. La communauté a réglé la moitié de la facture, soit 15 000 €. Au jour de la liquidation de la communauté, la propriété vaut 80 000 €, mais une expertise révèle que le terrain seul (ou nu) vaut 30 000 €. Une récompense est due à la communauté qui a financé la construction d'un bien (la maison) considéré comme un propre par accessoire (C. civ., art. 1406). Le profit subsistant pour le patrimoine emprunteur correspond à la différence entre la valeur de la propriété et la valeur du terrain seul (ou nu), soit :

$$50\,000\ € \times \tfrac{1}{2}^{a} = 25\,000\ €$$

a = Proportion dans laquelle la communauté a financé la construction

112.58 En présence d'une dépense de conservation. En cas de dépense de conservation (v. s[s] n° 112.95), on enseigne traditionnellement que le profit subsistant doit être déterminé comme pour tous travaux, c'est-à-dire par référence à la plus-value procurée au bien par la dépense[3]. Cette acception du profit subsistant est cependant susceptible de soulever des difficultés. Plusieurs auteurs ont en effet souligné que le propre de la dépense de conservation étant de préserver la valeur économique du bien concerné, une telle dépense ne pouvait en aucun cas procurer de plus-value à ce même bien[4]. Aussi a-t-il parfois été proposé de prendre en considération, au titre du profit subsistant, la plus-value globale procurée au bien entre le jour de la dépense et celui de la liquidation, c'est-à-dire une plus-value qui n'a pas pour cause la dépense faite[5]. On peut cependant reprocher à cette analyse sa rigueur excessive. Il est en effet possible de retenir une acception large de la notion de plus-value, laquelle se comprend non seulement comme l'augmentation de valeur du bien, mais également comme la perte de valeur évitée, ce qui est l'objet même de la dépense de conservation[6]. En d'autres termes, en matière de dépense de conservation, il convient de considérer que le profit subsistant consiste dans la différence entre la valeur actuelle du bien et la valeur qu'il aurait eue s'il était resté dans son état antérieur à la réfection.

1. En ce sens, v. J. Flour et G. Champenois, *op. et loc. cit.*, p. 541, note 2. En réalité, la position exacte de la jurisprudence sur ce point semble difficile à déterminer. V. ainsi, Civ. 1re, 6 nov. 1984, préc. et Civ. 1re, 19 sept. 2007, *Juris-Data* n° 040461, qui, à propos de l'accession, visent « *la valeur du terrain nu* ». Mais, v. Civ. 1re, 9 oct. 1990, préc., qui se contente de viser « *la valeur actuelle du terrain* », sans plus de précision.
2. Civ. 1re, 13 nov. 1980, n° 79-12.801, *Bull. civ.* I, n° 292 – *JCP* 1981, II, 19668, note G.-L. Pierre-François – *Defrénois* 1981, art. 32608, p. 465, obs. G. Champenois – *D.* 1981, IR p. 463, obs. D. Martin – Civ. 1re, 20 déc. 2000, *RJPF* 2001, 3/29, obs. F. Vauvillé – CA Nîmes, 22 avr. 2009, préc.
3. En ce sens, v. not., J. Flour et G. Champenois, *op. cit.*, n° 588 – Ph. Malaurie et L. Aynès, *op. cit.*, n° 618 – J. Patarin et G. Morin, *op. cit.*, n° 298 – F. Terré et Ph. Simler, *op. cit.*, n° 675. En jurisprudence, v. CA Paris, 17 mai 1977, *Defrénois* 1979, art. 34141, p. 1518, 1re esp., note G. Morin, qui juge que le montant du profit subsistant « *ne pouvait être calculé qu'en comparant la valeur actuelle de l'immeuble à celle qui aurait été la sienne si les travaux de conservation ou d'amélioration n'avaient pas été réalisés* ». Mais *contra*, v. R. Savatier, *La communauté conjugale nouvelle en droit français, op. cit.*, n° 105, qui estime qu'il convient d'appliquer à la valeur finale du bien le pourcentage que les sommes dépensées représentent dans la valeur du bien au jour des travaux (l'auteur propose la même méthode pour l'hypothèse de l'amélioration. V. *supra*).
4. Cette objection est classiquement soulevée à propos des impenses utiles, dont la dépense de conservation est synonyme. En ce sens, v. M.-C. Fayard, *Les impenses*, th. préc., n° 187 – D. R. Martin, J.-Cl. civil, Art. 1468 à 1474, Fasc. 55, art. préc., n° 85 – A. Ponsard, « Commentaires de la loi n° 65-570 du 13 juillet 1965, portant réforme des régimes matrimoniaux », *D.* 1966, L, p. 111, n° 130 – F. Terré et Ph. Simler, *op. cit.*, n° 675, spéc. p. 542, note 2.
5. V. not., A. Ponsard, « Commentaires de la loi n° 65-570 du 13 juillet 1965, portant réforme des régimes matrimoniaux », art. préc., *loc. cit.*, qui émet cependant des doutes. À suivre cette analyse, il conviendrait donc d'ignorer la cause de la plus-value procurée au bien (exemple : au jour où la dépense de conservation est engagée le bien qui en fait l'objet vaut 100 000 €, cependant qu'au jour de la liquidation le bien vaut 300 000 €. Dans ce cas, le profit subsistant devrait être égal à 300 000 € – 100 000 € = 200 000 €, même si cette plus-value a, en réalité, une toute autre cause que la dépense faite, comme l'évolution favorable du marché de l'immobilier).
6. En ce sens, v. R. Savatier, *La communauté conjugale nouvelle en droit français, op. cit.*, n° 105.

Matériellement, il s'agit de la méthode de calcul adoptée pour tout type de travaux.

Exemple : au cours du mariage, un époux finance à l'aide de deniers propres la réfection de la toiture d'un immeuble commun. Lors de la liquidation, l'immeuble vaut 200 000 € et, il est établi que, si les travaux n'avaient pas été réalisés, il ne vaudrait que 160 000 €. Le profit subsistant pour la communauté est de :

200 000 - 160 000 = 40 000 €

2°
Évaluation du profit subsistant en présence d'une dépense d'acquisition

112.59 La règle de trois. En présence d'une dépense d'acquisition, l'évaluation du profit subsistant est différente de celle opérée pour des travaux. Il n'est plus question de tenir compte de la différence entre la valeur actuelle du bien et celle qu'il aurait eue si la dépense n'avait pas été faite, mais de rechercher la contribution du patrimoine créancier dans l'acquisition et de rapporter celle-ci à la valeur actuelle du bien litigieux. En d'autres termes, il s'agit alors très concrètement de procéder non plus à une soustraction mais à une règle de trois. Partant, plusieurs situations doivent être distinguées.

112.60 En présence d'un investissement total du patrimoine prêteur. Si l'investissement du patrimoine prêteur a été total, les fonds empruntés d'un patrimoine à l'autre ayant couvert toute la dépense faite pour l'acquisition, le profit subsistant est égal à la valeur du bien au jour de la liquidation, suivant son état originaire lors de l'acquisition.

Exemple : un époux, exploitant agricole, propriétaire de son exploitation avant de se marier, acquiert pendant le mariage divers matériaux liés à son exploitation, qu'il paie à l'aide de ses revenus professionnels, pour un montant de 20 000 €. Lors de la liquidation de la communauté, les matériaux sont estimés à 5 000 €. Une récompense est due à la communauté qui a financé l'acquisition de biens propres par accessoire (C. civ., art. 1406). Le profit subsistant pour le patrimoine emprunteur correspond à la valeur des biens acquis au jour de la liquidation, soit 5 000 €.

112.61 En présence d'un investissement partiel du patrimoine prêteur. Si l'investissement du patrimoine prêteur n'a été que partiel, le profit subsistant est égal à une partie proportionnelle de la valeur du bien acquis[1]. En d'autres termes, dans l'hypothèse d'une double contribution, le calcul du profit subsistant se calcule en rapportant la contribution du patrimoine prêteur au coût global d'acquisition du bien, ce qui permet de connaître la proportion dans laquelle ledit patrimoine a participé au financement du bien acquis. Puis, cette proportion est ensuite appliquée à la valeur de ce bien au jour de la liquidation, ce qui, sous forme d'équation, peut être transcrit sous la forme suivante :

$$PS = \frac{C}{Z} \times Y$$

C = Contribution du patrimoine prêteur
Y = Valeur du bien acquis au jour de la liquidation
Z = Coût global d'acquisition du bien

Exemple : au cours du mariage, un époux acquiert un immeuble par remploi. Le coût global de l'acquisition s'élève à 750 000 €, dont 500 000 € provenant de la vente préalable d'un bien propre et 250 000 € d'économies réalisées par le couple. Lors de la liquidation de la communauté, l'immeuble, ayant été conservé dans le même état depuis l'acquisition, est évalué à 1 200 000 €. Le profit subsistant est égal à :

$$\frac{250\,000\text{ €}^{a}}{750\,000\text{ €}^{b}} \times 1\,200\,000\text{ €}^{c} = 400\,000\text{ €}$$

a = Contribution du patrimoine prêteur
b = Coût global d'acquisition du bien immobilier
c = Valeur actuelle du bien acquis

112.62 En présence de modifications ultérieures. Si le bien acquis a subi des modifications après l'acquisition, le profit subsistant doit être déterminé suivant l'état originaire de ce bien lors de l'opération. En d'autres termes, la plus-value produite par les travaux réalisés sur le bien après l'acquisition, qui peut par ailleurs donner lieu à récompense sur un autre fondement, ne saurait profiter au patrimoine emprunteur.

Exemple : au cours du mariage, les époux acquièrent un immeuble. Le coût global de l'acquisition s'élève à 500 000 €, dont 150 000 € ont été réglés à l'aide de deniers propres à l'un des époux. Par la suite, ce même époux utilise de nouveaux fonds propres pour faire construire une piscine sur ledit immeuble, moyennant un prix de 20 000 €. Lors de la liquidation de la communauté, l'immeuble est évalué à 1 000 000 €, étant précisé que sans la pis-

1. CA Lyon, 23 févr. 1971, *D.* 1971, Jur. 656, note G. Morin – *JCP* 1971, II, 16940, note R. Savatier – Civ. 1re, 11 oct. 1989, n° 87-11.954, *Bull. civ.* I, n° 312 – *Defrénois* 1990, art. 34816, p. 877, obs. G. Champenois – *RTD civ.* 1991, p. 392, obs. F. Lucet – Civ. 1re, 10 mai 2007, n° 06-12.071, NP.

cine, il ne vaudrait que 800 000 €. Le profit subsistant est égal à :

$$\frac{150\,000\text{ €}^{a}}{500\,000\text{ €}^{b}} \times 100\,000\,000\text{ €}^{c} - 200\,000\text{ €}^{d} = 240\,000\text{ €}$$

a = Contribution du patrimoine prêteur
b = Coût global d'acquisition du pavillon
c = Valeur actuelle du bien
d = Valeur de la plus-value engendrée par la construction de la piscine

Bien entendu, l'époux qui a financé la construction de la piscine est également créancier d'une récompense de ce chef. S'agissant d'une dépense d'amélioration, cette récompense est égale au profit subsistant, pris comme étant la plus-value engendrée par l'opération (v. s^s n° 112.90), soit :

$$1\,000\,000\text{ €}^{a} - 800\,000\text{ €}^{b} = 200\,000\text{ €}$$

a = Valeur actuelle du bien avec les travaux
b = Valeur actuelle du bien sans les travaux

Au total, l'époux concerné est donc titulaire de deux récompenses contre la communauté :

– l'une du chef de l'acquisition du pavillon, pour un montant de 240 000 €;

– et l'autre du chef de la construction de la piscine, d'un montant de 200 000 €.

La règle a vocation à jouer même si aucune récompense n'est due par ailleurs au patrimoine prêteur du chef des améliorations réalisées sur le bien litigieux, sous peine de faire profiter le patrimoine prêteur d'un enrichissement auquel il n'a pas contribué.

Exemple : reprenons l'hypothèse précédente. Au cours du mariage, les époux acquièrent un immeuble, pour un coût global de 500 000 €, dont 150 000 € ont été réglés à l'aide de deniers propres à l'un d'eux. Par la suite, les époux font construire une piscine à l'aide de leurs gains et salaires. Lors de la liquidation de la communauté, l'immeuble est évalué à 1 000 000 €, étant précisé que, sans les travaux, il ne vaudrait que 800 000 €. L'époux qui a financé en partie l'acquisition du bien est titulaire d'une récompense contre la communauté et le profit subsistant est égal à 240 000 €.

$$\frac{150\,000\text{ €}^{a}}{500\,000\text{ €}^{b}} = 0{,}3$$

a = Contribution du patrimoine prêteur
b = Coût global d'acquisition

$$PS = 0{,}3 \times 800\,000\text{ €}^{c} = 240\,000\text{ €}$$

c = Valeur actuelle du bien sans la plus-value dégagée par la piscine

Dans ce cas, aucune récompense n'est due pour les travaux, pour la raison logique qu'ils ont été financés à l'aide de deniers communs. Pour autant, la plus-value produite par la réalisation de ces travaux ne doit pas être prise en considération pour la détermination du profit subsistant dans le cadre de l'acquisition, car, sinon, cela reviendrait à faire bénéficier l'époux d'une plus-value qu'il n'a pas contribué à réaliser.

Enfin, il peut également arriver que les travaux réalisés donnent lieu à récompense, mais que le montant de celle-ci ne corresponde pas au montant de la plus-value réalisée, mais à celui de la dépense faite. Se pose alors la question de savoir si la somme à déduire de la valeur actuelle du bien est en tout état de cause la plus-value ou s'il faut soustraire la valeur de la récompense. Dans ce cas, mieux vaut sans doute soustraire de la valeur actuelle du bien acquis le montant de la récompense effectivement due du chef des travaux, et non le simple montant de la plus-value procurée, sous peine d'enrichir indûment le patrimoine créancier de la récompense, au moins lorsque les deux récompenses sont dues au même patrimoine.

Lorsque la récompense du chef des travaux n'est pas due au même patrimoine que celle calculée du chef de l'acquisition, la solution qui consisterait à soustraire de la valeur actuelle du bien le montant de la plus-value procurée par les travaux, fût-elle inférieure au montant de la récompense, serait, il est vrai, moins choquante.

Exemple : au cours du mariage, les époux acquièrent un immeuble moyennant un prix d'acquisition de 500 000 €, dont 150 000 € ont été réglés à l'aide de fonds propres à l'un d'eux. Par la suite, ce même époux finance des travaux de conservation (réfection de la toiture qui menaçait de s'écrouler) à l'aide de deniers propres, pour un montant de 50 000 €. Lors de la liquidation de la communauté, l'immeuble est évalué à 1 000 000 €, étant précisé que, sans les travaux, il ne vaudrait que 980 000 €.

Les travaux de réfection de la toiture sont des travaux de conservation, de sorte que la récompense due à l'époux qui les a financés à l'aide de deniers propres est égale à la plus forte des deux sommes que représentent respectivement la dépense faite et le profit subsistant (v. s^s n° 112.96). En l'espèce, la dépense faite est de 50 000 €, cependant que le profit subsistant est de :

$$1\,000\,000\text{ €} - 980\,000\text{ €} = 20\,000\text{ €}$$

La récompense due à l'époux de ce chef s'élève donc à la plus forte de ces deux sommes, soit 50 000 €.

L'acquisition du bien donne également lieu à récompense au profit de l'époux qui a contribué à la financer à l'aide de deniers propres et le profit subsistant est de 285 000 €, soit le calcul suivant :

$$\frac{150\,000\ €^{a}}{500\,000\ €^{b}} = 0{,}3$$

a = Contribution du patrimoine prêteur
b = Coût global d'acquisition

$$1\,000\,000\ €^{c} - 50\,000\ €^{d} = 950\,000\ €$$

c = Valeur actuelle du bien
d = Montant de la récompense due du chef des travaux

$$PS = 0{,}3 \times 950\,000\ € = 285\,000\ €$$

112.63 Notion de coût global d'acquisition. Les règles de détermination du profit subsistant dans le cas de l'acquisition soulèvent des difficultés de mise en œuvre pratique, qui ne peuvent être éludées. La première difficulté réside dans le sort qu'il convient de réserver aux frais annexes à l'acquisition. En pratique, en effet, l'acquisition d'un bien, en particulier d'un bien immobilier, ne se limite pas au seul paiement du prix au vendeur. Pareille opération suppose en effet également le règlement d'un certain nombre de frais annexes, tels les droits de mutation, les honoraires du notaire, la commission de l'agent immobilier, *etc.* On sait que ces frais relèvent de la notion de dépense d'acquisition et qu'ils doivent par conséquent être pris en compte au titre de la contribution du patrimoine prêteur (v. s^s n° 112.48). Mais la question se pose de savoir s'ils doivent également être pris en compte au titre du coût global d'acquisition. Précisons d'emblée que la question du sort des frais ne se pose qu'en cas de double contribution, c'est-à-dire d'investissement partiel du patrimoine prêteur, car « *ce n'est que dans cette hypothèse qu'il faut ventiler (au sein de la valeur globale du bien au jour de la liquidation) ce qui, dans l'enrichissement constaté, est dû au patrimoine commun et ce qui revient au patrimoine propre concerné* »[1].

À l'appui d'une réponse négative à la question posée, on peut soutenir que le paiement de ces frais par le patrimoine prêteur n'entraîne pas d'enrichissement corrélatif du patrimoine emprunteur[2] et que ces frais « *n'entrent pas spontanément dans la dialectique du profit subsistant qui se fonde sur la comparaison de la valeur intrinsèque d'un bien saisi à deux moments différents* »[3]. Il est néanmoins incontestable que ces frais étaient inéluctables pour l'acquisition du bien et qu'ils constituent, d'un point de vue économique, un élément du coût d'acquisition du bien. Cette dernière position est celle qui est aujourd'hui retenue par la doctrine dominante[4] et la pratique notariale, et elle peut trouver un appui dans la lettre même de la loi, puisque l'article 1469, alinéa 3, vise non le concept de prix, mais plus largement la valeur empruntée ayant servi à acquérir le bien[5].

112.64 Modalités de calcul du coût global d'acquisition. Ce point étant acquis, plusieurs modalités d'application sont concevables, les auteurs n'étant pas d'accord sur la façon de prendre en compte les sommes déboursées à titre de frais.

112.65 Première méthode. Elle part du postulat que les frais n'ont pas à proprement parler de fonction acquisitive, puisqu'ils ne sont qu'un effet de

1. J. Flour et G. Champenois, *op. cit.*, n° 584. En cas d'investissement total, on sait en effet que le profit subsistant correspond à la valeur actuelle du bien acquis.
2. En ce sens, Aubry et Rau, par Ponsard, *op. cit.*, n° 270, spéc. note 66, qui estime que « *lorsqu'il s'agit de déterminer le profit subsistant, il faut comparer seulement ce qui a été fourni par chaque patrimoine au vendeur du bien (ou à l'échangiste) à l'exclusion des frais annexes, pour appliquer la même proportion à la valeur du bien lors de la liquidation* » – R. Savatier, *La communauté conjugale nouvelle en droit français, op. cit.*, n° 108. V. également, D. R. Martin, J.-Cl. civil, Art. 1468 à 1474, Fasc. 55, art. préc., n°s 87 et 88, qui estime que la prise en compte des frais dans la détermination du profit subsistant ne peut être justifiée par des arguments péremptoires ou rédhibitoires, mais par la seul équité.
3. D. R. Martin, J.-Cl. civil, Art. 1468 à 1474, Fasc. 55, art. préc., n° 88.
4. En ce sens, v. not. A. Colomer, *Droit civil – Régimes matrimoniaux, op. cit.*, n° 983 – A. Devos, « Le régime de communauté », art. préc., n° 192 – J. Flour et G. Champenois, *op. et loc. cit.* – J. Patarin et G. Morin, *op. cit.*, n° 296 – F. Terré et Ph. Simler, *op. cit.*, n° 677. La Cour de cassation n'a jamais tranché cette question. Une seule décision semble s'être directement saisie de la question. V. CA Paris, 7 juin 1996, *Juris-Data* n° 021695, qui énonce que « *la récompense due par la communauté au mari, qui a financé partie d'une acquisition commune, doit se faire en tenant compte, pour le calcul du profit subsistant, du prix d'achat augmenté des frais d'acquisition, le coût global étant à considérer* ». V. également, Civ. 1re, 27 janv. 1993, n° 91-13.986, *Bull. civ.* I, n° 35 – *Defrénois* 1993, art. 35578, p. 805, obs. G. Champenois, qui approuve une cour d'appel d'avoir jugé que la créance fondée sur l'article 1099-1 du code civil doit intégrer les frais au titre du coût global d'acquisition. Or, l'article 1099-1 se borne à transposer la solution de l'article 1469, alinéa 3 (v. s^s n° 312.15).
5. Sur cette analyse, v. particulièrement J. Flour et G. Champenois, *op. cit.*, n° 584.

l'acquisition et non sa contrepartie causale[1]. Aussi conviendrait-il « *d'accrocher la récompense des frais au profit subsistant de l'investissement auquel ils se rattachent, par le biais [...] d'un mécanisme [...] éprouvé : la théorie de l'accessoire. En effet, si l'on veut bien admettre que les frais forment, rationnellement, des accessoires du prix, il devient possible et légitime d'en récompenser la dépense en proportion du rapport qui s'établit entre le capital employé à l'acquisition et le profit subsistant qui s'y rapporte. Concrètement la démarche opératoire oblige donc : 1) à estimer le profit subsistant secrété par l'acquisition; 2) à calculer la mesure de la plus-value ou de la moins-value ainsi constatée par rapport aux capitaux initialement servis en paiement du prix; 3) à appliquer à la dépense des frais, pour en fixer la récompense éventuelle, totale ou partielle, le même taux de majoration ou de minoration* »[2].

Exemple[3] : au cours du mariage, les époux acquièrent un immeuble, moyennant un prix de 1 000 000 €, auquel il convient d'ajouter 120 000 € de frais. Ce prix d'acquisition est réglé à hauteur de 400 000 € à l'aide de deniers propres à l'épouse, le solde étant réglé à l'aide de deniers communs. Au jour de la liquidation, la valeur du bien s'élève à 1 500 000 €. Dans l'exemple donné, la détermination du profit subsistant suppose plusieurs étapes successives :

1. Récompense due au titre du capital fourni par le patrimoine propre de l'époux :

$$\frac{400\ 000\ €}{1\ 000\ 000\ €} \times 1\ 500\ 000\ € = 600\ 000\ €$$

La plus-value secrétée par rapport aux capitaux initialement investis. Elle est ici de moitié.

2. Imputation des frais sur les contributions en concours :

– Part de frais liés à la contribution commune en capital :

$$\frac{600\ 000\ €}{1\ 000\ 000\ €} \times 120\ 000\ € = 72\ 000\ €$$

– Part de frais liés à la contribution propre en capital :

$$\frac{400\ 000\ €}{1\ 000\ 000\ €} \times 120\ 000\ € = 48\ 000\ €$$

3. Récompense due à la communauté au titre de la part de frais liés à la contribution propre en capital :

$$48\ 000\ € + \frac{48\ 000\ €}{2} = 72\ 000\ €$$

4. Solde de récompense dû par la communauté à la masse propre :

$$600\ 000\ € - 72\ 000\ € = 528\ 000\ €$$

112.66 Seconde méthode. Elle a incontestablement les faveurs de la pratique notariale[4], consistant à mesurer la contribution du patrimoine créancier par rapport au total des sommes qui ont dû être investies pour réaliser l'opération, peu important que les fonds aient servi à payer le prix ou les frais. La fraction ainsi déterminée est ensuite appliquée à la valeur du bien au jour de la liquidation.

Exemple : au cours du mariage, les époux acquièrent un immeuble moyennant un prix de 100 000 €, auquel s'ajoute 10 000 € de frais. Ce prix d'acquisition a été réglé à hauteur de 10 000 € par le mari à l'aide de fonds propres, le solde ayant été réglé à l'aide de fonds communs. Au jour de la liquidation, la valeur de l'immeuble est évaluée à 150 000 €. Dans l'exemple donné, le profit subsistant est donc égal à :

$$\frac{10\ 000\ €}{100\ 000\ € + 10\ 000\ €} \times 150\ 000\ € = 13\ 636{,}36\ €$$

112.67 En cas d'acquisition à titre gratuit. En revanche, il paraît délicat de transposer ce raisonnement au paiement des droits de mutation en cas d'acquisition à titre gratuit[5]. En effet, le calcul destiné à chiffrer le « coût global » de l'opération ne se conçoit que lorsque les deux masses, commune et propre, ont contribué côte à côte à acquérir le bien. Or, par définition, en cas d'acquisition à titre gratuit, seule la communauté contribue financièrement à l'opération (en réglant les frais), l'époux se contentant de recueillir le bien, sans bourse délier. En d'autres termes, l'erreur de raisonnement consiste à voir une contribution du patrimoine propre qui n'existe pas, puisque, par hypothèse, celui-ci acquiert à titre gratuit. C'est pourquoi, suivant une méthode d'évaluation autrefois proposée par M. Morin[6], à laquelle se sont ralliées la doctrine et la pratique notariale, avant que la Cour de cassa-

1. Sur cette méthode, v. D. R. Martin, J.-Cl. civil, Art. 1468 à 1474, Fasc. 55, art. préc., n°s 90 et s.
2. *Ibid.*
3. Nous empruntons cet exemple à M. Martin, J.-Cl. civil, Art. 1468 à 1474, Fasc. 55, art. préc., n° 91.
4. En ce sens, v. J. Flour et G. Champenois, *op. cit.*, n° 584 – J. Patarin et G. Morin, *op. cit.*, n° 296, spéc. exemples 1 et 2 – A. Rieg et F. Lotz, *op. cit.*, n° 530, spéc. note 2.
5. V. cependant, en ce sens, J.-F. Pillebout, *Sol. exam. prof.*, *JCP N* 1987, prat. 139, p. 257. L'auteur a réaffirmé sa position par la suite, à propos de l'évaluation du passif originaire sous le régime de la participation aux acquêts (v. *La participation aux acquêts, Formules commentées de contrat de mariage*, Litec, 2e éd., 2005, n° 191).
6. G. Morin, « Examen de quelques problèmes que soulève en pratique la nouvelle théorie des récompenses », *Defrénois* 1971, art. 29769, n° 6 – obs. sous Civ. 1re, 9 déc. 1986, *Defrénois* 1987, art. 34015, spéc. II.

tion ne l'approuve implicitement[1], il convient plus justement de comparer le montant de la seule dépense effectuée à la seule valeur du bien acquis, sans prendre en considération les frais dans le coût global d'acquisition.

Exemple : au cours du mariage, un époux reçoit par donation de ses parents un immeuble évalué à 76 000 €. Les droits de mutation s'élèvent à 7 600 €. Lors de la liquidation de la communauté, l'immeuble est évalué à 130 000 €. Le profit subsistant est égal à 13 000 €.

$$\frac{7\,600\text{ €}^{a}}{76\,000\text{ €}^{b}} \times 130\,000\text{ €}^{c} = 13\,000\text{ €}$$

a = Contribution du patrimoine prêteur
b = Valeur du bien donné
c = Valeur actuelle du bien donné

112.68 En cas d'acquisition à l'aide d'un emprunt. Lorsque l'acquisition a été financée à l'aide d'un emprunt, la détermination du coût global d'acquisition peut également prêter à discussion. Deux exemples permettront de s'en convaincre.

Imaginons d'abord l'hypothèse d'un époux qui acquiert un bien avant la célébration du mariage, à l'aide d'un emprunt. De façon classique, l'emprunt est remboursé avec les revenus professionnels de l'époux concerné, à compter de la célébration du mariage. L'emprunt est donc remboursé par la communauté, laquelle peut prétendre à récompense. Dans cette hypothèse, une application aveugle de la règle de trois impliquerait d'inscrire, au titre du coût global d'acquisition, le prix augmenté des frais. Une telle analyse est pourtant contestable. En effet, cela revient à faire profiter la communauté, dans le calcul de la récompense dont elle va profiter, de la plus-value prise par le bien entre son acquisition et la célébration du mariage. Or, la communauté n'a en rien participé à cette plus-value, puisqu'elle n'a commencé à rembourser l'emprunt qu'à compter du mariage. Il nous semble plus légitime ici de prendre en considération non pas à proprement parler le coût global de l'acquisition, mais la valeur du bien acquis au jour de la célébration du mariage, date à laquelle la communauté a commencé à contribuer à l'acquisition du bien.

1. Dans un arrêt du 4 juillet 1995, la Cour de cassation a en effet pris soin, sans nécessité apparente, de reproduire la méthode de calcul du notaire liquidateur invalidé par l'arrêt d'appel, ce qui n'était sans doute pas fortuit (Civ. 1re, 4 juill. 1995, no 93-12.347, *Bull. civ.* I, no 290 – *Defrénois* 1995, art. 36213, p. 1448, note M. Grimaldi – *Defrénois* 1996, art. 36358, p. 821, obs. G. Champenois – *JCP N* 1996, II, 153, note J.-F. Pillebout – *JCP N* 1997, II, 839, no 15, obs. A. Tisserand – *RTD civ.* 1996, p. 975, obs. B. Vareille).

Exemple 1 : un époux acquiert avant la célébration de l'union un bien moyennant un coût global de 200 000 €, lequel est intégralement financé à l'aide d'un emprunt. Au jour de la célébration du mariage, la valeur vénale dudit bien s'élève à 220 000 €. Au moment de la liquidation, il apparaît que la communauté a réglé 140 000 € en capital au titre de l'emprunt, étant précisé que la valeur du bien s'élève alors à 300 000 €.

À suivre la méthode classique, la récompense due par l'époux à la communauté s'élèverait ici à :

$$\frac{140\,000\text{ €}^{a}}{200\,000\text{ €}^{b}} \times 300\,000\text{ €}^{c} = 210\,000\text{ €}$$

a = Contribution du patrimoine prêteur
b = Coût global d'acquisition
c = Valeur actuelle du bien acquis

Dans la méthode que nous préconisons dans une telle situation, la récompense due par l'époux à la communauté s'élèverait à :

$$\frac{140\,000\text{ €}^{a}}{220\,000\text{ €}^{b}} \times 300\,000\text{ €}^{c} = 190\,910\text{ €}$$

a = Contribution du patrimoine prêteur
b = Coût global d'acquisition
c = Valeur actuelle du bien acquis

Un autre exemple permettra de comprendre encore mieux l'inéquité à laquelle peut aboutir la solution classique lorsque l'acquisition est financée à l'aide d'un emprunt.

Exemple 2 : des époux acquièrent un bien au cours de l'union, moyennant un prix de 400 000 €, à l'aide d'un emprunt intégral sur une durée de 20 ans. Au bout de 15 ans, l'épouse reçoit par succession une forte somme d'argent. Elle décide alors de rembourser, de manière anticipée, l'emprunt souscrit en vue de l'acquisition du bien concerné. À ce titre, elle rembourse la somme de 90 000 €. Au jour de la liquidation, la valeur du bien s'élève à 600 000 €. Nous laissons ici volontairement de côté la distinction capital / indemnité de remboursement anticipé, qui n'est pas au cœur du problème soulevé.

À suivre la méthode classique, la récompense due par la communauté à l'épouse s'élèverait ici à :

$$\frac{90\,000\text{ €}^{a}}{400\,000\text{ €}^{b}} \times 600\,000\text{ €}^{c} = 135\,000\text{ €}$$

a = Contribution du patrimoine prêteur
b = Coût global d'acquisition
c = Valeur actuelle du bien acquis

Cette méthode revient cependant à faire profiter le patrimoine propre de l'épouse de la plus-value prise par le bien pendant les 15 années au cours desquelles la communauté a remboursé le prêt en question. Il nous semble alors plus légitime de substituer au coût global d'acquisition la valeur du bien au jour où le remboursement anticipé a eu lieu.

Admettons ainsi que la valeur du bien au jour du remboursement ait été de 500 000 €, la récompense due par la communauté s'élèverait alors à :

$$\frac{90\,000\ €}{500\,000\ €} \times 600\,000\ € = 108\,000\ €$$

112.69 En cas d'accroissement de biens indivis. Une autre difficulté liée à la détermination du profit subsistant dans le cadre des dépenses d'acquisition réside dans le fait qu'il est parfois délicat de déterminer le nombre de patrimoines qui ont contribué à l'opération et, partant, de fixer avec précision le montant du coût global d'acquisition. Cette difficulté se retrouve plus particulièrement dans deux hypothèses, et notamment en cas d'accroissement de droits indivis.

Lorsque l'un des époux, copropriétaire en propre d'un bien, accroît ses droits sur ledit bien au cours du mariage à l'aide de fonds communs, l'on sait que, conformément à l'article 1408 du code civil, les droits nouvellement acquis sont également propres par application de la théorie de l'accroissement. Se pose alors la question du calcul de la récompense qu'il doit nécessairement à la communauté de ce chef. De ce point de vue, deux méthodes au moins peuvent être envisagées [1].

Selon certains auteurs, dans la mesure où pour que l'époux devienne propriétaire en propre des nouveaux droits indivis, il faut au préalable qu'il soit déjà indivisaire, il conviendrait de considérer que l'époux contribue effectivement à l'acquisition, de sorte qu'il y aurait une double contribution à l'opération : de l'époux et de la communauté [2].

Exemple : au cours du mariage, un époux hérite de la moitié indivise d'un immeuble, dont la valeur est estimée à 100 000 €. Il acquiert, toujours au cours du mariage, l'autre moitié indivise avec des fonds communs, moyennant un prix de 100 000 €, auquel il convient d'ajouter 10 000 € de frais. Au jour de la liquidation, le bien vaut 500 000 €. Dans l'exemple donné, le bien est intégralement propre à l'époux acquéreur, conformément aux dispositions de l'article 1408 du code civil. À suivre la méthode exposée, il conviendrait alors de considérer que la valeur totale de l'immeuble au moment de l'acquisition étant de 200 000 € et la somme déboursée par la communauté s'élevant à 110 000 €, la communauté est censée avoir acquis les 110/200 de l'immeuble. Par conséquent, le montant de la récompense due à la communauté s'élèverait à 110/200 de la valeur de l'immeuble au jour de la liquidation, soit.

$$\frac{110}{200} \times 500\,000\ € = 275\,000\ €$$ [3]

Cette méthode de détermination du coût global d'acquisition n'emporte pas pleinement la conviction. Il est en effet « difficile d'admettre que l'époux "apporte" sa part indivise pour réaliser une nouvelle acquisition et différente de celle qui a placé, au départ, cette part dans son patrimoine » [4]. De plus, cette méthode aboutit à ce que la récompense soit valorisée à une somme supérieure à la valeur intégrale de la part acquise au jour de la liquidation, ce qui ne saurait être satisfaisant [5]. En effet, si la part était tombée en communauté, le profit subsistant pour cette dernière aurait été représenté par la valeur actuelle de cette part; or, il n'y a aucune raison pour qu'il en aille différemment lorsque l'acquisition a été faite au profit de l'époux. Aussi, mieux vaut-il sans doute considérer que le coût global d'acquisition est déterminé par la seule référence aux sommes effectivement déboursées dans le cadre de l'opération. C'est du reste la méthode généralement préconisée par la pratique notariale.

Exemple : reprenons l'hypothèse précédente. Au cours du mariage, un époux hérite de la moitié indivise d'un immeuble, dont la valeur est estimée à 100 000 €. Il acquiert, toujours au cours du mariage, l'autre moitié indivise avec des fonds communs, moyennant un prix de 100 000 €, auquel il

1. Sur cette hypothèse, v. spécialement A. Devos, « Le régime de communauté », art. préc., n°s 200 et s. (l'auteur envisage même une troisième méthode, v. spéc. n° 203) – G.-L. Pierre-François, *La notion de dette de valeur en droit civil, Essai d'une théorie*, thèse, préf. P. Raynaud, LGDJ, biblio. dr. pr., t. CXXXVIII, 1975, n°s 151 et s.
2. En ce sens, v. A. Précigout, *JCP* 1966, I, 1978, n° 200.
3. On notera que cette méthode ignore la prise en compte, au titre du coût global d'acquisition, des frais. Pour une autre méthode, v. G. L. Pierre-François, *La notion de dette de valeur en droit civil, Essai d'une théorie*, th. préc., n° 154, qui propose de prendre en considération les frais, au motif qu'« *il faut apprécier la contribution respective des parties non par rapport à la valeur de l'immeuble au jour de l'acquisition, mais par rapport au prix réel d'acquisition effectivement payé. Ceci résulte de l'interprétation littérale du texte (savoir l'article 1469, al. 3 C. civ.) "la valeur a servi à acquérir"* ». Dans l'exemple donné, cela aboutirait au résultat suivant :
110 000 €/210 000 € × 500 000 € = 261 904 €.
4. J. Flour et G. Champenois, *op. cit.*, n° 584. En ce sens également, v. J. Patarin et G. Morin, *op. cit.*, n° 296, exemple 1.
5. En ce sens, v. J. Flour et G. Champenois, *op. et loc. cit.* – J. Patarin et G. Morin, *op. et loc. cit.*

convient d'ajouter 10 000 € de frais. Au jour de la liquidation, le bien vaut 500 000 €. Dans l'exemple donné, le bien est intégralement propre à l'époux acquéreur, conformément aux dispositions de l'article 1408 du code civil. Dans ce cas, la valeur du coût global d'acquisition se confond avec celle de la contribution de la communauté (110 000 €), de sorte que la récompense due à cette dernière s'élève à hauteur de la valeur actuelle du bien, soit 500 000 €.

$$\frac{110\,000\text{ €}^{a}}{110\,000\text{ €}^{b}} \times 500\,000\text{ €}^{c} = 500\,000\text{ €}$$

a = Contribution du patrimoine prêteur
b = Coût global d'acquisition
c = Valeur actuelle du bien donné

Bien évidemment, cette valeur doit ensuite être divisée par deux, dans la mesure où la dépense faite par la communauté n'a permis à l'époux d'acquérir que la moitié du bien et non l'intégralité. La récompense due à la communauté est donc égale au final à 250 000 €.

112.70 En cas d'accroissement de valeurs mobilières. Lorsque l'un des époux, propriétaire de valeurs mobilières propres, décide de souscrire à une augmentation de capital par émission d'actions nouvelles à libérer en numéraire, le calcul de la récompense due à la communauté lorsque celle-ci a réglé le prix d'acquisition de ces actions soulève également des difficultés quant à la détermination du coût global d'acquisition. Un exemple suffira pour s'en convaincre.

Exemple : au cours du mariage, un époux reçoit par donation-partage de ses parents 100 actions d'une société, d'une valeur de 100 € l'unité. En cours d'union, la société procède à une augmentation de capital en numéraire sur la base d'une action nouvelle pour une action ancienne, émise à 240 €. La valeur théorique du droit de souscription est de 80 €. L'époux souscrit 100 actions nouvelles à l'aide de ses gains et salaires. Lors de la liquidation, la valeur unitaire des actions est évaluée à 1 280 €. Dans l'exemple donné, les actions acquises par donation-partage sont propres à l'époux (C. civ., art. 1405), de même que les actions nouvelles et les droits préférentiels de souscription (C. civ., art. 1406), à charge toutefois de récompense pour l'époux au profit de la communauté (C. civ., art. 1437).

À l'instar du raisonnement tenu en matière d'accroissement de droits indivis, certains auteurs estiment que, dans une telle situation, la détermination du coût global d'acquisition suppose la prise en considération de la valeur théorique des droits préférentiels de souscription utilisés, au motif que sans ce droit, l'époux actionnaire n'aurait pu souscrire à l'augmentation de capital dans les mêmes conditions[1]. Si l'on reprend l'exemple donné, le profit subsistant serait alors ici égal à 9 600 €.

$$\text{Coût global d'acquisition} = 24\,000\text{ €}^{a} + 8\,000\text{ €}^{b} = 32\,000\text{ €}$$

a = Contribution du patrimoine prêteur
b = Contribution du patrimoine emprunteur, soit la valeur des droits préférentiels utilisés : 80 € × 100

$$\frac{24\,000\text{ €}^{a}}{32\,000\text{ €}^{c}} = 0{,}75$$

a = Contribution du patrimoine prêteur
c = Coût global d'acquisition

$$PS = 0{,}75 \times 12\,800\text{ €}^{d} = 9\,600\text{ €}$$

d = Valeur actuelle des actions nouvelles

En réalité, ce raisonnement procède toujours de la même erreur qui consiste à voir deux contributions là où il n'y en a qu'une. Il paraît une fois de plus difficile de considérer que le patrimoine emprunteur a contribué à l'acquisition, alors même que les droits préférentiels de souscription ne sont pas payés (contrairement à la prime d'émission), même s'ils ont effectivement une valeur pécuniaire théorique. Aussi mieux vaut-il sans doute considérer que le profit subsistant est ici égal à la valeur des actions nouvellement acquises au jour de la liquidation, soit 12 800 €.

1 280 € (valeur unitaire) × 100 actions = 12 800 €

112.71 En cas d'aliénation ultérieure. Si le bien pour lequel la dépense a été faite a été aliéné avant la liquidation de la communauté, le profit subsistant est calculé au jour de l'aliénation (art. 1469, al. 3 C. civ.)[2], ce qui, sous forme d'équation, peut être transcrit sous la forme suivante :

$$PS = \frac{C}{Z} \times V$$

C = Contribution du patrimoine prêteur
Z = Coût global d'acquisition du bien
V = Valeur du bien au jour de son aliénation

1. En ce sens, v. G. Morin, « Examen de quelques problèmes que soulève en pratique la nouvelle théorie des récompenses », art. préc., n° 9 – J. Patarin et G. Morin, *op. cit.*, n° 292, spéc. note 1 (les auteurs émettent toutefois quelques réserves).
2. Pour un rappel de la règle, v. Civ. 1re, 19 sept. 2007, *Juris-Data* n° 040461.

Exemple : au cours du mariage, un époux finance l'acquisition d'un immeuble commun d'une valeur de 100 000 €, à l'aide de fonds propres à hauteur de 10 000 €. Quelques années plus tard, mais toujours au cours de l'union, l'immeuble est revendu moyennant un prix de 150 000 €. Dans l'exemple donné, le patrimoine propre de l'époux en question ayant réglé une dette commune, la communauté est redevable d'une récompense en vertu de l'article 1433 du code civil. S'agissant d'une dépense d'acquisition (v. s[s] n° 112.90), la récompense est égale au profit subsistant (C. civ., art. 1469, al. 3), qui doit être déterminé au jour de l'aliénation, soit 15 000 €.

$$\frac{10\,000\ €^{a}}{100\,000\ €^{b}} = 0{,}1$$

a = Contribution du patrimoine prêteur
b = Coût global d'acquisition

$$PS = 0{,}1 \times 150\,000\ €^{c} = 15\,000\ €$$

c = Valeur du bien au jour de son aliénation

La solution est inévitable puisque, par hypothèse, le bien acquis ne se retrouve pas dans le patrimoine emprunteur au moment de la liquidation. Par ailleurs, les plus-values postérieures à l'aliénation n'ont pas à profiter au patrimoine emprunteur, de même que ce dernier n'a pas à subir les conséquences d'une éventuelle moins-value postérieure.

En cas d'aliénation à titre onéreux, la valeur d'aliénation à retenir pour l'évaluation du profit subsistant est le prix effectivement perçu par le patrimoine débiteur et non la valeur du bien au jour de l'aliénation[1]. Sur ce point, il convient cependant de réserver l'hypothèse d'une fraude, la dissimulation d'une partie du prix devant être prouvée.

En cas d'aliénation à titre gratuit, il convient de rechercher et de retenir la valeur du bien au jour de cette aliénation.

112.72 En cas de subrogation pure et simple. Si le bien acquis donnant lieu à récompense est aliéné et qu'un nouveau bien lui est subrogé, il y a lieu d'évaluer le profit subsistant par rapport à la valeur du bien subrogé au jour de la liquidation (C. civ., art. 1469, al. 3, *in fine*)[2]. La dette de valeur a alors pour mesure le nouveau bien acquis, ce qui, sous forme d'équation, peut être transcrit sous la forme suivante :

$$PS = \frac{C}{Z} \times V$$

C = Contribution du patrimoine prêteur
Z = Coût global d'acquisition du bien
V = Valeur du bien subrogé au jour de la liquidation

Exemple : au cours du mariage, un époux acquiert un appartement moyennant la somme de 20 000 €. Il affecte à titre de remploi 18 000 € de deniers propres. La communauté règle la différence, à savoir 2 000 € ainsi que les frais, d'un montant de 4 000 €, soit un total de 6 000 €. L'appartement est revendu quelques années plus tard pour 48 000 € et le prix remployé dans l'acquisition d'une maison pour le même coût, 48 000 €, frais compris. Lors de la liquidation de la communauté, la maison est évaluée à 120 000 €. Selon la situation exposée, l'appartement acquis, en grande partie par remploi, constituait un propre à l'époux acquéreur (C. civ., art. 1436). Il en est de même de la maison qui l'a remplacé. Cependant, l'époux se trouve débiteur d'une récompense à l'égard de la communauté, celle-ci ayant participé au financement de ces opérations. Le profit subsistant est alors égal à 30 000 €.

$$\frac{6\,000\ €^{a}}{24\,000\ €^{b}} = 0{,}25$$

a = Contribution du patrimoine prêteur
b = Coût global d'acquisition

$$PS = 0{,}25 \times 120\,000\ €^{c} = 30\,000\ €$$

c = Valeur de la maison subrogée
à l'appartement au jour de la liquidation

112.73 En cas de subrogation partielle : réinvestissement total dans une acquisition. L'hypothèse d'une subrogation pure et simple demeure extrêmement rare en pratique. Le plus souvent, la valeur d'aliénation du bien acquis ne permet que pour partie d'acquérir un nouveau bien. En ce cas, il convient d'établir dans quelle mesure le montant de récompense qui était due au regard de la valeur d'aliénation a servi à l'acquisition nouvelle pour calculer le profit subsistant sur la valeur du bien subrogé à la liquidation. Éventuellement, la valeur d'aliénation du bien acquis à l'origine ne couvrant pas totalement le coût de l'acquisition nouvelle, une nouvelle participation du patrimoine prêteur doit être considérée et ajoutée afin d'établir la mesure exacte de sa contribution pour la réalisation de l'acquisition nouvelle.

1. On ne saurait retenir la valeur résultant d'une expertise du bien au jour de l'aliénation : Civ. 1re, 11 juin 1991, *Bull. civ.* I, n° 191.
2. Strictement, le droit des régimes matrimoniaux n'envisage la subrogation que de bien propre à bien propre (échange, remploi, *etc.*). Cela étant, il n'est pas discuté que la règle posée à l'article 1469, alinéa 3, du code civil joue également lorsqu'un bien commun est substitué à un nouveau bien commun. Sur ce point, v. A. Colomer, *Droit civil – Régimes matrimoniaux*, *op. cit.*, n° 990 – G. Cornu, *op. cit.*, p. 597 – J. Flour et G. Champenois, *op. cit.*, n° 594.

Exemple : au cours du mariage, un époux acquiert un appartement moyennant la somme de 20 000 €. Il affecte à titre de remploi 18 000 € de deniers propres. La communauté règle la différence, à savoir 2 000 € ainsi que les frais, d'un montant de 4 000 €, soit un total de 6 000 €. L'appartement est revendu quelques années plus tard pour 48 000 € afin d'acquérir, également par remploi, une maison pour 66 000 €. La communauté règle de nouveau la différence, à savoir 18 000 € ainsi que les frais, d'un montant de 6 000 €, soit un total de 24 000 €. Lors de la liquidation de la communauté, la maison est évaluée à 120 000 €.

Selon la situation exposée, l'appartement acquis en grande partie par remploi constituait un propre à l'époux acquéreur (C. civ., art. 1436). Il en est de même de la maison qui l'a remplacé, compte tenu de l'importance du remploi. Cependant, l'époux se trouve débiteur d'une récompense à l'égard de la communauté, celle-ci ayant financé partiellement les deux acquisitions.

Afin de calculer le profit subsistant pour le patrimoine emprunteur sur la valeur subrogée à la liquidation, il y a lieu de tenir compte d'une double contribution de la communauté.

La première est relative à la première acquisition effectuée, celle de l'appartement. Au jour de l'aliénation de cet appartement, le profit subsistant était égal à 12 000 €.

$$\frac{6\ 000\ €^{a}}{24\ 000\ €^{b}} = 0{,}25$$

a = Contribution du patrimoine prêteur
b = Coût global d'acquisition

$$PS = 0{,}25 \times 48\ 000\ €^{c} = 12\ 000\ €$$

c = Valeur de l'appartement au jour de l'aliénation

La seconde correspond à l'apport nouveau de la communauté pour permettre la seconde acquisition, celle de la maison, soit 24 000 €.

Au total la communauté a donc contribué au financement de l'acquisition de la maison, à hauteur de 12 000 € + 24 000 €, soit 36 000 €. Au jour de la liquidation, le profit subsistant est donc égal à 60 000 €, soit :

$$\frac{36\ 000\ €^{a}}{72\ 000\ €^{b}} = 0{,}5$$

a = Contribution du patrimoine prêteur
b = Coût global d'acquisition de la maison

$$PS = 0{,}5 \times 120\ 000\ €^{c} = 60\ 000\ €$$

c = Valeur de la maison au jour de la liquidation

112.74 En cas de subrogation partielle : réinvestissement partiel dans une acquisition. Il arrive également que la valeur d'aliénation du bien acquis à l'origine, bien qu'elle soit parfois suffisante pour couvrir totalement le coût de l'acquisition nouvelle, ne soit pas entièrement réutilisée à cette fin. Dans ce cas, il est indiscutable qu'au travers de la récompense originelle due dans le cadre de la première opération, le créancier de la récompense a indirectement investi des fonds dans la seconde. Cela étant, si la récompense due a effectivement continué à évoluer, elle n'a en réalité évolué que pour partie seulement, de sorte qu'une partie seulement de la récompense originelle devra être réévaluée.

Exemple : au cours du mariage, un époux acquiert un appartement moyennant la somme de 100 000 €. Il affecte à titre de remploi 80 000 € de deniers propres. La communauté règle la différence, soit 20 000 €. L'appartement est revendu quelques années plus tard pour un montant de 150 000 €. Sur cette somme, 100 000 € sont remployés dans l'acquisition d'une maison pour le même coût, le reliquat (soit 50 000 €) étant déposé sur un compte joint ouvert au nom des deux époux. Lors de la liquidation de la communauté, la maison est évaluée à 180 000 €.

Selon la situation exposée, l'appartement acquis majoritairement à l'aide de fonds propres remployés est propre à l'époux acquéreur (C. civ., art. 1436). Il en est de même de la maison qui l'a remplacé. Cependant, l'époux se trouve débiteur d'une récompense à l'égard de la communauté, celle-ci ayant directement participé au financement de la première opération et, indirectement, au financement de la seconde.

Afin de calculer le profit subsistant pour le patrimoine emprunteur sur la valeur subrogée à la liquidation, il convient de déterminer la proportion dans laquelle le produit de la vente du bien initial a été réutilisé dans l'acquisition du second bien. Dans l'exemple, les deux tiers du produit de la vente ont été remployés (100 000 € / 150 000 €). En effet, une partie de la récompense due à la communauté à la suite de son investissement dans la première acquisition, est figée au moment de la vente dudit bien, proportionnellement au produit de la vente qui n'a pas été réinvesti dans la seconde acquisition, soit à hauteur d'un tiers (50 000 € / 150 000 €).

En d'autres termes, il convient dans ce cas de procéder successivement à deux opérations :

– En premier lieu, il convient de calculer le montant de la récompense initiale, c'est-à-dire le montant de la récompense due à la communauté du chef de la première opération. En l'espèce, cette récompense, évaluée au jour de la vente du bien, s'élève à 30 000 € :

$$\frac{20\,000\,€^{a}}{100\,000\,€^{b}} = 0{,}2$$

a = Contribution de la communauté
b = Coût global d'acquisition

$$0{,}2 \times 150\,000\,€^{c} = 30\,000\,€$$

c = Valeur de l'appartement au jour de la vente

Un tiers de cette récompense, soit 10 000 €, est figé car elle n'a pas été réinvestie dans la seconde opération.

En revanche, les deux tiers de cette récompense, correspondant à la proportion des fonds réutilisés dans l'acquisition du second bien, soit 20 000 €, continuent d'évoluer.

– C'est pourquoi, il convient, en second lieu, de calculer le montant de la récompense due à la communauté du chef de la seconde opération. Celle-ci s'élève à 36 000 € :

$$\frac{20\,000\,€^{a}}{100\,000\,€^{b}} = 0{,}2$$

a = Parties réévaluables de la récompense initiale
b = Coût global d'acquisition

$$0{,}2 \times 180\,000\,€^{c} = 36\,000\,€$$

c = Valeur de la maison au jour de la liquidation

Au total, le montant de la récompense due à la communauté s'élève donc à la somme de 46 000 €, correspondant au montant de la partie gelée de la récompense initiale (10 000 €), auquel s'ajoute le montant de la partie réévaluée de cette récompense (36 000 €).

Attention : dans l'exemple donné, seuls les deux tiers du produit de la vente de l'appartement, qui sont des fonds propres à l'époux propriétaire dudit bien, ont été réinvestis dans la seconde acquisition, de sorte que le tiers de cette somme (50 000 €) n'a pas eu d'affectation particulière connue. Ces fonds ayant été déposés sur un compte joint, il convient alors de présumer (v. s[s] n° 112.21), lors des opérations de liquidation, qu'ils ont été encaissés par la communauté, de sorte que celle-ci se trouve débitrice d'une récompense à l'égard de l'époux concerné, à hauteur du montant nominal des sommes ainsi encaissées, soit 50 000 € (C. civ., art. 1433).

112.75 En cas de subrogation : réinvestissement dans des travaux. Le mécanisme de la subrogation réelle a vocation à s'appliquer à des hypothèses différentes de celle d'une simple succession d'acquisitions de biens de même nature. En particulier, elle a vocation à jouer lorsque l'un des époux investit des fonds qui lui sont propres non pas dans l'acquisition d'un bien, mais dans la réalisation de travaux.

Exemple 1 : au cours de l'union, un époux reçoit par succession des liquidités à hauteur de 200 000 €. Les droits de mutation s'élèvent à 20 000 € et sont réglés à l'aide des revenus professionnels de l'époux en question. Quelque temps après, l'époux héritier utilise la moitié des fonds qu'il a reçus (soit 100 000 €) pour réaliser des travaux d'amélioration sur un immeuble propre à lui. Le solde (soit 100 000 €) est ensuite utilisé pour réaliser des travaux de conservation sur un bien commun. Au jour de la liquidation, il apparaît que les travaux réalisés sur le bien propre ont engendré une plus-value de 120 000 € et que les travaux sur le bien commun ont apporté une plus-value de 80 000 €. Dans l'exemple donné, les fonds reçus par succession sont propres à l'époux héritier (C. civ., art. 1405), à charge de récompense au profit de la communauté qui a réglé les droits de mutation (C. civ., art. 1437). Par ailleurs, l'époux peut se prévaloir d'une récompense contre la communauté pour avoir réalisé des travaux de conservation sur un bien commun à l'aide de deniers propres (C. civ., art. 1433).

La dépense faite par l'époux au profit de la communauté étant une dépense de conservation, la récompense est égale à la plus forte des deux sommes que représentent la dépense faite et le profit subsistant (C. civ., art. 1469, al. 2 et 3). La dépense étant de 100 000 € et le profit de 80 000 €, la récompense est alors égale à la dépense faite.

La dépense faite par la communauté au profit de l'époux étant une dépense d'acquisition, la récompense dont elle peut se prévaloir de ce chef est égale au profit subsistant (C. civ., art. 1469, al. 1er et 3). La détermination de ce profit suppose, au préalable, de déterminer la valeur actuelle du bien acquis. Or, les liquidités reçues, en tant que telles, n'existent plus au jour de la liquidation. Néanmoins, il convient ici de considérer que les travaux réalisés sur le bien propre sont subrogés à la moitié des fonds reçus et que la créance de récompense dont dispose l'époux contre la communauté du chef des travaux de conservation est subrogée à l'autre moitié. Par conséquent, le profit subsistant et, partant, le montant de la récompense est de :

$$\frac{20\,000\,€}{200\,000\,€} \times (120\,000\,€ + 100\,000\,€) = 22\,000\,€$$

Exemple 2 : au cours de l'union, un époux acquiert un bien avec stipulation de remploi moyennant un prix de 300 000 €. Le prix d'acquisition est financé à hauteur de 200 000 € à l'aide de deniers propres à l'époux et à hauteur de 100 000 € à l'aide des économies du ménage. Quelque temps après, l'époux revend ledit bien moyennant un prix de 400 000 €. Il utilise ensuite 100 000 € pour faire des travaux d'amélioration sur un bien propre de son conjoint et 200 000 € pour faire des travaux sur un bien propre à lui. Le solde (soit 100 000 €) est utilisé pour faire face aux besoins de la vie courante. Au jour de la liquidation, il apparaît que les travaux réalisés sur le bien propre du conjoint ont procuré au bien une plus-value de 150 000 € et que les travaux sur son bien ont dégagé une plus-value de 180 000 €. Dans l'exemple donné, le bien acquis à l'origine est propre à l'époux concerné, à charge de récompense au profit de la communauté qui a contribué à financer son acquisition (C. civ., art. 1437). S'agissant d'une dépense d'acquisition, la récompense est égale au profit subsistant (C. civ., art. 1469, al. 1er et 3). Le bien ayant été revendu et les fonds issus de cette vente ayant été réinvestis, il convient de prendre en compte les biens qui ont été subrogés à ces fonds. Ainsi, la créance dont l'époux peut se prévaloir contre son conjoint est subrogée à une partie (100 000 €) des liquidités; les améliorations réalisées sur le propre de l'époux sont également subrogées à une partie (200 000 €) des fonds; enfin, la récompense dont peut se prévaloir l'époux contre la communauté du chef de l'utilisation des fonds pour les besoins de la vie courante est subrogée au solde (soit 100 000 €).

S'agissant de la créance dont l'époux peut se prévaloir contre son conjoint, elle doit être valorisée conformément à l'article 1469, alinéa 3 du code civil (C. civ., art. 1479). S'agissant d'une dépense d'amélioration, elle ne peut être inférieure au profit subsistant, soit 150 000 €. La dépense faite (100 000 €) étant inférieure au profit subsistant, la créance sera valorisée à hauteur de la valeur de ce dernier.

S'agissant de la récompense dont l'époux peut se prévaloir contre la communauté, s'agissant d'une dépense ordinaire, son montant est égal à la dépense faite (C. civ., art. 1469, al. 1er), soit 100 000 €.

Enfin, la récompense revalorisée dont la communauté peut se prévaloir contre l'époux pour l'acquisition du bien est égale à :

$$\frac{100\,000\text{ €}}{300\,000\text{ €}} \times (150\,000\text{ €} + 180\,000\text{ €} + 100\,000\text{ €}) = 143\,333\text{ €}$$

112.76 En cas de cascade d'acquisitions avec changement de nature des biens. Il n'est pas rare en pratique que les époux procèdent à des acquisitions en cascade, sans pour autant qu'il y ait subrogation au sens juridique du terme. C'est le cas lorsqu'au gré des acquisitions successives, les biens acquis changent de nature. Ainsi en est-il notamment lorsqu'un bien commun est acquis à l'aide de fonds provenant de la vente d'un bien propre, dont l'acquisition donne également lieu à récompense au profit de la communauté. Un exemple suffira à mettre en exergue les difficultés inhérentes à cette situation.

Exemple 1 : au cours de l'union, l'époux reçoit par succession le quart indivis d'un appartement, étant entendu que les droits de mutation sont réglés par la succession. Quelque temps plus tard, cet époux acquiert par licitation les trois autres quarts indivis, moyennant un prix de 100 000 €, étant précisé que cette acquisition est financée par des fonds communs. Puis, l'époux vend le bien, moyennant un prix de 150 000 €. À l'aide de ces fonds, l'époux achète un pavillon, sans stipulation de remploi, pour la même valeur, soit 150 000 €. Au jour de liquidation, il apparaît que la valeur de ce bien est de 300 000 €.

Deux méthodes peuvent être envisagées pour dénouer cette situation sur le terrain des récompenses[1].

Selon la situation exposée, le quart indivis reçu par succession est propre à l'époux héritier et il en va de même des trois quarts indivis acquis par la suite, en vertu de l'article 1408 du code civil. En revanche, le pavillon est commun, faute pour l'époux d'avoir stipulé une clause de remploi lors de l'acquisition.

– Une première méthode consiste donc à respecter strictement ce schéma et à procéder au calcul de deux récompenses.

En ce qui concerne l'acquisition des trois quarts indivis, l'époux doit récompense à la communauté à hauteur du profit subsistant retiré, s'agissant d'une dépense d'acquisition, soit :

$$150\,000\text{ €} \times 3/4 = 112\,500\text{ €}.$$

En ce qui concerne l'acquisition du pavillon, l'époux peut prétendre à une récompense à l'encontre de la communauté à hauteur du profit subsistant, s'agissant d'une dépense d'acquisition, lequel se confond ici avec la valeur actuelle du bien, puisque l'époux a financé l'intégralité du prix d'acquisition de ce bien, soit 300 000 €.

Balance faite, il ressort un excédent de récompense au profit de l'époux d'un montant de :

$$300\,000\text{ €} - 112\,500\text{ €} = 187\,500\text{ €}$$

1. Sur ce cas de figure, v. J. Patarin et G. Morin, *op. cit.*, nº 300, exemple 3 – A. Pène, *Méthodologie des liquidations-partage en droit patrimonial de la famille*, Litec, 2005, p. 37 et 38 – « La problématique des chaînes de récompenses : esquisse d'une méthodologie », *JCP N* 1999, p. 1320.

Selon certains, cette première méthode, qui s'appuie sur la lettre des textes[1], présente l'inconvénient de nier la contribution réelle de l'époux dans la seconde acquisition. Il est en effet indéniable que les fonds propres qui ont permis l'acquisition du bien commun renferment une valeur commune, puisqu'ils proviennent de l'aliénation d'un bien qui a lui-même été acquis à l'aide de deniers communs[2]. Concrètement, il est peu contestable que, d'un point de vue économique, la communauté a, en réalité, financé les trois quarts du prix d'acquisition du pavillon. Or, à suivre la première méthode, la communauté devrait verser une récompense de 187 500 € à l'époux, alors qu'en équité, il suffirait, semble-t-il, qu'elle récompensât l'époux à hauteur de sa contribution effective, soit 1/4, ce qui, rapporté à la valeur actuelle du bien (300 000 €), équivaut à une somme de 75 000 €.

– Pour parvenir à ce résultat, il suffit de tenir le raisonnement suivant : les opérations réalisées ont permis en définitive à la communauté d'acquérir un bien à l'aide de deniers propres de l'un des époux, de sorte qu'elle doit manifestement récompense à ce dernier de ce chef. Mais, pour calculer cette récompense, il ne faut pas perdre de vue que les deniers utilisés pour faire l'acquisition, en dépit de leur caractère indiscutablement propre puisque provenant de la vente d'un bien propre, renfermaient une valeur commune. Par conséquent, pour déterminer la contribution effective de l'époux à l'acquisition du bien commun, il faudrait considérer que, parmi les 150 000 € de fonds propres utilisés, les ¾ (soit 112 500 €) sont d'un point de vue économique des fonds communs, seul ¼ (soit 37 500 €) étant véritablement propres. La récompense due serait alors égale à :

$$\frac{37\,500\text{ €}}{150\,000\text{ €}} \times 300\,000\text{ €} = 75\,000\text{ €}$$

Pour résumer, cette seconde méthode de calcul consiste, au prix d'une fiction, à faire comme si la récompense était due depuis l'origine par la communauté à l'époux. Il suffit alors de prendre la contribution de l'époux à la première acquisition et de la revaloriser comme s'il y avait eu une cascade d'acquisitions avec subrogation. Un second exemple permettra d'en témoigner.

Exemple 2 : quelque temps avant son mariage, un époux acquiert un appartement moyennant un prix de 100 000 €. Ce prix d'acquisition a été réglé comptant à hauteur de 80 000 € lors de l'acte et le surplus (soit 20 000 €) a été réglé au cours du mariage à l'aide de deniers communs. Au cours du mariage, l'époux propriétaire vend ledit bien, moyennant un prix de 150 000 €. Cette somme est ensuite réutilisée, sans stipulation de remploi, pour l'acquisition d'un appartement d'une valeur de 200 000 €, étant précisé que la différence (50 000 €) a été réglée à l'aide de deniers communs. Lors de la liquidation, le pavillon est évalué à 300 000 €.

L'on constate, au final, que la communauté est propriétaire d'un pavillon, financé pour partie à l'aide de fonds propres du mari, de telle manière que celui-ci se retrouve créancier d'une récompense à l'encontre de la communauté. Cette récompense est calculée en occultant le caractère propre de l'appartement initial. Il s'agit, dès lors, de déterminer la part de l'investissement propre du mari dans la première puis dans la seconde acquisition.

Dans le cas donné, la participation réelle de l'époux à l'acquisition de l'appartement a été de 80 000 € / 100 000 €, d'où une contribution revalorisée au moment de la vente de ce bien s'élevant à 120 000 €.

$$\frac{80\,000\text{ €}^{a}}{100\,000\text{ €}^{b}} = 0{,}8$$

a = Contribution du patrimoine propre
b = Coût global d'acquisition

$$0{,}8 \times 150\,000\text{ €}^{c} = 120\,000\text{ €}$$

c = Valeur de l'appartement au jour de la vente

Cette contribution revalorisée a ensuite été réinvestie dans l'acquisition du pavillon, qui a nécessité un investissement global de 200 000 €, de sorte que la part contributive de l'époux dans cette acquisition s'élève à 120 000 € / 200 000 €.

En conséquence, la contribution revalorisée de l'époux à l'acquisition du pavillon, qui constitue le montant de la récompense finalement due par la communauté, s'élève à 180 000 €.

$$\frac{120\,000\text{ €}^{a}}{200\,000\text{ €}^{b}} = 0{,}6$$

a = Contribution de la communauté
b = Coût global d'acquisition

$$0{,}6 \times 300\,000\text{ €}^{c} = 180\,000\text{ €}$$

c = Valeur du pavillon au jour de la vente

1. La loi envisage en effet la seule subrogation – or, en cas de changement d'acquisitions successives avec changement de nature des biens, le second bien n'est pas subrogé au premier. De plus, l'emploi du terme « se retrouve » par l'article 1469 du code civil paraît bien impliquer que le bien acquis ait été à l'origine (c'est-à-dire lors de l'acquisition) et soit encore (soit lui-même, soit le bien qui lui est subrogé et le remplace) dans le patrimoine débiteur de la récompense. Or, en cas de cascade d'acquisitions sans subrogation, le second bien acquis n'était pas à l'origine dans le patrimoine débiteur de la récompense (il ne « se retrouve » donc pas dans le patrimoine débiteur de la récompense, il s'y trouve simplement depuis la seconde acquisition).
2. En faveur de cette méthode, v. J. Patarin et G. Morin, *op. et loc. cit.* – A. Pène, *op. et loc. cit.*

§ 2
Choix opéré

112.77 Un principe et trois exceptions. Entre la dépense faite et le profit subsistant, le législateur a opéré un choix qui varie suivant la nature de la dépense consentie : l'article 1469 du code civil, qui constitue le siège de la matière, pose ainsi un principe et prévoit immédiatement un certain nombre d'exceptions.

A.
Principe

112.78 En présence d'une dépense « ordinaire », la récompense est égale à la plus faible des deux sommes. En vertu de l'article 1469, alinéa 1er, du code civil « *la récompense est, en général, égale à la plus faible des deux sommes que représentent la dépense faite et le produit subsistant* ». Concrètement, le texte impose, pour déterminer le montant de la récompense, de comparer les deux sommes et de retenir la plus faible. Il peut d'ores et déjà être noté que le principe du « double plafond » comporte des exceptions si nombreuses qu'il s'applique rarement. Ce principe étant posé, il reste à déterminer le domaine d'application concrète de la règle.

112.79 Application autonome du principe. Il faut d'abord souligner que le principe posé à l'alinéa 1er a, au premier chef, vocation à s'appliquer de manière autonome. Ainsi, à chaque fois qu'un patrimoine aura emprunté une somme à un autre patrimoine pour engager une dépense « ordinaire » le patrimoine emprunteur sera débiteur du plus faible des deux montants comparés. Par dépenses ordinaires, il faut comprendre, par opposition aux dépenses d'investissement, toutes les hypothèses où le transfert de valeurs se réduit à un mouvement de fonds qui ne répond à aucune des affectations particulières énoncées aux alinéas 2 et 3. En somme, il s'agit des dépenses qui ne sont pas relatives à des biens, comme les dettes propres des époux : dettes de responsabilité civile, dette de prestation compensatoire, *etc.* De même, le principe peut intervenir en cas de donation d'un bien commun par un époux[1], notamment lorsque l'un des époux fait une donation de gains et salaires à sa maîtresse pour permettre à cette dernière d'acquérir un bien[2]. De même encore, le principe de l'alinéa 1er est destiné à s'appliquer dans l'hypothèse où l'un des époux a utilisé des deniers propres pour faire face aux dépenses de la vie courante de la famille.

1. Lorsque les fonds avancés ont été prêtés et non donnés, la technique des récompenses ne saurait recevoir application. Dans ce cas, en effet, la communauté sera créancière envers le tiers emprunteur.

112.80 Application du principe en l'absence de profit subsistant. Il reste qu'il est difficile, sinon impossible, de trouver des exemples où le règlement d'une dépense ordinaire procure un véritable profit au patrimoine emprunteur ou, à tout le moins, un profit susceptible d'être évalué pécuniairement. Ainsi, par exemple, le paiement par la communauté d'amendes ou de dettes de réparation liées à des délits ou quasi-délits, ou encore la donation de deniers communs, ne procure aucun profit tangible à l'époux débiteur ou donateur. Il en va de même de l'utilisation de fonds propres pour faire des dépenses courantes ou de l'hypothèse de l'utilisation de deniers communs pour acquérir un bien au nom d'une maîtresse. Or, dans un tel cas de figure, une application trop stricte du principe conduirait à refuser une récompense au patrimoine créancier, le profit subsistant étant, par définition, toujours inférieur à la dépense faite. La plupart des auteurs considèrent qu'une telle solution serait contraire à l'esprit de la théorie des récompenses[3]. Pire, elle serait même en contradiction à la lettre d'autres articles du code civil[4] et en particulier, l'article 1412 du code civil qui dispose que « *récompense est due à la communauté qui a acquitté la dette personnelle d'un époux* ». Il paraît alors nécessaire de retenir le montant de la dépense faite au titre de la récompense due par le patrimoine emprunteur. Si les auteurs s'accordent sur ce point, en revanche, il n'y a pas de consensus quant à la justification technique de cette analyse[5].

Pour les uns, le fait de valoriser la récompense à hauteur de la dépense faite est justifié par l'idée que le patrimoine emprunteur a au moins réalisé une éco-

2. Lorsque la donation est rapportable à la succession de l'époux donateur, on a parfois suggéré de valoriser la récompense au montant du rapport (en ce sens, v. J. Patarin et G. Morin, *op. cit.*, nos 288 et 293). Bien qu'élégante, la solution ne peut qu'être rejetée. En effet, non seulement l'institution du rapport est totalement étrangère à la théorie des récompenses, mais, de plus, le problème reste entier pour les donations dispensées de rapport ou faites à des non-successibles ou même pour les donations rapportables en cas de dissolution de la communauté du vivant des époux ou de survie de l'époux donateur (en ce sens, v. F. Terré et Ph. Simler, *op. cit.*, n° 666, p. 434, note 2). Pour une synthèse de la question, v. A. Devos, « Le régime de communauté », art. préc., nos 211 s. (l'auteur est défavorable à la revalorisation).
3. A. Colomer, *Droit civil – Régimes matrimoniaux*, *op. cit.*, n° 969 – M. Grimaldi *et alii*, *Droit patrimonial de la famille*, Dalloz Action, 3e éd., 2008, n° 144.66 – Ph. Malaurie et L. Aynès, *op. cit.*, n° 617 – D. R. Martin, J.-Cl. Civil, Art. 1468 à 1474, Fasc. 55, art. préc., nos 58 s. – F. Terré et Ph. Simler, *op. cit.*, n° 666.
4. Articles 1409, 1412, 1413, 1416, 1417 et 1437. En ce sens, v. M. Grimaldi *et alii*, *op. et loc. cit.*, F. Terré et Ph. Simler, *op. cit.*, n° 666.
5. Ce débat doctrinal n'est pas sans conséquence pratique (v. ss n° 112.91).

nomie[1]. Le profit subsistant s'analyserait donc dans la dépense évitée; il serait égal à la dépense faite[2]. Cette dernière analyse peut trouver un appui utile dans les règles de l'enrichissement sans cause, dont s'inspire en partie la théorie des récompenses. La règle de principe, définie à l'alinéa 1er, n'est en effet autre que celle prévue en matière d'enrichissement sans cause[3]. Or, dans cette dernière théorie, il a toujours été admis que l'enrichissement pouvait être une dépense évitée, c'est-à-dire une économie[4]. En outre, dans certains cas, cette analyse du profit subsistant peut aussi se recommander de l'adage « qui paie ses dettes s'enrichit ». Ainsi, par exemple, ne peut-on voir une forme d'enrichissement, partant un véritable profit, dans l'économie que réalise un époux qui règle une dette propre aux frais de la communauté ?[5]

D'autres auteurs estiment, pour leur part, qu'on « *ne saurait sans artifice qualifier de profit subsistant l'économie ainsi faite* »[6] et préfèrent justifier le retour à la dépense faite par l'éviction de l'article 1469 et l'application de la règle du nominalisme monétaire de droit commun (C. civ., art. 1895). Selon eux, l'article 1469 ne donnerait pas les règles de valorisation de toutes les récompenses, ce que confirmerait l'expression « *en général* » utilisée par l'alinéa 1er, laquelle laisserait « *la place, pour les cas non conformes, aux ressources du droit commun des obligations* »[7]. En d'autres termes, faute d'un des deux éléments nécessaires à la mise en œuvre de l'article 1469, à savoir le profit subsistant, cet article ne saurait recevoir application.

Quant à la jurisprudence, après avoir rejeté cette approche[8], elle admet aujourd'hui incontestablement l'idée selon laquelle la récompense, due à raison d'une dépense ordinaire n'ayant procuré aucun gain quantifiable au patrimoine emprunteur, doit être valorisée à hauteur de la dépense faite. Il convient en effet de rappeler que le seul fait de l'encaissement de deniers propres par la communauté suffit à présumer l'existence d'un droit à récompense au profit de l'époux, alors même que ces fonds ont pu, en réalité, ne procurer aucun enrichissement à la communauté[9].

112.81 Application combinée avec les autres alinéas. Le principe de l'alinéa 1er a également vocation à s'appliquer par combinaison avec les autres alinéas de l'article 1469. Ainsi, par exemple, en cas de dépense d'acquisition qui n'est pas également nécessaire, la valorisation de la récompense est déterminée par combinaison de l'alinéa 3 avec l'alinéa 1er (v. ss no 112.90).

B.
Exceptions

112.82 Plan. Le principe énoncé à l'alinéa 1er supporte trois séries d'exceptions, selon que la récompense sollicitée a trait à une dépense nécessaire (1), une dépense d'acquisition ou d'amélioration (2) et une dépense de conservation (3).

1. En ce sens, v. G. Cornu, *op. cit.*, p. 615 – J. Flour et G. Champenois, *op. cit.*, no 575 (impl.) – M. Grimaldi et *alii*, *op. et loc. cit.* – Ph. Malaurie et L. Aynès, *op. et loc. cit.* – D. R. Martin, J.-Cl. civil, Art. 1468 à 1474, Fasc. 55, art. préc., no 61.
2. V. J. Flour et G. Champenois, *op. et loc. cit.*
3. Sur ce point, v. not. R. Cabrillac, *op. cit.*, no 282 – G. Cornu, *op. cit.*, p. 614 – J. Flour et G. Champenois, *op. cit.*, no 573 – G. Marty et P. Raynaud, *op. cit.*, no 345 – Ph. Malaurie et L. Aynès, *op. et loc. cit.* – H. L. et J. Mazeaud, *Leçons de droit civil, Tome quatrième, Premier volume, Régimes matrimoniaux*, 5e éd. Par M. de Juglart, Montchrestien, 1982, no 421 – J. Patarin et G. Morin, *op. cit.*, no 291 – F. Terré et Ph. Simler, *op. cit.*, no 664.
4. Sur ce point, v. A.-M. Romani, Rép. civ., *Vo Enrichissement sans cause*, 2006, nos 36 s.
5. En ce sens, v. R.-J. Pothier, *Traité de la communauté*, T. VIII, no 614 : « *Lorsque l'un des conjoints a, durant la communauté, acquitté, des deniers de la communauté, une dette qui lui étoit (sic) propre, il en doit récompense à la communauté. Cette récompense est fondée sur le principe qu'un conjoint doit récompense toutes les fois qu'il s'enrichit aux dépens de la communauté; car ce conjoint s'enrichit en acquittant sa dette propre* ».
6. F. Terré et Ph. Simler, *op. cit.*, no 666.
7. D. R. Martin, J.-Cl. civil, Art. 1468 à 1474, Fasc. 55, art. préc., no 62.
8. Aucune récompense n'est due, faute de profit subsistant, en cas d'utilisation de fonds propres pour les besoins du ménage, v. Civ. 1re, 26 juin 1990, *Defrénois* 1990, art. 34917, p. 1359, obs. G. Champenois – Civ. 1re, 6 avr. 1994, *Bull. civ.* I, no 137 – *JCP* 1995, I, 3821, no 20, obs. Ph. Simler – *Dr. et patr.* 1994, no 691, obs. A. Bénabent. V. également cette ancienne jurisprudence qui refusait tout droit à récompense au profit de la communauté, faute de profit subsistant, en cas de donation de biens communs faite par un époux à un tiers, Cass. Req. 18 mars 1862, *DP* 1862, 1, p. 285 – *S.* 1862, 1, p. 869 – Cass. Req. 30 avr. 1862, *DP* 1862, 1, p. 523 – *S.* 1862, 1, p. 1036.
9. V. spéc. Civ. 1re, 14 janv. 2003, *Bull. civ.* I, no 7 – *AJ fam.* 2003. 107, obs. S. D.-B. – *D.* 2003, Jur. 575, note B. Beignier – *D.* 2003. somm. 186, obs. V. Brémond – *Dr. fam.* 2003, comm. no 32, obs. B. Beignier – *JCP* 2003, I, 158, note J. Charlin – *JCP N* 2003, 1575, no 15, obs. A. Tisserand – *Defrénois* 2003, art. 37712, p. 544, obs. G. Champenois – *RJPF* 2003, 4/22, obs. F. Vauvillé – *RTD civ.* 2003, p. 340, obs. B. Vareille, selon lequel la preuve de l'emploi de fonds propres pour les besoins du ménage vaut preuve que la communauté a tiré profit de ces fonds. Sur cette question, v. également F. Terré et Ph. Simler, *op. et loc. cit.*, spéc. p. 534, note 1. V. aussi, CA Paris, 19 nov. 1974, *D.* 1975, Jur. 614, concl. Cabannes – *JCP* 1976, II, 18412, note H. Synvet – *Defrénois* 1975, art. 31032, obs. J.-F. Vouin (récompense due à la communauté par l'époux qui fait une donation de gains et salaires à sa concubine, alors même que, par hypothèse, l'époux donateur ne retire aucun profit de la libéralité consentie).

1°
Dépense nécessaire

112.83 Notion de dépense nécessaire. Suivant un courant classique, la dépense nécessaire se confond avec la notion d'« *impense nécessaire* » qui évoque une dépense directement en rapport avec un bien corporel. Elle s'entend alors de celle qui a été exposée afin d'assurer la conservation d'un tel bien, c'est-à-dire pour éviter son dépérissement, que ce soit à titre préventif (la réparation d'une charpente, par exemple), soit à titre curatif (réfection d'une toiture, *etc.*). Cette analyse de la notion de dépense nécessaire était incontestablement celle du législateur. À l'origine, en effet, l'alinéa 3 ne visait pas la catégorie des dépenses de conservation, de sorte que les dépenses nécessaires visées à l'alinéa 2 relevaient de la notion classique d'impenses nécessaires, c'est-à-dire de conservation. L'introduction de la catégorie des dépenses de conservation à l'alinéa 3 a bouleversé la donne en la matière, autorisant l'établissement d'une distinction entre les dépenses nécessaires et les dépenses de conservation, *summa divisio* inconnue de la théorie des impenses dont s'inspire pourtant en partie le système des récompenses[1].

Il existe toutefois aujourd'hui un courant favorable à l'admission d'une conception plus large de la notion de la dépense nécessaire[2]. Selon ces auteurs, dont l'opinion trouve incontestablement un écho favorable en jurisprudence, cette qualification ne doit pas être limitée par l'idée d'affectation à un bien et devrait être retenue également lorsque des frais sont engagés pour satisfaire des besoins impérieux, de nature familiale (achat du logement familial, agrandissement d'une maison pour y loger une famille nombreuse, installation d'équipements sanitaires ou d'un chauffage, *etc.*)[3] ou professionnelle (achat d'instruments de travail nécessaires à la profession d'un époux, *etc.*)[4]. En tout état de cause, la dépense nécessaire s'oppose à la dépense simplement utile à la conservation du bien.

En définitive, la dépense nécessaire se caractérise par deux éléments distinctifs, l'un subjectif, l'autre objectif, étant toutefois précisé que cette notion n'est pas une notion juridique et ne relève donc pas du contrôle de la Cour de cassation[5].

112.84 Élément subjectif. La dépense nécessaire est celle qui est engagée dans un but familial ou professionnel. Ainsi, par exemple, l'acquisition d'instruments de travail par un époux constitue une dépense nécessaire. De même, l'aménagement des combles d'une maison, aux fins de créer une chambre supplémentaire pour un enfant à naître, peut être qualifié de dépense nécessaire.

Il serait cependant abusif de qualifier de nécessaire toute dépense à finalité professionnelle ou familiale. À défaut, toutes les dépenses afférentes au logement de la famille, qui est bien souvent le seul bien d'un ménage, devraient être qualifiées de

1. Sur ce point, v. A. Ponsard, « Commentaire de la loi n° 65-570 du 13 juillet 1965, portant réforme des régimes matrimoniaux », art. préc., n° 130.
2. V. not., Aubry et Rau, par Ponsard, *op. cit.*, n° 269 – A. Colomer, Rép. civ., *V° Communauté*, art. préc., n°s 1460 et s. – G. Cornu, *op. cit.*, p. 615 – M. Grimaldi *et alii*, *op. cit.*, n° 144.72 – Ph. Malaurie et L. Aynès, *op. cit.*, n° 617 – D. R. Martin, J.-Cl. civil, art. 1468 à 1474, Fasc. 55, art. préc., n°s 69 s. – G. Marty et P. Raynaud, *op. cit.*, n° 349 – J. Patarin et G. Morin, *op. cit.*, n° 294 (plus réservés toutefois) – F. Terré et Ph. Simler, *op. cit.*, n° 668. Cette analyse extensive de la dépense nécessaire trouve son fondement dans l'esprit qui anime le texte et qui est de faciliter le financement des dépenses nécessaires par une garantie donnée au patrimoine prêteur que l'indemnisation sera au moins égale à la dépense faite. Sur ce point, v. Aubry et Rau, par Ponsard, *op. et loc. cit.*, spéc. note 58.
3. En ce sens, v. CA Paris, 16 mars 1978, *Defrénois* 1979, art. 32141, p. 1518, 2e esp., note G. Morin – *JCP N* 1981, 49, note J.-F. Pillebout (l'installation d'une salle de bains, la réfection d'une cuisine et du chauffage central, non indispensables pour éviter le dépérissement du logement familial, mais permettant son aménagement en vue de son habitation sont des dépenses nécessaires) – Civ. 1re, 25 janvier 2000, n° 98-10.747, *Bull. civ.* I, n° 20 – *JCP* 2000, I, 245, n° 22, obs. A. Tisserand – *RTD civ.* 2000, p. 616, obs. B. Vareille – *Defrénois* 2000, art. 37145, p. 443, obs. G. Champenois (des travaux d'habitabilité du logement familial n'ayant engendré aucun profit subsistant sont constitutifs d'une dépense nécessaire) – Civ. 1re, 6 mars 2001, n° 98-17.723, *JCP* 2002, I, 167, n° 11, obs. A. Tisserand – *RJPF* 2001, 9/30, obs. F. Vauvillé (construction du logement familial qualifiée de dépense nécessaire) – CA Nîmes, 15 mars 2001, *Dr. fam.* 2001, n° 102 (travaux nécessaires à l'habitabilité du domicile conjugal) – CA Limoges, 8 nov. 2007, *Juris-Data* n° 354652 (époux d'accord pour considérer que la dépense engagée en vue de réunir deux appartements pour constituer un seul logement était nécessaire) – Civ. 1re, 5 mars 2008, n° 06-15.926, *RTD civ.* 2009, p. 161, obs. B. Vareille (la construction d'une maison sur un terrain propre est « *une dépense nécessaire dès lors qu'elle était destinée au logement de la famille* »).
4. CA Paris, 18 déc. 2001, *JCP* 2003, I, 111, n° 15, obs. A. Tisserand – Civ. 1re, 14 nov. 2007, n° 05-18.570, *RLDC* 2008/46, n° 2869, obs. Ch. Campels – *RLDC* 2008/45, n° 2832, obs. C. Jeanne – *RJPF* 2008, 4/18, obs. F. Vauvillé – *RTD civ.* 2008, p. 145, obs. B. Vareille.
5. V. Civ. 1re, 25 janv. 2000, préc., qui reconnaît expressément le pouvoir souverain des juges du fond quant à la qualification de « nécessaire » de la dépense. Sur ce point, v. D. R. Martin, J.-Cl. civil, Art. 1468 à 1474, Fasc. 55, art. préc., n° 72, qui déplore cette situation : « *Une définition rigide et contrôlée aurait le mérite d'une certaine cohérence de mise en œuvre qui épargnerait les inconvénients d'une disparité trop forte de solutions prétoriennes* ».

« nécessaires », ce qui reviendrait à vider de sa substance la catégorie des dépenses d'amélioration et d'acquisition et donc à fausser le jeu de la technique des récompenses.

112.85 Élément objectif. La dépense nécessaire est une dépense impérieuse, ce qui s'oppose à la dépense de simple agrément ou de confort.

Lorsque la dépense porte sur un bien immobilier, le caractère nécessaire, par opposition au caractère voluptuaire de la dépense, sera le plus souvent caractérisé par l'idée que la dépense nécessaire est celle qui est nécessaire à l'habitabilité du bien[1]. Ainsi, par exemple, la construction d'une piscine ou d'un court de tennis sur le terrain sur lequel est situé le logement familial ne saurait être qualifiée de dépense nécessaire, en dépit de son affectation familiale, car il ne s'agit pas d'une dépense nécessaire à l'habitabilité du bien, mais d'une dépense de simple confort.

En revanche, l'installation d'une chaudière ou l'aménagement de la salle de bains du logement familial peuvent certainement être qualifiés de dépenses nécessaires. Cela dit, la ligne de démarcation entre l'agrément et la nécessité est difficile à tracer et évolue avec le temps et la demande croissante de confort des ménages. C'est ainsi qu'un arrêt a pu juger que la dépense ayant servi à l'édification d'une terrasse et d'un garage était nécessaire à l'habitabilité du bien[2], ce qui peut paraître quelque peu excessif. La question peut se poser pour un grand nombre de dépenses devenues presque banales, comme, par exemple, l'édification d'une seconde salle de bains[3], l'installation de doubles vitrages, de volets roulants électriques ou d'un portail automatique.

Par ailleurs, la question peut se poser de savoir s'il faut exclure de la catégorie des dépenses nécessaires les dépenses qui répondent au critère objectif, mais non au critère subjectif. Nous ne le pensons pas. Ainsi en est-il, par exemple, de l'installation d'une chaudière sur un bien propre de l'un des époux, qui n'a aucune affectation familiale ou professionnelle (parce que loué, par exemple) et est incontestablement nécessaire à son habitabilité, alors même que le bien n'a pas d'usage familial ou professionnel.

1. Pour l'utilisation du critère de l'habitabilité, v. CA Paris, 16 mars 1978, préc. – Civ. 1re, 25 janv. 2000, préc. – CA Nîmes, 15 mars 2001, préc. – CA Paris, 16 janv. 2003, *Defrénois* 2005, art. 38172, p. 917, note N. Mouligner (qui, néanmoins, rejette la demande de récompense, faute de profit subsistant).
2. CA Nîmes, 15 mars 2001, préc.
3. À titre de comparaison, il n'est pas inintéressant de citer un arrêt rendu sur le fondement de l'article 220 du code civil, qui a estimé que l'emprunt ayant financé la construction d'une deuxième salle de bain pour les époux et leurs enfants était une dépense nécessaire aux besoins de la vie courante et, qui, de ce chef, tombe sous le coup de la solidarité (CA Douai, 28 juin 2007, *JCP* 2008, I, 144, n° 2, obs. G. Wiederkehr).

112.85 Lecture littérale du texte : la récompense est égale à la dépense faite. En vertu de l'article 1469, alinéa 2, du code civil, la récompense « *ne peut, toutefois, être moindre que la dépense faite quand celle-ci était nécessaire* », ce qui aboutit en réalité, et plus clairement, à admettre que la récompense est toujours égale à la dépense faite. Deux exemples suffisent pour s'en convaincre.

Exemple 1 : un époux est propriétaire d'une maison au jour de son mariage. Au cours du régime, il effectue des travaux considérés comme nécessaires sur cette maison à l'aide de ses revenus. Le coût de ces travaux s'est élevé à 50 000 €. Au jour de la liquidation, la valeur de la maison s'élève à 600 000 €, étant ici précisé que sans les travaux d'agrandissement, elle ne vaudrait que 580 000 €.

La dépense est égale au coût des travaux, soit 50 000 €.

Le profit subsistant est égal à la plus-value acquise par la maison grâce aux travaux, soit :

20 000 € = (600 000 - 580 000).

La récompense ne pouvant être inférieure à la dépense faite, elle est égale à cette dernière, soit 50 000 €.

Exemple 2 : même hypothèse que précédemment, à ceci près que la valeur de la maison sans les travaux d'agrandissement s'élèverait à 530 000 €.

La dépense est égale au coût des travaux, soit 50 000 €.

Le profit subsistant est égal à la plus-value acquise par la maison grâce aux travaux, soit :

70 000 € = (600 000 - 530 000).

La récompense ne peut être inférieure à la dépense faite mais cela n'empêche pas qu'elle puisse être plus élevée et égale en l'espèce au profit subsistant.

Dans cette hypothèse où le profit subsistant est supérieur à la dépense faite, l'alinéa 2 faillit à sa tache, il ne permet pas de chiffrer le montant de la récompense. L'on en revient alors à la règle générale de l'alinéa 1er qui enjoint de retenir la somme la plus faible, soit la dépense faite (50 000 €), par le jeu de la combinaison des alinéas 1er et 2 de l'article 1469 du code civil.

Il en résulte, à la lecture des textes, qu'en présence d'une dépense nécessaire, la récompense est égale en toute occurrence à la dépense faite[4] :

4. Sur le principe de la combinaison entre l'alinéa 2 et l'alinéa 1er, v. Aubry et Rau, par Ponsard, *op. cit.*, n° 269, note 59 – J. Flour et G. Champenois, *op. cit.*, n° 580, ▶

- en application de l'article 1469, alinéa 2, du code civil lorsque la dépense est supérieure au profit subsistant;

- en combinant les alinéas 1er et 2 de l'article 1469 du code civil quand, au contraire, le profit subsistant est supérieur à la dépense faite.

112.87 Interprétation prétorienne du texte : la récompense est égale à la plus forte des deux sommes. À l'analyse, l'on constate que la jurisprudence a une nette tendance à s'émanciper d'une lecture purement littérale des textes concernant les dépenses nécessaires, dans le but manifeste de sauvegarder les intérêts du patrimoine prêteur.

Elle s'appuie à cette fin sur l'idée que les dépenses, susceptibles d'être considérées comme nécessaires eu égard à leur finalité, sont également objectivement soit des dépenses d'amélioration, soit des dépenses d'acquisition[1]. L'assertion n'est guère contestable en soi; deux exemples permettent de s'en convaincre. L'acquisition d'instruments de travail par un époux constitue une dépense nécessaire dès lors que ces instruments sont indispensables à la profession de l'époux, mais il n'en demeure pas moins qu'il s'agit également, objectivement, d'une acquisition. De même, l'aménagement des combles réalisé à raison de la naissance prochaine d'un enfant est une dépense nécessaire en raison du mobile familial qui anime ces travaux, mais il n'en reste pas moins qu'elle aboutit également à améliorer le bien.

Partant, les tribunaux ont le choix entre les deux qualifications, celle de dépense nécessaire, d'une part, et celle de dépense d'acquisition ou d'amélioration, d'autre part, et il est topique d'observer qu'ils font volontiers prévaloir la seconde dans l'hypothèse, la plus fréquente, où le profit subsistant est supérieur à la dépense réalisée pour ne retenir la première que dans le cas inverse, plus rare, où la dépense faite est supérieure au profit subsistant. Ainsi, à titre d'illustration, il n'est pas rare de constater que la réalisation de travaux, lorsqu'elle est source de récompense, est analysée comme une dépense d'amélioration en jurisprudence lorsque lesdits travaux ont procuré une plus-value au bien concerné et que cette plus-value est supérieure à la dépense faite. Au rebours, de tels travaux sont considérés comme des dépenses nécessaires lorsque l'écoulement du temps aboutit à réduire, voire supprimer, la plus-value engendrée initialement, au point qu'elle se trouve, au jour de la liquidation, inférieure au montant de la dépense faite[2].

De facto, cette interprétation prétorienne aboutit à ce que la récompense ne soit jamais inférieure ni à la dépense faite ni au profit subsistant et donc, à dire, qu'elle est toujours égale à la plus forte des deux sommes que représentent respectivement la dépense faite et le profit subsistant. Ce constat conduit d'ailleurs certains auteurs à enseigner de manière plus radicale, comme un postulat de base, que la valorisation de la récompense due à raison d'une dépense nécessaire est déterminée par la combinaison des alinéas 2 et 3 de l'article 1469 du code civil[3].

2°
Dépense d'acquisition ou d'amélioration

112.88 Notion de dépense d'acquisition. De manière générique, on peut dire qu'il y a acquisition chaque fois qu'un bien ou un droit nouveau

► p. 539, note 1 – A. Ponsard, « Commentaire de la loi n° 65-570 du 13 juillet 1965, portant réforme des régimes matrimoniaux », art. préc., n° 130. Cette valorisation est, du reste, logique si l'on se souvient que, dans l'esprit des rédacteurs de la loi du 13 juillet 1965, la dépense nécessaire se confondait avec l'impense nécessaire. Il a en effet toujours été admis que l'impense nécessaire se valorise à hauteur de la dépense faite (v. M.-C. Fayard, *Les impenses*, th. préc., n° 167).

1. En ce sens, v. not. Aubry et Rau, par Ponsard, *op. cit.*, n° 269 – Y. Flour et F.-J. Pansier, Questions pratiques, *Defrénois* 2000, art. 37249, n° 7 – D. R. Martin, J.-Cl. civil, Art. 1468 à 1474, Fasc. 55, art. préc., n° 98, 2e exemple – J. Patarin et G. Morin, *op. cit.*, n° 295 – F. Terré et Ph. Simler, *op. cit.*, n° 673 – B. Vareille, obs. sous Civ. 1re, 14 nov. 2007, préc. – F. Vauvillé, obs. sous Civ. 1re, 14 nov. 2007, préc. En jurisprudence, v. Civ. 1re, 16 avr. 1991, *Bull. civ.* I, n° 135 – *JCP* 1991, IV, 233 – *JCP N* 1991, II, 343 – *D.* 1991, IR p. 138 – *Defrénois* 1991, art. 35082, p. 862 (3e espèce), obs. G. Champenois – Civ. 1re, 5 mars 2008, *RTD civ.* 2009, p. 161, obs. B. Vareille.

2. V. par exemple CA Paris, 16 mars 1978, préc., qui retient la qualification de dépense nécessaire pour des travaux en soulignant notamment que « *le profit subsistant résultant de ces travaux est faible – à supposer qu'il existe –, les appareils sanitaires, la plomberie et la robinetterie étant aujourd'hui vétustes ou ayant dû être changé, le plancher de la cuisine étant en cours d'effondrement (...); qu'il convient en conséquence de dire que la récompense due, en raison de ces divers travaux, sera égale à la dépense faite* ». V. également Civ. 1re, 25 janv. 2000, préc., qui juge « *qu'ayant constaté que les travaux litigieux n'avaient laissé aucun profit subsistant, c'est par une appréciation souveraine que la cour d'appel a retenu qu'ils avaient été rendus nécessaires pour assurer l'habitabilité de l'immeuble; qu'elle en a exactement déduit que la récompense ne pouvait être inférieure au montant de la dépense faite* ».

3. En ce sens, v. not. Aubry et Rau, par Ponsard, *op. cit.*, n° 269 – Y. Flour et F.-J. Pansier, Questions pratiques, *Defrénois* 2000, art. 37249, n° 7 – D. R. Martin, J.-Cl. civil, Art. 1468 à 1474, Fasc. 55, art. préc., n° 98, 2e exemple – G. Marty et P. Raynaud, *op. cit.*, n° 349 – J. Patarin et G. Morin, *op. cit.*, n° 295 – F. Terré et Ph. Simler, *op. cit.*, n° 673 – B. Vareille, obs. sous Civ. 1re, 14 nov. 2007, préc. – F. Vauvillé, obs. sous Civ. 1re, 14 nov. 2007, préc.

accroît un patrimoine. De ce point de vue, la jurisprudence opte pour une conception extensive de la dépense d'acquisition, qu'elle étend à toutes dépenses sans lesquelles l'acquisition n'aurait pu avoir lieu, élargissant ainsi le champ d'application des dettes de valeur nécessaire au dynamisme de la théorie des récompenses.

Cette analyse conduit à ne pas s'arrêter aux modalités du financement du bien acquis. C'est pourquoi, partant de l'idée que le recours à une technique de crédit ne doit pas masquer la véritable nature de la dépense effectuée, une jurisprudence bien établie considère que le remboursement de l'emprunt est assimilé à une dépense d'acquisition[1], quand bien même le bien aurait été acquis avant le mariage[2], étant ici rappelé que lorsque l'emprunt en question a été contracté en vue de l'acquisition d'un bien propre et a été remboursé par la communauté, celle-ci ne peut prétendre qu'au remboursement du capital.

Un raisonnement identique permet d'étendre la notion de dépense d'acquisition aux frais accessoires dont le paiement est inévitable lors de l'opération réalisée. Ainsi en est-il du paiement d'une soulte dans le cadre d'un partage[3], d'un remploi ou d'un échange qui est traité comme une dépense d'acquisition[4], des frais d'enregistrement d'un acte de donation[5] ou encore des frais de licitation[6].

Enfin, il convient également de ne pas s'arrêter à la lettre du texte qui vise la seule acquisition d'« *un bien* ». Contrairement à une opinion parfois soutenue, il est aujourd'hui admis que l'acquisition peut porter sur plusieurs biens ou même sur une universalité[7].

112.89 Notion de dépense d'amélioration. Cette notion renvoie au concept d'impenses « utiles », ce qui vise, par exemple, l'extension ou la surélévation d'un immeuble, ou l'installation d'équipements d'aménagement favorisant le confort, tels une piscine ou un court de tennis, l'agrément ou la productivité des biens, ou encore l'édification d'une construction sur un terrain...

112.90 Énoncé de la règle : la récompense est égale au profit subsistant. En vertu de l'article 1469, alinéa 3, du code civil, la récompense « *ne peut être moindre que le profit subsistant, quand la valeur empruntée a servi à acquérir, à conserver ou à améliorer un bien [...]* ». Suivant le même raisonnement que celui tenu précédemment, si la dépense litigieuse est une dépense « d'acquisition » ou une dépense « d'amélioration », la récompense est alors toujours égale au profit subsistant. Deux exemples permettent de comprendre cette analyse.

Exemple 1 : un époux est propriétaire d'une maison au jour de son mariage. Pendant l'union, il fait procéder à l'installation d'une piscine. Les travaux sont financés à l'aide de ses revenus. On suppose que les travaux ont coûté 50 000 €, que la valeur de la maison s'élève à 600 000 € en englobant la piscine et 530 000 € si celle-ci n'avait pas été construite. La dépense est égale au coût des travaux, soit 50 000 €. Le profit subsistant est égal à la plus-value acquise par la maison grâce à la construction de la piscine, soit 70 000 € (600 000 - 530 000). La récompense ne pouvant être inférieure au profit subsistant, elle est égale à ce dernier, soit 70 000 €.

Exemple 2 : même hypothèse, à ceci près que la valeur de la maison sans l'installation de la piscine s'élèverait à 580 000 €. La dépense est égale au coût des travaux, soit 50 000 €. Le profit subsistant est égal à la plus-value acquise par la maison grâce à la

1. Civ. 1re, 5 nov. 1985, n° 84-12.572, *Bull. civ.* I, n° 284 – *D.* 1987, Jur. 26, note R. Le Guidec – *JCP N* 1986, II, 97, note Ph. Simler – *Defrénois* 1986, art. 33700, p. 465, obs. G. Champenois – *RTD civ.* 1996, p. 975, obs. B. Vareille – H. Capitant et *alii*, *Les grands arrêts de la jurisprudence civile*, t. 1, *op. cit.*, n° 90 – Civ. 1re, 25 mai 1992, *D.* 1992, IR, p. 218 – *JCP* 1992, I, 3614, n° 11, obs. A. Tisserand – Civ. 1re, 16 juin 1998, *JCP* 1998, I, 183, n° 9, obs. A. Tisserand.
2. La date d'acquisition du bien importe peu, il suffit que l'emprunt soit remboursé pendant le mariage. V. Civ. 1re, 5 nov. 1985, préc. – Civ. 1re, 25 mai 1992, *Bull. civ.* I, n° 155 – *D.* 1992, IR p. 218 – *JCP* 1992, I, 3614, obs. A. Tisserand – Civ. 1re, 16 juin 1998, *JCP* 1998, I, 183, n° 9, obs. A. Tisserand – *JCP N* 1999, 728, obs. A. Tisserand.
3. Civ. 1re, 14 mai 1996 (l'emprunt qui a permis de payer la soulte due par un époux qui a reçu un immeuble en donation-partage contribue à l'acquisition du bien), *JCP* 1996, I, 3962, n° 15, obs. A. Tisserand – *Defrénois* 1996, art. 36448, p. 1442, obs. G. Champenois – *RTD civ.* 1998, p. 969, obs. B. Vareille. V. également Civ. 1re, 6 juin 1990, *Bull. civ.* I, n° 132 – *D.* 1990, IR p. 166 – Defrénois 1991, art. 35082, p. 863, obs. G. Champenois – *RTD civ.* 1991, p. 788, obs. F. Lucet et B. Vareille.
4. Civ. 1re, 6 juin 1990, *Bull. civ.* I, n° 134 – *Defrénois* 1991, art. 35074, p. 801, note X. Savatier – *Defrénois* 1991, art. 35082, p. 862, obs. G. Champenois – *RTD civ.* 1991, p. 788, obs. F. Lucet et B. Vareille – *JCP* 1991, II, 21652, note J.-F. Pillebout.
5. Civ. 1re, 4 juill. 1995, *Bull. civ.* I, n° 290 – *Defrénois* 1995, art. 36213, p. 1448, note M. Grimaldi – *Defrénois* 1996, art. 36358, p. 821, obs. G. Champenois – *JCP N* 1996, II, 153, note J.-F. Pillebout – *JCP N* 1997, II, 839, n° 15, obs. A. Tisserand – *RTD civ.* 1996, p. 975, obs. B. Vareille.
6. Civ. 1re, 8 févr. 2005, *Bull. civ.* I, n° 80 – *D.* 2005, Pan. p. 2117, obs. J. Revel – *JCP* 2005, I, 163, n° 13, obs. A. Tisserand-Martin – *Defrénois* 2005, art. 38244, p. 1519, obs. G. Champenois – *RTD civ.* 2005, p. 446, obs. B. Vareille – *AJ fam.* 2005. 240, obs. P. Hilt – *LPA* 9 janv. 2006, p. 12, note J.-P. Couturier.
7. Sur cette controverse, v. G. Morin, « Examens de quelques problèmes que soulève en pratique la nouvelle théorie des récompenses », art. préc., n° 6 – J. Patarin et G. Morin, *op. cit.*, n° 296, exemple 11.

construction de la piscine, soit 20 000 € (600 000 - 580 000). La récompense ne peut être inférieure au profit subsistant, mais cela n'empêche pas qu'elle puisse être plus élevée et égale en l'espèce à la dépense consentie. En ce cas, l'application de l'alinéa 3 ne permet pas de chiffrer le montant de la récompense. L'on en revient alors à la règle générale de l'alinéa 1er qui enjoint de retenir la somme la plus faible, soit le profit subsistant (20 000 €).

Il en résulte qu'en présence d'une dépense d'acquisition ou d'amélioration, la récompense est égale en toute occurrence au profit subsistant :

- en application de l'alinéa 3 de l'article 1469 du code civil quand le profit subsistant est supérieur à la dépense faite;

- en combinant les alinéas 1er et 3 de l'article 1469 du code civil lorsque, au rebours, la dépense est supérieure au profit subsistant.

112.91 Difficulté d'application de la règle lorsque le profit subsistant est inexistant ou inférieur à la dépense faite. La combinaison des alinéas 3 et 1er de l'article 1469 du code civil, qui aboutit à ce que la récompense soit en tout état de cause égale au profit subsistant pour les dépenses d'amélioration et d'acquisition, soulève une difficulté d'application dans l'hypothèse où le profit subsistant est inexistant ou inférieur à la dépense faite. Dans ce cas, la question se pose de savoir s'il est possible ou non de revenir à la dépense faite pour fixer le montant de la récompense due au patrimoine prêteur, comme le voudrait le fondement de la théorie de la dette de valeur qui ne devrait se concevoir que comme une faveur faite au créancier. La question ne semble pas s'être posée au législateur. Il faut dire que, dans l'esprit de la loi du 13 juillet 1965, le profit subsistant était conçu comme étant nécessairement supérieur à la dépense faite, compte tenu des circonstances économiques de l'époque[1].

De ce point de vue, il convient de distinguer deux hypothèses :

- si la dépense d'amélioration ou d'acquisition est également une dépense nécessaire (v. ss nos 112.86 s.), l'on sait qu'en raison de cette dernière qualité, la récompense ne peut être inférieure à la dépense faite, en application de l'alinéa 2 de l'article 1469 du code civil. Aussi, dans ce cas, le retour à la dépense faite est-il non seulement possible mais même impératif;

- en revanche, lorsque la dépense considérée n'est pas par ailleurs une dépense nécessaire, il apparaît que la jurisprudence fait preuve d'une certaine fermeté. Ainsi, la Cour de cassation a pu juger que lorsque la dépense d'amélioration n'a procuré aucune plus-value au bien litigieux, la récompense était nulle[2]. Cette position peut être jugée perfectible. Il est en effet possible d'opposer à la Cour de cassation l'idée que le patrimoine emprunteur, s'il ne s'enrichit pas, a au moins réalisé une économie en n'ayant pas à supporter le montant de la dépense. Or, l'on sait aujourd'hui que le profit subsistant, tel qu'il est compris pour l'application de l'article 1469, alinéa 1er, peut être analysé comme une simple économie et non nécessairement comme un enrichissement (v. ss no 112.80) et il est fort peu logique d'avoir une acception différente, plus étroite, du profit subsistant dans le cadre de l'application de l'alinéa 3 du même texte. Mais il est vrai que la solution paraît davantage justifiée si l'on soutient que le retour à la dépense faite, faute de profit subsistant, dans le cadre de l'alinéa 1er, s'explique non pas par une acception large de la notion de profit subsistant, pris comme une simple économie, mais par éviction de l'article 1469 (v. ss no 112.80). Ainsi, selon M. Simler, « *de ce raisonnement découle* a contrario *la solution logique que, si une contrepartie a existé et si sa valeur est nulle au jour de la liquidation, aucune récompense n'est due* »[3]. En effet, il ne faut pas confondre l'hypothèse où la dépense n'a engendré aucune contrepartie au profit du patrimoine emprunteur (hypothèse de l'alinéa 1er) et celle où la dépense a engendré une contrepartie, laquelle est d'une valeur nulle au moment où elle doit être valorisée (hypothèse de l'alinéa 3).

112.92 Difficulté d'application de la règle en présence d'un emprunt. On sait que le remboursement d'un emprunt ayant permis l'acquisition d'un bien, ou la réalisation de travaux d'amélioration ou de conservation, doit être qualifié de dépense d'acquisition, et non de dépense ordinaire dont la valorisation relèverait de l'article 1469, alinéa 1er (v. ss no 112.88). Cela étant, le calcul de la récompense due de ce chef soulève de nombreuses difficultés, qui ne peuvent être éludées en raison de l'importance prise par la technique de l'emprunt dans la société contemporaine[4].

En pratique, la principale difficulté réside dans le sort qui doit être réservé aux intérêts. Dans la plupart des cas, outre le remboursement du capital, la masse appauvrie a en effet également supporté le

1. Sur ce point, v. R. Savatier, *La communauté conjugale nouvelle en droit français*, *op. cit.*, no 13.

2. Civ. 1re, 20 sept. 2006, no 04-18.309, *RJPF* 2006, 12/29, obs. F. Vauvillé. Pour une justification de la rigidité de la règle, v. not. J. Flour et G. Champenois, *op. cit.*, no 587.
3. F. Terré et Ph. Simler, *op. cit.*, no 666, p. 534, note 3.
4. Sur l'emprunt et la technique des récompenses, v. not. J. Flour et G. Champenois, *op. cit.*, no 585 – M. Grimaldi *et alii*, *op. cit.*, no 144.111 – H. Lécuyer, « Crédit immobilier et droit patrimonial de la famille », *LPA*, 29 avr. 1998, p. 21 – F. Pasqualini, « L'emprunt et le régime matrimonial », *Defrénois* 1991, art. 35013, spéc. nos 23 et s.

coût des intérêts compris dans les arrérages acquittés. La question se pose donc de savoir s'il y a lieu à récompense pour ces derniers et, dans l'affirmative, si le calcul de la récompense, pour ce qui les concerne, obéit également aux dispositions de l'alinéa 3 de l'article 1469. La réponse à ces questions dépend de la réponse que l'on donne à une autre question, préalable[1] : quelle est la nature des intérêts payés au titre d'un emprunt contracté pour acquérir un bien ? Concrètement, la question se pose de savoir si les intérêts de l'emprunt ont une fonction acquisitive ou non.

Selon une première analyse, les intérêts de l'emprunt ayant permis l'acquisition d'un bien relèvent de la notion de dépense d'acquisition. Il s'agit donc de frais ayant permis l'acquisition du bien, c'est-à-dire comme une « *valeur empruntée* » ayant « *servi à acquérir un bien* », au sens de l'article 1469, alinéa 3, du code civil. Il n'est en effet guère discutable que, d'un point de vue économique, le règlement des intérêts a permis l'acquisition du bien[2]. Or, on sait que la notion de dépense d'acquisition doit être entendue largement et que, en matière d'acquisition, elle ne se limite pas au prix payé au vendeur, mais comprend également toutes les dépenses inhérentes à l'acquisition (v. s^s^ n° 112.88). On comprendrait donc difficilement pourquoi il en irait différemment s'agissant des intérêts d'un emprunt[3]. Cette analyse revient donc à assimiler le remboursement des intérêts à celui du capital, les deux fractions des arrérages ayant alors la même fonction, acquisitive.

Selon une seconde analyse, les intérêts n'ont pas à proprement parler de fonction acquisitive, ils représentent en réalité le loyer de l'argent emprunté ou le prix de la jouissance anticipée[4]. En d'autres termes, les intérêts sont constitutifs d'une charge de la jouissance. Cette position est incontestablement celle retenue aujourd'hui par la jurisprudence[5].

1. Sur ce point, v. G. Champenois, obs. sous Civ. 1re, 31 mars 1992, *Defrenois* 1992, art. 35348, p. 1121, spéc. p. 1125 et 1126 – J. Flour et G. Champenois, *op. cit.*, n° 585.
2. M. Champenois a fort bien résumé la situation : « *Pour acquérir un bien, il faut emprunter; si l'on emprunte, il faut payer des intérêts* » (obs. sous Civ. 1re, 31 mars 1992, préc., p. 1125.).
3. En ce sens, A. Colomer, *Droit civil – régimes matrimoniaux*, *op. cit.*, n° 983.
4. Sur ce point, v. F. Lucet et B. Vareille, obs. sous Civ. 1re, 31 mars 1992, *RTD civ.* 1993, p. 401, spéc. n° 3.
5. Civ. 1re, 31 mars 1992, *Bull. civ.* I, n° 96 – *JCP N* 1992, II, 22003, note J.-F. Pillebout – *JCP N* 1993, II, 22003, note A. Tisserand – *Defrénois* 1992, art. 35348, p. 1121, obs. G. Champenois – *RTD civ.* 1993, p. 401, obs. F. Lucet et B. Vareille – H. Capitant *et alii*, *Les grands arrêts de la jurisprudence civile*, t. 1, *op. cit.*, n° 96. (v. s^s^ n° 112.34).

Il reste alors à tirer les conséquences liquidatives de cette analyse de la nature des intérêts de l'emprunt. De ce point de vue, deux séries d'hypothèses doivent ici être distinguées, selon que l'acquisition en cause a été financée uniquement à l'aide d'un emprunt ou seulement partiellement à l'aide d'un emprunt.

112.93 Financement de l'acquisition uniquement avec un emprunt. Lorsque l'emprunt est la seule modalité de financement de l'acquisition, il convient d'envisager successivement deux hypothèses, selon l'identité du patrimoine prêteur et la nature du bien acquis.

– Dans l'hypothèse où c'est la communauté qui a remboursé les sommes empruntées par un époux pour acquérir un bien propre, la récompense due à la communauté est alors égale à la valeur du bien au jour de la liquidation, suivant son état originaire lors de l'acquisition, valeur qui correspond au profit subsistant. L'hypothèse est, il est vrai, rare en pratique. Il existe en effet peu de cas dans lesquels un bien peut être propre lorsque l'investissement de la communauté est total (un exemple prégnant toutefois : les instruments de travail, biens propres par nature à charge de récompense, ainsi que l'indique l'article 1404, alinéa 2, du code civil). Le plus souvent, pour que le bien soit propre, il est nécessaire que l'époux ait investi des fonds propres d'un montant au moins égal à la moitié du coût d'acquisition avec, en plus, la stipulation d'une clause d'emploi ou de remploi.

Exemple : au cours de l'union, un époux reçoit par succession le quart indivis d'un immeuble. Quelque temps plus tard, l'époux achète à ses coïndivisaires les trois quarts indivis restant, moyennant un prix de 200 000 €. Ce prix est intégralement réglé à l'aide d'un emprunt, lequel est remboursé par les gains et salaires de l'époux. Au jour de la liquidation, il apparaît que l'emprunt a été intégralement remboursé, de sorte que la communauté a réglé de ce chef 200 000 € au titre du capital et 15 000 € au titre des intérêts. Par ailleurs, la valeur du bien s'élève alors à 600 000 €. Dans l'exemple donné, le quart indivis reçu par succession est propre à l'époux (C. civ., art. 1405); il en va de même des trois quarts indivis acquis par la suite, par application du mécanisme de l'accroissement (C. civ., art. 1408). La communauté qui a remboursé les arrérages peut prétendre à récompense contre l'époux pour le capital remboursé (C. civ., art. 1437), mais non pour les intérêts qui sont une charge de la jouissance lui incombant à titre définitif.

S'agissant d'une dépense d'acquisition, la récompense est égale au profit subsistant. En l'espèce, l'investissement de la communauté ayant été intégral, le profit subsistant correspond à la valeur actuelle des trois quarts indivis acquis, soit 600 000 € × ¾ = 450 000 €.

Remarque(s) : dans ce cas de figure, il est permis de s'interroger, avec d'autres[1], sur la pertinence de ces modalités de calcul dans l'hypothèse où l'emprunt n'est pas intégralement réglé au jour de la dissolution de la communauté. En effet, selon que le montant des intérêts remboursés à chaque échéance va en croissant ou en décroissant, la communauté sera avantagée ou désavantagée. À l'extrême, le crédit contracté par les époux peut même être *in fine*, de sorte que l'emprunteur ne rembourse que des intérêts jusqu'à la dernière échéance, à l'occasion de laquelle le capital est intégralement remboursé. En pareil cas, si l'union est dissoute avant la dernière échéance, la communauté ne recevra aucune récompense.

Dans cette première hypothèse, on constate donc qu'il est indifférent que les intérêts soient une charge de la jouissance incombant à titre définitif à la communauté[2], puisque la récompense due pour une dépense d'acquisition est toujours valorisée à hauteur du profit subsistant, du moins lorsque l'on est en présence d'une dépense de pure acquisition. En effet, lorsque la dépense d'acquisition est également nécessaire, ce qui est possible eu égard à la conception extensive de cette notion que se font les tribunaux (v. s^{s} n°s 112.83 s.), le sort des intérêts n'est en revanche pas totalement dénué d'utilité. Il permet alors de fixer le montant de la dépense faite, qui peut être celui de la récompense due, laquelle correspond alors au montant du seul capital remboursé.

Exemple : au cours de l'union, un époux acquiert des instruments de travail, moyennant un prix de 100 000 €. Ce prix est intégralement réglé à l'aide d'un emprunt, lequel est remboursé par les gains et salaires de l'époux. Au jour de la liquidation, il apparaît que l'emprunt a été intégralement remboursé, de sorte que la communauté a réglé de ce chef 100 000 € au titre du capital et 10 000 € au titre des intérêts. Par ailleurs, la valeur du bien ne s'élève plus alors qu'à 80 000 €. Dans l'exemple donné, les instruments de travail sont propres par nature à l'époux acquéreur, à charge de récompense au profit de la communauté (C. civ., art. 1404, al. 2). S'agissant d'une dépense d'acquisition nécessaire, la récompense est égale à la plus forte des deux sommes que représentent la dépense faite et le profit subsistant (C. civ., art. 1469, al. 3 et al. 2). En l'espèce, la dépense s'élève au seul montant du capital remboursé, soit 100 000 € (et non 110 000 €). L'investissement de la communauté ayant été intégral, le profit subsistant est égal à la valeur actuelle des biens, soit 80 000 €. La récompense est alors égale à la dépense faite, soit 100 000 €.

– Dans l'hypothèse où c'est le patrimoine propre de l'un des époux qui règle les arrérages d'un emprunt qui a permis l'acquisition d'un bien commun[3], il appartient à la communauté d'assumer à titre définitif non seulement le règlement du capital, mais aussi celui des intérêts, les charges de la jouissance d'un bien commun incombant à la communauté. Aussi n'est-il pas douteux que le règlement des intérêts soit constitutif d'un chef de récompense au profit de l'époux appauvri[4], de même que le remboursement du capital. En revanche, le capital et les intérêts n'ayant pas la même nature, il convient de procéder à la liquidation de deux récompenses : l'une pour le capital remboursé, et qui doit être revalorisée à hauteur du profit subsistant s'agissant d'une dépense d'acquisition[5]; l'autre pour les intérêts, valorisée au seul montant nominal des sommes remboursées de ce chef, s'agissant d'une dépense ordinaire[6]. De plus, dans le cadre du remboursement du capital, les intérêts doivent être ignorés du coût global d'acquisition.

Exemple : un époux acquiert un appartement, moyennant un prix de 200 000 €, frais inclus. Ce prix est intégralement réglé à l'aide d'un emprunt, lequel est remboursé à l'aide de deniers propres à l'un des époux. Au jour de la liquidation, il apparaît que l'emprunt a été intégralement remboursé, de sorte que l'époux a réglé de ce chef le montant du capital (200 000 €), ainsi que celui des intérêts (soit 15 000 €). Par ailleurs, la valeur du bien acquis s'élève à 300 000 €. Dans l'exemple donné, le bien est commun (C. civ., art. 1401), à charge de récompense au profit de l'époux qui a remboursé l'emprunt (C. civ., art. 1433). Ce dernier peut prétendre à une récompense tant pour le rembourse-

1. V. not. G. Champenois, obs. sous Civ. 1re, 31 mars 1992, préc., spéc. p. 1134 et s. – F. Lucet et B. Vareille, obs. sous Civ. 1re, 31 mars 1992, préc., spéc. p. 408 et s. – F. Terré et Ph. Simler, *op. cit.*, n° 671, spéc. p. 538, note 3.
2. Sur ce point, v. G. Champenois, obs. sous Civ. 1re, 31 mars 1992, préc., spéc., p. 1133.
3. L'hypothèse demeure marginale en pratique. Notons qu'elle a vocation à se présenter plus fréquemment dans le cadre d'une société d'acquêts qui serait adjointe à un régime de séparation de biens. La société d'acquêts étant, en pratique, limitée à certains biens et les revenus restant généralement personnels aux époux, il arrive fréquemment que l'un des époux finance l'acquisition d'un bien dépendant de la société d'acquêts, donc commun, à l'aide de deniers personnels. Sur la société d'acquêts, v. s^{s} n°s 311.27 s.
4. A. Colomer, *Droit civil – régimes matrimoniaux*, *op. cit.*, n° 983 – J. Flour et G. Champenois, *op. cit.*, n° 585.
5. Ou à la dépense faite, lorsque l'acquisition est également une dépense nécessaire et que le profit est inexistant ou inférieur à la dépense.
6. En ce sens, v. J. Flour et G. Champenois, *op. et loc. cit.*, spéc., p. 546, note 1.

ment des intérêts que pour le remboursement du capital.

1re récompense : le remboursement du capital étant une dépense d'acquisition, le montant de la récompense correspond en tout état de cause au profit subsistant, lequel, en présence d'un investissement total, est égal à la valeur actuelle du bien, soit 300 000 €;

2e récompense : le remboursement des intérêts étant une dépense ordinaire, il relève de la valorisation de l'alinéa 1er et est donc égal à la dépense faite, soit 15 000 €.

Au total, l'époux peut donc prétendre à une récompense globale contre la communauté de :

$$300\ 000\ € + 15\ 000\ € = 315\ 000\ €$$

– Dans l'hypothèse où c'est le patrimoine propre de l'un des époux qui rembourse l'intégralité des arrérages d'un emprunt ayant permis l'acquisition d'un bien propre, l'on serait tenté de penser, de prime abord, qu'aucune récompense n'est due. Ce serait cependant omettre que les intérêts de l'emprunt doivent être assumés par la communauté et donc que le patrimoine propre de l'époux acquéreur a acquitté une dette commune. Il en résulte que la communauté est en réalité redevable, en pareille occurrence, d'une récompense de ce chef à l'époux acquéreur[1], égale à la dépense faite, c'est-à-dire au montant nominal des intérêts remboursés, par application de l'article 1469, alinéa 1er. Il n'y a pas, en effet, acquisition au sens où l'entend l'article 1469, alinéa 3, car le bien n'est pas acquis au profit du patrimoine emprunteur – la communauté –, mais au profit du patrimoine prêteur – l'époux[2]. Il convient donc de revenir au principe posé par l'alinéa 1er, s'agissant d'une dépense ordinaire.

112.94 Financement de l'acquisition partiellement avec un emprunt. Lorsque l'emprunt ne constitue pas la seule modalité de financement de l'acquisition, ou lorsque l'emprunt est la seule modalité de financement du bien, mais qu'il n'a pas été intégralement remboursé par le patrimoine créancier de la récompense (hypothèse fréquente lorsque l'un des époux acquiert un bien avant la célébration du mariage à l'aide d'un emprunt remboursé ensuite par la communauté), les solutions sont similaires aux règles énoncées ci-dessus, à ceci près que le montant de la récompense est alors proportionnel à l'investissement réalisé par le patrimoine prêteur.

1. Ce que rappelle expressément l'arrêt *Authier*, Civ. 1re, 31 mars 1992, préc. (v. ss no 111.25).
2. En ce sens, v. not. G. Champenois, obs. sous Civ. 1re, 31 mars 1992, préc., p. 1133, F. Lucet, obs. sous Civ. 1re, 31 mars 1992, préc., p. 408.

– Dans l'hypothèse où c'est la communauté qui a remboursé les sommes empruntées par un époux pour acquérir un bien propre, la récompense dont peut se prévaloir la communauté contre l'époux ne doit avoir pour base de calcul que le seul capital remboursé puisque les intérêts, en leur qualité de charges de la jouissance, doivent être assumés à titre définitif par la communauté (v. ss no 112.34).

Exemple : au cours de l'union, l'un des époux reçoit par donation-partage une villa, dont la valeur était estimée à 480 000 €. Pour l'équilibre des lots, l'époux en question a dû régler à sa sœur une soulte de 160 000 €. Aux fins de régler cette soulte, il a dû recourir à un emprunt dont les mensualités ont été payées à l'aide des revenus du ménage. Au jour de la dissolution, il apparaît que 120 000 € en capital et 20 000 € en intérêts ont été remboursés. Lors de la liquidation, la villa est estimée à 720 000 €. Dans le cas donné, le bien reçu par donation-partage est propre à l'époux bénéficiaire (C. civ., art. 1405), à charge de récompense au profit de la communauté qui a réglé l'emprunt (C. civ., art. 1437), mais uniquement pour le capital, les intérêts restant à sa charge. S'agissant d'une dépense d'acquisition, la récompense est égale au profit subsistant, soit :

$$\frac{120\ 000\ €}{480\ 000\ €} \times 720\ 000\ € = 180\ 000\ €$$

– Dans l'hypothèse où c'est le patrimoine propre de l'un des époux qui rembourse l'intégralité des arrérages d'un emprunt ayant permis l'acquisition d'un bien commun, l'époux en question peut se prévaloir de deux récompenses contre la communauté : l'une pour le capital remboursé par ses soins, qui est valorisée à hauteur de la valeur vénale du bien acquis au jour de la liquidation, suivant son état originaire lors de l'acquisition; l'autre, pour le remboursement des intérêts, qui est égale au montant nominal des sommes remboursées.

Exemple : au cours de l'union, un époux acquiert un appartement, moyennant un prix de 200 000 €, frais inclus. Ce prix est réglé à l'aide d'un apport de 50 000 € de deniers communs. Le solde (150 000 €) est acquitté à l'aide d'un emprunt remboursé à l'aide de deniers propres à l'un des époux. Au jour de la liquidation, il apparaît que l'emprunt a été intégralement remboursé, de sorte que l'époux a réglé de ce chef le montant du capital (150 000 €), ainsi que celui des intérêts (soit 10 000 €). Par ailleurs, la valeur du bien acquis s'élève à 300 000 €. Dans l'exemple donné, le bien est commun (C. civ., art. 1401) à charge de récompense au profit de l'époux qui a remboursé l'emprunt (C. civ., art. 1433). Ce dernier peut prétendre à une récompense tant pour le remboursement des intérêts que pour le remboursement du capital.

1re récompense : le remboursement du capital relevant de la notion d'acquisition, il doit être revalorisé sur le fondement de l'alinéa 3. La dépense faite est ici de 150 000 € et le profit subsistant s'élève à :

$$\frac{150\,000\text{ €}}{200\,000\text{ €}} \times 300\,000\text{ €} = 225\,000\text{ €}$$

La récompense ne pouvant être inférieure au profit subsistant, elle est donc ici égale à ce dernier, soit 225 000 €.

2e récompense : le remboursement des intérêts étant une dépense ordinaire, il relève de la valorisation de l'alinéa 1er. Aucun profit subsistant n'étant ici retiré de l'opération par le patrimoine emprunteur, la récompense sera égale à la dépense faite, soit 10 000 €.

Au total, l'époux peut donc prétendre à une récompense globale contre la communauté de :

$$225\,000\text{ €} + 10\,000\text{ €} = 235\,000\text{ €}$$

3°
Dépense de conservation

112.95 Notion de dépense de conservation. La dépense de conservation visée à l'article 1469, alinéa 3, se confond avec la notion d'impense nécessaire. Il s'agit donc de toute dépense sans laquelle le bien aurait péri ou, plus généralement, toute dépense sans laquelle le bien eut été détérioré. Sont concernées de ce chef les dépenses qui concourent à la préservation du bien soit à titre préventif (la réparation d'une charpente, par exemple), soit à titre curatif (réfection d'une toiture, *etc.*). La question se pose néanmoins de savoir s'il faut limiter la qualification aux dépenses de préservation matérielle du bien, à l'exclusion de celles qui concourent à sa préservation juridique, c'est-à-dire celles tendant à préserver la propriété contre le risque d'une éviction forcée, notamment à raison d'une saisie opérée par les créanciers[1]. La réponse à pareille question ne peut être que nuancée. S'il est certain que certaines dépenses de conservation juridique ne sont jamais qualifiées ainsi dans le cadre des récompenses - en particulier le remboursement de l'emprunt, qui est une dépense d'acquisition[2] -, la solution est moins évidente dans d'autres hypothèses. En faveur d'une conception restrictive de la notion de dépense de conservation, une jurisprudence ancienne[3] a ainsi pu affirmer de manière péremptoire que « *la notion de conservation au sens du 3e alinéa de l'article 1469 exige que la dépense faite (valeur empruntée) ait servi à sauvegarder matériellement le bien propre de l'un des époux et à maintenir sa valeur potentielle : il s'agit essentiellement des dépenses destinées à éviter la destruction ou la dégradation du bien, mais non pas celles qui évitent la perte du droit de propriété* ». À l'inverse, un arrêt récent a qualifié de dépense de conservation l'apurement par la communauté du solde débiteur de comptes bancaires professionnels d'un époux afin d'éviter la disparition d'un fonds artisanal propre[4].

112.95 Application de la règle du double minimum : la récompense est égale à la plus forte des deux sommes de référence. Les dépenses de conservation étant expressément visées par l'alinéa 3 de l'article 1469 du code civil, elles devraient par conséquent être soumises à ce seul texte pour leur valorisation. Néanmoins, il est incontestable que les dépenses de conservation, quelle que soit la définition retenue, relèvent également implicitement à ce titre du champ d'application de l'alinéa 2. La conséquence en est qu'il faut appliquer cumulativement les alinéas 2 et 3 : la récompense ne peut donc être inférieure ni à la dépense faite ni au profit subsistant, ce qui aboutit à ce qu'elle soit toujours fixée à la plus forte de ces deux sommes[5]. C'est la règle du double minimum par opposition à la règle générale du double maximum, édictée à l'alinéa 1er.

1. En faveur de l'extension, v. Aubry et Rau, par Ponsard, *op. cit.*, n° 265, 4° – J. Flour et G. Champenois, *op. cit.*, n° 578, p. 537, note 5 – R. Savatier, *La communauté conjugale nouvelle en droit français*, *op. cit.*, nos 94 et 107 (qui parle de « *nécessités intellectuelles* ») – F. Terré et Ph. Simler, *op. cit.*, n° 672. Mais *contra*, v. A. Colomer, *Droit civil – Régimes matrimoniaux*, *op. cit.*, n° 985 – RÉP. CIV., *V° Communauté*, art. préc., nos 1512 et s. – D. R. Martin, J.-CL. CIVIL, Art. 1468 à 1474, Fasc. 55, art. préc., n° 81.
2. Alors même que le remboursement de l'emprunt au cours de l'indivision est qualifié de dépense de conservation par la jurisprudence (v. ss n° 113.19). V. cependant, H. Capitant *et alii*, *Les grands arrêts de la jurisprudence civile*, t. 1, *op. cit.*, n° 90, obs. nos 6 et s., qui estiment que le remboursement d'un emprunt au cours de l'union devrait être qualifié de dépense de conservation et non d'acquisition, semble-t-il par cohérence avec la solution retenue dans le cadre de l'indivision postcommunautaire.
3. CA Paris, 2 déc. 1977, *D.* 1979, IR p. 73, obs. D. Martin – *JCP* 1979, II, 19194, 4e espèce, note J. Patarin – *JCP N* II, 117, note H. Thuillier – *Journ. not. et av.* 1979, art. 54908, p. 621, obs. A. Raison. Sur cette décision, v. également G. Marty et P. Raynaud, *op. cit.*, Mise à jour au 1er janvier 1986, n° 354.
4. Civ. 1re, 14 nov. 2007, *RLDC* 2008/45, n° 2832, obs. C. Jeanne – *RLDC* 2008/46, n° 2869, obs. Ch. Campels – *AJ fam.* 2008. 38, obs. P. Hilt – *JCP* 2008, I, 144, n° 20, obs. A. Tisserand-Martin – *RJPF* 2008, 4/18, obs. F. Vauvillé – *RTD civ.* 2008, p. 144, obs. B. Vareille.
5. V. Civ. 1re, 6 mai 1997, *Bull. civ.* I, n° 138 – *D.* 1997, IR p. 131 – *JCP* 1997, IV, 1321 – *RTD civ.* 1998, p. 970, obs. B. Vareille. La Cour de cassation censure un arrêt ayant rejeté une demande de récompense fondée sur une dépense de conservation, sous prétexte de l'absence de profit subsistant.

Exemple 1 : un époux est propriétaire d'une maison au jour de son mariage. Au cours du régime, il effectue des travaux de réfection de la toiture à l'aide de ses revenus. On suppose que les travaux ont coûté 50 000 €, que la valeur de la maison s'élève à 600 000 € en englobant la toiture neuve et 580 000 € si celle-ci n'avait pas été refaite. La dépense est égale au coût des travaux, soit 50 000 €. Le profit subsistant est égal à la plus-value acquise par la maison grâce à la réfection de la toiture, soit 20 000 € (600 000 - 580 000). Le profit étant inférieur à la dépense et la récompense ne pouvant être inférieure à cette dernière, aux termes de l'alinéa 2, la récompense est égale à la dépense, soit 50 000 €.

Exemple 2 : même hypothèse que précédemment, à ceci près que la valeur de la maison sans les travaux d'agrandissement s'élèverait à 530 000 €. La dépense est égale au coût des travaux, soit 50 000 €. Le profit subsistant est égal à la plus-value acquise par la maison grâce aux travaux, soit 70 000 € (600 000 - 530 000). La dépense étant inférieure au profit et la récompense ne pouvant être inférieure à ce dernier, aux termes de l'alinéa 3, la récompense est égale au profit, soit 70 000 €.

À l'extrême, si l'on considère que la dépense de conservation, au sens fort, est celle sans laquelle le bien aurait péri, il serait alors logique de considérer que la moins-value évitée au bien par la dépense engagée est égale à la valeur intégrale du bien conservé. La doctrine admet pourtant difficilement cette conséquence radicale[1]. Aussi, une autre méthode de valorisation de la récompense a-t-elle été proposée : il conviendrait d'indexer le montant nominal de la dépense sur la valeur du bien conservé[2]. Cette méthode présente néanmoins l'inconvénient majeur de se borner à réévaluer la dépense faite et non à déterminer le profit subsistant.

112.97 Conclusion – Intangibilité judiciaire des règles de calcul des récompenses. Si les règles de calcul des récompenses fixées à l'article 1469 du code civil ne sont pas impératives, il n'en demeure pas moins que, si les époux n'ont pas inséré de clauses particulières à ce sujet dans leur contrat de mariage ou dans une convention fondée sur l'article 265-2 ou 1451 du code civil, les règles de calcul énoncées précédemment s'imposent au juge dans toute leur rigueur. Ainsi, le juge ne peut pas modifier le montant arithmétique de la récompense obtenue sur l'autel de l'équité[3]. En particulier, le calcul des récompenses exclut une prise en considération de l'intérêt dans lequel le bien a été utilisé[4]. Ainsi, l'utilisation d'un bien propre dans l'intérêt du ménage ne permet en rien de diminuer la récompense due à la communauté qui a financé l'acquisition, la conservation ou encore l'amélioration de ce bien[5].

SECTION 4
RÈGLEMENT DES RÉCOMPENSES

112.98 Établissement des comptes. Les récompenses ne doivent pas être envisagées isolément, elles font partie d'un compte liquidé par une balance, suivant un système aujourd'hui imposé par la loi[6]. Concrètement, il convient, pour chaque époux, d'établir un compte des récompenses, qui consiste à récapituler ce dont il est créancier et débiteur envers la communauté et seul le solde, qui peut être à son profit ou au contraire au profit de la communauté, doit être considéré[7].

112.99 Intérêts des récompenses. Avant que ne soit déterminé ce solde, les récompenses ont pu produire des intérêts dont il faut régler le sort[8]. Suivant les termes de l'article 1473 du code civil, « *les*

1. Sur ce point, v. Aubry et Rau, par Ponsard, *op. cit.*, n° 270, note 67 – J. Flour et G. Champenois, *op. cit.*, n° 578 – D. R. Martin, J.-Cl. civil, Art. 1468 à 1474, Fasc. 55, art. préc., n° 85 – A. Ponsard, « Commentaire de la loi n° 65-570 du 13 juillet 1965, portant réforme des régimes matrimoniaux », art. préc., n° 130 – F. Terré et Ph. Simler, *op. cit.*, n° 675, p. 542, note 2.
2. En ce sens, v. Aubry et Rau, par Ponsard, *op. et loc. cit.* – D. R. Martin, J.-Cl. civil, Art. 1468 à 1474, Fasc. 55, art. préc., *loc. cit.*
3. La solution est inverse pour les créances d'indivision fondées sur l'article 815-13 du code civil (v. s[s] n° 113.18).
4. Ce principe s'applique tant à la récompense due qu'à la dispense de récompense résultant de la nature usufructuaire de la dépense. Sur ce dernier point, v. *supra*.
5. V. not., Civ. 3e, 21 janv. 1987, *JCP* 1988, II, 69, note Ph. Simler – *D.* 1987, Jur. 324, note G. Morin – *Defrénois* 1987, art. 33917, obs. G. Morin – Civ. 1re, 19 déc. 1989, *Bull. civ.* I, n° 398 – *Defrénois* 1990, art. 34816, p. 878, obs. G. Champenois – *RTD civ.* 1991, p. 790, obs. F. Lucet et B. Vareille.
6. Articles 1468 et 1470 du code civil. Cette solution est traditionnelle (v. Civ., 3 mars 1891, *D.* 1891.1. 249, qui énonce déjà que « *les récompenses ne sauraient être considérées comme des dettes distinctes, indépendantes les unes des autres; elles constituent les éléments d'un compte unique et indivisible dont le reliquat final est seul à considérer* »). Pour une étude approfondie, v., en denier lieu, N.-H. Aymeric, *Essai sur une théorie générale du compte en droit privé*, thèse, préf. A. Ghozi, éd. Panthéon Assas, 2008, n°s 87 s.
7. Civ. 1re, 14 mars 1984, *Bull. civ.* I, n° 96 – *D.* 1984, IR p. 476, obs. D. Martin.
8. Sur ce point, et sur les difficultés soulevées par la liquidation des intérêts des récompenses, v. not. N.-H. Aymeric, *Essai sur une théorie générale du compte en droit privé*, th. préc., n° 89 – V. David, *Les intérêts de sommes d'argent*, thèse, LGDJ, Université de Poitiers, Collection de la faculté de droit et de sciences sociales, 2005, n°s 202 s., spéc. n° 209.

récompenses dues par la communauté ou à la communauté portent intérêt de plein droit du jour de la dissolution. Toutefois, lorsque la récompense est égale au profit subsistant, les intérêts courent du jour de la liquidation ».

Le texte opère donc une distinction, étant précisé que les juges du fond ont l'obligation de vérifier, même d'office, si la récompense est égale ou non au profit subsistant afin de déterminer le jour où elles portent intérêts de plein droit[1] :

- lorsque les récompenses sont égales à la dépense faite, elles produisent intérêts du jour de la dissolution de la communauté, en tenant compte des possibilités de report dans le temps dont cette date peut faire l'objet. En ce cas, il est admis que les intérêts peuvent se capitaliser si la demande en est faite[2], sauf si la récompense n'avait pas été payée par la faute du créancier[3];

- en revanche, quand les récompenses sont égales au profit subsistant, les intérêts ne courent que du jour de la liquidation. Comme la liquidation des récompenses s'intègre très généralement dans la liquidation de la communauté, cela signifie concrètement que, dans ce cas, la récompense ne produit pas d'intérêts.

112.100 Indisponibilité et prescription des récompenses. Le système de compte de récompenses, qui lie étroitement liquidation de la communauté et règlement des récompenses, explique que jusqu'à la dissolution de la communauté, les récompenses sont indisponibles; elles ne peuvent être ni payées, même par la voie oblique[4], ni cédées ni saisies par un créancier de la communauté[5]. Il est cependant admis que l'époux débiteur d'une récompense à l'égard de la communauté puisse s'en acquitter dès la dissolution, à titre d'acompte sur le solde futur de son compte de récompense, afin d'arrêter en due proportion le cours des intérêts[6].

Il justifie également que le droit à récompense ne peut se prescrire tant que le partage de la communauté peut être demandé[7], étant ici rappelé que le partage peut être demandé, même si l'indivision a duré plus de trente ans, tant qu'il n'y a pas eu une possession acquisitive[8].

112.101 Mode de paiement des récompenses. Les récompenses sont des créances de sommes d'argent dont le paiement est particulier car lié au partage de la communauté. Aussi, la loi distingue-t-elle, concernant le règlement des récompenses, suivant que le solde du compte apparaît en faveur de la communauté (§ 1) ou en faveur d'un époux (§ 2).

§ 1
Solde en faveur de la communauté

112.102 Principe du rapport en moins prenant. Aux termes de l'article 1470, alinéa 1er, du code civil, « *si la balance faite, le compte présente un solde en faveur de la communauté, l'époux en rapporte le montant à la masse commune* ». Le texte consacre ainsi la technique du rapport en moins prenant qui consiste précisément pour l'époux débiteur de la récompense, au lieu de faire un versement effectif à la masse, à y prendre moins que son conjoint. Ce rapport peut s'effectuer, pratiquement, de deux façons : par imputation ou par prélèvement.

112.103 Méthode de l'imputation. Cette méthode consiste, par un jeu d'écriture, à rajouter fictivement la dette de récompense à la masse commune. On divise ensuite par deux cette masse commune pour déterminer la part théorique de chaque époux. La part réelle du conjoint débiteur correspond à sa part théorique, déduction faite de sa dette de récompense.

Exemple : au jour de la liquidation, les époux sont propriétaires de biens à hauteur de 100 000 €. Par ailleurs, le mari est débiteur d'une récompense à l'encontre de la communauté d'un montant de 40 000 €. On réunit fictivement cette somme aux biens communs, pour parvenir à l'actif brut de communauté :

40 000 + 100 000 = 140 000 €

Le passif étant porté pour mémoire, l'actif net de communauté s'élève à 140 000 €, de sorte que la part théorique revenant à chaque époux est de la moitié, soit 70 000 €. C'est effectivement la part réelle revenant à l'épouse. En revanche, la part réelle revenant au mari est égale à ses droits dans la communauté (70 000 €), auxquels on soustrait le montant de la récompense qu'il doit à cette dernière (40 000 €), soit 30 000 €.

1. Civ. 1re, 15 mai 2008, nos 07-14.979, 07-15.102, NP.
2. Civ. 1re, 16 avr. 1996, *Bull. civ.* I, no 180 – *JCP* 1996, I, 3962, no 3, note G. Wiederkher – *Defrénois* 1996, art. 36448, p. 1443, obs. G. Champenois.
3. Civ. 1re, 14 mai 1992, *Bull. civ.* I, no 142 – *D.* 1993. somm. 225, obs. M. Grimaldi.
4. Civ. 1re, 16 avr. 1991, *Bull. civ.* I, no 141 – *JCP* 1991, IV, 233 – *JCP N* 1992, 207, obs. Ph. Simler.
5. Civ. 1re, 18 déc. 1990, *Bull. civ.* I, no 293 – *Defrénois* 1991, art. 35129, p. 1171, note X. Savatier – *RTD civ.* 1991, p. 786, obs. F. Lucet et B. Vareille – *Gaz. Pal.* 1991.1, Pan., p. 126.
6. En ce sens, v. D. R. Martin, J.-CL. CIVIL, Art. 1468 à 1474, Fasc. 55, art. préc., no 118.
7. Civ. 1re, 28 avr. 1986, *Bull. civ.* I, no 100 – *D.* 1987, Jur. 324, note G. Morin – *Defrénois* 1987, art. 33917, p. 487, 3e esp., note G. Morin – *JCP N* 1986, II, 244, note Ph. Simler.
8. Ph. Malaurie et L. Aynès, *op. cit.*, no 627.

112.104 Méthode du prélèvement. Cette méthode est symétriquement inverse de la précédente. Elle consiste à ce que le conjoint de l'époux débiteur prélève sur la masse commune une somme égale à la récompense due par ce dernier, la masse subsistante étant divisée par deux.

Exemple : au jour de la liquidation, les époux sont propriétaires de biens à hauteur de 100 000 €. Par ailleurs, le mari est débiteur d'une récompense à l'encontre de la communauté d'un montant de 40 000 €. L'épouse prélève 40 000 €. Il reste 60 000 € à partager, soit 30 000 € pour chaque époux.

Les deux modalités du rapport en moins prenant présentent l'avantage de dispenser l'époux débiteur de verser une somme en puisant dans son patrimoine personnel alors qu'il est appelé à recevoir une part de communauté. Ils présentent également l'intérêt pour le conjoint de l'époux débiteur de supprimer toutes les conséquences liées à l'insolvabilité éventuelle de ce dernier.

112.105 Choix entre ces deux méthodes. Ce choix dépend des traditions de chaque étude et de la préférence des parties. Il reste que la méthode de l'imputation est la plus usuellement suivie par la pratique notariale. Le prélèvement demeure cependant nécessaire lorsque les lots doivent être tirés au sort, ce qui est imposé en cas de partage judiciaire.

112.106 Nécessité exceptionnelle d'un versement effectif. Le rapport en moins prenant suppose que le solde débiteur du compte de récompense d'un époux soit supérieur à ses droits théoriques dans la communauté. Dans le cas contraire, lorsque sa dette de récompense dépasse sa part de communauté, l'époux débiteur doit alors régler sa dette par le versement effectif d'une somme.

§ 2
Solde en faveur d'un époux

112.107 Modalités. L'article 1470, alinéa 2, du code civil dispose que si le compte de récompense « *présente un solde en faveur de l'époux, celui-ci a le choix ou d'en exiger le paiement ou de prélever des biens communs jusqu'à due concurrence* ». Ainsi, l'époux créancier de la communauté a le choix entre exiger un paiement en espèces ou effectuer des prélèvements sur la masse commune. Ce sont les deux modalités prévues par la loi. Mais, en pratique, une troisième méthode est très généralement empruntée.

112.108 Paiement en espèces. La récompense due par la communauté peut être réglée à l'aide d'un paiement en espèces, ce qui constitue, sur le plan juridique, le procédé le plus simple et le plus normal. Ce mode de règlement ne présente d'ailleurs aucune difficulté s'il existe des fonds disponibles dans la masse commune. En revanche, dans l'hypothèse où la masse commune ne contient pas assez de liquidités pour permettre le règlement de la récompense, il oblige le conjoint créancier de la communauté à solliciter la vente de certains biens communs afin de se procurer les fonds nécessaires. On comprend dès lors que le procédé soit rarement utilisé. Il présente, en effet, un inconvénient rédhibitoire aux yeux des parties, celui de les obliger parfois à vendre des acquêts auxquels ils sont attachés, ce qui, au surplus, est source de frais et de complications.

112.109 Prélèvement. Au lieu d'un paiement en espèces, l'époux créancier peut préférer exercer son droit de créance contre la communauté par prélèvement de biens, avant le partage de celle-ci (C. civ., art. 1475, al. 1er) [1]. Suivant l'expression de la pratique notariale, il est « rempli de ses droits », en se saisissant desdits biens. Ensuite, le reliquat est partagé entre les époux, à égalité.

En ce cas, il convient de souligner que la liberté n'est pas totale pour le choix des biens, objets du prélèvement. En effet, la loi impose à l'époux créancier un ordre des prélèvements des biens de la masse commune [2]. Selon l'article 1471, alinéa 1er, du code civil, « *les prélèvements s'exercent d'abord sur l'argent comptant, ensuite sur les meubles, et subsidiairement sur les immeubles de la communauté. L'époux qui opère le prélèvement a le droit de choisir les meubles et les immeubles qu'il prélèvera* ». La Cour de cassation exige que cet ordre soit respecté [3].

L'ordre ainsi fixé par le législateur est assorti d'une restriction notable. L'article 1471, alinéa 1er, *in fine* du code civil prévoit, en effet, qu'un époux « *ne saurait, cependant, préjudicier par son choix aux droits que peut avoir son conjoint de demander le maintien de l'indivision ou l'attribution préférentielle de certains biens* ». Il en résulte que le conjoint de l'époux qui réclame le prélèvement peut s'y opposer en demandant l'attribution préférentielle de ce bien ou le maintien dans l'indivision [4]. Sauf dans les hypothèses où l'attribution préférentielle est de droit (C. civ., art. 832-1), il appartient au tribunal de trancher en fonction des intérêts en présence.

1. Pour une illustration, v. Civ. 1re, 24 mai 2007, *Juris-Data* n° 038993.
2. L'ordre des prélèvements étant imposé par la loi aux fins de protéger le conjoint, rien n'empêche les époux de l'écarter, d'un commun accord, par contrat de mariage ou au moment des prélèvements. En ce sens, v. Civ., 2 juin 1890, *DP* 1890, I, 369, note M. Planiol.
3. V. not., Civ. 1re, 7 nov. 1951, *Bull. civ.* I, n° 290.
4. V. Ph. Malaurie et L. Aynès, *op. cit.*, n° 631 : « *Parce qu'ils traduisent une politique familiale d'ensemble, ces droits s'exercent avant le prélèvement, dont l'esprit est individualiste* ».

112.110 Risque de conflit entre époux. Le prélèvement peut aboutir à un conflit entre époux quant au choix du ou des biens, objets des prélèvements recherchés, dans l'hypothèse où ils sont tous deux créanciers de la communauté et que l'argent disponible ne suffit pas pour les prélèvements de l'un et de l'autre. Depuis la loi du 23 décembre 1985, et suivant un principe de stricte égalité entre les époux, l'article 1471, alinéa 2, du code civil dispose que « *si les époux veulent prélever le même bien, il est procédé par voie de tirage au sort* ». S'il s'avère que la communauté est insuffisante pour permettre tous les prélèvements auxquels les époux ont droit, il est prévu que « *les prélèvements de chaque époux sont proportionnels au montant des récompenses qui lui sont dues* » (C. civ., art. 1472, al. 1er). Il en va toutefois autrement si l'insuffisance de la communauté est imputable à la faute de l'un des époux, auquel cas « *l'autre conjoint peut exercer ses prélèvements avant lui sur l'ensemble des biens communs; il peut les exercer subsidiairement sur les biens propres de l'époux responsable* » (C. civ., art. 1472, al. 2).

112.111 Nature juridique de ce droit de prélèvement. Est-ce un droit de propriété de l'époux qui l'exerce ou un simple droit de créance contre la communauté ? La question fut autrefois l'objet d'une controverse célèbre[1]. Il est vrai qu'au-delà de son intérêt théorique, elle revêt une importante pratique évidente. Dans l'hypothèse où la communauté est déficitaire et que l'un des conjoints est par ailleurs créancier d'une récompense, il s'agit de savoir si ce dernier jouit ou non d'un droit de préférence à l'encontre des créanciers de la communauté ? Or, la réponse à cette interrogation dépend précisément de la nature que l'on reconnaît au droit de prélèvement : si celui-ci est considéré comme un droit de propriété, une réponse affirmative s'impose; en revanche, s'il s'agit d'un simple droit de créance, il n'y a aucune raison de permettre à l'époux d'être payé avant les créanciers de la communauté.

C'est dans ce second sens qu'un arrêt célèbre de 1854, rendu par les Chambres réunies, a fixé la jurisprudence : l'époux qui exerce le prélèvement agit à titre de créancier[2]. Cette qualification a été complétée, à la fin du XIXe siècle, par un nouvel arrêt de la Haute juridiction, lequel est venu préciser que les prélèvements constituaient une opération de partage, de sorte que l'époux prélevant agissait en réalité en la double qualité de créancier et de copartageant[3]. Consacrant cette jurisprudence ancienne, l'article 1474 du code civil, issu de la loi du 13 juillet 1965, dispose aujourd'hui que « *les prélèvements en biens communs constituent une opération de partage. Ils ne confèrent à l'époux qui les exerce aucun droit d'être préféré aux créanciers de la communauté, sauf la préférence résultant, s'il y a lieu, de l'hypothèque légale* ».

En conséquence, l'époux qui exerce le prélèvement intervient en qualité de créancier, mais il faut ajouter, puisque les prélèvements constituent une opération de partage, en qualité de créancier copartageant. Cette double qualité explique les conséquences qu'il convient d'en tirer. Parce qu'il agit à titre de créancier ordinaire, l'époux « prélevant » est en concours avec les autres créanciers de la communauté et ne peut éventuellement les primer que grâce à l'hypothèque légale qu'il a pu faire inscrire sur les biens communs. Parce qu'il agit en qualité de créancier copartageant, il est soumis à l'ensemble des règles du partage, et notamment à son effet déclaratif, de sorte qu'il est considéré propriétaire des biens qu'il prélève depuis la date de dissolution de la communauté ou encore aux règles de la lésion, de la garantie et du privilège de copartageant. La qualité de copartageant justifie en outre que l'époux « prélevant » prime les créanciers personnels de son conjoint. Tout à la fois copropriétaire et copartageant, il est en effet doté d'un « *droit plus fort* »[4] sur les biens communs que son conjoint qui n'est que copropriétaire et par-delà sur les créanciers de ce dernier qui, ayant les mêmes droits que leur auteur, ne peuvent agir que sur la masse indivise, déduction faite des prélèvements.

112.112 Pratique notariale. Alors qu'en toute logique, les prélèvements précèdent le partage proprement dit, très fréquemment en pratique, les notaires intègrent au contraire ces derniers dans le partage. La méthode consiste à déduire de l'actif brut de communauté, par une simple opération d'écriture, le montant du solde de récompenses dues par la communauté, faisant ainsi apparaître un actif net. Les récompenses dues sont ainsi traitées comme un passif de communauté. La part théorique de chaque époux est égale à la moitié de l'actif net, mais la part réelle de l'époux créancier d'une récompense correspond au final à sa part théorique augmentée du solde des récompenses qui lui est dû. Le règlement se traduit, non par un prélèvement antérieur au partage, mais par une majoration du lot de l'époux créancier. C'est une sorte

1. Pour un exposé d'ensemble de la question, v. R. Contin, « les règlements en nature dans les partages matrimoniaux », *RTD civ.* 1977, p. 435.
2. Cass. ch. réunies, 16 janv. 1858, *DP* 1858, 1, 5, note Deuvilleneuve – *S.* 1858, 1, 5, concl. Dupin – H. Capitant et *alii*, *Les grands arrêts de la jurisprudence civile*, t. 1, *op. cit.*, no 89.
3. Civ., 13 avr. 1891, *DP* 1891, 1, 471 – *S.* 1891, 1, 421.
4. Selon l'expression de Pothier (R.-J. Pothier, *Traité des successions*, éd. Bugnet, t. VIII, p. 200), reprise depuis lors par Aubry et Rau (Aubry et Rau, par Ponsard, *op. cit.*, no 279).

de règlement « en plus prenant ». L'avantage est que l'on a ainsi beaucoup plus de souplesse dans les attributions et que l'on a plus de chance de conférer ses droits à chacun des époux sans être obligé de vendre. Il convient cependant de noter que cette modalité ne peut être mise en œuvre quand le partage exige une stricte égalité des lots, ce qui est le cas dans l'hypothèse d'un partage judiciaire.

Exemple : au jour de la liquidation, les époux sont propriétaires de biens à hauteur de 100 000 €. Par ailleurs, le mari est créancier d'une récompense à l'encontre de la communauté d'un montant de 40 000 €. Cette somme, intégrée fictivement au passif de communauté, est déduite de l'actif brut de communauté, pour parvenir à chiffrer l'actif net, qui s'élève alors à :

100 000 € - 40 000 € = 60 000 €

La part théorique revenant à chaque époux est de la moitié, soit 30 000 €. C'est effectivement la part réelle revenant à l'épouse. En revanche, la part réelle revenant au mari est égale à ses droits dans la communauté (30 000 €), auxquels on a ajouté le montant de la récompense qui lui est due par cette dernière (40 000 €), soit 70 000 €.

CHAPITRE

113. Mouvements de valeurs entre l'indivision et le patrimoine personnel : les comptes d'indivision

SECTION 0
ORIENTEUR

113.00 Plan du chapitre.

Sect. 1 Établissement du compte d'indivision
§ 1 Créances d'un époux à l'encontre de l'indivision
A. Créances nées des impenses réalisées sur un bien indivis
1° Impenses d'amélioration relatives à un bien indivis
2° Impenses nécessaires à la conservation d'un bien indivis
B. Créances nées de la gestion d'un bien indivis
1° Principe du droit à rémunération
2° Régime de l'indemnité d'indivisaire gérant
§ 2 Dettes des époux à l'égard de l'indivision
A. Dettes nées de la jouissance d'un bien indivis
1° Principe d'une indemnité pour jouissance privative
2° Évaluation de l'indemnité pour jouissance privative
a) *Quantum* de l'indemnité
b) Durée de l'indemnité
B. Dettes nées de la perception des fruits et revenus des biens indivis
C. Dettes nées de la détérioration du bien indivis
Sect. 2 Règlement des créances d'indivision
§ 1 Entrée en compte
§ 2 Conséquences de l'entrée en compte
§ 3 Règlement du solde du compte

113.01 Textes applicables.

Textes applicables.

> Droit d'usage et droit aux revenus [C. civ., art. 815-9 à 815-13]

C. civ., art. 815-9

Chaque indivisaire peut user et jouir des biens indivis conformément à leur destination, dans la mesure compatible avec le droit des autres indivisaires et avec l'effet des actes régulièrement passés au cours de l'indivision. À défaut d'accord entre les intéressés, l'exercice de ce droit est réglé, à titre provisoire, par le président du tribunal.

L'indivisaire qui use ou jouit privativement de la chose indivise est, sauf convention contraire, redevable d'une indemnité.

C. civ., art. 815-10

Sont de plein droit indivis, par l'effet d'une subrogation réelle, les créances et indemnités qui remplacent des biens indivis, ainsi que les biens acquis, avec le consentement de l'ensemble des indivisaires, en emploi ou remploi des biens indivis.

Les fruits et les revenus des biens indivis accroissent à l'indivision, à défaut de partage provisionnel ou de tout autre accord établissant la jouissance divise.

Aucune recherche relative aux fruits et revenus ne sera, toutefois, recevable plus de cinq ans après la date à laquelle ils ont été perçus ou auraient pu l'être.

Chaque indivisaire a droit aux bénéfices provenant des biens indivis et supporte les pertes proportionnellement à ses droits dans l'indivision.

C. civ., art. 815-11

Tout indivisaire peut demander sa part annuelle dans les bénéfices, déduction faite des dépenses entraînées par les actes auxquels il a consenti ou qui lui sont opposables.

À défaut d'autre titre, l'étendue des droits de chacun dans l'indivision résulte de l'acte de notoriété ou de l'intitulé d'inventaire établi par le notaire.

En cas de contestation, le président du tribunal de grande instance peut ordonner une répartition provisionnelle des bénéfices sous réserve d'un compte à établir lors de la liquidation définitive.

À concurrence des fonds disponibles, il peut semblablement ordonner une avance en capital sur les droits de l'indivisaire dans le partage à intervenir.

C. civ., art. 815-12

L'indivisaire qui gère un ou plusieurs biens indivis est redevable des produits nets de sa gestion. Il a droit à la rémunération de son activité dans les conditions fixées à l'amiable ou, à défaut, par décision de justice.

C. civ., art. 815-13

Lorsqu'un indivisaire a amélioré à ses frais l'état d'un bien indivis, il doit lui en être tenu compte selon l'équité, eu égard à ce dont la valeur du bien se trouve augmentée au temps du partage ou de l'aliénation. Il doit lui être pareillement tenu compte des dépenses nécessaires qu'il a faites de ses deniers personnels pour la conservation desdits biens, encore qu'elles ne les aient point améliorés.

Inversement, l'indivisaire répond des dégradations et détériorations qui ont diminué la valeur des biens indivis par son fait ou par sa faute.

113.02 Jurisprudence de référence.

> L'indivisaire qui améliore un bien à l'aide de son industrie personnelle ne peut être indemnisé sur le fondement de l'article 815-13 du code civil

• Civ. 1re, 23 juin 2010, nº 09-13.688

« Attendu que l'activité personnelle déployée par un indivisaire ayant contribué à améliorer un bien indivis ne peut être assimilée à une dépense d'amélioration, dont le remboursement donnerait lieu à application de l'article 815-13 du code civil ».

> Article 815-13 du code civil : la créance fondée sur une dépense de conservation est égale à la plus forte des deux sommes que représentent la dépense faite et le profit subsistant

• Civ. 1re, 4 mars 1986, nº 84-15.071, *Bull. civ.* I, nº 51

« Vu les articles 815-2 et 815-13 du code civil;

Attendu que, selon le premier de ces textes, tout indivisaire peut prendre les mesures nécessaires à la conservation des biens indivis; qu'il résulte du second que, pour le remboursement des impenses nécessaires, il doit être tenu compte, selon l'équité, à l'indivisaire de la plus forte des deux sommes que représentent respectivement la dépense qu'il a faite et le profit subsistant ».

> Par principe, la rémunération de l'indivisaire gérant est indépendante du résultat de sa gestion

• Civ. 1re, 28 févr. 1984, nº 82-15.270, *Bull. civ.* I, nº 75

* V. ss nº 233.14

« Mais attendu, d'abord, que le pouvoir souverain, dont disposent, à défaut d'accord amiable, en vertu de l'article 815-12 du code civil, les juges du fond pour fixer les conditions de rémunération de l'indivisaire qui gère une indivision, n'est pas limité par les résultats de la gestion, sauf à tenir compte, le cas échéant, de la responsabilité éventuelle du gérant pour ses actes de gestion ».

> L'indemnité de l'indivisaire gérant n'est pas soumise à la prescription quinquennale

• Civ. 1re, 19 déc. 1995, nº 93-19.800, *Bull. civ.* I, nº 472

* V. ss nº 233.14

« Mais attendu que la cour d'appel a exactement retenu que la prescription prévue par l'article 2277 du code civil ne s'appliquait pas à la créance; que, conformément aux dispositions de l'article 815-12 du même code, l'indivisaire peut demander au juge de fixer la rémunération de son activité de gestion de l'indivision, cette somme n'étant pas payable par année ou par termes successifs ».

> Le procès-verbal de difficultés établi par le notaire liquidateur interrompt le délai de prescription de l'indemnité d'occupation

• Civ. 1re, 10 févr. 1998, nº 96-16.735, *Bull. civ.* I, nº 47

* V. ss nº 113.41

« Attendu qu'en statuant ainsi, alors que, si l'épouse était recevable à rechercher les fruits et revenus des biens indivis pour les cinq années antérieures à la date du procès-verbal de difficultés établi par le notaire dès lors qu'il faisait état de ses réclamations formulées de ce chef, l'assignation qu'elle avait délivrée, qui ne mentionnait pas une telle demande, ne pouvait interrompre le délai pour agir, la cour d'appel a violé les textes susvisés ».

> En cas de jouissance gratuite durant l'instance, l'indemnité d'occupation n'est due qu'à compter de la date à laquelle la décision de divorce acquiert force de chose jugée

• Civ. 1re, 19 sept. 2007, nº 06-11.955, *Bull. civ.* I, nº 277

* V. ss nº 113.40

« Qu'en statuant ainsi, alors que l'ordonnance de non-conciliation avait attribué à M. X... la jouissance gratuite de ce bien durant l'instance en divorce, de sorte que l'indemnité d'occupation n'était due qu'à compter de la date à laquelle la décision de divorce avait acquis force de chose jugée ».

> La durée de l'indemnité d'occupation est susceptible de subir l'influence de l'article 2236 du code civil, selon lequel la prescription ne court pas entre époux

• Civ. 1re, 7 juin 2006, nº 04-12.331, *Bull. civ.* I, nº 292

* V. ss nº 113.41

« Attendu, d'abord, que la cour d'appel a exactement décidé que M. Y..., ayant formé une demande d'indemnité d'occupation dans le délai de cinq ans suivant la date à laquelle le jugement de divorce avait acquis force de chose jugée, était en droit d'obtenir une indemnité depuis la date de l'assignation en divorce ».

> Absence d'influence de la présence des enfants concernant le montant de l'indemnité d'occupation

• Civ. 1re, 7 juin 2006, nº 04-12.331, *Bull. civ.* I, nº 292

* V. ss nos 113.37

« Attendu, ensuite, qu'ayant relevé que l'ordonnance de non-conciliation avait attribué la jouissance privative d'une maison à Mme X..., la cour d'appel a décidé à juste titre que ce caractère privatif, qui s'apprécie uniquement par rapport aux autres indivisaires, n'était pas remis en cause par le fait que les enfants du couple cohabitaient avec elle ».

113.03 **Bibliographie indicative.**

Articles.

> Comptes d'indivision. Batteur A., « L'indemnité d'occupation et la jouissance exclusive d'un bien indivis par un époux pendant la procédure de divorce », *Dr. fam.* 2001, chron. 14; *JCP N* 2002, I, 1332 – Bonnet G., « Les comptes de l'indivision », *L'indivision,* Actes du colloque organisé le 21 juin 2002 à l'université Montesquieu Bordeaux IV par l'association Henri Capitant, Dalloz, 2005, 83 – Casey J., « Le nouvel article 815-5-1 du code civil : indivision accélérée ou indigestion avérée ? », *RJPF* 2009, 9/11 – Claux P.-J. et David S., « La liquidation du régime de la communauté réduite aux acquêts », *AJ fam.* 2005, 168 – Crémont G, « Le logement de la famille en période de crise », *JCP N* 1999 – Dagot M., « L'indivision », *JCP* 1977, I, 2858 – David S., « Canevas liquidatif du régime de la communauté légale », *AJ fam.* 2010, 169; « Divorce et indemnité pour jouissance privative », *AJ fam.* 2002, 283 – Flour J., « Pot-pourri autour d'un arrêt, Civ. 1re, 15 février 1973, Casier », *Defrénois* 1975, art. 30854 – Jault A., « Indivision post-communautaire : le remboursement des dépenses relatives aux biens », *AJ fam.* 2010, 211 – Maury F., « L'état liquidatif d'indivision », *études à la mémoire de Christian Lapoyade-Deschamps,* Presses universitaires de Bordeaux, 2003, p. 457 – Savatier, « Le régime des récompenses au regard de l'indivision post-communautaire », *D.* 1975, chron. 175.

113.04 **Questions essentielles.**

• L'époux ayant engagé des dépenses pendant l'indivision post-communautaire, alors qu'il occupait le bien concerné, peut-il néanmoins être indemnisé ?

* V. ss no 113.20

• L'époux ayant géré seul un bien indivis a-t-il droit à une indemnisation ?

* V. ss nos 113.24 s.

• Quel est le montant de l'indemnité pour jouissance privative susceptible d'être due par l'un des époux, sur le fondement de l'article 815-9 du code civil ?

* V. ss nos 113.35 s.

• La présence des enfants au sein d'un logement indivis occupé par l'un des époux peut-elle avoir une influence sur le montant de l'indemnité pour jouissance privative due par celui-ci ?

* V. ss no 113.37

• Quel est le délai durant lequel l'indemnité pour jouissance privative peut-être réclamée ?

* V. ss nos 113.39 s.

113.08 **Définition.** À compter de la date de dissolution, le divorce produit ses effets entre les époux en ce qui concerne leurs biens, et la communauté fait place alors à une indivision, appelée communément l'indivision post-communautaire, soumise non plus aux règles qui gouvernaient la communauté pendant son cours mais au droit commun de l'indivision, édifié par la loi du 31 décembre 1976 qui a été modifiée par la loi du 23 juin 2006. Durant cette période, par essence précaire, mais qui – on le sait – se prolonge parfois durant de longues années, de nombreux mouvements de valeurs peuvent intervenir entre la masse indivise et le patrimoine des indivisaires [1]. Ces mouvements de valeurs ne relèvent pas des règles relatives aux récompenses [2], ni même d'ailleurs des règles de l'article 555 du code civil relatives à l'accession [3], mais des articles 815 et suivants du code civil relatifs au régime légal de l'indivision. Il est alors question de comptes d'indivision [4], lesquels ont également vocation à appréhender les mouvements de valeurs, moins fréquents, qui ont pu intervenir entre la masse indivise et le patrimoine personnel des indivisaires pendant une période concubinage antérieure au mariage, c'est-à-dire avant la naissance de la communauté.

113.09 **Division générale.** Le praticien confronté à l'existence de mouvements de valeurs entre la masse indivise et le patrimoine personnel de l'un des époux au cours d'une indivision pré-communautaire ou post-communautaire est confronté à deux questions successives : d'une part, la détermination de la créance effectivement due à l'indivision par l'un des époux ou par l'indivision à l'un des époux (sect. 1) et, d'autre part, la question du règlement d'une telle créance ou dette (sect. 2).

1. En revanche, les mouvements de valeurs qui auraient pu intervenir entre l'indivision et un patrimoine tiers ne doivent pas être pris en compte lors de la liquidation. Pour une illustration, v. CA Paris, 9 janv. 1996, *Juris-Data* no 0211803, qui juge que l'occupation d'un immeuble indivis par la mère de l'un des époux n'entre pas dans les opérations de liquidation et de partage.
2. Civ. 1re, 17 nov. 1971, *D.* 1972, Jur. 261, note J. Dedieu – Civ. 1re, 15 févr. 1973, *D.* 1975, Jur. 509, note R. Savatier – *Defrénois* 1975, art. 30858, note R. Savatier – Civ. 1re, 22 oct. 1985, *Bull. civ.* I, no 266 – *D.* 1986, Jur. 205, note A. Breton – *Defrénois* 1986, art. 33808, obs. A. Breton – Civ. 1re, 9 juill. 1991, *Bull. civ.* I, no 234 – Civ. 1re, 15 nov. 1994, no 92-21.127, NP – Civ. 1re, 17 déc. 1996, *Bull. civ.* I, no 451 – *D.* 1998, Jur. 189, note V. Brémond – CA Paris, 19 déc. 2007, *Juris-Data* no 353739 – CA Paris, 24 janv. 2008, *Juris-Data* no 355345 – CA Poitiers, 21 mai 2008, *Juris-Data* no 003202 – CA Paris, 5 juin 2008, *Juris-Data* no 000816 – Civ. 1re, 20 mai 2009, no 08-17.105, NP – Civ. 1re, 3 mars 2010, no 08-15.832.
3. V. Civ. 3e, 28 févr. 1969, *Bull. civ.* I, no 190 – *JCP* 1970, II, 16220, note J. Béchade – Civ. 3e, 22 févr. 1984, *JCP* 1984, IV, 135 – *Gaz. Pal.* 1984.2. Pan. 190, obs. A. Piedelièvre, qui refuse d'appliquer les règles d'indemnisation de l'article 555 du code civil au motif que l'indivisaire qui effectue des travaux n'est pas un tiers par rapport au bien.
4. V. G. Bonnet, « Les comptes de l'indivision », *in L'indivision, Actes du colloque organisé le 21 juin 2002 à l'université Montesquieu Bordeaux IV par l'association Henri Capitant*, Dalloz, 2005, p. 83 – F. Maury, « L'état liquidatif d'indivision », *in Études à la mémoire de Christian Lapoyade-Deschamps*, Presses universitaires de Bordeaux, 2003, p. 457.

SECTION 1
ÉTABLISSEMENT DU COMPTE D'INDIVISION

113.10 Division. Très concrètement, il s'agit d'envisager successivement les créances que les époux sont chacun en droit d'invoquer à l'encontre de l'indivision (§ 1) puis les dettes dont ils peuvent être redevables à l'égard de cette dernière (§ 2).

§ 1
Créances d'un époux à l'encontre de l'indivision

113.11 Principe. D'une manière générale, toute impense réalisée sur un bien indivis par l'un des époux, à l'aide de ses deniers personnels, donne naissance à son profit à une créance sur le fondement de l'article 815-13 du code civil (A). Plus spécifiquement, la gestion d'une exploitation indivise par un indivisaire peut également lui ouvrir droit à une rémunération sur le fondement de l'article 815-12 du code civil (B).

A.
Créances nées des impenses réalisées sur un bien indivis

113.12 Définition des impenses[1]. Les impenses effectuées par un indivisaire correspondent normalement à l'acquittement des charges de l'indivision, lesquelles doivent être supportées par tous les indivisaires à proportion de leurs droits dans l'indivision. Aussi, les dépenses engagées par chacun des époux au cours de l'indivision post-communautaire dans l'intérêt de celle-ci font-elles naître une créance, non contre son conjoint coïndivisaire, mais à l'encontre de l'indivision, la répartition des charges se faisant de manière comptable au sein de la masse[2].

113.13 Preuve du droit à remboursement des impenses. À l'instar des récompenses, il est fréquent que la demande de créances formulée par l'un des époux à l'encontre de l'indivision lors des opérations de liquidation soit contestée par son conjoint. Cette preuve d'un droit au remboursement des impenses se dédouble.

D'une part, l'époux en question doit démontrer le caractère personnel des deniers utilisés. De ce point de vue, la demande de l'époux ne pose aucune difficulté s'agissant de comptes relatifs à une période antérieure au mariage; elle n'en pose guère davantage dans le cadre de l'indivision post-communautaire, dans la mesure où il convient de présumer que les fonds utilisés par un époux après la date de dissolution de la communauté lui sont personnels. Il appartient alors au conjoint qui invoquerait le caractère indivis des fonds utilisés d'en apporter la démonstration. Cette situation connaît toutefois une exception. En effet, lorsqu'il est démontré que le bien qui a fait l'objet de l'impense produit des fruits ou des revenus et que l'époux qui se prétend créancier de l'indivision les a perçus, au moins en partie, la jurisprudence présume que ce sont ces fruits ou revenus qui ont été utilisés pour engager la dépense. Il incombe alors à l'époux qui se prétend créancier de l'indivision de démontrer positivement qu'il a utilisé des fonds personnels[3].

D'autre part, il appartient à ce même époux de prouver qu'il a effectivement utilisé ces fonds dans l'intérêt de l'indivision. De ce point de vue, le législateur a entendu faciliter la preuve du droit au remboursement des impenses et, partant, l'établissement du compte d'indivision, en ordonnant que soit ménagée, autant que faire se peut, une preuve écrite des différents mouvements de valeurs. C'est pourquoi l'article 815-8 du code civil dispose que « *quiconque expose des frais pour le compte de l'indivision doit en tenir un état qui est à la disposition des indivisaires* ». La teneur exacte de cette obligation est plutôt vague. Il faut sans doute prendre le terme « d'état » comme la simple constatation d'une situation, de sorte qu'il s'agit pour l'époux d'effectuer un relevé chronologique des sommes déboursées, étant entendu que ce dernier devra être en mesure de produire toute pièce justificative correspondante[4]. Cela étant, l'époux doit également démontrer la nature de l'impense qu'il entend voir indemniser et non la seule existence du mouvement de valeurs. Ainsi, par exemple, l'indivisaire dont il n'est pas contesté qu'il a utilisé des deniers personnels pour réaliser une dépense relativement à un bien indivis, mais qui ne démontre pas en quoi les travaux de réfection de l'ensemble de la toiture étaient nécessaires à la conservation du bien alors qu'un certificat d'huissier ne relevait la nécessité d'une réfection que pour une partie de la toiture, ne peut prétendre à une indemnisation pour la dépense superflue[5]. Il reste que la loi n'indique pas comment cette obligation est sanctionnée et il est fort

1. A. Jault, « Indivision post-communautaire : le remboursement des dépenses relatives aux biens », *AJ fam.* 2010. 211.
2. Sur le mécanisme du compte d'indivision, v. s[s] n°s 113.52 s.
3. Civ. 1re, 16 avr. 1991, *Bull. civ.* I, n° 138.
4. En ce sens, v. J. Lafond, J.-Cl. NOTARIAL FORMULAIRE, Fasc. 80, Comptes d'indivision, n° 35.
5. CA Paris, 12 déc. 2007, *Juris-Data* n° 358576.

rare, en pratique, que les époux la respectent[1]. En tout état de cause, il est acquis que la non-production de l'état requis n'est pas un obstacle dirimant au remboursement des impenses faites[2]. Il semble alors logique de faire retour au droit commun de la preuve et d'exiger que celui des époux qui se prévaut de frais qu'il prétend avoir exposés produise un état appuyé de divers justificatifs (factures, échéancier...). En tout état de cause, s'agissant d'un fait juridique, cette preuve est libre[3].

113.14 Calcul des impenses. Lorsque le principe du remboursement d'une impense réalisée par un époux est acquis, il reste à en déterminer le montant. À ce propos, la loi de 1976 a mis en place un système directement inspiré de celui qui est applicable en matière de calcul des récompenses et qui conduit à distinguer selon la nature de la dépense consentie[4]. Le siège de la matière figure à l'article 815-13 du code civil, lequel distingue entre les dépenses d'acquisition (1°.) et les dépenses nécessaires à la conservation d'un bien (2°).

1°
Impenses d'amélioration relatives à un bien indivis

113.15 Notions d'amélioration et d'impenses utiles. En vertu de l'article 815-13, alinéa 1er, du code civil, « *lorsqu'un indivisaire a amélioré à ses frais l'état d'un bien indivis, il doit lui en être tenu compte selon l'équité, eu égard à ce dont la valeur du bien se trouve augmentée au temps du partage ou de l'aliénation* ». Sont ici visées les impenses utiles faites par les indivisaires, c'est-à-dire les dépenses faites sur le bien indivis qui conduisent à une augmentation de la valeur de ce bien[5]. Contrairement aux dépenses d'amélioration telles qu'elles sont envisagées en matière de récompenses, les impenses utiles se définissent donc par leur résultat. Ainsi que le souligne Madame Fayard, « *c'est en partant de cette idée essentielle que l'impense n'est utile qu'autant qu'elle procure une plus-value et dans la mesure seulement de cette plus-value qu'on atteint la notion* »[6].

113.16 Amélioration due à l'industrie personnelle d'un époux. Pris au pied de la lettre, l'article 815-13, alinéa 1er, du code civil envisage la seule hypothèse de l'impense utile. Seule devrait donc être indemnisée la dépense qui a amélioré le bien, à l'exclusion de toute autre source d'amélioration. Il reste que plusieurs décisions ont admis que l'indivisaire qui a amélioré un bien indivis pouvait se prévaloir d'une créance contre l'indivision à hauteur de la plus-value procurée au bien sur le fondement de l'article 815-13 du code civil[7], cependant que d'autres estiment que la plus-value accroît à l'indivision et que l'indivisaire peut seulement être rémunéré de son travail sur le fondement de l'article 815-12 du code civil[8] (v. ss n° 113.28).

1. Sur ce point, v. J. Lafond, J.-CL. NOTARIAL FORMULAIRE, Fasc. 80, Comptes d'indivision, art. préc., n° 36. L'auteur estime que l'indivisaire pourrait être contraint judiciairement à établir cet état après coup et qu'un expert pourrait éventuellement être désigné pour reconstituer les comptes.
2. Civ. 1re, 3 oct. 2006, n° 04-18.569, NP, qui énonce que « *le défaut de production (par l'indivisaire qui se prétend créancier) de l'état prévu à l'article 815-8 du code civil ne pouvait conduire à l'irrecevabilité de sa demande en remboursement* ». Mais *contra*, v. J. Lafond, art. préc., n° 36. Il est de toute façon douteux que l'état, fût-il réalisé, soit de nature à justifier, de plein droit, un droit à remboursement, pour la simple et bonne raison qu'il est établi unilatéralement. En ce sens, v. CA Chambéry, 20 nov. 2007, *Juris-Data* n° 354609, qui juge notamment que le décompte établi unilatéralement par le demandeur quant au coût des travaux soi-disant entrepris ne constitue pas une pièce probante.
3. V. F.-X. Testu, RÉP. CIV., *V° Indivision*, art. préc., n° 613. Pour une illustration (négative), v. CA Chambéry, 20 nov. 2007, préc., qui juge que le document signé par plusieurs voisins affirmant que l'indivisaire a construit l'essentiel d'une maison indivise et que le décompte établi unilatéralement par le demandeur quant au coût des travaux soi-disant entrepris ne constituent pas des pièces probantes.
4. À compter de la date de dissolution de la communauté, les règles relatives aux récompenses n'ont plus vocation à s'appliquer. V. J. Flour, « pot-pourri autour d'un arrêt, Civ. 1re, 15 février 1973, Casier », *Defrénois* 1975, art. 30854, spéc. p. 174 et s. – R. Savatier, « Le régime des récompenses au regard de l'indivision post-communautaire », *D.* 1975, chron. 175.
5. Sur la notion d'impense utile, v. M.-C. Fayard, *Les impenses*, th. préc., nos 21 et s.
6. *Ibid.*, n° 25.
7. Civ. 1re, 25 mai 1987 (rendu en matière de séparation de biens), *Bull. civ.* I, n° 166 – *D.* 1988, Jur. 28, note A. Breton – *Defrénois* 1988, art. 34132, note A. Breton – *JCP* 1987, II, 20925, note F. Zénati – *JCP* 1988, II, 20925, note J.-F. Montredon – *Gaz. Pal.* 1988, p. 34132, note D. Fiorina – *RTD civ.* 1988, p. 374, obs. J. Patarin – *RTD civ.* 1989, p. 354, obs. F. Zénati – Civ. 1re, 11 mars 1997, *Juris-Data* n° 001125 – Civ. 1re, 22 avr. 1997, *Juris-Data* n° 001786 – Civ. 1re, 13 mars 2007 (en matière de concubinage), n° 05-13.320, *Bull. civ.* I, n° 109 – *JCP* 2007, VI, 1812 – *RTD civ.* 2007, p. 801, obs. B. Vareille – *Defrénois* 2008, art. 38770, note D. Fiorina – *LPA* 19 mars 2008, n° 57, note A. Chamoulaud-Trapiers.
8. Civ. 1re, 12 janv. 1994, n° 91-18.104, *Bull. civ.* I, n° 10 – *D.* 1994, Jur. 311, 2e esp., note R. Cabrillac – *JCP* 1994, I, 3785, n° 1, obs. Ph. Simler – *Defrénois* 1994, art. 35761, note L. Aynès – *LPA* 2 juin 1995, p. 25, note D. Fiorina – *D.* 1995. somm. 41, obs. M. Grimaldi – *JCP N* 1994, II, 329, note J.-F. Pillebout – *JCP N* 1995, II, 121, n° 9, obs. Ph. Simler – *RTD civ.* 1994, p. 642, obs. F. Zénati – *RTD civ.* 1996, p. 231, obs. B. Vareille – Civ. 1re, 29 mai 1996, *Bull. civ.* I, n° 222 – *JCP N* 1997, II, 702, note J. Piedelièvre – *JCP* 1996, I, 3968, n° 4, obs. R. Le Guidec – *JCP* 1996, I, 3972, n° 11, obs. H. Périnet-Marquet – *JCP* 1997, I, 4008, n° 17, obs. A. Tisserand – *RD imm.* 1996, p. 535, obs. J. Bergel – *JCP E*, I, 913, note R. Micha-Goudet – Civ. 1re, 11 mars 1997, préc.

Cette difficulté a, semble-t-il, été aplanie, par une récente décision de la Cour de cassation qui affirme très clairement que « *l'activité personnelle déployée par un indivisaire ayant contribué à améliorer un bien indivis, ne peut être assimilée à une dépense d'amélioration, dont le remboursement donnerait lieu à application de l'article 815-13* »[1]. Il semble donc aujourd'hui que l'industrie personnelle ne puisse jamais donner lieu à remboursement sur le fondement de l'article 815-13 du code civil. Quoique la décision ne le précise pas, il paraît cependant acquis, à l'instar du régime des récompenses[2], que si l'indivisaire qui améliore le bien indivis à l'aide de sa force de travail a, par ailleurs, engagé des frais pour acquérir les matériaux nécessaires aux travaux, cette dépense pourra être indemnisée, pour sa part, en tant que dépense d'amélioration, lesdits matériaux étant incorporés au bien indivis.

113.17 **Principe : la créance est égale à la plus-value procurée au bien.** Ainsi que l'indique l'article 815-13 du code civil, la créance dont l'époux peut se prévaloir contre l'indivision du chef d'une dépense qui a amélioré le bien indivis est calculée en fonction de la plus-value procurée à l'indivision[3]. Bien que la loi soit équivoque de ce point de vue, en ce qu'elle vise la valeur dont le bien se trouve augmenté au jour du partage sans plus de distinction, il est clair que c'est la seule plus-value qui a pour cause la dépense qui doit être retenue[4]. Cette plus-value est classiquement déterminée par la différence entre la valeur actuelle du bien et celle qu'il aurait eue si la dépense n'avait pas été faite et, lorsque le bien indivis qui a fait l'objet de l'amélioration a été aliéné avant le partage, elle doit être calculée au jour de l'aliénation[5], à l'instar du calcul des récompenses en cas d'aliénation.

La loi prend donc en considération la seule augmentation de la valeur du bien[6]. Peu importe, par ailleurs, que l'amélioration ait été faite à l'origine dans l'intérêt exclusif d'un seul des indivisaires. Les charges afférentes aux biens indivis dont un indivisaire a bénéficié privativement doivent en effet être supportées par tous les indivisaires[7].

Exemple : au cours de l'indivision post-communautaire, un époux réalise la construction d'une piscine sur le terrain où se trouve le logement familial dont la jouissance privative lui a été reconnue par l'ordonnance de non-conciliation, qui est un bien indivis. Lors de la liquidation, la valeur de l'ensemble immobilier est évaluée à 200 000 €, étant précisé que, sans la piscine, la valeur ne serait que de 160 000 €. Dans le cas donné, l'époux qui a engagé la dépense est présumé l'avoir réglée avec des deniers personnels, de sorte que son droit à remboursement est établi. La créance dont il peut se prévaloir contre l'indivision post-communautaire équivaut, conformément à l'article 815-13, alinéa 1er, du code civil, à la plus-value engendrée par les travaux, soit :

200 000 € - 160 000 € = 40 000 €

113.18 **Rôle de l'équité.** Une originalité du texte tient dans la possibilité reconnue au juge de modifier le montant de la créance de l'indivisaire sur l'autel de l'équité[8]. Cette référence à l'équité n'est pas une simple figure de style. Elle s'explique par la crainte qu'a éprouvé le législateur qu'en adoptant un système de revalorisation intégrale, une dette

1. Civ. 1re, 23 juin 2010, *RJPF* 2010, 10/21, obs. F. Vauvillé.
2. Sur ce point, v. *supra*.
3. Est ainsi censurée la cour d'appel qui s'est bornée à retenir la dépense faite, v. Civ. 1re, 19 mars 2008, *Juris-Data* n° 043312 – Civ. 1re, 15 mai 2008, *Bull. civ.* I, n° 247 – *AJ fam.* 2008. 253, obs. F. Bicheron. V. également Civ. 1re, 19 mars 2008, n° 05-15.202, NP, qui censure une cour d'appel ayant retenu, au titre de l'indemnisation, une somme moyenne entre les montants des dépenses fixées par deux experts, au lieu de la plus-value.
4. V. Civ. 1re, 20 févr. 2007, n° 05-20.208, NP, qui définit la plus-value au sens de l'article 815-13 du code civil comme « *la fraction de la plus-value rattachable à (la) dépense* ». Bien que la décision ait été rendue en matière d'impense nécessaire et non d'impense utile, rien ne permet de penser qu'il faille retenir une acception différente dans ce dernier cas. Sur ce point, v. également M.-C. Fayard, *Les impenses*, th. préc., nos 25 et 202 et s., qui retient cette interprétation de la notion de plus-value.
5. Civ. 1re, 23 mars 1994, n° 92-14.703, *Bull. civ.* I, n° 108.
6. Aussi, à défaut de plus-value, la dépense engagée ne peut-elle être indemnisée. Pour une illustration, v. CA Grenoble, 5 oct. 2004, *Juris-Data* n° 259379 (à propos de travaux réalisés sur des immeubles finalement non terminés et laissés dans un état d'abandon depuis plusieurs années. L'expert nommé conclut à l'absence de plus-value et la cour d'appel refuse en conséquence d'indemniser l'époux qui a engagé la dépense).
7. Civ. 1re, 12 janv. 1994, préc. V. Également, Civ. 1re, 18 déc. 1990, *Bull. civ.* I, n° 291 – *JCP* 1991, IV, 67 – *JCP* 1992, II, 21847, note P. Salvage – *JCP N* 1992, II, 241 – *JCP N* 1992, II, 9, note P. Salvage – *RTD civ.* 1991, p. 576, obs. J. Patarin – *D.* 1991, IR p. 17 – *Gaz. Pal.* 1991, 1, Pan. p. 126 – Civ. 1re, 23 févr. 1994, n° 92-13.829, NP – Civ. 1re, 23 nov. 1994, *Bull. civ.* I, n° 108 – *D.* 1995, *IR*, p. 17 – Civ. 1re, 29 nov. 1994, n° 92-21.151, *Bull. civ.* I, n° 346 – Civ. 1re, 14 janv. 1997, n° 94-19.102, *Bull. civ.* I, n° 12 – Civ. 1re, 6 déc. 2005, n° 03-11.489, *Bull. civ.* I, n° 479 – *JCP* 2006, I, 127, n° 3, obs. H. Périnet-Marquet – *RJPF* 2006, 3/56, obs. J. C.
8. Le recours à l'équité se conçoit ici comme un remède à l'imprévision. Ainsi que le souligne M. Catala, « *l'appel à l'équité se conçoit lorsque le temps a fait son œuvre, rendant dérisoires ou énormes les chiffres auxquels conduirait la stricte application de la règle* » (*La réforme des liquidations successorales, Defrénois*, 1994, n° 58). Pour une critique du recours à l'équité dans le cadre de l'article 815-13, v. M. Dagot, « L'indivision », *JCP* 1977, I, 2858, n° 349.

minime ne puisse, au bout d'un certain temps, constituer une dette considérable pour l'indivision[1]. C'est pourquoi l'équité permet au juge de modérer le montant du remboursement en fonction des circonstances ou de l'imprévision. Ainsi, le juge peut réduire le montant de l'indemnité des impenses objectivement utiles mais exagérées par rapport aux souhaits de l'époux coïndivisaire de l'auteur de la dépense[2] ou de réduire le montant d'impenses somptuaires à proportion de ce qui était utile au bien indivis[3]. En revanche, l'équité n'étant pas la concurrente de la règle légale mais son correctif, il semble que le juge ne puisse pas exclure purement et simplement le droit à indemnité, dès lors que les conditions d'application de la règle sont réunies[4].

Si rien n'indique dans le texte que le pouvoir du juge en la matière est un simple pouvoir modérateur, la jurisprudence semble néanmoins avoir limité son office à cette hypothèse, conformément aux vœux du législateur[5]. L'analyse est cependant contestable dans le cas de figure où la plus-value est inférieure à la dépense faite. Dans pareil cas, en effet, l'équité devrait permettre au juge de réintroduire la considération de la dépense faite, sous peine de vider de son sens la raison d'être du système de la dette de valeur qui ne devrait être qu'une faveur faite au créancier[6]. À défaut, l'équité chère au législateur en la matière ne serait pas respectée !

2°
Impenses nécessaires à la conservation d'un bien indivis

113.19 Notion d'impenses nécessaires à la conservation du bien. Aux termes de l'article 815-13, alinéa 1er, *in fine* du code civil, il doit « *pareillement être tenu compte des impenses nécessaires [que l'indivisaire] a faites de ses deniers personnels pour la conservation des [biens indivis], encore qu'elles ne les aient point améliorés* ».

L'impense nécessaire est la dépense qui a seulement pour objet d'éviter à la chose une perte, c'est-à-dire celle qui lui conserve sa valeur intacte[7]. De ce point de vue, il importe peu que d'autres impenses plus impérieuses n'aient pas été réalisées par ailleurs[8]. Cela dit, il apparaît que la notion d'impenses nécessaires recouvre une double réalité.

En premier lieu, l'impense nécessaire est la dépense qui agit à titre réparatoire, c'est-à-dire la dépense qui rend à l'objet sa valeur primitive, telle la réfection de la toiture d'un bâtiment[9]. Y sont également assimilées les dépenses qui contribuent seulement, à titre préventif, à la conservation matérielle du bien indivis, c'est-à-dire les dépenses qui évitent au bien une nouvelle détérioration ou même une ruine, tel le remplacement des poutres maîtresses d'un bâtiment pour éviter sa ruine à plus ou moins longue échéance[10].

En second lieu, l'impense nécessaire est la dépense qui concourt à la préservation juridique du bien. Donne ainsi lieu à remboursement le règlement par l'un des époux, pendant la période de l'indivision post-communautaire, d'une dette exécutoire sur le bien indivis, notamment les impôts locaux[11], les charges de copropriété[12], l'assurance

1. Sur les raisons de l'introduction de la référence à l'équité, v. M. Dagot, « L'indivision », art. préc., n° 348.
2. En ce sens, v. J. Patarin, obs. *RTD civ.* 1995, p. 661 – F.-X. Testu, Rép. civ., *V° Indivision*, art. préc., n° 697.
3. Pour une application, v. par exemple, Civ. 1re, 28 nov. 2000, n° 98-22.322, NP. V. également Civ. 1re, 6 déc. 2005, préc.
4. V. Civ. 1re, 12 janv. 1994, préc., qui censure une cour d'appel qui a refusé tout droit à indemnité sur le seul fondement de l'équité, alors qu'elle aurait nécessairement dû rechercher si les sommes dépensées ont réalisé un profit subsistant au jour du partage pour l'indivision.
5. Civ. 1re, 7 juin 1988, n° 06-15.090, *Defrénois* 1988, art. 34314, note G. Morin – *RTD civ.* 1989, p. 120, obs. J. Patarin – *RTD civ.* 1989, p. 779, obs. F. Zénati – *JCP N* 1989, II, 89, note C. Philippe – *D.* 1989, Jur. 141, note A. Breton – Civ. 1re, 12 janv. 1994, préc. – Civ. 1re, 23 mars 1994, préc.
6. En ce sens, v. G. Champenois, obs. sous Civ. 1re, 18 oct. 1983, *Defrénois* 1984, art. 33379, n° 100 – F.-X. Testu, Rép. civ., *V° Indivision*, art. préc., n° 697.
7. Sur la notion d'impense nécessaire, v. M.-C. Fayard, *Les impenses*, th. préc., nos 9 et s.
8. V. Civ. 1re, 8 déc. 1993, n° 91-22.165, NP.
9. V. M.-C. Fayard, *Les impenses*, th. préc., n° 11.
10. V. *ibid.* En revanche, ne constitue pas une impense nécessaire à la conservation du bien le règlement de redevances de télésurveillance d'un immeuble indivis (Civ. 1re, 20 janv. 2004, n° 01-17.124, *Bull. civ.* I, n° 20 – *JCP* 2005, I, 158, n° 15, obs. A. Tisserand-Martin – *AJ fam.* 2004. 103, obs. S. Deis-Beauquesne – *Dr. fam.* 2004, comm. n° 85, obs. B. Beignier – *RLDC* 2004/3, n° 118 – *RTD civ.* 2004, p. 765, obs. B. Vareille).
11. CA Paris, 23 nov. 1988, *Juris-Data* n° 026351 – Civ. 1re, 20 mars 1989, n° 87-10.798, *Bull. civ.* I, n° 119 (à propos de l'impôt foncier) – Civ. 1re, 25 juin 1996, n° 94-15.130, NP – CA Chambéry, 4 oct. 2005, *Juris-Data* n° 284279 (également à propos de la taxe foncière) – CA Paris, 14 nov. 2007, *Juris-Data* n° 347732 (toujours à propos de l'impôt foncier) – Civ. 1re, 16 avr. 2008, n° 07-12.224, *Bull. civ.* I, n° 122 – CA Paris, 11 févr. 2009, *Juris-Data* n° 000709 (concernant la taxe foncière) – CA Paris, 19 mars 2009, *Juris-Data* n° 001780 (s'agissant des taxes foncières et d'habitation) – CA Paris, 6 janv. 2010, *Juris-Data* n° 001268 (qui vise de manière assez large les taxes et impôts). *Adde* : CA Paris, 6 janv. 2010, *Juris-Data* n° 001254 (rendu en matière d'indivision successorale à propos de la taxe foncière).
12. Civ. 1re, 12 janv. 1994, préc. – Civ. 1re, 25 juin 1996, préc. – CA Versailles, 7 janv. 2010, *Juris-Data* n° 000821 (à propos des charges de lotissement).

d'habitation[1] et même l'emprunt ayant permis d'en financer l'acquisition ou la construction[2]. L'impense est ici jugée nécessaire à la conservation du bien, car, à défaut du règlement de telles dettes, le bien aurait pu être saisi par le débiteur et donc être perdu pour l'indivision.

113.20 Impenses nécessaires et jouissance privative. L'attribution de la jouissance privative du bien[3] sur lequel l'impense a été faite n'interdit pas nécessairement à l'époux occupant de se prévaloir d'une créance contre l'indivision[4]. Ce dernier peut en effet exiger le remboursement des impenses qu'il a faites, y compris des charges qui sont généralement regardées comme étant la contrepartie de la jouissance[5], comme l'assurance d'habitation[6] ou les impôts locaux[7]. En revanche, cette position semble devoir être écartée face aux charges les plus courantes de la vie quotidienne (eau, électricité, téléphone, chauffage, dépense d'entretien, *etc.*) qui ne sont, en réalité, qu'une contrepartie de l'usage. Telle est du moins la pratique notariale dominante confortée par une certaine jurisprudence[8], en dépit de quelques décisions contraires[9], de sorte qu'aucune créance n'est portée de ce chef dans les comptes d'indivision au profit de l'époux qui a engagé de telles dépenses. Il reste que, en pratique, la frontière entre les charges de l'usage[10] qui incombent à l'occupant, d'une part, et les charges du capital et du revenu qui incombent à l'indivision, d'autre part, n'est pas toujours facile à tracer.

1. Civ. 1re, 24 févr. 1998, no 96-16.318, *Juris-Data* no 000982 – Civ. 1re, 20 janv. 2004, préc. – Civ. 1re, 29 sept. 2004, no 01-17.122 – *RJPF* 2005, 5/37 – CA Bordeaux, 25 janv. 2007, *Juris-Data* no 325828 – Civ. 1re, 27 mars et 10 mai 2007, nos 05-14.491 et 05-21.529, *JCP* 2007, I, 208, no 21, obs. A. Tisserand-Martin – Civ. 1re, 19 sept. 2007, *Juris-Data* no 040469 – Civ. 1re, 31 oct. 2007, no 06-12.493, NP – Civ. 1re, 5 mars 2008, *JCP* 2008, I, 144, no 23, obs. A. Tisserand-Martin – Civ. 1re, 19 nov. 2008, no 07-18.603, NP – Civ. 1re, 3 déc. 2008, no 07-13.937, *JCP* 2009, I, 140, no 10, obs. Ph. Simler – *AJ fam.* 2009. 88, obs. P. Hilt – CA Paris, 19 mars 2009, préc.
2. V. not., Civ. 1re, 22 oct. 1985, no 84-10.983, *Bull. civ.* I, no 266 – *D.* 1986, Jur. 205, note A. Breton – *Defrénois* 1986, art. 33808, obs. A. Breton – Civ. 1re, 4 mars 1986, no 84-15.071, *Bull. civ.* I, no 51 – *JCP* 1986, II, 20701, note Ph. Simler – *D.* 1987, somm., p. 45, obs. A. Bénabent – *RTD civ.* 1987, p. 384, obs. J. Patarin – Civ. 1re, 2 mai 1990, no 88-13.979, NP – Civ. 1re, 21 oct. 1997, no 95-17.277, NP – Civ. 1re, 14 déc. 2004, no 02-14.276, NP – Civ. 1re, 7 juin 2006, no 04-11.524, *Bull. civ.* I, no 284 – *D.* 2006, IR, p. 1913 – *JCP* 2006, IV, 2434 – *JCP* 2006, I, 193, no 23, obs. A. Tisserand-Martin – Civ. 1re, 8 avr. 2009, no 07-20.029, *AJ fam.* 2009. 305, obs. P. Hilt.
3. Ou même l'occupation privative spontanée.
4. De même, l'attribution préférentielle du bien qui fait l'objet de l'impense n'interdit pas à l'époux qui en bénéficie de se prévaloir d'une créance contre l'indivision. En effet, l'attribution préférentielle ne confère pas à celui qui en bénéficie la propriété des biens qui en sont l'objet, l'attribution privative de la propriété n'étant effective qu'au terme du partage (v. Civ. 1re, 5 mars 2008, préc., pour le remboursement de l'assurance d'habitation. En l'espèce, les époux avaient fixé la date de jouissance divise au jour de la dissolution de la communauté).
5. La jouissance du bien indivis est en effet exercée par l'indivision et non l'indivisaire qui occupe les lieux (arg. C. civ., art. 815-10, al. 2 : les fruits et revenus des biens indivis accroissent l'indivision, sans qu'il soit distingué selon que le bien indivis concerné fasse ou non l'objet d'une occupation privative). Ce dernier n'a, à proprement parler, que l'usage privatif du bien. Il n'a donc pas à assumer les charges de la jouissance. V. cependant la position, semble-t-il contraire, adoptée par J. Revel, obs. sous Civ. 1re, 23 janv. 2008, *D.* 2008, Pan., p. 2248, spéc. 2e col. *in fine* et J. Lafond, J.-Cl. Liquidations-Partages, *V° Indivision*, Fasc. 52, no 41 (plus nuancé toutefois).
6. V. not., CA Bordeaux, 25 janv. 2007, préc. (« *les primes de l'assurance d'habitation payées par l'épouse occupante de l'immeuble indivis (...) incombent à l'indivision en dépit de l'occupation privative* ») – Civ. 1re, 27 mars 2007, no 05-14.491, *Juris-Data* no 038286, (« *l'assurance d'habitation, qui tend à la conservation de l'immeuble, incombait à l'indivision post-communautaire jusqu'au jour du partage en dépit de l'occupation privative par un indivisaire* ») – Civ. 1re, 10 mai 2007, préc. (*idem*) – Civ. 1re, 19 sept. 2007, préc. (*idem*) – Civ. 1re, 19 nov. 2008, préc. (*idem*) – Civ. 1re, 3 déc. 2008, préc. (*idem*).
7. Civ. 1re, 16 avr. 2008, préc. (« *les impôts locaux et les charges de copropriété qui ne sont pas relatives à l'occupation privative et personnelle d'un indivisaire doivent figurer au passif du compte de l'indivision et seront supportées par les coïndivisaires proportionnellement à leurs droits dans l'indivision* »).
8. CA Paris, 23 nov. 1988, préc. (les dépenses d'entretien engagées par l'occupant demeurent à sa charge à titre définitif) – Civ. 1re, 20 janv. 2004, préc. (les redevances de télésurveillance afférentes à un bien indivis incombent à l'occupant à titre définitif) – Civ. 1re, 12 déc. 2007, *Bull. civ.* I, no 385 – *D.* 2008, Pan., p. 2248, obs. J. Revel (une cour d'appel a pu décider « *à bon droit que les charges de copropriété relatives à l'occupation privative et personnelle par l'un des indivisaires de l'immeuble indivis et concernant notamment l'entretien courant, l'eau et le chauffage collectif, incombaient à l'occupant* ») – Civ. 1re, 16 avr. 2008, préc. (qui sous-entend que les charges de copropriété « *relatives à l'occupation privative et personnelle d'un indivisaire* » ne sont pas susceptibles d'être remboursées) – CA Versailles, 7 janv. 2010, préc. *Adde* : Civ. 1re, 28 mars 2006, *Bull. civ.* I, no 186 – *JCP* 2006, I, 178, obs. H. Périnet-Marquet, rendu en matière d'indivision successorale, qui refuse toute indemnisation pour des travaux d'entretien.
9. V., à propos de dépenses d'entretien qualifiées de dépenses de conservation, et donc remboursables, Civ. 1re, 20 janv. 2004, préc. – Civ. 1re, 27 mars 2007, *Juris-Data* no 038286 – Civ. 1re, 31 oct. 2007, préc. – Civ. 1re, 3 déc. 2008, préc.
10. Sur la notion d'impense, charge de l'usage, v. M.-C. Fayard, *Les impenses*, th. préc., no 19. V. également la présentation proposée par J. Revel, qui, s'inspirant du droit du bail, distingue les charges récupérables sur ▶

113.21 Créance égale à la plus forte de deux sommes. Strictement, l'article 815-13 exige qu'on tienne compte de la dépense de conservation de celui qui l'a engagée, ce qui signifie que son droit à remboursement ne devrait s'élever qu'au seul montant de la dépense, ce qui n'est d'ailleurs jamais que la solution retenue par la théorie générale des impenses. La Cour de cassation a cependant ajusté l'interprétation de ce texte sur la règle de l'article 1469 du code civil, relatif aux récompenses, en deux temps.

Ainsi, dans un premier temps, elle a énoncé que « lorsqu'un indivisaire a avancé de ses deniers les sommes nécessaires à la conservation d'un bien indivis, il doit lui être tenu compte selon l'équité, eu égard à la dépense faite ou à l'importance de la plus-value prise par ce bien au jour du partage »[1].

Puis, dans un second temps, la Cour de cassation a poussé plus loin encore la similitude avec la théorie des récompenses, en appliquant à l'indivision post-communautaire les notions et distinctions relatives au calcul de ces dernières : s'agissant d'une impense nécessaire, il devra ainsi être tenu compte à l'indivisaire de « la plus forte des deux sommes que représentent respectivement la dépense qu'il a faite et le profit subsistant »[2]. Cette affirmation consacre donc l'identité des calculs imposés par l'article 1469 et par l'article 815-13. Aussi, quant à la détermination du profit subsistant, celui-ci est-il classiquement égal à la plus-value procurée au patrimoine emprunteur par la dépense, c'est-à-dire à la différence entre la valeur actuelle du bien et celle qu'il aurait eue si la dépense n'avait pas été faite[3].

Exemple 1 : au cours de l'indivision post-communautaire, un époux fait procéder à la réfection de la toiture sur le logement familial qui est un bien indivis, moyennant un prix de 10 000 €. Lors de la liquidation, le bien est évalué à 200 000 €, étant précisé que, sans les travaux, il ne vaudrait que 195 000 €. Dans le cas donné, l'époux qui a engagé la dépense est présumé l'avoir réglée avec des deniers personnels, de sorte que son droit à remboursement est établi. La créance dont il peut se prévaloir contre l'indivision post-communautaire équivaut, conformément à l'article 815-13, alinéa 1er, *in fine* du code civil, à la plus forte des deux sommes que représentent la dépense faite et le profit subsistant. La dépense est ici de 10 000 € et le profit subsistant est égal à :

200 000 € - 195 000 € = 5 000 €

La créance de l'époux qui a financé les travaux contre l'indivision post-communautaire est donc ici égale à la dépense faite, soit 10 000 €.

Exemple 2 : même exemple que précédemment, sauf que sans les travaux, le bien ne vaudrait que 170 000 € au jour de la liquidation. Dans ce cas, la dépense est toujours de 10 000 €, mais le profit subsistant est cette fois égal à :

200 000 € - 170 000 € = 30 000 €

La créance de l'époux contre l'indivision post-communautaire est donc ici égale au profit subsistant, soit 30 000 €.

113.22 Remboursement de l'emprunt souscrit pour l'acquisition d'un bien indivis. On sait que la jurisprudence admet classiquement que le remboursement après la date de dissolution de la communauté d'un emprunt contracté pendant le mariage pour l'acquisition d'un bien commun[4]

► l'occupant (générées par l'occupation) et celles qui ne le sont pas (frais afférents au bien lui-même), obs. sous Civ. 1re, 23 janv. 2008, préc. (certains juges du fond utilisent d'ailleurs cette terminologie, v. CA Paris, 6 janv. 2010, *Juris-Data* n° 001268).

1. Civ. 1re, 18 oct. 1983, n° 82-14.798, *Bull. civ.* I, n° 236 – *D.* 1984, Jur. 289, note D. Rambure – *JCP* 1984, II, 20245, note E. S. De La Marnierre, *RTD civ.* 1984, p. 750, obs. J. Patarin – *Defrénois* 1984, art. 33379, obs. G. Champenois.
2. Civ. 1re, 4 mars 1986, n° 84-15.071, *Bull. civ.* I, n° 51 – *JCP* 1986, II, 20701, note Ph. Simler – *D.* 1987. somm. 45, obs. A. Bénabent – *RTD civ.* 1987, p. 384, obs. J. Patarin. La règle a été rappelée à de nombreuses reprises depuis. V. par ex., Civ. 1re, 2 mai 1990, n° 88-13.979, NP – Civ. 1re, 5 mai 1998, *Juris-Data* n° 002172 (qui reprend cependant l'alternative de l'arrêt de 1983) – Civ. 1re, 14 déc. 2004, n° 02-14.276 (impl.), NP – Civ. 1re, 20 févr. 2007, n° 05-20.208 (impl.), NP.
3. Civ. 1re, 5 mai 1998, préc. – Civ. 1re, 14 déc. 2004, préc. – Civ. 1re, 20 févr. 2007, préc. Mais *contra*, v. F. Zénati, obs. sous Civ. 1re, 7 juin 1988, préc., spéc. p. 780, qui estime « *que la plus-value dont il est question et qu'amalgame l'article 815-13 avec la plus-value des impenses est économique. Il ne s'agit pas d'accorder à l'auteur d'une impense nécessaire l'augment de valeur occasionné à la chose par sa dépense, augment par hypothèse inexistant, mais d'indexer sa dépense sur les fluctuations économiques de la valeur du bien* ». Ainsi, par exemple, si depuis le jour où la dépense a été engagée, le bien a doublé de valeur, il conviendrait de doubler, à titre de remboursement, le montant de la dépense faite.
4. Pour la jurisprudence, la solution vaut également pour l'emprunt souscrit pour réaliser l'amélioration d'un bien commun (Civ. 1re, 18 oct. 1983, préc.). La solution peut sembler étrange puisqu'il paraîtrait plus logique de qualifier une telle dépense d'impense utile, catégorie connue de l'article 815-13 du code civil (v. Civ. 1re, 2 mai 1990, préc., qui reproche à une cour d'appel à laquelle il avait été demandé une revalorisation de la dépense faite de ne pas avoir recherché si le remboursement d'un emprunt, contracté au cours de la communauté aux fins de construire un immeuble commun et remboursé par un époux seul au cours de l'indivision post-communautaire, « *avait été nécessaire à la conservation du bien indivis, ou en [avait] amélioré l'état* »). Elle s'explique sans doute par le fait que l'amélioration matérielle a déjà eu lieu avant l'ouverture de l'indivision, ce qui fait hésiter à parler de dépense d'amélioration de l'état d'un bien indivis. En ces sens, et pour une synthèse de la question, v. J. Patarin, obs. sous Civ. 1re, 18 oct. 1983, préc.

constitue « *une mesure nécessaire à la conservation de l'immeuble* », de telle sorte que l'époux, qui assume personnellement la charge du remboursement des arrérages de cet emprunt pour le compte de l'indivision post-communautaire, est créancier à l'égard de cette dernière, en vertu de l'article 815-13, alinéa 1er, du code civil[1]. De nombreux auteurs critiquent cette qualification, qui aboutit à appliquer deux régimes différents de remboursement lorsque l'emprunt a également été remboursé au cours du mariage, alors même que le problème économique est le même[2].

La solution est justifiée par l'idée que, à défaut de règlement de l'emprunt, le prêteur aurait pu saisir le bien et poursuivre sa vente forcée. Cela dit, et contrairement à une opinion parfois soutenue[3], il ne semble pas qu'il soit nécessaire de démontrer que l'immeuble était effectivement menacé de poursuite pour obtenir le bénéfice d'une créance contre l'indivision[4]. Encore faut-il cependant que les arrérages soient effectivement réglés par l'un des indivisaires, de sorte que lorsque les échéances sont remboursées par une compagnie d'assurance, notamment en raison de l'incapacité de travail de l'un des époux débiteurs, ce dernier ne saurait prétendre à un quelconque remboursement, faute de s'être appauvri[5].

À l'instar de toute impense nécessaire, la créance due à l'indivisaire au titre du remboursement de l'emprunt doit se faire à raison de la plus forte des deux sommes que représentent respectivement la dépense faite et le profit subsistant. S'agissant de la dépense faite, il convient de prendre en compte la totalité des mensualités d'emprunt réglées par l'un des époux à l'aide de deniers personnels, sans avoir à distinguer selon qu'il s'agit du capital ou des intérêts. En réalité, la difficulté tient ici à la méthode de calcul du profit subsistant. D'un point de vue économique, il n'est guère contestable que le remboursement des arrérages de l'emprunt constitue une véritable dépense d'acquisition, qualification d'ailleurs retenue en matière de récompenses. L'exclusion de cette qualification s'explique ici simplement par le fait que la catégorie des dépenses d'acquisition est inconnue de l'article 815-13 du code civil. Aussi est-il tentant de vouloir transposer la méthode de calcul du profit subsistant retenue dans cette dernière hypothèse et qui consiste à appliquer à la valeur finale du bien le pourcentage que les sommes dépensées représentent dans la valeur du bien au jour de travaux. *A priori*, cette méthode ne peut cependant être légitimement retenue. En matière d'impense nécessaire, le profit subsistant a, en effet, toujours été déterminé par référence à la plus-value rattachable à la dépense faite et l'on conçoit difficilement que ce principe soit à géométrie variable et ne s'applique pas à l'hypothèse du remboursement de l'emprunt, dès lors que cette dépense est qualifiée de nécessaire à la conservation du bien indivis[6]. Concrètement, le profit subsistant devrait donc être fixé en déduisant de la valeur actuelle du bien la valeur qu'il aurait eue si l'emprunt n'avait pas été remboursé au cours de l'indivision post-communautaire.

On comprend cependant aisément que cette méthode est d'une mise en œuvre pratique délicate. D'ailleurs, les juges du fond fixent le plus souvent la créance de l'époux *solvens* contre l'indivision au montant de la seule dépense faite[7], voire à celui de la dépense réévaluée[8], preuve d'un malaise certain quant à la détermination du profit subsistant dans cette hypothèse. Ces difficultés proviennent du fait que la prise en compte de la plus-value n'est un mode de détermination du profit subsistant qui n'est, en réalité, véritablement adapté que pour les travaux. Aussi, lorsque la dépense a permis la conservation non pas matérielle mais juridique d'un

1. Civ. 1re, 4 mars 1986, préc., Civ. 1re, 2 mai 1990, préc. – Civ. 1re, 21 oct. 1997, *Juris-Data* n° 004178 – Civ. 1re, 7 juin 2006, *Bull. civ.* I, n° 284 – *D.* 2006, IR p. 1913 – *JCP* 2006, IV, 2434 – *JCP* 2006, I, 193, n° 23, obs. A. Tisserand-Martin.
2. En ce sens, v. not., J. Flour et G. Champenois, *op. cit.*, n° 588, p. 548, note 1 – Ph. Simler, note sous Civ. 1re, 4 mars 1986, préc.
3. En ce sens, v. J. Flour et G. Champenois, *op. cit.*, n° 540.
4. Civ. 1re, 21 oct. 1997, préc., qui censure une cour d'appel qui avait refusé toute revalorisation de la créance d'un époux qui avait remboursé l'emprunt afférent à l'acquisition d'un immeuble pendant l'indivision post-communautaire, motif pris que les paiements avaient été effectués en l'absence de toute menace de procédure de saisie immobilière.
5. Civ. 1re, 3 nov. 2004, *D.* 2005, Pan. p. 2118, obs. J. Revel – CA Grenoble, 26 juin 2007, *Juris-Data* n° 342677 – CA Nîmes, 21 oct. 2008, *Juris-Data* n° 373503.
6. La jurisprudence l'a d'ailleurs expressément indiqué. V. Civ. 1re, 18 oct. 1983, préc. – Civ. 1re, 14 déc. 2004, n° 02-14.276, NP – Civ. 1re, 20 févr. 2007, n° 05-20.208, NP – Civ. 1re, 5 mai 1998, n° 96-17.177, NP – Civ. 1re, 8 avr. 2009, n° 08-10.069, NP.
7. Pour des illustrations, v. CA Paris, 27 févr. 2001, *Juris-Data*, n° 140108 – CA Bordeaux, 31 mai 2007, *Juris-Data* n° 336196. V. cependant, Civ. 1re, 12 janv. 1994, *Bull. civ.* I, n° 10, qui censure une cour d'appel qui s'est bornée à retenir la dépense faite, sans rechercher si la dépense avait procuré un profit subsistant – Civ. 1re, 5 mai 1998, préc. (*idem*).
8. Civ. 1re, 18 oct. 1983, préc. (en l'espèce, la cour d'appel, non censurée, a retenu au titre de la créance la valeur nominale des sommes remboursées, indexée sur le coût de la construction, indice INSEE) – CA Chambéry, 4 oct. 2005, *Juris-Data* n° 284279 (« *les frais de conservation seront indexés sur l'indice INSEE du coût de la construction* »).

bien, il paraît somme toute légitime de revenir à l'autre mode de détermination du profit subsistant qu'est la « règle de trois » (v. s[s] n°s 112.59 s.). Simplement, dans la mesure où l'acquisition a eu lieu au cours de l'union, donc à une époque où l'indivision n'était pas encore ouverte, il semble préférable de retenir, au titre du coût global de l'acquisition, la valeur du bien au jour de l'ouverture de l'indivision, à savoir au jour de la date de dissolution. Ainsi, le profit subsistant peut être déterminé comme la contribution du patrimoine créancier dans le remboursement de l'emprunt, en fonction de la valeur de ce même bien à la date de dissolution de la communauté, qui correspond à la date de naissance de l'indivision, rapportée à la valeur actuelle du bien litigieux, ce qui peut être résumé sous la forme de l'équation suivante[1] :

$$C = \frac{S}{Z} \times V$$

S = Sommes remboursées par l'indivisaire
Z = Valeur du bien au jour de la dissolution
V = Valeur actuelle du bien dans son état au jour de la dissolution

Exemple : au cours du mariage, les époux acquièrent un appartement, en partie à l'aide d'un emprunt. Au cours de l'indivision post-communautaire, l'un d'eux rembourse les échéances de l'emprunt, pour un total de 50 000 €. Lors de la liquidation, la valeur de l'appartement est estimée à 600 000 €, étant précisé qu'au jour de la dissolution, elle n'était que de 500 000 €. Dans le cas donné, la dépense faite s'élève à 50 000 € et le profit subsistant s'élève à 60 000 €.

$$\frac{50\,000\ €}{500\,000\ €} \times 600\,000\ € = 60\,000\ €$$

S'agissant d'une impense nécessaire à la conservation du bien, la créance due par l'indivision post-communautaire à l'époux concerné doit donc être fixée à la plus forte des deux sommes, soit 60 000 €.

L'on sait que dans le cadre d'un divorce contentieux, le juge conciliateur peut notamment, au titre des mesures provisoires, « *désigner celui ou ceux des époux qui devront assurer le règlement provisoire de tout ou partie des dettes* » (C. civ., art. 255, 6°), ce qui vise le plus souvent, en pratique, le remboursement de l'emprunt contracté pour l'achat du logement familial. Cette disposition ne règle que la question de l'obligation à la dette et demeure sans incidence sur celle de la contribution définitive aux dettes. Il en résulte que lorsque l'un et/ou l'autre des époux est désigné pour régler tout ou partie des mensualités d'emprunt, de tels règlements ne resteront pas à la charge définitive de ce dernier et viendront plus tard à son crédit au titre des comptes d'indivision (C. civ., art. 815-13).

La règle connaît toutefois une exception. En effet, rien n'empêche le juge conciliateur de spécifier que le remboursement de l'emprunt constitue une modalité de paiement de la pension alimentaire, ce qui a pour résultat de mettre à la charge définitive de l'époux désigné le règlement de la dette[2]. En pareil cas, il est bien évident que cet époux ne saurait se retourner contre son conjoint pour obtenir le remboursement de tout ou partie des sommes réglées par ses soins au titre de son devoir alimentaire. Cette neutralisation de la créance ne revêt cependant qu'un caractère temporaire; elle disparaît naturellement une fois que le divorce a acquis force de chose jugée, puisque les mesures provisoires cessent alors de s'appliquer et qu'il n'existe plus aucune obligation alimentaire entre les époux[3].

Il arrive également parfois que le magistrat conciliateur attribue à l'un des époux, souvent l'épouse, la jouissance du logement familial en mettant à sa charge le remboursement de l'emprunt souscrit, tout en majorant, par ailleurs, la pension alimentaire due par son conjoint. En ce cas, le juge doit avoir présent à l'esprit la possibilité dont disposera ultérieurement l'épouse dans le cadre des opérations de règlement du régime matrimonial de se retourner contre son mari... et du double avantage qui pourra en résulter pour elle, bénéficiant ici d'une pension majorée et de là d'un recours au titre des comptes d'indivision. Pour éviter un tel cumul, le juge conciliateur dispose de la faculté de men-

1. Notons toutefois que si l'on suit cette méthode, directement inspirée du calcul de la récompense due à raison d'une acquisition, il convient alors sans doute de calculer deux créances. L'une pour le capital remboursé, et qui sera revalorisée en fonction de l'évolution de valeur du bien et l'autre pour les intérêts, lesquels n'ont pas de fonction acquisitive car ils constituent une simple charge de la jouissance, valorisée au montant nominal. C'est en effet la méthode retenue en matière de récompense lorsqu'un époux rembourse un emprunt relatif à un bien commun avec des deniers propres.

2. Civ. 2e, 16 juill. 1976, *D.* 1977, Jur. 33, note Y. Chartier.
3. Signalons, à ce propos, que l'administration fiscale considère que la prise en charge, en vertu d'une décision de justice, du remboursement par un ex-époux de la quote-part incombant à son ancien conjoint d'un prêt contracté en commun pour l'acquisition du logement conjugal équivaut au paiement d'une pension alimentaire, de sorte que ce versement est admis en déduction du revenu imposable de l'ex-époux qui acquitte les remboursements d'emprunt à hauteur du seul montant de la quote-part prise en charge pour le compte de l'autre ex-conjoint et que corrélativement, cette somme constitue pour ce dernier un revenu imposable (Rép. Min. n° 42028, JOAN, quest. écrite, 15 mai 2000, p. 2994).

tionner que le montant de la pension alimentaire due par l'un des époux est fixé en fonction du montant des échéances de l'emprunt réglées par son conjoint. Le procédé a reçu l'aval des Hauts magistrats, finalement peu contrariés par son caractère peu académique[1].

113.23 Rôle de l'équité. À l'instar de l'évaluation des créances fondées sur les impenses d'amélioration, le juge peut utiliser l'équité en matière d'impenses nécessaires pour délimiter exactement le droit à remboursement de l'indivisaire. En effet, la seconde phrase de l'article 815-13, qui emploie l'adverbe « *pareillement* », renvoie à la première phrase qui fait expressément référence à l'équité en matière d'amélioration.

B.
Créances nées de la gestion d'un bien indivis

113.24 Rappel : la plus-value, même due à l'activité de l'indivisaire gérant, accroît à l'indivision. Il convient, tout d'abord, de souligner que la jurisprudence estime que l'indivisaire gérant ne saurait prétendre aux plus-values procurées au fonds indivis par son travail, lesquelles profitent à l'indivision post-communautaire[2]. La solution, qui émane d'une décision de la première chambre civile de la Cour de cassation, en date du 12 janvier 1994[3], a été confirmée à plusieurs reprises depuis lors, notamment par un arrêt de cette même chambre, en date du 29 mai 1996, suivant lequel « *l'activité de l'époux gérant d'un fonds de commerce durant l'indivision post-communautaire ne peut être assimilée à une dépense d'amélioration d'un bien indivis dont le remboursement donnerait lieu à l'application de l'article 815-13 du code civil; qu'il en résulte que la plus-value de ce fonds, constatée au jour du partage accroît à l'indivision, l'époux ayant droit à une rémunération de sa gérance dont les juges du fonds apprécient souverainement le montant* »[4]. Peu importe à cet égard que la plus-value trouve sa source dans l'activité déployée par l'époux exploitant ou qu'elle soit due à ses seules qualités professionnelles. En pareil cas, celui-ci peut seulement solliciter la rémunération de son labeur sur le fondement de l'article 815-12 du code civil (1°), dont il convient d'envisager le régime (2°).

1°
Principe du droit à rémunération

113.25 Pouvoir souverain des juges du fond. À défaut d'accord entre les époux, la détermination du montant de la rétribution de l'indivisaire gérant relève du pouvoir souverain des juges du fond[5], étant précisé que l'indivisaire a droit à la rémunération de l'activité qu'il a réellement fournie[6], ce qui implique que les magistrats indiquent selon quels critères ils sont parvenus à leur estimation. En pratique, ces derniers s'inspirent dans une large mesure des rémunérations habituellement fixées pour des professionnels exerçant la même activité.

113.25-1 Indépendance du montant de l'indemnité des résultats de la gestion. La jurisprudence considère par ailleurs que, dans la mesure où la rémunération est la contrepartie objective de l'activité fournie, elle ne peut dépendre des résultats de l'exploitation et peut-être due en principe même si la gestion se révèle déficitaire, « *sauf à tenir compte, le cas échéant, de la responsabilité éventuelle du gérant*

1. V. Civ. 1re, 23 janv. 2008, n° 07-10.753, *AJ fam.* 2008. 164, obs. S. David – *JCP N* 2008, n° 6, act. 208 – *JCP N* 2009, 1151, note C. Lesbats – *D.* 2008, Pan. p. 2248, obs. J. Revel – *Gaz. Pal.*, 21-22 nov. 2008, p. 61, obs. N. Pontruché et J. Casey – *RJPF* 2008, 3/30, obs. S. Valory, qui considère que lorsque le juge conciliateur prend soin de fixer le montant de la pension alimentaire due par l'un des époux en fonction du montant des échéances de l'emprunt réglées par son conjoint, l'époux débiteur alimentaire contribue ainsi indirectement au financement de l'immeuble indivis, ce qui anéantit toute demande en reddition de compte faite par son conjoint sur le fondement de l'article 815-13 du code civil.
2. La solution est, nous semble-t-il, heureuse, car la position inverse amènerait à des difficultés liquidatives. En effet, dans ce dernier cas, seule la plus-value liée à l'activité pourrait donner lieu à rémunération, et non celle liée aux circonstances économiques. Or, « *quand des années ont passé, comment faire la part des contingences économiques et monétaires et celle du travail personnel !* » (A. Colomer, *Les régimes matrimoniaux et le droit commercial, t. 1, Le fonds de commerce et les régimes matrimoniaux, op. cit.*, n° 542).
3. Civ. 1re, 12 janv. 1994, *Bull. civ.* I, n° 10 – *D.* 1994, Jur. 311, 2e esp., note R. Cabrillac – *JCP* 1994, I, 3785, n° 1, obs. Ph. Simler – *Defrénois* 1994, art. 35761, note L. Aynès – *LPA* 2 juin 1995, p. 25, note D. Fiorina – *D.* 1995, Somm. p. 41, obs. M. Grimaldi – *JCP N* 1994, II, 329, note J.-F. Pillebout – *JCP N* 1995, II, 121, n° 9, obs. Ph. Simler – *RTD civ.* 1994, p. 642, obs. F. Zénati – *RTD civ.* 1996, p. 231, obs. B. Vareille.
4. Civ. 1re, 29 mai 1996, *Bull. civ.* I, n° 222 – *JCP* 1997, I, 4008, n° 17, obs. A. Tisserand – *JCP N* 1996, I, 3968, n° 4, obs. R. Le Guidec – *JCP N* 1996, I, 3972, n° 11, obs. H. Périnet-Marquet – *JCP N* 1997, II, 702, note J. Piédelièvre – *RTD civ.* 1997, p. 713, obs. J. Patarin. V. également, Civ. 1re, 11 mars 1997, *Juris-Data* n° 001125 – Civ. 1re civ., 22 avr. 1997, *Juris-Data* n° 001786.
5. Civ. 1re, 28 févr. 1984, *D.* 1984, Jur. 549, note A. Breton – *JCP* 1984, IV, 146 – *Defrénois* 1984, art. 33417, note A. Breton – *JCP* 1986, II, 20558, note D. Fiorina – *RTD civ.* 1985, p. 430, note J. Patarin.
6. Civ. 1re, 20 nov. 1984, *Bull. civ.* I, n° 314 – *JCP* 1985, IV, 41 – *D.* 1985, Jur. 557, note A. Breton.

pour ses actes de gestion »[1]. Cette règle paraît exclure une rémunération proportionnelle aux bénéfices, alors même que celle-ci avait été expressément envisagée lors des travaux préparatoires de la loi de 1976 comme l'une des modalités possibles de la rétribution[2].

113.26 Restitution des produits nets de la gestion. S'il a droit à une rémunération de son travail, l'indivisaire doit en contrepartie restituer les produits nets de sa gestion (C. civ., art. 815-12). Il en résulte que l'indivisaire doit restituer à l'indivision ce que la gestion lui a rapporté. Cette exigence, imposée à l'indivisaire gérant, renvoie à l'article 815-10 du code civil qui, d'une manière générale, dispose que « *les fruits et les revenus des biens indivis accroissent à l'indivision [...]* » (v. s[s] n° 113.42). Il est toutefois admis que seuls les produits nets doivent être restitués par l'indivisaire gérant. Par conséquent, celui-ci pourra déduire du bénéfice brut tous les frais qui ont été nécessaires pour l'obtenir (rémunération des salariés collaborant à l'exploitation, frais de déplacement, *etc.*). D'une manière générale, la Cour de cassation considère que les bénéfices de l'exploitation appartenant à l'indivision post-communautaire « *sont constitués par les bénéfices bruts, diminués des charges d'exploitation comprenant frais de personnels, impôts et taxes, transports et déplacements, frais généraux et financiers, amortissement de matériel* »[3]. La jurisprudence considère également que l'indivisaire gérant ne saurait prétendre aux plus-values procurées au fonds indivis par son travail, lesquelles profitent à l'indivision post-communautaire (v. s[s] n° 113.24). La solution, qui émane d'une décision de la première chambre civile de la Cour de cassation, en date du 12 janvier 1994[4], a été confirmée à plusieurs reprises depuis lors, notamment par un arrêt de cette même chambre, en date du 29 mai 1996, suivant lequel « *l'activité de l'époux gérant d'un fonds de commerce durant l'indivision post-communautaire ne peut être assimilée à une dépense d'amélioration d'un bien indivis dont le remboursement donnerait lieu à l'application de l'article 815-13 du code civil; qu'il en résulte que la plus-value de ce fonds, constatée au jour du partage accroît à l'indivision, l'époux ayant droit à une rémunération de sa gérance dont les juges du fonds apprécient souverainement le montant* »[5].

113.27 Mise en œuvre pratique.

• **Distinction consacrée.** S'agissant du calcul de l'indemnité de l'indivisaire gérant, un éminent auteur a pu distinguer deux situations[6]. Selon lui, lorsque l'indivisaire ne fait que des actes de gestion, il est dans une situation semblable à celle d'un administrateur dont le statut pourrait être celui d'un salarié. En ce cas, la rémunération de l'indivisaire gérant peut être égale à celle d'un salarié exerçant des fonctions similaires. En revanche, lorsque l'indivisaire gère en son nom propre (dentiste, pharmacien, notaire, *etc.*), il encourt une responsabilité personnelle qui justifie qu'il puisse prétendre à une rémunération supérieure à celle d'un salarié exerçant les mêmes fonctions. Cette distinction a emporté l'adhésion de la Cour de cassation, aux termes d'un arrêt en date du 16 mars 1982[7].

• **Distinction proposée.** La distinction consacrée par la Cour de cassation ne permet pas de répondre à l'ensemble des difficultés nées en pratique de la mise en œuvre de l'article 815-12 du code civil. Partant du constat que s'il a droit à une rémunération de son travail, l'indivisaire doit en contrepartie restituer « les produits nets de sa gestion » (v. s[s] n° 113.42) et qu'en pratique, les deux questions

1. Civ. 1re, 28 févr. 1984, préc. – Civ. 1re, 25 oct. 2005, *Bull. civ.* I, n° 386. V. également, Civ. 1re, 4 avr. 1991, *Bull. civ.* I, n° 118. La dépréciation de la valeur économique du bien pourra également être prise en considération au titre de l'article 815-13, alinéa 2, du code civil.
2. Sur ce point, v. F.-X. Testu, Rép. civ., *V° Indivision,* art. préc., n° 750.
3. Civ. 1re, 26 juin 1985, *D.* 1986, Jur. 194, note A. B. Le même arrêt souligne que chacun des copartageants doit en revanche « *normalement supporter l'impôt sur le revenu sur la part lui revenant dans les bénéfices nets réalisés par le fonds de commerce* ». V. également, CA Bordeaux, 28 juin 1999, *Juris-Data* n° 045417, qui indique que les produits nets de la gestion dont est redevable à l'indivision le gérant se définissent comme la somme des produits bruts de gestion diminuée de la somme des frais de fonctionnement et charges d'exploitation. La décision précise que, pour établir le bénéfice net accroissant l'indivision, il convient de déduire du montant des ventes réalisées la somme des coûts de gestion et charges d'exploitation dans la limite de la période de recherche des fruits et revenus non prescrite.
4. Civ. 1re, 12 janv. 1994, *Bull. civ.* I, n° 10 – *D.* 1994, Jur. 311, 2e esp., note R. Cabrillac – *JCP* 1994, I, 3785, n° 1, obs. Ph. Simler – *Defrénois* 1994, art. 35761, note L. Aynès – *LPA* 2 juin 1995, p. 25, note D. Fiorina – *D.* 1995, Somm. p. 41, obs. M. Grimaldi – *JCP N* 1994, II, 329, note J.-F. Pillebout – *JCP N* 1995, II, 121, n° 9, obs. Ph. Simler – *RTD civ.* 1994, p. 642, obs. F. Zénati – *RTD civ.* 1996, p. 231, obs. B. Vareille.
5. Civ. 1re, 29 mai 1996, *Bull. civ.* I, n° 222 – *JCP* 1997, I, 4008, n° 17, obs. A. Tisserand – *JCP N* 1996, I, 3968, n° 4, obs. R. Le Guidec – *JCP N* 1996, I, 3972, n° 11, obs. H. Périnet-Marquet – *JCP N* 1997, II, 702, note J. Piédelièvre – *RTD civ.* 1997, p. 713, obs. J. Patarin. V. également, Civ. 1re, 11 mars 1997, *Juris-Data* n° 001125 – Civ. 1re, 22 avr. 1997, *Juris-Data* n° 001786.
6. A. Colomer, *Les régimes matrimoniaux et le droit commercial*, t. I, *Le fonds de commerce et les régimes matrimoniaux*, Defrénois, 1977 n°s 491 et 588.
7. Civ. 1re, 16 mars 1982, *Bull. civ.* I, n° 109 – *JCP* 1983, II, 20076, note De La Marnière – *RTD civ.* 1983, 167, obs. Patarin, qui a considéré comme légitime de majorer la rémunération de l'indivisaire gérant – en l'espèce, la gérante d'une officine de pharmacie – lorsque des sujétions et des responsabilités particulières pèsent sur lui.

sont intimement liées[1], nous aurions tendance pour notre part à distinguer trois situations, seules la dernière soulevant de réelles difficultés.

- Le gérant amateur. Lorsque l'indivisaire prend en main la gestion d'un bien indivis qui ne dépend pas de son activité professionnelle (portefeuille de valeurs mobilières, bien immobilier locatif, *etc.*), il est dans une situation semblable à celle d'un administrateur dont le statut pourrait être celui d'un salarié. En pareil cas, il ne fait aucun doute que l'indivisaire soit tenu de restituer l'intégralité des loyers qu'il aurait perçus seul ou que les dividendes des actions gérées doivent accroître l'indivision. Quant à l'indemnité dont peut se prévaloir l'indivisaire, celle-ci peut être égale à celle d'un salarié exerçant des fonctions similaires. Ainsi, par exemple, pour la gestion d'un immeuble, on pourra utiliser le salaire de référence d'un administrateur de biens[2], au *prorata* du temps consacré par l'indivisaire à la gestion dudit bien.

- Le gérant associé. L'époux associé qui gère l'exploitation dépendant non de l'indivision directement, mais d'une société, dont les parts sociales sont indivises, ne saurait prétendre à une indemnité d'indivisaire gérant en raison de l'interposition de la personnalité morale de la société[3]. Dans cette hypothèse, l'époux pourrait cependant obtenir de la société une rémunération pour sa gestion si les statuts ont prévu cette possibilité ou si l'assemblée des actionnaires le décide, laquelle devra être portée à son compte-courant d'associé. Sur ce point, il ne fait là non plus aucun doute que l'indivisaire pourra conserver les salaires qu'il a pu percevoir de la société, ces derniers étant la rémunération de son travail, lesquels n'ont pas vocation à accroître l'indivision. En revanche, les dividendes des parts sociales indivises qu'il pourrait percevoir devront, pour leur part, être restituées à l'indivision.

- Le gérant libéral, artisan ou commerçant. Les choses se compliquent lorsque l'on est en présence d'un époux qui exploite une activité libérale, artisanale ou commerciale sans l'interposition d'une société. Ainsi, par exemple, un époux dentiste exploite seul son cabinet, dont la valeur est commune, pendant la période de l'indivision post-communautaire. En bonne logique, cet époux prélève tous les mois une rémunération. La question se pose alors de savoir s'il doit restituer à l'indivision, au titre des produits nets de sa gestion, le montant de la rémunération ainsi perçue. À défaut de précision dans la loi, cette question a divisé la doctrine.

Pour les uns, les plus nombreux, il ne fait aucun doute que l'article 815-10 du code civil vise tous les revenus, sans distinction selon leur origine, de sorte que l'indivisaire doive restituer l'ensemble des revenus perçus par ses soins, ceux tirés du capital comme ceux qui constituent la contrepartie de son travail. En d'autres termes, parmi « les produits nets de sa gestion » qu'il est tenu de restituer à l'indivision, en vertu des dispositions particulières de l'article 815-12, l'indivisaire gérant ne saurait déduire du bénéfice brut perçu sa propre rémunération[4]. Il est toutefois admis qu'en pareille occurrence, l'indivisaire dont les revenus professionnels vont ainsi profiter à la masse indivise puisse, à tout le moins, bénéficier d'une rémunération en contrepartie de sa gestion, sur le fondement de l'article 815-12 *in fine* du code civil. L'un constitue le contrepoids naturel et indispensable à l'autre. Lorsqu'ils appliquent cette thèse et constatent ainsi un double mouvement de valeurs au titre des comptes de l'indivision[5], les magistrats ont parfois tendance, par souci de simplicité, à admettre que le montant de l'indemnité de l'indivisaire gérant est similaire à celui des bénéfices perçus par l'indivisaire pendant la période de l'indivision post-communautaire[6].

Pour d'autres, en revanche, l'indivisaire ne saurait restituer à l'indivision sa rémunération[7]. Selon cette dernière analyse, il conviendrait alors d'opérer une distinction entre les produits du travail et les revenus du capital[8]. À supposer que l'on puisse clairement distinguer les uns des autres, ce qui n'est pas toujours chose aisée, il faut l'admettre, cette seconde opinion recueille notre adhésion. Selon nous, tous les fruits et revenus apparus pendant l'indivision post-communautaire n'ont pas vocation à être restitués à cette dernière. Nous pensons qu'il convient de ventiler les fruits selon leur source et donc de distinguer les fruits civils, qui apparaissent comme une émanation du bien, des fruits industriels, qui sont l'expression du travail qui les crée et ne sauraient être considérés comme des « revenus des biens indivis » au sens de l'article 815-10 du code civil[9]. Seuls les premiers ont naturellement voca-

1. V. A. Chamoulaud-Trapiers, th. préc., nos 825 et s.
2. V. les hypothèses citées par M. Dagot, « L'indivision », *JCP* 1977, I, 2858, n° 339.
3. CA Nîmes, 8 avr. 2008, RG n° 06/02827.
4. En ce sens, v. not., M. Dagot, « L'indivision », art. préc., n° 334.
5. La restitution des fruits et revenus par l'indivisaire (C. civ., art. 815-10, al. 3) est à inscrire à l'actif de l'indivision, tandis que l'indemnité de gestion (C. civ., art. 815-12), qui lui est due, est à porter au passif de l'indivision.
6. V. par ex., CA Pau, 9 nov. 1983, *Juris-Data* n° 048224 – TGI Lyon, 8 janv. 2004, RG n° 02/02541.
7. G. Morin, « Bref aperçu de la loi du 31 décembre 1976 relative à l'organisation de l'indivision », *Defrénois* 1977, art. 31510, n° 35.
8. Sur cette distinction, v. A. Chamoulaud-Trapiers, th. préc., n° 823.
9. V. A. Chamoulaud-Trapiers, th. préc., nos 850 s. – D. Fiorina, note ss Civ. 1re, 25 mai 1987, *Gaz. Pal.* 1988, p. 34132.

tion à accroître la masse indivise, au rebours des seconds qui, en raison de la disparition de la collaboration des époux, doivent uniquement revenir à leur auteur. S'agissant de l'exigence plus spécifique de l'article 815-12 qui impose à l'indivisaire gérant de faire profiter l'indivision des produits nets de sa gestion, cela revient à dire que l'indivisaire en question doit déduire du bénéfice brut sa propre rémunération, pour ne remettre que le solde dans l'indivision[1]. Si l'on considère, conformément à cette analyse, que seuls les revenus du capital doivent profiter à l'indivision, au rebours des produits du travail qui doivent être conservés par l'indivisaire, en ce qu'ils constituent la contrepartie de son activité professionnelle, la question de l'indemnité de l'indivisaire gérant ne se pose guère. En effet, dans ce cas, l'indivisaire a déjà bénéficié d'une rémunération pour son labeur et ne semble pas pouvoir valablement prétendre à une indemnité de gestion, sauf à considérer que l'indemnité de l'article 815-12 puisse alors constituer une sorte de prime, destinée à récompenser l'indivisaire pour les résultats de sa gestion, mais on se heurte là au principe suivant lequel l'indemnité est indépendante de ces derniers (v. s^s^ n° 113.25-1).

2°
Régime de l'indemnité d'indivisaire gérant

113.28 Exigibilité de l'indemnité d'indivisaire gérant. L'indemnité de gestion cesse logiquement d'être due à la date de la jouissance divise[2]. Son règlement ne peut en principe intervenir qu'à cette époque, même si au moins une décision a admis que l'indivisaire qui en bénéficie peut en demander le règlement par anticipation[3]. En effet, si certains commentateurs avaient considéré au lendemain de la loi de 1976 que l'indivisaire était obligé de rendre compte de tous les produits nets de sa gestion pour seulement, ensuite, au moment du partage, pouvoir réclamer le paiement de ce qui lui est dû[4], la jurisprudence a préféré permettre à l'indivisaire de prélever directement sa rémunération sur le produit de l'exploitation, estimant ainsi que cette rémunération fait partie des charges de cette exploitation devant être déduite du produit brut[5]. L'entrée en compte d'indivision qui résulterait d'une demande de règlement au seul stade du règlement du régime présente cependant un double avantage. D'une part, selon certains, la rétribution due échappera probablement à l'assiette de l'impôt sur le revenu, en raison de la fongibilité des éléments du compte[6] et, d'autre part, elle sera productive d'intérêt au taux légal à compter du jour où l'indivision est devenue débitrice[7].

Il en résulte, en conséquence :

- qu'en principe, l'indivisaire gérant doit restituer ses revenus à la masse indivise, car ils accroissent cette dernière. Ensuite, seulement, il peut prétendre à une indemnité;

- par tempérament, la jurisprudence admet que l'indivisaire puisse prélever par anticipation son indemnité, sous la forme de revenus prélevés périodiquement. Il y a alors compensation. Mais son conjoint ou lui-même peuvent contester le montant de la rémunération perçue.

113.29 Prescription. La Cour de cassation considère, classiquement, que l'indemnité de gestion n'est pas soumise à la prescription quinquennale de l'article 2277 du code civil[8]. La question s'est longtemps posée de savoir si, en revanche, elle n'était pas soumise à la déchéance quinquennale prévue pour les fruits des biens indivis à l'article 815-10, alinéa 2, du code civil[9].

La réponse devait, semble-t-il, être négative, le texte ne visant pas la rémunération de l'indivisaire mais seulement les fruits et revenus de l'indivision[10].

La question revêt aujourd'hui un intérêt limité dans la mesure où l'on doit admettre que l'indemnité de l'indivisaire gérant se prescrit par cinq ans, conformément au droit commun de la prescription (C. civ., art. 2224).

1. V. F.-X. Testu, RÉP. CIV., *V° Indivision*, art. préc., n° 745.
2. Civ. 1re, 7 juin 1988, *Bull. civ.* I, n° 178 – *D.* 1988, IR p. 181.
3. Civ. 1re, 15 mai 1972, *D.* 1980. IR, p. 138, obs. D. Martin.
4. En ce sens, v. M. Dagot, « L'indivision », art. préc., n° 334. Mais *contra*, G. Morin, « Bref aperçu de la loi du 31 décembre 1976 relative à l'organisation de l'indivision », *Defrénois* 1977, art. 31510, n° 35.
5. Civ. 1re, 15 mai 1979, préc.
6. F.-X. Testu, RÉP. CIV., *V° Indivision,* art. préc., n° 751.
7. Pour une application, v. Civ. 1re, 11 juin 1996, *Bull. civ.* I, n° 248, qui précise que les intérêts courent « *de plein droit à partir du jour où l'indivision est constituée débiteur et non pas de la demande en justice* » qui tendait à fixer le montant de la rémunération de l'indivisaire gérant.
8. Civ. 1re, 19 déc. 1995, *Bull. civ.* I, n° 472 – *D.* 1998, Jur. 24, note Ph. Malaurie – *Defrénois* 1996, art. 36278, obs. M. Grimaldi – *RTD civ.* 1996, p. 938, obs. F. Zenati. V. également, CA Bordeaux, 28 juin 1999, *Juris-Data* n° 045417.
9. En ce sens, v. not., Ph. Malaurie, note sous Civ. 1re, 19 déc. 1995, préc.
10. En ce sens, Grimaldi, note sous Civ. 1re., 19 déc. 1995, préc., qui remarque qu'aucun auteur n'a envisagé l'application en ce domaine de l'article 815-10. – V. cependant *contra* G. Morin : *Defrénois* 1977, art. 31510, n° 14.

§ 2
Dettes des époux à l'égard de l'indivision

113.30 Sources des dettes. L'un des époux peut être débiteur à l'égard de l'indivision, soit qu'il a joui privativement d'un bien indivis (A), soit qu'il en a perçu des fruits et revenus (B), soit enfin qu'il l'a détérioré (C).

A.
Dettes nées de la jouissance d'un bien indivis

113.31 Indemnité pour jouissance privative. Pendant la procédure, et la situation perdure souvent après le prononcé du divorce, il est fréquent que l'un des époux occupe seul, parfois avec les enfants communs, un bien immobilier[1] faisant partie de l'indivision post-communautaire, notamment le logement familial. La question se pose alors de savoir si cet époux est redevable d'une quelconque indemnité d'occupation, en application des dispositions de l'article 815-9, alinéa 2, du code civil (1°) et, dans l'affirmative, comment doit-on évaluer cette indemnité (2°).

1°
Principe d'une indemnité pour jouissance privative

113.32 Caractère onéreux, par principe, de la jouissance exclusive d'un bien indivis. D'une manière générale, les indivisaires, parce qu'ils ne sont rien d'autres que des propriétaires, ont le droit de jouir de la chose commune mais de manière concurrente, de telle manière que si certains d'entre eux s'approprient de manière exclusive ce droit, ils sont alors redevables d'une indemnité d'occupation, prévue à l'article 815-9, alinéa 2, du code civil. Appliquée sans nuance en matière de divorce, cette règle de droit commun aboutit, par principe, à faire peser rétroactivement sur l'époux qui bénéficie de la jouissance exclusive d'un bien commun devenu indivis la charge d'une indemnité pour jouissance privative[2].

113.33 Notion de jouissance privative. Si l'occupation privative d'un bien indivis donne lieu par principe à indemnisation, encore faut-il s'entendre sur la notion d'occupation, telle qu'elle est comprise par l'article 815-9 du code civil. De ce point de vue, soulignons tout d'abord qu'il importe peu que l'occupation soit fondée sur un titre, ordonnance de non-conciliation ou convention entre époux, ou qu'elle soit spontanée[3]. Lorsque l'occupation est fondée sur un titre, il est indifférent, par ailleurs, que l'époux titulaire du droit n'en fasse pas usage, car, en tout état de cause, l'indivision est alors privée de faire fructifier le bien à son profit. La Cour de cassation a, en effet, posé en principe que l'indemnité étant due en contrepartie du droit pour l'indivisaire de jouir privativement du bien indivis, elle peut être exigée même en l'absence d'occupation effective des lieux[4]. De plus, l'époux qui s'est vu conférer la jouissance privative d'un immeuble ne saurait davantage prétendre être dispensé d'indemnité lorsqu'il l'occupe, au prétexte que sa présence dans les lieux serait nécessaire pour assurer la garde et l'entretien de cet immeuble[5]. De même encore, le caractère inhabitable du bien ne semble pas pouvoir exonérer l'époux débiteur du règlement de son indemnité. Ainsi, par exemple, il a

1. Précisons que l'occupation privative et, partant, la question de l'indemnité d'occupation n'est pas limitée aux seuls biens immobiliers – elle peut également concerner des biens meubles (véhicule automobile, bateau...).
2. Sur laquelle, v. A. Batteur, « L'indemnité d'occupation et la jouissance exclusive d'un bien indivis par un époux pendant la procédure de divorce », *Dr. fam.* 2001, chron. n° 14 et *JCP N* 2002, I, 1332 – G. Crémont, « Le logement de la famille en période de crise », *JCP N* 1999, n° 5, p. 271 et s. – S. David, « Divorce et indemnité pour jouissance privative », *AJ fam.* 2002. 283 – Vassaux, « L'indemnité d'occupation réclamée à l'époux divorçant... ou le mythe de Sisyphe », *Dr. et patr.* 2003, n° 112, p. 24.
3. Civ. 1re, 22 avril 1997, *Dr. et patr.* 11/1997, p. 70, no 1806, obs. A. Bénabent – *RTD civ.* 1999, p. 168, obs. J. Patarin). En l'espèce l'épouse, qui occupait un immeuble dépendant de l'indivision postcommunautaire a vainement tenté d'éviter le paiement d'une indemnité d'occupation en faisant valoir qu'aucune décision de justice et qu'aucune convention ne lui avait accordé le droit de jouir privativement de cet immeuble. M. Patarin en a déduit (obs. sous Civ. 1re, 22 avr. 1997, préc.) que « *le fait objectif de la jouissance privative, même sans octroi ou reconnaissance d'un droit de jouissance, est suffisant pour fonder la dette d'indemnité* ». V. également Civ. 1re, 8 déc. 1998, *Juris-Data* n° 004909.
4. Civ. 1re, 12 janv. 1994, *Bull. civ.* I, n° 10 – *Rép. Defrenois* 1994, art. 35761, p. 430, note L. Aynès – *JCP* 1994, I, 3785, n° 1, obs. Ph. Simler – *D.* 1994, Jur. 311, 2e esp., note R. Cabrillac – *LPA* 2 juin 1995, p. 25, note D. Fiorina – *D.* 1995. somm. 41, obs. M. Grimaldi – *JCP N* 1994, II, 329, note J.-F. Pillebout – *JCP N* 1995, II, 121, n° 9, obs. Ph. Simler – *RTD civ.* 1994, p. 642, obs. F. Zénati – *RTD civ.* 1996, p. 231, obs. B. Vareille – Civ. 1re, 26 mai 1999, *Dr. fam.* 1999, comm. n° 87, obs. B. Beigner – Civ. 1re, 14 juin 2000, *Bull. civ.* I, n° 186 – *Rép. Defrenois* 2000, art. 37261, p. 1308, 1re esp., obs. J. Massip – Civ. 1re, 14 nov. 2000, *Defrenois* 2001, art. 37353, p. 595, n° 32, 5e esp., obs. J. Massip – CA Nîmes, 25 juin 2008, *Juris-Data* n° 001120 – CA Paris, 11 févr. 2009, *Juris-Data* n° 000709 – Civ. 1re, 4 juin 2009, n° 08-15.050, NP – Civ. 1re, 8 juill. 2009, *JCP* 2009, 391, n° 19, obs. A. Tisserand-Martin – *JCP* 2009, n° 31, 157, obs. H. Bosse-Platière – *Dr. fam.* 2009, comm. n° 115, obs. I. Maria – *Procédures* 2009, comm. n° 322, note M. Douchy-Oudot.
5. Civ. 1re, 5 mai 1998, *Juris-Data* n° 002181.

été jugé que le fait que l'immeuble ait été inhabitable, au moins en partie, à la suite d'un dégât des eaux, ne saurait constituer un motif légitime d'exonération du paiement de l'indemnité, l'époux occupant ayant l'obligation de veiller à la conservation du bien[1]. Dans le même ordre d'idées, il a pu être jugé que les conditions rudimentaires de l'occupation, en raison de l'attitude de l'épouse qui a emporté le mobilier, n'excluent pas le caractère privatif de celle-ci et, partant, n'exonère pas le mari de son indemnité[2]. En revanche, pour que l'indivisaire soit débiteur d'une indemnité, il est nécessaire qu'il ait la possibilité matérielle d'user privativement à titre exclusif du bien indivis, et donc qu'il en ait la libre disposition[3]. C'est pourquoi l'époux dont le conjoint refuse de quitter ou, à tout le moins, a toujours accès au bien concerné, ne saurait être débiteur d'une quelconque indemnité.

113.34 Caractère gratuit, par exception, de la jouissance privative d'un bien indivis. La règle de principe, selon laquelle l'occupation privative donne lieu à indemnisation, doit cependant être nuancée. En effet, l'occupation privative d'un bien indivis peut revêtir un caractère gratuit non seulement en cas d'accord exprès ou implicite entre les époux, mais aussi sur décision judiciaire. Au titre des mesures provisoires susceptibles d'être préconisées dans le cadre de l'ordonnance de non-conciliation, le juge aux affaires familiales peut notamment « *attribuer à l'un des époux la jouissance du logement et du mobilier du ménage ou partager entre eux cette jouissance* » (C. civ., art. 255, 4°). En pareil cas, il doit désormais spécifier le « *caractère gratuit ou non* » de cette jouissance et, le cas échéant, constater « *l'accord des époux sur le montant d'une indemnité d'occupation* ».

Cette précision, apportée par la loi du 26 mai 2004, a pour but d'éviter les difficultés autrefois constatées lorsque le juge conciliateur ne prenait pas le soin, souvent d'ailleurs parce que la demande ne lui en avait pas été faite, de préciser le caractère gratuit ou onéreux de la jouissance. Dans une telle hypothèse, il était alors admis qu'il appartenait au juge liquidateur d'interpréter rétrospectivement ce silence malencontreux et, donc, de jauger, parfois des années plus tard, souvent de manière quelque peu divinatoire, de l'intention du magistrat conciliateur. La solution n'était guère satisfaisante; elle a poussé la Cour de cassation a décidé que, dans le silence de l'ordonnance de non-conciliation, la jouissance privative d'un bien indivis par l'un des époux au cours de l'instance en divorce devait être considérée comme onéreuse, conformément aux termes de l'article 815-9 du code civil[4].

Il est donc nécessaire pour l'époux en divorce qui entend demeurer au sein du logement familial, sans bourse délier, de prendre soin de solliciter du juge conciliateur la jouissance exclusive du logement familial à titre gratuit. À défaut, il sera tenu, lors des opérations de règlement du régime matrimonial, au paiement d'une indemnité pour jouissance privative, dont le montant, lorsqu'il est capitalisé, peut s'avérer très lourd à supporter. Ceci dit, il convient de rappeler que, lorsque le juge concède la jouissance du logement familial à titre gratuit à l'un des époux, en raison de circonstances particulières, l'on admet généralement que cette occupation gratuite constitue une modalité d'exécution en nature du devoir de secours qui pèse sur son conjoint.

Cette justification n'est pas neutre; elle engendre certaines conséquences, dont l'époux demandeur doit avoir conscience lorsqu'il agit. Sans entrer dans des considérations fiscales[5], soulignons à ce titre que la gratuité acquise est temporaire; elle ne saurait en effet perdurer lorsque le divorce est devenu irrévocable et qu'il n'existe plus aucune obligation alimentaire entre les époux, autrement dit que toute justification juridique à son maintien a disparu. Aussi, l'époux qui jouit seul du domicile conjugal est-il redevable, conformément au droit commun de l'indivision, d'une indemnité d'occupation, dès le jour où le divorce est passé en force de chose jugée et ce, jusqu'au partage.

2°
Évaluation de l'indemnité pour jouissance privative

113.35 Division. Lorsque le principe d'une indemnité d'occupation est acquis, se pose alors immanquablement, la question de son évaluation.

1. CA Caen, 30 oct. 2008, *Juris-Data* n° 372755. V. également CA Aix-en-Provence, 25 sept. 2007, *Juris-Data* n° 346623.
2. CA Poitiers, 25 juin 2008, *Juris-Data* n° 372736.
3. Civ. 1re, 22 avr. 1997, *Juris-Data* n° 001798.
4. V. not., Civ. 1re, 25 juin 2002, *AJ fam.* 2002. 381, obs. S. David – *Dr. fam.* 2002, comm. n° 149, note B. Beignier – *RTD civ.* 2002, p. 787, obs. J. Hauser – Civ. 1re, 28 nov. 2006, *AJ fam.* 2007. 183, obs. S. David. Cette solution doit toujours prévaloir aujourd'hui, lorsque le bien attribué n'est pas le logement familial. Dans ce cas, en effet, le juge n'a aucune obligation de préciser si l'occupation est gratuite ou onéreuse.
5. Il est admis que l'avantage en nature correspondant à la mise à disposition, à titre gratuit, au profit de l'un des conjoints, du logement familial indivis, équivaut à une pension alimentaire, imposable en tant que telle chez l'époux occupant et déductible corrélativement du revenu de son conjoint, à hauteur de la moitié de la valeur locative (Rép. min n° 41899 : *JOAN*, quest. 29 mai 2000, p. 3267). Cet impact fiscal est souvent méconnu des parties. Il postule pourtant, en toute logique, sauf à attirer l'attention du fisc, un rapprochement entre elles afin qu'elles s'accordent sur le montant des sommes qui seront déduites par l'un et imposées chez l'autre.

En l'absence d'accord entre les parties à ce sujet, il appartient au liquidateur de s'interroger sur le *quantum* de l'indemnité (a), puis de préciser sa durée (b).

a)
Quantum de l'indemnité

113.36 Montant de l'indemnité : il équivaut à un loyer modéré. Le montant de l'indemnité est fixé *a posteriori* lors des opérations de liquidation et de partage par les parties ou, à défaut d'accord, par le juge saisi par le notaire liquidateur des difficultés inhérentes à la liquidation[1]. Seuls les époux ont la possibilité de définir les règles du jeu *a priori* en sollicitant du juge de bien vouloir constater leur accord sur le montant l'indemnité, dans le cadre de l'ordonnance de non-conciliation. En revanche, il s'infère des termes de l'article 255, 4°, du code civil que le juge conciliateur ne dispose pas du pouvoir de fixer arbitrairement ce montant.

Si « *l'époux bénéficiaire ne sait pas à l'avance ce qu'il lui en coûtera en définitive* »[2], ce que l'on peut déplorer, il ne faut cependant rien exagérer sur le flou qui est censé entourer le calcul de l'indemnité d'occupation. En effet, si les règles d'évaluation de l'indemnité d'occupation relèvent du pouvoir d'appréciation du juge du fond[3], il n'empêche que la Cour de cassation fournit quelques indications générales.

L'on sait notamment que les magistrats se fondent, pour fixer le *quantum* de l'indemnité, sur la valeur locative du bien[4], même si rien ne leur interdit de prendre en considération d'autres éléments propres à l'espèce[5], comme, par exemple, l'attitude dilatoire d'un époux rétif à la vente du bien occupé à titre onéreux par son conjoint. Le droit de l'occupant étant plus précaire que celui d'un locataire protégé par un statut légal, il est classiquement opéré une réfaction sur la valeur locative, qui peut varier de 15 à 30 % d'un loyer normal[6].

Une fois la base du calcul arrêtée, il doit être opéré, dans la pureté des principes, un calcul de l'indemnité pour jouissance privative pour chaque année due. Pour ce faire, il convient de disposer de la valeur locative du bien pour chaque année considérée, au besoin en faisant appel à un expert immobilier ou, à tout le moins, en calculant celle-ci sur la base de la valeur locative la plus proche du partage à l'aide de l'indice de référence des loyers[7].

113.37 Influence de la présence des enfants. Il arrive fréquemment que l'époux qui demeure dans un immeuble indivis, souvent l'ancien domicile conjugal, réside avec les enfants du couple. La question se pose alors de savoir si la présence de ces derniers peut avoir une influence sur le montant de l'indemnité d'occupation qui est due.

Durant de nombreuses années, la Cour de cassation a apporté une réponse affirmative à cette interrogation et a admis que la présence des enfants au sein du bien occupé privativement par l'un des époux était de nature à diminuer, voire dans certains cas à supprimer, l'indemnité pour jouissance privative mise à la charge de celui-ci[8]. Au soutien de cette jurisprudence, il était avancé que l'occupation par les enfants de l'immeuble indivis réalisait une contribution du conjoint auquel ils n'avaient pas été confiés à leur entretien en nature, ce qui justifierait la réduction ou la suppression de l'indemnité due par l'époux occupant à la mesure de sa seule occupation personnelle.

La justification adoptée impliquait que le juge de la liquidation appelé à fixer l'indemnité d'occupation devait s'atteler à rechercher si le juge du divorce avait fixé la pension alimentaire due pour l'entretien et l'éducation des enfants par l'époux qui ne résidait pas avec eux indépendamment ou non de l'occupation de l'immeuble indivis. Dans le premier cas, il n'y avait aucune interférence entre l'indemnité d'occupation et la contribution à l'entre-

1. Civ. 1re, 2 avr. 1996, *Bull. civ.* I, n° 162, qui considère que cette fonction incombe au juge, qui ne saurait la déléguer au notaire liquidateur, lequel peut seulement donner un avis de pur fait sur les éléments d'évaluation de l'indemnité.
2. A. Bénabent, *La réforme du divorce, article par article*, éd. *Defrénois*, 2004, p. 71.
3. Civ. 1re, 30 juin 1987, *Bull. civ.* I, n° 213 – Civ. 1re, 4 mai 1994, *Defrenois* 1995, art. 36061, note M.-C. Frogeard – Civ. 1re, 25 juin 1996, *Gaz. Pal.* 1997.1. somm. 207, obs. S. Piedelièvre – *JCP* 1997, I, 4010, n° 9, obs. H. Périnet-Marquet – Civ. 1re, 6 mai 1989, n° 07-17.046, NP.
4. Civ. 3e, 16 mars 1983, *Gaz. Pal.* 1983.2, Pan. p. 255, obs. M. Grimaldi – *RTD civ.* 1984, p. 341, obs. J. Patarin – Civ. 1re, 27 oct. 1992, *Bull. civ.* I, n° 265 – *JCP* 1993, I, 3713, n° 3, obs. F.-X. Testu – *RTD civ.* 1993, p. 630, obs. J. Patarin – *JCP N* 1993, II, 204 – CA Aix-en-Provence, 11 sept. 1995, *Juris-Data* n° 047400 – CA Paris, 12 nov. 1997, *Juris-Data* n° 024375.
5. V. par exemple, Civ. 1re, 13 déc. 1994, *Bull. civ.* I, n° 369 – *RTD civ.* 1995, p. 659, obs. J. Patarin – *JCP* 1995, I, 3878, n° 16, obs. H. Périnet-Marquet – *D.* 1995, Jur. 496.
6. V. Civ. 2e, 4 mai 1994, *Defrénois* 1995, art. 36061, note M.-C. Frogeard, qui applique à la valeur locative du bien une réfaction de 30 % pour fixer le quantum de l'indemnité d'occupation.
7. Cet indice a été créé par l'article 35 de la loi 2005-841 du 26 juillet 2005 et a été modifié par l'article 9 de la loi n° 2008-111 du 8 février 2008 pour le pouvoir d'achat.
8. Civ. 1re, 7 juin 1989, *Bull. civ.* I, n° 223 – *D.* 1990. somm. 117, obs. A. Bénabent – *Defrénois* 1990, art. 34791, n° 43, obs. J. Massip – *RTD civ.* 1989, p. 367, obs. J. Patarin – Civ. 1re, 20 nov. 1990, *Defrénois* 1991, art. 34980, n° 4, obs. J. Massip – Civ. 1re, 25 nov. 2003, *Dr. fam.* 2004, comm. n° 35, note V. Larribau-Terneyre. Comp. Civ. 1re, 30 sept. 2003, *RJPF* 2004, 1/29, obs. Th. Garé.

tien des enfants; dans le second cas, l'indemnité devait être revue à la baisse, dans une proportion laissée à la libre appréciation des juges du fond. Une telle recherche était indispensable et si elle apparaissait souvent fort délicate, pour ne pas dire divinatoire, elle se trouvait heureusement parfois facilitée, notamment lorsque le juge attribuait expressément la jouissance gratuite du bien indivis à titre de complément de pension alimentaire [1] ou précisait que cette dernière avait été fixée en tenant compte de l'occupation gratuite [2].

La solution, à l'évidence empreinte d'équité, n'emportait cependant pas l'adhésion générale. Certains auteurs ont ainsi fait valoir que la cause de l'indemnité d'occupation réside dans le fait que l'époux qui a dû quitter les lieux est privé de sa part de jouissance dans l'immeuble indivis utilisé exclusivement par son conjoint et que le fait que les enfants résident dans les lieux n'y change rien [3]. Il a pu également être souligné que le raisonnement opéré par les Hauts magistrats aboutissait à faire jouer la compensation entre une dette due par l'époux occupant à l'indivision et une dette due par le parent non gardien au parent gardien alors qu'en toute logique, afin que la compensation même partielle puisse valablement s'opérer, il faudrait systématiquement vérifier que les dettes réciproques existent entre les mêmes parties [4].

Ces critiques n'ont, semble-t-il, pas laissé insensible la Cour de cassation qui, aux termes d'un arrêt en date du 7 juin 2006, a refusé de supprimer l'indemnité d'occupation mise à la charge d'une épouse, sous prétexte que les enfants du couple cohabitaient avec elle [5]. L'arrêt semble ainsi témoigner de la volonté de la Cour régulatrice d'opérer un revirement de jurisprudence, à moins d'y voir plus modestement la réponse à un pourvoi « mal fagoté ». On peut, en effet, se déclarer surpris de l'approche choisie par ce dernier : au lieu de soutenir que la contribution du père à l'entretien des enfants était de nature à réduire le montant de l'indemnité d'occupation, le pourvoi arguait de ce que le caractère privatif de la jouissance, et donc le principe même de l'indemnité, était remis en cause par la présence des enfants. La thèse ne pouvait prospérer car, comme le rappelle l'arrêt, le caractère privatif doit s'apprécier « *uniquement par rapport aux autres indivisaires* ». La maladresse du pourvoi, qui a imprudemment placé le débat sur le terrain de l'existence même de l'indemnité plutôt que celui de son montant, laisse ainsi planer un doute sur la portée exacte d'une décision, dont le devenir sera scruté avec intérêt.

Dans cette attente, il doit être conseillé à l'époux occupant avec les enfants et doté d'une pension alimentaire insuffisante, souvent la femme, d'agir en justice pour obtenir une augmentation de cette dernière plutôt que d'espérer une compensation fort aléatoire avec l'indemnité d'occupation dont elle sera redevable dans le cadre des opérations de règlement du régime matrimonial. En revanche, il n'existe *a priori* aucun remède pour l'épouse dont le mari n'exécute pas son devoir alimentaire et qui sera contrainte, à l'aune de la solution préconisée, de régler l'indemnité d'occupation dans son intégralité, ce qui témoigne des inconvénients en opportunité de l'arrêt.

113.38 Absence d'influence des dépenses liées au bien. Contrairement à la présence des enfants, l'existence des charges liées à la jouissance ainsi que des dépenses engagées pour l'entretien du bien ne peut être prise en considération pour évaluer le montant de l'indemnité. Si l'indivisaire occupant s'est préoccupé de la gestion du bien, ce qui est fréquent, et a amélioré ce dernier à ses frais, il a droit à une indemnité, prévue à l'article 815-13 du code civil, laquelle pourra se compenser en tout ou partie, mais seulement au moment des comptes d'indivision, avec l'indemnité qu'il doit au titre de sa jouissance privative [6]. Le même raisonnement doit être transposé lorsque le bien a été acquis à l'aide d'un emprunt toujours en cours et que l'époux occupant a seul continué à régler les échéances du remboursement du prêt [7]. La bonne méthode consiste alors à établir un compte entre époux qui fera apparaître, d'une part, une créance de cet indivisaire, égale au montant des échéances du prêt qu'il a réglées, à l'encontre de l'indivision et, d'autre part, l'indemnité d'occupation. En aucun cas, il ne saurait être question de ventiler le montant de l'indemnité en fonction desdites échéances.

b)
Durée de l'indemnité

113.39 Division. Le *quantum* de l'indemnité déterminé, il reste pour le liquidateur à fixer la durée pendant laquelle l'indemnité d'occupation privative est due. La difficulté est alors double : il s'agit, en premier lieu, de déterminer la date à compter de laquelle l'indemnité est due (v. s^s^ n° 113.40) et, en second

1. Civ. 1re, 27 avr. 2004, RG n° 02-11.359, NP.
2. Civ. 1re, 25 nov. 2003, préc.
3. V. Th. Garé, obs. sous Civ. 1re, 30 sept. 2003, *RJPF* 2004, 1/29.
4. V. S. David, « Divorce et indemnité pour jouissance privative », art. préc.
5. Civ. 1re, 7 juin 2006, *AJ fam.* 2006. 289, obs. S. David.
6. Civ. 1re, 27 oct. 1992, préc.
7. Pour une illustration, v. CA Paris, 9 avr. 2008, *Juris-Data* n° 361431.

lieu, de préciser la nature du délai édicté à l'article 815-10, alinéa 2 du code civil (v. s^s n° 113.41).

113.40 Point de départ de l'indemnité. À partir de quelle date l'indemnité d'occupation est-elle due ? Cette difficulté est habituellement résolue en distinguant selon que la jouissance privative du bien indivis en question revêt pendant la procédure de divorce un caractère onéreux ou gratuit.

Dans le second cas, donc lorsqu'aucune indemnité n'est due durant l'instance en divorce parce que le juge conciliateur a pris soin de mentionner expressément le caractère gratuit de la jouissance, la Cour de cassation considère classiquement que c'est seulement à compter du jour où le jugement de divorce est passé en force de chose jugée, c'est-à-dire au jour où il n'est plus susceptible d'aucun recours suspensif d'exécution (C. pr. civ., art. 500), que l'époux non occupant peut réclamer les fruits et revenus perçus par son ex-conjoint, au cours de l'indivision post-communautaire [1]. La solution est irréprochable puisque jusque-là, les mesures provisoires prévues lors de l'ordonnance de non-conciliation ont vocation à s'appliquer [2]; elle est du reste fréquemment rappelée par les Hauts magistrats [3].

La détermination de la date à partir de laquelle l'indemnité est due présente davantage de difficultés dans le premier cas, c'est-à-dire lorsque l'époux concerné n'a pas obtenu la jouissance gratuite du bien pendant l'instance. En pareille hypothèse, il est admis que l'indemnité d'occupation est due à compter de la date de l'ordonnance de non-conciliation, ce qui est compréhensible puisque c'est à cette date que le divorce produit ses effets entre les époux dans leurs rapports patrimoniaux et que, par conséquent, la communauté laisse la place à l'indivision post-communautaire. Cette solution est valable sauf clause contraire ou dans l'hypothèse où l'un des époux a été prié de quitter le domicile conjugal par le juge conciliateur et qu'il tarde quelque peu à s'exécuter. En pareil cas, il va sans dire que le point de départ de l'indemnité d'occupation due par le conjoint doit correspondre à la date du départ effectif de l'époux en question.

Les choses se compliquent quelque peu dans l'hypothèse d'un report conventionnel ou judiciaire de la date de dissolution du régime matrimonial à la date où les époux ont cessé de cohabiter ou collaborer car il convient alors, selon les termes de l'article 262-1 *in fine* du code civil, de distinguer selon la nature du bien indivis concerné.

S'agissant du logement familial, ce qui est le cas le plus fréquent, il est précisé qu'en dépit du report, l'indemnité n'est due qu'à compter de l'ordonnance de non-conciliation « *sauf décision contraire du juge* ». Le fondement de la solution est le suivant : tant que le juge conciliateur n'a pas statué sur les modalités de la résidence séparée des époux, l'époux occupant ne dispose d'aucun droit exclusif puisque rien n'interdit à son conjoint d'utiliser le bien en question. Or, il est constant que l'indemnité n'est due que lorsque l'occupation de l'immeuble indivis exclut la même utilisation par les autres indivisaires. Cette justification permet de comprendre que le juge puisse préconiser une « *décision contraire* » et mettre ainsi à la charge de l'époux occupant une indemnité courant antérieurement à l'ordonnance de non-conciliation, notamment s'il constate que ce dernier bénéficiait déjà *de facto* d'une jouissance exclusive, parce qu'il avait privé son conjoint de l'accès au bien.

En revanche, la même logique ne prévaut pas pour les autres biens indivis, qui ne font l'objet d'aucune disposition spécifique dans le cadre de l'ordonnance de non-conciliation et à l'égard desquels l'indemnité pour jouissance privative commence à courir dès la date de dissolution du régime matrimonial.

113.41 Indemnité soumise à la prescription quinquennale. L'indemnité d'occupation étant traditionnellement assimilée aux fruits et revenus, une jurisprudence constante considère qu'elle est soumise aux dispositions de l'article 815-10, alinéa 2, du code civil et donc à la prescription quinquennale [4]. Il en résulte, en cas de partage amiable, que le montant de l'indemnité doit être calculé sur les cinq années précédant la date d'établissement de la liquidation [5]. S'il s'agit d'un partage judiciaire, les cinq années antérieures devront être calculées en remontant à partir d'une citation en justice invoquant le bénéfice de l'indemnité. En outre, la jurisprudence a précisé que le délai de cinq ans pouvait

1. Civ. 1re, 18 févr. 1992, *Defrénois* 1992, art. 35360, p. 1206, note M.-C. Forgeard – *JCP* 1993, I, 3676, obs. F.-X. Testu – *RTD civ.* 1993, p. 165, obs. F. Zénati et p. 172, obs. J. Patarin. Pour une application, v. Civ. 2e, 27 mai 1998, *Dr. fam.* 1998, comm. n° 154, 2e esp., note H. Lécuyer.
2. Article 254 du code civil.
3. V. not., Civ. 1re, 19 sept. 2007, *AJ fam.* 2008. 35, obs. S. David – *Dr. fam.* 2007, comm. n° 207, note V. Larribau-Terneyre – *RLDC* 2007/43, n° 2745, obs. G. Marraud des Grottes.
4. Civ. 1re, 6 juill. 1983, *Bull. civ.* I, n° 199 – *D.* 1984, Jur. 168, note G. Morin – *Rép. Defrenois* 1984, art. 33229, p. 273, note G. Morin – *RTD civ.* 1984, p. 341, obs. J. Patarin – Civ. 1re, 14 nov. 1984, *Bull. civ.* I, n° 305 – Civ. 1re, 6 nov. 1985, *D.* 1987, Jur. 125, note A. Breton.
5. Civ. 1re, 15 mai 2008, *Bull. civ.* I, n° 132 – *D.* 2009, Pan. p. 53, obs. M. Douchy-Oudot – *RJPF* 2008,9 2008,9/21, obs. Th. Garé – *JCP N* 2008, 1328, n° 8, obs. H. Périnet-Marquet.

être interrompu par une assignation, sous réserve que celle-ci tende à la reconnaissance d'un droit et identifie suffisamment le débiteur et la dette[1] ou par l'établissement d'un procès-verbal de difficultés dressé par le notaire charge de la liquidation et du partage[2].

S'agissant d'une prescription extinctive quinquennale, il faut admettre que ce délai de cinq ans est soumis aux causes ordinaires de suspension et d'interruption, et notamment à l'article 2236 du code civil, selon lequel la prescription « *ne court pas [...] entre époux* ». Il en résulte concrètement que la prescription quinquennale qui s'applique à l'indemnité d'occupation ne peut commencer à courir qu'à compter du jour où le jugement de divorce acquiert force de chose jugée (c'est-à-dire, concrètement, à compter de l'acquiescement ou, à défaut, un mois après la signification). Partant, à défaut de gratuité pendant l'instance, lorsque le conjoint de l'époux occupant forme une demande d'indemnité d'occupation dans le délai de cinq ans suivant cette date, il est en droit d'obtenir paiement de celle-ci depuis l'origine, sans que la prescription de l'article 815-10, alinéa 2, du code civil ne puisse lui être opposée. L'analyse, un temps chahuté par les juridictions du fond[3], a été consacrée par la Cour de cassation, au travers d'un arrêt du 7 juin 2006[4]. Il va sans dire qu'une telle solution est susceptible d'aboutir à faire remonter le point de départ de l'indemnité de nombreuses années en arrière[5]. Difficilement critiquable en droit, elle peut avoir des répercussions dramatiques pour l'époux occupant, qui peut ainsi se retrouver condamné rétroactivement de fait au paiement d'une indemnité, dont le montant est aussi lourd qu'imprévisible.

Exemple 1 : un divorce devient définitif le 5 février 2004. Au cours de la procédure de divorce, l'ex-épouse avait bénéficié de la jouissance à titre gratuit de l'ancien domicile conjugal. Dans le cadre des opérations de règlement du régime matrimonial après divorce, la date de jouissance divise est fixée au 10 mars 2010. S'agissant du montant de l'indemnité, les époux s'accordent sur un montant mensuel de 800 €, correspondant à 80 % de la valeur locative du bien.

Dans l'exemple donné, l'ex-épouse est débitrice d'une indemnité pour jouissance privative, sur le fondement de l'article 815-9 du code civil, calculée sur les cinq dernières années, soit à compter du 10 mars 2005. Elle doit en conséquence à l'indivision une indemnité d'un montant de 60 000 € (soit 1 000 € × 60 mois).

Exemple 2 : deux époux divorcent. L'ordonnance de non-conciliation, en date du 9 janvier 1999, attribue la jouissance privative de l'ancien domicile conjugal, bien commun devenu indivis, à l'épouse, tout en précisant que cette jouissance revêt un caractère onéreux. L'assignation est délivrée le 10 mars 1999. Le divorce devient définitif le 5 février 2004. Dans le cadre d'une assignation en partage délivrée le 12 avril 2006, l'ex-époux forme une demande d'indemnité pour jouissance privative, au titre des comptes de l'indivision post-communautaire. Un acte de partage amiable est établi le 10 mars 2010. La date de jouissance divise est fixée au jour de l'acte.

Dans l'exemple donné, l'ex-épouse devrait logiquement être débitrice d'une indemnité pour jouissance privative sur les cinq dernières années, soit à compter du 10 mars 2005. Il reste que l'assignation délivrée par son ex-époux a interrompu la prescription quinquennale. Il en résulte que l'indemnité est due par Madame sur les cinq dernières années à compter de la date de cette assignation, soit le 12 avril 2001. Or, à cette date, les époux étaient encore mariés, de sorte que l'ex-épouse ne peut opposer une quelconque prescription à son ex-conjoint, en vertu de l'article 2236 du code civil. Elle doit en conséquence à l'indivision une indemnité depuis l'assignation en divorce (en vertu des textes antérieurs à la loi du 26 mai 2004), soit le 10 mars 1999, ce qui correspond à 132 000 € (1 000 € × 132 mois).

1. V. Civ. 1re, 26 juin 2001, *RJPF* 2001, 12/45, obs. J. Casey.
2. Civ. 1re, 18 févr. 1991, *Bull. civ.* I, n° 52; *RTC civ.* 1993, p. 1165, obs. F. Zénati; *RTC civ.* 1993, p. 172, obs. F. Patarin – Civ. 1re, 10 févr. 1998, *Bull. civ.* I, n° 47 – *Rép. Defrenois* 1998, art. 36866, note O. Milhac – *RTC civ.* 1998, p. 435, obs. J. Patarin – Civ. 1re, 6 déc. 2005, *Dr. fam.* 2006, comm. n° 33, note V. Larribau-Terneyre – Civ. 1re, 20 sept. 2006, n° 04-13.465, NP – Civ. 1re, 10 mai 2007, *Bull. civ.* I, n° 176 – *AJ fam.* 2007. 275, obs. F. Bicheron – *JCP* 2007, I, 1997, n° 3, obs. H. Périnet-Marquet – CA Paris, 19 déc. 2007, *Juris-Data* n° 353739.
3. Si certaines juridictions avaient accueilli cette analyse sans sourciller (V. CA Limoges, 6 nov. 2000, *Rép. Defrenois* 2002, art. 37526, p. 529, note A. Chamoulaud-Trapiers), d'autres, en revanche, l'avaient tout aussi clairement rejeté. Ainsi, était-ce le cas de la Cour d'appel de Paris qui, manifestement inquiète des effets drastiques d'une telle solution pour l'époux occupant, avait proposé d'opposer aux termes de l'article 2253 du code civil, les dispositions de l'article 262-1 du même code, en considérant que l'un des conjoints ne saurait se prévaloir de la suspension édictée par le premier de ces textes, dès lors qu'en vertu du second, le jugement de divorce avait pris effet dans les rapports des époux, en ce qui concerne leurs biens, dès la date de l'assignation, si ce n'est avant, en cas de report (CA Paris, 9 sept. 2003, RG n° 2002/12865).
4. Civ. 1re, 7 juin 2006, *AJ fam.* 2006,. 289, obs. S. David.
5. L'espèce ayant donné lieu à l'arrêt de la Haute juridiction du 7 juin 2006 (préc.) en fournit une vibrante illustration puisque l'indemnité courait depuis le 26 octobre 1987 ! Préconisant une solution similaire, les magistrats limousins avaient calculé, en 2000, une indemnité d'occupation sur une durée de quatorze ans et six mois.

B.
Dettes nées de la perception des fruits et revenus des biens indivis

113.42 Accroissement de la masse indivise par les fruits et revenus. Il n'est pas rare que l'un des époux, au cours de l'indivision post-communautaire, perçoive seul des fruits ou des revenus produits par un bien indivis, par exemple les loyers d'un immeuble. La question se pose alors de savoir si cet époux doit restituer ou non les fruits ou revenus qu'il a perçus.

La réponse est positive. Bien avant l'entrée en vigueur de la loi du 31 décembre 1976, la jurisprudence appliquait déjà la maxime traditionnelle selon laquelle les fruits et revenus des biens indivis accroissent la masse indivise : « *Fructus augent hereditatem* »[1]. Cette règle a été reprise purement et simplement par l'article 815-10, alinéa 2, du code civil, aux termes duquel « *les fruits et les revenus des biens indivis accroissent à l'indivision [...]* ». Ce principe se justifie de deux façons. D'abord, par l'autonomie de la masse indivise, qui peut être amenée à durer de nombreuses années, et qui a besoin d'être alimentée activement par tous les fruits et revenus des biens qui en dépendent. Ensuite, par l'indispensable solidarité qui doit exister entre les indivisaires. Tous doivent en effet bénéficier de la même façon des fruits et revenus fournis par les biens indivis pendant l'indivision.

113.43 Notion de fruits et revenus. L'article 815-10 du code civil ne distingue pas entre les fruits et les revenus, de sorte qu'ils accroissent tous l'indivision et que l'époux qui les perçoit est débiteur à l'égard de cette dernière. La plupart des auteurs considèrent qu'il n'y a donc pas lieu de distinguer entre les fruits naturels, industriels ou civils, pas plus qu'il n'y a à opérer de distinction entre les revenus des exploitations agricoles, industrielles, commerciales, artisanales ou libérales. Cette position peut être discutée à certains égards (v. s^s n° 113.27). Il importe peu, par ailleurs, que l'un des époux indivisaire ait eu une participation plus active que l'autre à la gestion du bien indivis. Aussi, les revenus fournis par une exploitation gérée par un époux seul accroissent-ils l'indivision, même si ce dernier a droit, par ailleurs, à une indemnité d'indivisaire gérant (v. s^s n° 113.25). De même, l'indemnité pour jouissance privative a également la nature juridique de fruits et revenus, car elle a pour objet de compenser l'absence d'entrée de loyer[2].

113.44 Charge de la preuve. À l'instar des impenses, l'article 815-8 du code civil impose à celui des indivisaires qui « *perçoit de revenus* », de tenir un état à la disposition des indivisaires. Aucune sanction n'étant prévue en cas de non-respect de cette obligation, il convient de considérer que l'époux qui prétend que son conjoint a perçu des fruits et revenus de biens indivis peut en faire la preuve par tous moyens, nonobstant l'absence d'état descriptif[3].

113.45 Prescription quinquennale. Aux termes de l'article 815-10, alinéa 3, du code civil « aucune recherche relative aux fruits et revenus ne sera [...] recevable plus de cinq ans après la date à laquelle ils ont été perçus ou auraient pu l'être ». L'idée est ici que les fruits et revenus sont faits pour être consommés et qu'il faut éviter leur réclamation tardive[4].

113.46 Droit annuel aux bénéfices. Aux termes de l'article 815-11, alinéa 1er, du code civil, « *tout indivisaire peut demander sa part annuelle dans les bénéfices* ». Ainsi les fruits et revenus, au lieu d'accroître constamment l'indivision pour être finalement partagés, peuvent donner lieu à un règlement annuel. Mais ce droit est limité aux bénéfices, ce qui signifie que seuls les fruits nets sont concernés. L'article précise d'ailleurs clairement que ce droit ne peut jouer que « *déduction faite des dépenses entraînées par les actes auxquels (l'indivisaire) a consenti ou qui lui sont opposables* ». En d'autres termes, les bénéfices qui peuvent être distribués annuellement consistent dans la différence entre les sommes encaissées et les dépenses qui ont permis de les obtenir. La Cour de cassation a précisé, de ce point de vue, que la détermination des bénéfices sur lesquels un indivisaire peut faire valoir son droit suppose l'établissement préliminaire d'un compte annuel de gestion portant sur l'ensemble des biens indivis[5].

Chaque époux peut donc légitimement demander une attribution annuelle de sa part dans les différents fruits et revenus produits par les biens qui composent l'indivision post-communautaire. À ce titre, l'époux débiteur d'une indemnité pour jouissance privative

1. V. Civ., 18 déc. 1839, *S.* 1840, 1, p. 86 – Civ., 6 déc. 1852, *DP* 1853, 1, p. 50 – Civ., 11 mars 1891, *DP* 1891, 1, p. 295 – Civ., 23 mai 1905, *DP* 1906, 1, p. 369, note E. Boutaud – *S.* 1906, 1, p. 177, note Tissier – Req. 27 janv. 1926, *DP* 1927, 1, p. 169, note M. Nast – Civ., 11 déc. 1973, *JCP* 1974, II, 17826, note M. Dagot – *D.* 1974, IR p. 62 – *RTD civ.* 1975, p. 135, obs. R. Savatier.
2. Sur ce point, v. M. Donnier, J.-CL. CIVIL, art. 815 à 815-18, Fasc. 40, art. préc., n° 59 – F.-X. Testu, RÉP. CIV., *V° Indivision*, art. préc., n° 718. Pour une application, v. Civ. 1re, 5 févr. 1991, *Bull. civ.* I, n° 54 – *RTD civ.* 1992, p. 615, obs. J. Patarin – *Defrénois* 1991, art. 35018, obs. G. Champenois.
3. F.-X. Testu, RÉP. CIV., *V° Indivision*, art. préc., n° 613.
4. Pour l'application de ce texte à l'indemnité pour jouissance privative, v. *supra*.
5. Civ. 1re, 27 oct. 1993, *Defrénois* 1994, art. 35761, obs. L. Aynès.

peut être tenu de régler celle-ci annuellement[1]. Mais dans cette hypothèse, le droit de l'indivision aux autres fruits produits par le bien disparaît.

C. Dettes nées de la détérioration du bien indivis

113.47 Dettes à l'égard de l'indivision. De même que les impenses peuvent donner lieu à remboursement au profit de l'époux indivisaire qui les a faites, de même l'indivision peut se faire indemniser des dégradations et détériorations qu'elle a subies. Ainsi, l'article 815-13, alinéa 2, du code civil, dispose que « *l'indivisaire répond des dégradations et détériorations qui ont diminué la valeur des biens indivis par son fait ou par sa faute* ». Il s'agit ici ni plus ni moins d'une application particulière de la responsabilité civile[2].

113.48 Notion de dégradations et de détériorations. La notion de dégradations et de détériorations doit être entendue largement[3]. Ainsi sont concernées non seulement les dégradations et détériorations matérielles du bien, qu'elles soient totales ou partielles, mais aussi la baisse de valeur économique due à des fautes de gestion[4], ainsi que l'utilisation de fonds indivis par l'un des époux à des fins personnelles[5]. Mais encore faut-il cependant que les dégradations ou détériorations soient dues à une faute de l'un des époux et non au simple écoulement du temps[6].

113.49 Évaluation. En la matière aucune règle spécifique de revalorisation de la créance n'est prévue par la loi. La règle est ici justifiée par l'idée que les créances dont l'indivision est titulaire ont toujours été conçues comme étant immédiatement exigibles, contrairement aux créances dont peuvent se prévaloir les indivisaires, de sorte que l'application du système de la dette de valeur, qui ne se conçoit qu'en cas d'exigibilité différée dans le temps, n'aurait aucune raison d'être[7]. En réalité cependant, deux hypothèses doivent être distinguées.

En cas de dégradation matérielle, l'idée de dette de valeur semble s'imposer comme une évidence et son application ne donne lieu à aucune hésitation. En effet, dans la mesure où le texte met en œuvre un système de responsabilité civile, la valeur de l'indemnisation due de ce chef, comme toute dette de responsabilité civile[8], sera naturellement fixée en considération de la diminution de valeur procurée au bien au jour de la liquidation ou au jour du règlement de la dette si l'indivision en exige le paiement par anticipation, mais en considération de l'état dans lequel se trouvait le bien au moment où le dommage a été causé[9].

Exemple : au cours de l'indivision post-communautaire, un époux dégrade un bien indivis. Au jour de la liquidation, ce bien est évalué à 200 000 €, étant entendu que sans la dégradation, il vaudrait 250 000 €. Dans l'exemple donné, la somme due par l'époux à l'indivision post-communautaire s'élève à 50 000 € (250 000 € - 150 000 €).

En revanche, en cas d'utilisation de deniers indivis à des fins personnelles par l'un des indivisaires, faute de précision sur une quelconque méthode de revalorisation des sommes dues de ce chef, celles-ci devront être comptées pour leur valeur nominale. On peut sans doute déplorer que le législateur n'ait pas prévu de règle de revalorisation lorsque l'un des indivisaires a utilisé des fonds indivis aux fins

1. Pour une application, v. Civ. 1re, 5 févr. 1991, préc.
2. En ce sens, v. M. Donnier, J.-Cl. civil art. 815 à 815-18, Fasc. 40, art. préc., n° 180.
3. Sur ce point, v. F.-X. Testu, Rép. civ., V° *Indivision*, art. préc., n° 710.
4. Par ce biais, la règle selon laquelle la fixation du montant de l'indemnité d'indivisaire gérant doit faire fi des résultats de la gestion se trouve tempérée.
5. Comp. F.-X. Testu, Rép. civ., V° *Indivision*, art. préc., n° 782. Le fait d'utiliser des fonds indivis à des fins personnelles revient en effet à amoindrir la valeur économique de la masse indivise, amoindrissement qui relève du domaine de l'article 815-13, alinéa 2. *Contra*, v. S. Becqué-Ickowicz, « La construction sur le terrain d'un époux séparé de biens financée par des sommes indivises, Réflexions sur la dette de valeur », *RTD civ.* 2008, p. 589, n° 23, qui estime que l'alinéa 2 ne concerne pas l'hypothèse où l'indivisaire utilise des fonds indivis à des fins personnelles (v. cependant, n° 25, où l'auteur admet finalement la possibilité d'utiliser ce texte). Le principe de l'indemnisation, du reste, peut également prendre appui sur les articles 815-9 et 815-10 du code civil. Si l'indivisaire qui jouit privativement d'un bien indivis est redevable d'une indemnité (C. civ., art. 815-9), *a fortiori* doit-il en verser une lorsqu'il en a disposé, ce qui est le cas de l'utilisation de sommes indivises à des fins personnelles (en ce sens, v. S. Becqué-Ickowicz, « La construction sur le terrain d'un époux séparé de biens financée par des sommes indivises, Réflexions sur la dette de valeur », art. préc., n° 25). De même, les fonds indivis utilisés à des fins personnelles au cours de l'indivision post-communautaire seront le plus souvent des fruits ou des revenus d'un bien indivis (loyer par exemple) – or, ces sommes doivent être restituées à l'indivision (C. civ., art. 815-10).
6. Pour une application, v. CA Grenoble, 17 janv. 2000, *Juris-Data* n° 114289, qui rejette la demande d'indemnisation au profit de l'indivision formulée par l'épouse au motif que la dégradation constatée par un expert est due au temps écoulé et non au fait ou à la faute de l'occupant qui n'a, dès lors, pas à en répondre.
7. En ce sens, v. F.-X. Testu, Rép. civ., V° *Indivision*, art. préc., n° 711.
8. Sur la question de la date d'évaluation du préjudice comme une application naturelle de la dette de valeur, v. F. Terré, Ph. Simler et Y. Lequette, *Les obligations*, Dalloz, 9e éd., 2005, n° 1338.
9. En ce sens, M. Donnier, J.-Cl. civil art. 815 à 815-18, Fasc. 40, art. préc., *loc. cit.*

d'améliorer un bien personnel[1]. Certains auteurs vont plus loin et sont favorables à une bilatéralisation de l'article 815-13, alinéa 1er, qui permettrait à l'indivision de bénéficier d'une créance revalorisée en cas d'amélioration ou de conservation d'un bien propre à l'aide de deniers indivis[2].

Exemple : au jour de la dissolution, les époux sont titulaires d'un compte joint sur lequel sont déposés 50 000 €. Ils décident de ne pas clôturer ce compte afin de régler les dettes qui naîtront au cours de l'indivision post-communautaire et d'éviter ainsi, autant que faire se peut, la naissance de comptes d'indivision. Quelque temps après la dissolution, l'un des époux prélève sur ce compte la somme de 10 000 € et l'emploi à la réalisation de travaux d'amélioration sur l'un de ses biens propres. Au jour de la liquidation, le bien en question est évalué à 150 000 €, étant entendu que sans les travaux, il ne vaudrait que 100 000 €. Dans l'exemple donné, la dépense faite s'élève à 10 000 € et le profit subsistant est de 50 000 € (150 000 € - 100 000 €).

Dans la mesure où l'article 815-13, alinéa 2, du code civil n'envisage pas de méthode de réévaluation pour cette hypothèse, l'époux considéré n'est redevable à l'indivision que de la somme nominale prélevée, soit 10 000 €.

113.50 Exclusion de l'équité. Aucune référence n'étant faite à l'équité dans le second alinéa de l'article 815-13 du code civil, le juge ne saurait allouer à l'indivision une somme supérieure à celle que commande la stricte application du nominalisme monétaire. De même, il ne peut pas non plus allouer une somme inférieure à la dépense faite.

SECTION 2
RÈGLEMENT DES CRÉANCES D'INDIVISION

113.51 Raison d'être du compte d'indivision[3]. Il appartient au liquidateur d'établir, dans le cadre de la liquidation du régime matrimonial, un compte final et exhaustif des mouvements de valeurs qui ont pu intervenir entre le patrimoine personnel des époux et l'indivision, le compte d'indivision, reprenant les différents postes considérés. En revanche, en aucune façon, les différentes créances ou dettes nées entre les époux pendant l'indivision post-communautaire en dehors des relations nées de l'indivision ne doivent entrer en compte[4].

Bien que chaque indivisaire soit copropriétaire de la masse indivise, l'indivision est tenue, dans le cadre du règlement du compte d'indivision, pour une entité comptable distincte, dont chaque époux est simplement créancier ou débiteur. La jurisprudence a d'ailleurs pris soin de préciser à plusieurs reprises que les sommes dues dans ce cadre le sont à (ou dues par) l'indivision et non aux autres indivisaires[5].

113.52 Nature du compte d'indivision. La nature exacte du compte d'indivision est discutée[6]. Certains y voient un compte au sens plein du terme, cependant que d'autres n'y voient qu'un compte analytique, un simple état descriptif des différentes créances et dettes. Cette difficulté explique, dans une large mesure, les imprécisions des solutions qui vont suivre, solutions qui dépendent de la nature du compte.

113.53 Preuve des éléments du compte. La question de la preuve des éléments du compte n'est envisagée que par un seul article du code civil. Selon l'article 815-8, l'indivisaire qui perçoit des revenus ou expose des frais pour le compte de l'indivision doit, en effet, tenir un état à la disposition des autres indivisaires. On a vu cependant que la portée de cette obligation était relative et que la preuve des éléments du compte pouvait en réalité se faire par tous moyens (v. ss nos 113.15 s.

1. En ce sens, v. not. S. Becqué-Ickowicz, « La construction sur le terrain d'un époux séparé de biens financée par des sommes indivises, Réflexions sur la dette de valeur », art. préc., nos 36 et s. – Ph. Malaurie et L. Aynès, *Les biens*, *Defrénois*, 3e éd., 2007, no 692.
2. En ce sens, v. S. Becqué-Ickowicz, « La construction sur le terrain d'un époux séparé de biens financée par des sommes indivises, Réflexions sur la dette de valeur », art. préc., *loc. cit.*, spéc. nos 48 et s. – G. Morin, « Bref aperçu de la loi du 31 décembre 1976 relative à l'organisation de l'indivision », art. préc., no 36 – A. Tisserand, note sous Civ. 1re, 31 mars 1992, *JCP N* 1993, II, 22003, p. 22.
3. V. N.-H. Aymeric, *Essai sur une théorie générale du compte en droit privé*, thèse, préf. A. Ghozi, éd. Panthéon Assas, 2008, nos 91 et s.
4. Req. 12 juill. 1916, *DP* 1920, 1, p. 103 – Civ. 1re, 26 mars 1974, *JCP N* 1975, II, 17970, note M. Dagot – *D.* 1975, Jur. 41, note J.-P. Sortais.
5. Civ. 1re, 14 oct. 1984, *Bull. civ.* I, no 305 – Civ. 1re, 17 mars 1987 (2e esp.), *D.* 1987, Jur. 589, note A. Breton – Civ. 1re, 3 oct. 2006, *Juris-Data* no 035275 – Civ. 1re, 31 oct. 2007, no 06-12.493, NP – CA Paris, 11 déc. 2008, *Juris-Data* no 373370 – Civ. 1re, 6 mai 2009, no 07-17.046, NP. Pour cette raison, les créances d'indivision ne doivent pas être confondues avec les créances entre époux. Sur cette distinction, v. A. Colomer et G. Champenois, « La loi du 23 décembre 1985 relative à l'égalité des époux dans les régimes matrimoniaux (Loi no 85-1372 du 23 décembre 1985) », *Defrénois* 1986, art. 33793, no 170, qui démontrent parfaitement que « *plus qu'"intermédiaires" entre les récompenses et les créances entre époux, les créances entre les indivisaires et la masse indivise constituent une troisième catégorie, autonome par rapport aux deux précédentes* ».
6. Pour une synthèse relative à la nature du compte d'indivision, v. F.-X. Testu, RÉP. CIV., *Vo Indivision*, art. préc., nos 768 et s.

pour les impenses et n° 113.44 pour la perception des revenus).

§ 1
Entrée en compte

113.54 Division. Pour le praticien amené à établir un compte d'indivision, il importe de connaître les règles afférentes à l'entrée en compte (§ 1), ainsi que les conséquences qui en découlent (§ 2), avant de s'attacher au règlement de ce compte (§ 3).

113.55 Caractère facultatif ou obligatoire de l'entrée en compte. L'entrée en compte ayant des effets singuliers, il est essentiel de savoir si elle est automatique et obligatoire ou, à l'inverse, si l'indivisaire ou l'indivision en situation de créancier a la faculté d'exiger un paiement immédiat. En revanche, il n'est pas discuté que, une fois le compte établi et le solde dégagé, il n'est plus possible de demander un règlement séparé des créances ou dettes incluses dans ce compte [1].

Les rédacteurs de la loi du 31 décembre 1976 avaient entendu distinguer deux hypothèses [2].

– S'agissant des créances que l'un des époux peut avoir à l'encontre de l'indivision, la loi semble implicitement avoir proscrit toute idée de règlement immédiat puisqu'elle prévoit qu'il doit être « *tenu compte* » à l'indivisaire qui a réalisé des impenses utiles sur le bien indivis dans le cadre de l'article 815-13 du code civil, en fonction de la valeur dont le bien est augmenté « *au temps du partage* ». C'était d'ailleurs la position tenue lors des travaux préparatoires, les rédacteurs de la loi ayant entendu écarter le remboursement immédiat au motif qu'il risquerait de constituer une charge trop lourde pour les coïndivisaires [3].

À l'encontre de cette analyse, il est cependant possible d'opposer plusieurs arguments [4]. D'abord, refuser l'exigibilité immédiate de ces créances reviendrait à décourager l'esprit d'initiative d'un indivisaire quant à l'entretien ou l'amélioration d'un bien indivis [5]. C'est pourquoi, il est communément admis que chaque indivisaire créancier d'une impense nécessaire peut se prévaloir du bénéfice de l'article 815-17, alinéa 1er, du code civil, qui permet à tout créancier de l'indivision, dont la créance résulte de la conservation ou de la gestion des biens indivis, de saisir à tout moment les biens indivis, ce qui consacre implicitement le droit au paiement immédiat. De plus, le caractère obligatoire de l'entrée en compte ferait courir sans raison légitime à l'indivisaire créancier le risque de l'insolvabilité de l'indivision [6].

Pour sa part, la jurisprudence n'apparaît pas nettement fixée en la matière, certaines décisions penchant pour l'exigibilité différée et donc le caractère obligatoire de l'entrée en compte [7], d'autres admettant le règlement immédiat [8].

Notons que si l'on admet que le paiement de la créance peut être demandé à tout moment, une seconde question se pose alors, à savoir celle de la valorisation de cette créance. Pris au pied de la lettre, l'article 815-13 du code civil n'envisage en effet la détermination de la plus-value, qui fixe le montant de la somme due à l'indivisaire en cas d'impense utile et qui en détermine le maximum en cas d'impense nécessaire, qu'« *au temps du partage* ». C'est la raison pour laquelle, il est généralement enseigné que toute demande de règlement anticipée, en admettant qu'elle soit possible, ne pourra jamais bénéficier du système de la dette de valeur. Concrètement, la créance d'un époux qui demanderait le règlement anticipé d'une impense utile ou nécessaire sera toujours fixée à hauteur de la somme nominale dépensée de ce chef [9].

– En ce qui concerne les créances que l'indivision peut avoir à l'encontre de l'un des époux indivi-

1. V. CA Paris, 5 nov. 1982, *D.* 1983, IR p. 176, obs. D. Martin.
2. Sur cette question, v. F.-X. Testu, Rép. civ., *V° Indivision*, art. préc., nos 801 et s.
3. Sur ce point, v. M. Dagot, « L'indivision », art. préc., n° 344.
4. Sur ces arguments, v. F.-X. Testu, Rép. civ., *V° Indivision*, art. préc., nos 802 et s. et les références citées.
5. *Ibid.*, n° 802.
6. *Ibid.*, n° 803.
7. CA Paris, 4 nov. 1991, *D.* 1992, IR p. 63, qui juge que les créances « *ne sont que des éléments du compte d'indivision qui avant l'achèvement des opérations de partage ne peuvent donner lieu à l'existence de créances liquides et exigibles, éventuellement productives d'intérêts, d'un copartageant sur l'autre, non plus qu'à condamnation définitive à paiement de l'un au profit de l'autre* » – Civ. 1re, 27 oct. 1993, *RTD civ.* 1994, p. 144, obs. J. Patarin.
8. Civ. 1re, 15 mai 1979, *D.* 1980, IR p. 138, obs. D. Martin (à propos de l'indemnité d'indivisaire gérant) – Civ. 1re, 20 févr. 2001, (pour une impense nécessaire), *Bull. civ.* I, n° 41 – *RTD civ.* 2001, p. 642, obs. J. Patarin – *RTD civ.* 2001, p. 916, obs. Th. Revet – *RTD civ.* 2002, p. 150, obs. R. Perrot – *JCP* 2001, I, 358, n° 5, obs. H. Périnet-Marquet – *RJPF* 2001, 5/49, obs. J. Casey – *Dr. fam.* 2002, comm. n° 12, obs. B Beignier. Cette dernière décision est parfois présentée comme permettant de manière générale le paiement immédiat dans le cadre de l'article 815-13. En ce sens, v. J. Patarin, obs. sous Civ. 1re, 20 févr. 2001, préc. – J.-B. Donnier, J.-Cl. civil, Art. 815 à 815-18, Fasc. 40, art. préc., n° 184. Mais *contra*, S. Becqué-Ickowicz, « La construction sur le terrain d'un époux séparé de biens financée par des sommes indivises, Réflexions sur la dette de valeur », art. préc., n° 52.
9. En ce sens, v. J. Patarin, obs. sous Civ. 1re, 20 févr. 2001, préc., p. 643 et obs. sous Civ. 1re, 5 févr. 1991, *RTD civ.* ▶

saire, le caractère facultatif de l'entrée en compte a toujours été admis sans discussion[1].

113.56 Date de l'entrée en compte. L'entrée en compte a lieu dès la naissance de l'obligation qui donne lieu à la dette ou à la créance. Si l'on admet que l'entrée en compte est facultative, il risque d'y avoir une incertitude sur le point de savoir si une créance ou une dette est effectivement entrée en compte ou non. La méthode la plus simple consiste ici à vérifier rétrospectivement qu'aucune action en règlement anticipée n'a été introduite[2]. Ainsi, par exemple, lorsque l'un des époux aura demandé le paiement de sa créance au cours de l'indivision, il conviendra de conclure que la créance considérée n'est pas entrée en compte.

§ 2
Conséquences de l'entrée en compte

113.57 Perte de l'identité des éléments du compte. Une fois entrées en compte, les différentes créances et dettes perdent leur individualité et se présentent désormais comme un simple article de ce compte, soumis à un nouveau régime juridique. Seul le reliquat du compte donnera, en effet, lieu à règlement et non pas telle créance ou telle dette. Cette particularité, liée à la nature même du compte[3], emporte plusieurs conséquences[4].

113.58 Report de l'exigibilité. Toutes les créances et les dettes qui entrent en compte cessent d'être exigibles tant que dure l'indivision[5]. La règle est justifiée par le fait que seul le solde du compte donne lieu à règlement. Il est donc logique d'attendre le résultat de la balance faite entre les dettes et les créances pour dire où se trouve le débit, à la charge de l'indivisaire ou de l'indivision. La règle est toutefois fortement tempérée par le caractère facultatif de l'entrée en compte. Dans ce cas, en effet, l'indivisaire qui se prétend créancier de l'indivision ou, à l'inverse l'indivision, peut réclamer le paiement de la créance à tout moment, c'est-à-dire sans attendre le partage.

113.59 Suspension du cours de la prescription. L'entrée en compte suspend la prescription de l'obligation correspondant à la dette ou à la créance jusqu'au moment du partage, tant que le compte n'est pas clos et soldé[6]. Ce principe souffre néanmoins deux exceptions majeures, pour lesquelles prévaut la prescription extinctive expressément prévue par le législateur. Ainsi en va-t-il, tout d'abord, de la dette d'un indivisaire qui aurait conservé pardevers lui un revenu indivis qu'il aurait perçu, qui relève de la prescription prévue par l'article 815-10, alinéa 2. Il en va de même de la dette résultant d'une indemnité pour jouissance privative, à laquelle la jurisprudence applique la même prescription extinctive.

La prescription quinquennale qui s'applique alors s'explique traditionnellement par la volonté du législateur de simplifier les comptes d'indivision, à propos de sommes destinées à être consommées dans un bref délai. Or, l'admission d'une suspension de la prescription pendant la durée de l'indivision reviendrait à ruiner cette règle. Il reste que, désormais, l'ensemble des éléments du compte sont soumis à la prescription quinquennale, conformément au droit commun (C. civ., art. 2224), l'exception étant en quelque sorte devenue la règle. L'on peut alors se poser la question de savoir si le principe de la suspension de la prescription de ces éléments doit perdurer ou non.

113.60 Production d'intérêts. Les créances et les dettes entrées en compte d'indivision portent intérêt de plein droit à dater de leur entrée en compte, c'est-à-dire à la date de la naissance de l'obligation dans le cadre de l'indivision post-communautaire. Cette solution s'infère de l'article 856 du code civil, aux termes duquel « *les fruits et intérêts des choses sujettes à rapport ne sont dus qu'à compter du jour de l'ouverture de la succession* », jour qui marque l'entrée en compte des dettes indivises en matière successorale. Dans la mesure où l'entrée en compte est facultative, l'indivisaire débiteur peut toujours éviter le cours des intérêts en acquittant spontanément sa dette, sans attendre le partage. À l'inverse, l'époux qui se prétend créancier de l'indivision aura intérêt à demander le règlement de sa créance dans le cadre du règlement du compte. Une demande de règlement anticipée lui ferait en effet perdre le bénéfice de ces intérêts.

Il en va cependant différemment si la dette ou la créance se présente comme une dette de valeur. Dans ce cas, la dette ou la créance doit être portée à

► 1994, p. 144 – F. Terré et Y. Lequette, *Droit civil, Les successions, les libéralités*, Dalloz, 4e éd., 2008, no 872 – F.-X. Testu, Rép. civ., *Vo Indivision*, art. préc., no 807 (impl.). Comp. *supra* les solutions retenues en matière de créances entre époux.

1. Sur ce point, v. F.-X. Testu, Rép. civ., *Vo Indivision*, art. préc., no 808.
2. En ce sens, v. *ibid.*, no 805.
3. Sur laquelle, v. *ibid.*, nos 768 et s.
4. Pour une analyse approfondie de ces conséquences, v. *ibid.*, nos 812 et s.
5. Civ. 1re, 5 déc. 1978, *Bull. civ.* I, no 377 – *Defrénois* 1979, art. 32093, no 74, obs. G. Champenois.
6. Cass. Req. 26 juin 1839, *S.* 1839, 1, p. 555 – Civ. 1re, 13 oct. 1959, *Bull. civ.* I, no 409 – Civ. 1re, 5 déc. 1978, préc. Pour la justification de la règle, v. F.-X. Testu, Rép. civ., *Vo Indivision*, art. préc. nos 817 et s.

l'actif ou au passif du compte de l'indivisaire pour sa seule valeur, telle qu'elle a été déterminée au jour le plus proche du partage. Pour les dettes, c'est le cas, par exemple, de l'indemnité due par un indivisaire à raison de la détérioration d'un bien indivis, dont la moins-value procurée au bien est estimée au jour du partage. Pour les créances, ce sera le cas, par exemple, d'une impense utile, dont la plus-value est estimée au jour du partage.

§ 3
Règlement du solde du compte

113.61 Mode de paiement des créances d'indivision. Les différents articles du compte d'indivision aboutissent à une balance qui permet de dégager un solde. En principe, ce solde est réglé par le jeu d'une modification de l'étendue des droits de l'indivisaire dans la masse indivise[1]. C'est le cas, du reste, lorsque les transferts de valeurs constatés sont relatifs à une indivision pré-communautaire.

En revanche, la question ne se pose pas en ces termes lorsque les transferts de valeurs constatés sont relatifs à une indivision post-communautaire, ce qui est le cas le plus fréquent. Le règlement du solde du compte par modification des droits de l'indivisaire a, en effet, été prévu dans la perspective du partage de l'indivision. Or, dans le cas des régimes matrimoniaux, le partage des biens indivis se confond avec le partage de la communauté. Le compte d'indivision n'est, à tout prendre, qu'une opération comptable destinée à opérer des rétablissements de mouvements de valeurs. C'est pourquoi, il convient, très pratiquement, de faire apparaître un compte pour chaque indivisaire puis un compte général pour l'indivision, dont le solde ne sera exigible qu'au moment de clôture et qui est susceptible de se compenser avec la soulte éventuelle due par l'un des époux au titre du partage de la communauté et d'éventuelles créances entre époux.

Exemple : l'établissement du compte d'indivision du mari laisse apparaître que ce dernier est créancier de l'indivision à hauteur de 50 000 €, cependant que l'établissement du compte d'indivision de l'épouse laisse apparaître que celle-ci est débitrice de l'indivision à hauteur de 20 000 €. Les opérations de partage ont abouti à ce que le mari devait une soulte à sa femme d'un montant de 100 000 €.

Le compte général pour l'indivision aboutit donc à ce que l'époux est créancier de son épouse à hauteur de :

$$\frac{50\,000\text{ €} - 20\,000\text{ €}}{2} = 15\,000\text{ €}$$

Cette somme doit alors être compensée avec la soulte due par l'époux à son épouse, de sorte qu'au total, l'épouse est créancière de son mari à hauteur de :

$$100\,000\text{ €} - 15\,000\text{ €} = 85\,000\text{ €}$$

1. Sur la question de l'extinction du solde du compte d'indivision, v. F.-X. Testu, RÉP. CIV., *V° Indivision*, art. préc., n°s 847 et s. Il n'est sans doute pas inutile de rappeler qu'une fois le compte établi et le solde dégagé il n'est plus possible de demander le règlement séparé des créances incluses dans ce compte (v. CA Paris, 5 nov. 1982, *D.* 1983, IR p. 176, obs. D. Martin).

CHAPITRE

114. Mouvements de valeurs entre deux patrimoines propres : les créances entre époux

SECTION 0 ORIENTEUR

114.00 **Plan du chapitre.**

Sect. 1 Localisation des créances entre époux
Sect. 2 Valorisation des créances entre époux
Sect. 3 Règlement des créances entre époux

114.02 **Jurisprudences de référence.**

> En l'absence de profit subsistant, la créance entre époux fondée sur l'acquisition d'un bien est au moins égale à la dépense faite

• **Civ. 1re, 24 sept. 2008, no 07-19.710,** *Bull. civ.* I, no 213

« Vu l'article 1543 du code civil, ensemble les articles 1479, 1469, alinéa 3, et 1147 du même code;

Attendu que lorsque les fonds d'un époux séparé de biens ont servi à améliorer un bien personnel de l'autre, qui l'a aliéné avant la liquidation, sa créance ne peut être moindre que le profit subsistant au jour de l'aliénation; qu'en l'absence de profit subsistant, la créance est égale au montant nominal de la dépense faite ».

114.03 **Bibliographie indicative.**

Articles.

> Créances entre époux. Emane A., « Les créances entre époux », *JCP N* 1994, Doctr., 309 – Hilt P., « Les créances au sein du couple : des créances ordinaires ? », *AJ fam.* 2006, 231.

114.04 **Questions essentielles.**

• Quel est le montant de la créance qu'un époux peut réclamer contre son conjoint, sur le fondement de l'article 1479 du code civil ?

* V. ss nos 114.16 s.

114.07 **Notion.** Les créances entre époux ont pour objet de rétablir les mouvements de valeurs qui interviennent entre les patrimoines propres des deux époux sans transiter par la communauté, « *comme lorsque le prix (du) bien (de l'un des époux) a été employé à payer une dette personnelle de son conjoint, ou pour toute autre cause* » (C. civ., art. 1478) [1]. Ces créances ont un régime distinct de celui des récompenses [2].

114.08 **Nature juridique.** Il ne fait aucun doute que les créances entre époux relèvent, par principe, du droit commun des obligations [3]. Elles ne sont normalement pas affectées par le lien affectif qui unit le créancier au débiteur, ce qui explique en grande partie leur régime. Néanmoins, le législateur a entendu soumettre une partie de ce régime, quantitativement mineur mais d'une importance pratique fondamentale, à celui des récompenses. En conséquence, il est sans doute plus juste de dire qu'en l'état du droit positif, les créances entre époux sont à cheval sur le droit commun des obligations et sur celui des récompenses, ce qui est de nature à soulever des difficultés.

114.09 **Division.** Comme pour tout mouvement de valeurs intervenu au cours de l'union entre les époux, le praticien doit d'abord localiser avec préci-

1. V. A. Emane, « Les créances entre époux », *JCP N* 1994, Doctr. p. 309 – P. Hilt, « Les créances au sein du couple : des créances ordinaires ? », *AJ fam.* 2006. 231.
2. Civ. 1re, 22 juill. 1985, *JCP N* 1986, II, 77, obs. Ph. Simler.
3. Sur ce point, v. J. Flour et G. Champenois, *op. cit.*, no 678 – P. Hilt, « Les créances au sein du couple : des créances ordinaires ? », art. préc.

sions les mouvements qui relèvent de la définition des créances entre époux (sect. 1), avant de s'interroger sur leur régime, à savoir leur valorisation (sect. 2) et leur paiement (sect. 3).

SECTION 1
LOCALISATION DES CRÉANCES ENTRE ÉPOUX

114.11 Créances nées durant le mariage. Strictement, les créances entre époux sont celles qui naissent, au cours du mariage, de l'utilisation par l'un des époux de ses deniers propres pour régler une dette personnelle de son conjoint ou, par exemple, pour financer des travaux sur un bien propre de ce dernier.

L'existence de créances entre époux mariés sous le régime de la communauté légale est relativement peu fréquente en pratique, la masse commune intervenant souvent pour la simple et bonne raison que la plupart des dépenses réalisées au cours de l'union le sont généralement avec les revenus professionnels des époux, qui sont des fonds communs.

Quelques illustrations peuvent cependant être trouvées : avances consenties par un époux à son conjoint à l'aide de fonds propres aux fins de réaliser une acquisition ou des travaux; acquittement de dettes personnelles à un époux par son conjoint avec des fonds propres; responsabilité d'un époux envers l'autre en raison de son ingérence dans la gestion de ses biens propres, sur le fondement de l'article 1432 du code civil ou, plus simplement, sur le fondement de l'article 1382 du code civil.

114.12 Exclusion des créances nées après le mariage. Il n'y a en principe pas lieu d'assimiler aux créances entre époux les créances nées entre ex-époux, c'est-à-dire les créances nées après la date de dissolution de la communauté, lesquelles doivent être tenues pour des créances entre étrangers[1], sauf, peut-être, lorsqu'elles se rattachent à la liquidation du régime matrimonial[2], comme, par exemple, la créance née de l'occupation privative du bien propre de l'un des époux par son conjoint.

114.13 Exclusion des créances nées avant le mariage. La doctrine assimile le plus souvent aux créances entre époux celles qui sont nées entre futurs époux[3]. À l'appui de cette assertion, les auteurs mettent en avant l'effet général de contagion des règles matrimoniales aux opérations intervenues entre les futurs époux[4], comme l'extension de la nullité pour déguisement aux donations faites entre futurs époux en prévision de l'union[5] ou l'application des règles de valorisation des récompenses à l'hypothèse du remboursement d'un emprunt contracté en vue de l'acquisition d'un bien qui a eu lieu avant le mariage. Il reste que la mise en œuvre de cette théorie peut s'avérer quelque peu délicate. Peut-on, par exemple, légitimement assimiler aux créances entre époux une créance née dix, voire quinze années avant le mariage, situation somme toute de plus en plus fréquente aujourd'hui ?[6] Aussi, mieux vaut-il privilégier le principe du nominalisme monétaire en la matière[7] et ce d'autant plus que, en réalité, de nombreuses créances entre futurs époux pourront être revalorisées sans passer par le jeu de l'article 1479 du code civil.

1. M. Grimaldi, « Commentaire de la loi du 23 décembre 1985 », *Gaz. Pal.* 1986.2, doctr. p. 529, spéc. n° 105. De même, et contrairement à ce qui a été parfois soutenu (v. A. Breton, note sous Civ. 1re, 22 oct. 1985, *D.* 1986, Jur. 205), les créances nées au cours de l'indivision post-communautaire entre l'un des époux et la masse indivise ne peuvent être tenues pour des créances entre époux. Sur ce point, v. A. Colomer et G. Champenois, « La loi du 23 décembre 1985 relative à l'égalité des époux dans les régimes matrimoniaux (Loi n° 85-1372 du 23 décembre 1985) », *Defrénois* 1986, art. 33793, n° 170.
2. G. Champenois, *op. et loc. cit.* Mais *contra*, v. D. R. Martin, J.-CL. CIVIL, Art. 1478 à 1481, Fasc. 70, n° 12.
3. V. not., Aubry et Rau, par Ponsard, *op. cit.*, n° 280 – Y. Flour et J. Pansier, Questions pratiques, *Defrénois* 1998, art. 36883, n° 3 – J. Flour et G. Champenois, *op. cit.*, n° 678, note 3 – Ph. Malaurie et L. Aynès, *op. cit.*, n° 637 – D. R. Martin, J.-CL. CIVIL, Art. 1478 à 1481, Fasc. 70, art. préc., n° 13.
4. En ce sens, v. surtout D. R. Martin, J.-CL. CIVIL, Art. 1478 à 1481, Fasc. 70, art. préc., *loc. cit.*
5. V. not., Civ. 1re, 24 oct. 1979, *DS* 1980, IR p. 398, obs. D. Martin – CA Paris, 31 mars 1995, *Juris-Data* n° 020795.
6. L'extension du régime des créances entre époux aux futurs époux est encore plus douteuse si les futurs époux en question sont partenaires d'un PACS. La valorisation des créances entre partenaires est en effet organisée expressément par la loi (C. civ., art. 515-7, al. 11) et elle diffère quelque peu de celle des créances entre époux.
7. Une seule décision de la Cour de cassation, refusant la revalorisation pour les créances entre futurs époux, a été rendue en la matière (Civ. 1re, 22 juill. 1985, *Bull. civ.* I, n° 234 – *D.* 1985, IR p. 481 – *JCP N* 1986, II, 77, note Ph. Simler – *Defrénois* 1986, art. 33636, obs. G. Champenois). Mais cet arrêt n'est pas déterminant, car il a été rendu en application du droit antérieur à la réforme de 1985, c'est-à-dire à une date où les créances entre époux elles-mêmes étaient soumises au principe du nominalisme monétaire. Cela étant, au moins un arrêt de cour d'appel, rendu sous l'empire de la loi de 1985, a statué dans le sens du nominalisme : CA Paris, 12 juin 1995, *Juris-Data* n° 022633 (la concubine, mariée depuis, invoque en vain l'application des dispositions des articles 1469 et 1479 du code civil, relatives aux créances personnelles entre époux, pour une créance antérieure au mariage).

114.14 Bien acquis en indivision par les futurs époux. Dans cette hypothèse, les mouvements de valeur relatifs à ce bien tomberont sous le coup de la technique des créances d'indivision et, plus particulièrement de l'article 815-13 du code civil, qui met en place une indemnisation fondée sur l'idée de dettes de valeur.

Exemple : Quelques années avant leur mariage, deux individus acquièrent un bien appartement en indivision pour moitié, moyennant un prix de 200 000 €. Puis, ils procèdent à la réalisation de travaux d'amélioration, moyennant un prix de 40 000 €. Ces travaux sont financés intégralement à l'aide des gains et salaires de Monsieur. Les indivisaires finissent par se marier, sans procéder pour autant au règlement de l'indivision pré-conjugale, puis par divorcer. Au jour de la liquidation, l'époux *solvens* demande des comptes à son conjoint du chef de cette dépense. Il apparaît que la valeur du bien est alors de 300 000 €, étant entendu que sans les travaux, elle ne serait que de 250 000 €. Dans l'exemple donné, l'époux *solvens* peut, conformément à l'article 815-13 du code civil, prétendre au remboursement de cette impense. Le remboursement de l'emprunt ayant permis une amélioration, la créance de l'époux sera valorisée à hauteur de la plus-value procurée au bien par la dépense. La dépense étant de 40 000 € et le profit de 50 000 €, l'époux pourra prétendre à une créance de 50 000 €.

114.15 Impense sur un bien personnel de l'autre. Dans ce cas, il sera possible d'avoir recours au système mis en place par l'article 555 du code civil[1]. Cet article relatif à l'accession immobilière, qui règle le sort des plantations, constructions et ouvrages réalisés par un tiers sur le terrain d'autrui, oblige, sous certaines conditions, le propriétaire qui revendique la propriété de ces édifices d'en indemniser le constructeur. Or, la Cour de cassation a précisé que l'article 555 précité avait vocation à régir les rapports entre concubins, dès lors qu'il n'existe aucune convention entre les parties[2], ce qui vise notamment les futurs époux. Et si jamais ils n'étaient pas concubins, au sens de l'article 515-8 du code civil, l'application de l'article 555 s'imposerait à plus forte raison. C'est en effet l'existence d'une prétendue communauté d'intérêt liée à la situation de concubinage qui aurait pu faire douter de l'application de l'article 555, qui exige que l'auteur de l'ouvrage soit un tiers par rapport au propriétaire du fonds. En conséquence, les créances nées de telles dépenses donneront lieu à restitution sur le fondement de la théorie des impenses telle qu'elle est appliquée par l'article 555[3].

Aussi, lorsque le futur époux est de bonne foi, ou même lorsqu'il est de mauvaise foi et que le propriétaire du fonds décide de conserver la construction ou l'ouvrage, il peut être remboursé des frais engagés, au choix du propriétaire du fonds, soit à hauteur de la valeur dont le fonds a été augmenté, c'est-à-dire à hauteur de la plus-value procurée au bien, soit à hauteur du coût des matériaux et du prix de la main-d'œuvre estimés à la date du remboursement, compte tenu de l'état dans lequel se trouvent les constructions, plantations et ouvrages.

Il convient de préciser que la jurisprudence dominante retient une interprétation stricte des notions de plantations, constructions et ouvrages[4]. Ne tombent en effet sous le coup de l'article 555 du code civil que les constructions nouvelles et non les améliorations ou réparations[5], distinction laissée à l'appréciation souveraine des juges du fond[6]. Pour ces dernières, il convient alors de revenir à la théorie générale des impenses[7].

1. Sur ce texte, v. M.-C. Fayard, *Les impenses*, th. préc., n°s 197 et s. En faveur de l'utilisation de ce texte, v. P. Hilt, « Les créances au sein du couple : des créances ordinaires ? », art. préc., p. 232. L'article 1469 du code civil, auquel renvoi l'article 1479 relatifs aux créances entre époux dans la communauté, s'inspire, du reste, des solutions de l'article 555. Sur cette source d'inspiration, v. G. Marty et P. Raynaud, *op. cit.*, n° 344.
2. Civ. 3e, 2 oct. 2002, *Defrénois* 2003, art. 37657, p. 116 obs. J. Massip – *Dr. fam.* 2002, comm. n° 141, note M. Farge – *RJPF* 2003, 3/31, obs. F. Vauvillé – Civ. 3e, 29 avr. 2009, *Bull. civ.* III, n° 97 – *JCP N* 2009, n° 20, act. 369 – *JCP* 2009, I, 115, n° 11, obs. Y. Favier – *JCP N* 2009, 1305, n° 3, obs. H. Périnet-Marquet – *RLDC* 2009/62, n° 3510, obs. E. Pouliquen – *D.* 2009, Jur. 2595, note V. Bonnet.
3. Soulignons toutefois que cette situation pourrait ne pas perdurer. L'avant-projet de réforme du droit des biens prévoit en effet de limiter le domaine de l'article 555 non plus aux constructions édifiées par un « tiers », mais à celles réalisées par un « possesseur » (*Cf.* art. 564 C. civ. nouveau). Or, le concubin à l'origine de la construction n'est, en pratique, jamais possesseur du bien sur lequel l'édifice est réalisé.
4. Sur cette notion, v. M.-C. Fayard, *Les impenses*, th. préc., nos 79 et s.
5. CA Colmar, 13 janv. 1966, *JCP* 1967, II, 14971 – Civ. 1re, 18 juin 1970, *D.* 1970, Jur. 561, note A. Breton – *JCP* 1972, II, 17165, note H. Thuillier – *RTD civ.* 1972, p. 797, obs. J.-D. Bredin – Civ. 3e, 5 juin 1973, *Bull. civ.* III, n° 405 – CA Versailles, 28 nov. 1997, *D.* 1998. somm. 345, obs. A. Robert – TI Pau, 3 oct. 1996, *D.* 1998. somm. 55, obs. A. Robert. Mais *contra*, CA Colmar, 13 janv. 1966, *JCP* 1967, II, 14971, note G. Wiederkehr.
6. Civ. 1re, 28 oct. 1959, *Bull. civ.* I, n° 446.
7. Sur laquelle, v. M.-C. Fayard, *Les impenses*, th. préc., n° 167. Pour des illustrations du retour à la théorie des impenses, v. CA Montpellier, 4 févr. 1986, *Juris-Data* n° 034006 – CA Versailles, 5 févr. 1985, *Juris-Data* n° 040947 – CA Paris, 9 juill. 1987, *Juris-Data* n° 025520 – CA Douai, 17 févr. 2000, *Juris-Data* n° 130703. Toutefois, en matière de concubinage, la jurisprudence semble préférer appliquer la théorie de l'enrichissement sans cause plutôt que la théorie des impenses (sur ce point, v. V. Bonnet, note sous Civ. 3e, 29 avr. 2009, préc., nos 12 et s.).

Exemple : quelque temps avant son mariage, un individu finance la réalisation de différents travaux sur l'immeuble personnel de son compagnon qui constitue le logement de la famille : rénovation de la toiture, moyennant un coût de 5 000 €, et construction d'un garage, pour un prix de 3 000 €. Lors de la liquidation du régime matrimonial des époux, l'immeuble vaut 100 000 €, étant précisé que sans la réfection de la toiture, il ne vaudrait que 80 000 € et sans la construction du garage, il ne vaudrait que 75 000 €.

Dans le cas donné, les travaux ayant été réalisés avant le mariage, il convient d'appliquer non l'article 1479 du code civil, mais le régime spécifique de l'article 555 du même code. En conséquence, la construction du garage, en tant que construction nouvelle, relève du système mis en place par l'article 555, de sorte que le propriétaire du fonds a le choix de rembourser son époux soit à hauteur des frais engagés, soit 5 000 €, ou à hauteur de la plus-value procurée au bien, soit 25 000 €.

En revanche, la réfection de la toiture étant une simple réparation, il convient d'appliquer la théorie générale des impenses. De ce point de vue, la dépense engagée est manifestement une impense nécessaire à la conservation du bien, qui permet à son auteur d'être remboursé à hauteur de la dépense faite, soit 5 000 €.

Lorsque la créance entre futurs époux n'est pas née à raison d'une dépense faite relativement à un bien indivis ou à un bien qui devient la propriété exclusive de l'autre par le jeu de l'accession, il convient de traiter la créance comme une créance entre étrangers, et donc la soumettre au droit commun, c'est-à-dire à la règle du nominalisme monétaire. En conséquence, la créance sera alors égale à la dépense faite. De ce point de vue, l'extension prônée par certains auteurs du système des créances entre époux aux futurs époux ne présente aucun avantage, puisque, dans une telle hypothèse, les créances entre époux relèvent également de la règle du nominalisme monétaire (v. ss no 114.18). Il faut toutefois admettre que le refus d'étendre le régime des créances entre époux aux créances entre futurs époux implique de ne pas revaloriser une catégorie majeure de créances, à savoir les dépenses d'acquisition. En effet, qu'un futur époux réalise un apport supérieur à la valeur de sa quote-part lors de l'acquisition d'un bien indivis et aucune revalorisation ne sera possible, s'agissant dans ce cas précis non pas d'une créance d'indivision mais bien d'une créance personnelle qui relèvera, comme telle, du principe du nominalisme monétaire. De même, le financement de l'acquisition d'un bien personnel à son futur conjoint ne pourra être revalorisé, pareille créance relevant également de l'article 1895 du code civil. Cette situation s'explique par le fait que les articles 815-13 et 555 du code civil sont relatifs aux impenses, ce que n'est pas une dépense d'acquisition.

Exemple : quelque temps avant son mariage, un individu règle une dette personnelle de son compagnon, pour un montant de 10 000 €. Dans ce cas, la créance sera de 10 000 €.

Remarque(s) : si les créances entre futurs époux et entre ex-époux relèvent d'un régime différent de celui des créances entre époux quant à leur valorisation, il n'en demeure pas moins que si elles ne sont pas réglées au jour de la liquidation, elles devront être intégrées au compte de créance entre époux dans le cadre des opérations de liquidation, au même titre que les créances entre époux *stricto sensu*.

SECTION 2
VALORISATION DES CRÉANCES ENTRE ÉPOUX

114.16 Principe du renvoi à l'article 1469 du code civil. En ce qui concerne leur montant, si les créances entre époux étaient traditionnellement, par principe à la règle du nominalisme monétaire, posé à l'article 1895 du code civil[1], la loi du 23 décembre 1985, qui, en son article 59, énonce que les règles nouvelles en la matière s'appliquent dans tous les régimes matrimoniaux non encore liquidés au 1er juillet 1986, a cependant apporté une importante dérogation à ce sujet dans certains cas. Désormais, en effet, en vertu des dispositions de l'article 1479, alinéa 2, du code civil, les créances entre époux « *sauf convention contraire des parties [...] sont évaluées selon les règles de l'article 1469, troisième alinéa, dans les cas prévus par celui-ci [...]* », ce qui signifie qu'elles sont soumises au régime de la dette de valeur lorsqu'elles ont permis une opération d'investissement. L'article 1479, alinéa 2, s'applique à toute demande de créance entre époux fondée sur l'idée de remboursement d'un prêt ou de révocation d'une donation n'ayant pas permis l'acquisition d'un bien. En revanche, lorsque la créance a pour objet la révocation d'une donation ayant permis une acquisition, quelle qu'en soit la nature, la valorisation devra être fondée sur l'article 1099-1 du code civil. La situation est toutefois rare en pratique lorsque les époux sont mariés sous le régime de la communauté[2]. Il ressort donc de l'article 1469, alinéa 3, que le montant des

1. V. Civ. 1re, 13 janv. 1981, *Bull. civ.* I, no 12 – Civ. 1re, 22 juill. 1983, *Defrénois* 1985, art. 1476, obs. G. Champenois. V. également A. Emane, « Les créances entre époux », art. préc., no 23 – P. Hilt, « Les créances au sein du couple : des créances ordinaires ? », art. préc., spéc. p. 233.
2. Pour une application, v. CA Paris, 9 mai 1989, *Juris-Data* no 021931.

créances entre époux ne peut être inférieur au profit subsistant, lorsqu'elles sont liées à des opérations d'acquisition, de conservation ou d'amélioration d'un bien [1].

Exemple 1 : au cours de l'union, l'un des époux fait construire une piscine sur un terrain propre, moyennant une somme de 30 000 €. Ne disposant pas des fonds nécessaires, cette somme a été réglée par son conjoint à l'aide de deniers provenant d'une succession. Au jour de la liquidation, le terrain avec la piscine est évalué à 200 000 €, étant précisé que sans cette piscine, il ne vaudrait que 150 000 €. Dans l'exemple donné, la dépense réalisée est une dépense d'amélioration, de sorte que le montant de la créance due par l'époux propriétaire du terrain à son conjoint s'élève à hauteur de la plus-value procurée par la dépense au terrain, soit :

200 000 € - 150 000 € = 50 000 €

Exemple 2 : au cours de l'union, l'un des époux acquiert une maison moyennant la somme de 200 000 €, frais inclus. Cette somme a été réglée à hauteur de 150 000 € à l'aide de deniers propres à cet époux, avec stipulation de remploi. Le solde a été réglé à l'aide de deniers propres à son conjoint. Au jour de la liquidation, la maison est évaluée à 400 000 €. Dans cet exemple, la dépense engagée est une dépense d'acquisition, de sorte que le montant de la créance due par le propriétaire à son conjoint de ce chef est égal au profit subsistant calculé proportionnellement à l'investissement du patrimoine prêteur, soit :

$$\frac{50\,000\text{ €}^{a}}{200\,000\text{ €}^{b}} \times 400\,000\text{ €}^{c} = 100\,000\text{ €}$$

a = Contribution du patrimoine prêteur
b = Coût global d'acquisition
c = Valeur actuelle du bien acquis

Lorsqu'une dépense d'amélioration a été financée à l'aide de deux patrimoines, « *le profit subsistant se détermine d'après la proportion dans laquelle les fonds empruntés ont contribué au financement de l'amélioration de ce bien* » [2].

Exemple : au cours de l'union, l'un des époux fait construire une piscine sur un terrain propre, moyennant une somme de 30 000 €. Ne disposant pas de l'intégralité des fonds nécessaires, cette somme a été réglée à hauteur de 20 000 € par son conjoint à l'aide de deniers provenant d'une succession. Le solde a été réglé par des deniers propres à l'époux emprunteur. Au jour de la liquidation, le terrain avec la piscine est évalué à 200 000 €, étant précisé que sans cette piscine, il ne vaudrait que 140 000 €. Dans l'exemple donné, la dépense réalisée est une dépense d'amélioration, de sorte que le montant de la créance due par l'époux propriétaire du terrain à son conjoint s'élève à hauteur de la fraction de la plus-value procurée par la dépense au terrain.

La plus-value totale est ici de 200 000 € - 140 000 € = 60 000 €. L'époux prêteur ayant financé les travaux à hauteur des 2/3, la créance qui lui est due par son conjoint est donc des 2/3 de la plus-value, soit 30 000 € (2/3 × 60 000 €).

Lorsque le bien sur lequel porte l'opération d'investissement a été aliéné avant la liquidation, le profit subsistant « *est évalué au jour de l'aliénation* » [3].

Exemple : au cours de l'union, l'un des époux fait construire une piscine sur un terrain propre, moyennant une somme de 30 000 €. Ne disposant pas des fonds nécessaires, cette somme a été réglée par son conjoint à l'aide de deniers provenant d'une succession. L'ensemble immobilier est revendu quelques années plus tard moyennant un prix de 200 000 €, étant précisé que sans cette piscine, il n'aurait pu être vendu que 150 000 €. Dans l'exemple donné, la dépense réalisée est une dépense d'amélioration, de sorte que le montant de la créance due par l'époux propriétaire du terrain à son conjoint s'élève à hauteur de la plus-value procurée par la dépense au terrain, évaluée au jour de l'aliénation, soit :

200 000 € - 150 000 € = 50 000 €

114.17 Portée du renvoi à l'article 1469 du code civil. Lorsque la dépense a permis une opération d'investissement et que le profit subsistant est supérieur à la dépense qui a été faite de ce chef, le renvoi à l'article 1469, alinéa 3, du code civil ne soulève aucune difficulté particulière. Il en va cependant différemment lorsque le profit subsistant retiré de l'opération par l'époux emprunteur est inférieur à la dépense faite, voire inexistant. Dans ce cas, l'on sait que, dans la théorie des récompenses, il convient de combiner l'alinéa 3 de l'article 1469 avec l'alinéa 2 pour les dépenses de conservation et, *de facto*, pour les dépenses nécessaires et l'alinéa 3 avec l'alinéa 1er pour les dépenses d'acquisition et d'amélioration (v. ss nos 112.76 s.). Qu'en est-il en matière de créances entre époux ? Sur ce point, face au long mutisme de la jurisprudence, la doctrine est apparue divisée [4].

1. En ce sens, v. not., G. Champenois, *op. cit.*, no 680 – A. Colomer, *Droit civil – Régimes matrimoniaux*, *op. cit.*, no 991, note 121 – M. Grimaldi, « Commentaire de la loi du 23 décembre 1985 », art. préc., no 104.
2. Civ. 1re, 27 mars 2007, *Juris-Data* no 038283.
3. Civ. 1re, 11 juin 1991, *Bull. civ.* I, no 196.
4. Sur cette question, v. A. Colomer et G. Champenois, « La loi du 23 décembre 1985 relative à l'égalité des époux dans les régimes matrimoniaux (Loi no 85-1372 du 23 décembre 1985) », art. préc., no 168 – J. Flour et G. Champenois, *op. cit.*, no 681 – P. Hilt, « Les créances au sein du couple : des créances ordinaires ? », art. préc., p. 233.

Certains auteurs mettent en avant l'autonomie des créances entre époux par rapport aux récompenses et estiment que l'époux créancier a droit, au minimum, au montant nominal de sa créance[1]. En effet, dans la mesure où le législateur n'a opéré renvoi qu'au seul alinéa 3[2], il est possible de soutenir que, dans tous les autres cas, le principe du nominalisme monétaire doit trouver à s'appliquer. Ainsi, lorsque l'alinéa 3 ne peut se suffire à lui-même, il conviendrait de le combiner avec le principe du nominalisme. En ce qui concerne les dépenses de conservation, d'amélioration et d'acquisition, la créance serait alors toujours égale à la plus forte des deux sommes que représentent respectivement la dépense faite et le profit subsistant. En effet, si le profit subsistant est supérieur à la dépense faite, l'alinéa 3 imposerait de retenir le profit subsistant. En revanche, si le profit subsistant est inférieur à la dépense faite, le principe du nominalisme monétaire enjoindrait de retenir la dépense faite. Les partisans de cette analyse font également valoir que l'équité et la logique commandent cette solution, motif pris que, en l'absence de patrimoine commun, le prêt entre époux ne peut aller jusqu'à un appauvrissement du patrimoine prêteur[3].

Exemple : au cours du mariage, l'un des époux fait construire une piscine sur un terrain propre, moyennant une somme de 30 000 €. Ne disposant pas des fonds nécessaires, cette somme a été réglée par son conjoint à l'aide de deniers provenant d'une succession. Au jour de la liquidation, le terrain avec la piscine est évalué à 200 000 €, étant précisé que sans cette piscine, il ne vaudrait que 190 000 €. Dans l'exemple donné, la dépense est égale au coût des travaux, soit 30 000 €. Le profit subsistant est égal à la plus-value acquise par l'ensemble immobilier grâce à la construction de la piscine, soit :

200 000 € - 190 000 € = 10 000 €

La créance ne peut être inférieure au profit subsistant, mais cela n'empêche pas qu'elle puisse être plus élevée et égale à la dépense faite.

Dans ce cas, l'application de l'alinéa 3 ne permet pas de chiffrer le montant de la créance. L'on doit alors revenir à la règle générale du nominalisme monétaire qui impose de retenir la dépense faite, soit 30 000 €.

De façon plus radicale, d'autres auteurs, prenant appui sur les travaux préparatoires de la loi de 1985[4],

1. En ce sens, v. J. Casey, *Les régimes matrimoniaux*, Ellipses, 2000, n° 300-3 – Ph. Malaurie et L. Aynès, *op. cit.*, n° 638 – D. R. Martin, J.-Cl. civil, Art. 1478 à 1481, Fasc. 70, art. préc., n° 19 – L. Mayaux, « La dernière étape (l'égalité des époux dans les régimes matrimoniaux : loi n° 85-1372 du 23 décembre 1985) », *Le Quotidien juridique*, 22-27 mars 1986, n°s 28 et 29 – Ph. Simler, « Loi n° 85-1372 du 23 décembre 1985 relative à l'égalité dans les régimes matrimoniaux et des parents dans la gestion des biens des enfants mineurs », Éd. techniques, n° spécial 3 J.-Cl. Droit civil, 1986, n° 131 – F. Terré et Ph. Simler, *op. cit.*, n° 647.
2. Alors même qu'il aurait très bien pu opérer un renvoi intégral, ce qui était prévu par le projet gouvernemental de 1978 (v. J. Flour et G. Champenois, *op. cit.*, n° 680) et ce qu'il a d'ailleurs par la suite fait pour le PACS. Le nouvel article 515-7, alinéa 11, du code civil, issu de la loi du 23 juin 2006, énonce en effet que, sauf convention contraire, « *les créances dont les partenaires sont titulaires l'un envers l'autre sont évaluées selon les règles prévues à l'article 1469* », sans plus de précision (sur cette distinction entre créances entre partenaires et créances entre époux quant à leur valorisation, v. V. Barabé-Bouchard, note sous Cass. 1re 24 sept. 2008, *D.* 2008, Jur. 3050, spéc. p. 3053, 2e col. – F. Granet-Lambrecht et P. Hilt, J.-Cl. notarial, *V° Pacte civil de solidarité*, Fasc. 10, n° 131 – Ph. Malaurie et H. Fulchiron, *Droit civil, La famille, Defrénois*, 3e éd., 2009, n° 442 – C. Philippe, « La récompense retrouve son sens originaire de juste indemnisation », *RLDC* 2008/51, n° 3070, p. 48). V. cependant le contre-argument développé par MM Colomer et Champenois, « La loi du 23 décembre 1985 relative à l'égalité des époux dans les régimes matrimoniaux (Loi n° 85-1372 du 23 décembre 1985) », art. préc., n° 168, qui, pour leur part, estiment au contraire que « *si le législateur n'avait voulu déroger au principe du nominalisme que dans l'hypothèse où le profit subsistant est supérieur à la dépense faite, il l'aurait sans doute indiqué expressément à l'article 1479, alinéa 2* ».
3. Sur cet argument, v. A. Colomer et G. Champenois, « La loi du 23 décembre 1985 relative à l'égalité des époux dans les régimes matrimoniaux (Loi n° 85-1372 du 23 décembre 1985) », art. préc., *loc. cit.* Dans le cas des récompenses, la communauté joue en effet un rôle d'« amortisseur », qui corrige les conséquences d'une moins-value. L'absence d'un tel élément correctif dans le cas des créances entre époux rendrait moins tolérable l'impossibilité de revenir à la dépense faite en cas de moins-value que dans la théorie des récompenses. Exemple : un époux réalise des travaux de pure amélioration sur un bien commun à l'aide de 10 000 € de fonds propres à lui. Au jour de la liquidation, le profit subsistant est de 8 000 €. Dans ce cas, la récompense de l'époux n'est que de 8 000 € (C. civ., art. 1469, al. 3 + al. 1er). La perte n'est toutefois pas sèche pour l'époux prêteur, car la communauté, à laquelle il est tout autant intéressé, que son conjoint, ne rembourse que 8 000 €. Concrètement, ce qu'il perd d'un côté (en tant que créancier de la récompense), il le récupère en partie de l'autre (en tant que membre de la communauté débitrice). En revanche, si l'on reprend les mêmes données, sauf à souligner que l'époux a prêté les fonds propres non à la communauté mais à son conjoint pour réaliser des travaux d'amélioration sur un propre de ce dernier, la perte est sèche pour l'époux créancier. Les 2 000 € de différence entre le montant des fonds prêtés et le profit subsistant lui sont en effet perdus en totalité.
4. V. le rapport de Mme Cacheux qui indique que « *le projet de loi (...) tend à traiter dans les mêmes conditions les créances qu'un époux peut avoir à l'encontre de son conjoint et celles qu'il peut avoir contre la communauté* » (Doc. Ass. nat., n° 2646, p. 42). Sur ce point, v. J. Flour et G. Champenois, *op. cit.*, n° 681, spéc. p. 631, note 3 – F. Terré et Ph. Simler, *op. cit.*, n° 647, spéc. note 1.

prônent un régime identique entre les créances entre époux et les récompenses [1]. Ils estiment, sur le plan de la technique, que le renvoi à l'alinéa 3 impose d'appliquer la combinaison de cet article avec les alinéas premier et deuxième, dans les cas où il ne peut se suffire à lui-même. À l'appui de cette analyse, ces auteurs indiquent que la première interprétation présente l'inconvénient majeur de faire profiter l'époux créancier des plus-values mais non le risque des moins-values, ce qui serait choquant dans la mesure où la solution inverse est retenue en matière de récompenses [2].

Exemple : reprenons l'hypothèse précédente. Au cours du mariage, l'un des époux fait construire une piscine sur un terrain propre, moyennant une somme de 30 000 €. Ne disposant pas des fonds nécessaires, cette somme a été réglée par son conjoint à l'aide de deniers provenant d'une succession. Au jour de la liquidation, le terrain avec la piscine est évalué à 200 000 €, étant précisé que sans cette piscine, il ne vaudrait que 190 000 €. Dans l'exemple donné, la dépense est égale au coût des travaux, soit 30 000 €. Le profit subsistant est égal à la plus-value acquise par l'ensemble immobilier grâce à la construction de la piscine, soit :

200 000 € - 190 000 € = 10 000 €

La créance ne peut être inférieure au profit subsistant, mais cela n'empêche pas qu'elle puisse être plus élevée et égale à la dépense faite. Dans ce cas, l'application de l'alinéa 3 ne permet pas de chiffrer le montant de la créance. L'on doit alors revenir à la règle générale de l'alinéa 1er qui impose de retenir la plus faible, soit le profit subsistant (10 000 €) [3].

Par un arrêt en date du 24 septembre 2008 [4], la première Chambre civile de la Cour de cassation a finalement tranché la controverse en faveur de la première analyse [5]. Dans cette affaire, un époux avait réalisé des travaux d'amélioration à ses frais sur un bien personnel de son conjoint, étant entendu que lesdits travaux n'avaient laissé subsister aucun profit subsistant. La cour d'appel avait alors décidé que l'époux n'avait droit à aucun remboursement, faute, précisément, de profit subsistant. La décision est finalement cassée par la Cour de cassation, qui affirme dans une formule générale « *qu'en l'absence de profit subsistant, la créance est égale au montant nominal de la dépense faite* ». Bien que cette solution concerne au premier chef l'hypothèse où il n'existe aucun profit subsistant, il nous semble qu'elle doit également s'imposer lorsqu'un tel profit existe, mais qu'il est inférieur à la dépense faite [6]. De même, la solution, rendue en matière de dépense d'amélioration, a également vocation à s'appliquer aux dépenses d'acquisition et de conservation. En somme, lorsque le prêt a permis la réalisation d'une opération d'investissement, la créance entre époux doit désormais être valorisée à hauteur de la plus forte des deux sommes que représentent la dépense faite et le profit subsistant.

114.18 Cas des dépenses ordinaires. En ce qui concerne les dépenses ordinaires, c'est-à-dire celles qui ne relèvent pas de l'idée d'investissement, la créance est toujours égale à la dépense faite, par application du nominalisme monétaire [7]. La dérogation au principe du nominalisme monétaire ne concerne en effet pas toutes les créances entre époux,

1. V. A. Colomer et G. Champenois, « La loi du 23 décembre 1985 relative à l'égalité des époux dans les régimes matrimoniaux (Loi n° 85-1372 du 23 décembre 1985) », art. préc., *loc. cit.* – G. Cornu, *op. cit.*, p. 654 (qui émet cependant des réserves) – J. Flour et G. Champenois, *op. cit.*, n°s 681 et 750 – M. Grimaldi *et alii*, *op. cit.*, n° 144.184, *in fine*.
2. Sur cet argument, v. not. P. Hilt, « Les créances au sein du couple : des créances ordinaires ? », art. préc., p. 233 – F. Terré et Ph. Simler, *op. et loc. cit.* L'argument est toutefois très discutable car l'on sait qu'il n'en va pas toujours ainsi en matière de récompenses, notamment en matière d'amélioration. En effet, lorsque l'amélioration est également nécessaire, le créancier peut prétendre au moins à la dépense faite, ce qui conjure le risque des moins-values lorsque le profit subsistant est inférieur à la dépense faite, voire inexistant.
3. V. CA Grenoble, 18 janv. 2000, *Juris-Data* n° 114297, qui juge que lorsque le terrain sur lequel ont été aménagés des courts de tennis n'a tiré aucun avantage des travaux, la demande de créance entre époux ne peut être reçue, faute de plus-value.
4. N° 07-19.710, *Bull. civ.* I, n° 213, *AJ fam.* 2008. 437, obs. P. Hilt – *RLDC* 2008/55, n° 3233, obs. C. Le Gallou – *RJPF* 2008, 12/25, obs. F. Vauvillé – *Dr. fam.* 2008, comm. n° 174, note T. Douville – *JCP* 2008, I, 202, n° 18, obs. S. Storck – *D.* 2008, Jur. 3050, note V. Barabé-Bouchard – *RTD civ.* 2009, p. 162, obs. B. Vareille. L'arrêt, rendu en matière de séparation de biens, a vocation à s'appliquer pareillement à la communauté (v. V. Barabé-Bouchard, note sous Civ. 1re, 24 sept. 2008, préc., p. 3051 et 3052 – T. Douville, note sous Civ. 1re, 24 sept. 2008, préc., p. 33, 2e col.).
5. V. déjà, TGI Agen, 18 déc. 1992, *Juris-Data* n° 050527, qui juge qu'en l'absence de profit subsistant, les créances entre époux sont égales au montant nominal de la dépense faite.
6. En ce sens également, v. V. Barabé-Bouchard, note sous Civ. 1re, 24 sept. 2008, préc., p. 3052, 2e col. *in fine* – T. Douville, note Civ. 1re, 24 sept. 2008, préc., p. 33, 1re col.
7. Ce qui aboutit à retenir une solution différente de celle retenue en matière de récompenses, à l'alinéa 1er de l'article 1469. L'on sait en effet que, dans ce dernier cas, la récompense est égale à la plus faible des deux sommes que représentent respectivement la dépense faite et le profit subsistant et non nécessairement à la dépense faite. Mais *contra*, v. M. Grimaldi, « Commentaire de la loi du 23 décembre 1985 », art. préc., n° 104, qui estime que les règles de valorisation des récompenses ont vocation à s'appliquer, même pour les dépenses ordinaires.

qui relèvent, par principe, du régime général des obligations[1].

Exemple : au cours de l'union, l'un des époux est condamné à payer des dommages et intérêts au titre de sa responsabilité civile pour faute, à hauteur de 15 000 €. La dette est réglée spontanément avec des fonds propres à son conjoint commun en bien. Dans ce cas, le montant de la créance de ce dernier s'élève à hauteur de la dépense faite, soit 15 000 €.

114.19 Cas du règlement anticipé. Faut-il exclure la revalorisation lorsque le règlement de la dette a lieu avant la liquidation du régime ? La difficulté est ici la suivante : le système de la dette de valeur ne se justifie que dans les obligations à terme, c'est-à-dire lorsque l'exigibilité de la dette est retardée; il est quasiment inconcevable pour une obligation qui est exigible dans le moment même où elle naît[2]. Or, en matière de créances entre époux, le droit positif a admis l'exigibilité immédiate, tout en prévoyant, par ailleurs, un système de revalorisation. Le système porte donc à faux et devient, pour cette raison, difficile à appréhender. À défaut de jurisprudence, plusieurs positions peuvent être tenues.

À l'appui du refus de revalorisation, il est possible d'invoquer les travaux préparatoires de la loi de 1985. En effet, un amendement proposant de retenir la solution inverse a été écarté au motif que « *les règles de l'article 1469, alinéa 3, du code civil sont applicables aux créances entre époux dans les cas où il y a un droit à récompense après la dissolution de la communauté. C'est ce que prévoit l'article 1479 du code civil aux termes du projet de loi. Les créances entre époux ne peuvent donc faire l'objet d'une revalorisation qu'après la dissolution du mariage* »[3]. Il est également possible d'invoquer un argument « *plus sentimental et moral que juridique* »[4] : la perspective de ne voir sa créance revalorisée que si le règlement en est demandé après que la dissolution inciterait l'époux créancier à s'abstenir d'introduire tout procès entre époux au cours de l'union afin de ne pas ruiner la bonne entente conjugale. La revalorisation des créances entre époux apparaîtrait ainsi comme une prime à la paix des ménages[5].

À l'inverse, on a souligné qu'il est peu admissible que le montant de la dette soit fonction du moment où elle est remboursée, l'équité commandant une solution identique que la dette soit remboursée avant ou après la dissolution[6].

114.20 Caractère supplétif des règles relatives à la valorisation des créances entre époux. Le renvoi opéré par l'article 1479, alinéa 2, du code civil aux règles de valorisation des récompenses n'est pas d'ordre public[7]. L'article énonce en effet que les dispositions relatives à la valorisation des créances entre époux ne sont applicables qu'à défaut de convention contraire[8]. Ainsi, par exemple, lorsqu'un contrat de prêt en prévoit les modalités d'exécution, le montant de la dette doit être déterminé en application des dispositions contractuelles[9].

Dans la mesure où le régime des créances entre époux relève de celui du droit commun des obligations, les époux ont le loisir de modifier les règles de valorisation de ces créances en dehors du contrat de mariage, notamment dans l'acte générateur de l'obligation, sans porter atteinte au principe de l'immutabilité du régime matrimonial[10].

SECTION 3
RÈGLEMENT DES CRÉANCES ENTRE ÉPOUX

114.21 Absence de compte au sens plein du terme. Contrairement aux récompenses et, dans une certaine mesure, aux créances d'indivision, les

1. V. P. Hilt, « Les créances au sein du couple : des créances ordinaires ? », art. préc., p. 234.
2. Sur ce point, v. les développements très complets de J. Flour, « Pot-pourri autour d'un arrêt, Civ. 1re, 15 févr. 1973, Casier », *Defrénois* 1975, art. 30854, spéc. p. 189 et s.
3. Déclaration de M. Badinter, garde des Sceaux de l'époque, *JOAN CR*, 7 mai 1985, p. 590, col. 1.
4. A. Colomer, *L'instabilité monétaire et les régimes matrimoniaux, Le mal et ses remèdes*, Rousseau & Cie, 1955, n° 45.
5. L'argument a été invoqué jadis par certains auteurs pour interdire à l'époux créancier de pouvoir exiger le règlement de sa créance au cours de l'union (en ce sens, v. A. Colomer, *L'instabilité monétaire et les régimes matrimoniaux, Le mal et ses remèdes*, Rousseau & Cie, 1955, nos 45 et s.). Si les créances entre époux sont désormais exigibles à tout moment, l'argument paraît encore pertinent pour refuser toute revalorisation lorsque la créance est réglée avant la dissolution.
6. En ce sens, v. A. Colomer et G. Champenois, art. préc., n° 167 – G. Cornu, *op. cit.*, p. 653 et 654 – J. Flour et G. Champenois, *op. cit.*, n° 680 – M. Grimaldi, commentaire préc., n° 108 *in fine* – P. Hilt, art. préc., p. 234 – Ph. Malaurie et L. Aynès, *op. cit.*, n° 638 – D. R. Martin, J.-CL. CIVIL, Art. 1478 à 1481, Fasc. 70, art. préc., n° 18 – F. Terré et Ph. Simler, *op. cit.*, n° 647.
7. Sur ce point, v. A. Colomer, RÉP. CIV., *V° Communauté*, art. préc., nos 1639 et s.
8. V. les développements de M. Champenois, *in* J. Flour et G. Champenois, *op. cit.*, n° 682, qui estime que la liberté reconnue au époux ne leur permet pas pour autant de prévoir une revalorisation plus forte que celle résultant de la règle du profit subsistant, sous peine de heurter l'ordre public monétaire.
9. Civ. 1re, 20 févr. 1996, *Bull. civ.* I, n° 100 – *D.* 1996 somm. p. 392, obs. M. Grimaldi.
10. Civ. 1re, 20 févr. 1996, préc.

créances et les dettes entre époux ne sont pas les éléments d'un compte au sens plein du terme[1]. À défaut de texte en ce sens, il convient en effet de considérer que les créances entre époux ne perdent pas leur individualité et, partant, leur régime propre, lors de la liquidation de la communauté. En d'autres termes, ces dettes et créances obéissent au droit commun des obligations en ce qui concerne leur règlement, de sorte que les conjoints se présentent l'un par rapport à l'autre, pour chaque chef d'obligation, comme créancier et débiteur de droit commun. Cette situation explique les solutions qui vont suivre.

114.22 Sort des créances entre futurs époux et des créances entre ex-époux. Lorsqu'elles ne sont toujours pas réglées, les créances entre futurs époux et les créances entre ex-époux doivent naturellement être intégrées au compte de créance entre époux. En cas de divorce, cette solution est d'ailleurs imposée indirectement par la loi qui prescrit un règlement intégral des intérêts patrimoniaux[2]. De plus, cette solution n'est source d'aucune complication, dans la mesure où le compte de créances entre époux de chacun des époux n'est pas un véritable compte. L'inscription en compte d'éléments au régime distinct n'emportant aucune conséquence juridique particulière, il n'y a aucune difficulté à intégrer dans le compte des créances qui relèvent de régimes différents.

114.23 Caractère supplétif de la prise en compte des créances entre époux. Les époux peuvent-ils décider d'écarter la prise en considération des créances qu'ils pourraient avoir l'un contre l'autre lors de la liquidation de leur régime matrimonial ? À proprement parler, l'article 1479 du code civil n'envisage la possibilité d'une convention contraire qu'en ce qui concerne les règles de valorisation des créances entre époux. Cela étant, dans la mesure où les créances entre époux relèvent par principe du régime de droit commun des obligations, rien ne semble interdire à l'époux créancier de son conjoint de consentir à ce dernier une remise de dette, conformément aux articles 1285 à 1287 du code civil. Pareille remise pourrait même être consentie en dehors d'une convention matrimoniale, sans porter atteinte au principe de l'immutabilité du régime matrimonial.

114.24 Date d'exigibilité. Puisqu'elles ne relèvent pas d'un compte au sens juridique du terme, les créances entre époux peuvent donc être payées isolément, sur entente des époux ou sur poursuite de l'un contre l'autre et, le cas échéant, suivant les modalités particulières prévues par la loi. De plus, et bien que l'article 1478 du code civil laisse entendre le contraire lorsqu'il se contente d'envisager le règlement des créances entre époux « *après le partage consommé* »[3], il est aujourd'hui acquis que chaque créance ou dette peut être réglée à tout moment, même pendant la durée du régime, c'est-à-dire sans attendre la liquidation de la communauté[4], ce qui demeure toutefois rarissime en pratique.

Une fois la procédure de divorce engagée, la question se pose en des termes différents[5]. En effet, il ressort des dispositions de l'article 267 du code civil[6], que le juge qui prononce le divorce ordonne le règlement global des intérêts pécuniaires des époux et qu'il doit intégrer en conséquence la

1. En ce sens, v. G. Cornu, *op. cit.*, p. 650 et 651 – J. Flour et G. Champenois, *op. cit.*, n° 678 – D. R. Martin, J.-Cl. civil, Art. 1478 à 1481, Fasc. 70, art. préc., n° 24 – F. Terré et Ph. Simler, *op. cit.*, n° 718. Le compte de créances entre époux est donc un compte arithmétique et non un compte autonome (sur cette notion, v. Th. Bonneau, Rép. civ., *V° Compte*, 1996, nos 8 et s.).
2. Rappelons que la règle est valable quelle que soit la forme du divorce. V. pour les divorces contentieux l'article 267 du code civil : « *Le juge, en prononçant le divorce, ordonne la liquidation et le partage (des) intérêts patrimoniaux (des époux)* ». Pour le divorce par consentement mutuel, v. l'article 230 du code civil : la convention soumise à homologation doit régler « *les conséquences du divorce* ».
3. Cette formule pouvait se recommander d'une jurisprudence traditionnelle qui estimait que le règlement des créances personnelles entre époux ne pouvait être exigé non seulement après la dissolution de la communauté, mais plus encore après la réalisation du partage (v. Civ., 28 juin 1865, *DP* 1865, 1 p. 360 – Cass. Req. 19 août 1940, *Gaz. Pal.* 1940, 2 p. 43 – *JCP* 1940, II, 1539, note J. L. – CA Bordeaux, 6 mai 1848, *S.* 1849, 2 p. 609 – *DP* 1850, 2 p. 11.). Cette analyse n'a plus de raison d'être aujourd'hui. Au reste, la jurisprudence elle-même avait déjà admis de nombreuses exceptions, pour des raisons d'opportunité. Ainsi, par exemple, la créance d'aliment entre époux a toujours pu être recouvrée à tout moment, même en cours de régime, ce qui est heureux (v. CA Lyon, 15 juill. 1926, *DP* 1927. 2. 129, note M. Nast – Cass. Req. 18 août 1940, préc.). Pour une étude détaillée de cette jurisprudence, v. A. Colomer, Rép. civ., *V° Communauté*, art. préc., nos 1629 et s. – Ph. Jestaz, *L'urgence et les principes classiques du droit civil*, thèse, préf. de P. Raynaud, biblio. dr. pr., LGDJ, t. LXXXVII, 1968, nos 257 et s. – D. R. Martin, J.-Cl. civil, art. 1478 à 1481, Fasc. 70, art. préc., *loc. cit.*
4. En ce sens, v. not. Aubry et Rau, par Ponsard *op. cit.*, n° 281, spéc – note 53 (l'auteur estime que la formule de l'article 1478 « *est destinée à marquer qu'en fait le partage sera souvent l'occasion de régler les créances entre époux et qu'en tout cas les créances purement personnelle ne pourront être poursuivies sur les biens communs avant le partage* ») – A. Colomer, *Droit civil – Régimes matrimoniaux, op. cit.*, n° 928 – G. Cornu, *op. cit.*, p. 650 – J. Flour et G. Champenois, *op. cit.*, n° 677, spéc. note 2 – D. R. Martin, J.-Cl. civil, Art. 1478 à 1481, Fasc. 70, art. préc., nos 26 et s.
5. Sur ce point, v. P. Hilt, « Les créances au sein du couple : des créances ordinaires ? », art. préc., p. 234 et 235.
6. Anciennement l'article 264-1 du code civil.

demande éventuelle de recouvrement d'une créance formée par un époux à l'encontre de l'autre aux opérations de liquidation.

Il en résulte, selon la Cour de cassation, que si les époux peuvent faire valoir leurs créances l'un à l'encontre de l'autre jusqu'au prononcé définitif du divorce dans le cadre d'une instance autonome, devant le juge compétent[1], il en va différemment après cette date. Une fois que le divorce a acquis force de chose jugée, lorsque le juge a ordonné le règlement des intérêts patrimoniaux des époux, toute action en recouvrement intentée dans le cadre d'une action distincte des opérations liquidatives du régime matrimonial est irrecevable[2].

Il va sans dire, par ailleurs, dans l'hypothèse où les époux ont réglé leur régime matrimonial au cours de l'instance en divorce, que toute demande postérieure à cette fin est exclue.

114.25 Cours des intérêts. Aux termes de l'article 1479, alinéa 1er, du code civil, les créances entre époux ne produisent intérêts qu'à compter de la sommation de payer et non à compter de la dissolution du régime ou de la date à laquelle elles sont liquides. En revanche, dans l'hypothèse d'une revalorisation de la créance en application de l'article 1479, alinéa 2, du code civil, les intérêts ne courent qu'à compter de la date de sa liquidation, faute d'en connaître le montant définitif à une date antérieure. Telle est la solution posée à l'article 1479, alinéa 2 *in fine* du code civil.

114.26 Modalités de paiement. Les créances entre époux ne donnent pas lieu à prélèvement ni à rapport. Le règlement doit donc en principe s'opérer par la voie du paiement exclusivement. À défaut de paiement volontaire du débiteur, l'époux personnellement créancier de son conjoint devra donc avoir recours aux voies d'exécution ordinaire, c'est-à-dire concrètement à la saisie des biens de son époux. De ce point de vue, le gage de l'époux créancier est le même que celui de tout créancier ordinaire. Ainsi que l'indique l'article 1478 du code civil, il a pour gage les biens propres de l'époux débiteur, augmentés de la part qui lui est échue lors du partage de la masse commune. Cela étant, et conformément à ce même article, la saisie de la part de communauté revenant à son conjoint suppose le partage consommé.

114.27 Pratique notariale. Dans la pratique, il est rare que les créances entre époux soient réglées en dehors des opérations de liquidation du régime matrimonial des époux. C'est la raison pour laquelle le praticien confronté à de tels mouvements de valeurs les intègre dans un compte spécifique[3], qui n'est jamais qu'une commodité d'écriture (comme tout compte arithmétique, le compte de créances entre époux est un « *simple cadre (...) comptable (...) répertoriant les créances et les dettes réciproques des parties* »[4]), susceptible de se compenser avec la balance des comptes d'indivision et la soulte éventuellement due par l'un des époux au titre du partage de la communauté ou de l'indivision pré-communautaire.

Exemple : au jour de la liquidation, l'époux est débiteur de son épouse d'une soulte à hauteur de 100 000 € au titre du partage. Par ailleurs, il est créancier de cette dernière à hauteur de 50 000 € au titre de la balance des comptes d'indivision. Enfin, il est débiteur de son épouse à hauteur de 30 000 € au titre de la balance des comptes de créances entre époux. Dans ce cas, il apparaît qu'au titre du compte final, l'époux est débiteur de sa femme à hauteur de :

(100 000 € + 30 000 €) - 50 000 € = 80 000 €

1. Civ. 1re, 22 mai 2007, no 05-12.017, *AJ fam.* 2007. 360, obs. P. Hilt – *Dr. fam.* 2007, comm. no 149, obs. V. Larribau-Terneyre.
2. Civ. 1re, 28 nov. 2000, *Bull. civ.* I, no 306 – *D.* 2001, IR p. 177 – Civ. 1re, 11 déc. 2001, *Defrénois* 2002, art. 37508, p. 401, obs. G. Champenois – CA Paris, 28 janv. 2005, *AJ fam.* 2005. 148, obs. P. Hilt – Civ. 1re, 22 mai 2007, préc.
3. Sur cette pratique classique, v. M. Planiol et G. Ripert, *Traité pratique de droit civil français*, t. IX, *Les régimes matrimoniaux*, LGDJ, 2e éd. par J. Boulanger, 1960, no 1071.
4. Th. Bonneau, RÉP. CIV., *Vo Compte*, art. préc., no 8.

TITRE

12. L'exposé du canevas liquidatif

SECTION 0 ORIENTEUR

12.00 **Plan du titre.**

Chap. 121 Exposé théorique du canevas liquidatif

Sect. 1 Règlement de l'indivision pré-communautaire

Sect. 2 Règlement de la communauté

Sect. 3 Liquidation des comptes d'indivision post-communautaire

Sect. 4 Liquidation des créances entre époux

Sect. 5 Établissement du compte final

Chap. 122 Exposé pratique du canevas liquidatif

Sect. 1 Énoncé du cas pratique

Sect. 2 Corrigé du cas pratique

12.01 **Textes applicables.**

* V. références s^s n°s 111.01, 112.01, 113.01, 114.01

12.03 **Bibliographie indicative**

* V. références s^s n° 1.03

CHAPITRE

121. Exposé théorique du canevas liquidatif

SECTION 0
ORIENTEUR

121.00 Plan du chapitre.

Sect. 1 Règlement de l'indivision pré-communautaire
Sect. 2 Règlement de la communauté
§ 1 Reprises
§ 2 Récompenses
§ 3 Actif de communauté
§ 4 Passif de communauté
§ 5 Balance et droits des parties
§ 6 Partage et/ou convention d'indivision
Sect. 3 Liquidation des comptes d'indivision post-communautaire
Sect. 4 Liquidation des créances entre époux
Sect. 5 Établissement du compte final

121.01 Textes applicables.

* V. références s^s n°s 111.01, 112.01, 113.01, 114.01

121.03 Bibliographie indicative.

* V. références s^s n° 1.03

121.09 Division. La liquidation des intérêts patrimoniaux des époux mariés sous le régime de la communauté légale suppose la réalisation de quatre opérations, techniquement distinctes mais qui se fondent *in fine* dans l'établissement d'un compte final (sect. 5). La principale d'entre elles consiste dans le règlement *stricto sensu* de la communauté (sect. 2). À cette opération peuvent s'en ajouter trois autres, le cas échéant, à savoir dans un ordre chronologique, aux fins de clarté, le règlement préalable de l'indivision pré-communautaire (sect. 1) puis la liquidation successive des comptes d'indivision post-communautaire (sect. 3) et, enfin, des créances entre époux (sect. 4).

SECTION 1
RÈGLEMENT DE L'INDIVISION PRÉ-COMMUNAUTAIRE

121.11 Nécessité pratique d'un règlement distinct. Lorsque les époux ont acquis un ou plusieurs biens indivis avant la célébration du mariage, il convient de procéder au règlement de celle-ci, de manière autonome par rapport au règlement de la communauté, et préalablement à celui-ci dans la mesure où l'existence de cette indivision a précédé le mariage et, donc, la naissance de la communauté.

Parce que les droits indivis de chacun des époux peuvent être considérés comme des droits propres[1], certains auteurs proposent d'envisager une simple reprise en nature des droits indivis de chaque époux dans le cadre du règlement de la communauté[2]. Selon nous, cette méthode doit être écartée en pratique, car elle ne permet pas de régler concrètement le sort des biens indivis, soit sous la forme d'un partage, soit sous la forme d'une convention d'indivision.

Conscients de cette lacune, d'autres auteurs proposent une méthode intermédiaire qui consiste à liquider l'indivision pré-conjugale, c'est-à-dire à déterminer les droits de chacun au sein de celle-ci, et à intégrer ensuite le partage de l'indivision dans celui de la communauté[3]. Nous ne saurions davantage pleinement souscrire à cette méthode, en ce sens qu'elle aboutit à nier l'existence de deux entités autonomes, l'indivision pré-communautaire et la communauté. Aussi, l'existence de deux règlements

1. Sur ce point, v. Y. Flour et F.-J. Pansier, Questions pratiques, *Defrénois* 1998, art. 36883, n° 2 – F. Terré et Ph. Simler, *op. cit.*, n° 276, note 1.
2. En ce sens, v. F. Terré et Ph. Simler, *op. et loc. cit.*
3. V. Y. Flour et F.-J. Pansier, Questions pratiques, *Defrénois* 1998, art. 36883, spéc. n° 2.

distincts nous semble-t-elle plus cohérente et plus explicite, quitte à compenser les soultes éventuellement dues dans le cadre d'un compte final.

121.12 Schéma liquidatif. Concrètement, la liquidation de l'indivision pré-communautaire suppose, tout d'abord, de reporter l'actif et le passif indivis, sans omettre d'y insérer les éventuels comptes d'indivision : à l'actif, si l'indivision est créancière d'un époux et, au passif, si, au contraire, c'est l'un des époux qui est créancier de l'indivision.

Il convient ensuite de récapituler les résultats obtenus et d'en faire la balance, c'est-à-dire de déterminer l'actif net. Ce *boni* de liquidation doit alors être réparti entre les parties, conformément à leurs droits respectifs dans l'indivision, le plus souvent par moitié, ce qui revient à déterminer leurs droits théoriques dans l'indivision. Il convient enfin d'ajouter ou d'ôter à ces droits des parties la valeur du solde de leur compte d'indivision, pour parvenir à leurs droits effectifs. Concrètement, l'on ajoute le solde du compte aux droits de l'époux lorsque celui-ci est favorable à ce dernier et, à l'inverse, l'on déduit de la valeur de ses droits théoriques, le montant du solde de son compte lorsque celui-ci est favorable à l'indivision.

121.13 Issue de la liquidation. Une fois l'indivision pré-communautaire liquidée, il reste enfin à régler cette dernière, soit sous la forme d'un partage, soit sous la forme d'une convention d'indivision. Notons simplement à ce propos, qu'en cas de partage, l'éventuelle soulte due par un époux à son conjoint devra alors être compensée avec les autres sommes éventuellement dues dans le cadre du compte final.

SECTION 2
RÈGLEMENT DE LA COMMUNAUTÉ

121.14 Observations préalables. Avant d'envisager les différentes étapes de la liquidation proprement dite, il est indispensable de formuler quelques observations préalables. À ce titre, il est nécessaire notamment de déterminer le régime matrimonial des époux. En cas de présence d'un élément d'extranéité, il conviendra également de justifier de l'applicabilité du droit français. Enfin, le liquidateur se doit de fixer la date de dissolution de la communauté.

121.15 Chronologie des opérations. Une fois ces observations faites, le déroulement des opérations liquidatives est organisé aux articles 1467 et 1468 du code civil. Il résulte de ces articles que la liquidation d'une communauté légale suppose la réalisation de quatre opérations successives. Il convient d'abord de procéder aux reprises de leurs biens propres par les époux (§ 1), avant de déterminer le compte de récompense de chacun d'eux (§ 2). Ensuite, il est nécessaire de déterminer l'actif partageable, ce qui suppose de récapituler l'actif brut (§ 3) ainsi que le passif (§ 4). Pratiquement, il convient enfin de résumer l'ensemble de ces opérations, en réalisant la balance et les droits des parties (§ 5). Une fois la communauté liquidée, il reste à envisager les modalités de son règlement (§ 6).

§ 1
Reprises

121.16 Reconstitution des patrimoines en nature. La première démarche liquidative consiste pour le liquidateur à envisager avec les parties la reprise éventuelle de leurs biens propres. Ainsi, aux termes de l'article 1467, alinéa 1er, du code civil, « *la communauté dissoute, chacun des époux reprend ceux des biens qui n'étaient point rentrés en communauté s'ils existent en nature ou les biens qui y ont été subrogés* ». Il en résulte que chacun des époux reprend les biens qui ont toujours été propres, ainsi que ceux qui le sont devenus au cours de l'union à raison de la spécificité de leur acquisition, de même que ceux qui leur ont été subrogés. En revanche, les biens propres qui ne se retrouvent pas en nature au jour des opérations de liquidation ne font pas l'objet d'une reprise, fût-elle virtuelle, même si le bien a disparu postérieurement à la date de dissolution de la communauté.

121.17 Caractère purement matériel de l'opération. En droit, les biens propres sont parfaitement distincts des biens communs, ce qui explique que chaque époux conserve les pleins pouvoirs sur ses biens pendant le régime. Cela étant, il est fréquent qu'en pratique, ces biens se soient mêlés aux autres biens, notamment quand ils sont de nature mobilière. Aussi la reprise consiste à faire le tri entre le patrimoine commun et les patrimoines propres de chacun des époux, ce qui aboutit à la reconstitution des patrimoines en nature. En d'autres termes, la reprise est une opération purement matérielle qui permet à chaque époux de se réclamer de sa qualité de propriétaire pour éviter que ses biens ne soient indûment inclus dans la masse commune à partager. Juridiquement, en effet, « *l'époux n'a pas à reprendre la propriété de ses propres : il ne l'a jamais perdue; il n'a pas non plus à les revendiquer : ils ne sont pas détenus par un tiers* »[1].

1. A. Colomer, *Droit civil – Régimes matrimoniaux*, *op. cit.*, n° 924.

121.18 Exclusion des dettes. Si l'époux débiteur d'une dette propre en reste seul tenu, pareille dette n'est cependant pas inscrite dans la liquidation au titre des reprises en nature.

121.19 Nécessité d'évaluer les biens propres. Les biens qui sont repris doivent faire l'objet d'une évaluation chiffrée dans l'acte liquidatif. Cette exigence est imposée par l'existence d'un émolument de reprise en faveur du notaire liquidateur, lequel est calculé en fonction de la valeur brute des biens repris.

§ 2 Récompenses

121.20 Établissement d'un compte pour chaque époux. Une fois les reprises envisagées, le liquidateur doit s'attarder sur le sort des récompenses qui ont pu être déterminées préalablement. Concrètement, il convient ici d'établir, au nom de chacun des époux, un compte de récompense récapitulant les récompenses que lui doit la communauté et les récompenses qu'il doit à la communauté, conformément aux prescriptions de l'article 1468 du code civil. Une fois les récompenses récapitulées pour chacun, il y a lieu de faire la balance propre à chaque compte afin de dégager un solde qui, seul, donnera lieu à règlement, que ce solde soit favorable à la communauté ou à l'époux concerné.

121.21 En l'absence de récompense. Dans l'hypothèse où l'un des époux, voire les deux, n'est ni débiteur ni créancier de la communauté sur le fondement de la théorie des récompenses, il conviendra néanmoins d'établir un compte de récompense. Simplement, il sera précisé que ledit époux ne doit pas récompense à la communauté et que la communauté ne lui doit pas récompense.

§ 3 Actif de communauté

121.22 Méthode. L'établissement du poste d'actif de communauté a pour objet de récapituler les différents éléments d'actifs de communauté déterminés préalablement en les valorisant. Une fois cette opération réalisée, le solde permet de fixer l'actif brut de communauté. Il est nécessaire à cette fin d'arrêter la date de jouissance divise, puisque c'est à cette date que les éléments d'actif doivent être évalués. Rappelons enfin que lorsque le règlement des récompenses a lieu en « moins prenant », le solde du compte de récompense favorable à la communauté est porté à l'actif.

§ 4 Passif de communauté

121.23 Méthode. À l'instar de l'actif de communauté, l'établissement du passif suppose la récapitulation des différentes dettes communes déterminées préalablement en les valorisant, à la date de jouissance divise. Une fois cette opération réalisée, le solde permet de fixer le passif de communauté. Il convient là aussi de rappeler que lorsque le règlement des récompenses a lieu en « plus prenant », le solde du compte de récompense favorable à l'époux est porté au passif de communauté.

§ 5 Balance et droits des parties

121.24 Détermination des droits théoriques des parties. Une fois l'actif brut et le passif commun déterminés, il convient de récapituler les résultats obtenus et d'en faire la balance, c'est-à-dire de déterminer l'actif net (ou *boni* de liquidation). Ce *boni* de liquidation doit alors être réparti par moitié entre les parties, ce qui revient à déterminer leurs droits théoriques dans la communauté.

121.25 Détermination des droits effectifs des parties. Lorsqu'il existe des récompenses et que leur règlement a lieu en « moins prenant » (lorsque le solde du compte de récompenses de l'époux en question est favorable à la communauté) ou « en plus prenant » (lorsque le solde du compte est favorable à l'époux), ce qui constitue la règle dans la pratique notariale en cas de partage amiable, la fixation des droits des époux ne peut se limiter à leurs droits théoriques. Il convient en effet d'ajouter ou d'ôter à ces droits la valeur du solde de leur compte de récompense. L'on ajoute donc le solde du compte aux droits de l'époux lorsque celui-ci est favorable à ce dernier. À l'inverse, l'on déduit de la valeur de ses droits théoriques le montant du solde de son compte lorsque celui-ci est favorable à la communauté.

§ 6 Partage et/ou convention d'indivision

121.26 Deux issues liquidatives possibles. Il ne relève pas de l'objet de cet ouvrage de traiter en détail des modalités du règlement de la communauté. Soulignons simplement qu'une fois les droits de chaque époux dans la communauté déterminés, ces derniers ont la faculté soit de se répartir l'actif et le passif de communauté, c'est-à-dire de partager leur communauté, soit de se maintenir dans l'indivision. Ils peuvent évidemment à la fois partager certains biens et prévoir une convention d'indivision sur d'autres biens.

121.27 **Partage.** Si les époux décident de partager leur communauté, il convient de procéder aux attributions. La composition des lots ne permettant que très rarement d'attribuer à chacun le montant exact de ses droits, l'époux qui aura bénéficié de biens au-delà de ses droits dans la communauté devra verser une soulte à son conjoint. Cette soulte devra alors être prise en compte lors de l'établissement du compte final, afin d'être compensée avec les sommes éventuellement dues au titre des comptes annexes.

121.28 **Convention d'indivision.** Il peut arriver que les époux souhaitent maintenir un bien en indivision, pour diverses raisons, notamment lorsque sa vente est prévue dans un plus ou moins bref délai ou pour permettre aux enfants de demeurer dans les lieux le temps de leurs études. Ils prévoient alors généralement une convention d'indivision pendant un temps déterminé, ce qu'ils peuvent faire pour une durée de cinq années, renouvelable par une décision expresse des parties (C. civ., art. 1873-3, al. 1er). La convention peut également être conclue pour une durée indéterminée. Le partage peut, en ce cas, être provoqué à tout moment, pourvu que ce ne soit pas de mauvaise foi ou à contretemps (C. civ., art. 1873-3, al. 2).

SECTION 3
LIQUIDATION DES COMPTES D'INDIVISION POST-COMMUNAUTAIRE

121.29 **Établissement d'un compte pour chaque époux.** Bien que la loi n'impose rien en la matière, la pratique notariale consiste à établir pour chaque époux un compte d'indivision, à l'image du compte de récompenses. Au crédit de ce compte seront portées les créances dont l'époux est titulaire à l'encontre de l'indivision et, au débit, les dettes à l'égard de cette dernière. La balance du compte permet enfin de déterminer si l'époux est, au final, créancier ou débiteur de l'indivision.

121.30 **Transformation de la créance d'indivision en créance entre époux.** Le solde du compte d'indivision de chaque époux détermine la somme qu'il doit à l'indivision ou que l'indivision lui doit. Il reste que la liquidation du régime matrimonial des époux a pour objet de déterminer les sommes dues par chaque époux à son conjoint. Aussi, une fois la balance du compte d'indivision de l'époux concerné faite, convient-il de transformer la créance d'indivision en créance entre époux. Concrètement, lorsque le solde du compte est favorable à l'époux, cela signifie qu'il est créancier pour le tout de l'indivision et donc pour une partie seulement correspondant aux droits de chacun dans l'indivision à l'encontre de son conjoint. Inversement, si le solde est favorable à l'indivision, cela signifie que l'époux est débiteur pour le tout de l'indivision et donc pour partie seulement à l'encontre de son conjoint.

121.31 **Balance de comptes d'indivision.** Une fois le solde de chaque compte d'indivision transformé en créance entre époux, il convient de faire la balance entre les comptes de deux époux, afin de déterminer lequel est finalement créancier de l'autre. Seule la créance ainsi obtenue sera alors reprise dans le compte final.

SECTION 4
LIQUIDATION DES CRÉANCES ENTRE ÉPOUX

121.32 **Établissement d'un compte pour chaque époux.** Le raisonnement tenu pour la liquidation des créances d'indivision peut être également retenu pour la liquidation des créances entre époux. Il convient donc, pour le liquidateur, d'établir un compte au nom de chaque époux, qui récapitule les créances dont chacun est titulaire envers son conjoint. En revanche, il n'est pas utile de reprendre les dettes des époux à l'égard de son conjoint, les dettes de l'un étant les créances de l'autre.

121.33 **Balance des comptes de créances entre époux.** Le solde du compte de chacun doit ensuite être compensé avec celui du conjoint afin de déterminer lequel des deux époux est finalement créancier de l'autre. Seule la créance ainsi obtenue sera alors prise en considération dans le cadre du compte final.

SECTION 5
ÉTABLISSEMENT DU COMPTE FINAL

121.34 **Récapitulatif des différentes créances.** Une fois la liquidation de l'indivision pré-communautaire, de la communauté, des comptes annexes et le partage réalisés, il reste au liquidateur à compenser les différentes créances obtenues au cours de ces étapes. L'opération consiste ici à compenser les sommes dues au titre du partage (c'est-à-dire la soulte) avec celles dues au titre des comptes d'indivision et des créances entre époux, ce qui permet de déterminer lequel des deux époux, au final, est créancier de l'autre et, le cas échéant, pour quel montant.

Le liquidateur fait ainsi apparaître la soulte éventuellement due par l'un des époux à son conjoint au titre du règlement du régime matrimonial de la communauté réduite aux acquêts.

CHAPITRE

122. Exposé pratique du canevas liquidatif

SECTION 0
ORIENTEUR

122.00 **Plan du chapitre.**

Sect. 1 Énoncé du cas pratique
Sect. 2 Corrigé du cas pratique
§ 1 Observations préalables à la liquidation
§ 2 Identification des patrimoines et des mouvements de valeurs
§ 3 État liquidatif

SECTION 1
ÉNONCÉ DU CAS PRATIQUE

122.11 Monsieur Alexandre RAGOT et Madame Anna TROPHÉE se sont mariés tous deux en unique noce, sans contrat de mariage préalable à leur union, célébrée à la Mairie de BRUNOY (Essonne), le 4 juillet 1998. Ce régime n'a pas subi de modification conventionnelle ou légale depuis lors.

Une ordonnance de non-conciliation a été rendue par le tribunal de grande instance de NANTERRE (Hauts-de-Seine), le 23 mars 2007, laquelle a, notamment, attribué la jouissance privative à titre gratuit du bien sis à NEUILLY-SUR-SEINE (Hauts-de-Seine), 32 rue de l'Estrapade, à Alexandre.

Madame TROPHÉE a délivré une assignation en divorce pour faute à son époux, par exploit d'huissier en date du 20 juin 2007.

Dans le cadre des opérations d'expertise, les parties ont communiqué au notaire désigné les informations suivantes.

En 1996, Alexandre et Anna ont acquis, chacun pour moitié, un pavillon sis à MEUDON (Hauts-de-Seine), 11 rue Quincampoix. Le prix global d'acquisition s'est élevé à 1 000 000 € (900 000 € + 100 000 € de frais). Ce prix d'acquisition a été réglé comptant.

Au cours de l'année 1997, les époux ont fait procéder à la réfection de la toiture de cet immeuble, qui s'était pour partie écroulée à la suite d'un violent coup de vent. Ces travaux ont coûté la somme de 15 000 €, laquelle a été intégralement réglée à l'aide des revenus professionnels d'Alexandre.

La valeur vénale actuelle de l'appartement s'élève à 1 600 000 €. Il convient de souligner qu'une expertise a établi que sans les travaux de réfection de la toiture, le bien ne vaudrait que 1 500 000 €.

Au jour du mariage, Alexandre était propriétaire d'un appartement sis à PARIS (6e arrondissement), 25 rue Bonaparte. Ce bien a été acquis moyennant un prix de 800 000 € (700 000 € + 100 000 € de frais), intégralement réglé à l'aide d'un emprunt. Au jour de la célébration du mariage, il restait dû de ce chef la somme de 500 000 € (450 000 € de capital + 50 000 € d'intérêts), laquelle a intégralement été réglée au cours de l'union à l'aide des revenus des époux.

La valeur actuelle de ce bien est estimée à 1 000 000 €.

Pour sa part, Anna était propriétaire au jour du mariage d'un studio sis à VINCENNES (Val-de-Marne) d'une valeur de 400 000 €. Ce studio a été vendu, au cours du mariage, pour un prix de 700 000 €.

Anna a utilisé cette somme pour acheter la maison de SANTENY (Val-de-Marne), 44 rue Darius-Milhaud. Les formalités du remploi ont été effectuées. Le prix global d'acquisition s'est élevé à 1 300 000 € (1 200 000 € + 100 000 € de frais).

Le complément (600 000 €) a été versé grâce aux économies du ménage.

Quelques mois plus tard, Alexandre a reçu 10 000 € par donation de sa grand-mère. Ces fonds ont immédiatement été utilisés pour financer la construction d'un immense garage attenant à la maison de SANTENY (Val-de-Marne).

La valeur actuelle de la maison de SANTENY (Val-de-Marne) s'élève à 1 500 000 €, étant entendu que sans le garage elle ne vaudrait que 1 450 000 €.

Le 1er juillet 2000, Alexandre a acheté, à l'aide de ses revenus professionnels, un pavillon à NEUILLY-SUR-SEINE (Hauts-de-Seine), 32 rue de l'Estrapade, dont le prix d'acquisition s'est élevé à 800 000 € (700 000 € + 100 000 € de frais). La valeur actuelle du bien s'élève à 1 200 000 €.

Le 2 août 2005, Anna a reçu par succession, à la suite du décès de sa mère, la somme de 50 000 €. Cette somme a immédiatement été réinvestie dans la construction d'un court de tennis sur le terrain du pavillon de NEUILLY-SUR-SEINE (Hauts-de-Seine). Les époux sont d'accord pour reconnaître que sans ces travaux le pavillon ne vaudrait que 1 000 000 €.

Aujourd'hui, Alexandre vous indique qu'il possède divers comptes ouverts dans les écritures du CIC, dont le solde au moment de l'ordonnance de non-conciliation s'élevait à 11 000 €.

Pour sa part, Anna est également titulaire de divers comptes ouverts dans les écritures de la Banque Populaire, dont le solde au moment de l'ordonnance de non-conciliation s'élevait à 23 000 €. Par ailleurs, elle est propriétaire d'un véhicule automobile TOURAN, d'une valeur Argus de 20 000 €.

Le mobilier commun peut être évalué à 5 000 €.

Alexandre souligne qu'il a réglé depuis le mois de mars 2007, les primes de l'assurance d'habitation relative au bien qu'il occupe, pour un montant total de 2 000 €.

Grâce à l'intervention du notaire commis et des avocats respectifs des parties, ces dernières sont parvenues à un accord, aux termes duquel il est notamment prévu qu'Anna conservera le pavillon de MEUDON (Hauts-de-Seine), quitte à devoir une soulte à son époux, qui conservera, pour sa part, le pavillon de NEUILLY-SUR-SEINE (Hauts-de-Seine).

Alexandre et Anna souhaitent concrétiser leur accord par-devant Maître PILOU, Notaire à PARIS (6e arrondissement). Ce dernier vous demande en conséquence d'établir l'acte liquidatif.

SECTION 2
CORRIGÉ DU CAS PRATIQUE

§ 1
Observations préalables à la liquidation

122.12 Détermination du régime matrimonial. Alexandre RAGOT et Anna TROPHÉE se sont mariés le 4 juillet 1998, sans contrat préalable. Ils sont donc soumis au régime légal de la communauté réduite aux acquêts, tel que l'organise la loi du 23 décembre 1985.

122.13 Date de dissolution du régime matrimonial. L'assignation en divorce ayant été délivrée par Anna TROPHÉE le 20 juin 2007, le divorce est régi par les dispositions nouvelles, issues de la loi du 26 mai 2004. En conséquence, la date de dissolution de principe du régime matrimonial des époux est fixée à la date de l'ordonnance de non-conciliation (C. civ., art. 262-1), soit le 23 mars 2007.

Le divorce n'ayant pas encore été prononcé, il convient de souligner que les époux disposent toujours de la faculté de demander le report judiciaire de la date de dissolution, de même qu'ils peuvent encore conclure une convention relative à la liquidation et au partage de leur régime matrimonial (C. civ., art. 265-2).

§ 2
Identification des patrimoines et des mouvements de valeurs

122.14 Pavillon sis à MEUDON. Avant leur mariage, Monsieur RAGOT et Madame TROPHÉE ont acquis ensemble un pavillon sis à MEUDON, pour une moitié indivise chacun. Dans le cadre du divorce, il convient, outre la liquidation du régime matrimonial, de procéder à la liquidation et au partage de cette indivision, qui se superpose à la communauté. Ce bien sera donc porté à l'actif indivis pour sa valeur actuelle, soit 1 600 000 €.

122.15 Travaux de réfection de la toiture. Au cours de l'indivision pré-conjugale, les époux ont fait procéder à la réfection de la toiture du pavillon indivis sis à MEUDON. Le thème précise que cette dépense a été faite à l'aide des revenus professionnels d'Alexandre, c'est-à-dire à l'aide de deniers personnels à ce dernier. Alexandre peut donc se prévaloir d'une créance contre l'indivision de ce chef (C. civ., art. 815-13, al. 1er).

L'impense faite par Alexandre a permis d'éviter la perte du bien, de sorte qu'il s'agit manifestement d'une impense nécessaire à sa conservation. Dans ce cas, on sait que l'indemnisation de l'indivisaire doit se faire à hauteur de la plus forte des deux sommes que représentent respectivement la dépense faite et le profit subsistant. La dépense est ici de 15 000 €. Quant au profit subsistant, il doit être calculé en déduisant de la valeur actuelle du bien (1 600 000 €) la valeur qu'il aurait si ces travaux n'avaient pas été réalisés (1 500 000 €). Le profit subsistant s'élève donc à 100 000 €, montant qui, supérieur à la dépense initiale, sera retenu au titre de l'indemnisation que doit l'indivision à Monsieur RAGOT.

122.16 Appartement de PARIS. Cet appartement était la propriété de Monsieur RAGOT au jour de la célébration du mariage. Il s'agit donc d'un bien présent, propre à ce dernier (C. civ., art. 1405, al. 1er), qui fera, à ce titre, l'objet d'une reprise en nature (C. civ., art. 1467, al. 1er).

L'acquisition de ce bien a été réalisée à l'aide d'un emprunt, qui a, en partie, été remboursé au cours de l'union à l'aide des revenus des époux, c'est-à-dire à l'aide de deniers communs. La communauté a donc droit à récompense, pour avoir acquitté une dette personnelle à l'un des époux (C. civ., art. 1437), étant entendu que la communauté ne peut prétendre à récompense pour le remboursement des intérêts de l'emprunt, lesquels constituent une charge de la jouissance qui lui incombe à titre définitif.

S'agissant d'une dépense d'acquisition, la récompense ne peut être moindre que le profit subsistant (C. civ., art. 1469, al. 3). L'acquisition ayant été réalisée en partie seulement à l'aide de deniers communs, le profit subsistant doit être déterminé en rapportant la contribution de la communauté au coût global d'acquisition du bien, frais inclus s'agissant d'une acquisition à titre onéreux, ce qui permet de connaître la proportion dans laquelle la communauté a participé au financement du bien acquis. Puis, cette proportion doit ensuite être appliquée à la valeur du bien au jour de la liquidation, soit :

$$\frac{450\,000\text{ €}}{800\,000\text{ €}} \times 1\,000\,000\text{ €} = 562\,500\text{ €}$$

122.17 Studio de VINCENNES. Ce bien était la propriété de Madame TROPHÉE au jour du mariage. Il s'agit donc d'un bien présent, propre à cette dernière (C. civ., art. 1405, al. 1er). Le bien ayant été vendu au cours de l'union, il ne fera pas l'objet d'une reprise en nature de la part d'Anna.

122.18 Maison de SANTENY. Ce bien a été acquis au cours de l'union par Madame TROPHÉE, en partie (700 000 €) à l'aide du produit de la vente du studio de VINCENNES, bien propre de cette dernière, et en partie (600 000 €) à l'aide des économies du ménage, c'est-à-dire à l'aide de fonds communs.

En ce qui concerne la nature du bien, il est indiqué dans l'énoncé (v. ss no 122.11) que Madame TROPHÉE a respecté les modalités du remploi. Par application de l'article 1436 du code civil, ce bien fait donc partie de ses biens propres, puisque son investissement personnel représente plus de la moitié du coût d'acquisition (700 000 € / 1 300 000 €). Par conséquent, ce bien fera l'objet d'une reprise en nature de la part d'Anna (C. civ., art. 1467, al. 1er).

En revanche, elle est débitrice d'une récompense à l'encontre de la communauté dont elle a tiré profit à des fins personnelles (C. civ., art. 1437). S'agissant d'une dépense d'acquisition, la récompense ne peut être moindre que le profit subsistant (C. civ., art. 1469, al. 3). L'acquisition ayant été réalisée en partie seulement à l'aide de deniers communs, le profit subsistant doit être déterminé en rapportant la contribution de la communauté au coût global d'acquisition du bien, frais inclus s'agissant d'une acquisition à titre onéreux, ce qui permet de connaître la proportion dans laquelle la communauté a participé au financement du bien acquis. Puis, cette proportion doit ensuite être appliquée à la valeur du bien au jour de la liquidation, mais dans l'état dans lequel était ce bien au jour de la dépense, de sorte qu'il convient d'exclure la plus-value procurée au bien par les travaux réalisés par la suite, soit :

$$\frac{600\,000\text{ €}}{1\,300\,000\text{ €}} \times 1\,450\,000\text{ €} = 669\,230\text{ €}$$

122.19 Construction du garage. Quelques mois après l'acquisition de la maison de SANTENY, un garage lui a été adjoint. Ce garage est propre à Anna, par le jeu de l'accession (C. civ., art. 555).

Ces travaux ont été financés par des fonds reçus par donation par Alexandre, c'est-à-dire par des fonds propres à lui (C. civ., art. 1405, al. 2). La concomitance des opérations (les fonds ayant immédiatement été utilisés) permet de penser que les fonds en question n'ont pas, au préalable, été encaissés par la communauté. Il sera donc considéré que les fonds qui ont financé la construction du garage étaient propres à Alexandre. Aucun élément ne permettant d'estimer qu'Alexandre était animé d'une intention libérale à l'endroit d'Anna, la remise de fonds sera qualifiée de prêt. Dans ces conditions, Alexandre peut se prévaloir d'une créance contre Anna (C. civ., art. 1478). Le prêt ayant permis la réalisation de travaux d'amélioration, la créance d'Alexandre doit être revalorisée conformément à l'article 1469, alinéa 3, du code civil (C. civ., art. 1479, al. 2). La créance ne peut donc être moindre que le profit subsistant. La dépense est ici de 10 000 €. Quand au profit subsistant, il doit être calculé en déduisant de la valeur actuelle du bien (1 500 000 €) la valeur qu'il aurait si ces travaux n'avaient pas été réalisés (1 450 000 €). Le profit subsistant s'élève donc à 50 000 €, montant qui, supérieur à la dépense initiale, sera retenu au titre de l'indemnisation que doit verser Anna à Alexandre.

122.20 Pavillon de NEUILLY-SUR-SEINE. Ce bien a été acquis au cours de l'union par Alexandre, à l'aide de ses revenus professionnels. Il s'agit donc d'un acquêt de communauté (C. civ., art. 1401), qui sera inscrit à l'actif pour sa valeur actuelle, soit 1 200 000 €.

122.21 Construction du court de tennis. En 2005, un court de tennis a été construit sur le terrain occupé par le pavillon de NEUILLY-SUR-SEINE. Cette construction a été financée à l'aide de fonds reçus par Anna par succession.

La construction étant afférente à un bien commun est commune, par le jeu de l'accession (C. civ., art. 555). En revanche, les travaux ayant été financés par des fonds propres à Anna, puisque provenant d'une succession (C. civ., art. 1405, al. 1er), la communauté doit récompense à cette dernière de ce chef (C. civ., art. 1433, al. 1er).

S'agissant de travaux d'amélioration, la récompense ne peut être moindre que le profit subsistant (C. civ., art. 1469, al. 3). La dépense est ici de 50 000 €. Quand au profit subsistant, il doit être calculé en déduisant de la valeur actuelle du bien (1 200 000 €) la valeur qu'il aurait si ces travaux n'avaient pas été réalisés (1 000 000 €). Le profit subsistant s'élève donc à 200 000 €, montant qui, supérieur à la dépense initiale, sera retenu au titre de la récompense que doit la communauté à Anna.

122.22 Actifs financiers. Sont réputés acquêts de la communauté tous les biens meubles ou immeubles si l'on ne prouve qu'ils sont propres à l'un des époux par application d'une disposition de la loi (C. civ., art. 1402). Ce principe de présomption de communauté est applicable, à défaut de précision, aux actifs financiers des époux.

Il convient de souligner que la pratique notariale retient en la matière le solde des comptes personnels au jour de la dissolution. Par conséquent, les comptes ouverts au nom de Monsieur RAGOT seront inscrits à l'actif de communauté pour 11 000 € et les comptes ouverts au nom de Madame TROPHÉE seront portés à l'actif pour 23 000 €.

122.23 Patrimoine mobilier. Par application de la présomption de communauté, sont également présumés communs, faute de précision, les biens mobiliers des époux (évalués à 5 000 €) ainsi que le véhicule automobile de Madame TROPHÉE (estimé à 20 000 €).

122.24 Jouissance privative du pavillon de Neuilly sur Seine. Alexandre s'est vu reconnaître la jouissance privative du pavillon de NEUILLY-SUR-SEINE par l'ordonnance de non-conciliation. Le bien en question étant devenu indivis après la date de dissolution, la question se pose de savoir si Alexandre est redevable d'une indemnité pour jouissance privative à l'égard de l'indivision, sur le fondement de l'article 815-9 du code civil. Le juge conciliateur ayant pris soin de préciser que cette jouissance revêtait un caractère gratuit, une réponse négative à cette question s'impose.

Cela étant, il peut être rappelé que cette gratuité n'a vocation à jouer que jusqu'au prononcé du divorce, de sorte que si Alexandre continue à occuper le bien dont il a la jouissance après cette date, il deviendra débiteur d'une telle indemnité.

122.25 Règlement des primes de l'assurance d'habitation. Alexandre a réglé les primes d'assurance d'habitation relative au pavillon de NEUILLY-SUR-SEINE, à compter du mois de mars 2007, c'est-à-dire après la date de dissolution de la communauté.

Cette dépense a été faite à l'aide des revenus professionnels d'Alexandre, c'est-à-dire avec des deniers personnels à ce dernier, ces revenus ayant été perçus après la dissolution. En conséquence, Alexandre peut se prévaloir d'une créance contre l'indivision post-communautaire de ce chef (C. civ., art. 815-13, al. 1er).

S'agissant d'une dépense de conservation juridique, la créance d'Alexandre doit être égale à la plus forte des deux sommes que représentent respectivement la dépense faite et le profit subsistant. La dépense est ici de 2 000 €. Quant au profit subsistant, il doit en principe être calculé en déduisant de la valeur actuelle du bien la valeur qu'il aurait si la dépense n'avait pas été faite. En l'espèce, le profit subsistant est manifestement inexistant. Le montant de la dépense, supérieur au profit subsistant, sera donc retenu au titre de la créance d'Alexandre contre l'indivision.

§ 3
État liquidatif

Règlement de l'indivision pré-communautaire.

1° Comptes d'indivision :
- a) Madame TROPHÉE .... Néant
- b) Monsieur RAGOT
  - Créance contre l'indivision
    - Financement des travaux .... 100 000 €
  - Dette à l'égard de l'indivision .... Néant
  - Balance du compte de créances d'indivision
    - Au total, le solde du compte de créances d'indivision de M. RAGOT représente un excédent de créance en sa faveur .... 100 000 €

2° Actif indivis :
- Appartement de Meudon .... 340 000 €

3° Passif indivis :
- Solde du compte de créances d'indivision de M. RAGOT .... 100 000 €

4° Balance et droit des parties :
- Actif brut .... 1 600 000 €
- Passif .... 100 000 €

- Actif net .... 1 500 000 €
- Droits des parties .... 750 000 €
- Droits de M. RAGOT compte tenu de la créance qu'il a contre l'indivision (750 000 € + 100 000 €) .... **850 000 €**
- Droits de Mme TROPHÉE .... **750 000 €**

5° PARTAGE DE L'INDIVISION :

1. - Attributions à Mme TROPHÉE
   - Pavillon de MEUDON .... 1 600 000 €
   - À charge de verser une soulte à M. RAGOT .... 850 000 €
   - Total égal à ses droits .... 750 000 €
2. - Attributions à M. RAGOT
   - La soulte versée par Mme TROPHÉE, égale à ses droits .... 850 000 €

Règlement de la communauté.

1° REPRISES ET RÉCOMPENSES :

Madame TROPHÉE

Reprises

- Maison sise à SANTENY .... 1 500 000 €

Récompenses

- Récompenses dues par la communauté :
  - Construction du court de tennis .... 200 000 €
- Récompenses dues à la communauté :
  - Acquisition de la maison sise à SANTENY .... 669 230 €
- Balance du compte de récompenses :
  - Au total, le solde du compte de récompenses de Mme TROPHÉE représente un excédent de récompenses en faveur de la communauté .... 469 230 €

Monsieur RAGOT

Reprises

- Appartement de PARIS, rue Bonaparte .... 1 000 000 €

Récompenses

- Récompenses dues par la communauté ..... Néant
- Récompenses dues à la communauté :
  - Acquisition de l'appartement de PARIS .... 562 500 €
- Balance du compte de récompenses :
  - Au total, le solde du compte de récompenses de M. RAGOT représente un excédent de récompenses en faveur de la communauté .... 562 500 €

2° ACTIF DE COMMUNAUTÉ :

- Pavillon de NEUILLY-SUR-SEINE 1 200 000 €
- Comptes CIC de M. RAGOT .... 11 000 €
- Comptes Banque Populaire de Mme TROPHÉE .... 23 000 €
- Voiture de Mme TROPHÉE .... 20 000 €
- Meubles .... 5 000 €
- Solde du compte de récompenses de Mme TROPHÉE .... 469 230 €
- Solde du compte de récompenses de M. RAGOT .... 562 500 €
- Total de l'actif .... 2 290 730 €

3° PASSIF DE COMMUNAUTÉ .... Néant

4° BALANCE ET DROITS DE PARTIES :

- Actif brut .... 2 290 730 €
- Passif .... 0 €
- Actif net .... 2 290 730 €
- Droits des parties .... 1 145 365 €
- Droits de M. RAGOT compte tenu de la récompense qu'il doit à la communauté (1 145 365 € - 562 500 €) .... **582 865 €**
- Droits de Mme TROPHÉE compte tenu de la récompense qu'elle doit à la communauté (1 145 365 € - 469 230 €) .... **676 135 €**

5° PARTAGE :

1. - Attributions à Mme TROPHÉE
   - Comptes Banque Populaire .... 23 000 €
   - Voiture .... 20 000 €
   - Moitié des meubles .... 2 500 €
   - Soulte due par M. RAGOT .... 630 635 €
   - Total égal à ses droits .... 676 135 €
2. - Attributions à M. RAGOT
   - Pavillon de NEUILLY-SUR-SEINE .. 1 200 000 €
   - Comptes CIC .... 11 000 €
   - Moitié des meubles .... 2 500 €
   - à charge de verser une soulte à Mme TROPHÉE .... 630 635 €
   - Total égal à ses droits .... 582 865 €

Liquidation des créances d'indivision.

Madame TROPHÉE .... Néant

Monsieur RAGOT

- Créance contre l'indivision :
  - Règlement des primes d'assurance ...... 2 000 €
  - Dette à l'égard de l'indivision .... Néant.
- Balance du compte de créances d'indivision :
  - Au total, le solde du compte de créances d'indivision de M. RAGOT représente un excédent de créance en sa faveur ... 2 000 €

Monsieur RAGOT est donc créancier de l'indivision à hauteur de 2 000 €, de sorte qu'il est créancier contre Madame TROPHÉE à hauteur de la moitié de cette somme, soit 1 000 €.

Liquidation des créances entre époux.

- Créances de Mme TROPHÉE contre M. RAGOT .... Néant
- Créances de M. RAGOT contre Mme TROPHÉE :
  - Construction du garage .... 50 000 €
- Balance des comptes de créances entre époux :
  - Au total, la balance des comptes de créances entre époux représente un excédent de créances en faveur de M. RAGOT .... 50 000 €

Établissement du compte final.

- Au titre du partage de l'indivision pré-conjugale, Mme TROPHÉE doit à M. RAGOT une soulte de ...... 850 000 €
- Au titre du partage de la communauté, M. RAGOT doit à Mme TROPHÉE une soulte de .... 630 635 €
- Au titre des créances entre époux, Mme TROPHÉE doit à M. RAGOT ... 50 000 €
- Au titre des créances d'indivision Mme TROPHÉE doit à M. RAGOT .... 1 000 €
- Au total, Mme TROPHÉE doit à M. RAGOT .... 270 365 €

LIVRE

2. LA LIQUIDATION D'UN RÉGIME DE COMMUNAUTÉ CONVENTIONNELLE

SECTION 0

ORIENTEUR

2.00 **Plan du livre.**

Titre	21	La communauté de meubles et acquêts
Chap.	211	Élaboration du canevas liquidatif
Chap.	212	Exposé du canevas liquidatif
Titre	22	La communauté universelle
Chap.	221	Élaboration du canevas liquidatif
Chap.	222	Exposé du canevas liquidatif

2.01 **Textes applicables.**

* V. références s^s n°s 211.01

> Indivision

• C. civ., art. 815-9 à 815-13

* V. texte complet de ces articles s^s n° 113.01

> Récompenses

• C. civ., art. 1433, 1437 et 1469

* V. texte complet de ces articles s^s n° 112.01

> Créances entre époux – Valorisation

• C. civ., art. 1479

* V. texte complet de cet article s^s n° 114.01

2.02 **Jurisprudence de référence.**

> Créances d'indivision

* V. références s^s n° 113.02

2.03 **Bibliographie indicative.**

Ouvrages.

> Régimes matrimoniaux

* V. les ouvrages sur les régimes matrimoniaux cités s^s n° 23.03 (lorsqu'ils sont repris comme référence en note de bas de page, ces ouvrages sont cités par le seul nom des auteurs en petites capitales).

2.06 **Économie générale.** La communauté réduite aux acquêts n'est pas le seul modèle de communauté que connaît le droit français. Les époux peuvent choisir une autre forme de communauté. De ce point de vue, les possibilités sont quasi infinies et n'ont pour limite que l'imagination des époux. En effet, aux termes de l'article 1497 du code civil, « *les époux peuvent, dans leur contrat de mariage, modifier la communauté légale par toute espèce de convention* ». À ce titre, le législateur propose deux modèles accomplis de communauté autre que la communauté légale : la communauté de meubles et acquêts (v. s^s n°s 21.00 s., 211.11 s.) et la communauté universelle (v. s^s n°s 22.00 s., 211.11 s.).

2.07 **Application des règles liquidatives de la communauté légale. Renvoi.** Du point de vue des règles liquidatives, les communautés conventionnelles ne présentent aucune originalité, comme en témoigne l'article 1497 *in fine* du code civil, selon lequel « *les règles de la communauté légale restent applicables en tous les points qui n'ont pas fait l'objet de la convention des parties* ». Par conséquent, toutes les règles envisagées au titre de la communauté légale, qu'il s'agisse des règles relatives à la liquidation de l'indivision pré-communautaire, de la communauté *stricto sensu* (date de dissolution, date de détermination et d'évaluation de l'actif, du passif, récompenses, *etc.*) ou des comptes annexes (créances entre époux et créances d'indivision) sont applicables aux communautés conventionnelles. La seule originalité de ces régimes tient à la composition de leur masse active et, corrélativement, à celle de leur masse passive.

2.08 **Déchéance du choix d'une communauté conventionnelle. Rappel.** Lorsque les époux ont choisi d'adopter comme régime matrimonial une communauté conventionnelle, ce choix est susceptible d'être anéanti en cas de divorce, du moins lorsque celui-ci est soumis au droit issu de la loi du 11 juillet 1975, pour cette raison que la communauté universelle et la communauté de meubles et acquêts sont constitutives d'un avantage matrimonial[1]. En revanche, sous l'empire de la loi du 26 mai 2004, les époux ne peuvent être déchus d'un tel choix, l'avantage matrimonial que constitue une communauté conventionnelle prenant effet au cours de l'union.

2.09 Plan. La communauté de meubles et acquêts et la communauté universelle ont en commun de réaliser une extension de la sphère communautaire par rapport à la communauté légale. La première étend sensiblement le domaine de la communauté, sans pour autant exclure l'existence de patrimoines propres (Titre 21), cependant que la seconde opère une extension radicale de la communauté (Titre 22).

1. Pour la communauté universelle, v. Civ. 1re, 19 oct. 1983, *D.* 1984, Jur. 230, note J. Massip – Civ. 1re, 26 janv. 1988, *Bull. civ.* I, n° 24 – Civ. 1re, 12 juin 2001, *RJPF* 2001-10/20, p. 15, note F. Vauvillé – *Defrénois* 2001, art. 37453, note G. Champenois – *RTD civ.* 2001, p. 863, obs. J. Hauser – *D.* 2002, Jur. 1713, note J.-P. Sénéchal – *JCP* 2002, I, 167, n° 13, obs. A. Tisserand – *RTD civ.* 2002, p. 134, obs. B. Vareille – *AJ fam.* 2001. 28 – Civ. 1re, 28 oct. 2003, *AJ fam.* 2004. 65, obs. S. David. Sur cette question, v. également M. Grimaldi, « L'avantage matrimonial : remarques d'ordre pratique sur la communauté universelle », *JCP N*, 1999, 1083.

TITRE

21. La communauté de meubles et acquêts

SECTION 0
ORIENTEUR

21.00 **Plan du titre.**

Chap. 211	Élaboration du canevas liquidatif
Sect. 1	Actif de la communauté de meubles et acquêts
Sect. 2	Passif de la communauté de meubles et acquêts
Chap. 212	Exposé du canevas liquidatif
Sect. 1	Exposé théorique du canevas liquidatif
Sect. 2	Exposé pratique du canevas liquidatif

21.08 **Régime conventionnel ou régime légal.** La communauté de meubles et acquêts est aujourd'hui un régime conventionnel, organisé aux articles 1498 à 1501 du code civil. Toutefois, lorsque les époux se sont mariés avant l'entrée en vigueur de la loi du 13 juillet 1965, à savoir le 1er février 1966, ils sont soumis à ce régime au titre du régime légal. Il convient ici de préciser que si la communauté de meubles et acquêts telle qu'elle existait en tant que régime légal connaissait des règles originales par rapport à celles qui régissent aujourd'hui le régime conventionnel du même nom, la loi du 23 décembre 1985 a supprimé toute référence au droit antérieur à 1965 [1]. En d'autres termes, le régime des époux mariés avant le 1er février 1966 devra être liquidé conformément aux dispositions actuelles du code civil relatives à la communauté de meubles et acquêts. En effet, aux termes de l'article 58 de la loi du 23 décembre 1985, « *les époux mariés avant le 1er février 1966 sans avoir fait de contrat de mariage continueront d'avoir pour régime matrimonial la communauté de meubles et acquêts. Celle-ci sera entièrement soumise aux règles applicables au régime conventionnel de la communauté de meubles et acquêts prévu par les articles 1498 à 1501 du code civil* ».

21.09 **Division.** Nous allons envisager successivement l'élaboration (chap. 211) puis l'exposé du canevas liquidatif (chap. 212), en nous contentant de mettre en relief les spécificités de cette forme de communauté par rapport au régime légal.

1. Sur cette question, v. not. A. Colomer, *Droit civil – Régimes matrimoniaux*, *op. cit.*, nos 1355 et s. – F. Terré et Ph. Simler, *op. cit.*, nos 266 et 434, qui soulignent néanmoins que l'« *on ne pourra certes pas éviter, pour les faits ou actes survenus antérieurement au 1er juillet 1986, de faire application des textes anciens, si un intérêt le commande* » (no 434).

CHAPITRE

211. Élaboration du canevas liquidatif

SECTION 0 ORIENTEUR

211.00 Plan du chapitre.

Sect. 1 Actif de la communauté de meubles et acquêts

Sect. 2 Passif de la communauté de meubles et acquêts

211.01 Textes applicables.

> Possibilité d'adopter une communauté conventionnelle

• C. civ., art. 1497

Les époux peuvent, dans leur contrat de mariage, modifier la communauté légale par toute espèce de conventions non contraires aux articles 1387, 1388 et 1389.

Ils peuvent, notamment, convenir :

1° Que la communauté comprendra les meubles et les acquêts;

2° Qu'il sera dérogé aux règles concernant l'administration;

3° Que l'un des époux aura la faculté de prélever certains biens moyennant indemnité;

4° Que l'un des époux aura un préciput;

5° Que les époux auront des parts inégales;

6° Qu'il y aura entre eux communauté universelle.

Les règles de la communauté légale restent applicables en tous les points qui n'ont pas fait l'objet de la convention des parties.

> Communauté de meubles et acquêts [C. civ., art. 1498 à 1501]

• C. civ., art. 1498

Lorsque les époux conviennent qu'il y aura entre eux communauté de meubles et acquêts, l'actif commun comprend, outre les biens qui en feraient partie sous le régime de la communauté légale, les biens meubles dont les époux avaient la propriété ou la possession au jour du mariage ou qui leur sont échus depuis par succession ou libéralité, à moins que le donateur ou testateur n'ait stipulé le contraire.

Restent propres, néanmoins, ceux de ces biens meubles qui auraient formé des propres par leur nature en vertu de l'article 1404, sous le régime légal, s'ils avaient été acquis pendant la communauté.

Si l'un des époux avait acquis un immeuble depuis le contrat de mariage, contenant stipulation de communauté de meubles et acquêts, et avant la célébration du mariage, l'immeuble acquis dans cet intervalle entrera dans la communauté, à moins que l'acquisition n'ait été faite en exécution de quelque clause du contrat de mariage, auquel cas elle serait réglée suivant la convention.

• C. civ., art. 1499

Entrent dans le passif commun, sous ce régime, outre les dettes qui en feraient partie sous le régime légal, une fraction de celles dont les époux étaient déjà grevés quand ils se sont mariés, ou dont se trouvent chargées des successions et libéralités qui leur échoient durant le mariage.

La fraction de passif que doit supporter la communauté est proportionnelle à la fraction d'actif qu'elle recueille, d'après les règles de l'article précédent, soit dans le patrimoine de l'époux au jour du mariage, soit dans l'ensemble des biens qui font l'objet de la succession ou libéralité.

Pour l'établissement de cette proportion, la consistance et la valeur de l'actif se prouvent conformément à l'article 1402.

• C. civ., art. 1500

Les dettes dont la communauté est tenue en contrepartie des biens qu'elle recueille sont à sa charge définitive.

• C. civ., art. 1501

La répartition du passif antérieur au mariage ou grevant les successions et libéralités ne peut préjudicier aux créanciers. Ils conservent, dans tous les cas, le droit de saisir les biens qui formaient auparavant leur gage. Ils peuvent même poursuivre leur paiement sur l'ensemble de la communauté lorsque le mobilier de leur débiteur a été confondu dans le patrimoine commun et ne peut plus être identifié selon les règles de l'article 1402.

211.04 Questions essentielles.

• Quels sont les biens qui tombent dans la communauté de meubles et acquêts ?

* V. s[s] n°s 211.11 s.

• Dans quelle mesure la communauté de meubles et acquêts doit-elle assumer le passif ?

* V. s[s] n°s 211.14 s.

SECTION 1 ACTIF DE LA COMMUNAUTÉ DE MEUBLES ET ACQUÊTS

211.11 Division. Il convient de s'arrêter sur la composition de l'actif de communauté (v. s[s] n° 211.12), puis celle du passif (v. s[s] n° 211.14), tout en spécifiant, chemin faisant, les conséquences liquidatives de celle-ci.

211.12 Meubles et acquêts[1]. Selon l'article 1498 du code civil, la communauté de meubles et acquêts est composée activement des biens suivants :

- tous les biens qui sont communs sous le régime légal;

- les meubles présents (ceux dont les époux avaient la propriété ou la possession au jour du mariage) et les meubles futurs (meubles acquis à titre gratuit pendant le mariage);

- les immeubles acquis dans l'intervalle séparant le contrat de mariage et la célébration du mariage. Cette disposition a pour objectif d'éviter les fraudes aux espoirs du conjoint. Lorsque l'un des futurs époux a une importante fortune mobilière, l'autre peut légitimement attendre qu'elle tombe en communauté. Or, cette attente est trompée si, dans l'intervalle qui sépare le contrat de mariage et la célébration du mariage, l'époux qui possède ladite fortune la consacre à l'achat d'un immeuble. Cette disposition doit cependant recevoir une interprétation restrictive. Elle ne saurait être étendue aux échanges immobiliers ni aux donations de biens immobiliers faites à l'un des époux dans cet intervalle. À plus forte raison, elle ne peut être étendue aux acquisitions faites avant la conclusion du contrat de mariage, aussi rapprochée qu'elles puissent en être[2].

211.13 Exclusions : biens propres. L'actif propre est logiquement déterminé par opposition à l'actif commun. Sont donc propres les biens suivants :

- les meubles propres par nature au sens de l'article 1404 du code civil (C. civ., art. 1498, al. 2);

- les meubles acquis à titre onéreux dans des conditions qui font qu'ils seraient propres sous le régime légal. Ainsi en est-il des parts sociales acquises en contrepartie d'un apport en nature d'un immeuble propre. Quoique l'article 1498 n'envisage pas cette catégorie, la solution s'infère du renvoi général aux règles de la communauté légale opéré par l'article 1497 *in fine*, puisque dans ce régime l'acquisition de parts sociales en contrepartie d'un apport en nature est un cas de subrogation automatique[3];

- les meubles subrogés au cours de l'union à des anciens meubles propres[4];

- les immeubles présents, c'est-à-dire les immeubles dont les époux avaient la propriété au jour de la célébration du mariage, sauf les immeubles acquis dans l'intervalle qui sépare le contrat de mariage et la célébration du mariage;

- les immeubles futurs, c'est-à-dire les immeubles acquis à titre gratuit au cours de l'union;

- les immeubles acquis à titre onéreux pendant le mariage dans des conditions qui en auraient fait des biens propres sous le régime légal, tel, par exemple, l'immeuble subrogé à un ancien immeuble propre ou qui est dans la dépendance d'un immeuble propre (accession);

- les meubles reçus à titre gratuit au cours du mariage, lorsque l'auteur de la libéralité a entendu les laisser en propre à l'époux gratifié, par application du principe selon lequel l'immutabilité du régime matrimonial ne s'impose pas aux tiers.

SECTION 2 PASSIF DE LA COMMUNAUTÉ DE MEUBLES ET ACQUÊTS

211.14 Analogie avec le régime légal[5]. En vertu de l'article 1499 du code civil, la communauté de meubles et acquêts comprend passivement, tout d'abord, toutes les dettes qui sont communes sous

1. Sur ce point, v. not. R. Cabrillac, *op. cit.*, n° 327 – A. Colomer, *Droit civil – Régimes matrimoniaux, op. cit.*, n°s 1083 et s. – G. Cornu, *op. cit.*, p. 678 et s. – J. Flour et G. Champenois, *op. cit.*, n°s 685 et s. – Ph. Malaurie et L. Aynès, *op. cit.*, n° 751 – F. Terré et Ph. Simler, *op. cit.*, n°s 436 et s.
2. Sur ce point, v. Aubry et Rau, par Ponsard, *op. cit.*, n° 311.
3. Civ. 1re, 21 nov. 1978, *Bull. civ.* I, n° 353 – *D.* 1979, IR p. 254, note D. Martin – *Defrénois* 1979, art. 32038, obs. G. Champenois – *JCP* 1980, I, 19451, note R. Le Guidec.
4. Civ. 1re, 10 juill. 1996, *Bull. civ.* I, n° 314 – *D.* 1996. somm. 3994, obs. M. Grimaldi – *JCP* 1997, I, 4008, n° 9, obs. Ph. Simler – *RTD civ.* 1998, p. 454, obs. B. Vareille.
5. Sur ce point, v. not. R. Cabrillac, *op. cit.*, n° 328 – A. Colomer, *Droit civil – Régimes matrimoniaux, op. cit.*, n°s 1088 et s. – G. Cornu, *op. cit.*, p. 682 et s. – J. Flour et G. Champenois, *op. cit.*, n°s 687 et s. – Ph. Malaurie et L. Aynès, *op. cit.*, n°s 755 et s. – F. Terré et Ph. Simler, *op. cit.*, n°s 439 et s.

l'empire de la communauté réduite aux acquêts. Il s'agit donc schématiquement des dettes nées du chef des époux, seul ou ensemble, au cours du mariage, à l'exception de celles qui grèvent les successions et les libéralités qu'ils recueillent et des dettes grevant les biens présents.

211.15 Corrélation entre l'actif et le passif. À cette première catégorie de dettes s'en ajoute une autre, qui est la conséquence de l'accroissement de la masse active par rapport à la communauté légale. En effet, dans la mesure où l'actif de communauté est augmenté par rapport à sa consistance sous le régime légal, le passif l'est corrélativement. Cette catégorie mérite quelques développements particuliers, en raison de son impact liquidatif important.

211.16 Dettes concernées. Aux termes des articles 1499 et 1500 du code civil, la communauté doit assumer à titre définitif une fraction des dettes « *dont les époux étaient déjà grevés quand ils se sont mariés, ou dont se trouvent chargées des successions et libéralités qui leur échoient durant le mariage* » (C. civ., art. 1499, al. 1er). En d'autres termes, la communauté doit assumer une partie des dettes présentes et futures des époux, sans d'ailleurs distinguer selon que la dette concernée est relative à un bien meuble ou un immeuble. Il est en effet important de souligner que les dettes présentes ne sont pas propres ou communes selon la nature du bien qu'elles grèvent[1].

211.17 Détermination de la fraction du passif présent et futur devant être assumé par la communauté. Quant à la fraction de passif présent et futur que doit assumer la communauté, elle est déterminée par l'article 1499, alinéa 2, du code civil aux termes duquel « *la fraction de passif que doit supporter la communauté est proportionnelle à la fraction de l'actif qu'elle recueille, d'après les règles de l'article 1498, soit dans le patrimoine de l'époux au jour du mariage, soit dans l'ensemble des biens qui font l'objet de la succession ou libéralité* » (C. civ., art. 1499, al. 2). L'alinéa 3 ajoute que « *pour l'établissement de cette proportion, la consistance et la valeur de l'actif se prouvent conformément à l'article 1402* ». Il est par ailleurs entendu que le reliquat de la dette doit être assumé à titre définitif par l'époux concerné.

Du point de vue liquidatif, il convient donc, pour déterminer la part de dettes présentes et futures incombant à la communauté, d'opérer une ventilation proportionnelle du passif entre la valeur des biens tombés dans la communauté et celle des biens propres. En d'autres termes, la part de dette propre incombant à la communauté peut être formulée sous la forme de l'équation suivante[2] :

$$P = \frac{M}{(Z+V)} \times Y$$

M = Montant du passif
Z = Valeur des meubles présents ou futurs
V = Valeur des immeubles présents ou futurs
Y = Valeur des biens tombant dans la communauté

Exemple : au cours de l'union, un époux reçoit par succession un immeuble d'une valeur de 200 000 €, ainsi que différents meubles d'une valeur globale de 80 000 €. L'immeuble avait été acquis par le *de cujus* quelque temps avant son décès à l'aide d'un emprunt. Le solde de cet emprunt s'élevait à 120 000 € au jour où l'époux héritier a reçu les biens, étant entendu que cette dette se trouve dans le lot de ce dernier. Dans l'exemple donné, la fraction du passif devant être assumée par la communauté est égale à :

$$\frac{120\,000\text{ €}}{280\,000\text{ €}} \times 80\,000\text{ €} = 34\,286\text{ €}$$

Cette règle de proportionnalité aboutit à ce que, lorsque la succession ou le patrimoine présent de l'époux considéré est exclusivement composée de meubles, la communauté devra assumer l'intégralité de la dette.

Un exemple permettra de s'en convaincre.

Exemple : au jour du mariage, un époux est propriétaire de différents meubles, d'une valeur globale de 150 000 €, dont un tableau de Maître pour l'acquisition duquel l'époux a souscrit un emprunt, dont le solde est alors de 30 000 €. L'époux n'est par ailleurs propriétaire d'aucun immeuble. Dans l'exemple donné, la fraction de la dette devant être assumée par la communauté est donc égale à :

$$\frac{30\,000\text{ €}}{150\,000\text{ €}} \times 150\,000\text{ €} = 30\,000\text{ €}$$

ce qui revient bien à dire que, dans cette hypothèse, la communauté doit toujours assumer l'intégralité de la dette.

À l'inverse, lorsque la succession ou le patrimoine présent est uniquement composée d'immeuble, c'est l'époux qui doit assumer seul l'intégralité

1. Jusqu'à la loi du 22 septembre 1942, les dettes présentes et futures devaient être assumées par la communauté où l'époux concerné en fonction de la nature du bien qu'elles grevait : les dettes immobilières étaient donc propres et les dettes mobilières étaient communes. Sur cette situation, v. Aubry et Rau, par Ponsard, *op. cit.*, n° 313, note 24 – J. Flour et G. Champenois, *op. cit.*, n° 687, spéc. p. 639, note 6.

2. Pour un exposé clair de la méthode à suivre, v. G. Cornu, *op. cit.*, p. 684.

de la dette. Là encore, un exemple suffira à le démontrer.

Exemple : au cours de l'union, un époux reçoit par succession deux immeubles, d'une valeur globale de 400 000 €, ainsi que la dette d'emprunt grevant l'un de ses immeubles, à hauteur de 40 000 €. Dans l'exemple donné, la part de dette incombant à la communauté est donc égale à :

$$\frac{40\ 000\ €}{400\ 000\ €} \times 0\ € = 0\ €$$

ce qui revient effectivement à dire, dans cette hypothèse, que l'intégralité de la dette doit être assumée par l'époux considéré.

211.18 Exclusion de certaines dettes. Bien que l'article 1499 du code civil n'opère aucune distinction, il est généralement admis que les dettes présentes contractées en vue de l'acquisition ou de l'amélioration d'un bien qui est resté propre ne doivent pas être prises en compte dans la détermination de la fraction de passif que doit assumer la communauté[1], conformément à la règle posée par l'ancien article 1409, 1° *in fine*, qu'il n'y aurait pas de raison de ne pas maintenir par application des principes généraux. De telles dettes doivent donc être supportées définitivement par l'époux propriétaire en totalité.

Exemple : au jour du mariage, un époux est propriétaire d'un immeuble acquis avant la conclusion du contrat de mariage, dont la valeur est estimée à 200 000 €. Ce bien a été acquis à l'aide d'un emprunt dont le solde restant dû s'élève, au jour de la célébration de l'union, à 50 000 €. Par ailleurs, l'époux est propriétaire d'une voiture d'une valeur de 30 000 € grevée d'une dette d'emprunt de 10 000 €. Dans l'exemple donné, la voiture tombe en communauté et l'immeuble reste propre à l'époux. Le passif présent doit être assumé en partie par la communauté, mais sans tenir compte de la dette relative à l'acquisition de l'immeuble propre. Seule la dette afférente à l'acquisition de la voiture doit être considérée. La communauté doit donc assumer :

$$\frac{10\ 000\ €}{230\ 000\ €} \times 30\ 000\ € = 1\ 304{,}3478\ €$$

La dette d'emprunt de 50 000 € reste à la charge exclusive de l'époux propriétaire, de même que le reliquat de la dette relative à la voiture, soit 8 696 €.

211.19 Mise en œuvre. Récompenses. Une fois cette fraction de dettes présentes et futures incombant à la communauté déterminée, il convient d'appliquer le droit commun du passif. Par conséquent, la quote-part de passif incombant à la communauté reste à sa charge définitive, ce que rappelle d'ailleurs clairement l'article 1500 du code civil, de sorte que si elle n'est toujours pas réglée au jour de la liquidation, il convient de l'inscrire au passif et si elle a été réglée à l'aide de deniers propres à l'époux concerné, celui-ci peut se prévaloir d'une récompense à l'encontre de la communauté. Réciproquement, la fraction incombant à l'époux doit être assumée à titre définitif par ce dernier, de sorte que si la communauté l'a prise en charge, elle peut se prévaloir d'une récompense contre celui-ci.

Exemple 1 : au cours de l'union, l'époux recueille par succession des parts d'une SCI, évaluées à 50 000 € ainsi qu'un immeuble d'une valeur de 150 000 €. De plus, l'immeuble est grevé d'une dette de 30 000 €, à l'égard d'une société pour des travaux d'amélioration réalisés quelque temps avant le décès du *de cujus*. La dette a été réglée au cours de l'union à l'aide des économies du ménage. Au jour de la liquidation, l'immeuble vaut 270 000 €, étant entendu que sans les travaux, il ne vaudrait que 200 000 €. Dans l'exemple donné, les parts sociales tombent en communauté et l'immeuble reste propre à Monsieur. Le passif a été réglé à l'aide de deniers communs. Ce passif doit faire l'objet d'une ventilation proportionnelle entre la valeur des parts sociales et celle de l'immeuble en cause, soit :

$$\frac{30\ 000\ €}{50\ 000\ € + 150\ 000\ €} \times 50\ 000\ € = 7\ 500\ €$$

En conséquence, la fraction de passif que doit assumer, à titre définitif, le patrimoine propre de Monsieur équivaut au solde de la dette, soit 22 500 €.

La dépense faite est ici de 22 500 € et le profit subsistant de :

70 000 € (270 000 € - 200 000 €)

La communauté ayant réglé l'intégralité de cette dette, elle peut donc se prévaloir d'une récompense à l'encontre de Monsieur sur le fondement de l'article 1437 du code civil. S'agissant d'une dépense d'amélioration, la récompense est égale à l'intégralité du profit subsistant, soit :

270 000 € - 200 000 € = 70 000 €

Exemple 2 : au jour de la célébration du mariage, un époux est propriétaire d'un pavillon, acquis avant la conclusion du contrat de mariage, d'une valeur de 400 000 €, ainsi que d'un tableau de maître d'une valeur de 200 000 €. L'acquisition de ce tableau a été réalisée moyennant un emprunt, étant entendu qu'au jour du mariage, il reste 70 000 € de ce chef. Au cours de l'union, le solde restant dû est acquitté à l'aide des gains et salaires de l'époux considéré. Dans l'exemple donné, le pavillon est propre à l'époux et le tableau est un bien commun. La dette afférente à ce bien doit être assumée en

1. En ce sens, v. Aubry et Rau, par Ponsard, *op. cit.*, n° 313 – J. Flour et G. Champenois, *op. cit.*, n° 689.

partie, et en partie seulement, par la communauté, à hauteur de :

$$\frac{70\ 000\ €}{600\ 000\ €} \times 200\ 000\ € = 23\ 333{,}3333\ €$$

En conséquence, la fraction de passif devant être assumée par l'époux est de 46 667 €.

L'intégralité de la dette ayant été réglée par la communauté, cette dernière peut se prévaloir d'une récompense à l'encontre de l'époux sur le fondement de l'article 1437 du code civil. Dans cette hypothèse, et bien qu'il s'agisse économiquement d'une dépense d'acquisition, l'alinéa 3 de l'article 1469 du code civil n'est pas applicable car le bien n'est pas et n'a jamais été dans le patrimoine emprunteur. En conséquence, la valorisation de la récompense devra être fondée sur l'alinéa 1er de ce même article, de sorte que la récompense est ici égale à la dépense faite, soit 46 667 €.

Exemple 3 : au cours de l'union, un époux recueille par succession un tableau de maître d'une valeur de 50 000 €, ainsi qu'un studio d'une valeur de 150 000 €. Il apparaît que les droits de mutation, d'un montant de 15 000 €, ont été réglés à l'aide de deniers communs. Au jour de la liquidation, la valeur du tableau est estimée à 70 000 € et la valeur du studio peut être fixée à 300 000 €. Dans l'exemple donné, le tableau est commun et le studio est un bien propre de l'époux héritier. La dette relative aux droits de mutation devait être assumée en partie par la communauté, à hauteur de :

$$\frac{15\ 000\ €}{200\ 000\ €} \times 50\ 000\ € = 3\ 750\ €$$

soit ¼ de la dette.

Pour sa part, l'époux héritier devait assumer à titre définitif 11 250 €, soit les ¾ de la dette.

La communauté ayant assumé seule l'intégralité de la dette, elle peut se prévaloir d'une récompense à l'encontre de l'époux héritier sur le fondement de l'article 1437 du code civil. La difficulté tient ici à la nature de la dépense engagée : le règlement de la fraction des droits de mutation rattachable au studio est constitutif d'une dépense d'acquisition, puisque le bien se retrouve dans le patrimoine emprunteur, et devra donc être revalorisé sur le fondement de l'article 1469, alinéa 3, du code civil. En revanche, le règlement de la fraction des droits de mutation rattachable au tableau de maître sera valorisé sur le fondement de l'article 1469, alinéa 1er et non alinéa 3, car le bien n'est pas et n'a jamais été dans le patrimoine emprunteur[1]. Deux étapes semblent donc nécessaires pour déterminer le montant de la récompense :

– **1re étape** : la fraction des droits de mutation rattachable à l'acquisition du studio est de :

$$15\ 000\ € \times \frac{150\ 000\ €}{200\ 000\ €} = 11\ 250\ €$$

L'époux héritier devait assumer les ¾ de cette dette, soit 8 437,50 €, ce qui correspond à la dépense faite par la communauté. Par conséquent, la récompense due par l'époux à la communauté de ce chef est de :

$$\frac{8\ 437{,}5}{150\ 000\ €} \times 300\ 000\ € = 12\ 656{,}40\ €$$

– **2e étape** : la fraction des droits de mutation rattachable à l'acquisition du tableau est de :

$$15\ 000\ € \times \frac{50\ 000\ €}{200\ 000\ €} = 3\ 750\ €$$

L'époux héritier devait assumer les ¾ de cette dette, soit 2 812,50 €. Par conséquent, la récompense due à la communauté de ce chef est de 2 812,50 €.

Au total, la récompense due par l'époux à la communauté pour le règlement des droits de mutation s'élève donc à 15 468,90 € (12 656, 4 € + 2 812,50 €).

1. Pour une autre approche de la situation, v. Y. Flour et F.-J. Pansier, « Questions pratiques », *Defrénois* 2001, art. 37438, spéc., n° 5.

CHAPITRE

212. Exposé du canevas liquidatif

SECTION 0
ORIENTEUR

212.00 **Plan du chapitre.**

Sect. 1 Exposé théorique du canevas liquidatif

Sect. 2 Exposé pratique du canevas liquidatif

§ 1 Énoncé du cas pratique

§ 2 Corrigé du cas pratique

A. Observations préalables à la liquidation

B. Identification des patrimoines et des mouvements de valeurs

C. État liquidatif

SECTION 1
EXPOSÉ THÉORIQUE DU CANEVAS LIQUIDATIF

212.11 **Rappel.** La communauté de meubles et acquêts n'étant rien d'autre qu'une communauté légale aménagée, le canevas liquidatif exposé s'agissant d'époux mariés sous le régime de la communauté réduite aux acquêts est applicable *ipso facto* à ce type de communauté conventionnelle. Il convient, en conséquence, pour le liquidateur de procéder aux opérations suivantes :

- règlement de l'éventuelle indivision pré-communautaire;

- règlement de la communauté de meubles et acquêts;

- liquidation des créances entre époux;

- liquidation des comptes d'indivision post-communautaire ;

- établissement d'un compte final, aux fins de déterminer la soulte éventuellement due par l'un des époux à son conjoint au titre du règlement du régime matrimonial.

SECTION 2
EXPOSÉ PRATIQUE DU CANEVAS LIQUIDATIF

§ 1
Énoncé du cas pratique

212.12 Monsieur René DUPONT, « jeune divorcé », vient de recevoir la convocation de Maître FOLAGE, Notaire à CANNES (Alpes-Maritimes), lequel a été nommé récemment par la Chambre interdépartementale des notaires en vue de procéder aux opérations de liquidation et de partage de ses intérêts patrimoniaux d'avec son ex-épouse, Anne-Laure.

Avant de se rendre à ce rendez-vous, René souhaiterait - afin d'être quelque peu rassuré - que vous lui fournissiez quelques renseignements. À cette fin, il vous expose les faits suivants.

Monsieur René DUPONT et Madame Anne-Laure VIGNE se sont mariés sous le régime de la communauté de meubles et acquêts, aux termes d'un contrat de mariage, en date du 15 octobre 1986, reçu par Maître LEPEUX, Notaire à Paris (7e arrondissement), préalable à leur union célébrée à la mairie de Paris (7e arrondissement), le 22 décembre 1986.

Le 24 mars 2007, le tribunal de grande instance de Grasse (Alpes-Maritimes) a rendu une ordonnance de non-conciliation, qui a notamment attribué la jouissance privative de l'appartement sis à CANNES (Alpes-Maritimes) à Madame VIGNE, tout en précisant que cette occupation devait revêtir un caractère onéreux.

René a fait délivrer une assignation en divorce pour faute à son épouse, par exploit d'huissier en date du 18 août 2007.

Le divorce a été prononcé aux torts exclusifs de Madame VIGNE, par un jugement rendu par le tribunal de grande instance de GRASSE (Alpes-Maritimes), le 4 juillet 2008.

Au jour de la célébration du mariage, René était propriétaire d'un certain nombre de biens, se décomposant comme suit :

– un véhicule automobile de collection acquis en 1985 de son ami Jean-François pour un prix de 30 000 €, valeur inchangée au jour de la célébration du mariage. La cote de la collection ayant flambé ces dernières années, la valeur vénale de ce véhicule est de l'ordre de 50 000 €;

– deux tableaux de maître acquis en 1974, dont la valeur était alors de 40 000 €. Selon les dires de René, la valeur de ces biens était inchangée au jour de la célébration du mariage, cependant que leur valeur actuelle peut être fixée à 100 000 €;

– un appartement sis à CAGNES-SUR-MER (Alpes-Maritimes), acquis le 19 novembre 1986, moyennant un prix de 80 000 €, réglé comptant. La valeur de ce bien était toujours de 80 000 € au jour de la célébration du mariage et elle peut aujourd'hui être fixée à 200 000 €;

– un mas situé à GRASSE (Alpes-Maritimes), acquis au cours de l'année 1984, moyennant un prix de 35 000 €. La valeur du bien était, là encore, inchangée au jour de la célébration du mariage et sa valeur actuelle est de l'ordre de 70 000 €.

René vous indique qu'il était également débiteur d'une dette de 10 000 €, à l'égard de l'un de ses amis et que cette dette a été réglée au cours de l'union à l'aide de ses gains et salaires.

Pour sa part, Anne-Laure ne possédait aucun bien au jour de la célébration du mariage. En revanche, au cours de l'année 1989, elle a reçu plusieurs biens par succession, à la suite du décès de son père :

– 300 actions d'une société dénommée « ROULETABILLE », pour une valeur de 15 000 €, étant entendu que la valeur actuelle de ces actions est de l'ordre de 20 000 €;

– un appartement sis à MONACO, dont la valeur était alors de 300 000 €. Ce bien était alors grevé d'un passif, à hauteur de 20 000 €, à l'égard de la société « BATIPLUS », pour des travaux d'amélioration réalisés quelques mois auparavant. Selon les estimations d'une agence immobilière diligentée par René, ce bien vaudrait actuellement 600 000 €, étant entendu que sans les travaux, il ne vaudrait que 540 000 €.

René vous indique que les droits de mutation ont été réglés par la succession et que la dette à l'égard de la société « BATIPLUS » a été réglée au cours de l'union avec les gains et salaires d'Anne-Laure.

Par ailleurs, il apparaît que les époux ont acquis ensemble un appartement sis à CANNES (Alpes-Maritimes), qui constituait le logement familial, aux termes d'un acte reçu par Maître TRICHEUR, Notaire à CANNES (Alpes-Maritimes), le 8 février 1992. Cette acquisition a été réalisée moyennant un prix de 180 000 € (150 000 € + 30 000 € de frais), qui a réglé de la façon suivante :

– à concurrence de 100 000 € à l'aide des économies du ménage;

– le reste (soit 80 000 €) à l'aide d'une indemnité perçue par Anne-Laure à la suite d'un accident de la circulation subi en 1991, au titre de la réparation de son préjudice corporel et moral.

Selon les dires de René, la valeur actuelle de ce bien serait de l'ordre de 360 000 € et sa valeur locative s'élèverait à environ 1 000 € mensuels. Il vous indique également qu'à ce jour, Madame VIGNE occupe privativement le bien depuis 18 mois.

Pour sa part, Anne-Laure aurait réglé à l'aide de deniers personnels les impôts fonciers des années 2005 et 2006 relatifs à ce bien. Selon les pièces fournies par René, les sommes réglées par Madame VIGNE de ce chef s'élèveraient à 1 200 € au titre de l'année 2005 et à 1 300 € au titre de l'année 2006.

Outre les biens évoqués ci-dessus, les époux sont propriétaires des biens suivants :

– un compte joint ouvert au nom des deux époux dans les livres de la HSBC, dont le solde s'élève actuellement à 20 000 €;

– un compte chèques ouvert au nom de Monsieur DUPONT dans les livres de la BNP, dont le solde s'élevait, au jour de la dissolution, à 10 000 €;

– un compte chèques ouvert au nom de Madame VIGNE dans les livres de la Banque Postale, dont le solde s'élevait, au jour de la dissolution, à 3 000 €.

Enfin, René indique qu'avec son ex-épouse, ils sont tous deux d'accord pour conserver chacun les biens qu'ils ont apporté à la communauté et pour que Anne-Laure se voie attribuer l'appartement sis à CANNES (Alpes-Maritimes).

§ 2
Corrigé du cas pratique

A.
Observations préalables à la liquidation

212.13 Détermination du régime matrimonial. René DUPONT et Anne-Laure VIGNE se sont mariés le 22 décembre 1986, en faisant précéder leur union d'un contrat de mariage. Aux termes de ce contrat, les époux ont choisi d'adopter le régime de la communauté de meubles et acquêts. Rien n'indiquant dans l'exposé du cas un changement conventionnel ou judiciaire du régime matrimonial des époux, ceux-ci sont donc soumis à ce régime, tel qu'il est organisé par les articles 1498 et suivants du code civil.

L'assignation en divorce étant postérieure au 1er janvier 2005, le divorce est soumis aux dispositions issues de la loi du 26 mai 2004, et notamment au nouvel article 265, alinéa 2, du code civil. Il convient de rappeler que, selon cet article, les époux ne sont déchus que des seuls avantages matrimoniaux qui prennent effet à la dissolution du régime matrimonial ou au décès de l'un d'eux. Si l'adoption du régime de la communauté de meubles et acquêts est incontestablement constitutive d'un avantage matrimonial, il est tout autant incontestable que cet avantage prend effet au cours de l'union. Par conséquent, les époux DUPONT - VIGNE ne sont pas déchus de ce choix et demeurent soumis au régime adopté, à savoir la communauté de meubles et acquêts.

212.14 Date de dissolution du régime matrimonial. L'assignation en divorce ayant été délivrée par Monsieur DUPONT le 18 août 2007, le divorce est régi par les dispositions nouvelles, issues de la loi du 26 mai 2004. En conséquence, la date de dissolution de principe du régime matrimonial des époux est fixée à la date de l'ordonnance de non-conciliation (C. civ., art. 262-1), soit le 24 mars 2007.

Le divorce ayant été prononcé par jugement en date du 4 septembre 2007, il convient de souligner que les époux ne disposent plus de la faculté de demander le report judiciaire de la date de dissolution.

B. Identification des patrimoines et des mouvements de valeurs

212.15 Biens présents de Monsieur DUPONT. Au jour de la célébration du mariage, Monsieur DUPONT était propriétaire d'un certain nombre de biens, dont il convient de déterminer la nature.

- Le véhicule automobile tombe en communauté. En effet, les époux étant soumis au régime de la communauté de meubles et acquêts, la voiture en tant que bien meuble constitue un bien commun (C. civ., art. 1498, al. 1er).

- Il en va de même des tableaux de maître, qui devront donc être inscrits à l'actif de communauté.

- Quant à l'appartement situé à CAGNES-SUR-MER, il a été acquis entre la conclusion du contrat de mariage et la célébration du mariage. Bien qu'il s'agisse d'un immeuble, ce bien tombe en communauté, en vertu de l'article 1498, alinéa 3, du code civil.

- En ce qui concerne le mas de GRASSE, il a été acquis au cours de l'année 1984, c'est-à-dire bien avant la conclusion du contrat de mariage. S'agissant d'un immeuble présent acquis avant la conclusion du contrat de mariage, ce bien reste propre à René (C. civ., art. 1498, *a contrario*) et fera donc l'objet d'une reprise en nature contre la communauté (C. civ., art. 1467, al. 1er).

212.16 Dette présente de Monsieur DUPONT. Au jour de la célébration du mariage, Monsieur DUPONT était débiteur d'une somme de 10 000 € à l'égard de l'un de ses amis. Pareille dette tombe en partie en communauté (C. civ., art. 1499 et 1500). Il s'agit donc de déterminer dans quelle proportion la communauté devait assumer cette dette. On sait que dans cette hypothèse, la fraction de la dette devenant commune est déterminée proportionnellement à la fraction de l'actif présent recueilli par la communauté, soit :

$$\frac{10\ 000\ €}{185\ 000\ €} \times 150\ 000\ € = 8\ 108\ €$$

Par conséquent, Monsieur DUPONT devait assumer à titre définitif le reliquat de cette dette, soit 1 892 €. Or, le thème indique que l'intégralité de la dette a été réglée au cours de l'union avec les gains et salaires de René, c'est-à-dire à l'aide de fonds communs. Monsieur DUPONT est donc redevable d'une récompense à l'égard de la communauté de ce chef (C. civ., art. 1437).

Aucune indication n'étant donnée quant à la nature de cette dette, rien ne permet de penser qu'elle a permis une opération d'investissement. Il convient donc de considérer qu'il s'agit d'une dette ordinaire. Par conséquent, la récompense due par Monsieur DUPONT à la communauté doit être calculée sur le fondement de l'article 1469, alinéa 1er, du code civil. Elle est alors égale à la plus faible des deux sommes que représentent respectivement la dépense faite et le profit subsistant. Le profit est ici manifestement inexistant pour le patrimoine propre de Monsieur DUPONT, mais on sait qu'il convient dans ce cas de revenir à la dépense faite, de sorte que la récompense est égale à 1 892 €.

212.17 Héritage recueilli par Madame VIGNE. En 1989, Madame VIGNE a recueilli plusieurs biens par succession, dont il convient de déterminer la nature juridique.

Les actions, en tant que biens meubles, tombent en communauté (C. civ., art. 1498, al. 1er).

En revanche, l'appartement de MONACO reste propre à Madame VIGNE (C. civ., art. 1498 *a contrario*) et fera donc l'objet d'une reprise en nature contre la communauté (C. civ., art. 1467, al. 1er).

212.18 Dette future de Madame VIGNE. L'appartement sis à MONACO était grevé d'un passif, lequel devait être assumé en partie par la communauté (C. civ., art. 1499 et 1500). Il s'agit donc de déterminer dans quelle proportion la communauté devait assumer cette dette. On sait que dans cette hypothèse, la fraction de la dette devenant commune est déterminée proportionnellement à la fraction de l'actif présent recueilli par la communauté, soit :

$$\frac{20\,000\text{ €}}{315\,000\text{ €}} \times 15\,000\text{ €} = 952\text{ €}$$

Par conséquent, Madame VIGNE devait assumer à titre définitif le reliquat de cette dette, soit 19 048 €. Or, le thème indique que l'intégralité de la dette a été réglée au cours de l'union avec les gains et salaires d'Anne-Laure, c'est-à-dire à l'aide de fonds communs. Madame VIGNE est donc redevable d'une récompense à l'égard de la communauté de ce chef (C. civ., art. 1437).

S'agissant d'une dette ayant permis la réalisation de travaux d'amélioration, la récompense est égale au profit subsistant retiré par le patrimoine propre de Madame VIGNE de l'opération, c'est-à-dire à la plus-value procurée au bien par la dépense faite (art. 1469, al. 3). Le profit subsistant global est ici de 600 000 € - 540 000 € = 60 000 €. La récompense due par Madame VIGNE à la communauté correspond donc à la fraction du profit subsistant rattachable à la dépense faite, soit :

$$\frac{19\,048\text{ €}}{20\,000\text{ €}} \times 60\,000\text{ €} = 57\,144\text{ €}$$

212.19 Appartement sis à CANNES. Les époux ont acquis ensemble un appartement sis à CANNES au cours de l'année 1992. Ce bien est donc un acquêt de communauté (C. civ., art. 1401). Cependant, le prix d'acquisition a, en partie, été réglé à l'aide d'une indemnité réparant un préjudice moral et corporel de Madame VIGNE. Or, pareille indemnité est propre par nature à cette dernière (C. civ., art. 1498, al. 2, et art. 1404, al. 1er). Il en résulte que la communauté est débitrice d'une récompense à l'égard de Madame VIGNE (C. civ., art. 1433). S'agissant d'une dépense d'acquisition, la récompense ne peut être moindre que le profit subsistant (C. civ., art. 1469, al. 3).

L'acquisition ayant été réalisée en partie seulement à l'aide de deniers propres, le profit subsistant doit être déterminé en rapportant la contribution de la communauté au coût global d'acquisition du bien, frais inclus s'agissant d'une acquisition à titre onéreux, ce qui permet de connaître la proportion dans laquelle le patrimoine propre de Madame VIGNE a participé au financement du bien acquis. Puis, cette proportion doit ensuite être appliquée à la valeur du bien au jour de la liquidation, mais dans l'état dans lequel était ce bien au jour de la dépense, de sorte qu'il convient d'exclure la plus-value procurée au bien par les travaux réalisés par la suite, soit :

$$\frac{80\,000\text{ €}}{180\,000\text{ €}} \times 360\,000\text{ €} = 160\,000\text{ €}$$

212.20 Impôts fonciers réglés par Madame VIGNE. Madame VIGNE a réglé la dette d'impôt foncier relative à l'appartement sis à CANNES, pour les années 2005 et 2006, c'est-à-dire après la date de dissolution de la communauté.

Cette dépense a été faite à l'aide des deniers présumés personnels à Madame VIGNE. Or, la taxe foncière étant une charge de la propriété, celle-ci incombe à titre définitif à l'indivision et l'occupation privative du bien par Madame VIGNE n'a aucune influence sur ce point. En conséquence, cette dernière peut se prévaloir d'une créance contre l'indivision post-communautaire de ce chef (C. civ., art. 815-13, al. 1er).

S'agissant d'une dépense de conservation juridique, la créance de Madame VIGNE doit être égale à la plus forte des deux sommes que représentent respectivement la dépense faite et le profit subsistant. La dépense est ici de 2 500 €. Quant au profit subsistant, il doit en principe être calculé en déduisant de la valeur actuelle du bien la valeur qu'il aurait si la dépense n'avait pas été faite. En l'espèce, le profit subsistant est manifestement inexistant. Le montant de la dépense, supérieur au profit subsistant, sera donc retenu au titre de la créance d'Anne-Laure contre l'indivision.

212.21 Jouissance privative. Madame VIGNE s'est vue reconnaître la jouissance privative de l'appartement sis à CANNES par l'ordonnance de non-conciliation. Le juge conciliateur ayant précisé que cette occupation devait revêtir un caractère onéreux, il en résulte que Madame VIGNE est redevable d'une indemnité pour jouissance privative à l'égard de l'indivision post-communautaire (C. civ., art. 815-9, al. 2).

On sait que la détermination du montant de l'indemnité pour jouissance privative relève en principe du pouvoir souverain des juges du fond. Cela étant, on sait également que ces derniers se fondent généralement sur la valeur locative du bien, sur laquelle ils opèrent une réfaction de l'ordre de 20 %. Cette méthode sera donc appliquée en l'espèce. La valeur locative du bien est de 1 000 € mensuel. Si l'on applique une réfaction de 20 % (soit 200 €), cela donne une base de calcul de 800 €. Il reste alors à multiplier ce montant par le nombre de mois d'occupation, soit :

$$800\text{ €} \times 18\text{ mois} = 14\,400\text{ €}$$

212.22 Actifs financiers. Les époux sont également titulaires de plusieurs comptes bancaires. Sont réputés acquêts de la communauté tous les biens meubles ou immeubles si l'on ne prouve qu'ils sont propres à l'un des époux par application d'une disposition de la loi (C. civ., art. 1402). Ce principe de présomption de communauté est applicable, à défaut de précision, aux actifs financiers des époux.

Il convient de souligner que la pratique notariale retient en la matière le solde des comptes personnels au jour de la dissolution. Par conséquent, le compte ouvert au nom de Monsieur DUPONT sera inscrit à l'actif de communauté pour 10 000 € et le compte ouvert au nom de Madame VIGNE sera porté à l'actif pour 3 000 €. En revanche, en ce qui concerne le compte joint, il y a lieu de prendre en considération le solde au jour le plus proche du partage, soit 20 000 €.

C.
État liquidatif

212.23 Règlement de la communauté.

1° Reprises et récompenses :

a) Madame VIGNE

1. Reprises :
 - Appartement sis à MONACO .... 600 000 €

2. Récompenses :
- Récompenses dues par la communauté :
 - Acquisition de l'appartement sis à CANNES .... 160 000 €
- Récompenses dues à la communauté :
 - Règlement de la dette future .... 57 144 €
- Balance du compte de récompenses :
 - Au total, le solde du compte de récompenses de Mme VIGNE représente un excédent de récompenses en sa faveur .... 102 856 €

b) Monsieur DUPONT

1. Reprises :
 - Mas sis à GRASSE .... 70 000 €

2. Récompenses :
- Récompenses dues par la communauté ..... Néant
- Récompenses dues à la communauté :
 - Règlement de la dette présente .... 1 892 €
- Balance du compte de récompenses :
 - Au total, le solde du compte de récompenses de M. DUPONT représente un excédent de récompenses en faveur de la communauté .... 1 892 €

2° Actif de communauté :
 - Véhicule automobile .... 50 000 €
 - Tableaux de maître .... 100 000 €
 - Appartement sis à CAGNES-SUR-MER .... 200 000 €
 - Actions de la société « ROULETABILLE » .... 20 000 €
 - Appartement sis à CANNES .... 360 000 €
 - Compte joint .... 20 000 €
 - Compte BNP .... 10 000 €
 - Compte Banque Postale .... 3 000 €
 - Solde du compte de récompense de M. DUPONT .... 1 892 €
 - Total de l'actif .... 764 892 €

3° Passif de communauté :
 - Solde du compte de récompense de Mme VIGNE .... 102 856 €

4° Balance et droits de parties :
 - Actif brut .... 764 892 €
 - Passif .... 102 856 €
 - Actif net .... 662 036 €
 - Droits des parties .... 331 018 €
 - Droits de M. DUPONT compte tenu de la récompense qu'il doit à la communauté (331 018 € - 1 892 €) .... 329 126 €
 - Droits de Mme VIGNE compte tenu de la récompense que lui doit la communauté (331 018 € + 102 856 €) .... 433 874 €

5° Partage :

1. - Attributions à Mme VIGNE :
 - Appartement sis à CANNES .... 360 000 €
 - Actions de la société « ROULETABILLE » .... 20 000 €
 - Moitié du compte joint .... 10 000 €
 - Compte Banque Postale .... 3 000 €
 - Soulte due par M. DUPONT .... 40 874 €
 - Total égal à ses droits .... 433 874 €

2. - Attributions à M. DUPONT :
 - Véhicule automobile .... 50 000 €
 - Tableaux de maître .... 100 000 €
 - Appartement sis à CAGNES-SUR-MER .... 200 000 €
 - Moitié du compte joint .... 10 000 €
 - Compte BNP .... 10 000 €
 - à charge de verser une soulte à Mme VIGNE .... 40 874 €
 - Total égal à ses droits .... 329 126 €

Liquidation des créances d'indivision.

a) Mme VIGNE
- Créance contre l'indivision :
 - Règlement des impôts fonciers .... 2 500 €
- Dette à l'égard de l'indivision :
 - Indemnité pour jouissance privative . 14 400 €
- Balance du compte de créances d'indivision :
 - Au total, le solde du compte de créances d'indivision de Mme VIGNE représente un excédent de créance en faveur de l'indivision .... 11 900 €

Madame VIGNE est donc débitrice de l'indivision à hauteur de 11 900 €, de sorte qu'elle est débitrice de Monsieur DUPONT à hauteur de la moitié de cette somme, soit 5 950 €.

b) Monsieur DUPONT .... Néant

Établissement du compte final.

- Au titre du partage de la communauté, M. DUPONT doit à Mme VIGNE une soulte de .... 40 874 €
- Au titre des créances d'indivision Mme VIGNE doit à M. DUPONT .... 5 950 €
- **Au final, M. DUPONT doit à Mme VIGNE. .... 34 924 €.**

TITRE

22. La communauté universelle

SECTION 0

ORIENTEUR

22.00 Plan du titre.

Chap. 221 Élaboration du canevas liquidatif
Sect. 1 Actif de la communauté universelle
Sect. 2 Passif de la communauté universelle
Chap. 222 Exposé du canevas liquidatif
Sect. 1 Exposé théorique du canevas liquidatif
Sect. 2 Exposé pratique du canevas liquidatif

22.01 Textes applicables.

> Communauté universelle

• C. civ., art. 1526

Les époux peuvent établir par leur contrat de mariage une communauté universelle de leurs biens tant meubles qu'immeubles, présents et à venir. Toutefois, sauf stipulation contraire, les biens que l'article 1404 déclare propres par leur nature ne tombent point dans cette communauté.

La communauté universelle supporte définitivement toutes les dettes des époux, présentes et futures.

22.03 Bibliographie indicative.

> Communauté universelle. Grimaldi M., « L'avantage matrimonial : remarques d'ordre pratique sur la communauté universelle », *JCP N* 1999. 1083 – Juan R., « La communauté universelle », *JCP N* 1980, I, 95 – Catala P., « Variations autour de la communauté universelle », *Defrénois* 1996, 209.

22.04 Questions essentielles.

• Quels sont les biens qui tombent dans la communauté universelle ?

* V s^s n°s 221.11

22.08 Présentation[1]**.** La communauté universelle est le modèle le plus abouti de communauté, et c'est aussi le plus simple. Le code civil ne lui consacre qu'un seul article, l'article 1526, aux termes duquel « *les époux peuvent établir par leur contrat de mariage une communauté universelle de leurs biens tant meubles qu'immeubles, présents et à venir [...]* ».

22.09 Division. Nous allons envisager successivement l'élaboration (chap. 221) puis l'exposé du canevas liquidatif (chap. 222), en nous contentant de mettre en relief les spécificités de cette forme de communauté par rapport au régime légal.

1. Sur ce régime, v. P. Catala, « Variations autour de la communauté universelle », *Defrénois* 1996, p. 209 – R. Juan, « La communauté universelle », *JCP N* 1980, I, 95.

CHAPITRE

221. Élaboration du canevas liquidatif

SECTION 0
ORIENTEUR

221.00 Plan du chapitre.

Sect. 1 Actif de la communauté universelle

Sect. 2 Passif de la communauté universelle

221.09 Plan. Il convient de s'arrêter sur la composition de l'actif de communauté (sect. 1), puis celle du passif (sect. 2), tout en précisant, au gré de nos développements, les conséquences liquidatives de celle-ci.

SECTION 1
ACTIF DE LA COMMUNAUTÉ UNIVERSELLE

221.11 Composition de l'actif[1]. Par principe, l'actif de la communauté universelle devrait comprendre tous les biens des époux, meubles ou immeubles, présents et à venir. Ce modèle le plus parfait de la communauté universelle connaît cependant des exceptions, qui ne sont pas sans conséquences liquidatives. Ces exceptions sont de quatre ordres :

- la volonté des époux : les époux peuvent décider de soustraire à l'actif de communauté certains biens. Ainsi, par exemple, la communauté universelle peut-être limitée aux seuls biens présents ou, au contraire, aux seuls biens à venir. Plus simplement, un ou plusieurs biens déterminés peuvent être exclus de la masse active;

- la loi : aux termes de l'article 1526, alinéa 1er, du code civil, « *sauf stipulation contraire, les biens que l'article 1404 déclare propres par leur nature, ne tombent point dans cette communauté* ». En d'autres termes, restent propres par principe les vêtements et linges à usage personnel des époux, les actions en réparation d'un dommage corporel ou moral, les créances et pensions incessibles et, le cas échéant, les instruments de travail nécessaires à la profession de l'un des époux, sauf s'ils sont l'accessoire d'un fonds ou d'une exploitation dépendant de la communauté;

- la volonté des tiers : les biens donnés ou légués à un époux, ou recueillis par succession, tombent en principe dans la communauté, à moins que l'auteur de la libéralité en décide autrement. Par application du principe selon lequel l'immutabilité du régime matrimonial ne s'impose pas aux tiers, ce dernier peut en effet décider que le ou les biens concernés resteront propres à l'époux gratifié;

- les biens propres par subrogation ou accession : les biens propres qui peuvent exister dans le régime de la communauté universelle sont susceptibles de se renouveler par le jeu des théories de l'accroissement et de la subrogation. Si la règle n'est pas strictement prévue par le législateur, elle n'est jamais que l'application du renvoi au régime légal opéré par l'article 1497, *in fine* du code civil.

221.12 Conséquences liquidatives. L'existence potentielle d'un actif propre implique que quelques opérations de liquidation peuvent se révéler nécessaires après la dissolution de la communauté universelle. Cette possibilité est surtout prégnante en ce qui concerne les instruments de travail, puisque l'article 1404, alinéa 2, du code civil précise expressément que ces instruments forment des propres, « *sauf récompense s'il y a lieu* ». En revanche, l'acquisition de vêtements et linges à usage personnel à l'aide de deniers communs ne saurait donner lieu à

1. Sur ce point, v. not., R. Cabrillac, *op. cit.*, n° 329 – A. Colomer, *Droit civil – Régimes matrimoniaux*, *op. cit.*, nos 1100 et s. – G. Cornu, *op. cit.*, p. 688 et s. – J. Flour et G. Champenois, *op. cit.*, n° 690 – Ph. Malaurie et L. Aynès, *op. cit.*, n° 752 – F. Terré et Ph. Simler, *op. cit.*, nos 447 s.

récompense au profit de la communauté, conformément au droit commun[1].

Exemple : deux époux sont mariés sous le régime de la communauté universelle. Au cours de l'union, le mari acquiert un certain nombre d'instruments de travail nécessaires à sa profession, mais non rattachés à une exploitation commune, pour un montant de 20 000 €. Pour réaliser cette acquisition, il utilise ses gains et salaires. Au jour de la liquidation, la valeur de ces instruments de travail est évaluée à 15 000 €. Dans le cas donné, le mari est débiteur d'une récompense à l'encontre de la communauté sur le fondement des articles 1404 et 1437 du code civil. S'agissant d'une dépense d'acquisition, la récompense est égale au profit subsistant (C. civ., art. 1469, al. 3 et al. 1er) et, dans la mesure où l'investissement du patrimoine prêteur a été intégral, ce profit équivaut à la valeur actuelle des biens acquis, soit 15 000 €.

La possibilité d'une récompense dans le cadre de la liquidation de la communauté universelle est également élevée en pratique lorsque l'un des époux acquiert un bien au cours du mariage par libéralité. Il arrive fréquemment, en effet, que l'auteur de la libéralité entende que le ou les biens concernés échappent au bénéfice du conjoint du gratifié.

Exemple : deux époux sont mariés sous le régime de la communauté universelle. Au cours de l'union, Madame reçoit par donation un immeuble estimé à 100 000 €, étant entendu que les droits de mutation s'élèvent à 10 000 €. L'acte révèle que le donateur a stipulé que le bien restera propre à Madame. Les droits de mutation sont réglés à l'aide des économies du couple. Il est acquis qu'au jour de la liquidation, la valeur du bien s'élève à 150 000 €. Dans l'exemple donne, Madame est débitrice d'une récompense au profit de la communauté, sur le fondement de l'article 1437 du code civil. S'agissant d'une dépense d'acquisition, la récompense est égale au profit subsistant (C. civ., art. 1469, al. 3), soit :

$$\frac{10\,000\text{ €}}{100\,000\text{ €}} \times 150\,000\text{ €} = 15\,000\text{ €}$$

SECTION 2
PASSIF DE LA COMMUNAUTÉ UNIVERSELLE

221.13 Composition du passif[2]. La composition de la masse passive de la communauté universelle est symétrique à celle de l'actif. C'est pourquoi, selon l'article 1526, alinéa 2, du code civil « *la communauté universelle supporte définitivement toutes les dettes des époux, présentes et futures* ». Lorsqu'il existe un patrimoine propre, il peut également exister un passif propre. Les dettes afférentes aux éventuels biens propres doivent en effet rester propres au stade de la contribution à la dette.

En revanche, l'exclusion à titre particulier de certains biens déterminés, par la loi ou la volonté des époux, est sans incidence sur la charge du passif. Il est cependant admis que la communauté peut prétendre à une récompense si elle a contribué à l'acquisition, la conservation ou l'amélioration de tels biens[3].

221.14 Conséquences liquidatives. Lorsqu'une dette exceptionnellement propre est réglée par la communauté, celle-ci a droit à une récompense, conformément au droit commun (C. civ., art. 1437). Il n'y a ici pas d'originalité, si ce n'est que l'hypothèse est fort rare en pratique.

Exemple : Deux époux sont mariés sous le régime de la communauté universelle. Monsieur était propriétaire au jour du mariage d'un appartement qu'il a acquis 200 000 €, frais compris, à l'aide d'un emprunt et le contrat de mariage stipule que ce bien reste propre à ce dernier. Au cours de l'union, les échéances restant dues de ce prêt, soit 50 000 €, sont remboursées à l'aide des gains et salaires des époux. Il est acquis qu'au jour de la liquidation l'appartement est évalué à 300 000 €. Dans l'exemple donné, Monsieur est débiteur d'une récompense à l'égard de la communauté sur le fondement de l'article 1437 du code civil, puisque celle-ci a financé l'acquisition dudit bien. S'agissant d'une dépense d'acquisition, le montant de la récompense est égal au profit subsistant, soit :

$$\frac{50\,000\text{ €}}{200\,000\text{ €}} \times 300\,000\text{ €} = 75\,000\text{ €}$$

1. Pour une application de la technique des récompenses à la communauté universelle, v. Civ. 1re, 16 juin 1992, *D.* 1993. somm. 220, obs. M. Grimaldi – *Defrénois* 1992, art. 35416, note M.-C. Forgeard – *RTD civ.* 1993, p. 187, obs. F. Lucet et B. Vareille.

2. Sur ce point, v. not. R. Cabrillac, *op. et loc. cit.* – A. Colomer, *Droit civil – Régimes matrimoniaux*, *op. cit.*, n° 1104 – G. Cornu, *op. et loc. cit.*, p. 688 et s. – J. Flour et G. Champenois, *op. cit.*, n° 691 – Ph. Malaurie et L. Aynès, *op. cit.*, n° 757 – F. Terré et Ph. Simler, *op. cit.*, nos 452 et s.
3. En ce sens, v. F. Terré et Ph. Simler, *op. cit.*, n° 454.

CHAPITRE

222. Exposé du canevas liquidatif

SECTION 0
ORIENTEUR

222.00 **Plan du chapitre.**

Sect. 1 Exposé théorique du canevas liquidatif

Sect. 2 Exposé pratique du canevas liquidatif

§ 1 Énoncé du cas pratique

§ 2. Corrigé du cas pratique

A. Observations préalables à la liquidation

B. Identification des patrimoines et des mouvements de valeurs

C. État liquidatif

SECTION 1
EXPOSÉ THÉORIQUE DU CANEVAS LIQUIDATIF

222.11 **Rappel.** La communauté universelle constituant simplement une communauté légale aménagée, le canevas liquidatif exposé s'agissant d'époux mariés sous le régime de la communauté réduite aux acquêts peut être, de prime abord, retranscrit *ipso facto* pour la communauté universelle. Cela étant, parce qu'en principe, tous les biens appartenant aux époux tombent dans la communauté, il n'est pas nécessaire, dans la très grande majorité des cas, de régler une quelconque indivision pré-communautaire, sauf en présence d'un aménagement conventionnel du régime par les époux. Il suffit, en réalité, pour le liquidateur de procéder aux opérations suivantes :

- le règlement de la communauté universelle;
- la liquidation des comptes d'indivision post-communautaire;
- l'établissement d'un compte final, aux fins de faire apparaître la soulte éventuellement due par l'un des époux à son conjoint au titre du règlement du régime matrimonial de la communauté universelle.

Rappelons, à ce propos, que le régime de la communauté universelle n'étant pas totalement réfractaire à l'existence de biens propres, il peut être nécessaire, dans le cadre du règlement de la communauté, d'établir un compte de récompense. Pour les mêmes raisons, et même si l'hypothèse demeure marginale, il n'est davantage pas exclu de devoir procéder à une liquidation des créances entre époux.

SECTION 2
EXPOSÉ PRATIQUE DU CANEVAS LIQUIDATIF

§ 1
Énoncé du cas pratique

222.12 Monsieur René DUPONT, « jeune divorcé », vient de recevoir la convocation de Maître FOLAGE, Notaire à CANNES (Alpes-Maritimes), lequel a été nommé récemment par la Chambre interdépartementale des notaires en vue de procéder aux opérations de liquidation et de partage de ses intérêts patrimoniaux avec son ex-épouse, Anne-Laure.

Avant de se rendre à ce rendez-vous, René souhaiterait – afin d'être quelque peu rassuré – que vous lui fournissiez quelques renseignements. À cette fin, il vous expose les faits suivants.

Monsieur René DUPONT et Madame Anne-Laure VIGNE se sont mariés sous le régime de la communauté universelle, aux termes d'un contrat de mariage, en date du 15 octobre 1986, reçu par Maître LEPEUX, Notaire à Paris (7e arrondissement), préalable à leur union célébrée à la mairie de Paris (7e arrondissement), le 22 décembre 1986.

Le 24 mars 2007, le tribunal de grande instance de Grasse (Alpes-Maritimes) a rendu une ordonnance de non-conciliation, qui a notamment attribué la jouissance privative de l'appartement sis à

CANNES (Alpes-Maritimes) à Madame VIGNE, tout en précisant que cette occupation devait revêtir un caractère onéreux.

René a fait délivrer une assignation en divorce pour faute à son époux, par exploit d'huissier en date du 18 août 2007.

Le divorce a été prononcé aux torts exclusifs de Madame VIGNE, par un jugement rendu par le tribunal de grande instance de GRASSE (Alpes-Maritimes), le 4 juillet 2008.

Au jour de la célébration du mariage, René était propriétaire d'un certain nombre de biens, se décomposant comme suit :

- un véhicule automobile de collection acquis en 1985 de son ami Jean-François pour un prix de 30 000 €. La cote de la collection ayant flambé ces dernières années, la valeur vénale de ce véhicule est de l'ordre de 50 000 €;

- deux tableaux de maître acquis en 1974, dont la valeur était alors de 40 000 €. Selon les dires de René, la valeur actuelle de ces biens peut être fixée à 100 000 €;

- un appartement sis à CAGNES-SUR-MER (Alpes-Maritimes), acquis le 19 novembre 1986, moyennant un prix de 80 000 €, réglé comptant. La valeur actuelle de ce bien peut être fixée à 200 000 €;

- un mas situé à GRASSE (Alpes-Maritimes), acquis au cours de l'année 1984, moyennant un prix de 35 000 €, et dont la valeur actuelle est de l'ordre de 70 000 €.

René vous indique qu'il était également débiteur d'une dette de 10 000 €, à l'égard de l'un de ses amis et que cette dette a été réglée au cours de l'union à l'aide de ses gains et salaires.

Pour sa part, Anne-Laure ne possédait aucun bien au jour de la célébration du mariage. En revanche, au cours de l'année 1989, elle a reçu plusieurs biens par succession, à la suite du décès de son père :

- 300 actions d'une société dénommée « ROULETABILLE », pour une valeur de 15 000 €, étant entendu que la valeur actuelle de ces actions est de l'ordre de 20 000 €;

- un appartement sis à MONACO, dont la valeur était alors de 300 000 €. Ce bien était alors grevé d'un passif, à hauteur de 20 000 €, à l'égard de la société « BATIPLUS », pour des travaux d'amélioration réalisés quelques mois auparavant. Selon les estimations d'une agence immobilière diligentée par René, ce bien vaudrait actuellement 600 000 €, étant entendu que sans les travaux il ne vaudrait que 540 000 €.

René vous indique que les droits de mutation ont été réglés par la succession et que la dette à l'égard de la société « BATIPLUS » a été réglée au cours de l'union avec les gains et salaires d'Anne-Laure.

Par ailleurs, il apparaît que les époux ont acquis ensemble un appartement sis à CANNES (Alpes-Maritimes), qui constituait le logement familial, aux termes d'un acte reçu par Maître TRICHEUR, Notaire à CANNES (Alpes-Maritimes), le 8 février 1992. Cette acquisition a été réalisée moyennant un prix de 180 000 € (150 000 € + 30 000 € de frais), qui a été réglé de la façon suivante :

- à concurrence de 100 000 € à l'aide des économies du ménage;

- le reste (soit 80 000 €) à l'aide d'une indemnité perçue par Anne-Laure à la suite d'un accident de la circulation subi en 1991, au titre de la réparation de son préjudice corporel et moral.

Selon les dires de René, la valeur actuelle de ce bien serait de l'ordre de 360 000 € et sa valeur locative s'élèverait à environ 1 000 € mensuels. Il vous indique également qu'à ce jour, Madame VIGNE occupe privativement le bien depuis 18 mois.

Pour sa part, Anne-Laure aurait réglé à l'aide de deniers personnels les impôts fonciers des années 2005 et 2006 relatifs à ce bien. Selon les pièces fournies par René, les sommes réglées par Madame VIGNE de ce chef s'élèveraient à 1 200 € au titre de l'année 2005 et à 1 300 € au titre de l'année 2006.

Outre les biens évoqués ci-dessus, les époux sont propriétaires des biens suivants :

- un compte joint ouvert au nom des deux époux dans les livres de la HSBC, dont le solde s'élève actuellement à 20 000 €;

- un compte chèques ouvert au nom de Monsieur DUPONT dans les livres de la BNP, dont le solde s'élevait, au jour de la dissolution, à 10 000 €;

- un compte chèques ouvert au nom de Madame VIGNE dans les livres de la Banque Postale, dont le solde s'élevait, au jour de la dissolution, à 3 000 €.

Enfin, René indique qu'avec son ex-épouse, ils sont tous deux d'accord pour conserver chacun les biens qu'ils ont apporté à la communauté et pour que Anne-Laure se voie attribuer l'appartement sis à CANNES (Alpes-Maritimes).

§ 2. Corrigé du cas pratique

A. Observations préalables à la liquidation

222.13 Détermination du régime matrimonial. René DUPONT et Anne-Laure VIGNE se sont mariés le 22 décembre 1986, en faisant précéder leur union d'un contrat de mariage. Aux termes de ce contrat, les époux ont choisi d'adopter le régime de la communauté universelle. Rien n'indiquant dans l'exposé du cas un changement conventionnel ou judiciaire du régime matrimonial des époux, ceux-ci sont donc soumis à ce régime matrimonial, tel qu'il est organisé à l'article 1526 du code civil.

L'assignation en divorce étant postérieure au 1er janvier 2005, le divorce est soumis aux dispositions issues de la loi du 26 mai 2004, et notamment au nouvel article 265, alinéa 2, du code civil. Il convient de rappeler que, selon cet article, les époux ne sont déchus que des seuls avantages matrimoniaux qui prennent effet à la dissolution du régime matrimonial ou au décès de l'un d'eux. Si l'adoption du régime de la communauté universelle est incontestablement constitutive d'un avantage matrimonial, il est tout autant incontestable que cet avantage prend effet au cours de l'union. Par conséquent, les époux DUPONT-VIGNE ne sont pas déchus de ce choix et demeurent soumis au régime adopté, à savoir la communauté universelle.

222.14 Date de dissolution du régime matrimonial. L'assignation en divorce ayant été délivrée par Monsieur DUPONT le 18 août 2007, le divorce est régi par les dispositions nouvelles, issues de la loi du 26 mai 2004. En conséquence, la date de dissolution de principe du régime matrimonial des époux est fixée à la date de l'ordonnance de non-conciliation (C. civ., art. 262-1), soit le 24 mars 2007.

Le divorce ayant été prononcé par jugement en date du 4 septembre 2007, il convient de souligner que les époux ne disposent plus de la faculté de demander le report judiciaire de la date de dissolution, de même qu'ils ne peuvent plus conclure une convention relative à la liquidation et au partage de leur régime matrimonial (C. civ., art. 265-2).

B. Identification des patrimoines et des mouvements de valeurs

222.15 Actif et passif de communauté. Dans l'hypothèse où les époux sont mariés sous le régime de la communauté universelle pure et simple, tous leurs biens tant présents que futurs sont communs (C. civ., art. 1426, al. 1er). Sont donc communs les biens suivants :

- le véhicule automobile;
- les tableaux de maître;
- l'appartement de CAGNES-SUR-MER;
- le mas sis à GRASSE;
- les actions de la société « ROULETABILLE »;
- l'appartement de MONACO;
- l'appartement de CANNES;
- les actifs financiers.

Quant à la dette présente de Monsieur DUPONT et la dette future de Madame VIGNE, elles tombent également intégralement en communauté (C. civ., art. 126, al. 2).

222.16 Bien propre de Madame VIGNE. En dépit de la généralité de la communauté des époux, l'indemnité réparant le préjudice corporel et moral de Madame VIGNE est néanmoins propre. En effet, aux termes de l'article 1526 du code civil, « *sauf stipulation contraire, les biens que l'article 1404 déclare propres par leur nature ne tombent point dans la communauté* ». Rien n'indiquant dans l'exposé de ce cas une éventuelle clause contraire, l'indemnité est donc un bien propre à Madame VIGNE.

Or, cette indemnité a permis le financement partiel de l'acquisition de l'appartement sis à CANNES, qui est un bien commun. La communauté doit donc récompense à Madame VIGNE de ce chef (C. civ., art. 1433). S'agissant d'une dépense d'acquisition, la récompense ne peut être moindre que le profit subsistant (C. civ., art. 1469, al. 3).

L'acquisition ayant été réalisée en partie seulement à l'aide de deniers propres, le profit subsistant doit être déterminé en rapportant la contribution de la communauté au coût global d'acquisition du bien, frais inclus s'agissant d'une acquisition à titre onéreux, ce qui permet de connaître la proportion dans laquelle le patrimoine propre de Madame VIGNE a participé au financement du bien acquis. Puis, cette proportion doit ensuite être appliquée à la valeur du bien au jour de la liquidation, mais dans l'état dans lequel était ce bien au jour de la dépense, de sorte qu'il convient d'exclure la plus-value procurée au bien par les travaux réalisés par la suite, soit :

$$\frac{80\,000\ €}{180\,000\ €} \times 360\,000\ € = 160\,000\ €$$

222.17 Impôts fonciers réglés par Madame VIGNE. Madame VIGNE a réglé la dette d'impôt foncier relative à l'appartement sis à CANNES, pour les années 2005 et 2006, c'est-à-dire après la date de dissolution de la communauté.

Cette dépense a été faite à l'aide des deniers présumés personnels à Madame VIGNE. Or, la taxe foncière étant une charge de la propriété, celle-ci incombe à titre définitif à l'indivision et l'occupation privative du bien par Madame VIGNE n'a aucune influence sur ce point. En conséquence, cette dernière peut se prévaloir d'une créance contre l'indivision post-communautaire de ce chef (C. civ., art. 815-13, al. 1er).

S'agissant d'une dépense de conservation juridique, la créance de Madame VIGNE doit être égale à la plus forte des deux sommes que représentent respectivement la dépense faite et le profit subsistant. La dépense est ici de 2 500 €. Quant au profit subsistant, il doit en principe être calculé en déduisant de la valeur actuelle du bien la valeur qu'il aurait si la dépense n'avait pas été faite. En l'espèce, le profit subsistant est manifestement inexistant. Le montant de la dépense, supérieur au profit subsistant, sera donc retenu au titre de la créance d'Anne-Laure contre l'indivision.

222.18 Jouissance privative. Madame VIGNE s'est vue reconnaître la jouissance privative de l'appartement sis à CANNES par l'ordonnance de non-conciliation. Le juge conciliateur ayant précisé que cette occupation devait revêtir un caractère onéreux, il en résulte que Madame VIGNE est redevable d'une indemnité pour jouissance privative à l'égard de l'indivision post-communautaire (C. civ., art. 815-9, al. 2).

On sait que la détermination du montant de l'indemnité pour jouissance privative relève en principe du pouvoir souverain des juges du fond. Cela étant, on sait également que ces derniers se fondent généralement sur la valeur locative du bien, sur laquelle ils opèrent une réfaction de l'ordre de 20 %. Cette méthode sera donc appliquée en l'espèce. La valeur locative du bien est de 1 000 € mensuel. Si l'on applique une réfaction de 20 % (soit 200 €), cela donne une base de calcul de 800 €. Il reste alors à multiplier ce montant par le nombre de mois d'occupation, soit :

800 € × 18 mois = 14 400 €

C.
État liquidatif

Règlement de la communauté.

1° Reprises et récompenses :

a) Madame VIGNE

1. Reprises .... Néant

2. Récompenses :

- Récompenses dues par la communauté
  - Acquisition de l'appartement sis à CANNES .... 160 000 €
- Récompenses dues à la communauté ...... Néant
- Balance du compte de récompenses :
  - Au total, le solde du compte de récompenses de Mme VIGNE représente un excédent de récompenses en sa faveur .... 160 000 €

b) Monsieur DUPONT

1. Reprises .... Néant

2. Récompenses :

- Récompenses dues par la communauté .... Néant
- Récompenses dues à la communauté .... Néant

2° Actif de communauté :

- Véhicule automobile .... 50 000 €
- Tableaux de maître .... 100 000 €
- Appartement sis à CAGNES-SUR-MER .... 200 000 €
- Mas sis à GRASSE .... 70 000 €
- Actions de la société « ROULETABILLE » .... 20 000 €
- Appartement sis à MONACO .... 600 000 €
- Appartement sis à CANNES .... 360 000 €
- Compte joint .... 20 000 €
- Compte BNP .... 10 000 €
- Compte Banque Postale .... 3 000 €
- Total de l'actif .... 1 433 000 €

3° Passif de communauté :

- Solde du compte de récompense de Mme VIGNE .... 160 000 €

4° Balance et droits de parties :

- Actif brut .... 1 443 000 €
- Passif .... 160 000 €
- Actif net .... 1 273 000 €
- Droits des parties .... 636 500 €
- Droits de M. DUPONT .... 636 500 €
- Droits de Mme VIGNE compte tenu de la récompense que lui doit la communauté : 636 500 € + 160 000 € = ... 796 500 €

5° Partage :

1. – Attributions à Mme VIGNE :

- Appartement sis à CANNES .... 360 000 €
- Actions de la société « ROULETABILLE » .... 20 000 €
- Appartement sis à MONACO .... 600 000 €
- Moitié du compte joint .... 10 000 €
- Compte Banque Postale .... 3 000 €
- à charge de verser une soulte à M. DUPONT .... 196 500 €
- Total égal à ses droits .... 796 500 €

2. – Attributions à M. DUPONT :

- Véhicule automobile .... 50 000 €
- Tableaux de maître .... 100 000 €
- Appartement sis à CAGNES-SUR-MER .... 200 000 €
- Mas sis à GRASSE .... 70 000 €
- Moitié du compte joint .... 10 000 €
- Compte BNP .... 10 000 €
- Soulte due par Mme VIGNE .... 196 500 €
- Total égal à ses droits .... 636 500 €

Liquidation des comptes d'indivision.

a) Mme VIGNE

- Créance contre l'indivision :
  - Règlement des impôts fonciers .... 2 500 €
- Dette à l'égard de l'indivision :
  - Indemnité pour jouissance privative .... 14 400 €
- Balance du compte de créances d'indivision :
  - Au total, le solde du compte de créances d'indivision de Mme VIGNE représente un excédent de créance en faveur de l'indivision .... 11 900 €

Madame VIGNE est donc débitrice de l'indivision à hauteur de 11 900 €, de sorte qu'elle est débitrice de Monsieur DUPONT à hauteur de la moitié de cette somme, soit 5 950 €.

b) Monsieur DUPONT .... Néant

Établissement du compte final.

- Au titre du partage de la communauté, Mme VIGNE doit à M. DUPONT une soulte de .... 196 500 €
- Au titre des créances d'indivision Mme VIGNE doit à M. DUPONT .... 5 950 €
- Au final, Mme VIGNE doit à M. DUPONT .... 202 450 €

LIVRE

3. LA LIQUIDATION DU RÉGIME MATRIMONIAL DE LA SÉPARATION DE BIENS

SECTION 0 ORIENTEUR

3.00 Plan du livre.

Titre 31 L'élaboration du canevas liquidatif

Chap. 311 Identification des patrimoines

Chap. 312 Identification des mouvements de valeurs : leur recensement

Chap. 313 Identification des mouvements de valeurs : leur neutralisation

Chap. 314 Identification des mouvements de valeurs : le règlement des créances

Titre 32 L'exposé du canevas liquidatif

Chap. 321 Exposé théorique du canevas liquidatif

Chap. 322 Exposé pratique du canevas liquidatif

3.01 Textes applicables.

* V. s^s n° 311.01

3.02 Jurisprudence de référence.

* V. s^s n° 311.02

TITRE

31. L'élaboration du canevas liquidatif

SECTION 0
ORIENTEUR

31.00 **Plan du titre.**

Chap. 311 Identification des patrimoines
Sect. 1 Patrimoines personnels
Sect. 2 Patrimoine indivis
Chap. 312 Identification des mouvements de valeurs : leur recensement
Sect. 1 Créances entre époux
Sect. 2 Créances d'indivision
Sect. 3 Récompenses
Chap. 313 Identification des mouvements de valeurs : leur neutralisation
Sect. 1 Neutralisation fondée sur l'existence d'une obligation contributive
Sect. 2 Neutralisation fondée sur l'existence d'une donation
Chap. 314 Identification des mouvements de valeurs : le règlement des créances
Sect. 1 Créances entre époux
Sect. 2 Créances d'indivision
Sect. 3 Récompenses

31.03 **Bibliographie indicative.**

Ouvrages.

> Régimes matrimoniaux

* V. les ouvrages sur les régimes matrimoniaux cités s[s] n° 23.03 (lorsqu'ils sont repris comme référence en note de bas de page, ces ouvrages sont cités par le seul nom des auteurs en petites capitales).

Actualisables. Najjar I., Rép. civ., *V° Donations entre époux*, 2008 – Testu F.-X., Rép. civ., *V° Indivision,* 1997.

> Séparation de biens

Actualisables. Colomer A., Rép. civ., *V° Séparation de biens*, 2001.

Ouvrages. Savatier R., *La séparation de biens en droit français*, th., Dalloz-Defrénois, 1973.

Thèses. Boussougou-Bou-Mbine F.-L., *La pénétration des idées communautaires dans les régimes séparatistes*, th., LGDJ, 1999 – Lipinski P., *La liquidation dans le régime de la séparation de biens*, th., LGDJ, 2002.

Articles.

> Composition des patrimoines

Catala P., « L'indivision entre époux », *Mélanges offerts à Pierre Hébraud,* Université des sciences sociales de Toulouse, 1991, 185 – Corpechot R., « Le régime de la séparation de biens et le régime de la participation aux acquêts, Le statut matrimonial du Français », 75e congrès des notaires de France, t. 1, 1978 – Dupuis M., « Une institution dérogeant aux règles des régimes matrimoniaux : le compte bancaire joint », *D.* 1988, chron. 39 – Feddal C., « Preuve des acquisitions sous le régime de la séparation de biens », *JCP* 1982. I. 2080 – Fillette J.-L., « À propos des récentes tentatives de résurrection de la séparation de biens avec société d'acquêts », *Defrénois* 1996, art. 32278 – Lécuyer H. et Taudin L., « Utilité, opportunité et actualité de la séparation de biens avec société d'acquêts », *RLDC* 2004, n° 152 – Mathieu M. et Pillebout J.-F., « Contrat de mariage. Séparation de biens avec société d'acquêts », *JCP N* 1998, 1214 – Maury J., « Le principe participatif en régime matrimonial séparatiste », *Mélanges offerts à André Colomer,* Litec, 1993, 243 – Nuytten B., « L'achat d'un immeuble par des époux séparés de biens », *JCP N* 1988, I, 81 – Savatier R., « Propriété des acquêts réalisés par des époux séparés de biens (sans société d'acquêts) », *D.* 1979, chron. 193; « Liquidation entre époux contractuellement séparés de biens du patrimoine conjugal », *RTD civ.* 1981, 497 – Simler Ph., « L'indivision entre époux séparés de biens, Une quasi-communauté ? », *in Mélanges offerts à André Colomer,* Litec, 1993, 461 – Storck M., « Le titre ou la finance ? Le droit de propriété dans les régimes de séparation de biens », *D.* 1994, chron. 61 – Terré F., « Le compte joint entre époux », *Mélanges Cabrillac*, Dalloz-Litec 1999, p. 529.

> Liquidation des mouvements de valeurs

Abitbol E., « La contribution aux charges du mariage et son contentieux différé », *Mélanges offerts à Monsieur P. Raynaud*, Dalloz-Sirey, 1985, 1 – Autem D. « La fonction duale de la clause usuelle relative à la contribution aux charges du mariage des époux séparés de biens (à propos de Civ. 1re, 3 mars 2010) », *Defrénois* 2010, art. 39131 – Becqué-Ickowicz S., « La construction sur le terrain d'un époux séparé de biens financée par des sommes indivises, Réflexions sur la dette de valeur », *RTD civ.* 2008, 589 – Borysewicz M., « Travail et enrichissement sans cause dans les relations de famille », *Mélanges en l'honneur de Monsieur J.-P. Béguet*, 1985, 41 – Brémond V., « Remarques sur l'article 214 du code civil entre époux séparés de biens », *JCP N* 1998, 435 – Claux P.-J., « La liquidation du régime de la séparation de biens », *AJ fam.* 2005, 184 – Conneau F., « Inadéquation de l'application de la théorie de l'enrichissement sans cause à l'indemnisation de l'épouse séparée de biens », *Mélanges en l'honneur de Monsieur J.-P. Béguet*, 1985, 111 – Dagot G., « Réflexions sur l'article 1099-1 du code civil (l'acquisition d'un bien par un époux au moyen de deniers donnés par l'autre à cette fin) », *JCP* 1971, I, 2397 – David S., « Canevas liquidatif du régime de la séparation de biens », *AJ fam.* 2010, 215; « Le contentieux liquidatif de la séparation de biens », *AJ fam.* 2010, 206 – Depondt A., « La liquidation du régime de la séparation de biens. Questions pratiques », *JCP N* 2009, 1328 et 1334 – Faucher D., « Donations rémunératoires entre époux », *JCP N* 2006, 1276 – Ferrandes J.-P., « Les donations rémunératoires entre époux : état de la jurisprudence », *Dr. et patr.* 1997, 40 – Goutenoire-Cornut A., « Collaboration familiale et enrichissement sans cause », *Dr. fam.* 1999, chron. n° 19 – Hénot F., « L'action *de in rem verso* dans le cadre des relations familiales », *RRJ* 1997-3, 905 – Lafond J., « L'enrichissement d'un époux séparé de biens dû à l'activité bénévole de son conjoint », *JCP N* 1996, 1315 – Morin G., « Le nouvel article 1099-1 du code civil et ses incidences sur l'indépendance des époux », *Defrénois* 1968, art. 29082; Piedelièvre S., « Réflexions sur l'achat pour autrui entre époux », *JCP* 1991, I, 3484; *JCP N* 1991, I, 164 – Plassard M., « Des clauses relatives à la contribution aux charges du ménage sous le régime de la séparation de biens », études de droit civil à la mémoire de Henri Capitant, Dalloz, 1939, 643 – Revel J., « L'article 214 du code civil et le régime de la séparation de biens », *D.* 1983, chron. 21 – Savatier R., « Frontière entre la donation rémunératoire et l'acte à titre onéreux », *RTD civ.* 1977, 805 – Sinay-Cytermann A., « Enrichissement sans cause et communauté de vie », *D.* 1983, chron. 159.

31.09 Nécessité de la liquidation. Si pendant longtemps il a été affirmé que la séparation de biens ne supposait pas de liquidation à proprement parler, ce régime étant caractérisé par l'indépendance des patrimoines des époux, il est aujourd'hui devenu classique de formuler la proposition inverse[1]. L'inévitable confusion des intérêts patrimoniaux des époux qu'engendre la communauté de vie impose en effet de réaliser une véritable liquidation, au sens plein du terme. Aussi est-il indispensable de déterminer la composition des patrimoines (chap. 311) avant d'envisager la question des rétablissements comptables (chap. 312).

1. V. particulièrement, F.-L. Boussougou-Bou-Mbine, *La pénétration des idées communautaires dans les régimes séparatistes*, thèse, préf. G. Champenois, LGDJ, biblio. dr. pr., t. 324, 1999, nos 288 et s. – P. Lipinski, *La liquidation dans le régime de la séparation de biens*, thèse, préf. Ph. Simler, LGDJ, biblio. dr. pr., t. 367, 2002, spéc. nos 1 à 10 – R. Savatier, *La séparation de biens en droit français*, Dalloz – *Defrénois*, 1973, n° 148 – « Liquidation entre époux contractuellement séparés de biens du patrimoine conjugal », *RTD civ.* 1981, p. 497.

CHAPITRE

311. Identification des patrimoines

SECTION 0 ORIENTEUR

311.00 **Plan du chapitre.**

Sect. 1 Patrimoines personnels
Sect. 2 Patrimoine indivis
§ 1 Actif
A. Indivision volontaire
B. Indivision présumée
§ 2 Passif
§ 3 Patrimoine de la société d'acquêts

311.01 **Textes applicables.**

> Indivision

C. civ., art. 815-9 à 815-13

* V. texte complet de ces articles s[s] n° 113.01

> Meubles et immeubles indivis

C. civ., art. 1538, al. 3

Les biens sur lesquels aucun des époux ne peut justifier d'une propriété exclusive sont réputés leur appartenir indivisément, à chacun pour moitié.

> Séparation des patrimoines quant au passif

C. civ., art. 1536

Lorsque les époux ont stipulé dans leur contrat de mariage qu'ils seraient séparés de biens, chacun d'eux conserve l'administration, la jouissance et la libre disposition de ses biens personnels.

Chacun d'eux reste seul tenu des dettes nées en sa personne avant ou pendant le mariage, hors le cas de l'article 220.

311.02 **Jurisprudence de référence.**

> Acquisition d'un bien à l'aide de deniers remis par le conjoint : le bien demeure personnel à l'époux acquéreur

• Civ. 1re, 9 oct. 1991, n° 90-15.073, *Bull. civ.* I, n° 260

* V. s[s] n° 311.14

« Attendu que la cour d'appel a énoncé, à bon droit, que sous le régime de la séparation de biens, l'époux qui acquiert un bien pour son compte à l'aide de deniers provenant de son conjoint, devient seul propriétaire de ce bien et que la donation alléguée par ce conjoint ne peut être, conformément à l'article 1099-1 du code civil, que des deniers et non du bien auquel ils ont été employés »

> Compte joint entre époux séparés de biens : les fonds sont présumés indivis par moitié

• Civ. 1re, 19 févr. 1991, n° 89-19.068, *Bull. civ.* I, n° 68

« Attendu que (...) en cas de séparation de biens, chacun des époux est propriétaire indivis des biens figurant au compte joint ouvert à leurs deux noms ».

> La société d'acquêts est, par défaut, soumise aux règles de la communauté

• Civ. 1re, 15 mai 1975, *D.* 1974. somm. 104; *JCP* 1975, II, 17910, obs. A. Ponsard

« La société d'acquêts adjointe à un régime principal de séparation de biens est soumise en principe aux règles de la communauté ».

311.03 **Bibliographie indicative.**

* V. s[s] n° 31.03

SECTION 1 PATRIMOINES PERSONNELS

311.11 **Principe de l'indépendance des patrimoines.** Par principe, les époux séparés de biens restent ou se retrouvent dans la situation patrimoniale de personnes étrangères l'une à l'autre. En d'autres termes, le régime de séparation de biens pure et simple se caractérise par l'absence de toute masse commune. L'absence de communauté a pour conséquence qu'il n'existe en principe que des biens personnels à l'un ou l'autre des époux[1]. Il n'y a donc pas lieu de distinguer selon que les biens ont été acquis avant ou après le mariage et à titre gratuit ou à titre onéreux.

1. V. R. Savatier, *La séparation de biens en droit français*, *op. cit.*, n°s 127 et s. – « Propriété des acquêts réalisés par des époux séparés de biens (sans société d'acquêts) », *D.* 1979, chron. 193.

311.12 **Revenus des époux.** Les gains professionnels des époux, quelle que soit leur forme (salaire, honoraires, *etc.*), demeurent personnels à chacun d'eux, de même que les gains économisés. Il en va de même pour les revenus du capital. Ainsi les fruits et revenus des biens personnels des époux leur sont également personnels.

311.13 **Acquisition faite par un époux à l'aide de ses deniers personnels.** Lorsqu'un époux séparé de biens achète au cours de l'union un bien à l'aide de sommes d'argent qui lui sont personnelles, le bien reste sa propriété exclusive, indépendamment de toute formalité d'emploi ou de remploi. Il en va de même des fruits et revenus que peut produire ce bien.

311.14 **Acquisition ou améliorations faites par un époux à l'aide de deniers remis par son conjoint**[1]. Lorsque les époux sont dans une situation patrimoniale déséquilibrée, il est fréquent que l'époux financièrement le plus aisé du couple remette à son conjoint des fonds afin de lui permettre d'acquérir un bien ou même règle directement le prix d'acquisition de ce bien, afin de permettre au plus démuni de se constituer un patrimoine. Dans ce cas, il est certain que l'époux au seul nom duquel l'acquisition est opérée devient propriétaire exclusif du bien et que la remise des fonds ait eu lieu de manière occulte ou que le conjoint soit intervenu ostensiblement à l'acte d'acquisition : en la matière, le titre l'emporte sur la finance[2].

Dans le même ordre d'idées, et par application du mécanisme de l'accession, les constructions ou plantations réalisées sur un bien personnel de l'un des époux, mais financées par son conjoint, lui demeurent personnelles[3].

Cela étant, la supériorité du titre sur le financement ne saurait être absolue. Elle est en effet écartée en cas de simulation[4]. Dans ce cas, l'époux cherchant à démontrer la simulation devant démontrer l'inexactitude du contenu de l'acte devra se soumettre aux conditions posées par l'article 1341 du code civil, sauf si cette simulation a eu pour finalité une fraude à la loi, auquel cas la preuve est libre. Dans le même ordre d'idées, la supériorité du titre sur la finance est également parfois écartée en cas de procédure collective. En effet, selon l'article L. 624-6 du code de commerce, le mandataire judiciaire ou l'administrateur peut, en prouvant par tous les moyens que les biens acquis par le conjoint du débiteur l'ont été avec des valeurs fournies par celui-ci, demander que les acquisitions ainsi faites soient réunies à l'actif, ce qui revient à considérer que les biens litigieux sont en réalité personnels à l'époux qui en a financé l'acquisition[5].

311.15 **Exclusion des biens personnels des opérations de liquidation.** Sous le régime de la séparation de biens, les biens personnels des époux ne doivent pas être pris en considération dans les opérations de liquidation. En effet, ils ne font pas l'objet d'une reprise en nature, contrairement aux biens propres dans les régimes de type communautaire[6].

1. V. C. Feddal, « Preuve des acquisitions sous le régime de la séparation de biens », *JCP* 1982, I, 2080 – M. Storck, « Le titre ou la finance ? Le droit de propriété dans les régimes de séparation de biens », *D.* 1994, chron. 61.

2. Cette solution traditionnellement enseignée (v. Civ. 1re, 27 juin 1960, *Bull. civ.* I, n° 348 – *JCP* 1960, IV, 127) semble avoir un temps été remise en cause par la Cour de cassation (v. Civ. 1re, 26 oct. 1982, *D.* 1983, Jur. 521, note E. Sallé De La Marnierre. Sur cet arrêt, v. également P. Lipinski, *La liquidation dans le régime de la séparation de biens*, th. préc., n° 276). Cette dernière solution a cependant fait long feu, la Haute juridiction ayant clairement réaffirmé depuis la règle classique. V. Civ. 1re, 9 oct. 1991, *Bull. civ.* I, n° 260 – *D.* 1993, Jur. 580, note C. Courtine – *JCP N* 1992, II, 214, note M. Storck – *Defrénois* 1992, art. 35408, p. 1558, obs. G. Champenois – *JCP* 1992, I, 3567, n° 24 – Civ. 1re, 13 oct. 1992, *JCP N* 1993, II, 119, obs. M. Storck – Civ. 1re, 10 mars 1993, *Bull. civ.* I, n° 107 – *Defrénois* 1993, art. 35617, p. 1083, obs. G. Champenois – *RTD civ.* 1993, p. 872, obs. F. Lucet et B. Vareille – *JCP* 1994, I, 3733, n° 22, obs. M. Storck – *JCP N* 1994, II, 236, obs. M. Storck – *D.* 1995. somm. 45, obs. F. Lucet – CA Paris, 12 mai 1998, *Juris-Data* n° 022126 – Civ. 1re, 20 déc. 2000, *RJPF* 2001, 3/30 – Civ. 1re, 14 janv. 2003, *D.* 2003. somm. 1868, obs. J. Revel – CA Montpellier, 23 mars 2004, *Juris-Data* n° 250527 – CA Paris, 28 janv. 2005, *AJ fam.* 2005. 148, obs. P. Hilt – CA Colmar, 19 déc. 2007, *Juris-Data* n° 358672 – CA Paris, 12 févr. 2009, *Juris-Data* n° 001190 – Civ. 1re, 17 juin 2009, n° 07-17.223, NP. Pour une étude approfondie de cette jurisprudence, v. P. Lipinski, *La liquidation dans le régime de la séparation de biens*, th. préc., nos 279 et s.

3. Civ. 1re, 22 avr. 1981, *D.* 1981, Jur. 396 – *Gaz. Pal.* 1981, 2, p. 583, note E. Sallé De La Marnierre – Civ. 3e, 27 mars 2002, *JCP* 2003, I, 111, n° 20, obs. M. Storck – Civ. 1re, 8 févr. 2005, *JCP* 2005, I, 128, n° 18, obs. M. Storck – Civ. 1re, 6 juill. 2005, *AJ fam.* 2005. 363, obs. P. Hilt – Civ. 1re, 25 avr. 2006, n° 04-11.359, *Bull. civ.* I, n° 204 – *D.* 2006, pan. 2366, obs. Mallet-Bricout – *JCP* 2006, I, 193, n° 26, obs. M. Storck – *AJ fam.* 2006. 253, obs. P. Hilt – Civ. 1re, 23 janv. 2007, *Bull. civ.* I, n° 38 – *AJ fam.* 2007. 186, obs. P. Hilt – *Dr. fam.* 2007, comm. n° 68, note B. Beigner (2e esp.) – *RTD civ.* 2007, p. 317, obs. J. Hauser – Civ. 1re, 15 mai 2008, *AJ fam.* 2008. 301, obs. P. Hilt.

4. Civ. 1re, 30 oct. 1961, *Bull. civ.* I, n° 491 – CA Bordeaux, 16 févr. 1988, *D.* 1990, Jur. 141. Sur cette possibilité, v. P. Lipinski, *La liquidation dans le régime de la séparation de biens*, th. préc., n° 282.

5. Cette disposition a pour but de déjouer la fraude de l'époux débiteur qui chercherait à soustraire des éléments de son actif aux poursuites des créanciers. Pour des applications, v. Com. 24 mai 2005 – *JCP* 2006, I, 1229, n° 25, obs. M. Storck – Com. 10 janv. 2006, *JCP* 2006, I, 1229, n° 24, obs. M. Storck.

6. V. cependant, R. Savatier, *La séparation de biens en droit français*, *op. cit.*, nos 151 et s.

SECTION 2
PATRIMOINE INDIVIS

311.16 Date d'évaluation. Il convient d'emblée de souligner que les biens indivis, à l'image des biens communs dans les régimes de type communautaires, doivent être évalués au jour le plus proche du partage et non au jour de la dissolution [1]. Cette règle est valable tant pour l'actif que pour le passif et elle résulte de l'article 829 du code civil, aux termes duquel « *en vue de leur répartition, les biens sont estimés à leur valeur et à la date de la jouissance divise [...]* », laquelle « *est la plus proche possible du partage* ».

311.17 Biens acquis avant la célébration du mariage. Lorsque les époux ont acquis un ou plusieurs biens en indivision avant le mariage, il n'est pas nécessaire de les distinguer des biens acquis au cours de l'union. Les biens indivis des époux, quelle que soit la date à laquelle ils ont été acquis, sont en effet soumis au régime de l'indivision de droit commun (C. civ., art. 815 et s.) [2].

311.18 Date de règlement de l'indivision. Conformément au droit commun de l'indivision, l'indivision entre époux séparés de biens peut être partagée à tout moment, sans attendre la dissolution du régime matrimonial. [3]. Inversement, par principe, rien ne les oblige à liquider cette indivision lors de la dissolution du régime. Néanmoins, dans le cadre d'une procédure de divorce, la loi prescrivant un règlement global des intérêts patrimoniaux des époux [4], la liquidation est rendue nécessaire [5].

§ 1
Actif

A.
Indivision volontaire

311.19 Acquisitions à titre onéreux faites au nom des deux époux. Il est fréquent que les époux séparés de biens, désirant associer leurs intérêts, achètent ensemble et au nom de l'un et de l'autre un même bien, généralement un immeuble [6]. Pareil bien est alors indivis entre les époux et, comme tel, soumis au régime général de l'indivision. Le bien est alors indivis dans les proportions voulues par les époux lors de l'acquisition et, à défaut de précision, par moitié, conformément aux dispositions de l'article 1538, alinéa 3, du code civil [7].

311.20 Cas où le bien a été financé dans des proportions différentes des droits des époux. La règle selon laquelle le titre l'emporte sur la finance s'applique également à l'hypothèse où l'un des époux a financé l'acquisition d'un bien indivis dans une proportion différente de celle de ses droits sur le bien [8], y compris dans l'hypothèse où l'intégralité du prix d'acquisition du bien a été réglée par un seul des époux [9]. En d'autres termes, les droits des époux sont fixés par l'acte d'acquisition ou, à défaut, sont réputés être de moitié chacun, indépendamment des modalités de financement de bien.

À l'instar du cas des biens personnels des époux, cette analyse doit être écartée en cas de simulation.

311.21 Cas de la subrogation. Les biens subrogés aux biens indivis peuvent être eux-mêmes indivis. En effet, aux termes de l'article 815-10, alinéa 1er, du code civil, « *sont de plein droit indivis, par l'effet d'une subrogation réelle, les créances et indemnités qui remplacent des biens indivis, ainsi que les biens acquis, avec le consentement de l'ensemble des indivisaires, en emploi ou remploi des biens indivis* ».

311.22 Cas des biens immobiliers acquis sous forme de SCI. Il est, de plus, courant de constater que des époux séparés de biens constituent une société civile immobilière aux fins d'acquérir un ou

1. Pour une illustration, v. CA Toulouse, 30 sept. 2004, *Juris-Data* n° 256265.
2. La situation matrimoniale des époux est cependant susceptible d'influer sur le régime des créances d'indivision. Sur ce point, v. ss chap. 313.
3. Civ. 1re, 22 oct. 1985, *Bull. civ.* I, n° 267 – *D.* 1986, Jur. 241, note A. Breton.
4. La règle est valable quelle que soit la forme du divorce. V. pour les divorces contentieux l'article 267 du code civil : « *Le juge, en prononçant le divorce, ordonne la liquidation et le partage (des) intérêts patrimoniaux (des époux)* ». Pour le divorce par consentement mutuel, v. l'article 230 du code civil : la convention soumise à homologation doit régler « *les conséquences du divorce* ».
5. En ce sens, v. Y. Flour et F.-J. Pansier, Questions pratiques, *Defrénois* 1998, art. 36883, n° 3, note 1.
6. Sur cette hypothèse, v. P. Catala, « L'indivision entre époux », *in Mélanges offerts à Pierre Hébraud*, Université des sciences sociales de Toulouse, 1991, p. 185 – J. Maury, « Le principe participatif en régime matrimonial séparatiste », *in Mélanges offerts à André Colomer, op. cit.*, p. 243 – Nuytten, « L'achat d'un immeuble par des époux séparés de biens », *JCP N* 1988, I, 81 – Ph. Simler, « L'indivision entre époux séparés de biens, Une quasi-communauté ? », *in Mélanges offerts à André Colomer, op. cit.*, p. 461.
7. Pour des applications (rares), v. CA Paris, 13 juin 1990, *JCP N* 1992, Prat., n° 47 – CA Montpellier, 10 mai 2007, *Juris-Data* n° 336930.
8. CA Versailles, 30 janv. 1979, *JCP N* 1981, II, 48, note J.-F. Pillebout – Civ. 1re, 17 déc. 1991, *Bull. civ.* I, n° 362 – Civ. 1re, 5 oct. 1994, *Bull. civ.* I, n° 273 – *JCP* 1995, I, 3821, n° 23, obs. M. Storck – Civ. 1re, 18 nov. 1997, *Bull. civ.* I, n° 314 – *JCP* 1998, I, 135, n° 17, obs. M. Storck – Civ. 1re, 24 oct. 2000, *Juris-Data* n° 006610.
9. Civ. 1re, 2 juin 1993, *Juris-Data* n° 001217 – CA Metz, 29 avr. 2004, *Juris-Data* n° 246871.

plusieurs biens immobiliers[1]. Dans une telle hypothèse, les époux ne sont pas propriétaires des biens acquis ni personnellement ni indivisément, ceux-ci appartenant à la société. En revanche, la nature des parts sociales peut prêter à discussion. Il apparaît que ces parts peuvent être personnelles aux époux associés ou indivises, selon les cas.

– Les parts sociales peuvent tout d'abord être personnelles aux époux. C'est l'hypothèse la plus fréquente. Les parts sont réputées personnelles aux époux lorsqu'elles sont individualisées par les statuts, c'est-à-dire lorsqu'elles sont numérotées.

Exemple : au cours de l'union, les époux ont constitué une SCI dont le capital social est réparti en 100 parts sociales. Aux termes des statuts de la SCI, il apparaît que Monsieur est titulaire des parts n° 1 à 50 et que Madame est titulaire des parts n° 51 à 100. Dans l'exemple donné, les parts sociales doivent être considérées comme des biens personnels aux époux.

– Les parts sociales peuvent également être indivises. Il en va ainsi dans deux hypothèses. Les parts sont d'abord indivises lorsqu'elles ne sont pas individualisables, par exemple lorsque les statuts prévoient que les époux sont chacun titulaires de 50 parts, mais sans que celles-ci soient numérotées. Les parts sont également indivises lorsque les époux ont apporté à la société un bien indivis, sauf à chaque époux à demander l'attribution personnelle d'un nombre de parts équivalent à ses droits indivis, ce qui met fin à l'indivision sur le bien, l'opération réalisant un partage de fait.

Il arrive très souvent que les SCI familiales ne s'autofinancent pas, de sorte que les époux financent eux-mêmes, à l'aide de deniers personnels ou indivis, le prix d'acquisitions des biens sociaux ou encore la réalisation de travaux sur ces biens. En raison de l'interposition de la société, ces mouvements de valeurs ne sauraient être intégrés aux comptes d'indivision ou de créances entre époux, que les parts sociales soient personnelles ou indivises[2]. De tels mouvements de valeurs étant internes à la société, ils relèvent des comptes courants d'associés, lorsque les sommes prêtées à la société sont des fonds personnels aux époux.

Exemple : au cours de l'union, les époux constituent une SCI, laquelle acquiert quelque temps plus tard un immeuble moyennant un prix de 100 000 €, à l'aide d'un emprunt. L'emprunt est remboursé à hauteur de 80 000 € par le mari à l'aide de ses gains et salaires. Dans l'exemple donné, le remboursement du prêt par le mari ne lui ouvre droit à aucun compte dans la liquidation du régime matrimonial. En revanche, il est titulaire d'un compte-courant d'associé, à hauteur de la somme nominale qu'il a exposée, soit 80 000 €.

En revanche, lorsque les fonds prêtés sont indivis, il s'agit ni plus ni moins d'un prêt consenti par l'indivision à une personne tierce, ce qui constitue une créance relevant de l'actif indivis.

Exemple : même hypothèse que l'exemple précédent, sauf que le mari a utilisé des deniers prélevés sur le compte joint des époux pour régler les échéances de l'emprunt. Dans l'exemple donné, les fonds utilisés sont présumés indivis, de sorte que l'indivision est créancière de la société à hauteur de la somme nominale engagée, soit 80 000 €. Cette somme devra donc être portée à l'actif indivis.

B.
Indivision présumée

311.23 Distinction entre présomption d'indivision et présomption d'acquêts. Preuve libre. Aux termes de l'article 1538, alinéa 3, du code civil, « *les biens sur lesquels aucun des époux ne peut justifier d'une propriété exclusive sont réputés leur appartenir indivisément, chacun pour moitié* ». Cela étant, la présomption d'indivision ne saurait avoir la même force ni le même domaine que la présomption d'acquêts[3]. Si la présomption d'acquêts est générale, la présomption d'indivision est, quant à elle,

1. Sur la mobilisation des immeubles au travers des sociétés civiles, v. M. Grimaldi, « Le patrimoine au XXIe siècle », *in Liber amicorum Georges Daublon*, éd. du *Defrénois*, 2001, p. 127, spéc. p. 132.
2. V. CA Paris, 28 nov. 2006, RG 05/23588, NP, qui énonce que la SCI « *est une personne morale distincte de ses deux associés, donc tiers par rapport à eux, peu important qu'ils soient mariés; que la créance invoquée par cette société au titre de l'occupation de l'immeuble social (...) ne saurait dès lors s'analyser comme une créance entre époux* ». V. également, dans le même ordre d'idées, Civ. 1re, 26 sept. 2007, n° 06-11.091, NP, qui censure une cour d'appel pour avoir condamné un indivisaire à verser une indemnité pour jouissance privative sur le fondement de l'article 815-9 du code civil, alors que le bien concerné appartenait à une SCI.
3. La présomption l'emporte toutefois sur le jeu de l'article 2279 (désormais 2276) du code civil (v. Civ. 1re, 27 nov. 2001, *Bull. civ.* I, n° 297 – *D.* 2002, Jur. 119, note Y. Chartier – *JCP* 2002, II, 10050, note S. Piedelièvre – *JCP* 2002, I, 167, n° 16, obs. M. Storck – *Defrénois* 2002, art. 37486, p. 259, obs. R. Libchaber – *Defrénois* 2002, art. 37584, p. 1019, obs. G. Champenois – *RTD civ.* 2002, p. 121, obs. Th. Revet – *Dr. fam.* 2002, comm. n° 9, note B. Beignier). Dans le même sens, v. également Civ. 1re, 7 nov. 1995, *Bull. civ.* I, n° 395 – *D.* 1996, Jur. 451, note S. Piedelièvre – *D.* 1997. somm. 21, obs. A. Robert – *JCP* 1995, I, 3908, n° 16, obs. M. Storck – *Defrénois* 1996, art. 36278, p. 409, obs. G. Champenois – *RTD civ.* 1997, p. 211, obs. B. Vareille – *RTD civ.* 1998, p. 139, obs. F. Zénati. Sur le rapport entre l'article 2279 du code civil et le régime de la séparation de biens, v. R. Savatier, *La séparation de biens en droit français*, *op. cit.*, nos 130 s.

subsidiaire[1]. La logique du régime séparatiste est en effet une logique autonomiste, de sorte qu'il faut se garder de voir dans l'article 1538, alinéa 3, une copie conforme de l'article 1402 du code civil. De ce caractère subsidiaire découlent plusieurs conséquences :

- la preuve du caractère personnel des biens n'est soumise à aucune restriction, elle est libre[2];

- lorsqu'un époux prétend avoir réalisé une dépense sur un bien indivis ou personnel de son conjoint, il convient de présumer que les fonds utilisés lui sont personnels et non indivis. Cela étant, lorsqu'il est démontré qu'un indivisaire a perçu des fruits ou revenus indivis d'un bien et que ce même époux prétend avoir réalisé des impenses sur ledit bien, la jurisprudence tend à présumer que les fonds utilisés sont précisément les fruits ou revenus perçus[3].

311.24 Cas du compte joint[4]. En pratique, l'une des difficultés de la liquidation du régime de séparation de biens consiste à déterminer la nature exacte des fonds déposés sur un compte joint ouvert au nom des époux. Or, cette question est essentielle puisqu'elle rejaillit très souvent sur les opérations comptables. Il est en effet fréquent qu'un époux utilise des fonds déposés sur le compte joint aux fins de réaliser des opérations personnelles ou dans l'intérêt de l'indivision. Ainsi, de la nature des fonds déposés sur le compte dépendent l'existence et la nature d'un éventuel rétablissement comptable.

Par principe, les fonds déposés sur un tel compte doivent être présumés indivis, conformément à l'article 1538, alinéa 3[5]. Mais, dans trois hypothèses, l'un des époux pourra prétendre que les fonds lui sont en réalité personnels :

- lorsque son conjoint est d'accord pour admettre le caractère personnel des fonds ou, à tout le moins, ne le conteste pas;

- lorsqu'il est démontré que le compte a été alimenté par ses seuls soins[6];

- lorsqu'il utilise les fonds en question peu de temps après les avoir déposés sur le compte, à supposer qu'il soit susceptible de rapporter la preuve de la traçabilité des fonds en cas de contestation.

§ 2
Passif

311.25 Symétrie avec l'actif. La séparation active des patrimoines trouve écho dans la séparation des patrimoines quant au passif. Aux termes de l'article 1536, alinéa 2, du code civil, « *chacun (des époux) reste seul tenu des dettes nées en sa personne [...]* ».

311.26 Dettes indivises. La séparation des patrimoines des époux quant au passif est écartée en matière de dettes indivises. Ces dernières suivent en effet le régime de droit commun de l'indivision. Ainsi, les créances qui résultent de la conservation ou de la gestion des biens indivis sont indivises et doivent, comme telles, être intégrées à la liquidation de l'indivision si elles ne sont toujours pas réglées à ce jour. De ce point de vue, il convient de souligner que les dettes se valorisent à la date de la jouissance divise.

Exemple : au cours de l'union, les époux acquièrent un bien indivis par moitié, moyennant un prix de 300 000 €, étant entendu que ce prix d'acquisition est financé à l'aide d'un emprunt. Au jour de la liquidation, l'emprunt n'est pas intégralement réglé, de sorte que 180 000 € restent dus à l'établissement prêteur. Dans l'exemple donné, le solde res-

1. Pour une synthèse sur ce point, v. P. Lipinski, *La liquidation dans le régime de la séparation de biens*, th. préc., n° 274.
2. V. CA Versailles, 12 déc. 1988, *D.* 1989, Jur. 601, note J. Prévault (pour des factures, bordereaux d'adjudication, certificats de garantie établis au nom de l'un des époux) – Civ. 1re, 10 mars 1993, préc. (preuve établie par la production d'une facture, pourtant non acquittée) – Civ. 1re, 7 nov. 1995 (à propos d'un procès-verbal d'adjudication) – Civ. 1re, 14 janv. 2003, préc. (preuve établie par la production d'une facture non acquittée). Le titre peut même être un acte établi entre les époux pendant le mariage et reconnaissant à l'un d'eux la propriété personnelle d'un bien, un tel acte n'emportant aucune modification du régime (Civ. 1re, 30 juin 1993, *Bull. civ.* I, n° 239 – *D.* 1993, IR p. 212 – *Defrénois* 1993, art. 35673, p. 1449, obs. G. Champenois – *RTD civ.* 1993, p. 872, obs. F. Lucet et B. Vareille – *JCP* 1994, I, 3733, n° 25, obs. M. Storck – *JCP N* 1994, II, 42, note R. Le Guidec – *JCP N* 1994, II, 248, note I. Desbarats).
3. Civ. 1re, 16 avr. 1991, *Bull. civ.* I, n° 138.
4. M. Dupuis, « Une institution dérogeant aux règles des régimes matrimoniaux : le compte bancaire joint », *D.* 1988, chron. 39 – F. Terré, « Le compte joint entre époux », *in Mélanges Cabrillac*, Dalloz-Litec 1999, p. 529.
5. Civ. 1re, 19 févr. 1991, n° 89-19.068, *Bull. civ.* I, n° 68 – Civ. 1re, 26 mai 1999, n° 97-17.842, NP – CA Pau, 31 mai 2001, *Juris-Data* n° 150005 – Civ. 1re, 22 juin 2004, n° 02-20.398, *Bull. civ.* I, n° 179 – *Defrénois* 2004, art. 38033, p. 1386, obs. B. Beignier – *Dr. fam.* 2004, comm. n° 9, note B. Beignier – *JCP* 2005, I, 128, n° 19, obs. M. Storck – *RTD civ.* 2006, p. 361, obs. B. Vareille – *AJ fam.* 2004. 365, obs. F. Bicheron – Civ. 1re, 20 mai 2009 (impl.), *RLDC* 2009/62, n° 3509, obs. Pouliquen – Com. 22 sept. 2009, n° 06-20.247, NP.
6. Com. 27 janv. 1998, *JCP N* 1998, 598 – Civ. 1re, 26 mai 1999, préc. – CA Paris, 26 sept. 2002 et 19 févr. 2003, *JCP* 2003, I, 158, n° 20 – Civ. 1re, 22 juin 2004, préc. – CA Paris, 26 sept. 2002 et 19 févr. 2003, *JCP* 2003, I, 158, n° 20, obs. M. Storck – Civ. 1re, 2 avr. 2008, *RLDC* 2008/50, n° 3038, obs. F. L. – *AJ fam.* 2008. 259, obs. P. Hilt – Com. 22 sept. 2009, préc.

tant dû au jour de la liquidation, soit 180 000 €, devra être intégré au passif indivis dans le cadre des opérations de liquidation.

§ 3
Patrimoine de la société d'acquêts

311.27 Présentation. Les époux séparés de biens peuvent adjoindre à leur régime une société d'acquêts[1], afin de préserver leur indépendance réciproque, tout en demeurant fidèles à l'idéal communautaire. Cette combinaison, autrefois très fréquente, a perdu progressivement son intérêt au gré des réformes successives des régimes matrimoniaux[2]. Pour autant, la formule n'est pas prohibée, ni d'ailleurs organisée par le code civil, de sorte que le praticien confronté à la liquidation d'un régime de séparation de biens peut se trouver face à une telle stipulation.

311.28 Composition des patrimoines. La stipulation d'une société d'acquêts a pour objet de créer une niche communautaire au sein d'un régime séparatiste. Par conséquent, certains biens acquis par les époux ne seront ni personnels ni indivis, mais communs, de sorte qu'ils seront, à défaut de stipulation contraire, soumis au régime de la communauté légale, et notamment aux règles de dissolution et de liquidation de celle-ci[3], et notamment à la théorie des récompenses (v. s[s] chap. 34, sect. 3)[4]. Il reste alors à déterminer la composition de cette communauté, laquelle dépend de la volonté ou de l'absence de volonté explicite des parties.

– La volonté des époux[5]. Le plus souvent, les époux délimitent eux-mêmes, dans leur contrat de mariage, le domaine de la société d'acquêts, en précisant quels types de biens ou même quel(s) bien(s) déterminé(s) seront communs ou, au contraire, seront exclus de la société d'acquêts. Ainsi, par exemple, les époux peuvent limiter la société d'acquêts aux seuls acquêts immobiliers[6], voire même à un seul immeuble[7]. De même, les époux peuvent prévoir que tous les biens acquis en cours d'union avec des fonds personnels échapperont à la société d'acquêts sans qu'il soit nécessaire d'accomplir les formalités d'emploi ou de remploi[8]. De même encore, les époux peuvent décider d'intégrer à la société d'acquêt un bien qui, sous le régime légal, serait propre, comme, par exemple, un immeuble acquis en indivision avant le mariage[9], afin de faire échapper ce bien au régime de l'indivision.

– Les règles supplétives[10]. Si les époux se sont contentés d'adopter purement et simplement le régime de la séparation de biens assorti d'une société d'acquêts, sans plus de précision, la composition active et passive de la société est déterminée par application des règles du régime légal[11]. Sont donc communs tous les acquêts, c'est-à-dire tous les biens acquis à titre onéreux pendant le mariage, sous les mêmes réserves que sous le régime de la

1. V. F.-L. Boussougou-Bou-Mbine, *La pénétration des idées communautaires dans les régimes séparatistes*, th. préc., n°s 30 s. – R. Corpechot, « Le régime de la séparation de biens et le régime de la participation aux acquêts », *in 75e congrès des notaires de France*, *Le statut matrimonial du français*, t. 1, 1978, n°s 50 s. – J.-L. Fillette, « À propos des récentes tentatives de résurrection de la séparation de biens avec société d'acquêts », *Defrénois* 1996, art. 32278 – H. Lécuyer et L. Taudin, « Utilité, opportunité et actualité de la séparation de biens avec société d'acquêts », *RLDC* 2004, n° 152 – M. Mathieu et J.-F. Pillebout, « Contrat de mariage. Séparation de biens avec société d'acquêts », *JCP N* 1998, 1214 – R. Savatier, *La séparation de biens en droit français*, *op. cit.*, n°s 7 s.
2. Pour une synthèse, v. A. Colomer, Rép. civ., *V° Séparation de biens,* 2001, n°s 15 s.
3. V., par exemple, Civ. 1re, 10 mai 1984, *Bull. civ.* I, n° 153 – *Defrénois* 1985, art. 33560, obs. G. Champenois (le mari qui gère une pharmacie personnelle à son épouse ne peut prétendre à une indemnité fondée sur l'enrichissement sans cause dès lors que les revenus de la pharmacie tombent dans la société d'acquêts).
4. Pour une illustration, v. Civ. 1re, 25 févr. 1997, *Dr. fam.* 1997, comm. n° 63, obs. B. Beignier (jugé qu'une récompense est due à la communauté pour la mise à disposition de l'époux propriétaire d'un laboratoire d'analyses médicales d'un local dépendant de la société d'acquêts, ce qui a permis au laboratoire de se développer. La solution est toutefois discutable, dans la mesure où aucune valeur n'avait été empruntée. En ce sens, v. F. Terré et Ph. Simler, *op. cit.*, n° 809, note 5).
5. V. spécialement, R. Corpechot, « Le régime de la séparation de biens et le régime de la participation aux acquêts », art. préc., n°s 62 et s.
6. Civ., 3 août 1852, *DP* 1852, 1, 257, concl. Rouland.
7. CA Lyon, 1er juin 1999, *JCP* 2000, IV, 1390.
8. Civ. 1re, 12 déc. 1962, *D.* 1964, Jur. 83, 1re esp., note P. Esmein.
9. Civ. 1re, 25 nov. 2003, *JCP* 2004, I, 129, n° 20, obs. M. Storck – *Dr. fam.* 2004, comm. n° 7, obs. B. Beignier – *Defrénois* 2004, art. 38043, p. 1467, obs. G. Champenois – *D.* 2004. somm. 2335, obs. J. Revel – *JCP* 2004, I, 129, n° 20, obs. M. Storck – *AJ fam.* 2004. 28, obs. S. Deis-Beauquesne – *RJPF* 2004, 3/29, obs. F. Vauvillé – *RTD civ.* 2004, p. 335, obs. B. Vareille.
10. V. spécialement, F.-L. Boussougou-Bou-Mbine, *La pénétration des idées communautaires dans les régimes séparatistes*, th. préc., n° 41 – R. Corpechot, « Le régime de la séparation de biens et le régime de la participation aux acquêts », art. préc., n°s 57 s.
11. V. Civ. 1re, 15 mai 1975, *D.* 1974. somm. 104 – *JCP* 1975, II, 17910, obs. A. Ponsard, qui juge que « *la société d'acquêts adjointe à un régime principal de séparation de biens est soumise en principe aux règles de la communauté* ». L'assimilation avec la communauté est telle que certains auteurs n'hésitent pas à énoncer que, dans une telle hypothèse, « *le régime de la séparation des biens ne mérite plus alors son nom. C'est une véritable communauté, à laquelle on a cru devoir donner une dénomination distincte parce qu'elle a été également pratiquée sous le régime dotal et que* ►

communauté légale[1]. Le régime des époux s'apparente alors à une véritable communauté[2], encore que certains points soulèvent des difficultés.

Ainsi, la nature des biens acquis à l'aide de fonds propres, mais sans formalités d'emploi ou de remploi est sujette à controverse. Si la jurisprudence semble considérer que ces biens doivent être considérés comme communs[3], certains auteurs enseignent la solution inverse, estimant que le caractère fondamentalement séparatiste du régime choisi par les époux doit l'emporter[4].

De même, le sort des revenus des époux a pu soulever des difficultés lorsque les époux n'ont pas circonscrit la société d'acquêts[5]. Il semble qu'à défaut de stipulation particulière dans le contrat de mariage, il faille ici appliquer les règles de la communauté. Les revenus du travail et du capital des époux doivent donc être considérés comme communs[6].

La composition supplétive de la société d'acquêts doit aujourd'hui être comprise avant tout comme une règle d'interprétation des contours de la niche communautaire. Lorsqu'il est confronté à un doute sur la teneur exacte de la communauté, le praticien doit ainsi revenir à la composition de la communauté légale.

Exemple : deux époux se marient sous le régime de la séparation de biens et choisissent d'y adjoindre une société d'acquêts aux termes de laquelle la communauté sera composée du logement de la famille. Au moment du mariage, l'épouse était propriétaire d'un bien immobilier qui a constitué le logement de la famille après la célébration de l'union. Ce bien est ensuite vendu et un nouveau bien constitutif du logement de la famille est acquis cette fois par l'époux à l'aide de ses économies. Avant la vente du premier bien, l'épouse avait financé la réalisation de travaux d'amélioration à l'aide de ses revenus professionnels. Lors des opérations liquidatives, l'épouse prétend que le premier logement de la famille dépendait de la société d'acquêts, de sorte qu'elle estime être créancière d'une récompense du chef de la réalisation de travaux sur un bien commun à l'aide de deniers personnels, à savoir ses gains et salaires. Son époux prétend pour sa part que seul le bien acquis après la célébration du mariage dépend de la société d'acquêts, le premier bien étant personnel à sa conjointe au motif qu'il a été acquis avant la célébration du mariage, de sorte qu'il conteste toute récompense au profit de cette dernière.

Les règles posées par la jurisprudence permettent ici de considérer que seul le logement de famille acquis après le mariage doit dépendre de la société d'acquêts. Sans doute est-il possible, sous le régime de la communauté légale, de faire tomber un tel bien dans la communauté; mais, à défaut de stipulation expresse, les biens présents sont exclus de la communauté. Aussi doit-il en aller également du logement familial acquis avant le mariage, faute pour la clause délimitant les contours de la société d'acquêts d'être expresse en ce sens. Dans le cas donné, la demande de récompense formulée par l'épouse doit donc être rejetée.

311.29 Date de règlement de la société d'acquêts. Contrairement à l'indivision, la société d'acquêts ne peut pas être liquidée et partagée par anticipation, avant la dissolution du régime matrimonial[7].

► *l'union de la communauté et du régime dotal choquait les esprits en 1804* » (M. Planiol et G. Ripert, *Traité pratique de droit civil français*, t. IX, *Les régimes matrimoniaux*, *op. cit.*, n° 1163).

1. Les biens propres sont considérés comme des biens personnels et obéissent aux dispositions du régime de séparation de biens (sur ce point, v. F. Terré et Ph. Simler, *op. cit.*, n° 809).
2. La présomption de communauté de l'article 1402 du code civil a d'ailleurs vocation à s'appliquer (Cass. Req. 25 janv. 1904, *D.* 1904, 1, 105, note L. Guillouard – *S.* 1904, 1, 305, note Ch. Lyon-Caen – Civ., 5 mai 1905, *DP* 1907, 1, 316 – *S.* 1906, 1, 195 – Civ. 1re, 7 juill. 1968, *D.* 1958. somm. 147 – T. civ. Seine, 18 oct. 1958 et 28 févr. 1962, *JCP* 1963, II, 13294), sauf clause contraire (Cass. 14 juin 1954, *Gaz. Pal.* 1954, 2, 175. En l'espèce, le contrat de mariage indiquait que les acquêts immobiliers seraient présumés appartenir à l'époux ayant effectués l'achat). Mais lorsque la présomption d'acquêts est écartée, la présomption d'indivision de l'article 1538, alinéa 3, prend alors le relais (v. F. Terré et Ph. Simler, *op. cit.*, n° 809, note 2).
3. Cass. Req. 25 janv. 1904, préc. – Cass. Civ., 5 mai 1905, préc. – Cass. Civ., 2 mars 1914, *DP* 1917, 1, 187 – Civ. 1re, 5 févr. 1985, *Bull. civ.* I, n° 54 – *Defrénois* 1985, art. 33560, p. 858, (2e esp.), obs. G. Champenois – Civ. 1re, 25 févr. 1997, préc.
4. En ce sens, v. not., J. Flour et G. Champenois, *op. cit.*, n° 755 – F. Terré et Ph. Simler, *op. cit.*, n° 809.
5. Sur ces difficultés, v. J. Flour et G. Champenois, *op. cit.*, n° 754.
6. Civ. 1re, 10 mai 1984, *Bull. civ.* I, n° 153 – *D.* 1985, IR p. 173, obs. A. Bénabent – *Defrénois* 1985, art. 33560, p. 864, obs. G. Champenois.
7. CA Montpellier, 21 mai 1990, *JCP* 1992, I, 3567, n° 22, obs. M. Storck. Sur cette question, v – F.-L. Boussougou-Bou-Mbine, *La pénétration des idées communautaires dans les régimes séparatistes*, th. préc., n° 44.

CHAPITRE

312. Identification des mouvements de valeurs : leur recensement

SECTION 0
ORIENTEUR

312.00 **Plan du chapitre.**

Sect. 1 Créances entre époux

§ 1 Créances fondées sur le remboursement d'un prêt

§ 2 Créances fondées sur l'idée de révocation d'une donation

§ 3 Créances fondées sur l'idée de responsabilité civile

§ 4 Créances fondées sur l'enrichissement sans cause

Sect. 2 Créances d'indivision

Sect. 3 Récompenses

312.01 **Textes applicables.**

> Donation entre époux de biens présents – Irrévocabilité

• C. civ., art. 1096, al. 2

La donation de biens présents qui prend effet au cours du mariage faite entre époux n'est révocable que dans les conditions prévues par les articles 953 à 958.

> Donation entre époux de biens présents – Révocation – Valorisation de la créance

• C. civ., art. 1099-1

Quand un époux acquiert un bien avec des deniers qui lui ont été donnés par l'autre à cette fin, la donation n'est que des deniers et non du bien auquel ils sont employés.

En ce cas, les droits du donateur ou de ses héritiers n'ont pour objet qu'une somme d'argent suivant la valeur actuelle du bien. Si le bien a été aliéné, on considère la valeur qu'il avait au jour de l'aliénation, et si un nouveau bien a été subrogé au bien aliéné, la valeur de ce nouveau bien.

> Créances entre époux – Valorisation

• C. civ., art. 1543

Les règles de l'article 1479 sont applicables aux créances que l'un des époux peut avoir à exercer contre l'autre.

312.02 **Jurisprudence de référence.**

> La créance de l'épouse séparée de biens au titre de sa collaboration bénévole doit être évaluée selon les règles du profit subsistant

• Civ. 1re, 12 déc. 2007, no 06-15.547, *Bull. civ.* I, no 390

* V. ss no 312.28

« Vu les articles 1469, alinéa 3, 1479, alinéa 2, et 1543 du code civil;

Attendu que, lorsqu'un époux séparé de biens, dont la collaboration, sans rémunération, à l'activité professionnelle de l'autre a servi à acquérir, conserver ou améliorer un bien figurant dans le patrimoine de ce dernier au jour de la liquidation du régime matrimonial, réclame une partie de la plus-value réalisée par le bien, l'indemnité due doit être évaluée selon les règles prescrites par ces textes. »

312.03 **Bibliographie indicative.**

* V. ss no 31.03

311.04 **Questions essentielles.**

• Quelles sont les règles de valorisation des créances entre époux ?

* V. ss nos 312.12, 312.17 s., 312.28

• Dans quels cas un époux peut-il se prévaloir d'une créance contre l'indivision ?

* V. ss nos 312.31 s.

• Quelles sont les règles de valorisation des créances d'indivision ?

* V. ss no 312.38

SECTION 1
CRÉANCES ENTRE ÉPOUX

§ 1
Créances fondées sur le remboursement d'un prêt

312.11 **Hypothèses.** Il est fréquent qu'un époux séparé de biens prête de l'argent à son conjoint afin de permettre à ce dernier de réaliser différentes opérations. De ce point de vue, l'hypothèse la plus fréquente est l'acquisition d'un bien personnel à l'aide de deniers prêtés par le conjoint, qu'il s'agisse d'un bien à finalité professionnelle[1] ou personnelle. Cela étant, de nombreuses autres applications pratiques peuvent se rencontrer : fonds prêtés pour réaliser des améliorations sur un bien personnel[2], fonds prêtés pour régler une dette personnelle, *etc.* En cas de divorce, l'époux prêteur entend généralement récupérer les sommes qu'il a avancées à son époux.

312.12 Valorisation[3]. Lorsque la créance entre époux est fondée sur l'idée de prêt, le remboursement est fondé sur l'article 1543 du code civil, issu de la loi du 23 décembre 1985[4]. Aux termes de cet article, « *Les règles de l'article 1479 sont applicables aux créances que l'un des époux peut avoir à exercer contre l'autre* ». Rappelons que ce dernier opère un renvoi à l'article 1469, alinéa 3, du code civil relatif aux récompenses, de sorte que le montant de la créance dont peut se prévaloir l'époux est parfois revalorisé. De ce point de vue, il convient de distinguer deux types d'opérations :

- lorsque la somme prêtée a permis une opération d'investissement, à savoir l'acquisition, l'amélioration ou la conservation d'un bien, la créance ne peut être inférieure au profit subsistant procuré au patrimoine emprunteur, lequel est apprécié au jour le plus proche du partage[5] ou au jour de l'aliénation[6], le cas échéant.

Rappelons que si le profit subsistant est inférieur à la dépense faite, la jurisprudence estime qu'il faut alors revenir à cette dernière[7]. En d'autres termes, cela revient à dire que la créance entre époux fondée sur l'idée d'un prêt est toujours égale à la plus forte des deux sommes que représentent la dépense faite et le profit subsistant (V. s^s n° 114.17).

Exemple 1 : au cours de l'union, un époux prête à son conjoint la somme de 60 000 € pour permettre à ce dernier d'acquérir un immeuble, dont le prix global est de 120 000 €. Au jour de la liquidation, il est entendu que la valeur de ce bien s'élève à 240 000 €. Dans l'exemple donné, la créance de l'époux prêteur est égale au profit subsistant, soit :

$$\frac{60\ 000\ €^{a}}{120\ 000\ €^{b}} \times 240\ 000\ €^{c} = 120\ 000\ €$$

a = Contribution du patrimoine prêteur
b = Coût global d'acquisition
c = Valeur actuelle du bien acquis

Exemple 2 : au cours de l'union, un époux prête à son conjoint la somme de 10 000 € afin de permettre à son conjoint de réaliser des améliorations sur un bien personnel. Au jour de la liquidation, la valeur de ce bien s'élève à 200 000 €, étant entendu que, sans les travaux, il ne vaudrait que 170 000 €. Dans l'exemple donné, la créance de l'époux prêteur est égale au profit subsistant, soit :

200 000 € - 170 000 € = 30 000 €

Exemple 3 : au cours de l'union, un époux prête à son conjoint la somme de 15 000 € afin de reconstruire la toiture d'un bien personnel de ce dernier, écroulée à la suite d'une tempête. Au jour de la liquidation, la valeur de ce bien est de 300 000 €, étant précisé que sans les travaux, elle ne vaudrait que 290 000 €. Dans l'exemple donné, la créance de l'époux prêteur est égale au profit subsistant, soit :

300 000 € - 290 000 € = 50 000 €

Le profit subsistant étant inférieur à la dépense faite, la créance de l'époux prêteur est alors égale à cette dernière, soit 15 000 €.

- Lorsque la somme prêtée a servi à la réalisation d'une dépense dite « ordinaire », c'est-à-dire toute autre opération qu'une opération d'investissement, comme par exemple le règlement d'une dette de

1. Pour l'acquisition d'une étude d'avoué, v. Civ. 1re, 12 juin 1990, *Bull. civ.* I, n° 165 – *Defrénois* 1990, art. 34816, p. 872, obs. G. Champenois – *JCP N* 1991, II, 166, obs. Ph. Simler.
2. Pour des illustrations, v. Civ. 1re, 8 févr. 2005, *JCP* 2005, I, 128, n° 18, obs. M. Storck – Civ. 1re, 25 avr. 2006, *Bull. civ.* I, n° 204 – *D.* 2006, pan. 2366, obs. Mallet-Bricout – *JCP* 2006, I, 193, n° 26, obs. M. Storck – *AJ fam.* 2006. 253, obs. P. Hilt – *D.* 2006, IR p. 1335 – Civ. 1re, 23 janv. 2007, *Bull. civ.* I, n° 38 – *AJ fam.* 2007. 186, obs. P. Hilt – *Dr. fam.* 2007, comm. n° 68, note B. Beigner (2e esp.) – *RTD civ.* 2007, p. 317, obs. J. Hauser – Civ. 1re, 15 mai 2008, *AJ fam.* 2008. 301, obs. P. Hilt.
3. Sur ce point, v. P. Lipinski, *La liquidation dans le régime de la séparation de biens*, th. préc., nos 76 et s. et nos 209 et s.
4. Les dispositions de l'article 1543 du code civil sont applicables à compter du 1er juillet 1986 dans tous les régimes matrimoniaux non encore liquidés à cette date (art. 56 et 59 de la loi du 23 décembre 1985). Pour une illustration de l'application immédiate, v. Civ. 1re, 12 juin 1990, préc.
5. Pour une application caractéristique, v. Civ. 1re, 12 juin 1990, préc. En l'espèce, une femme séparée de biens avait financé en 1934 l'acquisition par son mari d'une étude d'avoué. La Cour de cassation juge que la créance est égale à la valeur actuelle du bien.
6. Dans ce cas, l'avantage doit être « *évalué au jour de l'aliénation en considération du prix effectivement reçu* » (Civ. 1re, 11 juin 1991, *Bull. civ.* I, n° 191 – *JCP N* 1992, II, 214, n° 21, obs. M. Storck). V. également Civ. 1re, 8 juin 1999, *Juris-Data* n° 002434.
7. Civ. 1re, 24 sept. 2008, *Bull. civ.* I, n° 213, *AJ fam.* 2008. 437, obs. P. Hilt – *RLDC* 2008/55, n° 3233, obs. C. Le Gallou – *RJPF* 2008, 12/25, obs. F. Vauvillé – *Dr. famille* 2008, comm. n° 174, note T. Douville – *JCP* 2008, I, 202, n° 18, obs. S. Storck – *D.* 2008, Jur. 3050, note V. Barabé-Bouchard – *RTD civ.* 2009, p. 162, obs. B. Vareille.

responsabilité civile ou le règlement d'une dette fiscale, la créance est égale à la somme nominale prêtée, par application du nominalisme monétaire.

Exemple : au cours de l'union, l'un des époux est condamné à payer des dommages et intérêts à hauteur de 30 000 € au titre de sa responsabilité civile. La dette est réglée avec des fonds prêtés par son conjoint. Dans ce cas, le montant de la créance de ce dernier s'élève à hauteur de la dépense faite, soit 30 000 €.

312.13 Exclusion de l'article 555 du code civil[1]. Lorsque la somme prêtée a permis la réalisation d'une construction nouvelle afférente à un bien personnel préexistant de l'époux emprunteur, la question se pose de savoir si son remboursement peut avoir lieu sur le fondement de l'article 555 du code civil, relatif à l'accession. Jusqu'à ce que le législateur transpose en partie aux créances entre époux les règles d'évaluation des récompenses, l'application de l'article 555 précité était particulièrement intéressante, puisqu'elle permettait de réévaluer les créances entre époux à une époque où leur montant était en principe limité au nominal de la dépense en tout état de cause[2]. Désormais, les domaines des articles 555 et 1543 du code civil étant concurrents, il y a lieu de considérer que seul l'article 1543 est applicable[3].

312.14 Cours des intérêts. Il convient de rappeler que, aux termes de l'article 1479, alinéa 1er, du code civil, auquel renvoie expressément l'article 1543, les créances entre époux ne produisent intérêts qu'à compter de la sommation de payer et non à compter de la dissolution du régime ou de la date à laquelle elles sont liquides.

Il convient également de rappeler que lorsque les créances font l'objet d'une revalorisation, les intérêts ne courent qu'à compter de la date de leur liquidation.

§ 2
Créances fondées sur l'idée de révocation d'une donation

312.15 Hypothèses. La remise de fonds par un époux séparé de biens à son conjoint peut également être qualifiée de donation. Cette qualification était d'ailleurs celle qui était le plus fréquemment recherchée sous l'empire de la loi du 11 juillet 1975. En effet, pareille donation était alors nulle lorsqu'elle était déguisée[4], c'est-à-dire, lorsque l'acte contenait une affirmation mensongère quant à l'origine des fonds remis[5] ou, dans les autres cas, les plus nombreux, susceptible de révocation *ad nutum* de la part du donateur, sur le fondement de l'ancien article 1096 du code civil.

Aujourd'hui, cette situation se présente sous un jour radicalement différent. L'on sait, en effet, que désormais, au gré des réformes successives, la donation entre époux de biens présents « *qui prend effet au cours du mariage* » est devenue irrévocable, sous réserve des causes légales de révocation[6], comme l'inexécution des charges et l'ingratitude (C. civ., art. 953 à 958). Soulignons d'ailleurs qu'il est désormais fort possible que les époux donateurs utilisent l'argument de l'ingratitude pour pallier l'impossibilité qui leur est faite de révoquer unilatéralement la donation consentie, d'autant que certaines causes d'ingratitude visées par loi peuvent se révéler assez fréquentes en cas de divorce. On songe ici au cas des délits, sévices et injures graves (C. civ., art. 955, 2°), lesquels peuvent notamment être constitués par des violences conjugales ou encore l'adultère[7]. En d'autres termes, la catégorie des créances fondées sur la révocation d'une donation semble loin d'être vidée de sa substance[8].

Par ailleurs, la nullité des donations déguisées a été supprimée. Ces nouvelles règles s'appliquent aux

1. Pour une étude sur les relations de l'article 555 avec la séparation de biens, v. P. Lipinski, *La liquidation dans le régime de la séparation de biens*, th. préc., nos 203 et s.
2. Pour des illustrations, v. Civ. 1re, 25 févr. 1986, *Bull. civ.* I, n° 42 – *JCP* 1986, II, 20702, obs. Ph. Simler – *JCP N* 1986, II, 248, obs. Ph. Simler – *Journ. not. et av.* 1986, art. 58662, n° 2, note E. Sallé De La Marnierre – Civ. 3e, 27 mars 2002, *RDI* 2002, p. 384, obs. M. Bruschi – *JCP* 2003, I, 111, n° 20, obs. S. Storck. Plus généralement sur l'état du droit antérieur, v. A. Colomer, RÉP. CIV., *V° Séparation de biens*, art. préc., nos 230 et s.
3. En ce sens, v. très clairement Civ. 1re, 25 avr. 2006, préc. – CA Montpellier, 26 juin 2007, *Juris-Data* n° 342050 – Civ. 1re, 15 mai 2008, préc. – CA Nîmes, 1er juill. 2008, *Juris-Data* n° 368860 – Civ. 1re, 8 avr. 2009, *AJ fam.* 2009. 305, obs. P. Hilt. Pour une opinion contraire, v. P. Lipinski, *La liquidation dans le régime de la séparation de biens*, th. préc., n° 205 (l'auteur s'exprime, il est vrai, avant l'arrêt du 25 avril 2006, préc., qui opère un revirement en la matière).
4. Article 1099, alinéa 2 ancien du code civil.
5. V. not., CA Paris, 30 nov. 1971, *JCP* 1972, II, 17212, note M. Dagot – CA Colmar, 31 oct. 1978, *JCP* 1980, II, 19303, note R. Le Guidec – CA Paris, 13 mars 1979, *Gaz. Pal.* 1979, 2, 505 – Civ. 1re, 26 avr. 1984, *Bull. civ.* I, n° 139 – *JCP N* 1985, II, 26, note Ph. Rémy – *RTD civ.* 1985, p. 199, obs. J. Patarin – Civ. 1re, 21 juill. 1987, *Bull. civ.* I, n° 243 – Civ. 1re, 8 nov. 1988, *Bull. civ.* I, n° 311 – Civ. 1re, 7 févr. 1989, *Bull. civ.* I, n° 71 – Civ. 1re, 24 janv. 1990, *Bull. civ.* I, n° 22 – Civ. 1re, 27 oct. 1993, n° 91-20.222, NP – Civ. 1re, 5 avr. 2005, *Bull. civ.* I, n° 167 – *D.* 2005, IR p. 1176.
6. C. civ., art. 1096.
7. V. Civ., 16 févr. 1874, *DP* 1874, 1, 197 – Cass. Req. 19 oct. 1927, S. 1927, 1, 382 – Civ. 1re, 19 mars 1985, *Journ. not. et av.* 1985, art. 58256, n° 6, note S. De la Marnierre – *RTD civ.* 1986, p. 626, obs. J. Patarin – *Defrénois* 1986, art. 33676, note A. Breton.
8. Sur cette question, v. P.-J. Claux et S. David, *Droit et pratique du divorce,* Dalloz référence, 2010/2011, n° 222.63.

donations consenties postérieurement au 1er janvier 2005 [1], ce qui revient à penser que progressivement, le « contentieux de l'achat pour autrui » va tendre à disparaître, sauf à l'époux demandeur d'exciper de l'existence d'un prêt.

En attendant, les dossiers fourmillent encore de donations antérieures au 1er janvier 2005 et donc d'époux qui estiment après coup, au moment du divorce, que la remise de fonds consentie à leur conjoint constituait une donation, dont ils entendent solliciter la révocation, sur le fondement des textes anciens.

Lorsque la donation est révocable, les conséquences liquidatives de cette révocation sont organisées à l'article 1099-1, alinéa 1er, du code civil, suivant lequel « *quand un époux acquiert un bien avec des deniers qui lui ont été donnés par l'autre à cette fin, la donation n'est que de deniers et non du bien auquel ils sont employés* » [2]. Il en résulte que lorsque la donation entre époux a permis l'acquisition d'un bien, qu'elle est révoquée par le disposant, la restitution à laquelle elle donne alors lieu se fait non en nature mais en valeur [3], ce qui donne donc naissance à une créance entre époux qu'il convient d'intégrer à la liquidation du régime matrimonial.

312.16 Domaine de l'article 1099-1 du code civil. L'article 1099-1 vise la donation de deniers qui a permis l'acquisition d'un bien. Cela dit, le domaine exact de cet article mérite d'être précisé, d'un triple point de vue.

- Quant au bien acquis à l'aide des deniers remis, il peut s'agir d'un bien acquis au nom seul de l'époux donataire [4] ou même d'un bien acquis en indivision par les deux époux [5], le donateur ayant alors financé la part indivise de son conjoint. Sont en revanche exclues les autres opérations d'investissement réalisées grâce à la donation, comme l'amélioration d'un bien [6] ou la dépense engagée pour sa conservation.

- Quant à la nature de l'opération, s'il doit s'agir d'une acquisition, la jurisprudence interprète largement cette notion, puisqu'elle soumet à l'article 1099-1 toutes les modalités d'acquisition d'un bien, sans qu'il y ait lieu de distinguer selon la cause juridique, le mode de réalisation et la date d'effet du transfert de propriété [7].

- Quant à la forme de la donation, celle-ci est indifférente. Ce qui compte, c'est le caractère gratuit du transfert de deniers et non la forme de ce transfert. Selon une formule classique, cet article s'applique en effet « *à toute remise de deniers par un époux à l'autre quelle que soit la forme que prend cette donation* » [8]. La donation peut ainsi avoir pris la forme d'une donation ostensible de deniers suivant les règles de l'article 931 du code civil. Elle a également pu être réalisée par un don manuel [9], comme un virement du compte bancaire du donateur au compte bancaire du donataire en vue de permettre à ce dernier de payer le prix d'acquisition [10]. Il peut s'agir également d'une donation indirecte, comme lorsque le donateur intervient à l'acte d'acquisition en vue de payer directement le prix au vendeur, ou paye directement ce dernier par la suite lorsque le prix a été stipulé en tout ou partie payable à terme, ou encore rembourse l'emprunt afférent à l'acquisition du bien [11], sauf si le bien acquis est un bien indivis. Dans ce cas, en effet, l'époux ayant remboursé une dette exécutoire sur le bien indivis, sa créance prend la forme d'une créance d'indivision valorisée sur le fondement de l'article 815-13 du code civil (v. ss no 312.22). Il peut s'agir enfin d'une donation déguisée.

312.17 Valorisation. Investissement total des fonds donnés dans l'acquisition d'un bien personnel. Quant à la valorisation de la créance, l'alinéa 2 de l'article 1099-1 du code civil ajoute que « *en ce cas, les droits du donateur ou de ses héritiers n'ont pour objet qu'une somme d'argent suivant la valeur*

1. L. no 2006-728 du 23 juin 2006, art. 47-III.
2. Sur ce texte, v. M. Dagot, « Réflexions sur l'article 1099-1 du code civil (l'acquisition d'un bien par un époux au moyen de deniers donnés par l'autre à cette fin) », *JCP* 1971, I, 2397 – G. Morin, « Le nouvel article 1099-1 du code civil et ses incidences sur l'indépendance des époux », *Defrénois* 1968, art. 29082 – S. Piedelièvre, « Réflexions sur l'achat pour autrui entre époux », *JCP* 1991, I, 3484 et *JCP N* 1991, I, 164.
3. Pour un rappel de cette règle, v. Civ. 1re, 17 juin 2009, no 08-16.323, NP.
4. Civ. 1re, 4 nov. 1976, *Bull. civ.* I, no 329.
5. Civ. 1re, 2 juin 1993, *Juris-Data* no 001217 – Civ. 1re, 10 mai 1995, no 13.612, NP – CA Dijon, 12 mai 1999, *Juris-Data* no 135932.
6. CA Paris, 17 mai 1973, *D.* 1974, Jur. 625, note Ph. Malaurie – *Gaz. Pal.* 1973, 2, 897, note D. Martin – *RTD civ.* 1974, p. 181, obs. R. Savatier.
7. Civ. 1re, 2 mars 1976, *JCP* 1977, II, 18699, note M. Dagot – *Defrénois* 1976, art. 31128, p. 847, note G. Morin.
8. Civ. 1re, 23 janv. 1980, *Bull. civ.* I, no 35 – *Defrénois* 1980, art. 32448, p. 1292, obs. G. Champenois – *RTD civ.* 1981, p. 425, obs. J. Patarin – *Gaz. Pal.* 1980, 2, 706, note A. Plancquel – Civ. 1re, 11 juin 1980, *Bull. civ.* I, no 182 – *D.* 1981, IR p. 89, obs. *D.* Martin – Civ. 1re, 21 juill. 1987, *Bull. civ.* I, no 243 – Civ. 1re, 9 févr. 1994, *D.* 1994, Jur. 417, rapp. J. Thierry – *D.* 1995. somm. 51, obs. M. Grimaldi – *JCP* 1995, I, 3876, obs. R. Le Guidec – *RTD civ.* 1995, p. 151, obs. F. Zénati – *RTD civ.* 1995, p. 159, obs. J. Patarin.
9. Civ. 1re, 23 janv. 1980, préc.
10. Pour un exemple, v. Civ. 1re, 27 janv. 1993, no 91-13.986, *Bull. civ.* I, no 35 – *Defrénois* 1993, art. 35578, p. 805, obs. G. Champenois.
11. Pour un exemple, v. Civ. 1re, 16 avr. 1991, *Juris-Data* no 001866.

actuelle du bien. Si le bien a été aliéné, on considère la valeur qu'il avait au jour de l'aliénation, et si un bien nouveau a été subrogé au bien aliéné, la valeur de ce nouveau bien[1] ». Le texte met ainsi en place un système de dette de valeur, directement inspiré de celui posé à l'article 1469, alinéa 3. Plus précisément, le montant de la créance est ici toujours égal au profit subsistant retiré de l'opération par l'époux donataire. En d'autres termes, et contrairement aux créances entre époux fondées sur l'idée de prêt, aucun retour à la dépense faite n'est possible si d'aventure le profit subsistant se révélait finalement inférieur à la dépense engagée[2]. La jurisprudence a, par ailleurs, précisé que la valeur actuelle du bien devait s'apprécier en faisant abstraction de circonstances entraînant une modification momentanée du prix de réalisation, et notamment du fait que l'appartement est occupé à titre de logement familial par l'époux donataire[3].

Exemple 1 : au cours de l'union, un époux donne à son conjoint une somme d'argent pour permettre à ce dernier d'acquérir un bien personnel d'une valeur de 150 000 €. Au jour de la liquidation, la valeur de ce bien est estimée à 200 000 €. Dans l'exemple donné, la créance du donateur s'élèvera à la valeur actuelle du bien, soit 200 000 €.

Exemple 2 : au cours de l'union, un époux donne à son conjoint la somme de 100 000 €, afin de permettre à ce dernier d'acquérir un bien immobilier de cette même valeur. Ledit bien est vendu quelques années plus tard moyennant un prix de 150 000 €. Dans l'exemple donné, la créance de l'époux donateur doit être fixée à la valeur du bien au jour de l'aliénation, soit 150 000 €.

Exemple 3 : au cours de l'union, un époux donne à son conjoint la somme de 200 000 €, afin de permettre à ce dernier d'acquérir un bien immobilier de cette même valeur. Ledit bien est vendu quelques années plus tard, moyennant le prix de 250 000 €, et les fonds issus de cette vente sont réutilisés à l'acquisition d'un nouveau bien qui vaut 400 000 €. Au jour de la liquidation, la valeur de ce dernier bien est estimée à 500 000 €. Dans l'exemple donné, le montant de la créance de l'époux donateur doit être valorisé en considération de la subrogation partielle qui a eu lieu, de sorte que sa créance sera égale à :

$$\frac{250\,000\text{ €}}{400\,000\text{ €}} \times 500\,000\text{ €} = 312\,500\text{ €}$$

312.18 Valorisation. Investissement partiel des fonds donnés dans l'acquisition d'un bien personnel. Lorsque la somme donnée n'a permis qu'en partie d'acquérir le bien considéré, l'époux donateur peut prétendre à la restitution d'une somme égale à la contribution de son patrimoine dans l'acquisition, frais inclus lorsque l'acquisition a eu lieu à titre onéreux[4], rapportée à la valeur actuelle du bien litigieux, ce qui, sous forme d'équation, peut être transcrit sous la forme suivante :

$$\text{Somme restituée} = \frac{C}{Z} \times V$$

C = Contribution du patrimoine prêteur
Z = Coût global d'acquisition
V = Valeur du bien acquis au jour de la liquidation

Exemple 4 : au cours de l'union, un époux donne à son conjoint la somme de 50 000 €, afin de permettre à ce dernier d'acquérir un bien, dont le coût global s'élève à 200 000 €. Au jour de la liquidation, la valeur de ce bien est évaluée à 300 000 €. Dans l'exemple donné, la créance de l'époux donateur est égale au profit subsistant, soit :

$$\frac{50\,000\text{ €}}{200\,000\text{ €}} \times 300\,000\text{ €} = 75\,000\text{ €}$$

312.19 Valorisation. Investissement total des fonds donnés dans l'acquisition d'un bien personnel. Travaux ultérieurs. Lorsque le bien acquis à

1. Pour une illustration de la valorisation en cas de subrogation, v. CA Nancy, 7 oct. 1986, *Juris-Data* n° 600400.
2. Cette différence de traitement semble difficile à justifier. Au passage, il est possible de s'interroger sur l'utilité actuelle du maintien de l'article 1099-1 du code civil. En effet, le système organisé à cet article a été introduit par la loi du 28 décembre 1967, époque à laquelle les créances entre époux relevaient par principe du nominalisme. Il s'agissait alors de permettre à l'époux créancier de son conjoint de bénéficier d'une créance revalorisée dans le cas particulier de la révocation des donations. Or, l'article est devenu inutile depuis l'introduction de l'article 1543 dans le code civil en 1985, ce dernier article introduisant le principe de la dette de valeur pour les créances entre époux dans la séparation de biens.
3. CA Paris, 7 juin 1974, *Gaz. Pal.* 1974, 2, p. 504, note J. Viatte.
4. Civ. 1re, 27 janv. 1993, préc. En l'espèce, la cour d'appel, approuvée par la Cour de cassation, avait rapporté la contribution de l'époux donateur (200 000 F + 46 900 F de frais = 246 900 F) au coût global de l'acquisition (850 000 F + 46 900 F) et appliqué cette fraction à la valeur actuelle du bien pour déterminer la créance du mari, soit 246 900 F/896 900 F × 1 370 000 F = 377 135 F. Soulignons par ailleurs que, dans cette affaire, les frais avaient été réglés à l'aide des deniers remis, ce que souligne la Cour de cassation, ce qui pourrait laisser entendre que les frais ne devraient pas être pris en considération dans les opérations de calcul s'ils n'ont pas été payés avec les fonds donnés. En réalité, la même solution s'impose que les frais aient ou non été réglés avec les deniers donnés. C'est en effet avant tout le caractère onéreux de l'opération qui justifie la prise en compte de ces frais et non les modalités de leur règlement.

l'aide de la donation a fait l'objet de travaux par la suite, la valeur de l'amélioration apportée doit être déduite de la valeur actuelle du bien pour la valorisation de la créance. En d'autres termes, « *la somme à restituer doit représenter la valeur actuelle qu'aurait eu l'immeuble sans les améliorations* »[1], étant entendu que si ces améliorations, ou autres travaux, ont été financées par le donateur, celui-ci pourra éventuellement prétendre à une indemnisation de ce chef, sur le fondement de l'article 1543 du code civil si le bien considéré est personnel au donataire ou 815-13 du même code, dans le cas où le bien litigieux est indivis. Dans ce dernier cas, si les travaux sont réalisés par le donataire, ce dernier peut également prétendre à une créance contre l'indivision.

Exemple 5 : au cours de l'union, un époux donne une somme de 100 000 € à son conjoint pour permettre à ce dernier d'acquérir un immeuble en son nom personnel, moyennant un prix de 100 000 €. Quelques années plus tard, l'époux donataire réalise des travaux d'agrandissement, moyennant une somme de 40 000 €. Au jour de la liquidation, le bien est estimé à 250 000 €, étant entendu que sans les travaux, il ne vaudrait que 200 000 €. Dans l'exemple donné, le montant de la créance de révocation de l'époux donateur est égal à la valeur actuelle du bien sans les travaux, soit 200 000 €.

Exemple 6 : au cours de l'union, un époux donne la somme de 100 000 € à son conjoint pour permettre à ce dernier d'acquérir un immeuble en son nom personnel, moyennant un coût global de 150 000 €. Quelques années plus tard, l'époux donataire réalise des travaux d'agrandissement, moyennant une somme de 40 000 €. Au jour de la liquidation, le bien est estimé à 300 000 €, étant entendu que sans les travaux, il ne vaudrait que 250 000 €. Dans l'exemple donné, le montant de la créance de révocation de l'époux donateur est égal à la contribution de son patrimoine, rapportée à la valeur actuelle du bien litigieux, dans l'état dans lequel il était au jour de l'acquisition, soit :

$$\frac{100\,000\ €}{150\,000\ €} \times 250\,000\ € = 166\,666\ €$$

312.20 Valorisation. Investissement total des fonds donnés dans l'acquisition d'un bien indivis. Lorsque la donation a permis l'acquisition d'un bien indivis entre les époux, la valorisation de la créance est proportionnelle aux droits de l'époux donataire dans l'indivision.

1. Civ. 1re, 18 oct. 1994, *Bull. civ.* I, n° 295 – *JCP N* 1996, II, 179, note J.-F. Pillebout. V. également, CA Paris, 17 mai 1973, préc. (travaux financés par le donateur) – CA Dijon, 12 mai 1999, préc. (travaux réalisés par le donataire) – Civ. 1re, 17 juin 2009, n° 08-16.323, NP.

Exemple 7 : au cours de l'union, les époux acquièrent un bien en indivision par moitié, moyennant un prix de 200 000 €. Ce prix d'acquisition est réglé comptant par Monsieur seul et il n'est pas contesté qu'il s'agit d'une donation indirecte au profit de son épouse. Au jour de la liquidation, la valeur de ce bien est estimée à 300 000 €. Dans l'exemple donné, le montant de la créance de l'époux donateur est égal à :

$$\frac{300\,000\ €}{2} = 150\,000\ €$$

312.21 Valorisation. Investissement total des fonds donnés dans des travaux d'amélioration ou de conservation. Lorsque les fonds donnés ont permis la réalisation non pas d'une acquisition, mais d'une amélioration ou de la conservation d'un bien d'un époux, l'article 1099-1 du code civil, qui vise expressément le cas de l'acquisition, ne peut recevoir application. Précisons d'emblée que la créance de l'époux donateur qui entend révoquer la donation ne peut là aussi porter que sur une somme d'argent et non sur la construction éventuellement réalisée ou sur les matériaux incorporés au bien principal. En effet, par le jeu de l'accession, ces derniers sont nécessairement personnels au propriétaire du bien principal concerné. Ainsi, par exemple, si un époux donne une somme d'argent à son conjoint pour financer la construction d'un garage attenant à un bien personnel de ce dernier, le garage est nécessairement personnel à l'époux propriétaire dudit bien.

Cela étant, lorsque la donation est susceptible de révocation, la question se pose de savoir à quelle valeur doit être portée la créance de somme d'argent dont dispose l'époux donateur contre son conjoint. Dans ce cas, il convient de revenir à l'application du texte de droit commun en matière de créances entre époux, à savoir l'article 1543 du code civil, qui a vocation à s'appliquer largement aux créances entre époux séparés de biens, à défaut de disposition spécifique[2].

Exemple : au cours de l'union, un époux donne à son conjoint la somme de 30 000 € afin de permettre à ce dernier de construire une piscine sur un terrain personnel. Au jour de la liquidation, la valeur de l'ensemble est estimée à 200 000 €, étant précisé que sans la piscine, le terrain ne vaudrait que 150 000 €.

2. En ce sens, v. Civ. 1re, 12 déc. 2007, n° 06-15.547, *JCP* 2008, I, 144, n° 24, obs. M. Storck – *RJPF* 2008, 4/24, obs. F. Vauvillé – *RLDC* 2008/46, n° 2870, obs. J.-R. Binet – *AJ fam.* 2008. 85, obs. P. Hilt – *Defrénois* 2008, art. 38854-4, p. 2204, obs. G. Champenois, rendu en matière de créance indemnitaire, qui indique que l'article 1543 a une vocation générale.

Par application de l'article 1543 du code civil, le montant de la créance de l'époux donateur sera égal au profit subsistant, soit :

200 000 € - 150 000 € = 50 000 €

312.22 Valorisation en cas d'absence d'investissement des fonds donnés. Lorsque les fonds donnés par un époux à son conjoint n'ont pas été investis et que le donateur entend révoquer sa donation, sa créance doit là encore être valorisée, conformément au droit commun des créances entre époux, à savoir l'article 1543 du code civil. Dans une telle hypothèse, la dépense faite n'étant pas une opération d'investissement, le renvoi opéré indirectement à l'article 1469, alinéa 3, du code civil n'a pas vocation à s'appliquer. Aussi convient-il de revenir au principe du nominalisme posé à l'article 1895 du code civil, de sorte que la créance sera égale à la somme donnée.

Exemple : au cours de l'union, un époux donne à son conjoint la somme de 10 000 €, que ce dernier n'utilise à aucune fin particulière.

Par application de l'article 1895 du code civil, le montant de la créance de l'époux donateur sera égal à la somme donnée, soit 10 000 €.

312.23 Cours des intérêts. Les créances entre époux valorisées sur le fondement de l'article 1099-1 du code civil produisent intérêts du jour où elles sont liquidées [1] et non du jour du fait générateur ou du jour de l'acte introductif d'instance [2].

§ 3
Créances fondées sur l'idée de responsabilité civile

312.24 Hypothèses. D'une manière générale, la responsabilité d'un époux séparé de biens envers son conjoint peut être engagée, dès lors que les conditions de droit commun de la responsabilité civile sont réunies [3]. Lorsque la dette de réparation n'est pas réglée au jour de la liquidation, il convient alors naturellement de l'intégrer à celle-ci.

Il n'est pas question ici de faire le relevé exhaustif de toutes les créances indemnitaires qui peuvent exister entre époux séparés de biens. Plus simplement, l'on se contentera d'énoncer les deux hypothèses particulières organisées par le droit de la séparation de biens.

312.25 Intervention d'un époux dans la gestion des biens personnels de son conjoint. Lorsqu'un époux séparé de biens prend en main la gestion des biens personnels de son conjoint, le régime de la responsabilité du gérant est organisé à l'article 1540 du code civil [4].

Ainsi, lorsque la gestion a lieu sans opposition de la part de l'époux propriétaire, le gérant répond de sa gestion comme un mandataire, étant entendu qu'il n'est cependant comptable que des fruits existants. Pour ceux qu'il aurait négligé de percevoir ou consommé frauduleusement, il ne peut être recherché que dans la limite des cinq dernières années.

Lorsque la gestion a lieu au mépris de l'opposition constatée du propriétaire, le gérant est en revanche responsable de toutes les suites de son immixtion, et comptable sans limitation de tous les fruits qu'il a perçus, négligé de percevoir ou consommés frauduleusement.

312.26 Intervention dans les opérations d'aliénation ou d'encaissement. Dans l'article 1541 du code civil, le législateur a prévu le cas où l'un des époux intervient dans les opérations d'aliénation des biens ou d'encaissement des deniers de son conjoint [5].

La première hypothèse envisagée par le texte est celle où l'un des époux a perçu ou détourné à son propre profit des deniers personnels à son conjoint. La seconde hypothèse prévue par le texte est celle de l'ingérence dans les opérations d'aliénation ou d'encaissement d'un bien personnel du conjoint. L'époux doit alors veiller à ce que l'emploi ou le remploi soit effectué, même s'il n'a commis aucune faute d'administration qui serait susceptible d'engager sa responsabilité sur le fondement de l'article 1540 du code civil.

Dans ces hypothèses, la question s'est posée de savoir si l'ingérant doit répondre de tout le préjudice causé par le défaut d'emploi ou de remploi, ou s'il est seulement obligé de restituer le montant du prix de l'aliénation ou de la somme encaissée [6]. Par le passé, la Cour de cassation avait décidé que si les juges du fond apprécient souverainement l'étendue du préjudice, ils peuvent néanmoins condamner l'époux gérant à verser à son conjoint, outre le prix

1. Civ. 1re, 27 janv. 1987, *JCP N* 1988, II, 57, note J. G. Raffray – *D.* 1987, Jur. 253, note G. Morin – Civ. 1re, 4 oct. 1988, *D.* 1989, Jur. 119, note G. Morin – *JCP N* 1989, II, 137, note P. Salvage – *RTD civ.* 1990, p. 127, obs. J. Patarin.
2. Civ. 1re, 3 déc. 1991, *Bull. civ.* I, no 339 – *D.* 1993. somm. 231, obs. B. Vareille – *Defrénois* 1992, art. 35220, p. 402, obs. G. Champenois – *RTD civ.* 1992, p. 625, obs. J. Patarin.
3. Sur cette catégorie de créance, v. A. Colomer, *Droit civil – Régimes matrimoniaux*, *op. cit.*, no 1201 – P. Lipinski, *La liquidation dans le régime de la séparation de biens*, th. préc., nos 177 et s.
4. Sur cette hypothèse, v. P. Lipinski, *La liquidation dans le régime de la séparation de biens*, th. préc., nos 179 et s.
5. V. *ibid.*, nos 193 et s.
6. V. *ibid.*, no 199.

d'aliénation non remployé, une indemnité complémentaire[1]. Désormais, cependant, lorsque les fonds ont été utilisés aux fins de réaliser une opération d'investissement, la créance devra être valorisée, conformément aux dispositions de l'article 1543 du code civil, en raison de la vocation générale de cet article[2].

Exemple : au cours de l'union, un époux utilise les deniers provenant de la vente d'un bien personnel à son conjoint pour financer l'acquisition d'un immeuble valant 100 000 €. Au jour de la liquidation, la valeur de cet immeuble est estimée à 150 000 €. Dans l'exemple donné, la dette de l'époux ingérant à l'égard de son conjoint est égale au profit subsistant, soit 150 000 €.

§ 4
Créances fondées sur l'enrichissement sans cause

312.27 Hypothèses. Il ne saurait être question d'entreprendre une étude détaillée des conditions de l'enrichissement sans cause[3]. Seules les conséquences liquidatives d'une telle créance seront envisagées. Qu'il nous suffise simplement de rappeler brièvement le domaine de l'enrichissement sans cause sous le régime de la séparation de biens :

– la collaboration d'un époux à l'activité professionnelle de son conjoint est le premier domaine possible de l'enrichissement sans cause. Dès lors qu'un époux a collaboré bénévolement à l'activité de son conjoint, au-delà de ce que lui imposait son obligation de contribuer aux charges du mariage, il peut agir sur le fondement de l'enrichissement sans cause contre ce dernier;

– en l'absence de jurisprudence, la doctrine dominante prône l'extension du domaine de l'enrichissement sans cause aux activités non marchandes, notamment aux hypothèses de l'activité ménagère[4] et aux travaux de construction ou d'amélioration réalisés par l'industrie d'un époux sur un bien personnel de son conjoint[5].

312.28 Valorisation. Conformément aux règles de l'enrichissement sans cause, la créance devrait être strictement valorisée à hauteur de la plus faible des deux sommes que représentent l'enrichissement et l'appauvrissement. En réalité, la transposition de la théorie de l'enrichissement sans cause à la séparation de biens a amené la jurisprudence à procéder à quelques aménagements. Il apparaît en effet que les règles de valorisation de la créance d'enrichissement sans cause entre époux séparés de biens sont doubles[6] :

– lorsque sa collaboration n'a procuré aucune plus-value au bien ou à l'exploitation concernée, l'époux créancier peut réclamer la rémunération de son travail[7]. En cas de désaccord des époux sur le montant de l'indemnité, l'analyse de la jurisprudence indique que sa détermination ne relève pas d'un calcul nécessairement arithmétique. La rémunération qu'aurait pu percevoir l'époux en travaillant chez un tiers n'est qu'un facteur d'évaluation parmi d'autres[8], ce qui est généralement justifié par la particularité de la relation unissant le créancier et le débiteur[9]. En tout état de cause, dans la mesure où la jurisprudence décide qu'en matière de séparation de biens, l'enrichissement comme l'appauvrissement doivent être évalués au jour de la demande en divorce[10], il devra être tenu compte des

1. Civ. 1re, 21 juin 1965, *Bull. civ.* I, n° 411.
2. Civ. 1re, 12 déc. 2007, *JCP* 2008, I, 144, n° 24, obs. M. Storck – *RJPF* 2008, 4/24, obs. F. Vauvillé – *RLDC* 2008/46, n° 2870, obs. J.-R. Binet – *AJ fam.* 2008. 85, obs. P. Hilt – *Defrénois* 2008, art. 38854-4, p. 2204, obs. G. Champenois.
3. Pour une étude détaillée de cette hypothèse, v. P. Lipinski, *La liquidation dans le régime de la séparation de biens*, th. préc., nos 220 et s. V. également, M. Borysewicz, « Travail et enrichissement sans cause dans les relations de famille », *in Mélanges en l'honneur de Monsieur J.-P. Béguet*, 1985, p. 41 – F. Conneau, « Inadéquation de l'application de la théorie de l'enrichissement sans cause à l'indemnisation de l'épouse séparée de biens », *in Mélanges en l'honneur de Monsieur J.-P. Béguet*, *op. cit.*, p. 111 – F. Hénot, « L'action *de in rem verso* dans le cadre des relations familiales », *RRJ* 1997-3, p. 905 – A. Goutenoire-Cornut, « Collaboration familiale et enrichissement sans cause », *Dr. fam.* 1999, chron. n° 19 – J. Lafond, « L'enrichissement d'un époux séparé de biens dû à l'activité bénévole de son conjoint », *JCP N* 1996, 1315 – A. Sinay-Cytermann, « Enrichissement sans cause et communauté de vie », *D.* 1983, chron. 159.
4. V. P. Lipinski, *La liquidation dans le régime de la séparation de biens*, th. préc., n° 227.
5. V. *ibid.*, n° 228.
6. Sur cette dualité, v. A. Colomer, *Régimes matrimoniaux et droit commercial*, t. 1, *Le fonds de commerce et les régimes matrimoniaux*, *op. cit.*, nos 747 et s., spéc. nos 753 et s.
7. V. not., Civ. 1re, 1er déc. 1969, *JCP* 1970, IV, 23 – Civ. 1re, 11 mars 1986, *D.* 1986, IR p. 194.
8. V. P. Lipinski, *La liquidation dans le régime de la séparation de biens*, th. préc., n° 239.
9. V. *ibid.* – J. Revel, « L'article 214 du code civil et le régime de la séparation de biens », *D.* 1983, chron. 21, n° 12. En particulier, l'obligation de contribuer aux charges du mariage justifiera une minoration du montant auquel pourrait en principe prétendre l'époux créancier. Sur ce point, v. ss chap. 313.
10. Civ. 1re, 26 oct. 1982, *Bull. civ.* I, n° 302 – *Defrénois* 1983, art. 33033, p. 474, obs. G. Champenois – *JCP* 1983, II, 19992, note F. Terré – *Journ. not. et av.*, 1983, art. 57311, obs. E. Sallé De La Marnierre (qui pose en principe que « *pour évaluer l'appauvrissement de la demanderesse… et l'enrichissement du défendeur, la cour d'appel devait donc se placer, comme elle l'a fait, à* ▶

salaires en vigueur à cette date et non de ceux de l'époque à laquelle remonte la fourniture du travail[1];

– lorsque l'activité de l'époux créancier a permis de procurer au bien concerné une plus-value, ce dernier peut également prétendre au bénéfice d'une partie de cette plus-value, plus précisément à la fraction qui est rattachable à l'activité qu'il a déployée. Cette possibilité est reconnue de longue date par la jurisprudence[2] et a été renforcée par un arrêt récent qui estime que le renvoi à l'article 1469, alinéa 3, du code civil opéré par l'article 1543 a vocation à s'appliquer à toutes les créances entre époux, y compris les créances indemnitaires[3].

312.29 **Question du cumul.** L'époux créancier peut-il cumuler la rémunération de son travail et la fraction de la plus-value rattachable à l'activité qu'il a déployée ? Une réponse négative semble s'imposer ici[4]. C'est en tout cas en ce sens que statuent les tribunaux[5] et cette analyse est confortée par l'application désormais imposée de l'article 1543 du code civil. Le renvoi à l'article 1469, alinéa 3, du code civil impose en effet de valoriser la créance à la seule plus-value rattachable à l'activité dès lors que cette dernière a permis de réaliser une amélioration.

312.30 **Intérêts.** En ce qui concerne les intérêts, la créance d'enrichissement sans cause est soumise au droit commun des obligations, à savoir à l'article 1153 du code civil. C'est donc à compter du jour de la demande en divorce que les intérêts légaux produits par l'indemnité d'enrichissement sans cause sont dus[6].

► *la même date : celle de la demande en divorce, en raison de l'impossibilité morale pour la femme d'agir antérieurement contre son mari* »). Sur cette question, v. P. Lipinski, *La liquidation dans le régime de la séparation de biens*, th. préc., n°s 57 et s.

1. En ce sens, v. A. Colomer, RÉP. CIV., *V° Séparation de biens*, art. préc., n° 519 – J. Flour et J. Champenois, *op. cit.*, n° 736.
2. Civ. 1re, 15 mars 1960, *Bull. civ.* I, n° 154 – TGI Paris, 6 avr. 1968, *D.* 1968. somm. 101 – *RTD Com* 1968, p. 1020, obs. A. Jauffret. Sur cette valorisation, v. A. Colomer, *Les régimes matrimoniaux et le droit commercial*, t. 1, *Le fonds de commerce et les régimes matrimoniaux*, *op. cit.*, n° 755 – Ph. Latournerie, « Le statut matrimonial et la vie économique », *in 75e congrès des notaires de France, Le statut matrimonial du français*, t. 1, 1978, n°s 280 et s. (l'auteur critique la position de la jurisprudence) – P. Lipinski, *La liquidation dans le régime de la séparation de biens*, th. préc., n° 240.
3. Civ. 1re, 12 déc. 2007, préc. En l'espèce, la Cour d'appel avait retenu la plus faible des deux sommes, ce pour quoi elle est censurée.
4. En ce sens, A. Colomer, RÉP. CIV., *V° Séparation de biens*, art. préc., n° 524 – *Droit civil – Régimes matrimoniaux*, *op. cit.*, n° 1205 – *Les régimes matrimoniaux et le droit commercial*, t. 1, *Le fonds de commerce et les régimes matrimoniaux*, *op. cit.*, n° 756 – J. Flour et G. Champenois, *op. cit.*, n° 736. Mais *contra*, P. Lipinski, *La liquidation dans le régime de la séparation de biens*, th. préc., n° 241.
5. TGI paris, 6 avr. 1968, préc. – Civ. 1re, 29 mai 2001, *JCP* 2002, I, 103, n° 22, obs. M. Storck.

312.30.1 **Domaine.** Lorsque l'époux qui se prétend créancier d'une indemnité fondée sur l'enrichissement sans cause à l'encontre de son conjoint s'est déjà vu allouer une prestation compensatoire, dont le montant a été fixé en considération de l'appauvrissement subi, notamment à raison d'une activité bénévole, son action est irrecevable[7].

Il en va de même lorsque, *a contrario*, l'époux demandeur s'est vu refuser le bénéfice d'une prestation compensatoire. La Cour de cassation a récemment souligné, à cet égard, que « *la demande présentée (...) sur le fondement de l'enrichissement sans cause tendait aux mêmes fins que [la] demande de prestation compensatoire* »[8], ce qui implique, d'une manière générale, que l'action *de in rem verso* ne saurait prospérer dans le cadre d'un divorce, dès lors que le demandeur dispose d'une autre action légale pour obtenir la compensation de son appauvrissement, en l'occurrence, la prestation compensatoire.

SECTION 2
CRÉANCES D'INDIVISION

312.31 **Application du droit commun de l'indivision.** Les biens acquis en indivision par les époux, ou présumés tels en application de la présomption d'indivision de l'article 1538, alinéa 3, du code civil, sont soumis au droit commun de l'indivision. En conséquence, les règles relatives aux créances d'indivision s'appliquent ici (v. s^{s} chap. 113). Il suffira ici de rappeler les principales règles relatives à la matière, en soulignant, chemin faisant, les éventuelles spécificités dues aux choix de la séparation de biens.

312.32 **Indemnité pour jouissance privative.** L'époux qui occupe seul un bien indivis est redevable de l'indivision sur le fondement de l'article 815-9 du code civil. De ce point de vue, il convient de rappeler que l'occupation du logement de la famille est présumée gratuite jusqu'à l'ordonnance de non-conciliation, conformément à l'article 262-1, *in fine*, du code civil. Ainsi, par exemple, l'époux séparé de fait avec son conjoint qui occuperait seul un bien indivis qui constitue le logement familial pendant l'union ne sera, par principe, pas redevable d'une indemnité à l'égard de l'indivision.

6. Civ. 1re, 16 nov. 1983, *Bull. civ.* I, n° 275.
7. Civ. 1re, 5 avr. 1993, *Bull. civ.* I, n° 139.
8. Civ. 1re, 23 juin 2010, *AJ fam.* 2010. 396, obs. S. David.

Exemple 1 : au cours de l'union, les époux décident de se séparer. L'un d'eux continue d'occuper privativement le logement familial qui est un bien indivis par moitié. La valeur locative mensuelle de ce bien est évaluée à 1 000 € et il apparaît, au moment des opérations de liquidation, que l'époux a occupé privativement ledit bien pendant 24 mois, étant précisé que l'occupation n'a duré que 10 mois depuis l'ordonnance de non-conciliation. Dans l'exemple donné, l'époux est débiteur d'une indemnité à l'égard de l'indivision (C. civ., art. 815-9). La base de calcul de l'indemnité peut être fixée à la valeur locative, de laquelle est opérée une réfaction de l'ordre de 20 %, soit 200 €. En conséquence, l'indemnité due est égale à :

800 € × 10 mois = 8 000 €

Exemple 2 : au cours de l'union, les époux décident de se séparer. L'un d'eux continue d'occuper privativement un bien indivis par moitié, qui ne constitue pas le logement de la famille. La valeur locative mensuelle de ce bien est évaluée à 1 000 € et il apparaît, au moment des opérations de liquidation, que l'époux a occupé privativement ledit bien pendant 24 mois, étant précisé que l'occupation n'a duré que 10 mois depuis l'ordonnance de non-conciliation. Dans l'exemple donné, l'époux est débiteur d'une indemnité à l'égard de l'indivision (C. civ., art. 815-9). La base de calcul de l'indemnité peut être fixée à la valeur locative, de laquelle est opérée une réfaction de l'ordre de 20 %, soit 200 €. En conséquence, l'indemnité due est égale à :

800 € × 24 mois = 19 200 €

Enfin, il convient de souligner que la jurisprudence a précisé que l'époux qui a donné des fonds à son conjoint pour lui permettre de réaliser une acquisition ne saurait se prévaloir d'une indemnité d'occupation sur le fondement de l'article 1099-1 du code civil[1].

312.33 Restitution des fruits et revenus indivis. Conformément aux dispositions de l'article 815-10, alinéa 2, du code civil, l'époux indivisaire qui percevrait seul des fruits ou revenus indivis est tenu de les restituer à la masse indivise.

Exemple : au cours de l'union, l'un des époux perçoit seul les loyers relatifs à un bien indivis, à hauteur de 20 000 €. Dans l'exemple donné, l'époux devra restituer le montant de ces loyers, ce qui prendra la forme d'une dette à l'égard de l'indivision, qui devra être intégrée au compte.

Il convient de souligner que la solution est la même si l'époux utilise lesdits fonds à des fins personnelles. Aucun système de dette de valeur n'ayant été mis en place par le législateur, la somme à restituer sera toujours le montant nominal des fruits ou revenus utilisés, lorsqu'il s'agit de sommes d'argent. En revanche, lorsqu'il est démontré qu'un indivisaire a perçu des fruits ou revenus indivis d'un bien et que ce même époux prétend avoir réalisé des impenses sur ledit bien, la jurisprudence tend à présumer que les fonds utilisés sont précisément les fruits ou revenus perçus[2]. En conséquence, l'époux concerné ne peut prétendre à l'indemnisation de son impense, sauf à démontrer positivement qu'il a utilisé des fonds personnels. De plus, l'époux ne peut être tenu de restituer l'intégralité des deniers perçus, dès lors qu'il est considéré qu'ils ont au moins en partie servi à réaliser la dépense considérée.

Exemple : au cours de l'union, un époux perçoit seul les loyers relatifs à un bien indivis à hauteur de 20 000 €. Quelque temps plus tard, ce même époux réalise des travaux d'amélioration sur ledit bien à hauteur de 15 000 €. Dans l'exemple donné, il convient de présumer que l'époux a financé la réalisation des travaux à l'aide des loyers perçus. En conséquence, il ne peut prétendre à une indemnité sur le fondement de l'article 815-13 du code civil. Cependant, il est tenu de restituer les loyers perçus, mais uniquement ceux qui n'ont pas été utilisés, soit 5 000 €.

312.34 Impenses. Lorsque l'un des époux réalise des impenses sur un bien indivis, il peut devenir créancier de l'indivision sur le fondement de l'article 815-13, alinéa 1er, du code civil, s'il a procédé à la réalisation d'une dépense de conservation ou d'amélioration.

Ainsi, lorsque la dépense a permis l'amélioration du bien indivis concerné, il convient de rappeler que la créance est égale à la valeur dont le bien se trouve augmenté au jour du partage, c'est-à-dire à la plus-value.

Exemple : au cours de l'union, l'un des époux finance l'aménagement des combles du logement familial, qui est un bien indivis par moitié. La valeur des travaux s'élève à 20 000 €. Au jour de la liquidation, la valeur du logement s'élève à 200 000 €, étant entendu que sans les travaux, elle ne serait que de 170 000 €. Dans l'exemple donné, le montant de la créance est égal à la plus-value procurée au bien, soit :

200 000 € – 170 000 € = 30 000 €

Lorsque la dépense a permis la conservation matérielle ou juridique du bien, ce qui inclut le remboursement d'un emprunt ayant permis son acquisition, la créance est égale à la plus forte des deux sommes que représentent respectivement la dépense faite et le profit subsistant, pris comme la moins-value évitée au bien.

1. CA Paris, 7 juin 1974, *Gaz. Pal.* 1974, 2, p. 504, note J. Viatte.

2. Civ. 1re, 16 avr. 1991, *Bull. civ.* I, no 138.

Exemple 1 : au cours de l'union, un époux finance à l'aide de deniers personnels la réfection de la toiture d'un bien indivis par moitié, moyennant un prix de 15 000 €. Au jour de la liquidation, la valeur du bien est estimée à 300 000 €, étant entendu que sans les travaux, elle ne serait que de 290 000 €. Dans l'exemple donné, la dépense est égale à 15 000 € et le profit subsistant s'élève à :

$$300\,000\text{ €} - 290\,000\text{ €} = 10\,000\text{ €}$$

S'agissant d'une dépense de conservation, le montant de la créance de l'époux est égal à la plus forte de ces deux sommes, qui est ici la dépense engagée, soit 15 000 €.

Exemple 2 : au cours de l'union, les époux acquièrent un bien en indivision par moitié, moyennant un prix de 200 000 €. Chacun des époux réalise un apport personnel de 50 000 €, le solde du prix d'acquisition étant réglé à l'aide d'un emprunt (soit 100 000 €). Lors de la réalisation des opérations de liquidation, il apparaît que l'un des époux a réglé seul, à l'aide de deniers personnels, les mensualités de cet emprunt. La valeur du bien est par ailleurs estimée à 300 000 €. Dans l'exemple donné, l'époux *solvens* est créancier de l'indivision sur le fondement de l'article 815-13, alinéa 1er, du code civil. S'agissant d'une dépense de conservation juridique, le montant de sa créance est égal à la plus forte des deux sommes que représentent respectivement la dépense faite et le profit subsistant. La dépense faite équivaut ici aux sommes effectivement réglées par l'époux, soit 100 000 €. L'on sait que dans cette hypothèse, la détermination du profit subsistant pose problème (v. ss n° 113.22), dans la mesure où il est difficile de déterminer la fraction de la plus-value rattachable à la dépense engagée. Aussi, l'on propose généralement de déterminer ce profit comme la contribution du patrimoine créancier dans le remboursement de l'emprunt, en fonction de la valeur de ce même bien à la date de naissance de l'indivision, rapportée à la valeur actuelle du bien litigieux (v. ss n° 113.22), soit en l'espèce :

$$\frac{100\,000\text{ €}}{200\,000\text{ €}} \times 300\,000\text{ €} = 150\,000\text{ €}$$

La créance de l'époux est donc ici égale au profit subsistant, soit 150 000 €.

En ce qui concerne le remboursement de l'emprunt, deux différences avec l'hypothèse du remboursement au cours de l'indivision post-communautaire peuvent toutefois être soulignées.

D'abord, il est douteux que le remboursement d'un emprunt ayant permis la réalisation de travaux d'amélioration sur un bien indivis doive être qualifié de dépense de conservation. Cette qualification ne nous semble justifiée que pour le remboursement d'un emprunt au cours de l'indivision post-communautaire, lequel a permis la réalisation de travaux au cours de la communauté : elle s'explique en effet dans ce cas par le fait que l'amélioration matérielle a déjà eu lieu avant l'ouverture de l'indivision, ce qui fait hésiter à parler de dépense d'amélioration de l'état d'un bien indivis[1]. Dans la séparation de biens, au contraire, le bien était déjà indivis à l'époque où les travaux ont été réalisés. Il n'y a donc aucun obstacle à qualifier le remboursement de l'emprunt de dépense d'amélioration, catégorie visée par l'article 815-13 du code civil.

Ensuite, lorsque l'emprunt a permis l'acquisition d'un bien indivis, il a été souligné que la méthode la plus adéquate de valorisation de la créance consistait à retenir la « règle de trois », étant entendu que sous le régime de la communauté, la valeur à prendre en considération au titre du dénominateur était celle du bien au jour de l'ouverture de l'indivision, soit la date de dissolution (v. ss n° 113.22). En matière de séparation de biens, l'indivision ne s'ouvrant pas avec la dissolution du régime matrimonial, mais lui préexistant, la valeur à inscrire au dénominateur sera celle du bien au jour de son acquisition, quelle que soit la date de celle-ci – avant le mariage, au cours de l'union ou après la dissolution du régime.

À l'inverse, l'époux peut être débiteur de l'indivision sur le fondement de l'article 815-13, alinéa 2, du code civil, s'il a dégradé ou détruit le bien indivis, étant entendu qu'il convient de retenir une conception large de cette disposition, au point d'inclure l'utilisation de fonds indivis à des fins personnelles. Cette hypothèse est particulièrement prégnante sous le régime de la séparation de biens. Il arrive fréquemment, en effet, qu'un époux prélève des fonds déposés sur un compte joint ouvert au nom des deux époux et, partant, présumés indivis aux fins de financer une opération purement personnelle[2]. Dans ce cas, et dans la mesure où le texte n'a pas mis en place de système de dette de valeur, l'époux est invariablement débiteur à l'égard de l'indivision de la somme nominale utilisée.

Exemple : au cours de l'union, l'un des époux tire un chèque de 10 000 € sur le compte joint ouvert aux noms des deux époux pour financer la réalisation de travaux d'amélioration sur un bien qui lui est personnel. Au jour de la liquidation, la valeur du bien est de 150 000 €, étant précisé que sans les travaux, elle ne serait que de 120 000 €. Dans l'exemple donné, l'époux est débiteur de l'indivision (C. civ., art. 815-13, al. 2) à hauteur de

1. V. J. Patarin, obs. sous Civ. 1re, 18 oct. 1983, *RTD civ.* 1984, p. 750.
2. V. S. Becqué-Ickowicz, « La construction sur le terrain d'un époux séparé de biens financée par des sommes indivises, Réflexions sur la dette de valeur », *RTD civ.* 2008, p. 589.

la somme nominale prélevée, soit 10 000 €, quand bien même la dépense lui a permis de bénéficier d'une plus-value de 30 000 € (150 000 € - 120 000 €).

312.35 Cas des dettes nées à l'occasion de la constitution de l'indivision. La question se pose de savoir si une dette née à l'occasion de la constitution de l'indivision doit être considérée comme une dette d'indivision[1]. Plus précisément, la question est de savoir si l'avance de fonds faite par un époux à son conjoint lors de l'acquisition relève du régime des créances d'indivision ou de celui des créances entre époux. Si plusieurs décisions ont pu juger qu'un tel mouvement doit être tenu pour une créance d'indivision[2], la solution ne semble pas être déterminante. Le mouvement de valeurs ayant eu lieu avant la naissance de l'indivision, il paraît plus légitime d'y voir un mouvement entre les patrimoines personnels des époux, lequel doit être rétabli par le jeu d'une créance entre époux[3]. Au demeurant, il convient de rappeler que la jurisprudence admet qu'un tel mouvement de valeurs puisse être qualifié de donation[4], ce qui revient à prendre en considération l'existence d'un mouvement de valeurs entre les époux et non entre le patrimoine personnel d'un époux et la masse indivise. En revanche, le remboursement de l'emprunt ayant permis l'acquisition du bien indivis, ayant par définition lieu une fois l'indivision constituée, doit être rétabli par une créance d'indivision au profit de l'époux *solvens*.

312.36 Exigibilité des créances d'indivision. L'exigibilité des créances d'indivision nées sous le régime de la séparation de biens est soumise au droit commun. De ce point de vue, il convient de rappeler que l'on considère généralement que les créances d'indivision sont immédiatement exigibles, de sorte que l'époux créancier ne saurait être tenu d'attendre la dissolution du régime ou les opérations de liquidation (v. s[s] n° 113.56). Cela étant, dans la mesure où les biens indivis peuvent faire l'objet d'un partage anticipé au cours de l'union, conformément au droit commun de l'indivision[5], les créances afférentes au bien qui ferait l'objet d'un tel partage devront être réglées lors de la réalisation des opérations de partage anticipé.

312.37 Règlement des créances d'indivision. Lorsqu'elles n'ont pas été réglées au préalable, les créances d'indivision doivent être réglées dans le cadre des opérations de liquidation de l'indivision.

SECTION 3
RÉCOMPENSES

312.38 Hypothèses. Par principe, la technique des récompenses est étrangère au régime de la séparation de biens[6]. Il en va toutefois autrement lorsque les époux ont adjoint à leur séparation une société d'acquêts. Dans ce cas, en effet, la société d'acquêts est, sauf clause contraire, régie par l'ensemble des dispositions relatives aux biens communs en régime légale, de sorte que la théorie des récompenses a vocation à s'appliquer[7].

Exemple : soit deux époux mariés sous le régime de la séparation de biens avec société d'acquêts. Par contrat de mariage, les époux ont limité la société d'acquêts au logement familial. Au cours de l'union, l'un des époux finance, à l'aide de deniers personnels, des travaux d'amélioration sur ledit bien, à hauteur de 20 000 €. Au jour de la liquidation, le bien est estimé à 250 000 €, étant entendu que sans les travaux, il ne vaudrait que 200 000 €. Dans l'exemple donné, l'époux peut se prévaloir d'une récompense (C. civ., art. 1433). S'agissant de travaux d'amélioration, cette récompense est égale au profit subsistant (C. civ., art. 1469, al. 3), soit :

250 000 € - 200 000 € = 50 000 €

1. Sur cette question, v. F.-X. Testu, Rép. civ., *V° Indivision*, 1997, n° 790.
2. Civ. 1re, 27 janv. 1987, *Bull. civ.* I, n° 36 – Civ. 1re, 14 oct. 2009, *AJ fam.* 2010. 90, obs. P. Hilt. Solution approuvée par M. Testu, Rép. civ., *V° Indivision*, art. préc., *loc. cit.*
3. En ce sens, v. Y. Flour et F.-J. Pansier, Questions pratiques, *Defrénois* 1998, art. 36883, n° 3. En jurisprudence, v. Civ. 1re, 22 juill. 1985, *Bull. civ.* I, n° 234 – *D.* 1985, IR p. 481 – *JCP N* 1986, II, 77, note Ph. Simler – *Defrénois* 1986, art. 33636, obs. G. Champenois, qui qualifie de créance entre époux (en réalité entre futurs époux en l'espèce) l'avance faite par la future épouse à son futur conjoint pour acquérir un bien indivis, et rejette la prétention de cette dernière à tout droit sur le bien lui-même au titre du partage (v. cependant la note de Ph. Simler, préc., spéc. p. 78, qui estime qu'il aurait du s'agir d'une créance d'indivision.) – CA Paris, 3 mai 2007, *Juris-Data* n° 337068.
4. V. par exemple, Civ. 1re, 2 juin 1993, préc. – Civ. 1re, 10 mai 1995, préc.
5. Article 815 du code civil.
6. V. très clairement, Civ. 1re, 13 janv. 1981, *Bull. civ.* I, n° 12, qui juge que les époux « *étant mariés sous le régime de la séparation de biens, il n'y avait pas lieu à application de l'article 1469 du code civil* ».
7. Pour une illustration, v. CA Toulouse, 14 juin 1999, *JCP* 2000, IV, 1091.

CHAPITRE

313. Identification des mouvements de valeurs : leur neutralisation

SECTION 0 ORIENTEUR

313.00 Plan du chapitre.

Sect. 1 Neutralisation fondée sur l'existence d'une obligation contributive

§ 1 Principe de la neutralisation

§ 2 Limites à la neutralisation

Sect. 2 Neutralisation fondée sur l'existence d'une donation

§ 1 Mouvements de valeurs antérieurs au 1er janvier 2005

§ 2 Mouvements de valeurs postérieurs au 1er janvier 2005

313.01 Textes applicables.

> Contribution aux charges du mariage [C. civ., art. 214, al. 1er et 1537]

C. civ., art. 214 (al. 1er)

Si les conventions matrimoniales ne règlent pas la contribution des époux aux charges du mariage, ils y contribuent à proportion de leurs facultés respectives.

C. civ., art. 1537

Les époux contribuent aux charges du mariage suivant les conventions contenues en leur contrat; et, s'il n'en existe point à cet égard, dans la proportion déterminée à l'article 214.

313.02 Jurisprudence de référence.

> Neutralisation des mouvements de valeurs entre époux séparés de biens par la contribution aux charges du mariage

• **Civ. 1re, 14 mars 2006, n° 05-15.980,** *Bull. civ.* I, n° 160

* V. ss n° 313.12

« Attendu que la cour d'appel, qui a pu estimer que les règlements opérés par M. X... de mars 1992 à janvier 1995 et relatifs à des emprunts ayant financé partiellement l'acquisition, par Mme Y..., d'un appartement constituant le logement de la famille participaient de l'exécution de son obligation de contribuer aux charges du mariage, n'avait pas à rechercher si la présomption édictée par la clause insérée au contrat de mariage était simple ou irréfragable, dès lors que Mme Y... ne la remettait pas en cause ».

> Chaque époux séparé de biens doit contribuer personnellement à l'impôt sur le revenu

• **Civ. 1re, 30 oct. 2006, n° 03-19.317,** *Bull. civ.* I, n° 454

* V. ss n° 313.20

« Qu'en statuant ainsi alors que la contribution des époux séparés de biens à la dette fiscale, qui ne constitue pas une charge du mariage, est déterminée au *prorata* de l'impôt dont ils auraient été redevables s'ils avaient fait l'objet d'une imposition séparée, la cour d'appel a privé sa décision de base légale au regard du texte susvisé. »

> Le paiement de l'impôt sur le revenu par l'un des époux peut se compenser avec celui des frais de logement opérés son conjoint.

• **Civ. 1re, 25 juin 2008, n° 07-17.349,** NP

* V. ss n° 313.20

« Attendu qu'ayant constaté que les impôts du couple avaient été prélevés sur un compte joint, principalement alimenté par les revenus du mari, et que ce dernier n'avait supporté pendant les cinq années de la vie commune aucune contribution aux frais de logement qui constituaient, en l'absence d'enfants, l'essentiel des charges du mariage, la cour d'appel a pu en déduire qu'une convention était intervenue entre les époux, en vertu de laquelle, pendant toute la durée de la vie commune, les impôts de l'un et de l'autre avaient été supportés par les revenus du mari de sorte que celui-ci ne pouvait en remettre en cause l'équilibre; que le moyen ne peut être accueilli. »

313.03 Bibliographie indicative.

* V. ss n° 31.03

313.04 Questions essentielles.

• Dans quels cas l'époux *solvens* peut-il se voir opposer à sa demande de créance son obligation de contribuer aux charges du mariage ?

* V. ss nos 313.11 s.

• L'époux qui a réglé l'impôt sur le revenu du couple peut-il bénéficier d'une créance de ce chef à l'encontre de son conjoint ?

* V. ss n° 313.20

• L'époux auquel son conjoint a avancé des deniers par l'intermédiaire d'un chèque ou d'un virement peut-il bénéficier d'une présomption de don manuel ?

* V. s[s] n° 313.27

313.09 Deux causes de neutralisation. Les demandes de créances résultant des mouvements de valeurs intervenus entre les époux séparés de biens peuvent être neutralisées soit par le jeu de la contribution aux charges du mariage (sect. 1), soit par l'idée de donation (sect. 2).

SECTION 1
NEUTRALISATION FONDÉE SUR L'EXISTENCE D'UNE OBLIGATION CONTRIBUTIVE

313.11 Position du problème. L'une des spécificités de la séparation de biens réside dans le fait que la prétention d'un époux au bénéfice d'une créance entre époux ou d'une créance d'indivision peut être neutralisée en tout ou partie par le jeu de la contribution aux charges du mariage des articles 214 et 1537 du code civil. Quelles que soient les modalités adoptées, l'exécution de cette obligation est masquée par la communauté de vie, tant que dure le mariage et que règne l'entente conjugale. Mais, lorsque le lien matrimonial est dissous, cette obligation rejaillit sur l'établissement des comptes[1], ce qui a pour effet de créer un contentieux différé de la contribution aux charges du mariage[2]. Nous envisagerons successivement le principe (§ 1) et les limites de la neutralisation (§ 2).

§ 1
Principe de la neutralisation

313.12 Neutralisation imposée par la loi. La prétention de l'époux revendiquant doit être neutralisée par principe par l'obligation légale qui lui est faite, selon les articles 214 et 1537 du code civil, de contribuer aux charges du mariage. Que l'époux qui perçoit les revenus les plus importants règle de manière substantielle les dépenses du ménage paraît de prime abord conforme à ces textes qui posent, à titre supplétif, un principe de proportionnalité entre les facultés respectives des époux et leur obligation à la dette. Sans surprise, la jurisprudence, qui a adopté une conception large de la notion de « charges du mariage »[3], estime le plus souvent que la dépense réalisée ou la somme remise à son conjoint par l'époux *solvens* tombe sous le coup de son obligation contributive.

Ainsi, par exemple, il a pu être jugé que lorsqu'un époux réalise des travaux sur un bien personnel de son conjoint, soit qu'il les réalise de sa propre main, soit qu'il les fasse réaliser à ses frais, il ne fait, par principe, que contribuer aux charges du mariage, de sorte qu'il ne peut revendiquer aucune créance à l'égard de son conjoint de ce chef[4]. De la même manière, la Cour de cassation considère que le remboursement par l'un des époux des échéances de l'emprunt souscrit pour l'acquisition du logement de la famille participe de l'exécution de son obligation de contribuer aux charges du mariage[5]. Il a également pu être jugé que l'activité déployée bénévolement par un époux au profit de son conjoint tombe en principe sous le coup de sa contribution aux charges du mariage[6]. Enfin, il est admis que l'obligation contributive peut être la cause possible des versements d'un époux séparé de biens à son conjoint destinés à l'achat d'un immeuble indivis[7].

313.13 Neutralisation voulue par les parties. L'obligation légale voit sa portée généralement renforcée par la volonté des parties. En effet, il est fréquent que les époux séparés de biens stipulent dans leur contrat de mariage une clause aux termes de laquelle chacun d'entre eux « sera réputé avoir fourni au jour le jour sa part contributive, en sorte qu'ils ne seront assujettis à aucun compte entre

1. Sur ce point, v. V. Brémond, « Remarques sur l'article 214 du code civil entre époux séparés de biens », *JCP N* 1998, 435 – M. Plassard, « Des clauses relatives à la contribution aux charges du ménage sous le régime de la séparation de biens », *in Études de droit civil à la mémoire de Henri Capitant*, Dalloz, 1939, p. 643 – J. Revel, « L'article 214 du code civil et le régime de la séparation de biens », *D.* 1983, chron. 21.
2. V. E. Abitbol, « La contribution aux charges du mariage et son contentieux différé », *in Mélanges offerts à Monsieur P. Raynaud*, Dalloz-Sirey, 1985, p. 1.
3. V. J. Flour et G. Champenois, *op. cit.*, n° 62.
4. V. not. CA Lyon, 24 mai 1995, *Juris-Data* n° 047393 – Civ. 1re, 19 mars 2002, n° 00-11.238, *Bull. civ.* I, n° 99 – *D.* 2002, Somm. 2440, obs. V. Brémond – *JCP* 2002, I, 167, n° 15, obs. Storck – Civ. 1re, 14 janv. 2003, *D.* 2003, Somm. 1868, obs. J. Revel.
5. Civ. 1re, 14 mars 2006, n° 05-15.980, *Bull. civ.* I, n° 160 – *AJ fam.* 2006. 293, obs. Hilt – *JCP* 2006. I. 193, obs. Wiederkehr.
6. CA Rouen, 16 juil. 1936, *Defrénois* 1937, art. 24787 – *DP* 1938, 2, p. 89, note M. Nast – S. 1937, 2, p. 169, note P. Esmein – CA Rouen, 22 février 1939, S. 1939, 2, p. 63 – *Defrénois* 1939, art. 25567 – CA Pau, 23 janv. 1961, *JCP* 1961, II, 12207, note J.-C. Laurent – Civ. 1re, 15 mars 1960, *Bull. civ.* I, n° 154 – Civ. 1re, 30 mai 1979, *Bull. civ.* I, n° 161 – *Defrénois* 1980, art. 32174, p. 44 (2e esp), note A. Ponsard – *D.* 1979, IR p. 495, obs. D. Martin.
7. Civ. 1re, 19 mai 1976, *Bull. civ.* I, n° 183 – Civ. 1re, 2 mai 1979, *D.* 1979, IR p. 432 – CA Paris, 2 juil. 1980, *JCP N* 1981, II, 405, note Ph. Rémy – Civ. 1re, 20 mai 1981, *Bull. civ.* I, n° 176 – *Defrénois* 1981, art. 32750, p. 1234, obs. G. Champenois – *RTD civ.* 1982, p. 784, obs. J. Patarin.

eux, ni à retirer à ce sujet aucune quittance l'un de l'autre »[1]. La portée d'une telle clause est cependant discutée.

Se fondant sur le pouvoir souverain des juges du fond, certains arrêts n'y perçoivent qu'une présomption simple d'exécution régulière de l'obligation de contribution[2], simple rappel de l'obligation légale, cependant que d'autres, au contraire, affirment qu'une telle clause pose une présomption irréfragable de nature à écarter toute réclamation concernant la contribution aux charges du mariage[3].

Sans pouvoir dégager de solution certaine, mieux vaut sans doute voir dans ces clauses un compromis entre ces deux solutions. Particulièrement éclairant à ce sujet, un arrêt rendu par la première Chambre civile de la Cour de cassation le 15 mars 1960 a jugé que « *la "fiction de l'apurement quotidien des comptes entre les époux", prévue par une clause relative aux charges journalières du ménage d'après laquelle le règlement des dépenses communes était réputé s'effectuer chaque jour, aucun compte ne devant être dressé entre les époux à la dissolution du régime ne saurait s'opposer à un règlement des comptes ultérieurs concernant un élément non "susceptible d'évaluation quotidienne"* »[4]. En d'autres termes, si la clause aurait pour effet de neutraliser, en tout état de cause, les dépenses quotidiennes; en revanche, elle n'édicterait qu'une présomption simple pour les dépenses extraordinaires, comme l'acquisition d'un bien, par exemple, ou encore la réalisation de travaux importants.

Toujours est-il que cette présomption, d'une discrétion exemplaire lorsque les conjoints vivent en parfaite harmonie, est souvent mal perçue quand survient l'heure de la discorde, par l'époux *solvens*, incrédule à l'idée de se voir ainsi opposer une fin de non-recevoir à ces demandes de restitution. Elle s'explique pourtant si l'on a trait à son origine. Ces clauses ont été insérées au sein des contrats de mariage par la pratique notariale, à une époque où la plupart des épouses n'exerçaient aucune activité professionnelle, aux fins d'éviter vraisemblablement que ces dernières croulent sous les demandes de reddition de comptes de leur mari, seul pourvoyeur de fonds durant le mariage, ce qui eut alors été dramatique pour la plupart d'entre elles.

Pour aller plus loin : l'opportunité de maintenir aujourd'hui de telles stipulations, devenues de véritables clauses de style au sein des contrats de mariage d'époux séparés de biens, sans pour autant que leur sens et leur portée ne soient toujours parfaitement perçus par ces derniers, mérite certainement d'être posée.

Aujourd'hui encore, le but de ces clauses parait clair : éviter de devoir opérer des comptes d'apothicaires entre les époux.

C'est en ce sens que se prononcent très généralement les juges du fond, peu enclins par nature - on les comprend - à rouvrir les livres de compte des époux, aux fins de déterminer rétroactivement si chacun a payé son exact écot[5]. La Cour de cassation ne semble pourtant pas l'entendre ainsi. Dans deux espèces globalement similaires, où un mari avait réglé les échéances d'un prêt relatif au logement familial indivis à l'aide de deniers personnels, la Haute juridiction a considéré, en application de la clause contenue dans le contrat de mariage, qu'il était présumé avoir contribué aux charges du mariage, sous-entendu avant d'avoir remboursé lesdites échéances. Dès lors, elle en a déduit logiquement qu'il appartenait à l'épouse de rapporter la preuve contraire, autrement dit de démontrer que le remboursement de l'emprunt relevait de la contribution aux charges du mariage de son mari, pour faire obstacle à l'action contributoire de ce dernier[6]. Il résulte de ces décisions que l'époux revendiquant une créance à l'encontre de son conjoint devrait seulement rapporter la preuve de son paiement pour autrui aux fins d'obtenir gain de cause et pour bénéficier d'une clause précisément destinée à éviter les actions contributoires ! Ce renversement du fardeau de la preuve laisse perplexe s'agissant de dépenses qui, selon les dires mêmes de la Cour de cassation, tombent sous le coup de la contribution aux charges du mariage. L'on ne peut dire tout et son contraire : si le règlement par un époux d'un prêt relatif au logement familial participe par principe de l'exécution de son obligation de contribuer aux charges du mariage[7], ce qui n'est guère discutable, il ne saurait être question d'imposer à son conjoint de le démontrer...

313.14 **Conseil pratique.** Les divergences d'interprétation constatées à propos de cette stipulation, devenue une véritable clause de style au sein des

1. Sur ces clauses, v. Aubry et Rau, par Ponsard, *op. cit.*, n° 23 – M. Plassard, « Des clauses relatives à la contribution aux charges du ménage sous le régime de la séparation de biens », art. préc. – R. Savatier, *La séparation de biens en droit français*, *op. cit.*, n°s 95 et 103. Pour une synthèse actualisée, v. V. Brémond, « Remarques sur l'article 214 du code civil entre époux séparés de biens », art. préc., n° 13.
2. Civ. 1re, 10 janv. 1961, *Bull. civ.* I, n° 22 – Civ. 1re, 16 juin 1998, n° 96-19.221, NP – Civ. 1re, 3 nov. 2004, n° 02-13.102, NP – Civ. 1re, 3 mars 2010, n° 09-11.005.
3. Civ. 1re, 1er oct. 1996, *Bull. civ.* I, n° 336 – *JCP N* 1997, II, 1326, obs. M. Storck – CA Pau, 31 mai 2001, *Juris-Data* n° 150005.
4. *Bull. civ.* I, n° 154.
5. V. not., CA Dijon, 17 nov. 2005, *Juris-Data* n° 299734 – CA Nîmes, 23 sept. 2008, Juris-data n° 373536 – CA Paris, 30 juin 2010, *AJ fam.* 2010. 499, obs. Hilt.
6. Civ. 1re, 4 juill. 2006, n° 04-18.345, NP – Civ. 1re, 3 mars 2010, *AJ fam.* 2010. 188, obs. crit. F. Chenédé.
7. Civ. 1re, 14 mars 2006, n° 05-15.980, préc.

contrats de mariage d'époux séparés de biens, doivent inciter les notaires à attirer l'attention de leurs clients sur son sens et sa portée, aux fins, le cas échéant, de la reformuler conformément aux vœux exprimés par ces derniers et pour prévenir, dans la mesure du possible, un contentieux futur à ce sujet.

313.15 Absence de neutralisation pour les dettes d'indivision. Si la neutralisation a vocation à s'appliquer aux créances d'indivision comme aux créances entre époux, encore faut-il souligner que celle-ci ne joue qu'à sens unique, lorsqu'un époux se prétend créancier de l'indivision. En effet, lorsqu'un des époux est débiteur de l'indivision, il ne peut arguer d'une quelconque contribution aux charges du mariage pour refuser la restitution.

Exemple : au cours de l'union, un époux utilise des fonds déposés sur un compte joint, ouvert au nom des deux époux et régulièrement alimenté par leurs soins, à hauteur de 30 000 € pour financer l'acquisition d'un véhicule automobile en son nom personnel. Dans l'exemple donné, l'époux est propriétaire du véhicule en question et est débiteur de l'indivision, sur le fondement de l'article 815-13, alinéa 2, du code civil, à hauteur des fonds utilisés, soit 30 000 €, sans qu'il puisse arguer d'une quelconque contribution aux charges du mariage pour échapper à sa dette de restitution.

Cela étant, cette exclusion connaît sans doute une exception en matière de jouissance privative d'un bien indivis. En effet, l'abandon de l'usage privatif d'un bien indivis à l'un des époux par son conjoint, qui n'est pas le logement de la famille (dans ce cas, la jouissance est présumée gratuite jusqu'à l'ordonnance de non-conciliation), peut parfois être regardé comme une contribution en nature de celui-ci aux charges du mariage. La prestation, trouvant sa cause dans l'article 214 du code civil, ne saurait alors donner lieu à indemnité sur le fondement de l'article 815-9 du code civil[1].

313.16 Cas des récompenses dans le cadre d'une société d'acquêts. La question se pose de savoir si les récompenses éventuellement dues dans le cadre de la société d'acquêts peuvent être neutralisées par le jeu de la contribution aux charges du mariage. De ce point de vue, plusieurs situations méritent d'être distinguées.

Lorsque la société d'acquêts est créancière d'une récompense, il paraît peu envisageable de lui opposer une quelconque contribution pour neutraliser la demande.

Lorsque l'un des époux est créancier d'une récompense, la neutralisation a sans doute vocation à jouer, mais encore faut-il distinguer selon l'étendue de la société d'acquêts. Ainsi, lorsque la société d'acquêts comprend les revenus des époux, la neutralisation semble difficile à retenir, puisque l'on peut légitimement considérer que l'obligation de contribuer aux charges du mariage est suffisamment exécutée par la perception des revenus par la société. En revanche, lorsque la société d'acquêts ne comprend pas les revenus des époux, la neutralisation semble possible.

Remarque(s) : si la société comprend les revenus, la neutralisation ne semble pas davantage possible non plus pour les créances entre époux et les créances d'indivision.

§ 2
Limites à la neutralisation

313.17 Présentation. La neutralisation des créances entre époux et des créances d'indivision sur le fondement de la contribution aux charges du mariage n'est pas sans limite.

313.18 Limites liées à la durée de l'obligation contributive. La neutralisation des mouvements de valeurs fondée sur l'obligation de contribution aux charges du mariage ne peut être invoquée qu'autant que dure cette obligation. Or, celle-ci est appelée à cesser à compter de l'ordonnance de non-conciliation, non pas parce qu'il s'agit aujourd'hui de la date de principe de la dissolution du régime matrimonial, mais parce que le juge conciliateur dispose de pouvoirs lui permettant alors de prendre des mesures se substituant à la contribution, notamment la condamnation d'un époux au versement d'une pension alimentaire (C. civ., art. 255, 6°). Cela signifie que toutes les dépenses ou améliorations faites par un époux à l'aide de deniers personnels au profit d'un bien indivis, à compter de l'ordonnance de non-conciliation, rentrent alors dans un compte d'administration et que ce sont les règles de droit commun de l'indivision qui ont alors vocation à s'appliquer.

Notons cependant que rien n'empêche le juge conciliateur de spécifier que l'acquittement d'une dette indivise – le plus souvent, en pratique, le remboursement de l'emprunt – constitue une modalité de paiement de la pension alimentaire, ce qui a pour résultat de mettre à la charge définitive de l'époux désigné le règlement de la dette[2]. En pareil cas, il est bien évident que cet époux ne saurait se retourner contre son conjoint pour obtenir le remboursement de tout ou partie des sommes réglées par ses soins au titre de son devoir alimentaire.

1. En ce sens, v. P. Catala, « L'indivision entre époux », art. préc., n° 25.

2. Civ. 2e, 16 juill. 1976, *D.* 1977, J. 33, note Y. Chartier.

Cette neutralisation de la créance ne revêt cependant qu'un caractère temporaire; elle disparaît naturellement une fois que le divorce a acquis force de chose jugée, puisque les mesures provisoires cessent alors de s'appliquer et qu'il n'existe plus aucune obligation alimentaire entre les époux.

313.19 Observation pratique. À l'instar d'une pratique répandue dans le cadre du régime de la communauté légale, les conseils ont tendance à solliciter un report de la date de dissolution du régime matrimonial de la séparation de biens à la date à laquelle les époux « *ont cessé de cohabiter et de collaborer* » (C. civ., art. 262-1), lorsque leur client réglait à l'aide de deniers personnels les dépenses du ménage. L'objectif recherché est d'accroître l'étendue des créances dont il serait titulaire à l'encontre du conjoint. C'est oublier qu'en cas de report à une date antérieure à l'ordonnance de non-conciliation, les mouvements de valeurs qui ont eu lieu entre la date de dissolution effectivement retenue et l'ordonnance de non-conciliation peuvent être neutralisés par l'obligation qui est faite à chacun des époux de contribuer aux charges du mariage, ce qui tempère fortement l'intérêt pratique d'un tel report.

313.20 Limites liées à l'objet de l'obligation contributive. La neutralisation ne peut être valablement invoquée pour les dépenses qui ne constituent pas des charges du mariage au sens des articles 214 et 1537 du code civil. Rappelons à ce propos que la notion de charge du ménage est largement interprétée par la jurisprudence[1], ce qui limite singulièrement le champ d'expression de cette limite. Dans un arrêt en date du 20 mai 1981[2], la première Chambre civile a notamment affirmé que « *la contribution aux charges du mariage est distincte par son fondement et par son but de l'obligation alimentaire, et peut inclure des dépenses d'agrément* ». Ainsi, selon la jurisprudence, la notion de charges du mariage ne se limite pas aux dettes ménagères au sens de l'article 220 du code civil et inclut les dépenses d'investissement. Dans l'affaire évoquée, par exemple, la Cour de cassation a estimé que les versements réalisés aux fins d'acquérir une résidence secondaire indivise entre les époux étaient constitutifs d'une charge du mariage.

Ceci étant rappelé, toute dépense ne tombe pas pour autant sous le coup de la notion de charges du mariage.

On songe, d'une part, à la plupart des dettes fiscales, et notamment à l'impôt sur le revenu qui, selon une jurisprudence bien ancrée, ne constitue pas une charge du mariage sous un régime séparatiste, au motif qu'elle constitue la charge directe des revenus personnels des époux étrangère aux besoins de la vie familiale[3]. On en déduit classiquement que l'article 214 du code civil n'a pas sa place dans le débat si l'un des époux prétend qu'il a payé plus que la part d'impôt lui revenant. Cette pétition de principe doit cependant être relativisée :

- d'abord parce qu'il est possible aux époux de stipuler par contrat de mariage que la dette d'impôt sur le revenu relève de la notion de charge du mariage, ce qui aurait pour résultat de neutraliser la demande éventuelle de créance de l'époux *solvens*;

- ensuite à l'aune d'une décision rendue par la Cour de cassation, le 25 juin 2008, dans une espèce où il était opposé à l'époux *solvens* une « convention verbale », selon laquelle il assumerait les impôts du couple, tandis qu'en contrepartie, l'épouse réglerait seule « les frais de logement qui constituent en l'absence d'enfant l'essentiel des charges du mariage »[4]. En ne trouvant rien à redire à cette convention, la Haute juridiction a ainsi admis que le paiement de l'impôt sur le revenu par l'un des époux pouvait se compenser avec celui des frais de logement opérés son conjoint. Ce faisant, la Haute juridiction admet indirectement que l'article 214 du code civil n'est pas toujours hors de propos s'agissant du paiement de l'impôt sur le revenu.

Dans l'hypothèse où le principe de la créance est admis, la Cour de cassation a précisé que le montant de la contribution, et partant celui de la créance, devait être fixé au *prorata*, non pas des revenus perçus par chaque époux durant l'année d'imposition, mais de l'impôt dont chaque époux aurait été redevable s'il avait l'objet d'une imposi-

1. Pour une synthèse, envisagée dans la perspective des comptes entre époux séparés de biens, v. V. Brémond, « Remarques sur l'article 214 du code civil entre époux séparés de biens », art. préc., n°s 3 à 5.
2. Civ. 20 mai 1981, *Bull. civ.* I, n° 176.
3. V. not., Civ. 1re, 22 févr. 1978, *D.* 1978, Jur. 602, 1re esp., note D. Martin – *Defrénois* 1979, art. 32162, obs. G. Champenois – CA Versailles, 29 nov. 1990, *D.* 1991, IR p. 39 – CA Paris, 3 juil. 1995, *JCP* 1995, I, 3908, n° 17, obs. M. Storck – CA Paris, 4 oct. 1996, *Dr. famille* 1997, comm. n° 145, obs. B. B. – Civ. 1re, 1er déc. 1999, *JCP* 2000, I, 245, n° 26, obs. M. Storck – Civ. 1re, 19 mars 2002, *Bull. civ.* I, n° 99 – *D.* 2002, Somm. p. 2440, obs. V. Brémond – *JCP* 2002, I, 167, n° 15, obs. M. Storck – *Gaz. Pal.* 8-9 janv. 2003, p. 408, concl. J. Saint-Rose – *RTD civ.* 2003, p. 137, obs. B. Vareille – Civ. 1re, 25 juin 2002, *Bull. civ.* I, n° 173 – *Dr. famille* 2002, comm. n° 149, note B. B – *RTD civ.* 2002, p. 790, obs. J. Hauser – Civ. 1re, 30 oct. 2006, *Bull. civ.* I, n° 454 – *AJ famille*, 2006, p. 467, obs. P. Hilt – *D.* 2006, IR p. 2877 – *JCP* 2007, I, 142, n° 31, obs. M. Storck – *RJPF* 2007, 1/23, obs. F. Vauvillé – *RTD civ.* 2008, p. 529, obs. B. Vareille.
4. Civ. 1re, 25 juin 2008, n° 07-17.349, NP – *RJPF* 2008-11/21, obs. F. Vauvillé – *RTD civ.* 2008, p. 529, obs. B. Vareille.

tion séparée[1]. En d'autres termes, la part que chaque époux aurait dû assumer personnellement dans la dette fiscale suppose la prise en considération des avantages fiscaux accordés à chaque époux, ce qui est sans doute plus facile à énoncer qu'à mettre en œuvre[2].

On songe, d'autre part, à l'hypothèse où les fonds remis ont été affectés à un bien personnel qui n'a aucune destination familiale. Dans ce cas, il est sans doute possible de soutenir que la dépense ne relève pas de la notion de charges du mariage[3]. Il convient toutefois de souligner que, par principe, une dépense ne cesse pas d'être incluse dans les charges du mariage parce qu'elle ne profite plus directement à l'un des époux, tout au moins lorsqu'elle est impérieuse[4]. En revanche, on peut très certainement considérer comme exclue de la catégorie des charges du ménage la dépense personnelle de pur agrément[5].

313.21 Limites liées à l'étendue de l'obligation contributive. La présomption selon laquelle les demandes de créances formulées par l'époux *solvens* tombent sous le coup de sa contribution aux charges du mariage est susceptible d'être renversée, dès lors que ce dernier parvient à démontrer qu'il a, par ailleurs, suffisamment contribué auxdites charges, de sorte que le montant des dépenses auxquelles il a dû faire face ou des fonds qu'il a remis à son conjoint excède son obligation. En d'autres termes, la preuve de l'existence d'un excès contributif permet à l'époux revendiquant de se prévaloir d'une créance à l'encontre son conjoint, y compris lorsque le contrat de mariage stipule que les époux sont réputés avoir contribué au jour le jour aux charges du mariage.

À titre d'illustration, on peut citer une décision rendue par la Cour de cassation, le 26 mai 1999, aux termes de laquelle la Haute juridiction a admis l'indemnisation intégrale des matériaux et main-d'œuvre nécessaires aux travaux d'aménagement réalisés par un époux, relatifs à la maison appartenant personnellement à son conjoint, dès lors que les prestations litigieuses excédaient les obligations découlant du mariage[6].

S'agissant de travaux, il a été jugé à plusieurs reprises que le critère de l'excès de contribution aux charges du mariage repose sur le caractère modeste ou non des travaux réalisés[7]. De même, s'agissant de l'acquisition du logement familial, il a été décidé que les versements d'un époux « sans commune mesure avec une simple contribution aux charges du mariage » lui ouvraient droit à créance contre son conjoint[8]. En tout état de cause, l'appréciation de cet excès relève du pouvoir souverain des juges du fond.

La preuve de l'excès de contribution doit pouvoir être rapportée par tous moyens. En pratique, tout au moins dans l'hypothèse où l'époux demandeur perçoit des revenus beaucoup plus importants que ceux de son conjoint, il ne faut cependant pas se leurrer sur les difficultés qui sont les siennes pour renverser la présomption devant les tribunaux. Pour y parvenir, il est contraint de démontrer cet excès, ce qui suppose très généralement de procéder à de savants calculs qui, en toute logique, reposent sur le cheminement suivant :

1° récapituler les dépenses ménagères auxquelles le ménage a dû faire face, année par année, en tenant compte non seulement des dépenses invoquées par ses soins, pour lesquelles il a conservé des éléments de preuve (tableaux d'amortissement, factures, *etc.*), mais aussi des menues dépenses, que son conjoint prétendra le plus souvent avoir financé et qu'il conviendra d'évaluer forfaitairement, en l'absence de factures;

2° calculer les facultés respectives de chaque époux, en tenant compte de leurs revenus annuels et, le cas échéant de leur capital. Dans l'hypothèse où l'un des époux a utilisé l'ensemble de ses revenus pour faire face aux charges du mariage alors que son conjoint, sans activité, dispose d'un capital qu'il a géré dans son seul intérêt, il doit être tenu compte des revenus qu'une gestion utile du capital de celui-ci aurait pu procurer au ménage[9]. Comme on a pu l'exprimer, il semblerait en effet « *injuste*

1. Civ. 1re, 30 oct. 2006, n° 03-19.317, préc., qui censure une cour d'appel qui avait justement fixé la part contributive des époux en fonction des revenus perçus.
2. Sur ces difficultés, v. A. Depondt, art. préc., n° 16.
3. En ce sens, v. J. Patarin et G. Morin, *La réforme des régimes matrimoniaux*, t. I, *Statut fondamental et régime légal*, *op. cit.*, n° 12 – *JCP N* 1997, I, 4047, obs. G. Wiederkehr.
4. V. Req. 31 oct. 1934, *DP* 1935, 1, 73, note M. Nast (notes de tailleur) – Req. 28 févr. 1938, *DH* 1938, p. 241 (soins médicaux).
5. V. CA Paris, 1er juil. 2003, *AJ fam.* 2003. 388, obs. S. David.
6. Civ. 1re, 26 mai 1999, n° 97-16.571, NP.
7. Civ. 1re, 19 mars 2002, *Bull. civ.* I n° 99 – *D.* 2002, Somm. 2440, obs. V. Brémond – *JCP* 2002, I, 167, n° 15, obs. Storck – *Gaz. Pal.* 8-9 janv. 2003, concl. J. Saint-Rose – *RTD civ.* 2003, p. 137, obs. B. Vareille (les versements affectés à l'amélioration d'immeuble personnels du conjoint « *ne constituaient qu'une modeste compensation au logement du ménage dans les immeubles appartenant à l'épouse* ») – Civ. 1re, 14 janv. 2003, n° 00-16.612, NP – *D.* 2003, Somm. 1868, obs. J. Revel (des travaux « *modestes* » ne sauraient excéder la contribution aux charges du mariage).
8. CA Rennes, 20 mars 2007, n° 06-01677, NP.
9. En ce sens, v. Civ. 1re, 17 déc. 1965, *D.* 1965, p. 465, note R. Savatier – Civ. 1re, 27 oct. 1992, *D.* 1993, p. 422, note C. Philippe – *RTD civ.* 1993, p. 181, obs. F. Lucet et B. Vareille.

que, sous prétexte qu'un époux dispose de capitaux alors que l'autre ne dispose que de revenus, tout le poids de l'entretien du ménage pèse sur celui-ci seulement, permettant à l'autre de conserver son capital intact »[1];

3° déterminer la proportion de dépenses à supporter par chacun des époux;

4° prouver la contribution effective de chacun, en tenant compte non seulement des apports en numéraire mais aussi, ce qui sera plus délicat à évaluer, l'apport en nature que son conjoint (en pratique, très généralement, l'épouse) ne manquera pas d'invoquer !

Exemple : deux époux, Monsieur et Madame BARMAT, mariés sous le régime de la séparation de biens, divorcent. Le mariage a duré dix ans. Dans le cadre des opérations de liquidation de leur régime matrimonial, Monsieur BARMAT sollicite un certain nombre de créances, qu'il estime ne pas pouvoir être gelées, en tout cas dans leur globalité, par son obligation contributive. Son argumentation est-elle justifiée ?

En moyenne, les revenus globaux du couple durant le mariage se sont élevés à 10 000 € par mois, se décomposant comme suit :

- revenus de Monsieur BARMAT = 8 000 € soit 80 %;

- revenus de Madame BARMAT = 2 000 € soit 20 %.

Les dépenses « apparentes » du ménage, pour lesquels Monsieur a conservé des éléments de preuve (remboursement des emprunts, acquittement des assurances, des charges de copropriété, des taxes inhérentes aux biens immobiliers, des factures d'électricité, de gaz, d'eau, de téléphone, d'internet, *etc.*) s'élevaient mensuellement à 8 000 €.

Monsieur prétend avoir financé l'ensemble de ces dépenses et sollicite une créance mensuelle égale à la part contributive théorique de son épouse, soit 1 600 € (20 % × 8 000 €).

Madame démontre qu'en réalité, il doit être tenu compte des dépenses « imperceptibles » du ménage, celles pour lesquelles il ne subsiste aucune preuve (dépenses de santé non remboursées, frais d'éducation des enfants, dépenses d'alimentation, de vêtements, de loisirs, *etc.*), qu'elle évalue forfaitairement à 2 000 € par mois.

Admettons que les époux s'accordent pour considérer qu'ils ont contribué par moitié à ces dépenses, soit 1 000 € chacun.

À ce stade des opérations, les dépenses « réelles » du couple peuvent être évaluées à 10 000 €, et la proportion contributive de chaque époux à 90 % pour Monsieur (9 000 €) et 10 % pour Madame (1 000 €), de sorte que Monsieur dispose toujours d'une créance à l'encontre de son épouse.

Ceci dit, Madame rappelle qu'elle est demeurée un certain nombre d'années au foyer pour élever les enfants et qu'elle s'est consacrée durant toute la durée du mariage aux tâches domestiques, contribuant ainsi en nature aux charges du ménage. Elle évalue l'économie mensuelle réalisée par le couple à 2 000 € (frais de garde des enfants, femme de ménage, *etc.*).

En conséquence, les dépenses « reconstituées » du couple peuvent être évaluées à 12 000 €.

Au final, Monsieur BARMAT a contribué aux charges du mariage à hauteur de 75 % (9 000 € sur 12 000 €) et Madame à hauteur de 25 % (3 000 € sur 12 000 €), alors que leurs facultés respectives auraient dû les conduire à contribuer dans une proportion de 80 % pour lui et de 20 % pour elle.

En conclusion, Madame BARMAT pourrait se prévaloir d'une créance mensuelle de 600 € (5 % de 12 000 €) à l'égard de son mari, soit 72 000 € (600 € × 12 mois × 10 ans), en contrepartie de son excès de contribution aux charges du mariage !

Ce calcul s'impose non seulement lorsque les époux ont réalisé des économies pendant le mariage[2], mais aussi s'ils n'en ont pas fait. Certes, dans ce cas, ils ont dépensé l'ensemble de leurs revenus et donc, par définition, ils sont censés avoir exactement contribué aux charges du mariage. Il reste que l'un d'entre eux peut avoir, de surcroît, investi des sommes en capital provenant d'une succession, d'une donation de ses parents[3] ou encore de la revente d'un bien acquis avant le mariage, pour financer au comptant l'acquisition d'un bien immobilier indivis ou les travaux relatifs à ce bien. Cet époux, désireux de récupérer les sommes ainsi investies, sous forme de créances revalorisées, peut-il de nouveau se voir opposer son obligation contributive ?

Parce que cette dernière peut s'exécuter en capital et que ce type de dépenses rentre indiscutablement dans la catégorie des « charges du mariage »[4],

1. A. Depondt, art. préc., n° 18.

2. En pareil cas, l'on peut privilégier une méthode plus simple, mais précisément peut-être trop simpliste, qui consiste simplement à comparer les enrichissements de chacun des époux durant le mariage. Si l'enrichissement de l'un d'entre eux diffère de la proportion respective de leurs revenus, c'est qu'il a excessivement ou, au contraire, insuffisamment, contribué aux charges du mariage.

3. À ce propos, v. la position nuancée de Maître A. Depondt, art. préc., n° 19.

4. On sait, en effet, que la notion de « charges du mariage » est largement interprétée par la jurisprudence, laquelle y fait notamment figurer les dépenses d'investissement (v. Civ. 1re, 20 mai 1981, *Bull. civ.* I n° 176 – *Defrénois* 1981, art. 32750, obs. G. Champenois – *RTD civ.* 1982, p. 784, obs. J. Patarin).

une réponse affirmative semble de prime abord s'imposer. Ce n'est pourtant pas notre avis. Nous pensons, au contraire, que l'investissement en capital réalisé à l'aide de deniers, qui eurent été qualifiés de « propres » dans le régime légal, et qui eurent donné naissance en pareil cas à un droit à récompense au profit du patrimoine propre de l'époux *solvens* révèle généralement un excès contributif de sa part. Admettre la solution inverse aboutirait paradoxalement à donner une coloration communautaire plus importante au régime séparatiste qu'au régime légal en pareille hypothèse ! Encore faut-il, bien évidemment, que cet époux démontre, afin d'éviter la neutralisation de sa créance, qu'il a par ailleurs suffisamment rempli son devoir contributif. Tel est le cas, selon nous, dès lors qu'il a réglé, outre son investissement personnel en capital, tout ou partie des dépenses quotidiennes du ménage.

Concrètement, dans l'hypothèse répandue où l'acquisition du domicile conjugal ou des travaux relatifs à ce dernier, ont été réglés pour partie au comptant et pour partie à l'aide d'un emprunt, l'ensemble étant financé par l'un des époux, l'on doit admettre que si celui-ci peut se voir valablement opposer son devoir contributif s'agissant des échéances du prêt réglées au gré du temps par ses soins, il doit, en revanche, pouvoir obtenir restitution des sommes en capital qu'il a investies.

Il est certain toutefois que l'argument ne saurait être valablement invoqué lorsque l'apport au comptant est le fruit de revenus économisés durant le mariage car il retombe alors dans le giron de l'article 214 du code civil.

Mais surtout, rien n'empêche le conjoint de l'époux revendiquant, le plus souvent l'épouse, de s'opposer à la demande de restitution dans ce cas, non pas en invoquant l'obligation faite à son mari de contribuer aux charges du mariage, mais plutôt l'existence d'une donation à son profit. Plus précisément, et sans entrer dans les détails[1], tout dépend alors de savoir si le transfert de valeurs s'est produit avant ou après le 1er janvier 2005, date d'entrée en vigueur de la loi du 26 mai 2004 portant réforme du divorce[2]. Dans le premier cas, parce que les donations entre époux de biens présents étaient autrefois révocables, l'épouse a tout intérêt à invoquer l'existence d'une donation rémunératoire, si elle peut justifier, en quelque sorte, d'une suractivité professionnelle ou domestique. Dans le second cas, parce que les donations entre époux de biens présents sont devenues irrévocables par principe depuis lors (C. civ., art. 1096, al. 2), il lui appartient de démontrer l'existence d'une donation pure et simple, afin de conserver les fonds remis. Ses chances sont réelles, principalement dans le cas d'une acquisition, car il n'est pas aberrant de considérer que l'époux *solvens* qui a consenti volontairement, d'une part, à acquérir le bien en indivision plutôt qu'en son nom personnel, et, d'autre part, à ce que les proportions qui figurent dans l'acte ne coïncident pas avec la réalité du financement, ait entendu, en connaissance de cause, faire indirectement profiter son conjoint des fonds en question. En revanche, en l'absence d'acte, et donc de mentions susceptibles d'être analysées comme des signes révélateurs d'une intention libérale, celle-ci peut être plus difficile à démontrer. C'est le cas par exemple, lorsque l'époux *solvens* a réglé seul des travaux et a utilisé pour ce faire des sommes personnelles en capital.

Il en résulte, au final, que si l'époux revendiquant qui a investi dans le ménage des sommes personnelles en capital est susceptible d'échapper à l'argument tiré de l'article 214 du code civil, il risque fort de se voir opposer son intention libérale, sauf pour lui à invoquer l'existence d'un prêt, ce qui peut apparaître malaisé s'agissant de deux personnes unies par un lien affectif.

1. Sur lesquels, v. P.-J. Claux et S. David, *Droit et pratique du divorce*, Dalloz référence, 2010/2011, nos 235.51 s.
2. *Ibid.*, nos 222.101 s.

SECTION 2
NEUTRALISATION FONDÉE SUR L'EXISTENCE D'UNE DONATION

313.22 Dualité de régime. Rien n'empêche le conjoint de l'époux revendiquant, le plus souvent l'épouse, de s'opposer à la demande de restitution dans ce cas, non pas en invoquant l'obligation faite à son mari de contribuer aux charges du mariage, mais plutôt l'existence d'une donation à son profit. Plus précisément, et sans entrer dans les détails[3], tout dépend alors de savoir si le mouvement de valeurs s'est produit avant ou après le 1er janvier 2005, date d'entrée en vigueur de la loi du 26 mai 2004 portant réforme du divorce[4]. Dans le premier cas, parce que les donations entre époux de biens présents étaient autrefois révocables, l'épouse a tout intérêt à invoquer l'existence d'une donation rémunératoire, si elle peut justifier, en quelque sorte, d'une suractivité professionnelle ou domestique (§ 1). Dans le second cas, parce que les donations entre époux de biens présents sont devenues irrévocables par principe depuis lors (C. civ., art. 1096, al. 2), il lui appartient de démontrer l'existence

3. Sur lesquels, v. *ibid.*, nos 235.51 s.
4. *Ibid.*, nos 222.101 s.

d'une donation pure et simple, afin de conserver les fonds remis (§ 2).

§ 1
Mouvements de valeurs antérieurs au 1er janvier 2005

313.22.1 Argument tiré de l'existence d'une donation rémunératoire. Lorsque l'un des époux a remis des fonds à son conjoint avant le 1er janvier 2005 et sollicite au moment du divorce le règlement d'une créance entre époux, la jurisprudence admet que ce dernier peut neutraliser la demande ainsi formulée en excipant de l'existence d'une donation rémunératoire[1]. Concrètement, il s'agit pour l'époux défendeur de soutenir que la remise de fonds dont il a pu bénéficier constitue, non pas un prêt ou une donation, mais la rémunération de sa collaboration bénévole à l'activité professionnelle de son conjoint[2] ou de l'accomplissement de tâches domestiques excédant sa contribution aux charges du mariage[3], ce qui lui permet ainsi d'échapper à toute restitution.

Cette qualification, d'origine prétorienne, a longtemps été principalement invoquée dans l'hypothèse d'un achat pour autrui, pour contrer les demandes de créances fondées sur l'idée de donation, ce qui lui a, du reste, valu cette dénomination impropre de « *donation rémunératoire* »[4]. Les termes du débat, sont bien connus; ils étaient sources d'un contentieux récurrent sous l'empire de la loi de 1975 et aujourd'hui en survivance. En pareil cas, deux époux séparés de biens acquièrent un bien indivis, généralement pour moitié chacun, puis, au moment du divorce, l'un d'entre eux, le plus souvent le mari, indique qu'il a en réalité financé seul l'acquisition dudit bien, nonobstant les termes de l'acte. Il prétend, sur un terrain juridique, avoir donné à son conjoint, le plus souvent l'épouse, les sommes qui ont permis à cette dernière de se porter co-acquéreur du bien en question et entend révoquer la donation ainsi consentie. À la demande de restitution des fonds de l'époux donateur, l'épouse oppose l'existence d'une donation rémunératoire, aux fins de conservation des fonds litigieux.

313.23 Conditions. La qualification de la remise de fonds en donation rémunératoire suppose la réunion de plusieurs conditions précises.

Pour que la remise de deniers entre époux ayant servi à payer le prix d'acquisition reçoive la qualification d'acte à titre onéreux, il faut tout d'abord :

– que le conjoint ait déployé ou promis une activité, ait rendu un service à son conjoint. La donation rémunératoire à titre onéreux a en effet pour objet de rémunérer un service, elle ne saurait avoir pour raison d'être de compenser une différence de revenus ou de patrimoines entre les époux qui ne serait pas due à un service rendu par l'un des époux à l'autre;

– que ce service soit appréciable en argent;

– que le montant des sommes remises n'excède pas la valeur de ce(s) service(s);

– que ce service ait excédé ce que l'article 214 du code civil exige de lui au titre de la contribution aux charges du mariage[5]. L'appréciation de ce dépasse-

1. V. D. Faucher, « Donations rémunératoires entre époux », *JCP N* 2006, 1276 – J.-P. Ferrandes, « Les donations rémunératoires entre époux : état de la jurisprudence », *Dr. et patr.* 1997, 40 – I. Najjar, *Rép. civ.*, *V° Donations entre époux*, nos 27 à 35 – P. Lipinski, th. préc., n° 243 s. – R. Savatier, « Frontière entre la donation rémunératoire et l'acte à titre onéreux », *RTD civ.* 1977, p. 805.
2. Civ. 1re, 19 mai 1976, *Bull. civ.* I n° 183 – Civ. 1re, 10 juill. 1979, *D.* 1980, Somm. 138, obs. D. Martin – *Defrénois* 1980, art. 32174, note A. Ponsard – Civ. 1re, 23 janv. 1980, *Bull. civ.* I n° 35 – *D.* 1980, IR 398, 2e esp., obs. D. Martin – Civ. 1re, 20 mai 1981, *Bull. civ.* I n° 176 – *Defrénois* 1981, art. 32750, obs. G. Champenois – *RTD civ.* 1982, p. 784, obs. J. Patarin – Civ. 1re, 25 févr. 1981, *Bull. civ.* I n° 71 – *JCP* 1982, II, 19843, note Rémy – *Bull. civ.* I n° 71 – Civ. 1re, 8 févr. 2000, *Bull. civ.* I n° 43 – *Dr. fam.* 2000, comm. n° 43, note B. Beignier.
3. CA Paris, 23 mars 1978, *RTD civ.* 1979, 171, obs. Savatier – CA Versailles, 7 janv. 1980 et 8 janv. 1980, *Defrénois* 1981, art. 32512, note Breton – Civ. 1re, 4 mars 1980, *Bull. civ.* I n° 76 – *RTD civ.* 1980, p. 351, obs. R. Nerson et J. Rubellin-Devichi – *RTD civ.* 1981, p. 426, obs. J. Patarin – CA Versailles, 17 mars 1980, *Defrénois* 1980, art. 32512, obs. A. Breton – Civ. 1re, 28 févr. 1984, *Bull. civ.* I n° 78 – *Defrénois* 1985, art. 33501, note Breton – CA Paris, 25 avr. 1989, *D.* 1989, IR 175 – *JCP* 1992, I, 3567, obs. M. Storck – CA Bordeaux, 27 janv. 1993, *JCP N* 1994, II, 237, obs. M. Storck – CA Paris, 9 avr. 1996, *Dr. fam.* 1996, comm. n° 29, note B. B. – Civ. 1re, 3 juill. 1996, n° 94-11.990, NP – *Dr. et patr.* 1996, 72, obs. A. Bénabent – *RTD civ.* 1997, p. 495, obs. Vareille – Civ. 1re, 19 oct. 1999, n° 97-11.261, NP – *Dr. fam.* 2000, comm. n° 63, note B. Beignier.
4. V. D. Faucher, « Donations rémunératoires entre époux », *JCP N* 2006, 1276 – J.-P. Ferrandes, « Les donations rémunératoires entre époux : état de la jurisprudence », *Dr. et patr.* 1997, p. 40 – I. Najjar, Rép. civ., *V° Donations entre époux*, 2008, nos 27 à 35 – P. Lipinski, *La liquidation dans le régime de la séparation de biens*, th. préc., n° 243 et s. – R. Savatier, « Frontière entre la donation rémunératoire et l'acte à titre onéreux », *RTD civ.* 1977, p. 805.
5. Civ. 1re, 3 juill. 1996, *Dr. et patr.* 1996, n° 1467, obs. A. Bénabent – *RTD civ.* 1997, p. 494, obs. B. Vareille – Civ. 1re, 3 juin 1998, *Dr. fam.* 1999, comm. n° 20, note B. Beignier – *Dr. et patr.* 1998, n° 2118, obs. A. Bénabent (à propos de l'activité ménagère) – Civ. 1re, 8 févr. 2000, *Dr. fam.* 2000, comm. n° 43, obs. B. Beignier – *JCP* 2000, I, 245, n° 1, obs. G. Wiederkehr – *D.* 2000. somm. 428, obs. M. Nicod (à propos de l'activité professionnelle).

ment relève du pouvoir souverain des juges du fond[1].

De facto, on s'aperçoit que le caractère rémunératoire de la donation apparaît dans deux situations.

La Cour de cassation admet tout d'abord que la remise de fonds par l'un des époux à son conjoint en vue de l'acquisition d'un bien peut constituer la rémunération ou un supplément de rémunération de la collaboration du conjoint propriétaire des fonds, voire de sa contribution au succès de l'entreprise de ce conjoint[2]. De ce point de vue, il importe peu que l'activité en question soit commerciale, artisanale ou libérale[3]. En revanche, la collaboration doit être non seulement importante, mais aussi constante. Une collaboration épisodique ne saurait suffire.

L'activité d'un des époux au foyer est la seconde justification des donations rémunératoires à titre onéreux entre époux. Ainsi la remise de fonds peut constituer la juste rémunération de l'accomplissement de tâches domestiques excédant la contribution aux charges du mariage, dans le cas où l'époux bénéficiaire a dû, pour les accomplir, faire le sacrifice de sa carrière professionnelle[4]. En revanche, il semble bien qu'une interruption momentanée de carrière ne représente pas un sacrifice suffisant pour ôter à la remise de fonds son caractère gratuit[5].

Dans le même ordre d'idées, la remise des fonds peut représenter, de la part du conjoint qui n'a pas participé à la gestion du ménage, sa contribution elle-même aux charges du mariage[6].

En revanche, plusieurs éléments sont indifférents à la qualification à titre onéreux :

– la nature du bien acquis. Il importe peu que les deniers fournis par un époux à son conjoint aient eu pour objet l'acquisition de la résidence principale des époux ou de tout autre bien. L'acquisition de tout bien immobilier peut être financée par une donation rémunératoire[7] ;

– les conditions de l'acquisition. La qualification de donation rémunératoire à titre onéreux peut être retenue alors que l'acquisition litigieuse a été faite en indivision entre les époux[8] ou au seul nom de l'époux bénéficiaire des fonds[9] ;

– la date du service qui fait l'objet de la rémunération. Dans un arrêt en date du 9 novembre 1993[10], la Cour de cassation a admis que la remise de fonds pouvait avoir pour objet la rémunération d'une collaboration professionnelle future, dès lors que celle-ci a effectivement lieu par la suite. En d'autres termes, il ne faut pas se placer au jour de la remise de fonds pour apprécier si celle-ci rémunère le service, mais au jour où le caractère gratuit de la donation est remis en cause.

Pour que la qualification à titre onéreux de la donation rémunératoire s'impose, il faut également que l'activité ayant excédé la contribution aux charges du mariage n'ait pas été déjà rémunérée et qu'elle ait enrichi l'époux qui a fourni les deniers. De ce point de vue, la Cour de cassation considère que l'absence de rémunération de l'un entraîne

1. Civ. 1re, 24 octobre 1978, *Bull. civ.* I, n° 316 – *D.* 1979, IR p. 75, obs. D. Martin – *JCP* 1979, II, 19220, note J. Patarin – *Gaz. Pal.* 1979, 2, p. 528, note D. de la Marnierre – *Defrénois* 1979, art. 32038, p. 945, obs. G. Champenois.
2. Civ. 1re, 19 mai 1976, *Bull. civ.* I, n° 183 – Civ. 1re, 24 oct. 1978, préc. – Civ. 1re, 10 juill. 1979, *D.* 1980. somm. 138, obs. D. Martin – *Defrénois* 1980, art. 32174, p. 44 (1re esp), note A. Ponsard – Civ. 1re, 23 janv. 1980, *D.* 1980, IR p. 398, 2e esp., obs. D. Martin – Civ. 1re, 20 mai 1981, préc. – Civ. 1re, 25 février 1981, *JCP* 1982, II, 19843, note Ph. Rémy – *Bull. civ.* I, n° 71 – Civ. 1re, 9 nov. 1993, *Bull. civ.* I, n° 317 – *RTD civ.* 1994, p. 662, obs. J. Patarin – *RTD civ.* 1994, p. 595, obs. J. Mestre – *Defrénois* 1994, art. 35761, p. 443, obs. G. Champenois – *JCP* 1994, I, 3791, obs. R. Le Guidec – *JCP* 1994, I, 3785, obs. M. Storck – *JCP* 1994, II, 22300, note C. Philippe – *Dr. et patr.* 1994, n° 436, obs. A. Bénabent – *JCP N* 1994, II. somm. 108 – *RTD civ.* 1995, p. 173, obs. B. Vareille – Civ. 1re, 8 février 2000, *Dr. fam.* 2000, comm. n° 43, note B. B.
3. V. par exemple, Civ. 1re, 10 juill. 1979, préc (aide apportée au fonctionnement du cinéma appartenant à une société dont le mari était le principal actionnaire) – Civ. 1re, 9 nov. 1993, préc. (collaboration à une entreprise horticole créée par le mari) – Civ. 1re, 23 janv. 1980, préc. (travaux de secrétariat).
4. CA Paris, 23 mars 1978, *RTD civ.* 1979, p. 171, obs. R. Savatier – CA Versailles, 7 janv. 1980 et 8 janv. 1980, *Defrénois* 1981, art. 32552, note A. Breton – Civ. 1re, 4 mars 1980, *Bull. civ.* I, n° 76 – *RTD civ.* 1980, p. 351, obs. R. Nerson et J. Rubellin-Devichi – *RTD civ.* 1981, p. 426, obs. J. Patarin – CA Versailles, 17 mars 1980, *Defrénois* 1980, art. 32512, note A. Breton – Civ. 1re, 28 févr. 1984, *Bull. civ.* I, n° 78 – *Defrénois* 1985, art. 32501, note A. Breton – Civ. 1re, 2 oct. 1985, *Bull. civ.* I, n° 244 – *D.* 1986, Jur. 325, note A. Breton – CA Paris, 25 avr. 1989, *D.* 1989, IR p. 175 – *JCP* 1992, I, 3567, obs. M. Storck – CA Bordeaux, 27 janv. 1993, *JCP N* 1994, II, 237, obs. M. Storck – CA Paris, 9 avril 1996, *Dr. fam.* 1996, comm. n° 29, note B. B. – Civ. 1re, 3 juill. 1996, *Dr. et patr.* oct. 1996, p. 72, obs. A. Bénabent – *RTD civ.* 1997, p. 495, obs. B. Vareille – Civ. 1re, 3 juin 1998, *RJPF* 1999, 1/41 – *Dr. fam.* 1999, comm. n° 20, note B. B. – Civ. 1re 19 octobre 1999, *Dr. fam.* 2000, comm. n° 63, note B. B.
5. Civ. 1re, 27 janvier 1993, *Bull. civ.* I, n° 35, à propos d'une épouse ayant interrompu son activité professionnelle pendant un an pour suivre son mari à l'étranger.
6. Civ. 1re, 19 mai 1976, préc.
7. V. par exemple Civ. 1re, 24 octobre 1978, préc., pour des époux qui se sont rendus acquéreurs de « divers biens immobiliers » – Civ. 1re, 8 février 2000, préc., à propos de l'acquisition de cinq appartements.
8. V. par exemple, Civ. 1re, 2 octobre 1985, préc. – CA Paris, 9 avril 1996, préc.
9. V. par exemple, Civ. 1re, 3 juin 1998, préc. – Civ. 1re, 19 octobre 1999, préc.
10. Préc.

enrichissement de l'autre[1]. Par ailleurs, il convient de souligner que la jurisprudence a étendu la justification de la donation rémunératoire par la présence et l'activité de la femme au foyer, source non pas d'un enrichissement direct du mari, mais indirect par les économies ainsi réalisées[2].

313.24 Charge de la preuve. Selon une jurisprudence constante, la charge de la preuve du caractère non rémunératoire de la remise de fond pèse sur l'époux qui se prétend créancier. En d'autres termes, le conjoint de l'époux qui se prétend créancier devra simplement opposer à son époux le caractère rémunératoire de la remise de fonds pour obtenir la paralysie de la créance, sauf à ce dernier à démontrer que les fonds qu'il a remis ne pouvaient avoir pour objet de rémunérer une activité déployée par son conjoint s'il veut obtenir une quelconque restitution[3]. C'est dire que la balance penche très généralement en faveur de l'époux défendeur.

§ 2
Mouvements de valeurs postérieurs au 1er janvier 2005

313.25 Argument tiré d'une donation pure et simple. Aujourd'hui, compte tenu de la nouvelle réglementation des donations, les termes du débat ont radicalement changé. En effet, désormais, au gré des réformes successives, la donation entre époux de biens présents « *qui prend effet au cours du mariage* » est devenue irrévocable, sous réserve des causes légales de révocation (C. civ., art. 1096). Par ailleurs, la nullité des donations déguisées a été supprimée. Ces nouvelles règles s'appliquent aux donations consenties postérieurement au 1er janvier 2005 (v. ss no 312.15).

Concrètement, pour toute remise postérieure à cette date, l'époux demandeur peut désormais seulement arguer d'un prêt pour tenter de justifier le principe d'une créance et il suffit, en pareil cas, à l'époux défendeur d'arguer de l'existence d'une donation pour échapper à la restitution. Ce dernier peut toutefois continuer à privilégier l'argument tiré de la donation rémunératoire, pour éviter l'application des règles relatives aux donations, notamment en cas de succession.

313.26 Prêt ou donation ? Il importe alors de se demander à quelle condition l'avance de deniers pourra être qualifiée de donation et non de prêt. De ce point de vue, deux situations peuvent être distinguées, selon que l'époux *solvens* a directement réglé la dette de son conjoint ou qu'il lui a remis des fonds afin qu'il règle lui-même sa dette.

313.27 En cas de remise de deniers. Lors de l'acquisition d'un bien financé par un époux seul - qu'il soit indivis ou personnel - l'époux auteur de la contribution exclusive préfère parfois non pas régler directement la part de son conjoint, mais lui remettre des fonds, par chèque ou virement, afin que celui-ci finance lui-même sa contribution. Dans un tel cas de figure, il est permis de se demander si l'époux bénéficiaire de la remise ne peut pas se prévaloir d'une présomption simple de don manuel. Une jurisprudence classique, qui se fonde sur la fonction probatoire de l'article 2276 du code civil, considère en effet qu'il existe une présomption simple de don manuel dans une telle occurrence[4]. La Cour de cassation refuse toutefois de faire jouer l'article 2276 au profit des époux séparés de biens, au motif que les règles de preuve de la propriété entre époux séparées de biens, édictées à l'article 1538 du code civil, excluent l'application de l'article 2276 du même code[5]. Il en résulte que, dans l'hypothèse où un époux consent à son conjoint une avance de deniers par virement ou par chèque, il appartient à son conjoint qui argue de

1. Civ. 1re, 9 janvier 1979, *Defrénois* 1980, art. 32174, obs. A. Ponsard.
2. CA Versailles, 8 janv. 1980, préc.
3. V. par exemple, Civ. 1re, 19 mai 1976, préc. – Civ. 1re, 10 juill. 1979, préc. – Civ. 1re, 24 oct. 1978, préc. – Civ. 1re, 23 janv. 1980, préc. – Civ. 1re, 4 mars 1980, préc. – Civ. 1re, 16 juin 1981, préc. – Civ. 1re, 20 mai 1981, préc. – Civ. 1re, 28 février 1984, préc. – Civ. 1re, 2 oct. 1985, préc. – CA Aix-en-Provence, 8 juin 1993, *Juris-Data* no 049467 – CA Paris, 20 nov. 2001, *Juris-Data* no 159397.
4. Sur cette jurisprudence, v. N. Péterka, *Les dons manuels*, thèse, préf. P. Catala, L.G.D.J., biblio. dr. pr., t. 355, 2001, *passim*, spéc. note 2106. Pour une illustration, v. Civ. 1re, 30 mars 1999, *Bull. civ.* I, no 112. Dans cette affaire, deux concubins avaient acquis en indivision par moitié un bien. L'un d'eux avait avancé à l'autre des deniers pour lui permettre de financer sa part, en lui faisant un virement de compte à compte. Lors de la liquidation de leurs intérêts pécuniaires, l'auteur de la remise se prétendait créancier. Sa demande a été rejetée, au motif que l'avance réalisée par virement était présumée être un don manuel. On voit donc les importantes conséquences liquidatives que peut avoir la qualification d'une remise de deniers par le biais d'un virement.
5. Civ. 1re, 7 nov. 1995, *Bull. civ.* I, no 395 – *D.* 1996, Jur. 451, note S. Piedelièvre – *D.* 1997, Somm. p. 21, obs. A. Robert – *JCP* 1995, I, 3908, no 16, obs. M. Storck – *Defrénois* 1996, art. 36278, p. 409, obs. G. Champenois – *RTD civ.* 1997, p. 211, obs. B. Vareille – *RTD civ.* 1998, p. 139, obs. F. Zénati. V. Également, Civ. 1re, 27 nov. 2001, *Bull. civ.* I, no 297 – *D.* 2002, Jur. 119, note Y. Chartier – *JCP* 2002, II, 10050, note S. Piedelièvre – *JCP* 2002, I, 167, no 16, obs. M. Storck – *Defrénois* 2002, art. 37486, p. 259, obs. R. Libchaber – *Defrénois* 2002, art. 37584, p. 1019, obs. G. Champenois – *RTD civ.* 2002, p. 121, obs. Th. Revet – *Dr. famille* 2002, comm. no 9, note B. Beignier.

l'existence d'une donation pour refuser toute restitution d'apporter la preuve de sa prétention.

313.28 En l'absence de remise des deniers. En pratique, le transfert de valeurs intervient généralement sans que l'un des époux ait concrètement remis des deniers à son conjoint préalablement à l'opération. Il est simplement indiqué dans l'acte d'acquisition un apport au comptant des parties, sans davantage de précision, alors qu'en réalité l'apport en question est le fait de l'un d'entre eux seulement. Si le financement unilatéral est démontré, et parce qu'il nous semble que sous certaines conditions, un excès contributif peut être présumé en pareil cas au bénéfice de l'époux *solvens* (v. s[s] n° 313.21), il appartient à son conjoint de démontrer l'existence d'une donation pure et simple, afin de conserver les fonds remis. Cela étant, il faut admettre que ses chances sont réelles, principalement dans le cas d'une acquisition, car il n'est pas aberrant de considérer que l'époux *solvens* qui a consenti volontairement, d'une part, à acquérir le bien en indivision plutôt qu'en son nom personnel, et, d'autre part, à ce que les proportions qui figurent dans l'acte ne coïncident pas avec la réalité du financement, ait entendu, en connaissance de cause, faire indirectement profiter son conjoint des fonds en question. En revanche, en l'absence d'acte, et donc de mentions susceptibles d'être analysées comme des signes révélateurs d'une intention libérale, celle-ci peut être plus difficile à démontrer. C'est le cas, par exemple, lorsque l'époux *solvens* a réglé seul des travaux et a utilisé pour ce faire des sommes personnelles en capital.

Il en résulte, au final, que si l'époux revendiquant qui a investi dans le ménage des sommes personnelles en capital est susceptible d'échapper à l'argument tiré de l'article 214 du code civil, il risque fort de se voir opposer son intention libérale, sauf pour lui à invoquer l'existence d'un prêt, ce qui peut apparaître malaisé s'agissant de deux personnes unies par un lien affectif.

313.29 Contentieux aléatoire. Le contentieux liquidatif de la séparation de biens demeure par essence un contentieux particulièrement aléatoire[1]. Certes, en schématisant, quelques bribes de solutions peuvent être suggérées. Pour les versements réguliers effectués pour le compte de l'indivision ou, parfois même, au profit du patrimoine personnel de son conjoint, l'époux *solvens* a toutes les chances de se voir opposer son obligation de contribution aux charges du mariage, *a fortiori* s'il dispose des revenus les plus importants, en vertu du principe de proportionnalité contributive énoncée à l'article 214 du code civil, voire l'existence d'une donation[2]. S'agissant des règlements plus exceptionnels, liés par exemple au financement d'une acquisition ou de gros travaux, pour lesquels l'époux *solvens* a parfois aliéné son capital, sa demande en restitution est vouée à aboutir dans la mesure où il apporte la preuve d'un excès contributif, sauf à son conjoint de convaincre alors le magistrat de l'intention libérale qui l'animait au moment du transfert de valeurs, la reconnaissance judiciaire d'une donation aboutissant à réduire à néant les revendications du demandeur.

Il ne faut cependant pas se leurrer. Ces solutions demeurent discutables et surtout largement tributaires des circonstances de fait. Aussi, la liquidation d'un régime séparatiste s'avère-t-elle en réalité, bien souvent, insuffisante en tant que telle, au moment du divorce, pour permettre à la fois aux magistrats de statuer de manière éclairée concernant la prestation compensatoire, et aux avocats pour conseiller utilement leur client à ce sujet. Compte tenu des incertitudes qui entourent les demandes de créances formulées par un époux séparé de biens, il est en effet hasardeux pour le conseil de l'époux en question de se prévaloir de celles-ci au moment du divorce, car il gonfle ainsi le patrimoine de son client, au risque évident d'en subir immédiatement les conséquences sur le terrain de la prestation compensatoire, sans pour autant avoir la certitude d'obtenir gain de cause après coup sur le terrain liquidatif ! À l'inverse, il est cependant difficile de ne pas invoquer la demande de créance au moment du divorce, sous peine de se voir opposer une fin de non-recevoir après le prononcé de celui-ci. La marge de manœuvre est étroite. En définitive, s'agissant d'un régime séparatiste, il paraît impérieux pour les professionnels, le plus souvent, non pas de se contenter de liquider le régime matrimonial en cours d'instance, mais, de manière plus ambitieuse, d'en opérer le règlement définitif.

1. V. S. David, « Le contentieux liquidatif de la séparation de biens », *AJ fam.* 2010. 206 – A. Depondt, « La liquidation du régime de la séparation de biens. Questions pratiques », *JCP N* 2009, 1328 et 1334.

2. V. TGI de Paris en date du 6 juillet 2010, RG n° 08/39026, qui considère, de manière discutable, que les sommes réglées par un mari au titre de l'emprunt relatif à la résidence familiale, comme les travaux qui y ont été réalisés, constituent des dons manuels consenties à son épouse.

CHAPITRE

314. Identification des mouvements de valeurs : le règlement des créances

SECTION 0 ORIENTEUR

314.00 Plan du chapitre.

Sect. 1 Créances entre époux
Sect. 2 Créances d'indivision
§ 1 Solde en faveur de l'indivision
§ 2 Solde en faveur de l'indivisaire
Sect. 3 Récompenses

314.01 Textes applicables.

> Récompenses

C. civ., art. 1433, 1437 et 1469

* V. texte complet de ces articles s[s] n° 112.01

314.02 Jurisprudence de référence.

> Une fois le divorce devenu définitif, un époux ne peut faire valoir les créances dont il dispose à l'égard de son conjoint que dans le cadre des opérations liquidatives

• **Civ. 1re, 28 nov. 2000, n° 98-13.405,** *Bull. civ.* I, n° 306

« Attendu que la liquidation à laquelle il est procédé en cas de divorce englobe tous les rapports pécuniaires entre les parties et qu'il appartient à l'époux qui se prétend créancier de l'autre de faire valoir sa créance selon les règles applicables à la liquidation de leur régime matrimonial lors de l'établissement des comptes s'y rapportant. »

314.03 Bibliographie indicative.

* V. s[s] n° 31.03

314.04 Question essentielle.

• Quelle est la date d'exigibilité des créances entre époux ?

* V. s[s] n°s 314.12 s.

SECTION 1 CRÉANCES ENTRE ÉPOUX

314.11 Exigibilité. À l'instar de toute créance entre époux, les créances entre époux séparés de biens fondées sur l'idée de prêt sont exigibles à tout moment, sans attendre la dissolution du régime.[1] Il en va de même pour les autres catégories de créance entre époux.

SECTION 2 CRÉANCES D'INDIVISION

314.12 Exigibilité des créances d'indivision. L'exigibilité des créances d'indivision nées sous le régime de la séparation de biens est soumise au droit commun. De ce point de vue, il convient de rappeler que l'on considère généralement que les créances d'indivision sont immédiatement exigibles, de sorte que l'époux créancier ne saurait être tenu d'attendre la dissolution du régime ou les opérations de liquidation. Cela étant, dans la mesure où les biens indivis peuvent faire l'objet d'un partage anticipé au cours de l'union, conformément au droit commun de l'indivision[2], les créances affé-

1. Pour une illustration, v. Civ. 1re, 3 mai 1960, *Bull. civ.* I, n° 231, qui censure une cour d'appel pour avoir décidé qu'une créance du mari sur sa femme, relativement à des dépenses faites par lui sur des immeubles acquis par elle, ne deviendra exigible qu'à la liquidation des droits respectifs des conjoints après la dissolution du mariage.
2. Article 815 du code civil. Sur le rappel de cette possibilité, v. not. Civ. 1re, 22 oct. 1985, *Bull. civ.* I, n° 267 – *D.* 1986, Jur. 241, note A. Breton – CA Versailles, ▶

rentes au bien qui feraient l'objet d'un tel partage devront être réglées lors de la réalisation des opérations de partage anticipé.

314.13 Règlement des créances d'indivision. Lorsqu'elles n'ont pas été réglées au préalable, les créances d'indivision doivent être réglées dans le cadre des opérations de liquidation de l'indivision, ce qui suppose très matériellement d'établir un compte d'indivision pour chacun des époux dans l'état liquidatif. De ce point de vue, il importe peu que les dettes ou créances considérées soient nées au cours de l'union ou après la dissolution. Cette dernière circonstance est en effet seulement susceptible d'affecter leur valorisation, voire leur existence, mais en aucun cas leur règlement dès lors que le principe de la créance ou de la dette est arrêté.

Cela étant, si dans le cadre de la liquidation d'un régime de type communautaire, les créances relatives à la période de l'indivision post-communautaire sont, en pratique, réglées dans un compte annexe, il n'en va pas de même dans la séparation de biens. Les créances d'indivision doivent en effet être réglées dans le cadre de la liquidation de l'indivision. Les règles relatives au règlement des créances d'indivision s'apparentent à bien des égards à celles relatives au règlement des récompenses[1]. Aussi convient-il de distinguer selon que le solde du compte de chacun des époux est favorable à l'indivision (§ 1) ou, au contraire, s'il est favorable à l'indivisaire (§ 2).

§ 1
Solde en faveur de l'indivision

314.14 Principe du rapport en moins prenant[2]. Lorsque le solde du compte d'indivision est favorable à l'indivision, le règlement s'opère par le système du rapport en moins prenant, qui consiste en principe à remettre à l'indivisaire concerné sa propre dette en allotissement lors du partage. Cette méthode est d'ailleurs un droit pour l'indivisaire débiteur, que l'on ne peut forcer à un paiement effectif[3], sauf si le solde débiteur du compte excède le montant des droits de son titulaire dans la masse partageable[4]. En pratique, le rapport en moins prenant peut prendre deux formes.

314.15 Méthode de l'imputation[5]. Cette méthode est privilégiée par la pratique notariale[6], qui consiste à ajouter fictivement la dette d'indivision à l'actif indivis. La masse indivise nette est ensuite divisée conformément aux droits indivis de chacun des époux, ce qui aboutit à déterminer la valeur des droits théoriques de chacun des époux indivisaires. La part réelle de l'époux débiteur de l'indivision correspond alors à sa part théorique, déduite de sa dette d'indivision.

Exemple 1 (droits égaux des époux dans l'indivision) : au jour de la liquidation, l'actif indivis par moitié est de 200 000 €. Par ailleurs, l'épouse est débitrice d'une dette à l'égard de l'indivision d'un montant de 10 000 €. On réunit fictivement cette somme à l'actif indivis, pour parvenir à l'actif brut indivis :

200 000 € + 10 000 € = 210 000 €

Le passif indivis étant inexistant, l'actif net indivis s'élève à 210 000 €. En conséquence, la part théorique de chacun des époux est de 105 000 €. C'est effectivement la part réelle qui revient à l'époux. En revanche, la part réelle revenant à l'épouse est égale à ses droits dans l'indivision (105 000 €), auxquels il convient de soustraire le montant de la dette qu'elle doit à cette dernière (10 000 €), soit 95 000 €.

Exemple 2 (droits inégaux des époux dans l'indivision) : au jour de la liquidation, il apparaît que les époux sont propriétaires de deux biens en indivision. Le premier est indivis par moitié et peut être estimé à 100 000 €. Le second est indivis, à hauteur de 80 % pour l'époux et à hauteur de 20 % pour l'épouse. Ce denier bien est évalué à 300 000 €. Par ailleurs, l'époux est débiteur de l'indivision, pour une dégradation apportée au second bien indivis, à hauteur de 20 000 €. Il n'existe aucun passif indivis. Dans l'exemple donné, l'actif brut est donc de

► 30 juin 1986, *D.* 1986, IR p. 474. Il convient toutefois de souligner que le partage anticipé n'est pas possible si les époux ont souscrit une convention de maintien dans l'indivision, soumise au régime de l'article 1873-1 du code civil. Sur ce point, v. les réflexions et la jurisprudence citées par F. Terré et Ph. Simler, *op. cit.*, n° 777.

1. Pour une étude détaillée du règlement des comptes d'indivision, v. F.-X. Testu, Rép. civ., *V° Indivision*, art. préc., n°s 847 et s.
2. V. *ibid.*, n°s 854 et s.
3. Civ., 11 janv. 1937, *S.* 1938, 1, 377, note H. Batiffol – *DH* 1937, p. 101 – Civ. 1re, 7 nov. 1978, *Bull. civ.* I, n° 335.
4. La technique du rapport en moins prenant ne peut jouer que jusqu'à concurrence de la part à laquelle l'époux indivisaire peut prétendre dans la masse partageable. Pour ce qui est de l'excédent, l'époux en question devra nécessairement régler la différence par un paiement à la masse. V. Civ., 11 janv. 1937, préc. – CA Dijon, 8 févr. 1980, *D.* 1980, IR p. 400, obs. D. Martin. Sur ce point, v. F.-X. Testu, Rép. civ., *V° Indivision*, art. préc., n° 862.
5. Sur laquelle, v. F.-X. Testu, Rép. civ., *V° Indivision*, art. préc. n°s 864 et s.
6. Sur ce constat, v. *ibid.*, n° 874, qui ajoute que la méthode est « *parfaitement légale* » (*ibid.*, n° 876), jurisprudence à l'appui (v. Civ. 1re, 29 juin 1994, *Bull. civ.* I, n° 233 – *D.* 1995, Jur. 88, note M. Grimaldi – *RTD civ.* 1995, p. 161, obs. J. Patarin – *JCP* 1995, I, 3876, n° 5, obs. R. Le Guidec – *JCP N* 1995, II, 1745, note J.-F. Pillebout).

100 000 € + 300 000 €, auquel il convient d'ajouter la dette de l'époux, soit un actif total de 420 000 €.

Les droits de l'époux sont de :

50 000 € (50 % × 100 000 €)
+ 256 000 € (80 % × 320 000 €), soit 306 000 €

ce qui correspond aux droits théoriques de l'époux. De cette somme, il convient de soustraire le montant de sa dette à l'égard de l'indivision, soit 20 000 €.

Les droits effectifs de l'époux sont donc de :

306 000 € – 20 000 € = 286 000 €

Les droits de l'épouse sont donc de :

50 000 € (50 % × 100 000 €)
+ 64 000 € (20 % × 320 000 €) = 114 000 €

ce qui correspond à la fois à ses droits théoriques et effectifs.

314.16 Méthode du prélèvement sur la masse des biens indivis. Il existe une autre méthode d'exécution du rapport, qui consiste à permettre à l'époux indivisaire, créancier du rapport d'effectuer un prélèvement sur la masse des biens indivis [1]. Dans ce cas, la masse restante, une fois le prélèvement réalisé, est partagée conformément aux droits des indivisaires.

Exemple 1 (droits égaux des époux dans l'indivision) : au jour de la liquidation, l'actif indivis par moitié est de 200 000 €. Par ailleurs, l'épouse est débitrice d'une dette à l'égard de l'indivision d'un montant de 10 000 €. Dans l'exemple donné, l'époux va prélever 10 000 €. Il reste alors 190 000 € à partager, soit 95 000 € pour chaque époux.

Exemple 2 (droits inégaux des époux dans l'indivision) : au jour de la liquidation, il apparaît que les époux sont propriétaire de biens indivis, à hauteur de 70 % pour l'épouse et à hauteur de 30 % pour l'époux. La valeur globale de ces biens s'élève à 300 000 €. Par ailleurs, l'époux est débiteur de l'indivision à hauteur de 15 000 €. Dans l'exemple donné, l'épouse va prélever 15 000 €. Il reste alors 285 000 € à partager, soit 199 500 € pour l'épouse et 85 500 € pour l'époux.

§ 2
Solde en faveur de l'indivisaire

314.17 Modalités d'exercice de la méthode du prélèvement. Lorsque le solde du compte d'indivision d'un époux lui est favorable, celui-ci doit en principe se payer par prélèvement sur les biens indivis (v. s[s] n° 314.16) [2]. Par analogie avec les règles de la communauté légale [3], ce prélèvement doit d'abord être exercé sur l'argent comptant, ensuite sur les meubles et, subsidiairement, sur les immeubles.

Une fois le prélèvement effectué, les biens existants sont partagés entre les époux, en fonction de la quotité de leurs droits.

314.18 Paiement en espèces. Par rapprochement avec les règles du règlement des récompenses dans la communauté, la question s'est posée de savoir si l'époux créancier de l'indivision pouvait réclamer un paiement effectif [4]. La doctrine répond généralement par la négative à cette question, motif pris que « *cette complication apporterait peu en pratique* » [5].

314.19 Pratique notariale. Celle-ci est cependant tout autre, puisqu'il est d'usage d'intégrer les prélèvements dans le partage (v. s[s] n° 112.112). La méthode consiste alors à intégrer au passif indivis le montant de la créance d'indivision. La part théorique de chaque époux est alors égale à la moitié de l'actif net, étant entendu que la part réelle de l'époux créancier correspond à sa part théorique augmentée du solde de son compte d'indivision. Il s'agit ni plus ni moins d'un véritable règlement « en plus prenant ».

Exemple 1 (droits égaux des époux dans l'indivision) : au jour de la liquidation, les époux sont propriétaires de biens indivis exclusivement par moitié à hauteur de 100 000 €. Il n'existe aucun passif indivis. Par ailleurs, le solde du compte d'indivision du mari laisse apparaître une créance de 40 000 €. Dans l'exemple donné, cette somme va être intégrée fictivement au passif indivis, qui sera ensuite déduit de l'actif. Au total, l'actif net indivis est donc de :

100 000 € – 40 000 € = 60 000 €

La part théorique de chacun des époux est donc de moitié, soit 30 000 €. Cette part théorique correspond à la part réelle de l'épouse. En revanche, la part réelle du mari est égale à la valeur théorique de ses droits (30 000 €), à laquelle il convient d'ajouter le montant de sa créance contre l'indivision (40 000 €), soit 70 000 €.

Exemple 2 (droits inégaux des époux dans l'indivision) : au jour de la liquidation, les époux sont propriétaires d'un bien indivis, à hauteur de 60 % pour l'épouse et à hauteur de 40 % pour le mari, d'une valeur de 200 000 €. Il n'existe aucun passif indivis. Par ailleurs, le solde de compte d'indivision de l'épouse laisse apparaître une créance de 40 000 €.

1. Sur cette méthode, v. F.-X. Testu, Rép. civ., *V° Indivision*, art. préc., n°s 868 et s.
2. Sur ce point, v. *ibid.*, n°s 848 et s. V. également, Req. 28 juin 1869, *DP* 1871, 1, 48.
3. C. civ., art. 1471. Sur cette analogie, v. F.-X. Testu, Rép. civ., *V° Indivision*, art. préc., n° 851. Sur ce point dans la communauté légale, et sur les difficultés engendrées par cette méthode, v. *supra*.
4. V. F.-X. Testu, Rép. civ., *V° Indivision*, art. préc., n° 850.
5. *Ibid.*

Dans l'exemple donné, cette somme va être intégrée fictivement au passif indivis, qui sera ensuite déduit de l'actif. Au total, l'actif net indivis est donc de :

200 000 € – 40 000 € = 160 000 €

La part théorique de l'époux est donc de 40 %, soit 64 000 €. Cette part théorique correspond également à sa part réelle. En revanche, la part théorique de l'épouse est de 60 % de l'actif net (96 000 €), à laquelle il convient d'ajouter le montant de sa créance contre l'indivision (40 000 €), soit 136 000 €.

SECTION 3
RÉCOMPENSES

314.20 **Renvoi.** Lorsque les époux ont adjoint à leur séparation de biens une société d'acquêts et que des mouvements de valeurs donnent lieu à récompenses, celles-ci obéissent, pour leur règlement, aux règles de la communauté légale prévues en la matière. On se contentera donc de renvoyer à l'étude détaillée de la communauté sur ce point, en rappelant simplement quelques règles essentielles :

– les récompenses ne sont pas exigibles au cours de l'union;

– un compte doit être établi au nom de chaque époux et seul le solde de ce compte donne lieu à règlement;

– le règlement de ce solde peut s'opérer de différentes manières; mais, en pratique, au moins lorsque le partage est amiable, le règlement a lieu par le jeu de l'imputation sur la part de l'époux concerné.

TITRE

32. L'exposé du canevas liquidatif

SECTION 0

ORIENTEUR

32.00 **Plan du titre.**

Chap. 321 Exposé théorique du canevas liquidatif
Sect. 1 Règlement de l'indivision
Sect. 2 Règlement de la société d'acquêts
Sect. 3 Liquidation des créances entre époux
Sect. 4 Établissement du compte final
Chap. 322 Exposé pratique du canevas liquidatif
Sect. 1 Énoncé du cas pratique
Sect. 2 Corrigé du cas pratique

32.09 **Présentation.** La liquidation des intérêts patrimoniaux des époux mariés sous le régime de la séparation de biens exige, tout d'abord, le règlement de l'éventuelle indivision (sect. 1), avant d'envisager la liquidation de la société d'acquêts (sect. 2), puis celle des créances entre époux (sect. 3). Enfin, l'ensemble de ces opérations doit être récapitulé dans un compte final (sect. 4).

CHAPITRE

321. Exposé théorique du canevas liquidatif

SECTION 0
ORIENTEUR

321.00 Plan du chapitre.

Sect. 1 Règlement de l'indivision
§ 1 Comptes d'indivision
§ 2 Actif indivis
§ 3 Passif indivis
§ 4 Balance et droits des parties
§ 5 Partage
Sect. 2 Règlement de la société d'acquêts
Sect. 3 Liquidation des créances entre époux
Sect. 4 Établissement du compte final

SECTION 1
RÈGLEMENT DE L'INDIVISION

321.11 Observations préalables. Comme pour toute liquidation, avant d'envisager les différentes étapes de la liquidation proprement dite, il est indispensable de formuler quelques observations préalables. À ce titre, il est donc nécessaire de déterminer le régime matrimonial des époux. En cas de présence d'un élément d'extranéité, il conviendra également de justifier de l'applicabilité du droit français. Enfin, le liquidateur se doit de fixer la date de dissolution du régime matrimonial.

321.12 Absence de reprises. Pratiquement, il est d'abord nécessaire de départir, parmi les biens conjugaux, ceux qui sont personnels aux époux de ceux qui sont indivis [1]. Mais, contrairement aux régimes de type communautaire, la liquidation de la séparation de biens ne suppose pas d'inscrire les éventuelles reprises des biens personnels des époux dans l'acte de liquidation. Ces derniers doivent donc être ignorés, même lorsque les époux ont adjoint une société d'acquêts à leur séparation de biens.

§ 1
Comptes d'indivision

321.13 Justification. Dans le cadre de la liquidation d'un régime de séparation de biens, les comptes d'indivision sont en principe réglés dans le cadre du partage de l'indivision, et non par compensation avec les autres mouvements de valeurs, contrairement aux comptes d'indivision liés à une indivision post-communautaire. Il en résulte que ces comptes doivent être déterminés dès la liquidation de l'indivision.

321.14 Établissement d'un compte pour chaque époux. Bien que la loi n'impose rien en la matière, la pratique notariale consiste à établir, pour chaque époux, un compte de créances d'indivision, à l'image du compte de récompenses. Au crédit de ce compte seront portées les créances que l'époux détient à l'encontre de l'indivision et, au débit, les dettes à l'égard de cette dernière. La balance du compte permet enfin de déterminer si l'époux est, au final, créancier ou débiteur de l'indivision.

321.15 Cas où les biens ne sont pas tous indivis par moitié. Lorsque les biens acquis en indivision par les époux ne sont pas tous indivis par moitié, le solde du compte d'indivision pourra être reporté pour son intégralité à l'actif ou au passif de l'indivision. En revanche, lors de l'établissement des droits des parties, il conviendra de reporter chacune des créances de dettes dans le tableau récapitulatif proportionnellement aux droits de l'époux dans le bien indivis concerné par ladite créance ou dette.

1. L'opération concerne essentiellement les biens meubles. Sur la « reprise » des biens personnels dans le cadre de la liquidation d'un régime de séparation de biens, v. R. Savatier, *La séparation de biens en droit français*, *op. cit.*, n° 150.

§ 2
Actif indivis

321.16 Méthode. L'établissement du poste d'actif d'indivision a pour objet de récapituler les différents biens acquis en indivision par les époux, avant la célébration du mariage ou au cours de l'union, en les valorisant. Une fois cette opération réalisée, le solde permet de fixer l'actif brut de l'indivision. Il convient de rappeler que lorsque le règlement des comptes d'indivision a lieu en moins prenant, le solde du compte d'indivision favorable à l'indivision doit être porté à l'actif.

§ 3
Passif indivis

321.17 Méthode. À l'instar de l'actif indivis, l'établissement du passif suppose la récapitulation des différentes dettes indivises déterminées préalablement, en les valorisant. Une fois cette opération réalisée, le solde permet de fixer le passif de l'indivision. Il convient là aussi de rappeler que lorsque le règlement des comptes d'indivision a lieu en « plus prenant », le solde du compte d'indivision favorable à l'époux est porté au passif de l'indivision.

§ 4
Balance et droits des parties

321.18 Détermination des droits théoriques des parties. Une fois l'actif brut et le passif indivis déterminés, il convient de récapituler les résultats obtenus et d'en faire la balance, c'est-à-dire de déterminer l'actif net (ou *boni* de liquidation). Ce *boni* de liquidation doit alors être partagé entre les parties, conformément à leurs droits dans l'indivision, ce qui revient à déterminer leurs droits théoriques dans l'indivision.

321.19 Détermination des droits effectifs des parties. Lorsqu'il existe des comptes d'indivision et que leur règlement a lieu en moins prenant (lorsque le solde du compte d'indivision de l'époux en question est favorable à l'indivision) ou « en plus prenant » (lorsque le solde du compte est favorable à l'époux), ce qui est la règle dans la pratique notariale en cas de partage amiable, la fixation des droits des époux ne peut se limiter à leurs droits théoriques. Il convient en effet d'ajouter ou d'ôter à ces droits la valeur du solde de leur compte d'indivision. L'on ajoutera donc le solde du compte aux droits de l'époux lorsque celui-ci est favorable à ce dernier. À l'inverse, l'on ôtera de la valeur de ses droits théoriques le montant du solde de son compte lorsque celui-ci est favorable à la communauté.

321.20 Cas où tous les biens ne sont pas indivis par moitié. Lorsque les droits des époux dans les biens indivis sont inégaux, le mieux est, là encore, de réaliser cette opération sous forme de tableau, conformément au modèle proposé dans l'exemple ci-dessous.

Exemple : l'analyse des biens laisse apparaître que les époux sont propriétaires des biens suivants : une maison en indivision par moitié et un appartement pour lequel les droits de l'époux sont de 60 % et les droits de l'épouse de 40 %. Au jour de la liquidation, il apparaît que la valeur de la maison s'élève à 150 000 € et celle de l'appartement à 100 000 €. De plus, il existe un passif indivis à hauteur de 10 000 € relatif à la maison et à hauteur de 5 000 € relatif à l'appartement.

Biens – Désignation	Droits de Monsieur	Droits de Madame
I Actif indivis		
Maison	75 000 €	75 000 €
Appartement	60 000 €	40 000 €
Sous-total	135 000 €	115 000 €
II Passif indivis		
Passif maison	5 000 €	5 000 €
Passif appartement	3 000 €	2 000 €
Sous-total	8 000 €	7 000 €
III Droits des parties		
Droits de Monsieur	127 000 €	108 000 €

§ 5
Partage

321.21 Attribution de biens indivis. Une fois les droits de chaque époux dans l'indivision déterminés, il convient de procéder au partage – sauf si les époux entendent rester dans l'indivision. La composition des lots ne permettant que très rarement d'attribuer à chacun le montant exact de ses droits, l'époux qui aura bénéficié de biens au-delà de ses droits dans l'indivision devra verser une soulte à son conjoint. Cette soulte devra alors être prise en compte lors de l'établissement du compte final, afin d'être compensée avec les sommes éventuellement dues au titre des créances entre époux et du partage de la société d'acquêts.

SECTION 2
RÈGLEMENT DE LA SOCIÉTÉ D'ACQUÊTS

321.22 Règlement. Application des règles de la communauté. Lorsque les époux ont adjoint à leur séparation de biens une société d'acquêts, il convient ensuite de liquider cette dernière de manière autonome. S'agissant d'une véritable communauté, la liquidation de la société d'acquêts passe par les mêmes étapes que la liquidation de la communauté légale, à savoir, en premier lieu, la liquidation des récompenses éventuellement dues par la société d'acquêts à l'un des époux ou, à l'inverse, dues par l'un des époux. En second lieu, il convient de déterminer l'actif et le passif de la société d'acquêts, puis de réaliser la balance et de déterminer les droits des parties. Enfin, il conviendra de procéder au partage, étant entendu que la soulte éventuellement due par un époux à son conjoint, devra être reportée dans le compte final, afin d'être compensée avec les sommes dues, par ailleurs, par les époux entre eux.

SECTION 3
LIQUIDATION DES CRÉANCES ENTRE ÉPOUX

321.22 Établissement d'un compte pour chaque époux. Il convient ensuite, pour le liquidateur, d'établir un compte au nom de chaque époux, qui récapitule les créances dont chacun est titulaire envers son conjoint. En revanche, il n'est pas utile de reprendre les dettes des époux à l'égard de son conjoint, les dettes de l'un étant les créances de l'autre.

321.23 Balance des comptes de créances entre époux. Le solde du compte de chacun doit ensuite être compensé avec celui du conjoint afin de déterminer lequel des deux époux est finalement créancier de l'autre. Seule la créance ainsi obtenue sera alors prise en considération dans le cadre du compte final.

SECTION 4
ÉTABLISSEMENT DU COMPTE FINAL

321.24 Récapitulatif des différentes créances. Une fois la liquidation de la possible indivision préconjugale, de celle de l'indivision conjugale, de l'éventuelle société d'acquêts, des créances entre époux et le partage réalisés, il reste au liquidateur à compenser les différentes créances obtenues au cours de ces étapes. L'opération consiste ici à compenser les sommes dues au titre du partage de l'indivision et de la société d'acquêts (c'est-à-dire la soulte) avec celles dues au titre des créances entre époux, ce qui permet de déterminer lequel des deux époux, au final, est créancier de l'autre et, le cas échéant, pour quel montant.

Le liquidateur fait ainsi apparaître la soulte éventuellement due par l'un des époux à son conjoint au titre du règlement du régime matrimonial de la séparation de biens.

CHAPITRE

322. Exposé pratique du canevas liquidatif

SECTION 0
ORIENTEUR

322.00 **Plan du chapitre.**

Sect. 1 Énoncé du cas pratique

Sect. 2 Corrigé du cas pratique

§ 1 Observations préalables à la liquidation

§ 2 Identification des patrimoines et des mouvements de valeurs

§ 3 État liquidatif

SECTION 1
ÉNONCÉ DU CAS PRATIQUE

322.11 Monsieur Fernand NAUDIN et Madame Aurélie SANCHEZ se sont mariés sous le régime de la séparation de biens pure et simple, aux termes d'un contrat de mariage reçu par Maître FOLAGE, Notaire à MONTAUBAN (Tarn-et-Garonne), le 27 mars 1978, préalablement à leur union célébrée à la mairie de CAHORS (Lot), le 2 avril 1978.

Ils ont toujours travaillé à plein-temps et avaient des revenus similaires.

Fernand ayant quitté le logement familial en avril 2006 pour aller vivre avec sa secrétaire, Madame SANCHEZ a introduit une requête en divorce. Le 4 septembre 2006, le tribunal de grande instance d'ALBI (Tarn) a rendu une ordonnance de non-conciliation, qui a notamment décidé d'attribuer la jouissance privative du logement familial sis à ALBI (Tarn) à Madame SANCHEZ, en précisant que cette jouissance serait gratuite.

Madame SANCHEZ a fait délivrer à son époux, par exploit d'huissier, une assignation en divorce pour faute le 8 novembre de la même année. Le divorce a finalement été prononcé aux torts exclusifs de Fernand le 6 février 2008.

En mai 1980, les époux ont acquis en indivision une maison située à ALBI (Tarn), moyennant un prix de 300 000 €, frais inclus. Cette maison a constitué le logement familial jusqu'au divorce. Aux termes de l'acte d'acquisition, qui vous a été remis par les parties, il apparaît que les droits de chacun s'élèvent à hauteur de la moitié.

Cette acquisition a été réalisée à l'aide d'un apport des époux, à hauteur de 50 000 €, le solde ayant été réglé à l'aide d'un emprunt souscrit auprès de la BNP. Cet emprunt a toujours été remboursé par l'intermédiaire du compte joint des époux. À ce jour, le solde de l'emprunt s'élève à 80 000 €, dont 4 000 € d'intérêts.

Il ressort des pièces du dossier que l'apport des époux a, en réalité, été intégralement payé par Monsieur NAUDIN. Cela dit, les époux sont d'accord pour reconnaître que ce dernier était animé d'une intention libérale à l'endroit de Madame SANCHEZ.

Madame SANCHEZ vous indique, pour sa part, qu'elle a occupé seul ce bien depuis le départ de Fernand et qu'elle a continué de l'occuper pendant 6 mois après le prononcé du divorce.

De plus, il apparaît qu'elle a réglé la taxe foncière relative à ce bien pour l'année 2007, pour un montant total de 1 800 €.

La valeur vénale actuelle de ce bien peut être fixée à 380 000 €. Quant à sa valeur locative, elle est de l'ordre de 800 € mensuels.

Au cours de l'année 1999, Monsieur NAUDIN, grand amateur d'art devant l'éternel, a fait l'acquisition de plusieurs tableaux de maître, pour une valeur totale de 80 000 €. Prévoyant, il a conservé toutes les factures qui justifient de ces acquisitions. Pour réaliser cette opération, il a tiré un chèque correspondant au coût global des acquisitions sur le compte joint des époux ouvert dans les livres du Crédit Agricole. Le solde du prix a été réglé à l'aide de fonds prélevés sur son compte de dépôt ouvert dans les livres de la BNP. En raison de la notoriété de l'artiste, la valeur actuelle de ces tableaux peut être estimée à 120 000 €.

À la suite du décès de ses parents en en 1995, Madame SANCHEZ a hérité d'une somme de 250 000 €, qu'elle a immédiatement réinvestie dans l'acquisition d'une villa, à MONTAUBAN (Tarn-et-Garonne) qu'elle a égoïstement fait fructifier par une rentable location à des touristes parisiens.

Cette dernière a nécessité d'importants travaux, réalisés en 1996, pour un montant total de 34 000 €. Ces travaux ont été financés, à l'aide d'une somme mise à sa disposition par son époux. Monsieur NAUDIN, qui estime qu'il ne s'agissait là que d'un prêt et non d'une donation, vous a communiqué une liste détaillée desdits travaux :

- l'installation d'une motorisation électrique sur cinq volets, pour un prix total de 3 000 €, étant entendu que sans cette installation, la maison ne vaudrait que 295 000 €;

- la construction d'une luxueuse salle de sport au sous-sol, pour un coût global de 31 000 €, étant entendu que sans celle-ci, la maison ne vaudrait que 250 000 €. La valeur vénale de cette maison est aujourd'hui de l'ordre de 300 000 €.

À ce jour, les époux sont également propriétaires des biens suivants :

- des meubles, d'une valeur totale de 20 000 €;

- un compte de dépôt, ouvert au nom de Monsieur NAUDIN dans les livres de la BNP, dont le solde s'élevait, en septembre 2006, à 14 000 €;

- un compte de dépôt, ouvert au nom de Madame SANCHEZ dans les livres de la HSBC, dont le solde s'élevait, en septembre 2006, à 8 000 €;

- un compte joint, ouvert au nom des deux ex-époux, dans les livres du Crédit Agricole, dont le solde s'élève à ce jour à 30 000 €.

Les époux indiquent qu'ils entendent révoquer toutes les donations de biens présents qu'ils auraient pu se consentir, si cela leur est possible.

Grâce à l'intervention du notaire commis et des avocats respectifs des parties, ces dernières sont parvenues à un accord, aux termes duquel il est notamment prévu que Monsieur NAUDIN conservera la maison d'ALBI (Tarn), quitte à devoir une soulte à son ex-épouse.

Fernand et Aurélie souhaitent concrétiser leur accord par-devant Maître PILOU. Ce dernier vous demande en conséquence d'établir l'acte liquidatif.

SECTION 2
CORRIGÉ DU CAS PRATIQUE

§ 1
Observations préalables à la liquidation

322.12 Détermination du régime matrimonial. Fernand NAUDIN et Aurélie SANCHEZ se sont mariés sous le régime de la séparation de biens pure et simple, aux termes d'un contrat de mariage conclu le 27 mars 1978, préalable à leur union célébrée le 2 avril 1978. Rien n'indiquant dans l'exposé du cas un changement conventionnel ou judiciaire du régime matrimonial des époux, ceux-ci sont donc soumis au régime de la séparation de biens.

322.13 Date de dissolution du régime matrimonial. L'assignation en divorce ayant été délivrée par Aurélie SANCHEZ le 8 novembre 2007, le divorce est régi par les dispositions nouvelles, issues de la loi du 26 mai 2004. En conséquence, la date de dissolution de principe du régime matrimonial des époux est fixée à la date de l'ordonnance de non-conciliation (C. civ., art. 262-1), soit le 4 septembre 2006.

Le divorce ayant été prononcé par jugement du 6 février 2008, il convient de souligner que les époux ne disposent plus de la faculté de demander le report judiciaire de la date de dissolution (v. s[s] n°s 012.16 s.), ni de celles de conclure une convention relative à la liquidation et au partage de leur régime matrimonial (C. civ., art. 265-2).

§ 2
Identification des patrimoines et des mouvements de valeurs

322.14 Maison d'ALBI. Ce bien a été acquis ensemble par les époux au cours de l'union, pour une moitié indivise chacun. Il devra donc être inscrit à l'actif indivis pour sa valeur actuelle, soit 380 000 €.

322.15 Donation de Monsieur NAUDIN. Lors de l'acquisition de ce bien, les époux ont fait un apport de 50 000 €, étant précisé que Monsieur NAUDIN a intégralement réglé cet apport. On sait qu'un tel apport de fonds est dépourvu d'incidence sur l'étendue des droits de chacun dans l'indivision considérée : seul le titre confère la qualité de propriétaire, et non les modalités de financement de l'opération. L'acquisition ayant eu lieu par moitié, les droits de Monsieur NAUDIN et de Madame SANCHEZ dans l'indivision sont nécessairement égaux. Il convient cependant de qualifier l'assistance financière ainsi procurée par Monsieur NAU-

DIN à son épouse. L'exposé du cas indique que Fernand était animé d'une intention libérale à l'égard de Madame SANCHEZ. L'assistance de Fernand est donc constitutive d'une donation.

Il est indiqué que les époux entendent révoquer toutes les donations qu'ils ont pu se consentir, si cela leur est possible. Pour savoir si Monsieur NAUDIN peut effectivement révoquer cette donation, il convient de combiner les dispositions relatives au droit du divorce avec celles relatives aux libéralités. En l'espèce, le divorce étant soumis au droit issu de la loi du 26 mai 2004, il convient d'appliquer le nouvel article 265 du code civil, aux termes duquel « *le divorce est sans incidence [...] sur les donations de biens présents quelle que soit leur forme* ». Reste que selon l'article 47-III de la loi du 23 juin 2006, de telles donations demeurent révocables dans les conditions prévues par l'ancien article 1096 du code civil. Or, en vertu de cette disposition, les donations faites entre époux pendant le mariage sont librement révocables. En conséquence, Monsieur NAUDIN peut parfaitement révoquer la donation indirecte qu'il a consentie à Madame SANCHEZ lors de l'acquisition du bien sis à ALBI.

Pareille révocation prend la forme d'une créance entre époux qui doit être valorisée conformément aux dispositions de l'article 1099-1 du code civil. On sait que cet article indique que lorsque la donation a permis l'acquisition d'un bien, la créance doit être valorisée en considération de la valeur actuelle dudit bien, c'est-à-dire en fonction du profit retiré de l'opération par le donataire. En l'espèce, la donation de Monsieur NAUDIN correspond au montant de l'apport qu'il a intégralement financé, soit 50 000 €. Mais la somme donnée n'a permis qu'en partie d'acquérir le bien considéré, l'époux donateur peut prétendre seulement à la restitution d'une somme égale à la contribution de son patrimoine dans l'acquisition, frais inclus, rapportée à la valeur actuelle du bien, soit :

$$\frac{50\,000\text{ €}}{300\,000\text{ €}} \times 380\,000\text{ €} = 63\,333\text{ €}$$

Pour conclure sur ce point, deux précisions peuvent être faites :

– d'abord, la donation de Monsieur NAUDIN ne pourrait manifestement pas être annulée, argument pris qu'il s'agirait en réalité d'une donation déguisée. En effet, rien ne laisse penser, dans l'exposé du cas, que l'acte d'acquisition contient des affirmations mensongères sur l'origine de ces fonds, condition indispensable pour qualifier une donation de donation déguisée;

– ensuite, la question peut se poser de savoir si la demande de Monsieur NAUDIN ne pourrait pas être neutralisée sur le fondement de la contribution aux charges du mariage. En l'espèce, une telle prétention ne peut qu'être rejetée. En effet, les donations ne relèvent pas de la notion de charges du mariage, de sorte qu'il n'est pas possible de considérer que Monsieur NAUDIN n'a fait que contribuer aux charges du mariage en remettant des fonds à Madame SANCHEZ, quand bien même le bien acquis à l'aide de ces fonds est le logement de la famille. Inversement, cette donation ne peut vraisemblablement pas être qualifiée de donation rémunératoire, car l'exposé du cas indique que Madame SANCHEZ a toujours travaillé.

322.16 Solde de l'emprunt. L'emprunt contracté pour financer l'acquisition de la maison n'est pas intégralement remboursé au jour de la liquidation. Il reste dû 76 000 € en capital et 4 000 € d'intérêts. Conformément à la pratique notariale, ce solde doit être porté au passif indivis pour le capital restant dû, soit 76 000 €.

322.17 Jouissance privative. Madame SANCHEZ a occupé privativement le bien depuis le départ de son ex-époux, c'est-à-dire depuis le mois d'avril 2006. L'occupation privative d'un bien indivis par l'un des indivisaires oblige, en principe, ce dernier à verser une indemnité pour jouissance privative au profit de l'indivision (C. civ., art. 815-9). Cependant, lorsque le bien occupé constitue le logement familial, ce qui est le cas en l'espèce, l'occupation est présumée gratuite jusqu'à l'ordonnance de non-conciliation (C. civ., art. 262-1 *in fine*). L'ordonnance de non-conciliation ayant attribué la jouissance du bien à titre gratuit à Madame SANCHEZ, il convient de considérer que le juge conciliateur n'a pas entendu revenir sur ce principe de gratuité. De plus, cette gratuité se prolonge jusqu'au prononcé du divorce.

En revanche, la gratuité de l'occupation dont bénéficie Madame SANCHEZ n'a pas vocation à durer au-delà du prononcé du divorce. Or, il est indiqué qu'elle a continué à jouir privativement du bien pendant 6 mois après le prononcé du divorce. Cette occupation revêt donc un caractère onéreux. On sait que la détermination du montant de l'indemnité pour jouissance privative relève, en principe, du pouvoir souverain des juges du fond. Cela étant, on sait également que ces derniers se fondent généralement sur la valeur locative du bien, sur laquelle ils opèrent une réfaction de l'ordre de 20 %. Cette méthode sera donc appliquée en l'espèce. La valeur locative du bien est de 800 € mensuel. Si l'on applique une réfaction de 20 % (soit 160 €), cela donne une base de calcul de 640 €. Il reste alors à multiplier ce montant par le nombre de mois d'occupation, soit :

$$640\text{ €} \times 6\text{ mois} = 3\,840\text{ €}$$

322.18 Taxe foncière. Madame SANCHEZ a réglé seule le montant de la taxe foncière relative au bien indivis sis à ALBI pour l'année 2007, c'est-à-dire après l'ordonnance de non-conciliation, pour un total de 1 800 €. La taxe foncière étant une charge de la propriété, celle-ci incombe à titre définitif à l'indivision et l'occupation privative du bien par Madame SANCHEZ n'a aucune influence sur ce point. Par conséquent, Madame SANCHEZ peut se prévaloir d'une créance contre l'indivision de ce chef, sur le fondement de l'article 815-13 du code civil.

On sait que le règlement d'une dette indivise est considéré comme constitutif d'une dépense de conservation juridique du bien, de sorte que la créance de Madame SANCHEZ contre l'indivision doit être égale à la plus forte des deux sommes que représentent respectivement la dépense faite et le profit subsistant. La dépense est ici égale à 1 800 €. Quant au profit subsistant, il doit en principe être calculé en déduisant de la valeur actuelle du bien la valeur qu'il aurait si la dépense n'avait pas été faite. En l'espèce, le profit subsistant est manifestement inexistant. Le montant de la dépense, supérieur au profit subsistant, sera donc retenu au titre de la créance de Madame SANCHEZ contre l'indivision.

322.19 Tableaux de maître. En 1999, Monsieur NAUDIN a fait l'acquisition de plusieurs tableaux de maître, pour un montant total de 80 000 €. Celui-ci ayant conservé les factures, ces biens sont incontestablement personnels à Monsieur NAUDIN. Ainsi qu'il a été rappelé précédemment, sous le régime de la séparation de biens, le titre l'emporte sur toute autre considération pour la détermination de la nature des biens.

Ces acquisitions ont été financées à l'aide d'un chèque tiré sur le compte joint des époux. Or, les fonds déposés sur un compte joint ouvert au nom des deux époux sont présumés indivis entre eux, jusqu'à preuve du contraire (C. civ., art. 1538, al. 3). Monsieur NAUDIN a donc financé l'acquisition de biens personnels à l'aide de fonds indivis. En conséquence, il est débiteur de l'indivision de ce chef, sur le fondement de l'article 815-13, alinéa 2, du code civil. On sait que l'article 815-13 précité n'a pas mis en place de système de revalorisation dans l'hypothèse où l'un des indivisaires est débiteur de l'indivision, de sorte que la dette de Monsieur NAUDIN doit être prise en compte pour son montant nominal, soit 80 000 €, nonobstant la plus-value prise par les biens acquis.

322.20 Villa de Montauban. Ce bien a été acquis par Madame SANCHEZ en 1995. Il s'agit donc d'un bien personnel à cette dernière. Le prix d'acquisition a été financé intégralement à l'aide de fonds dont Madame SANCHEZ a hérité, c'est-à-dire à l'aide de fonds personnels. Aucun compte n'est donc à opérer du chef de l'acquisition de ce bien.

322.21 Travaux. La villa de Montauban a fait l'objet d'importants travaux réalisés au cours de l'année 1996. Ces travaux ont été financés à l'aide de fonds prêtés par Monsieur NAUDIN à Madame SANCHEZ. Par conséquent, Monsieur NAUDIN peut se prévaloir d'une créance contre cette dernière, sur le fondement de l'article 1543 du code civil. La question se pose néanmoins de savoir si cette remise de fonds peut constituer une simple modalité d'exécution de la contribution aux charges du mariage à laquelle était assujetti Monsieur NAUDIN. Par principe, il incombe à celui qui se prétend libéré de cette obligation de démontrer qu'elle a été exécutée. Partant, il conviendrait de présumer que la créance dont peut se prévaloir Monsieur NAUDIN contre Madame SANCHEZ est neutralisée. Cela étant, l'exposé du cas précise que la villa a été utilisée dans l'intérêt exclusif de Madame SANCHEZ. Aussi, peut-on légitimement penser que les travaux financés par Monsieur NAUDIN ne relèvent pas de la catégorie des charges du mariage. La créance de Monsieur NAUDIN sera donc retenue.

Les créances entre époux séparés de biens fondées sur l'idée de prêt sont valorisées selon les règles posées à l'article 1469, alinéa 3, du code civil, lorsque les fonds remis ont permis l'acquisition, l'amélioration ou la conservation d'un bien (C. civ., art. 1543). En l'espèce, l'installation de la motorisation électrique sur les volets, ainsi que la construction de la salle de sport, sont manifestement constitutives d'une dépense d'amélioration. Par application de la règle énoncée, la créance dont peut se prévaloir Monsieur NAUDIN ne peut être inférieure au profit subsistant.

En ce qui concerne la motorisation des volets, la dépense est de 3 000 €. Quant au profit subsistant, il doit être calculé en déduisant de la valeur actuelle du bien (300 000 €) la valeur qu'il aurait si ces travaux n'avaient pas été réalisés (295 000 €). Le profit subsistant s'élève donc à 5 000 €, montant qui, supérieur à la dépense initiale, sera retenu au titre de l'indemnisation que doit Madame SANCHEZ à Monsieur NAUDIN.

S'agissant de la salle de sport, la dépense faite se monte à 31 000 €. Quant au profit subsistant, il doit là encore être calculé en déduisant de la valeur actuelle du bien (300 000 €) la valeur qu'il aurait si ces travaux n'avaient pas été réalisés (250 000 €). Le profit subsistant s'élève donc à 50 000 €, montant qui, supérieur à la dépense initiale, sera retenu au titre de la dette de Madame SANCHEZ à l'égard de Monsieur NAUDIN.

322.22 **Meubles.** Conformément aux dispositions de l'article 1538, alinéa 3, du code civil, les biens dont l'origine ne peut être établie doivent être considérés comme indivis par moitié. Les meubles détenus par les époux seront considérés comme indivis entre eux.

322.23 **Actifs financiers.** Les époux sont titulaires de plusieurs comptes bancaires, dont il convient de préciser la nature.

En ce qui concerne le compte joint, la présomption de l'article 1538, alinéa 3, du code civil a vocation à s'appliquer, de telle manière que le solde de ce compte doit être porté à l'actif indivis, soit 30 000 €.

En revanche, les fonds déposés sur les comptes ouverts au nom personnel de chacun des époux sont généralement considérés, sauf preuve contraire, comme personnel à leur titulaire.

§ 3
État liquidatif

Règlement de l'indivision.

1° COMPTES D'INDIVISION :

a) Madame SANCHEZ

- Créances contre l'indivision :
  - Taxe foncière .... 1 800 €
- Dettes à l'égard de l'indivision :
  - Indemnité pour jouissance privative .. 3 840 €
- Balance du compte d'indivision :
  - Au total, le solde du compte de créances d'indivision de Mme SANCHEZ représente un excédent de créance faveur de l'indivision .... 2 040 €

b) Monsieur NAUDIN

- Créances contre l'indivision .... Néant
- Dettes à l'égard de l'indivision :
  - Acquisition des tableaux .... 80 000 €
- Balance du compte d'indivision :
  - Au total, le solde du compte de créances d'indivision de M. NAUDIN représente un excédent de créance faveur de l'indivision .... 80 000 €

2° ACTIF INDIVIS :

- Maison ALBI .... 380 000 €
- Meubles .... 20 000 €
- Compte joint .... 30 000 €
- Solde du compte de créances d'indivision de Mme SANCHEZ .... 2 040 €
- Solde du compte de créances d'indivision de M. NAUDIN .... 80 000 €
- **Total de l'actif .... 512 040 €**

3° PASSIF INDIVIS :

- Solde de l'emprunt .... 76 000 €

4° BALANCE ET DROITS DES PARTIES :

- Actif brut .... 512 040 €
- Passif .... 76 000 €
- Actif net .... 436 040 €
- Droits des parties .... 218 020 €
- Droits de Mme SANCHEZ compte tenu de la dette qu'elle doit à l'indivision (218 020 € - 2 040 €) .... **215 980 €**
- Droits de M. NAUDIN compte tenu de la dette qu'il doit à l'indivision (218 020 € - 80 000 €) .... **138 020 €**

5° PARTAGE DE L'INDIVISION :

1. - Attributions à Mme SANCHEZ
   - Moitié du compte joint .... 15 000 €
   - Moitié des meubles .... 10 000 €
   - Soulte due par M. NAUDIN .... 190 980 €
   - Total égal à ses droits .... 215 980 €

2. - Attributions à M. NAUDIN
   - Maison d'ALBI .... 380 000 €
   - Moitié des meubles .... 10 000 €
   - Moitié du compte joint .... 15 000 €
   - À charge d'assumer le solde de l'emprunt d'ALBI .... 76 000 €
   - À charge de verser une soulte à Mme SANCHEZ .... 190 980 €
   - Total égal à ses droits .... 138 020 €

Liquidation des créances entre époux.

- Créances de Mme SANCHEZ contre M. NAUDIN : .... Néant
- Créances de M. NAUDIN contre Mme SANCHEZ :
  - Révocation de la donation .... 63 333 €
  - Installation des volets électriques .... 5 000 €
  - Construction de la salle de sport .... 50 000 €
  - Total .... 118 333 €
- Balance du compte de créance entre époux :
  - Au total, le solde du compte de créances entre époux représente un excédent de créance faveur de M. NAUDIN .. 118 333 €

Établissement du compte final.

- Au titre du partage de l'indivision, M. NAUDIN doit à Mme SANCHEZ une soulte de .... 190 980 €
- Au titre des créances entre époux, Mme SANCHEZ doit à M. NAUDIN .... 118 333 €
- **Au total, M. NAUDIN doit à Mme SANCHEZ .... 72 647 €**

LIVRE

4. LA LIQUIDATION DU RÉGIME MATRIMONIAL DE LA PARTICIPATION AUX ACQUÊTS

SECTION 0
ORIENTEUR

4.00 **Plan du livre.**

Titre	**41**	**L'élaboration du canevas liquidatif**
Chap.	411	Liquidation de l'indivision
Chap.	412	Liquidation de la créance de participation
Chap.	413	Liquidation des comptes annexes
Chap.	414	Règlement de la créance de participation
Titre	**42**	**L'exposé du canevas liquidatif**
Chap.	421	Exposé théorique du canevas liquidatif
Chap.	422	Exposé pratique du canevas liquidatif

4.01 **Textes applicables.**
* V. s[s] n°s 411.01, 412.01

4.02 **Jurisprudence de référence.**
* V. s[s] n° 412.02

4.03 **Bibliographie indicative.**

> Régimes matrimoniaux

* V. les ouvrages sur les régimes matrimoniaux cités s[s] n° 111.03 (lorsqu'ils sont repris comme référence en note de bas de pages, ces ouvrages sont cités par le seul nom des auteurs en petites capitales).

> Participation aux acquêts

Actualisable. David S. et Jault A., Rép. civ. *V° Participation aux acquêts*, 2009.

Ouvrage. Pillebout J.-F., *La participation aux acquêts. Formules commentées du contrat de mariage,* (préf. L. Dejoie), Litec, 2e éd., 2005.

Thèses. Boussougou-Bou-Mbine F. L., *La pénétration des idées communautaires dans les régimes séparatistes*, th., LGDJ, 1999 – Monnet J., *Théorie liquidative du régime français de la participation aux acquêts*, th. Poitiers, 1985.

Articles. Cabrillac R., « Le travail d'un époux sur un bien dans les régimes matrimoniaux », *in Mélanges offerts à Christian Mouly*, Litec, 1998, t. 1, 257 – Cornu G., « Le régime de participation aux acquêts », *JCP* 1970. I. 2368 – Corpechot R., « Le régime de la séparation de biens et le régime de la participation aux acquêts, Le statut matrimonial du Français », 75e congrès des notaires de France, t. 1, 1978 – David S., « La liquidation du régime de la participation aux acquêts », *AJ fam.* 2005, 186; « Canevas liquidatif du régime de la participation aux acquêts », *AJ fam.* 2010, 218 – Deprez P., « La participation aux acquêts : oui, mais !... », *JCP N* 1988, I, 300 – Duchange N., « La minoration du taux de la participation aux acquêts », *Defrénois* 1993, art. 35670; « La participation aux acquêts antérieurs (Analyse et formule) », *Defrénois* 2009, art. 38939; « Un inconvénient patrimonial n'est pas un avantage matrimonial », *Defrénois* 2010, art. 39117 – Fénardon C., « La participation inégale aux acquêts », *JCP N* 2009. 1117; « La participation intégrale aux acquêts », *JCP N* 2009. 1137; « La participation aux acquêts en nature », *JCP N* 2009, 1195; « La participation aux acquêts et la protection des biens professionnels : des billevesées ? », *JCP N* 2009, 1245 – Marie A., « Réflexions sur l'appauvrissement des époux dans les régimes de communauté légale et de participation aux acquêts », *Defrénois* 2001, art. 37426 – Maury J., « Les atouts de la participation aux acquêts », *Dr. et patr.* déc. 1994, p. 40; « Le principe participatif en régime matrimonial séparatiste », *Mélanges offerts à André Colomer,* Litec, 1993 – Morin G., « Examen de notaires », *Defrénois* 1987, art. 33836; *Formules commentées* 1969, Form. 2954; « Comparaison du nouveau régime de la communauté légale et du régime de la participation aux acquêts », *Defrénois* 1969, art. 29315; « Participation aux acquêts : comparaison des anciennes et des nouvelles règles liquidatives », *Defrénois* 1987, art. 33836 –

Pillebout J.-F., « Liquidation du régime de la participation aux acquêts : le secret de la méthode », *JCP N* 1993, prat. 2722, 453; « Le régime de participation aux acquêts. Les difficultés de liquidation », *JCP N* 1983, Prat. 8709 – Rémy Ph., « Observations sur l'article 1576 alinéa 4 du code civil », *JCP N* 1980. I. 333 – Virfolet J.-L., « Second ou dernier souffle de la participation aux acquêts ? », *JCP* 1986, I, 3259 – Waymel J.-P., « À propos du régime de la participation aux acquêts », *JCP N* 1988, I, 118.

TITRE

41. L'élaboration du canevas liquidatif

SECTION 0
ORIENTEUR

41.00 Plan du titre.

Chap. 411 **Liquidation de l'indivision**
Sect. unique
Chap. 412 **Liquidation de la créance de participation**
Sect. 1 Détermination du patrimoine originaire
Sect. 2 Détermination du patrimoine final
Sect. 3 Détermination des acquêts nets réalisés par chacun des époux
Chap. 413 **Liquidation des comptes annexes**
Sect. unique
Chap. 414 **Règlement de la créance de participation**
Sect. 1 Principe du règlement en argent
Sect. 2 Hypothèses de règlement en nature

41.08 Particularité du régime[1]**.** La particularité de la liquidation du régime de la participation aux acquêts est liée à la spécificité de ce régime, né séparatiste mais qui bascule dans un ultime élan vers une aspiration communautaire, et dont l'objectif à cette fin est d'associer au moment de la dissolution les époux à leurs gains mutuels durant le mariage, par le biais d'une créance de participation.

C'est pourquoi, si la liquidation d'un tel régime rappelle à bien des égards celle d'un régime de séparation de biens – il est question dans l'un comme dans l'autre, de liquider, lors de la dissolution, l'indivision ayant pu exister entre les époux, puis de liquider les comptes annexes : créances entre époux et comptes d'indivision – elle s'en diffère finalement assez nettement puisqu'elle nécessite de déterminer l'existence et le montant d'une éventuelle créance de participation alors qu'il n'existe aucun mécanisme d'enrichissement commun dans le régime séparatiste.

Précisons d'emblée que la liquidation du régime de participation aux acquêts est loin d'être aisée, faute de pratique, bien peu d'époux étant mariés sous ce régime et faute de jurisprudence[2]. Aussi, nombre de questions sont-elles entourées de zones d'ombre.

41.09 Plan. Concrètement, la liquidation d'un régime de participation aux acquêts suppose la réalisation de trois opérations : la liquidation de l'éventuelle indivision existant entre les époux (chap. 411), la liquidation de la créance de participation (chap. 412) et la liquidation des comptes annexes (chap. 413).

1. V. not., F. Boussougou-Bou-Mbine, *La pénétration des idées communautaires dans les régimes séparatistes*, th. préc., n°s 341 et s. – S. David, « La liquidation du régime de la participation aux acquêts », *AJ fam.* 2005. 186 – M. Grimaldi, « Liquidation d'un régime de participation aux acquêts », *JCP N* 1990, Prat. 342 – J. Maury « Les atouts de la participation aux acquêts », *Dr. et patr.*, déc. 2004, p. 40 – J.-F. Pillebout, « Le régime de participation aux acquêts. Les difficultés de liquidation », *JCP N* 1983, Prat. 8709 – « Liquidation du régime de la participation aux acquêts – Le secret de la méthode », *JCP N.* 1993, Prat. 2722. Plus généralement, v. J.-F. Pillebout, *La participation aux acquêts, Formules commentées du contrat de mariage*, Litec, 2e éd., 2005.

2. Sur ce constat, v. R. Corpechot, « Le régime de la séparation de biens et le régime de la participation aux acquêts », *in 75e congrès des notaires de France, Le statut matrimonial du français*, t. 1, 1978, n° 244.

CHAPITRE

411. Liquidation de l'indivision

SECTION 0 ORIENTEUR

411.00 **Plan du chapitre.**
Sect. unique

411.01 **Textes applicables.**

> Indivision

C. civ., art. 815-9 à 815-13

* V. texte complet de ces articles s[s] n° 111.01

> Meubles et immeubles indivis

C. civ., art. 1538, al. 3

* V. texte complet de cet article s[s] n° 311.01

SECTION UNIQUE

411.05 **Présentation. Renvoi.** La liquidation des intérêts patrimoniaux des époux mariés sous le régime de la participation aux acquêts suppose la liquidation préalable de l'indivision ayant pu exister entre les époux. De ce point de vue, ce régime ne présente aucune particularité par rapport à la séparation de biens. Aussi, la détermination de la nature des biens (personnels ou indivis) se fait-elle comme sous la séparation de biens. Par conséquent, la nature d'un bien est déterminée par le titre et non son financement (v. s[s] n° 311.14).

411.06 **Indifférence de la créance de participation.** Il convient de souligner que l'existence d'une créance de participation n'affecte en rien la nature des biens des époux. La reconstitution *a posteriori* d'une communauté, qui est l'objet même de la créance de participation, est en effet fictive[1]. Concrètement, la propriété des biens dans un régime de participation aux acquêts est déterminée comme sous la séparation de biens (v. s[s] chap. 311), de sorte que « *chaque époux est assuré de conserver de toute façon ses biens en nature, quelles qu'en soient la date et les conditions d'acquisition* »[2].

1. Comme l'a justement souligné Cornu, la participation aux acquêts est un « *régime comptable* » (*op. cit.*, p. 799).
2. S. David et A. Jault, Rép. civ., *V° Participation aux acquêts*, 2009, n° 99.

CHAPITRE

412. Liquidation de la créance de participation

SECTION 0 ORIENTEUR

412.00 Plan du chapitre.

Sect. 1 Détermination du patrimoine originaire
§ 1 Actif originaire
A. Contenu de l'actif originaire
B. Preuve de la consistance de l'actif originaire
C. Évaluation de l'actif originaire
1° Biens se retrouvant en nature dans le patrimoine de l'époux au jour de la liquidation
2° Biens ne se retrouvant pas en nature dans le patrimoine de l'époux au jour de la liquidation
§ 2 Passif originaire
A. Contenu du passif originaire
B. Preuve du passif originaire
C. Évaluation du passif originaire
1° Principe
2° Cas particuliers
§ 3 Établissement du compte originaire
Sect. 2 Détermination du patrimoine final
§ 1 Actif final
A. Contenu de l'actif final
1° Biens existants
2° Éléments réunis fictivement
B. Preuve de la consistance de l'actif final
C. Évaluation de l'actif final
1° Évaluation des biens existants
2° Évaluation des biens réunis fictivement
§ 2 Passif final
1° Contenu du passif final
2° Preuve de la consistance du passif final
C. Évaluation du passif final
§ 3 Établissement du compte final
Sect. 3 Détermination des acquêts nets réalisés par chacun des époux

412.01 Textes applicables.

> Séparation des patrimoines quant au passif

• C. civ., art. 1536

* V. texte complet de cet article s[s] n° 311.01

> Créances entre époux – Valorisation

• C. civ., art. 1543

* V. texte complet de cet article s[s] n° 312.01

> Contribution aux charges du mariage [C. civ., art. 214, al. 1er et 1537]

* V. texte complet de ces articles s[s] n° 313.01

> Patrimoine originaire : contenu

• C. civ., art. 1570, al. 1er

Le patrimoine originaire comprend les biens qui appartenaient à l'époux au jour du mariage et ceux qu'il a acquis depuis par succession ou libéralité, ainsi que tous les biens qui, dans le régime de la communauté légale, forment des propres par nature sans donner lieu à récompense. Il n'est pas tenu compte des fruits de ces biens, ni de ceux de ces biens qui auraient eu le caractère de fruits ou dont l'époux a disposé par donation entre vifs pendant le mariage.

> Patrimoine originaire : preuve de la consistance

• C. civ., art. 1570, al. 2 et 3

La consistance du patrimoine originaire est prouvée par un état descriptif, même sous seing privé, établi en présence de l'autre conjoint et signé par lui.

À défaut d'état descriptif ou s'il est incomplet, la preuve de la consistance du patrimoine originaire ne peut être rapportée que par les moyens de l'article 1402.

> Patrimoine originaire : estimation

• C. civ., art. 1571

Les biens originaires sont estimés d'après leur état au jour du mariage ou de l'acquisition, et d'après leur valeur au jour où le régime matrimonial est liquidé. S'ils ont été aliénés, on retient leur valeur au jour de l'aliénation. Si de nouveaux biens ont été subrogés aux biens aliénés, on prend en considération la valeur de ces nouveaux biens.

De l'actif originaire sont déduites les dettes dont il se trouvait grevé, réévaluées, s'il y a lieu, selon les règles de l'article 1469, troisième alinéa. Si le passif excède l'actif, cet excédent est fictivement réuni au patrimoine final.

> Patrimoine final : contenu

[C. civ., art. 1572, al. 1er, 1573, 1574, al. 3]

• C. civ., art. 1572, al. 1er

Font partie du patrimoine final tous les biens qui appartiennent à l'époux au jour où le régime matrimonial est dissous, y compris, le cas échéant, ceux dont il aurait disposé à cause de mort et sans en exclure les sommes dont il peut être créancier envers son conjoint. S'il y a divorce, séparation de corps ou liquidation anticipée des acquêts, le régime matrimonial est réputé dissous au jour de la demande.

• C. civ., art. 1573

Aux biens existants on réunit fictivement les biens qui ne figurent pas dans le patrimoine originaire et dont l'époux a disposé par donation entre vifs sans le consentement de son conjoint, ainsi que ceux qu'il aurait aliénés frauduleusement. L'aliénation à charge de rente viagère ou à fonds perdu est présumée faite en fraude des droits du conjoint, si celui-ci n'y a consenti.

• C. civ., art. 1574, al. 3

La valeur, au jour de l'aliénation, des améliorations qui avaient été apportées pendant le mariage à des biens originaires donnés par un époux sans le consentement de son conjoint avant la dissolution du régime matrimonial doit être ajoutée au patrimoine final.

> Patrimoine final : preuve de la consistance

• C. civ., art. 1572, al. 2 et 3

La consistance du patrimoine final est prouvée par un état descriptif, même sous seing privé, que l'époux ou ses héritiers doivent établir en présence de l'autre conjoint ou de ses héritiers ou eux dûment appelés. Cet état doit être dressé dans les neuf mois de la dissolution du régime matrimonial, sauf prorogation par le président du tribunal statuant en la forme de référé.

La preuve que le patrimoine final aurait compris d'autres biens peut être rapportée par tous les moyens, même par témoignages et présomptions.

> Patrimoine final : évaluation

• C. civ., art. 1574, al. 1er et 2

Les biens existants sont estimés d'après leur état à l'époque de la dissolution du régime matrimonial et d'après leur valeur au jour de la liquidation de celui-ci. Les biens qui ont été aliénés par donations entre vifs, ou en fraude des droits du conjoint, sont estimés d'après leur état au jour de l'aliénation et la valeur qu'ils auraient eue, s'ils avaient été conservés, au jour de la liquidation.

De l'actif ainsi reconstitué, on déduit toutes les dettes qui n'ont pas encore été acquittées, y compris les sommes qui pourraient être dues au conjoint.

> Créance de participation : règlement en argent, en nature

• C. civ., art. 1576

La créance de participation donne lieu à paiement en argent. Si l'époux débiteur rencontre des difficultés graves à s'en acquitter entièrement dès la clôture de la liquidation, les juges peuvent lui accorder des délais qui ne dépasseront pas cinq ans, à charge de fournir des sûretés et de verser des intérêts.

La créance de participation peut toutefois donner lieu à un règlement en nature, soit du consentement des deux époux, soit en vertu d'une décision du juge, si l'époux débiteur justifie de difficultés graves qui l'empêchent de s'acquitter en argent.

Le règlement en nature prévu à l'alinéa précédent est considéré comme une opération de partage lorsque les biens attribués n'étaient pas compris dans le patrimoine originaire ou lorsque l'époux attributaire vient à la succession de l'autre.

La liquidation n'est pas opposable aux créanciers des époux : ils conservent le droit de saisir les biens attribués au conjoint de leur débiteur.

> Créance de participation : insuffisance de biens existants

• C. civ., art. 1577

L'époux créancier poursuit le recouvrement de sa créance de participation d'abord sur les biens existants et subsidiairement, en commençant par les aliénations les plus récentes, sur les biens mentionnés à l'article 1573 qui avaient été aliénés par donation entre vifs ou en fraude des droits du conjoint.

> Liquidation des créances entre époux : compensation avec la créance de participation

• C. civ., art. 1575, al. 3

À la créance de participation on ajoute, pour les soumettre au même règlement, les sommes dont l'époux peut être d'ailleurs créancier envers son conjoint, pour valeurs fournies pendant le mariage et autres indemnités, déduction faite, s'il y a lieu, de ce dont il peut être débiteur envers lui.

412.02 Jurisprudence de référence.

> Caractère supplétif des règles de liquidation de la créance de participation : aménagement de la date de dissolution du patrimoine final

• Civ. 1re, 26 sept. 2007, n° 06-10.930, *RJPF* 01/2008, n° 1, obs. F. Vauvillé; RLDC 2007/43, n° 2754, obs. C. Jeanne.

« Il résultait de l'article 62 de la loi n° 85-1372 du 23 décembre 1985 que l'article 1574 du code civil, dans sa rédaction issue de cette loi, selon lequel les biens existants sont estimés d'après leur valeur au jour de la liquidation du régime matrimonial, ne s'appliquait pas aux époux X... dès lors que leur contrat de mariage ne renvoyait pas sur ce point aux anciennes dispositions légales ou en était la reproduction, la cour d'appel, qui ne pouvait donc pas déroger aux règles d'évaluation prévues par la convention matrimoniale, lesquelles différaient de celles édictées par l'article 1574, dans sa rédaction antérieure à la loi ».

> Composition du patrimoine originaire : caractère présent de l'indemnité réparant un préjudice personnel

• Civ. 1re, 28 févr. 2006, n° 03-.11.767, *Bull. civ.* I, 107; *D.* 2006, Jur. 882; *RTD civ.* 2006, p. 364, obs. B. Vareille; *D.* 2006, Jur. 2071, obs. V. Brémond; *RLDC* 06/2006, n° 28; *RLDC* 02/2007, n° 35, obs. R. Cabrillac.

« Attendu que, pour limiter à un certain montant ne correspondant qu'à l'indemnisation des chefs de préjudice dits "personnels", douleurs endurées, préjudice esthétique et préjudice d'agrément, les éléments à prendre en compte pour la détermination du patrimoine originaire de M. X..., victime pendant le mariage d'un accident, alors que, suite au divorce des époux, il statuait sur la liquidation de leur régime matrimonial, la participation aux acquêts, l'arrêt retient que l'indemnité reçue par M. X..., au titre de son incapacité permanente partielle se substituait à un salaire;

Attendu qu'en statuant ainsi, alors que l'indemnisation de l'incapacité permanente partielle ne tendait qu'à la réparation d'un préjudice corporel, la cour d'appel a violé les textes susvisés (C. civ., art. 1404 et 1570) ».

412.03 **Bibliographie indicative.**

* V. s[s] n° 4.03

412.04 **Questions essentielles.**

• Quelle est la date de dissolution du régime de la participation aux acquêts ?

* V. s[s] n°s 412.41, 01.11 s.

• Comment calculer la créance de participation susceptible d'être due par l'un des époux à son conjoint ?

* V. s[s] n°s 412.56 s.

• Quel est le contenu de l'actif originaire des époux ?

* V. s[s] n°s 412.12 s.

• Quelles sont les règles d'évaluation de l'actif originaire des époux ?

* V. s[s] n°s 412.17 s.

• Quel est le contenu du passif originaire des époux ?

* V. s[s] n°s 412.31 s.

• Quelles sont les règles d'évaluation du passif originaire des époux ?

* V. s[s] n°s 412.36 s.

• Quel est le contenu de l'actif final des époux ?

* V. s[s] n°s 412.42 s.

• Quelles sont les règles d'évaluation de l'actif final des époux ?

* V. s[s] n°s 412.48 s.

• Quel est le contenu du passif final des époux ?

* V. s[s] n°s 412.52 s.

• Quelles sont les règles d'évaluation du passif final des époux ?

* V. s[s] n° 412.54

412.07 **Introduction.** Aux termes de l'article 1569, alinéa 2, du code civil, « *à la dissolution du régime, chacun des époux a le droit de participer pour moitié en valeur aux acquêts nets constatés dans le patrimoine de l'autre, et mesurés par la double estimation du patrimoine originaire et du patrimoine final* ». Concrètement, un seul des deux époux bénéficiera éventuellement d'une créance de participation. La détermination de l'époux titulaire de la créance de participation et la fixation du montant de cette dernière obligent à effectuer une comparaison des acquêts nets respectifs des époux, étant ici précisé que l'acquêt net résulte d'une double estimation entre le patrimoine originaire et le patrimoine final de chacun des époux. En conséquence, il convient, pour l'un des époux, de définir la consistance de son patrimoine originaire et son patrimoine final, de sorte que l'excédent du second sur le premier corresponde à la valeur des acquêts réalisés par ce dernier. Il s'agit ensuite de renouveler l'opération pour son conjoint. Celui des époux qui a réalisé le plus d'acquêts est redevable envers l'autre d'une créance de participation, dont la valeur est égale à la moitié de la différence des acquêts réalisés.

412.08 **Tempérament du dispositif légal.** Les règles de liquidation de la créance de participation mise en place par le législateur connaissent deux séries de tempéraments.

D'abord, les époux peuvent décider d'y déroger par une convention matrimoniale. Cette possibilité, qui n'est jamais que l'expression de la liberté des conventions matrimoniale et de la mutabilité contrôlée du régime matrimonial, est expressément reconnue aux époux par l'article 1581 du code civil[1].

Ensuite, et la dérogation est plus originale, l'article 1579 du code civil permet au juge de déroger aux règles d'évaluations des patrimoines posées par la loi, lorsque leur respect conduit « *à un résultat manifestement contraire à l'équité* » (C. civ., art. 1579)[2]. Plusieurs précisions peuvent être faites sur ce point.

D'abord, le juge ne peut pas prendre l'initiative de procéder à la correction du mécanisme légale. Ainsi qu'il a été souligné, « *il faut que l'un des conjoints se recommande de l'article 1579* »[3].

Ensuite, force est de constater que la loi n'indique pas le sens dans lequel cette équité doit fonctionner. En d'autres termes, la question se pose de savoir si le juge pourrait augmenter la valorisation obtenue arithmétiquement ou si son pouvoir n'est que modérateur[4].

Enfin, le caractère exceptionnel de la disposition semble imposer une interprétation restrictive, ce qui exclut une extension au-delà de ses limites naturelles[5].

1. Pour une illustration en jurisprudence, v. Civ. 1re, 26 sept. 2007 (pour un aménagement de la date d'évaluation du patrimoine final), *RJPF* 01/2008, n° 1, obs. F. Vauvillé – *RLDC* 2007/43, n° 2754, obs. C. Jeanne.
2. Sur ce point, v. S. David et A. Jault, Rép. civ., *V° Participation aux acquêts,* art. préc., n°s 109 et s. – R. Corpechot, art. préc., n° 270.
3. S. David et A. Jault, Rép. civ., *V° Participation aux acquêts,* art. préc., n° 111.
4. Comp. *supra*, le problème identique à propos de l'article 815-13 du code civil, en matière de créances d'indivision.
5. En ce sens, S. David et A. Jault, Rép. civ., *V° Participation aux acquêts,* art. préc., n° 112. Mais *contra*, Ph. Malaurie et L. Aynès, *op. cit.*, n° 861, qui estiment que l'appréciation du caractère manifestement contraire à l'équité « *devrait permettre au tribunal de prendre en compte la qualité de la gestion respective des époux, leur comportement au cours du mariage* ».

412.09 **Division.** Aux fins de liquider la créance de participation, il s'agit de déterminer le patrimoine originaire de l'époux considéré (sect. 1), puis son patrimoine final (sect. 2).

SECTION 1
DÉTERMINATION DU PATRIMOINE ORIGINAIRE

412.11 **Marche à suivre.** La valeur du patrimoine originaire est une valeur nette, l'article 1571, alinéa 2, du code civil disposant que « *de l'actif originaire sont déduites les dettes dont il se trouvait grevé* [...] ». Il s'agit donc de définir l'actif brut originaire (§ 1) pour en déduire ensuite l'éventuel passif originaire (§ 2).

§ 1
Actif originaire

A.
Contenu de l'actif originaire

412.12 **Biens inclus.** L'énumération des biens composant l'actif du patrimoine originaire figure à l'article 1570, alinéa 1er, du code civil. Selon ce texte, l'actif du patrimoine originaire d'un époux comprend :

– les biens présents de cet époux, à savoir les biens qui lui appartenaient au jour du mariage;

– les biens futurs de cet époux, c'est-à-dire ceux qu'il a recueillis par succession ou libéralité pendant le mariage;

– les biens qui sont « *propres par nature sans donner lieu à récompense* » sous le régime de communauté, c'est-à-dire les biens visés à l'article 1404, alinéa 1er, du code civil. Il s'agit des vêtements et linges à usage personnel, des actions en réparation d'un dommage corporel ou moral[1], des créances et pensions incessibles et, plus généralement, tous les biens qui ont un caractère personnel et tous les droits attachés à la personne d'un époux.

412.13 **Sort des biens subrogés.** En outre, ils résultent des dispositions de l'article 1571 du code civil que les biens acquis pendant le mariage et qui se sont subrogés aux biens énumérés par l'article précédent figurent également à l'actif du patrimoine originaire, étant ici précisé que cette subrogation a lieu de plein droit, sans qu'il soit nécessaire à l'époux des respecter les formalités de l'emploi ou du remploi, prescrites à l'article 1434 du code civil, dans le régime de communauté. Notons, par ailleurs, qu'en cas d'aliénation pure et simple au cours du mariage, sans qu'il y ait eu subrogation d'un nouveau bien au bien aliéné, il va de soi que le bien originaire ne disparaît pas du patrimoine originaire.

412.14 **Biens exclus du patrimoine originaire.** En revanche, certains biens sont délibérément exclus du patrimoine originaire, en vertu de l'article 1570, alinéa 1er *in fine*, du code civil.

Il s'agit, d'une part, des fruits des biens originaires acquis au cours de l'union ainsi que les biens « *qui auraient eu le caractère de fruit* », c'est-à-dire les fruits perçus avant le mariage et qui auraient conservé cette nature à ce moment-là[2].

D'autre part, sont exclus du patrimoine originaire, les biens initialement compris dans le patrimoine originaire qui ont été donnés au cours du mariage, avec ou sans le consentement du conjoint de l'époux propriétaire.

B.
Preuve de la consistance de l'actif originaire

412.15 **Charge de la preuve.** La charge de la preuve pèse sur l'époux qui entend inclure un bien dans son actif originaire et dont l'intérêt est justement de « grossir » ce dernier pour diminuer d'autant ses acquêts.

412.16 **Modes de preuve.** Quant aux moyens de preuve, l'article 1570, alinéa 2, du code civil dispose que la consistance du patrimoine originaire est prouvée par un état descriptif, qui peut être dressé à tout moment (pendant le régime ou après la dissolution) en présence de l'autre conjoint et sans forme particulière, y compris par acte sous seing privé. En l'absence d'état descriptif ou lorsqu'un tel état est incomplet, « *la preuve de la consistance du patrimoine originaire ne peut être rapportée que par les moyens de l'article 1402* » du code civil[3], relatif à la preuve des biens propres en régime de communauté, autrement dit par un écrit de toute nature, sauf si l'époux intéressé établit qu'il a été dans

1. Pour une application, v. Civ. 1re, 28 févr. 2006 (à propos d'une indemnité de réparation d'un préjudice personnels perçu par l'époux en cours d'union), *Bull. civ.* I, 107 – *D.* 2006, Jur. 882 – *RTD civ.* 2006, p. 364, obs. B. Vareille – *D.* 2006, Jur. 2071, obs. V. Brémond – *RLDC* 06/2006, n° 28 – *RLDC* 02/2007, n° 35, obs. R. Cabrillac.

2. Sur la justification de cette exclusion, v. S. David et A. Jault, RÉP. CIV., *V° Participation aux acquêts,* art. préc. n° 128. Il convient de souligner que l'exclusion ne s'applique pas aux produits non périodiques. Le terme de « fruit » doit être pris dans son sens technique ordinaire. En ce sens, v. not. Aubry et Rau, par Ponsard, *op. cit.*, n° 368, note 58 – A. Colomer, *Droit civil – Les régimes matrimoniaux, op. cit.*, n° 1259 – G. Cornu, *op. cit.*, p. 806 et 807 – J. Flour et G. Champenois, *op. cit.*, n° 775, note 6.

3. Article 1570, alinéa 3, du code civil.

l'impossibilité, matérielle ou morale, de se procurer un écrit, ce qui demeure rare.

Lorsque le caractère originaire d'un bien n'est pas démontré, ce dernier est alors considéré comme un acquêt et inscrit à l'actif final de l'époux considéré. En d'autres termes, l'on peut constater que le renvoi de l'article 1570 à l'article 1402 vaut présomption d'acquêt et accroît autant les chances du conjoint de bénéficier d'une créance de participation [1].

C. Évaluation de l'actif originaire

412.17 Évaluation de l'actif originaire. Les règles d'évaluation des biens constituant l'actif originaire sont posées par l'article 1571, alinéa 1er, du code civil. Elles diffèrent selon que ces biens se retrouvent ou non en nature dans le patrimoine de l'époux au jour de la liquidation du régime.

1° Biens se retrouvant en nature dans le patrimoine de l'époux au jour de la liquidation

412.18 Énoncé de la règle. Lorsque les biens se retrouvent en nature dans le patrimoine de l'époux au jour de la liquidation, ils « *sont estimés d'après leur état au jour du mariage et d'après leur valeur au jour où le régime matrimonial est liquidé* », ce qui signifie concrètement qu'ils doivent figurer au patrimoine originaire pour la valeur qu'ils auraient eue au jour de la liquidation s'ils étaient restés dans le même état depuis le jour du mariage (s'il s'agit de biens présents) ou de leur acquisition (s'il s'agit de biens futurs). Il ne suffit pas ici de retrancher de la valeur actuelle du bien le coût des travaux réalisés [2].

412.19 Application aux plus-values économiques. La règle énoncée à l'article 1571 du code civil revient à ignorer les plus-values économiques, c'est-à-dire fortuites, dans la détermination de l'enrichissement de l'époux considéré. Cette règle est justifiée par le fait que de telles plus-values, en ce qu'elles sont imputables à la seule évolution de la conjoncture économique, ne doivent en bonne justice profiter qu'à l'époux propriétaire des biens qu'elles concernent.

Exemple : un époux était propriétaire, au jour de la célébration de l'union, d'une maison dont la valeur était alors estimée à 150 000 €. Au jour de la liquidation, la maison est estimée à 280 000 €, sans que cette plus-value ait pour origine de quelconques travaux. Dans l'exemple donné, la maison est un bien originaire, qui doit donc être inscrit à l'actif originaire, pour la valeur qu'il a au jour de la liquidation, dans l'état dans lequel elle était au jour de la célébration du mariage, soit 280 000 €, puisque la plus-value est fortuite. Ainsi l'enrichissement fortuit de l'époux est ignoré dans la liquidation de la créance de participation, puisque, au patrimoine final, la même valeur sera inscrite, de sorte qu'il y a neutralisation.

Inversement, la règle revient à prendre en considération, au titre de l'enrichissement de l'époux, les plus-values procurées volontairement aux biens, par la réalisation de travaux au cours de l'union [3]. La solution est normale, car les dépenses d'amélioration sont normalement payées avec des fonds dépendant des acquêts. Le mécanisme est donc analogue à celui des récompenses dues à la communauté pour des dépenses d'amélioration faites sur un propre à l'aide de deniers communs.

Exemple : un époux était propriétaire, au jour de la célébration de l'union, d'un appartement, dont la valeur était alors estimée à 200 000 €. Au cours du mariage, l'époux réalise des travaux sur le bien. Au jour de la liquidation, l'appartement est estimé à 300 000 €, étant entendu que sans les travaux, il ne vaudrait que 250 000 €. Dans l'exemple donné, l'appartement doit être inscrit à l'actif originaire pour sa valeur actuelle, mais dans l'état dans lequel il était au jour du mariage, soit 250 000 €. Ainsi, l'enrichissement de l'époux apparaît dans la liquidation de la créance de participation, puisque, au patrimoine final, l'appartement sera inscrit pour sa valeur totale actuelle, soit 300 000 €.

En d'autres termes, et pour résumer, « *le changement d'état susceptible de justifier une différence d'évaluation des biens originaires doit avoir pour cause un investissement réalisé pendant le mariage avec des fonds ne provenant pas du patrimoine originaire* » [4].

412.20 Question de l'application aux cas des moins-values économiques. La solution retenue en matière de plus-value doit-elle être transposée aux moins-values ? En d'autres termes, un bien originaire qui a perdu de la valeur doit-il être intégré à l'actif originaire pour sa valeur au jour de la liquidation ou pour la valeur qu'il aurait eue s'il ne s'était pas dégradé ? Face à cette question, deux positions sont envisageables, qui sont intimement liées à la conception que l'on se fait de la participation aux acquêts [5].

– La première analyse consiste à considérer la participation aux acquêts comme une simple com-

1. F. Terré et Ph. Simler, *op. cit.*, 3e éd., 2001, no 832.
2. Sur ce point, v. J.-F. Pillebout, *op. cit.*, nos 137 et s.
3. Pour des illustrations, v. J.-F. Pillebout, *op. cit.*, nos 136 s.
4. J.-F. Pillebout, *op. cit.*, no 135.
5. Pour une synthèse, v. J. Flour et G. Champenois, *op. cit.*, no 779 – A. Marie, « Réflexions sur l'appauvrissement des époux dans les régimes de communauté légale et de participation aux acquêts », *Defrénois* 2001, art. 37426, no 15.

munauté en valeur, de sorte qu'il doit y avoir autant que faire se peut égalité comptable entre ce régime et la communauté légale. Dans ce cas, la moins-value affectant un bien originaire devra être ignorée, qu'elle soit fortuite ou liée à une dégradation volontaire du bien. Les acquêts ne sont en effet pas concernés par les variations de l'état du bien qui doivent nuire au seul propriétaire, comme les plus-values naturelles ne doivent profiter qu'au propriétaire[1]. En ce qui concerne les dégradations volontaires, elles doivent tout autant être ignorées, car il est inconcevable de faire supporter à la masse les conséquences de la négligence de l'époux propriétaire[2].

Exemple 1 : au cours de l'union, un époux reçoit par succession un appartement dont la valeur était alors estimée à 200 000 €. Au jour de la liquidation, la valeur de ce bien n'est plus que de 150 000 €, sans que l'époux l'ait dégradé ou ait négligé sa gestion. Dans l'exemple donné, l'appartement est un bien futur, dont il faut intégrer la valeur à l'actif originaire. L'amoindrissement fortuit de la valeur du bien devant être ignoré et supporté par l'époux seul, le bien devra être inscrit à l'actif originaire pour sa valeur actuelle, soit 150 000 €. Il sera également porté pour cette valeur dans l'actif final.

Exemple 2 : au cours de l'union, un époux reçoit un bien immobilier par succession, dont la valeur est estimée alors à 100 000 €. Par la suite, cet époux dégrade ledit bien, de sorte qu'au jour de la liquidation, il ne vaut plus que 80 000 €. Dans l'exemple donné, le bien immobilier sera compté dans l'actif originaire pour sa valeur au jour de la liquidation, soit 80 000 €, ce qui revient à neutraliser l'appauvrissement subi par l'époux, puisqu'il sera également porté pour 80 000 € dans l'actif final.

– La seconde analyse consiste à estimer que la participation aux acquêts est un régime original et autonome qui a pour objet de mesurer l'enrichissement effectif des époux au cours de l'union. Dans ce cas, la moins-value devra être prise en considération, du moins lorsqu'elle est fortuite[3]. En effet, lorsque la moins-value est liée à une dégradation du bien, sa prise en considération aboutirait à diminuer la créance de participation du conjoint, ce qui paraît difficilement acceptable. C'est pourquoi, il est proposé dans ce cas de réparer les conséquences de la faute de l'époux, auteur de la dégradation, c'est-à-dire la diminution de valeur du bien, en faisant figurer « *la même valeur dans le patrimoine final et dans le patrimoine originaire* »[4].

Exemple 1 : au cours de l'union, un époux reçoit par succession un appartement dont la valeur était alors estimée à 200 000 €. Au jour de la liquidation, la valeur de ce bien n'est plus que de 150 000 €, à la suite d'une mauvaise gestion de l'époux propriétaire. Dans l'exemple donné, l'appartement est un bien originaire, dont il faut intégrer la valeur à l'actif originaire. Par application de l'analyse précitée, il conviendra d'intégrer ce bien à l'actif originaire et à l'actif final pour la même valeur, soit 150 000 €. Il en résulte que l'époux n'est pas considéré comme s'étant appauvri.

Exemple 2 : Reprenons l'exemple précédent, sauf que la moins-value est fortuite. Dans l'exemple donné, l'appartement est un bien originaire, dont il faut intégrer la valeur à l'actif originaire. Par application de l'analyse précitée, il conviendra de marquer l'appauvrissement dont l'époux a été victime, de sorte que le bien sera inscrit à l'actif originaire pour sa valeur au jour où il a été reçu par succession, soit 200 000 €, et il devra être inscrit à l'actif final pour sa valeur actuelle, soit 150 000 €.

412.21 Cas particuliers. Plusieurs hypothèses, non envisagées par le législateur sont susceptibles de soulever des difficultés et méritent, pour cette raison, une attention particulière, même si aucune solution de principe ne peut être donnée en la matière.

412.22 Cas de dépenses nécessaires et des dépenses de conservation. Sous le régime de la communauté légale, lorsque les travaux réalisés sont constitutifs d'une dépense nécessaire, la récompense ne peut être inférieure à la dépense faite. Par conséquent, lorsque la plus-value procurée par les travaux est inférieure à la dépense faite, il convient de retenir, au titre de la valorisation de la récompense, la dépense faite. La question se pose de savoir si cette solution doit être transposée à la liquidation de la créance de participation[5].

1. Prendre en considération la moins-value fortuite reviendrait, sous le régime de la communauté, à considérer que la perte de valeur d'un bien propre influe sur la valorisation de l'actif de communauté (v. A. Marie, art. préc., *loc. cit.*).
2. En ce sens, v. not., F. L. Boussougou-Bou-Mbine, th. préc., n° 414, note 161 – R. Corpechot, art. préc., n°s 276 et s., spéc. n°s 280 et 291 – J.-F. Pillebout, *op. cit.*, n° 133. Prendre en considération la moins-value provoquée reviendrait, sous le régime de la communauté, à admettre que l'époux qui a dégradé volontairement un de ses biens propres pourrait se prévaloir d'une récompense contre la communauté (v. A. Marie, art. préc., *loc. cit.*).
3. En faveur de cette analyse, v. G. Champenois, *op. et loc. cit.*
4. *Ibid.*
5. Sur cette possibilité, v. J.-F. Pillebout, *op. cit.*, n°s 141 et 368 et s. On retrouve ici, et dans les exemples qui suivent, le problème évoqué précédemment, à savoir si la liquidation d'un régime de participation aux acquêts doit ou non aboutir à des résultats comptables proches, sinon identiques, de ceux qui résultent de la liquidation de la communauté légale.

Exemple : au jour du mariage, un époux était propriétaire d'un immeuble évalué alors à 100 000 €. Au cours de l'union, cet époux procède à la réfection de la toiture de ce bien, moyennant un prix de 15 000 €. Au jour de la liquidation, la valeur du bien peut être estimée à 200 000 €, étant entendu que sans les travaux de réfection, il ne vaudrait que 190 000 €. Dans l'exemple donné, une application stricte de la règle posée à l'article 1571, alinéa 1er, du code civil reviendrait à inscrire le bien à l'actif originaire pour 190 000 €. Or, il se trouve que la plus-value est ici inférieure à la dépense faite. La question se pose donc de savoir si, au lieu de soustraire de la valeur actuelle du bien le montant de la plus-value pour déterminer la valeur à inscrire à l'actif originaire (200 000 € - 10 000 € = 190 000 €), il ne conviendrait pas mieux de soustraire la valeur de la dépense faite, ce qui reviendrait à inscrire le bien à l'actif originaire pour 185 000 € (200 000 € - 15 000 €).

412.23 Cas des améliorations réalisées à l'aide de deniers originaires[1]. Lorsqu'un bien originaire est amélioré au cours de l'union par l'époux, l'article 1571 du code civil enjoint de prendre en considération, dans la détermination des acquêts de l'époux, la valeur de la plus-value procurée au bien. Cette solution est justifiée par le fait que les dépenses d'amélioration sont normalement payées avec des fonds dépendant des acquêts et que le mécanisme est analogue à celui des récompenses dues à la communauté pour des dépenses d'amélioration faites sur un propre à l'aide de deniers communs. Mais qu'en est-il lorsque l'amélioration en question est financée à l'aide de deniers originaires ? Sous le régime de la communauté, cela ramène à la situation où un époux finance des travaux sur un de ses propres à l'aide de deniers propres, ce qui n'ouvre pas droit à récompense au profit de la communauté. Transposer cette solution à la participation aux acquêts reviendrait à ne pas prendre en considération la plus-value, bien qu'elle ne soit pas fortuite. Cela dit, la question mérite d'être envisagée sous un autre angle. En effet, dans cette hypothèse, on considère généralement ici que les travaux réalisés sont subrogés à la somme originaire investie, de sorte que cette dernière devra être portée à l'actif originaire en fonction de la valeur actuelle des améliorations. Aussi est-il sans doute préférable, en ce qui concerne le bien lui-même, de transcrire l'enrichissement produit par les travaux. Cet enrichissement se compensera en effet exactement avec la valeur portée au patrimoine originaire au titre de la subrogation[2].

Exemple : au jour du mariage, un époux était propriétaire d'un immeuble évalué alors à 100 000 €. Au cours de l'union, cet époux procède à la réalisation de travaux d'amélioration, qu'il finance à l'aide de deniers (10 000 €) qu'il a reçus par succession. Au jour de la liquidation, le bien est évalué à 190 000 €, étant entendu que sans les travaux, il ne vaudrait que 150 000 €. Dans l'exemple donné, la solution proposée aboutit à inscrire l'immeuble présent à l'actif originaire pour 150 000 € et à l'actif final pour sa valeur actuelle, soit 190 000 €, ce qui revient à prendre en considération la plus-value conformément à la lettre de la loi. En revanche, la somme nominale investie sera portée à l'actif originaire en considération de la plus-value qu'elle a permis de réaliser, soit :

190 000 € - 150 000 € = 40 000 €

Au total, on s'aperçoit donc que l'enrichissement (soit 190 000 € - 150 000 € = 40 000 €) résultant de l'évolution de l'état du bien est compensé par l'appauvrissement résultant de l'investissement de la somme originaire. L'opération est donc neutre pour l'époux.

412.24 Cas des dépenses d'entretien. Les biens originaires font généralement l'objet de nombreuses dépenses d'entretien au cours de l'union, afin de maintenir les biens dans un état correct. De telles dépenses ne justifient cependant pas une évaluation différente dans le patrimoine originaire car il est normal que les acquêts en supportent le coût. Du moins, est-ce la solution que préconisent les auteurs qui estiment que la participation aux acquêts est une communauté en valeur[3].

Exemple : un époux est propriétaire d'un immeuble au jour de la célébration de l'union, dont la valeur est alors estimée à 150 000 €. Au cours de l'union, l'époux entretient régulièrement son bien, au point qu'au jour de la liquidation, il apparaît qu'il a dépensé de ce chef la somme de 20 000 €. La valeur du bien au jour de la liquidation est estimée à 200 000 €. Dans l'exemple donné, les frais engagés pour l'entretien du bien originaire ne sont pas à prendre en considération pour la détermination de l'enrichissement de l'époux, de sorte que le bien sera inscrit à l'actif originaire pour 200 000 € et non 180 000 € (200 000 € - 20 000 €). La même somme sera portée à l'actif final, ce qui

1. Sur cette hypothèse, v. R. Corpechot, art. préc., n° 260 – J. Flour et G. Champenois, *op. cit.*, n° 774 – J.-F. Pillebout, *op. cit.*, n° 377.

2. En ce sens, v. J.-F. Pillebout, *op. et loc. cit.*, et l'exemple chiffré donné.
3. En ce sens, v. J.-F. Pillebout, *op. cit.*, n° 142. Dans le régime de la communauté, les dépenses d'entretien relatives aux biens propres des époux sont également assumées par la communauté et n'ouvrent pas droit à récompense au profit de cette dernière.

revient bien à considérer que l'époux ne s'est pas enrichi de ce chef.

412.25 Cas des plus-values industrielles. Les travaux réalisés sur les biens originaires peuvent l'avoir été par l'industrie personnelle de l'époux. Dans cette hypothèse, la question se pose de savoir si la plus-value procurée par ces travaux aux biens doit être prise en compte ou pas pour le calcul de la créance de participation. En effet, il convient de rappeler que, sous le régime de la communauté légale, les plus-values industrielles des biens propres ne donnent pas lieu à récompense au profit de la communauté. La transposition de cette solution au régime de la participation aux acquêts aboutirait à ignorer la plus-value pour fixer l'enrichissement de l'époux considéré.

Exemple : au jour de la célébration du mariage, un époux est propriétaire d'un immeuble dont la valeur est alors estimée à 300 000 €. Au cours de l'union, cet époux réalise des travaux par sa seule force de travail. Au jour de la liquidation, le bien en question est estimé à 400 000 €, étant entendu que sans les travaux, il ne vaudrait que 370 000 €. Dans l'exemple donné, une application stricte de la règle énoncée à l'article 1571, alinéa 1er, du code civil aboutirait à retenir comme valeur de l'immeuble à l'actif originaire 370 000 €. Puisque dans le patrimoine final la somme de 400 000 € sera retenue, cela revient à considérer que l'époux s'est enrichi de 30 000 €. En revanche, la transposition de la solution retenue en matière de communauté légale imposerait de considérer que l'époux ne s'est pas enrichi par cette opération, partant à retenir 400 000 € dans le patrimoine originaire. La même somme étant retenue au titre de l'actif final, cela conduit bien à considérer que l'époux ne s'est pas enrichi.

La doctrine considère généralement que les plus-values industrielles des biens originaires doivent être prises en compte pour déterminer l'enrichissement de l'époux considéré[1], ce qui revient à faire du régime de la participation aux acquêts un régime « *plus "communautaire" que la communauté elle-même* »[2]. Ainsi, dans l'exemple donné, l'immeuble devra être porté à l'actif originaire pour 370 000 €.

1. En ce sens, v. R. Cabrillac, « Le travail d'un époux sur un bien dans les régimes matrimoniaux », *in Mélanges offerts à Christian Mouly*, Litec, 1998, t. 1, p. 257, nos 13 et s. – J. Maury, « Le principe participatif en régime matrimonial séparatiste », *in Mélanges offerts à André Colomer*, *op. cit.*, p. 243, no 25 – J.-F. Pillebout, *op. cit.*, no 152.
2. J. Maury, art. préc., *loc. cit.* Cela revient également à rejeter l'idée selon laquelle la participation aux acquêts est une simple communauté en valeur, dont les résultats devraient être les plus proches possibles de ceux retenus sous le régime de la communauté légale.

2°

Biens ne se retrouvant pas en nature dans le patrimoine de l'époux au jour de la liquidation

412.26 Présentation. Lorsque les biens ne se retrouvent pas en nature dans le patrimoine de l'époux au jour de la liquidation, il convient de distinguer selon la cause génératrice de la disparition du bien originaire du patrimoine de l'époux propriétaire.

412.27 En cas d'aliénation. Aux termes de l'article 1571, alinéa 1er, du code civil, si le bien a été aliéné pendant le mariage, il est compté dans le patrimoine originaire pour sa valeur au jour de l'aliénation. Il convient de préciser que, en principe, et conformément à la lettre de l'article 1571, alinéa 1er, du code civil, c'est la valeur au jour de l'aliénation qui doit être retenue et non pas nécessairement le prix de vente[3]. La solution est toutefois discutable, eu égard aux solutions retenues sous le régime de la communauté. Dans ce dernier cas, en effet, la jurisprudence précise que, pour la détermination du profit subsistant au jour de l'aliénation, c'est le prix effectivement reçu qui doit être pris en considération lorsqu'il s'agit d'une aliénation à titre onéreux[4]. Il est vrai néanmoins que, de ce point de vue, l'article 1469, alinéa 3, selon lequel le profit subsistant « *est évalué au jour de l'aliénation* », est rédigé dans des termes plus vagues que ceux de l'article 1571, qui énonce expressément que lorsque les biens originaires ont été aliénés, « *on retient leur valeur au jour de l'aliénation* ».

Exemple : au cours de l'union, un époux reçoit un immeuble par succession, dont la valeur est alors estimée à 100 000 €. Quelque temps plus tard, l'époux vend ledit bien moyennant un prix de 150 000 €. Dans l'exemple donné, l'immeuble doit être porté à l'actif originaire pour 150 000 €.

Lorsque le bien originaire aliéné a fait l'objet d'amélioration au cours du mariage grâce à l'utilisation de fonds constitutifs d'acquêts, la valeur de ces améliorations est déduite de l'évaluation. La solution n'est pas expressément énoncée par le texte, mais la logique l'impose[5]. En effet, si le bien avait été conservé, la valeur des améliorations aurait été soustraite de l'évaluation dans le patrimoine origi-

3. En ce sens, v. not., G. Cornu, *op. cit.*, p. 811 – A. Colomer, *Droit civil – Régimes matrimoniaux*, *op. cit.*, no 1277 – J. Flour et G. Champenois, *op. cit.*, no 781.
4. En ce sens, v. J.-F. Pillebout, *op. cit.*, no 168 – F. Terré et Ph. Simler, *op. cit.*, no 833, p. 689, note 1.
5. En ce sens, v. G. Cornu, *op. et loc. cit.* – J. Flour et G. Champenois, *op. et loc. cit.*, p. 739, note 4 – J.-F. Pillebout, *op. cit.*, nos 168 et 170.

naire et l'on ne voit pas en quoi l'aliénation du bien, au cours de l'union, justifierait de retenir une solution différente.

Exemple : au cours de l'union, un époux reçoit un immeuble par succession, dont la valeur est alors estimée à 100 000 €. Quelque temps plus tard, l'époux réalise des travaux d'améliorations sur ledit bien. Quelques années après, l'époux vend le bien, moyennant un prix de 200 000 €, étant entendu que si les travaux n'avaient pas été réalisés, il n'aurait pu le vendre que 180 000 €. Dans l'exemple donné, l'immeuble doit être inscrit à l'actif originaire pour sa valeur au jour de l'aliénation, mais dans l'état dans lequel il était au jour où il a été reçu, soit 180 000 €.

412.28 En cas de perte fortuite. Enfin, en cas de perte fortuite, sans qu'aucune indemnité ne vienne remplacer le bien originaire, faute de disposition spécifique, on retrouve l'opposition déjà rencontrée entre les deux conceptions possibles de la participation aux acquêts[1]. Dans ce cas, le bien ne pourra pas figurer au patrimoine final, puisqu'il n'existe plus. Mais faut-il l'inscrire à l'actif originaire ?

Si l'on estime que la participation aux acquêts est une simple communauté en valeur, le bien sera porté pour une somme nulle au patrimoine originaire[2].

Exemple : au cours de l'union, un époux reçoit un immeuble par succession, dont la valeur est alors estimée à 100 000 €. Quelque temps plus tard, le bien est détruit sans que cette perte soit couverte par une assurance. Dans l'exemple donné, l'immeuble doit être inscrit à l'actif originaire pour sa valeur actuelle, soit 0 € et la même somme sera portée à l'actif final.

En revanche, si l'on tient la participation aux acquêts pour un régime autonome, devant prendre en considération l'évolution effective du patrimoine des époux, il conviendra d'inscrire le bien au patrimoine originaire pour la valeur qu'il aurait eu au jour de la liquidation, s'il était demeuré dans son état initial, conformément à la règle de principe énonce à l'article 1571, alinéa 1er, du code civil[3].

Exemple : au cours de l'union, un époux reçoit un immeuble par succession, dont la valeur est alors estimée à 150 000 €. Quelque temps plus tard, le bien est détruit sans que cette perte soit couverte par une assurance. Au jour de la liquidation, il apparaît que la valeur de ce bien, s'il existait encore, serait de 130 000 €. Dans l'exemple donné, l'immeuble doit être inscrit à l'actif originaire pour la valeur qu'il aurait eue au jour de la liquidation, soit 130 000 €, étant entendu qu'il sera tenu pour nul dans le patrimoine final. La perte subie par l'époux n'est donc pas niée.

412.29 Biens consomptibles[4]**.** Les biens consomptibles ne se retrouvent généralement pas en nature dans le patrimoine de l'époux au moment de la liquidation (marchandises dépendant d'un fonds de commerce, somme d'argent non remployée sur un bien, *etc.*). Dans ce cas, leur équivalent doit sans doute être inscrit dans le patrimoine originaire de l'époux considéré.

412.30 En cas de subrogation. Dans l'hypothèse où de nouveaux biens ont été subrogés aux biens aliénés, il convient de prendre en considération la valeur intégrale de ces nouveaux biens si la subrogation a été totale et seulement une quote-part de cette valeur en cas de subrogation partielle[5], compte tenu de l'état du bien subrogé au jour de son entrée dans le patrimoine de l'époux, ce qui aboutit, une nouvelle fois, à faire figurer dans le seul actif final la valeur des améliorations apportées au bien entre la date de la subrogation et celle de la dissolution. Du moins est-ce l'interprétation logique que l'on peut faire du texte. L'article 1571, en effet, ne fournit, à proprement parler, aucune indication quant à l'état du bien[6].

Exemple 1 (subrogation pure et simple) : un époux est propriétaire d'un tableau au jour du mariage. Au cours de l'union, il décide d'échanger ce tableau, qui vaut alors 5 000 €, contre un autre de la même valeur. Au jour de la liquidation, la valeur du nouveau tableau est estimée à 8 000 €. Dans l'exemple donné, le nouveau tableau sera porté à l'actif originaire pour sa valeur actuelle, soit 8 000 €.

Exemple 2 (subrogation partielle) : au cours de l'union, un époux reçoit par succession un immeuble d'habitation. Quelque temps plus tard, il décide de vendre cet immeuble, qui n'a subi aucune modification entre-temps, moyennant un prix de 300 000 €.

1. Sur cette hypothèse, v. J. Flour et G. Champenois, *op. cit.*, n° 780.
2. En ce sens, v. R. Corpechot, art. préc., n° 276 – J.-F. Pillebout, *op. cit.*, n° 128.
3. En ce sens, v. J. Flour et G. Champenois, *op. cit.*, n° 780.
4. Sur cette hypothèse, v. J.-F. Pillebout, *op. cit.*, n° 162.
5. Article 1571, alinéa 1er *in fine*, du code civil. À proprement parler, l'article n'envisage pas l'hypothèse de la subrogation partielle. L'application du texte à cette hypothèse est néanmoins unanimement admise. V. not., Aubry et Rau, par Ponsard, *op. cit.*, n° 370 – R. Corpechot, art. préc., n° 258 – Ph. Malaurie et L. Aynès, *op. cit.*, n° 866, note 52 – J. Flour et G. Champenois, *op. cit.*, n° 774. Mais *contra*, v. G. Cornu, *op. cit.*, p. 812, qui propose de retenir la valeur intégrale du nouveau bien, fût-il partiellement subrogé à l'ancien, et de déduire l'apport réalisé sur les acquêts du patrimoine originaire pour la valeur nominale.
6. Sur ce point, v. not. J. Flour et G. Champenois, *op. cit.*, n° 782.

À l'aide de ces fonds et d'autres fonds dépendant des acquêts (gains et salaires par exemple), l'époux achète un nouvel immeuble, moyennant un prix de 500 000 €. Au jour de la liquidation, l'immeuble en question est estimé à 800 000 €. Dans l'exemple donné, la valeur de l'immeuble acquis sera comptée dans l'actif originaire pour la valeur actuelle de la fraction employée, soit :

$$\frac{300\,000\text{ €}^{a}}{500\,000\text{ €}^{b}} \times 800\,000\text{ €}^{c} = 480\,000\text{ €}$$

a = Fonds originaires investis
b = Coût global d'acquisition
c = Valeur actuelle du bien

Exemple 3 (subrogation partielle combinée avec des travaux d'améliorations) : au cours de l'union, un époux reçoit par succession un immeuble estimé à 100 000 €. Quelque temps après, il procède à la réalisation de travaux d'améliorations à l'aide de fonds dépendant des acquêts (économies). Puis, quelque temps après, l'époux vend ce bien moyennant un prix de 200 000 €, étant entendu que, sans les travaux, le bien n'aurait pu être vendu que 180 000 €. L'époux utilise ensuite ces fonds ainsi que des fonds dépendant des acquêts (revenus) pour acquérir un pavillon, moyennant un prix de 350 000 €. Au jour de la liquidation, la valeur du pavillon est estimée à 500 000 €. Dans l'exemple donné, la valeur de l'immeuble acquis sera comptée dans l'actif originaire pour la somme suivante :

- dans un premier temps : seule une fraction du prix de vente de l'immeuble originaire réinvesti par la suite est constitutive de fonds originaires, à savoir 180 000 € (valeur du bien au jour de l'aliénation dans l'état dans lequel il était au jour où il a été reçu) ;
- dans un second temps : cette fraction ayant été réutilisée, elle doit donc être revalorisée en considération de la valeur actuelle du bien acquis, soit :

$$\frac{180\,000\text{ €}}{350\,000\text{ €}} \times 500\,000\text{ €} = 257\,143\text{ €}$$

La valeur à porter à l'actif originaire du chef de la subrogation est donc de 257 143 €.

Exemple 4 (subrogation partielle combinée avec une réutilisation partielle de fonds originaires) : au cours de l'union, un époux reçoit par donation un immeuble. Quelque temps après, il vend ce bien, qui n'a pas fait l'objet de modification, pour un prix de 200 000 €. Sur ces fonds, l'époux utilise 150 000 € pour acquérir un appartement, moyennant un prix total de 350 000 €, le solde ayant été réglé à l'aide de fonds dépendant des acquêts (économies). Au jour de la liquidation, l'appartement est évalué à 600 000 €. Dans l'exemple donné, la valeur de l'immeuble acquis sera comptée à l'actif originaire pour la valeur actuelle des fonds employés, soit :

$$\frac{150\,000\text{ €}}{350\,000\text{ €}} \times 600\,000\text{ €} = 257\,143\text{ €}$$

À cette somme, il conviendra d'ajouter à l'actif originaire le montant nominal des fonds issus de la vente du bien originaire non réinvestis, soit 50 000 €.

Au total, la somme à porter à l'actif originaire sera donc de :

$$257\,143\text{ €} + 50\,000\text{ €} = 307\,143\text{ €}$$

Exemple 5 (échange) : un époux est propriétaire d'une maison au jour de la célébration du mariage. Au cours de l'union, ladite maison, qui est alors estimée à 400 000 €, est échangée contre un appartement d'une valeur de 700 000 €. Une soulte de 300 000 € est réglée avec des fonds dépendant des acquêts (revenus). Au jour de la liquidation, l'appartement est estimé à 1 000 000 €. Dans l'exemple donné, la valeur de l'appartement sera portée au patrimoine originaire proportionnellement au montant des fonds originaires (c'est-à-dire issus de la vente de la maison) réinvestis, soit :

$$\frac{400\,000\text{ €}}{700\,000\text{ €}} \times 1\,000\,000\text{ €} = 571\,429\text{ €}$$

Exemple 6 (investissement dans un nouveau bien) : un époux est propriétaire au jour du mariage d'actions. Au cours de l'union, il décide de vendre ses actions moyennant un prix de 100 000 €. À l'aide de ces fonds, il finance la réalisation de travaux sur un immeuble reçu quelque temps auparavant par succession. Au jour de la liquidation, l'immeuble est estimé à 400 000 €, étant entendu que, sans les travaux réalisés grâce aux fonds issus de la vente des actions, il ne vaudrait que 250 000 €. Dans l'exemple donné, la question se pose de savoir si la valeur des améliorations est subrogée à la somme nominale originaire investie. La doctrine donne généralement une réponse affirmative à cette question[1]. Par conséquent, les actions seront portées au patrimoine originaire non pour leur prix de vente (100 000 €) puisque les fonds ont été réutilisés, mais pour la valeur actuelle de l'amélioration qu'il a permis de réaliser, soit :

$$150\,000\text{ €} \times (400\,000\text{ €} - 250\,000\text{ €})$$

En revanche, l'immeuble amélioré sera compté tant à l'actif originaire qu'à l'actif final pour sa valeur actuelle, soit 400 000 €. La plus-value ayant été procurée par des fonds originaires, elle ne peut profiter aux acquêts[2].

1. V. R. Coprechot, art. préc., n° 260 – J. Flour et G. Champenois, *op. cit.*, n° 774.
2. Sur ce point, v. *supra*.

§ 2
Passif originaire

A.
Contenu du passif originaire

412.31 Dettes présentes et futures[1]. Aux termes de l'article 1571, alinéa 2, du code civil, « *de l'actif originaire sont déduites les dettes dont il se trouvait grevé* ». Le passif originaire est donc constitué des dettes présentes, à savoir celles dont l'époux était tenu au jour du mariage et des dettes futures, c'est-à-dire celles qui grèvent les biens originaires acquis pendant le mariage (biens futurs et biens propres par nature). La raison en est simple : le remboursement de ces dettes, s'il a eu lieu, a été assuré par les deniers de l'époux qui, sauf preuve contraire, sont des acquêts. Or, en soustrayant le montant des dettes du patrimoine originaire, on diminue d'autant celui-ci et on augmente corrélativement d'autant les acquêts réalisés par l'époux en question.

412.32 Dettes originaires réglées au cours de l'union. La plupart du temps, les dettes originaires sont réglées au cours de l'union, de sorte que le passif originaire est composé de dettes fictives. Encore faut-il cependant, pour qu'une dette remboursée figure au passif originaire, qu'elle l'ait été avec des fonds dépendant des acquêts, c'est-à-dire avec des revenus, des économies faites sur les gains et salaires ou sur les revenus des biens originaires. Si le règlement a été effectué avec des fonds dépendant du patrimoine originaire (des fonds reçus par donation ou succession, par exemple), la déduction de ces dettes de l'actif originaire n'est pas nécessaire. Strictement, de telles dettes devraient être inscrites au passif originaire, mais elles se compenseraient nécessairement par la contrepartie figurant à l'actif.

Exemple : au cours de l'union, un époux règle une dette présente de 10 000 € avec des deniers qu'il a reçu par succession, aussi au cours de l'union. Dans ce cas, très strictement, il conviendrait de porter la somme de 10 000 € à l'actif originaire (fonds reçus par succession) et au passif originaire (dette présente), ce qui ne présente aucune utilité[2].

À défaut de précision, il convient de présumer que les dettes réglées l'ont été avec des fonds dépendant des acquêts et non avec des fonds dépendant du patrimoine originaire[3].

412.33 Cas des dettes personnelles. Strictement, l'article 1571 n'envisage que les dettes grevant les biens composant l'actif originaire. Certains auteurs estiment qu'à cette première catégorie de dettes, il conviendrait d'ajouter les dettes qui, sous le régime de la communauté, donnent lieu à récompense en raison de la faute qui en est la cause, c'est-à-dire les dettes visées par l'article 1417 du code civil : amendes pénales, dettes de réparation et dépens, dettes contractées au mépris des devoirs du mariage[4].

412.34 Dettes exclues du passif originaire. Certaines des dettes qui ont grevé le patrimoine originaire des époux sont néanmoins exclues du passif originaire. Il s'agit des dettes qui sont la charge des revenus et qui doivent, par conséquent, être supportées par les acquêts. Ainsi en est-il, par exemple, de l'impôt sur le revenu, de la taxe d'habitation ou encore des dettes d'entretien[5].

B.
Preuve du passif originaire

412.35 Preuve de la consistance du passif originaire. La preuve par tous moyens est recevable, étant ici simplement souligné que - contrairement à l'actif - c'est alors le conjoint de l'époux débiteur qui a intérêt à faire la preuve de ces dettes, puisque celles-ci sont destinées à minorer le patrimoine originaire de l'époux débiteur et donc à majorer corrélativement les acquêts par lui réalisés.

C.
Évaluation du passif originaire

1°
Principe

412.36 Énoncé de la règle. Selon les termes de l'article 1571, alinéa 2, du code civil, les dettes grevant les biens originaires « *sont réévaluées, s'il y a lieu, selon les règles de l'article 1469 troisième alinéa du code civil* ». Il en résulte, conformément au système appliqué dans la communauté légale, que, lorsque la dette a été contractée pour acquérir, conserver ou améliorer un bien, son montant ne peut être inférieur à la valeur du profit subsistant[6].

1. Sur ce point, v. A. Marie, art. préc.
2. Sur cette hypothèse, v. not. F. Terré et Ph. Simler, *op. cit.*, n° 834, p. 690, note 1.
3. Sur ce point, v. J.-F. Pillebout, *op. cit.*, n° 184. Il s'agit là ni plus ni moins de la transposition de la présomption de communauté du régime légal.
4. En ce sens, v. J.-F. Pillebout, *op. cit.*, n° 183, au moins pour les dettes contractées au mépris des devoirs du mariage.
5. Sur cette catégorie, v. J.-F. Pillebout, *op. cit.*, n° 193.
6. La revalorisation joue, que la dette concernée ait été réglée avec des deniers dépendant des acquêts ou avec des deniers originaires. Sur ce point, v. J. Flour et G. Champenois, *op. cit.*, n° 784.

Exemple 1 : un époux recueille dans une succession un appartement d'une valeur de 100 000 €. Les droits de mutation s'élèvent à 20 000 €. Au jour de la liquidation, l'appartement est évalué à 200 000 €. La dette a été réglée au cours de l'union à l'aide des salaires de l'époux considéré. Dans l'exemple donné, la dette afférente au droit de mutation est une dette d'acquisition et elle devra être portée au passif originaire pour son montant réévalué, soit :

$$\frac{20\,000\ €}{100\,000\ €} \times 200\,000\ € = 40\,000\ €$$ [1]

Exemple 2 : un époux est propriétaire d'une maison au jour de la célébration du mariage. Cette maison a été acquise moyennant un prix de 300 000 €, intégralement remboursé à l'aide d'un emprunt. Au jour de la célébration du mariage, il reste dû, du chef de cet emprunt, 100 000 € et cette somme est remboursée pendant le mariage avec les revenus de l'époux. Au jour de la liquidation, la valeur de la maison est estimée à 400 000 €. Dans l'exemple donné, la dette d'emprunt est une dette d'acquisition et doit de ce chef être portée au passif originaire pour son montant réévalué, soit :

$$\frac{100\,000\ €}{300\,000\ €} \times 400\,000\ € = 133\,333\ €$$

412.37 Portée du renvoi à l'article 1469 du code civil. Strictement, l'article 1571, alinéa 2, du code civil se contente de renvoyer au seul alinéa 3 de l'article 1469. Or, le système des récompenses mis en place par cet article ne se limite pas à ce seul alinéa. La question se pose donc de savoir quelle est la portée exacte du renvoi opéré par l'article 1571[2]. De ce point de vue, deux catégories doivent être distinguées[3] :

- les dettes d'investissement : lorsque la dette considérée a permis la réalisation d'une opération d'investissement, c'est-à-dire l'acquisition, l'amélioration ou la conservation d'un bien originaire, celle-ci doit être valorisée au moins au montant du profit subsistant.

1. Nous appliquons ici la même méthode que celle retenue en matière de récompense, à savoir que les droits de mutation sont exclus du coût global d'acquisition. La solution, on le sait, est néanmoins discutée par certains auteurs. Sur ce point, pour une application au régime de la participation aux acquêts, v. J.-F. Pillebout, *op. cit.*, n° 191.
2. La même question se pose en matière de valorisation des créances entre époux, l'article 1479 et, indirectement, l'article 1543 du code civil ne renvoyant également qu'à l'alinéa 3 de l'article 1469. Sur ce problème, v. *supra*. Et sur la question de la réévaluation des dettes originaires, v. J.-F. Pillebout, *op. cit.*, Textes et précisions, p. 85 et 86 et n°s 380 et s.
3. En ce sens, v. J.-F. Pillebout, *op. cit.*, n° 192 – F. Terré et Ph. Simler, *op. cit.*, n° 834.

Lorsque la dette originaire a permis la réalisation d'une opération d'investissement qui a dégagé une plus-value supérieure au montant nominal de la dette originaire, le renvoi opéré à l'article 1469 du code civil ne soulève pas de difficulté. Dans ce cas, en effet, la dette sera inscrite au passif originaire pour la valeur du profit subsistant qu'elle a permis à l'époux de réaliser, ce qu'illustre l'exemple précédemment envisagé. En revanche, le renvoi est plus problématique lorsqu'il apparaît que le montant nominal de la dette originaire est supérieur au profit qu'elle a procuré à l'époux. Dans ce cas, l'alinéa 3 ne se suffit plus à lui-même et la question se pose de savoir si l'on peut, à l'image de la théorie des récompenses, combiner l'alinéa 3 avec les deux autres alinéas de l'article 1469 ou, au contraire, si le renvoi au seul alinéa 3 impose de revenir invariablement au droit commun, à savoir le nominalisme monétaire[4].

Exemple : au jour du mariage, un époux est propriétaire d'une maison, sur laquelle il a réalisé des travaux d'amélioration, moyennant un prix de 20 000 €. La dette est réglée après la célébration du mariage, à l'aide de fonds dépendant des acquêts. À jour de la liquidation, la maison est évaluée à 200 000 €, étant entendu que sans les travaux, elle ne vaudrait que 190 000 €. Dans l'exemple donné, la dépense faite est de 20 000 € et le profit subsistant s'élève à 10 000 € (200 000 € - 190 000 €). Dans pareille hypothèse, l'alinéa 3 de l'article 1469, qui dispose que la récompense, partant la valeur de la dette originaire, ne peut être inférieure au profit subsistant et ne suffit pas à déterminer la valeur à retenir.

Sous le régime de la communauté, s'agissant d'une dépense d'amélioration, il conviendrait ici, pour déterminer la récompense due à la communauté, de combiner l'alinéa 3 avec l'alinéa 1er, ce qui revient à dire que la récompense est égale au profit subsistant, soit 10 000 €. À condition toutefois que la dépense d'amélioration ne soit pas également une dépense nécessaire, auquel cas il conviendrait de combiner l'alinéa 3 avec l'alinéa 2.

Si l'on transpose cette solution à la valorisation de la dette originaire, il convient alors de considérer que la dette doit être inscrite au passif originaire pour 10 000 €. Néanmoins, il est possible de considérer que le renvoi n'ayant lieu qu'au seul alinéa 3, il convient d'appliquer le principe du nominalisme monétaire lorsque cet alinéa ne se suffit plus à lui-même. Dans l'exemple donné, cela reviendrait à considérer que la dette doit être inscrite au passif originaire pour sa somme nominale, soit 20 000 €.

4. En faveur d'une possible combinaison : l'alinéa 2 pour les dépenses de conservation, v. J. Flour et G. Champenois, *op. cit.*, n° 784.

– les dettes ordinaires : pour toutes les autres dettes, il convient d'appliquer le droit commun, c'est-à-dire le principe du nominalisme monétaire.

Exemple : au jour de la célébration du mariage, un époux est débiteur d'une dette de réparation à l'égard d'un tiers, à hauteur de 40 000 €. Cette dette est réglée au cours du mariage à l'aide de fonds dépendant des acquêts. Dans l'exemple donné, la dette de responsabilité civile devra être portée au passif originaire pour sa valeur nominale, soit 40 000 €.

2°
Cas particuliers

412.38 Dettes non remboursées au jour de la liquidation. L'application de la règle suscite de sérieuses interrogations lorsque la dette en question n'a pas encore été remboursée au moment de la liquidation du régime. Dans ce cas, en effet, la dette est destinée à figurer pour son montant réévalué dans le passif du patrimoine originaire, alors que, dans le passif du patrimoine final, elle n'est en principe comptée que pour son montant nominal[1], ce qui est de nature à générer des acquêts fictifs. Aussi, certains auteurs se sont-ils demandés si « *un principe d'unité de la dette* » ne commanderait pas que celle-ci soit inscrite pour un même montant (réévalué) dans les deux patrimoines[2], alors que d'autres estiment au contraire que la lettre du texte permet que la dette soit inscrite pour un même montant (nominal) dans les deux patrimoines[3], ce qui aboutit à un résultat équivalent.

412.39 Intérêts d'emprunt. Sous le régime de la communauté légale, les intérêts d'un emprunt afférent à un bien propre ne donnent pas lieu à récompense au profit de cette dernière, car il s'agit d'une charge de la jouissance incombant, à titre définitif, à la communauté. Le renvoi général opéré par l'article 1571 à l'article 1469, alinéa 3, impose de transposer cette solution à la valorisation du passif originaire dans le régime de la participation aux acquêts.

Exemple : un époux est propriétaire d'un immeuble au jour du mariage. Ce bien a été acquis moyennant un prix de 200 000 €, intégralement remboursé à l'aide d'un emprunt. Au jour de la célébration du mariage, le solde de l'emprunt restant dû s'élève à 52 000 €, dont 2 000 € d'intérêts. Ces sommes sont réglées à l'aide de fonds dépendant des acquêts. Au jour de la liquidation, la valeur de l'immeuble peut être fixée à 300 000 €. Dans l'exemple donné, la dette d'emprunt devra figurer au passif originaire pour son montant revalorisé, abstraction faite des intérêts, soit :

$$\frac{50\,000\text{ €}}{200\,000\text{ €}} \times 300\,000\text{ €} = 75\,000\text{ €}$$

§ 3
Établissement du compte originaire

412.40 Marche à suivre. L'actif et le passif originaires définis, il s'agit alors de soustraire le second du premier pour faire apparaître un éventuel actif net originaire. Dans l'hypothèse où le passif excède l'actif, l'article 1571, alinéa 2 *in fine*, du code civil dispose que « *cet excédent est fictivement réuni au patrimoine final* », ce qui est conforme à l'adage « *qui paie ses dettes, s'enrichit* »[4]. Par définition, en effet, si le déficit originaire se retrouve comblé au jour de la dissolution du régime, c'est qu'il l'a forcément été au moyen d'acquêts de l'époux débiteur.

Exemple 1 : au terme des opérations de ventilation et de valorisation, il apparaît que l'actif originaire de l'un des époux est de 180 000 € et que son passif originaire s'élève à 20 000 €. Son patrimoine originaire net, seul à considérer dans le cadre des opérations de liquidation de la créance de participation, est donc de 160 000 € (180 000 € - 20 000 €).

Exemple 2 : au terme des opérations de ventilation et de valorisation, il apparaît que l'actif originaire de l'un des époux est de 100 000 € et que son passif originaire s'élève à 120 000 €. Son patrimoine originaire net, seul à considérer dans le cadre des opérations de liquidation de la créance de participation, est donc négatif à hauteur de 20 000 € (100 000 € - 120 000 €). Cette somme doit être considérée comme un acquêt et être, à ce titre, intégrée à l'actif final de l'époux considéré. Le patrimoine originaire de l'époux est alors considéré comme nul et non comme négatif. Au total, et si l'on suppose que son actif originaire se retrouve pour la même valeur au jour de la liquidation, les acquêts de l'époux s'élèvent donc à :

$$100\,000\text{ €}^{a} + 20\,000\text{ €}^{b} = 120\,000\text{ €}$$

a = Biens existants
b = Excédent de passif originaire

1. Article 1574, alinéa 2, du code civil.
2. J. Flour et G. Champenois, *op. cit.*, n° 784.
3. M. Grimaldi, « Commentaire de la loi du 23 décembre 1985... », art. préc., n° 97 – F. Terré et Ph. Simler, *op. cit.*, n° 834, qui estiment la revalorisation impossible dans ce cas, « *faute de valeur "empruntée" à un autre patrimoine* ».
4. La solution, consacrée par la loi du 23 décembre 1985, avait été suggérée en son temps par G. et M. Morin, *La réforme des régimes matrimoniaux*, t. II, 2e éd., 1974, n° 521.

SECTION 2
DÉTERMINATION DU PATRIMOINE FINAL

412.41 **Marche à suivre.** Il s'agit ensuite de déterminer la fortune réelle de l'époux considéré au moment de la dissolution du régime, étant ici rappelé que le régime de la participation aux acquêts est réputé dissous au jour de la « *demande* » en divorce, selon les termes teintés d'un particularisme obscure de l'article 1572, alinéa 1er, du code civil, ce qui correspond – difficile de le dire – soit à la requête initiale, soit à l'introduction de l'instance, à moins que l'on considère que la généralité des termes de l'article 262-1 du code civil s'applique à ce régime, ce qui revient alors à retenir comme date de dissolution la date de l'ordonnance de non-conciliation (v. s^{s} n° 011.12). À cette fin, il convient naturellement de définir l'actif final (§ 1) pour en déduire ensuite le passif final (§ 2).

§ 1
Actif final

A.
Contenu de l'actif final

1°
Biens existants

412.42 **Composition.** Aux termes de l'article 1572 du code civil, deux catégories de biens existants doivent être intégrées à l'actif final lorsque la dissolution a lieu par divorce. En cas de dissolution par décès, l'article précise qu'il convient également de porter à l'actif final les biens dont l'époux décédé a disposé à cause de mort. En cas de dissolution par divorce, de tels biens ne sont pas exclus pour autant du calcul de la créance de participation, puisqu'ils relèvent alors de la catégorie des biens appartenant à l'époux au jour de la dissolution.

412.43 **Biens appartenant à l'époux.** L'actif du patrimoine final se compose d'abord de « *tous les biens qui appartiennent à l'époux au jour où le régime matrimonial est dissous* », ce qui comprend les biens originaires qui existent encore à cette date, ceux qui leur ont été subrogés, les biens dont la preuve du caractère originaire n'a pu être rapportée et, enfin, bien évidemment, les biens qu'il a acquis à titre onéreux au cours du mariage.

Doivent également figurer à l'actif final les biens indivis, à proportion des droits de l'époux en question dans l'acquisition[1], de même que les revenus encaissés au jour de la dissolution, de même encore que les créances dont l'époux peut être titulaire à l'égard des tiers, y compris les créances dont il serait titulaire contre l'indivision. Concernant ces dernières, et conformément à la philosophie fondamentalement séparatiste du régime de participation aux acquêts, tout porte à croire que, à l'instar de la séparation de biens, seules les créances qui ne sont pas neutralisées par le jeu de la contribution aux charges du mariage doivent être portées à l'actif du patrimoine final. Naturellement, seules les créances nées avant la date de dissolution doivent être prises en considération dans l'actif final. Enfin, devra également être pris en considération le montant des dettes qu'un époux pourrait avoir à l'encontre de l'indivision, proportionnellement aux droits de chacun dans l'indivision. Les dettes des époux à l'égard de l'indivision constituent en effet pour cette dernière un élément d'actif, auquel chaque époux indivisaire peut prétendre proportionnellement à ses droits.

Exemple : au cours de l'union, un époux prélève 100 000 € sur un compte joint ouvert au nom des deux époux et l'utilise à des fins personnelles. L'époux considéré est donc débiteur de l'indivision, sur le fondement de l'article 815-13, alinéa 2, du code civil, à hauteur de la somme nominale empruntée, soit 100 000 €. Cette dette devra figurer au passif final de l'époux considéré (sur ce point, v. *infra*). Il n'en demeure pas moins que la dette en question constitue une créance pour l'indivision. À ce titre, la créance devra figurer à l'actif final de chacun des époux indivisaire proportionnellement à ses droits dans l'indivision. Dans l'exemple donné, la dette, en tant que créance pour l'indivision, devra donc figurer à l'actif final de chacun des époux à hauteur de 50 000 €.

En revanche, un doute demeure pour les revenus encore à l'état de créance et qui correspondent à la période antérieure à la dissolution[2].

412.44 **Créances entre époux.** Les sommes dont l'époux est créancier envers son conjoint et qui ne sont pas encore acquittées doivent également être portées à l'actif du patrimoine final. À ce titre, doivent naturellement être prises en compte les créances entre époux *stricto sensu*, c'est-à-dire les créances qui ont pour objet de rétablir les mouvements de valeurs qui ont eu lieu entre les patrimoines personnels de chacun. Mais doivent également être comptées les créances entre époux *lato sensu*, c'est-à-dire les sommes dont l'époux est créancier envers l'indivision, proportionnellement à ses droits dans cette dernière. Soulignons également que, conformément à la philosophie fondamentalement sépa-

1. Il a parfois été proposé d'ignorer les biens acquis en indivision par les époux dans le patrimoine final (sur cette analyse et pour une critique, v. Aubry et Rau, par Ponsard, *op. cit.*, n° 372, note 91).
2. V. J.-F. Pillebout, *op. cit.*, n° 209.

ratiste du régime de participation aux acquêts, tout porte à croire que, à l'instar de la séparation de biens, seules les créances qui ne sont pas neutralisées par le jeu de la contribution aux charges du mariage doivent être portées à l'actif final.

2°
Éléments réunis fictivement

412.45 Éléments visés. Aux biens existants de l'époux considéré, il convient de réunir fictivement trois autres éléments :

– l'excès de passif originaire. Rappelons tout d'abord qu'il appartient au liquidateur de porter fictivement à l'actif final l'éventuel excédent de passif originaire, conformément aux prescriptions de l'article 1571 du code civil;

– les acquêts donnés et les biens aliénés frauduleusement. L'article 1573 du code civil réunit fictivement à l'actif du patrimoine final certains biens aliénés dans des conditions qui risquent de provoquer un appauvrissement injustifié du conjoint. Il s'agit des biens acquis à titre onéreux par l'époux pendant son mariage, c'est-à-dire des acquêts, et dont il a disposé par donation entre vifs sans le consentement de son conjoint, ainsi que des biens qu'il a aliéné frauduleusement, c'est-à-dire au mépris et au préjudice du droit de participation de son conjoint, en vue de le priver de tout ou partie de sa part de gains en valeur. Il existe une présomption légale de fraude aux droits du conjoint en cas d'aliénation à charge de rente viagère ou à fonds perdus (art. 1573 *in fine* du code civil). La question demeure néanmoins débattue de savoir si la présomption est simple ou irréfragable, la doctrine majoritaire penchant en faveur du caractère irréfragable, sauf à démontrer le consentement du conjoint à l'acte[1]. En dehors de ces deux hypothèses, la preuve de la fraude doit être faite conformément au droit commun, de sorte que la charge de la preuve pèse sur le demandeur[2].

En ce qui concerne les biens aliénés frauduleusement, et quoique la question ait pu être discutée, on considère aujourd'hui qu'il n'y a pas lieu de distinguer selon qu'il s'agisse d'acquêts ou de biens originaires[3]. En revanche, la valeur des biens originaires donnés pendant le mariage n'a pas à être réunie fictivement à l'actif final de l'époux donateur, ce qui, pour certains, créée une différence peu justifiable entre les aliénations litigieuses de biens originaires qui sont libres et celles portant sur des acquêts qui sont reprises de plein fouet[4]. Cette différence est réelle, mais elle demeure toutefois limitée puisque l'article 1574, alinéa 3, du code civil prévoit que lorsque le bien originaire a été amélioré avant la donation, mais pendant le mariage, la valeur de ces améliorations doit être ajoutée à l'actif du patrimoine final.

Pour aller plus loin : s'agissant des biens donnés, lorsque le conjoint a donné son consentement, non seulement le bien aliéné ne doit pas être réuni à l'actif final, mais il en va de même des améliorations dont ce bien auraient pu avoir fait l'objet avant la donation. Soulignons cependant que si, par principe, le consentement a pour effet d'exclure la prise en considération du bien donné de l'actif final, quelles que soient les modalités d'expression de ce consentement – écrit ou oral, le conjoint du donateur peut cependant limiter la portée de son consentement de deux manières. Selon certains auteurs, le consentement à la donation peut ne pas englober les éventuelles améliorations apportées au bien avant son aliénation[5]. Dans ce cas, si la valeur du bien donné devra être exclue de l'actif final de l'époux donateur, la valeur des améliorations devra en revanche y être inscrite. Le conjoint peut également, par contrat de mariage ou par une stipulation expresse dans l'acte de donation, limiter la portée de son consentement à la validité de l'opération, sans pour autant renoncer à voir la valeur du bien donné prise en compte dans l'actif final du donateur[6]. Le conjoint s'interdit simplement de remettre en cause la donation, lors du règlement de la créance de participation, par le jeu de l'action paulienne, comme le lui permettrait, à défaut de clause, l'article 1577 du code civil;

– les améliorations apportées aux biens originaires qui ont été donnés. Il ressort de l'article 1574, alinéa 3, du code civil que les améliorations apportées pendant le mariage à des biens originaires donnés par un époux sans le consentement de son conjoint avant la dissolution du régime matrimonial doivent être inscrites à l'actif du patrimoine final. En revanche, lorsque le bien en question a été donné avec le consentement du conjoint, les améliorations n'ont pas à être inscrites à l'actif final.

1. En ce sens, v. not. Aubry et Rau, par Ponsard, *op. cit.*, n° 372, note 95 – A. Colomer, *Droit civil – Régimes matrimoniaux*, *op. cit.*, n° 1265 – G. Cornu, *op. cit.*, p. 820 – S. David et A. Jault, RÉP. CIV., *V° Participation aux acquêts*, art. préc., n° 226 – J. Flour et G. Champenois, *op. cit.*, n° 787. Mais, contra v. F. Terré et Ph. Simler, *op. cit.*, n° 839.
2. Sur la notion de fraude, v. G. Cornu, *op. cit.*, p. 819 et 820.
3. Pour une synthèse complète sur ce point, v. S. David et A. Jault, RÉP. CIV., *V° Participation aux acquêts*, art. préc., n°s 213 et s.
4. V. not., Ph. Malaurie et L. Aynès, *Les régimes matrimoniaux*, *op. cit.*, n° 865.
5. En ce sens, v. S. David et A. Jault, RÉP. CIV., *V° Participation aux acquêts*, art. préc., n° 221 – F. Terré et Ph. Simler, *op. cit.*, n° 838, p. 693, note 1.
6. En ce sens, v. S. David et A. Jault, RÉP. CIV., *V° Participation aux acquêts*, art. préc., n° 222 – J. Flour et G. Champenois, *op. cit.*, n° 787, p. 744, note 4.

Cette adjonction s'explique aisément puisque tout porte à croire que les deniers utilisés pour financer les améliorations apportées au bien ultérieurement donné revêtaient la nature d'acquêts, qui eussent donc – à défaut d'utilisation – été compris dans l'assiette de la créance de participation du conjoint de l'époux donateur[1]. Mais qu'en est-il lorsque les améliorations litigieuses ont été financées avec des deniers originaires ? Une fois de plus, la réponse à cette question dépend de la nature que l'on entend donner à la participation aux acquêts. Ceux qui voient en elle une simple communauté en valeur estiment que de telles améliorations ne doivent pas être inscrites à l'actif final[2]. À l'inverse, si l'on tient la participation aux acquêts pour un régime autonome, il conviendra de prendre en compte ces améliorations au titre de l'enrichissement de l'époux considéré et donc de les porter à son actif final.

B.
Preuve de la consistance de l'actif final

412.46 Charge de la preuve et modes de preuve admis. La charge de la preuve de l'actif final pèse sur l'époux titulaire du patrimoine en question. Aux termes de l'article 1572, alinéa 2, du code civil, cette preuve doit résulter d'un état descriptif, sans forme exigée[3] mais établit en présence de l'autre époux, dans les neuf mois de la dissolution du régime, sauf prorogation par le juge des référés, étant ici précisé que « *la preuve que le patrimoine final aura compris d'autres biens* [que ceux énoncés dans l'état descriptif] *peut être rapportée par tous les moyens, même par témoignages et présomptions* »[4]. Lorsqu'une dissipation de biens est à craindre, l'autre époux peut ainsi requérir l'apposition des scellés ou la confection d'un inventaire. Il y va du reste de son intérêt puisque sa créance de participation est d'autant plus élevée que la consistance du patrimoine final de son conjoint est importante.

1. Cette réunion fictive joue donc un rôle comparable à celui des récompenses dans la communauté légale.
2. En ce sens, v. not. G. Cornu, *op. cit.*, p. 823 – A. Colomer, *Droit civil – Régimes matrimoniaux*, *op. cit.*, nº 1280 – S. David et A. Jault, RÉP. CIV., *Vº Participation aux acquêts*, art. préc., nº 219. On retrouve également ici les mêmes incertitudes que celles rencontrées pour la valorisation de l'actif originaire : quid des améliorations réalisées par l'industrie personnelle d'un époux ? Quid des dépenses d'amélioration qui sont également nécessaires lorsque le profit subsistant est inférieur à la dépense faite ? *etc.*
3. Cet état descriptif peut être établi « *même sous seing privé* ».
4. Article 1572, alinéa 3, du code civil.

C.
Évaluation de l'actif final

412.47 Évaluation de l'actif final. Les règles d'évaluation des éléments de l'actif final, posées par l'article 1574 du code civil, diffèrent selon qu'elles se rapportent à un bien existant dans le patrimoine final de l'époux ou à un bien fictivement réuni à celui-ci.

1°
Évaluation des biens existants

412.48 Énoncé de la règle. Selon l'article 1574, alinéa 1er, du code civil, les biens existants sont estimés d'après leur valeur actuelle (au moment de la liquidation) mais d'après leur état au jour de la dissolution du régime, ce qui revient à ignorer du patrimoine final les plus-values volontaires procurées au bien après la dissolution du régime, mais non celle réalisées avant celle-ci.

Exemple 1 : un époux acquiert une maison au cours de l'union. Au jour de la dissolution du régime, la maison est évaluée à la somme de 200 000 € et, au jour de la liquidation, à 400 000 €. Dans l'hypothèse où la plus-value est fortuite, le bien doit être inscrit pour sa valeur actuelle à l'actif final (400 000 €). Il en ira de même si la plus-value est le résultat de travaux réalisés par l'époux avant la dissolution. En revanche, si les améliorations sont dues à des travaux financés par ce dernier après la dissolution, le bien sera porté dans le patrimoine final pour sa valeur au jour de la dissolution (200 000 €).

Il existe donc, sur ce point, une différence avec l'estimation de l'actif originaire, qui est faite d'après l'état des biens au jour du mariage (biens présents) ou de l'acquisition (biens futurs et propres par nature), ce qui conduit, d'une part, à faire profiter l'époux propriétaire des plus-values fortuites et à mettre à sa charge les moins-values dues à sa négligence et, d'autre part, à faire participer son conjoint non seulement aux plus-values dues aux améliorations apportées par cet époux, supposées financées avec de l'argent gagné pendant le mariage (c'est-à-dire avec des acquêts) mais aussi aux moins-values qui ne sont pas de son fait.

Exemple 2 : un époux est propriétaire au moment du mariage d'une maison d'une valeur de 200 000 €. Au jour de la dissolution du régime, la maison est évaluée à la somme de 400 000 €. Dans l'hypothèse où la plus-value est fortuite, le bien doit être inscrit pour le même montant actualisé (400 000 €), tant dans le patrimoine originaire que dans le patrimoine final. Il y a alors une absence totale d'incidence sur le montant des acquêts réalisés par l'époux. En revanche, si les améliorations sont dues à des travaux financés par ce dernier pendant le mariage à l'aide de fonds dépendant d'acquêts, le bien sera porté dans le patrimoine originaire pour sa valeur initiale (200 000 €) et dans le patrimoine final pour sa valeur actuelle (400 000 €), faisant ainsi apparaître des acquêts, sauf pour l'époux propriétaire à démontrer que les travaux en question ont été financés avec des deniers originaires.

Exemple 3 : un époux est propriétaire au moment du mariage d'une maison d'une valeur de 400 000 €. Au jour de la dissolution du régime, la maison est évaluée à la somme de 200 000 €. Dans l'hypothèse où la moins-value est fortuite, le bien doit être inscrit dans le patrimoine originaire pour sa valeur initiale (400 000 €) et dans le patrimoine final pour sa valeur actuelle (200 000 €). Cette prise en compte de la modification de l'état du bien aboutit à diminuer les acquêts de l'époux, corrélativement à la perte qu'il a subie en même temps que la créance de participation du conjoint ! En revanche, si les détériorations sont dues à la négligence de l'époux propriétaire, le bien sera inscrit pour le même montant actualisé (200 000 €), tant dans le patrimoine originaire que dans le patrimoine final, ce qui a pour conséquence de faire peser sur ce seul époux les conséquences de sa négligence.

412.49 Cas des créances entre époux. Les créances entre époux non encore réglées au jour de la dissolution doivent-elles être intégrées à l'actif du patrimoine final pour leur valeur nominale ou pour leur valeur réévaluée ?[1] Face au mutisme de l'article 1572 du code civil, la doctrine est divisée, certains estimant qu'il est permis de procéder à une réévaluation sur le fondement de l'article 1543 du code civil[2], d'autres considérant que la lettre de la loi proscrit toute réévaluation[3].

À l'appui de cette dernière position, les auteurs mettent en avant le mutisme du législateur de 1985 qui a pourtant modifié par ailleurs le régime des créances entre époux dans la communauté et la séparation de biens[4]. L'absence de modification des textes relatifs à la participation aux acquêts serait ainsi le signe d'un refus de valorisation[5]. De plus, la valorisation semble inutile, l'époux prêteur bénéficiant en tout état de cause des plus-values réalisées par le conjoint emprunteur[6]. Un exemple permettra de s'en convaincre aisément.

Exemple 1 (absence de revalorisation) : au cours de l'union, un époux prête à son conjoint la somme de 200 000 €. À l'aide de cette somme, ce dernier achète un immeuble de la même valeur. Au jour de la liquidation, l'immeuble en question peut être évalué à 600 000 €. Les époux ne sont propriétaires d'aucun autre bien. Dans l'exemple donné, la valeur nominale de la créance sera portée à l'actif final de l'époux prêteur. Étant son seul bien, la valeur de ses acquêts nets est donc de 200 000 €.

En ce qui concerne l'époux emprunteur, son patrimoine final sera constitué, à l'actif de la valeur actuelle du bien qu'il a acquis à l'aide des fonds prêtés, soit 600 000 € et, au passif, de la valeur nominale de la dette qu'il a à l'encontre de son conjoint, soit 200 000 €. Ses acquêts nets sont donc de 400 000 €.

Au total, l'époux prêteur est créancier de son conjoint d'une créance de participation à hauteur de :

$$\frac{400\,000\text{ €} - 200\,000\text{ €}}{2} = 100\,000\text{ €}$$

À cette somme, il convient d'ajouter le montant de la créance dont l'époux prêteur est créancier à l'égard de son conjoint, conformément à l'article 1575, alinéa 3, du code civil, de sorte que sa créance totale est de 300 000 € (100 000 € + 200 000 €).

Exemple 2 (revalorisation de la créance) : même hypothèse que dans le cas précédent, sauf que la créance est revalorisée. La créance ayant permis une acquisition, elle doit donc être revalorisée en considération du profit subsistant, qui correspond ici à la valeur actuelle du bien acquis, soit 600 000 €.

Le patrimoine final de l'époux prêteur est donc de 600 000 €, ce qui constitue ses acquêts nets[7].

Le patrimoine final de l'époux emprunteur est donc constitué, à l'actif, de la valeur actuelle du bien acquis, soit 600 000 € et, au passif, de la dette

1. Pour une synthèse, v. F. L. Boussougou-Bou-Mbine, th. préc., nos 533 et s. – A. Colomer, *Droit civil – Régimes matrimoniaux*, *op. cit.*, no 1292 – M. Grimaldi, « Commentaire de la loi du 23 décembre 1985 », *Gaz. Pal.* 1986, 2, doctr., p. 529, no 106 – J.-F. Pillebout, *op. cit.*, Textes et précisions, p. 86 – Ph. Simler, « Loi no 85-1372 du 23 décembre », Éd. Techniques, no spécial 3 des jurisclasseurs, nos 164 et 167.
2. En ce sens, v. R. Cabrillac, *op. cit.*, no 389 – J.-F. Pillebout, *op. cit.*, Textes et précisions, p. 86 et no 212 – F. Terré et Ph. Simler, *op. cit.*, no 847 (qui en appellent toutefois à l'équité visée à l'article 1579).
3. En ce sens, v. G. Cornu, *op. cit.*, p. 828 – J. Flour et G. Champenois, *op. cit.*, no 800.
4. Articles 1479 et 1543 du code civil.
5. En ce sens, J. Flour et G. Champenois, *op. et loc. cit.* – M. Grimaldi, art. préc., no 106.
6. Sur ce point, v. la démonstration magistrale de R. Corpechot, art. préc., no 261. V. également, F. L. Boussougou-Bou-Mbine, th. préc., no 534 et l'exemple chiffré – G. Cornu, *op. et loc. cit.* – J. Flour et G. Champenois, *op. et loc. cit.* – M. Grimaldi, art. préc., *loc. cit.*, qui écrit qu'il ne faut pas voir dans le silence de la loi « *le résultat d'une inadvertance. Le législateur a considéré que le mécanisme liquidatif de la participation aux acquêts assurait à lui seul la revalorisation des créances entre époux de manière suffisante* » – F. Terré et Ph. Simler, *op. cit.*, no 843.
7. La créance est ici subrogée aux fonds prêtés.

à l'égard de son conjoint revalorisée, soit 600 000 €. Ses acquêts nets sont donc de 0 €.

Au total, l'époux emprunteur est créancier de son conjoint d'une créance de participation à hauteur de :

$$\frac{600\,000\text{ €} - 0\text{ €}}{2} = 300\,000\text{ €}$$

Il convient ensuite de compenser cette somme avec la dette que doit cet époux à son conjoint (600 000 €), de sorte qu'au final, c'est l'époux prêteur qui devient créancier de l'emprunteur à hauteur de 300 000 €.

Ainsi, que la créance soit ou non revalorisée, le sens et le montant de la créance de participation ne changent pas. Comme l'a justement souligné un auteur, en l'absence de revalorisation, « *ce que l'époux perd [...] en créance (au titre du prêt), il le récupère au titre de la participation* »[1]. Cela étant, l'équivalence constatée n'est réelle que lorsque les fonds prêtés ont la nature d'acquêts. Aussi, lorsque les fonds en questions sont originaires, la question de la réévaluation reprend-elle tout son intérêt[2]. Là encore, il convient de raisonner à partir d'un exemple :

Exemple 1 (absence de revalorisation) : un époux prête à son conjoint la somme de 150 000 €, étant entendu que cette somme lui a été échue par succession. À l'aide de ces fonds, l'époux emprunteur achète un immeuble de la même valeur. Au jour de la liquidation, l'immeuble peut être évalué à 300 000 €. Dans l'exemple donné, le patrimoine originaire de l'époux prêteur est constitué de la somme prêtée, soit 150 000 €. Au patrimoine final, la même somme de 150 000 € sera portée à l'actif au titre de la créance entre époux. Les acquêts nets de cet époux sont donc de 0 €.

Le patrimoine final de l'époux emprunteur est, pour sa part, constitué, à l'actif, de l'immeuble acquis pour sa valeur actuelle, soit 300 000 € et, au passif, de la dette nominale à l'égard de son conjoint, soit 150 000 €. Ses acquêts nets sont donc de 150 000 €.

Au total, l'époux prêteur est créancier d'une créance participation à hauteur de 75 000 €.

Exemple 2 (revalorisation de la créance) : même hypothèse que dans l'exemple précédent, sauf que la créance est revalorisée.

Le patrimoine originaire de l'époux prêteur est donc de 300 000 €[3] et son patrimoine final est composé de la créance revalorisée à l'égard de son conjoint, soit 300 000 €. Les acquêts nets de cet époux sont donc de 0 €.

Le passif final de l'époux emprunteur est de 300 000 € et son actif est de 300 000 €. Ses acquêts nets sont donc de 0 €.

Au total, aucune créance de participation n'est due.

Faut-il alors revaloriser la créance entre époux dans ce cas ? La revalorisation présente l'avantage de la cohérence. En effet, il convient de rappeler que les créances entre époux sont exigibles à tout moment, y compris au cours de l'union, de sorte que si l'un des époux poursuit le règlement d'une telle créance en cours de mariage, le renvoi général aux règles de la séparation de biens opéré par l'article 1569[4] imposera d'appliquer le système de valorisation par renvoi mis en place par l'article 1543 du code civil, et l'on ne voit pas pourquoi le montant de la créance serait fonction du moment où elle est remboursée. Au reste, cet argument est utilisé par les tenants du nominalisme eux-mêmes lorsqu'il s'agit de justifier la valorisation des créances entre époux réglées au cours de l'union dans les régimes de la communauté et de la séparation de biens[5].

De plus, il a été proposé de fonder techniquement la réévaluation sur le renvoi opéré par l'article 1578, alinéa 2, du code civil aux « *règles prescrites pour arriver au partage judiciaire des successions et des communautés* »[6].

En outre, des auteurs ont justement souligné que la valorisation pourrait être indirectement justifiée par l'application de l'article 1579 du code civil, qui permet au juge de déroger aux règles d'évaluation si elles devaient conduire à un résultat manifestement contraire à l'équité[7].

Enfin, on a également mis en avant le jeu de la subrogation utilisé par l'article 1571, alinéa 1er, du

1. J. Flour et G. Champenois, *op. et loc. cit.*
2. Sur ce point, v. A. Colomer, *Droit civil – Régimes matrimoniaux*, *op. cit.*, n° 1292, note 57 – R. Corpechot, art. préc., n° 263 – J. Flour et G. Champenois, *op. et loc. cit.*, exemple 2 – F. Terré et Ph. Simler, *op. cit.*, n° 847.
3. La créance est en effet subrogée à la somme originaire, de sorte qu'il convient de retenir son montant réévalué à l'actif final, conformément à la règle posée à l'article 1571, alinéa 1er, du code civil. V. J. Flour et G. Champenois, *op. et loc. cit.*, spéc. p. 758, note 4.
4. Rappelons qu'aux termes de cet article « *pendant la durée du mariage, ce régime (la participation aux acquêts) fonctionne comme si les époux étaient mariés sous le régime de la séparation de biens* ».
5. Mais *contra*, pour la participation aux acquêts, v. J. Flour et G. Champenois, *op. et loc. cit.*, spéc. p. 757, note 2, qui estiment que « *cette exégèse peut difficilement emporter à elle seule la conviction. La décision d'étendre ou non par analogie les dispositions des articles 1479, al. 2 et 1543 doit reposer sur une analyse de fond* ».
6. R. Cabrillac, *op. cit.*, n° 389. Mais *contra*, G. Cornu, *op. cit.*, p. 828.
7. M. Grimaldi, art. préc., n° 107, *in fine* – F. Terré et Ph. Simler, *op. cit.*, n° 847. Mais *contra*, A. Colomer, *op. et loc. cit.*, qui estime qu'il est « *difficile d'admettre une extension d'un texte aussi exceptionnel* ».

code civil, dont une interprétation compréhensive permettrait de procéder à la réévaluation : « *Il faudrait admettre que la subrogation est possible d'un patrimoine à l'autre. Cela peut paraître discutable mais on peut faire observer que les acquêts de l'un et de l'autre époux sont l'équivalent de la communauté sous le régime légal* »[1].

2°
Évaluation des biens réunis fictivement

412.50 Énoncé de la règle. Selon l'article 1574, alinéa 1er, du code civil, les biens réunis fictivement à l'actif final sont estimés « *d'après leur état au jour de l'aliénation et la valeur qu'ils auraient eue, s'ils avaient été conservés, au jour de la liquidation* ». Si l'on raisonne comme si ces biens auraient dû être conservés jusqu'à la liquidation du régime, ce qui conduit à rechercher leur valeur au jour de la liquidation, nonobstant leur disparition en nature du patrimoine de cet époux, il ne saurait être tenu compte toutefois de leur état à cette date car les améliorations qui ont pu leur être apportées après l'aliénation n'ont pas été financées par l'époux aliénateur et n'ont donc pas à grossir ses acquêts.

Exemple 1 : au cours de l'union, un époux aliène frauduleusement un immeuble dépendant des acquêts. Au jour de l'aliénation, la valeur de ce bien était estimée à 150 000 € et il apparaît qu'au jour de la liquidation, ce bien est estimé à 300 000 €, étant entendu qu'il n'a fait l'objet d'aucune modification entre l'aliénation et la liquidation. Dans l'exemple donné, le bien devra être porté à l'actif final pour 300 000 €, puisque la plus-value procurée au bien n'est pas liée à l'activité de l'homme.

Exemple 2 : même hypothèse que le cas précédent, sauf que la plus-value procurée au bien est due à des travaux d'amélioration réalisés par l'acquéreur. Dans ce cas, il convient de faire abstraction de la plus-value, ce qui revient à porter à l'actif final de l'époux donateur le bien pour la somme de 150 000 €.

412.51 Cas des améliorations. En cas d'améliorations apportées à un bien originaire durant le mariage, qui a ensuite été donné sans le consentement du conjoint, il convient d'ajouter à l'actif final « *la valeur, au jour de l'aliénation* » desdites améliorations, ainsi que l'indique l'alinéa 3 de l'article 1574 du code civil.

Exemple : au cours de l'union, un époux fait la donation d'un immeuble dont il était propriétaire au jour du mariage, sans le consentement de son conjoint. Il apparaît que l'époux en question avait réalisé des travaux d'amélioration sur ledit bien avant d'en faire la donation. Ainsi, au jour de la donation, le bien était estimé à 200 000 €, étant entendu que sans les travaux, il n'aurait valu que 130 000 €. Dans l'exemple donné, la valeur du bien originaire n'a pas à être portée à l'actif final, ni même à l'actif originaire. En revanche, la valeur des améliorations, soit 70 000 €, devra être inscrite à l'actif final. Ainsi, dans le cadre du calcul de la créance participation, l'époux sera considéré comme s'étant enrichi de 70 000 €.

§ 2
Passif final

1°
Contenu du passif final

412.52 Composition[2]**.** Il convient, en vertu de l'article 1574, alinéa 2, du code civil de déduire du montant de l'actif brut final, toutes les dettes qui n'ont pas été acquittées lors de la dissolution du régime, qu'elles se rapportent à des biens originaires ou à un acquêt.

Doivent également être déduites les dettes de l'époux à l'égard de son conjoint, ce qui renvoie à l'obligation symétrique qui est faite à ce dernier d'inscrire la créance correspondante à son actif final.

Enfin, il convient de comptabiliser au titre du passif final les dettes susceptibles de grever un bien indivis acquis par les conjoints, avant ou pendant le mariage, à proportion des droits de l'époux en question dans l'acquisition. Dans le même ordre d'idées, doivent également figurer au passif les dettes que les époux pourraient avoir à l'égard de l'indivision.

2°
Preuve de la consistance du passif final

412.53 Charge de la preuve. Il ne semble pas que des difficultés sérieuses puissent se présenter car il n'est pas de dettes sans un titre quelconque. Il reste que l'époux débiteur peut avoir intérêt à s'inventer des dettes « finales » pour diminuer son actif net final et, par-delà ses acquêts, qu'il appartient alors à son conjoint d'apporter la preuve contraire, par exemple, que telle dette apparente est simulée[3].

C.
Évaluation du passif final

412.54 Absence de revalorisation. L'article 1574, alinéa 2, du code civil n'introduit aucun méca-

1. R. Corpechot, art. préc., nº 264.
2. Sur cette question, v. A. Marie, art. préc.
3. V. J. Flour et G. Champenois, *op. cit.*, nº 793.

nisme de réévaluation des dettes figurant au passif final, lesquelles doivent donc être déduites de l'actif final pour leur valeur nominale.

Le texte ne pose guère de difficultés, si ce n'est celle déjà évoquée qui consiste à déterminer si les dettes originaires qui n'ont pas été acquittées au jour de la dissolution du régime doivent être ou non réévaluées. L'application littérale du texte conduit à les inscrire pour leur montant nominal au passif final mais, alors, sauf à créer des acquêts fictifs, faut-il s'entendre pour retenir le même montant au titre du passif originaire.

De plus, la question de la réévaluation des dettes entre époux se pose ici dans les mêmes termes que pour l'actif final de l'époux créancier.

§ 3
Établissement du compte final

412.55 Marche à suivre. L'actif et le passif final à leur tour définis, il s'agit alors de soustraire le second du premier, ce qui a pour incidence de faire apparaître soit un actif net final, soit un passif net final.

Exemple : soit un actif brut final de 200 000 € et un passif final de 50 000 €. Dans ce cas, l'actif net final de l'époux considéré est égal à 150 000 € (200 000 € - 50 000 €).

SECTION 3
DÉTERMINATION DES ACQUÊTS NETS RÉALISÉS PAR CHACUN DES ÉPOUX

412.56 Marche à suivre. Une fois le patrimoine originaire et le patrimoine final d'un époux reconstitué, il s'agit de déterminer les acquêts nets de ce dernier par la soustraction du montant du patrimoine originaire au montant du patrimoine final. De deux choses l'une alors : soit le patrimoine final est supérieur au patrimoine originaire, ce qui atteste un enrichissement de cet époux au cours de régime, l'excédent représente les acquêts nets réalisés par ce dernier, soit le patrimoine originaire est supérieur au patrimoine final, il ressort alors un déficit net qui doit être entièrement supporté par l'époux considéré[1], ce qui renvoie à l'idée que ce régime conventionnel, conformément à son appellation, est un régime de « *participation aux gains, non aux pertes* »[2].

Le bilan individuel d'un époux effectué, il convient de renouveler la même opération pour son conjoint.

412.57 Compensation des acquêts des deux époux. Il s'agit ensuite de comparer les deux bilans individuels et, enfin, de faire la balance entre eux, ce qui est susceptible de déboucher sur plusieurs situations :

- soit les deux bilans sont négatifs : en ce cas, aucun règlement n'aura lieu, chacun des époux conservant la charge de son déficit;

- soit les deux bilans sont positifs et égaux : en ce cas, les deux époux étant respectivement créanciers et débiteurs de la même somme, il y a compensation totale;

- soit les deux bilans sont positifs et inégaux, l'un des époux ayant réalisé davantage d'acquêts que son conjoint : en ce cas, une créance de participation est due par l'époux qui a obtenu les gains les plus importants à hauteur de la moitié de la différence constatée ou dans une autre proportion si le contrat de mariage l'impose;

- soit l'un des bilans est positif et l'autre négatif : dans une telle hypothèse, l'époux qui s'est appauvri au cours du régime supporte seul son déficit et, pour le calcul de la créance de participation, il est réputé n'avoir réalisé aucun acquêt, ce qui lui permet de participer pour moitié - par principe - aux bénéfices de l'autre.

1. Article 1575, alinéa 1er, du code civil.
2. A. Colomer, *Droit civil – Régimes matrimoniaux*, *op. cit.*, n° 1287.

CHAPITRE

413. Liquidation des comptes annexes

SECTION 0 ORIENTEUR

413.00 **Plan du chapitre.**

Sect. unique

SECTION UNIQUE

413.11 Marche à suivre. La liquidation de la créance de participation ne saurait suffire à liquider l'intégralité des intérêts patrimoniaux des époux mariés sous le régime de la participation aux acquêts. En effet, lorsque des mouvements de valeur ont eu lieu entre l'éventuelle masse indivise et le patrimoine personnel de l'un des époux ou directement entre les patrimoines personnels des deux époux, il convient de procéder à la liquidation des comptes annexes, c'est-à-dire les comptes de créances entre époux et les comptes d'indivision.

413.12 Application du droit commun. Créances d'indivision. Cette liquidation ne présente ici aucune originalité. Elle a en effet lieu dans les mêmes conditions que sous le régime de la séparation de biens. Ainsi, les éventuelles créances d'indivision doivent être fondées et valorisées conformément au droit commun de l'indivision, dès lors qu'elles ne sont pas neutralisées par le jeu de la contribution aux charges du mariage.

413.13 Particularité des créances entre époux. Il convient tout d'abord de souligner que la prise en compte des créances entre époux dans le cadre de la liquidation de la créance de participation ne permet pas pour autant de régler concrètement ces dernières. La liquidation de la créance de participation n'est en effet qu'une opération comptable. Les créances entre époux existent indépendamment de la créance de participation et doivent, à ce titre, faire l'objet d'un compte et d'un règlement. Aussi convient-il de liquider les créances entre époux dans les comptes annexes, comme le précise d'ailleurs l'article 1575, alinéa 3, du code civil.

La particularité de l'opération tient ici dans la valorisation des créances entre époux à porter en compte. En effet, si l'on estime que ces créances ne doivent pas être revalorisées dans le cadre de la liquidation de la créance de participation, il convient, par symétrie, de les porter également pour leur valeur nominale aux comptes de créance entre époux.

413.14 Compensation avec la créance de participation. Dans l'hypothèse où une créance de participation est due par l'un des époux, il reste à opérer une compensation avec d'éventuelles créances entre époux, conformément aux termes de l'article 1575, alinéa 3, du code civil. Bien que ce texte n'envisage, à proprement parler, que la seule hypothèse où l'époux créancier de la créance de participation serait également créancier de son conjoint au titre de la liquidation des créances entre époux[1], il ne fait aucun doute que la compensation peut jouer dans les deux sens[2]. Ainsi, cette compensation peut logiquement conduire soit à alourdir le poids de la dette de l'époux redevable de la créance de participation, soit, au contraire, à la minorer, soit, enfin, à renverser la balance au détriment de l'époux titulaire de la créance de participation, qui se retrouve alors au final débiteur de son conjoint.

Exemple 1 : il ressort des opérations de liquidation de la créance de participation, que l'un des époux est redevable à l'égard de son conjoint d'une créance de participation à hauteur de 120 000 €.

1. Le texte dispose en effet qu'on « *ajoute* » à la créance de participation les sommes dont l'époux peut être également créancier envers son conjoint.
2. En ce sens, v. not. A. Colomer, *Droit civil – Régimes matrimoniaux*, *op. cit.*, n° 1291 – G. Cornu, *op. cit.*, p. 828 et s. – J. Flour et G. Champenois, *op. cit.*, n° 799.

Par ailleurs, la liquidation des créances entre époux laisse apparaître que cet époux est également débiteur à l'égard de son conjoint d'une somme de 40 000 €. Dans l'exemple donné, la compensation de la créance de participation avec les créances entre époux aboutit à ce que l'époux à l'origine créancier d'une créance de participation d'un montant de 120 000 € est, au final, créancier à ce titre de 160 000 € (120 000 € + 40 000 €).

Exemple 2 : reprenons l'exemple précédent, sauf que l'époux créancier de la créance de participation se trouve débiteur de son conjoint d'une somme de 40 000 €, au titre de la liquidation des créances entre époux. Dans l'exemple donné, l'époux à l'origine créancier d'une créance de participation d'un montant de 120 000 €, se trouve au final, après compensation, créancier simplement de 120 000 € – 40 000 € = 80 000 €.

Exemple 3 : reprenons l'exemple précédent, sauf que la liquidation des créances entre époux laisse apparaître que l'époux créancier de la créance de participation est débiteur à l'égard de son conjoint d'une somme de 150 000 €. Dans l'exemple donné, la compensation entre la créance de participation et la créance entre époux aboutit à ce que l'époux à l'origine créancier de la créance de participation devient débiteur de son conjoint à hauteur de 30 000 € (150 000 € – 120 000 €).

CHAPITRE

414. Règlement de la créance de participation

SECTION 0 ORIENTEUR

414.00 Plan du chapitre.

Sect. 1 Principe du règlement en argent

Sect. 2 Hypothèses de règlement en nature

414.05 Introduction. Les règles de liquidation de la créance de participation déterminées, il convient de préciser les règles relatives au règlement de cette créance. De ce point de vue, il faut remarquer que les règles édictées par le législateur font clairement ressortir l'idée séparatiste du régime de la participation aux acquêts [1]. Une participation en nature rendant le régime trop proche de la communauté légale, le législateur a privilégié le règlement en argent (sect. 1). Il n'en demeure pas moins que des exceptions existent (sect. 2).

414.06 Dette concernée. En toute logique, le régime spécifique du règlement de la créance de participation n'a vocation à s'appliquer qu'à cette dernière. Reste néanmoins à préciser les cas dans lesquels l'on a véritablement affaire à une telle créance. La difficulté réside ici dans le fait que le montant de la créance de participation est compensé non seulement avec les éventuelles créances entre époux (C. civ., art. 1575, al. 3) mais également, bien que la loi ne l'indique pas, avec la soulte éventuellement due au titre du partage de l'indivision entre époux. La question se pose donc de savoir si la somme obtenue, une fois la compensation faite, est toujours une créance de participation. La tendance est ici de considérer que lorsque la compensation a pour conséquence de renverser la balance au détriment de l'époux titulaire de la créance de participation, la dette n'est plus une créance de participation mais une dette ordinaire à laquelle le régime du règlement de la créance de participation n'est pas applicable [2].

1. Sur ce point, v. A. Colomer, *Droit civil – Régimes matrimoniaux*, *op. cit.*, n° 1294 – S. David et A. Jault, RÉP. CIV., *V° Participation aux acquêts*, art. préc., n° 287.

SECTION 1 PRINCIPE DU RÈGLEMENT EN ARGENT

414.11 Forme du règlement et date d'exigibilité. Par principe, l'époux créancier ne peut pas exiger de règlement en nature. Selon l'article 1576, alinéa 1er, du code civil, le montant de la créance de participation, majoré ou diminué, le cas échéant, des autres créances ou dettes entre époux, donne en principe lieu à un paiement en argent immédiatement exigible, c'est-à-dire dès la clôture des opérations de liquidation. La loi atténue, cependant, la rigueur de cette règle en énonçant également que si l'époux débiteur de la créance « *rencontre des difficultés graves à s'en acquitter entièrement dès la clôture de la liquidation, les juges peuvent lui accorder des délais qui ne dépasseront pas cinq ans, à charge pour lui de fournir des sûretés et de verser des intérêts* ».

414.12 Garantie de la créance. En principe, l'époux créancier est chirographaire. S'il peut donc exiger le paiement en argent et, à défaut, saisir n'importe lequel des biens de son conjoint, il doit néanmoins supporter le concours avec les autres créanciers. Cet inconvénient peut être contourné, dans certains cas, puisque l'époux créancier peut être muni de sûretés. Ainsi, l'époux peut devenir

2. En ce sens, v. not. Aubry et Rau, par Ponsard, *op. cit.*, n° 379 – A. Colomer, *Droit civil – Régimes matrimoniaux*, *op. cit.*, n° 1293 – J. Flour et G. Champenois, *op. cit.*, n° 799, spéc. p. 756, note 3 – F. Terré et Ph. Simler, *op. cit.*, n° 847. Mais *contra*, v. Ph. Malaurie et L. Aynès, *op. cit.*, n° 868, spéc. note 61.

créancier hypothécaire. Cette faculté lui est en effet offerte par l'article 2402 du code civil. En effet, et sauf clause contraire dans le contrat de mariage, chaque époux peut inscrire l'hypothèque légale pour sûreté de sa créance de participation soit dans l'année qui suit la dissolution, soit même pendant le cours du régime. Il convient néanmoins de préciser que l'inscription prise en cours d'union n'aura d'effet qu'à la dissolution du régime et à condition que les immeubles qui en constituent l'assiette existent encore à cette date dans le patrimoine du débiteur. Quant à l'inscription prise après la dissolution, elle ne prend effet qu'à sa date.

L'époux créancier peut également devenir créancier hypothécaire lorsque le juge accorde un délai au débiteur, l'article 1576 du code civil indiquant que le délai ne peut être accordé qu'à charge de fournir des sûretés au créancier.

414.13 Conséquences de l'insuffisance de biens existants. Le recouvrement de la créance de participation est en principe exercé sur les biens existants du débiteur, sans qu'il y ait lieu de distinguer entre ceux qui relèvent de son patrimoine originaire et ceux qui relèvent des acquêts. Mais, lorsque ces biens sont insuffisants, l'époux créancier est autorisé à rechercher subsidiairement « *les biens mentionnés à l'article 1573 qui avaient été aliénés par donation entre vifs ou en fraude des droits du conjoint* », « *en commençant par les aliénations les plus récentes* » (C. civ., art. 1577). L'époux créancier peut donc agir contre les tiers nouvellement propriétaires des biens en question. L'objet de l'action est de rendre inopposable l'aliénation au demandeur et de lui permettre de recouvrer sa créance en procédant à l'exécution forcée sur les biens aliénés. Ces derniers ne reviennent donc pas en nature dans le patrimoine de l'époux demandeur, ce qui conforte le principe du règlement pécuniaire de la créance de participation. Il est à noter que le tiers poursuivi peut se libérer en versant à l'époux poursuivant la contre-valeur du bien acquis, à concurrence de la créance.

Cette action, de par sa nature exceptionnelle, est néanmoins soumise à un régime restrictif. Ainsi, elle n'est ouverte que pendant un délai de deux ans à compter de la clôture de la liquidation (C. civ., art. 1578, al. 4). De plus, elle doit obéir aux conditions de l'action paulienne, dont elle n'est jamais qu'une manifestation particulière. À ce titre, le demandeur doit donc établir l'intention frauduleuse de la part de son conjoint, mais également de la part du tiers acquéreur, étant ici rappelé que les aliénations à charge de rente viagère ou à fonds perdus sont présumées frauduleuse (C. civ., art. 1573). Conformément au droit commun de l'action paulienne, la complicité du tiers n'a cependant pas à être établie pour les actes à titre gratuit.

414.14 Application pratique du principe du règlement en argent. En pratique, le règlement de la créance de participation telle que déterminée par les opérations de liquidation a rarement lieu en tant que telle. Il convient en effet, avant tout règlement effectif, d'opérer, dans le cadre d'un compte final, une compensation du montant de la créance avec celui de la soulte éventuellement due au titre du partage de l'indivision.

Exemple : au terme du règlement de l'indivision ayant existé entre les époux, il apparaît que l'époux est débiteur d'une soulte d'un montant de 50 000 €. Au titre de la liquidation de la créance de participation, il apparaît que l'épouse est débitrice d'une créance de 200 000 €. Dans le cadre du compte final, ces deux sommes devront être compensées, de sorte qu'au total, le montant de la créance de participation due par l'épouse s'élève finalement à 150 000 €.

Ainsi qu'il a déjà été souligné, lorsque le jeu de la compensation aboutit à renverser la balance au profit de l'époux débiteur de la créance de participation, la somme due par son conjoint ne peut être considérée comme une créance de participation et bénéficier du régime spécifique attaché à son règlement.

Exemple : au terme du règlement de l'indivision ayant existé entre les époux, il apparaît que l'épouse est débitrice d'une soulte d'un montant de 300 000 €. Au titre de la liquidation de la créance de participation, il apparaît que l'époux est débiteur d'une créance de participation d'un montant de 100 000 €. Dans le cadre de l'établissement du compte final, ces deux sommes devront être compensées, de sorte qu'au total, il apparaît que c'est l'épouse qui est débitrice de son conjoint d'une somme de 200 000 €.

SECTION 2
HYPOTHÈSES DE RÈGLEMENT EN NATURE

414.15 Énoncé de l'exception. L'article 1576, alinéa 2, du code civil prévoit deux hypothèses dans lesquelles le règlement en nature de la créance de participation peut avoir lieu :

– le règlement en nature peut d'abord avoir lieu si les époux en sont d'accord. À cette première hypothèse, il convient d'assimiler celle où le contrat de mariage a prévu par avance, d'office ou à titre d'option, un tel mode de règlement. La clause de règlement en nature est d'ailleurs expressément envisagée par l'article 1581, alinéa 3, du code civil, aux termes duquel « *il peut également être convenu entre les époux que celui d'entre eux qui, lors de la liquidation du régime, aura envers l'autre une créance de participation, pourra exiger la dation en paiement de certains biens de son conjoint, s'il établit qu'il a un intérêt essentiel à se les faire attribuer* »;

- le règlement en nature peut également avoir lieu par décision du juge, « *si l'époux débiteur justifie de difficultés graves qui l'empêchent de s'acquitter en argent* ». Dans ce cas de figure, il appartient au juge d'apprécier la réalité et la gravité des difficultés invoquées, ainsi que le choix et la valeur estimée des biens proposés au titre du règlement. Pareille demande ne peut être faite que par l'époux débiteur, le créancier ne pouvant jamais la formuler.

414.16 Nature juridique du règlement en nature. Lorsque le règlement en nature intervient en vertu d'une clause de contrat de mariage, l'article 1581, alinéa 3, du code analyse ce règlement en une véritable dation en paiement[1]. La qualification est logique, dès lors que l'on admet que le règlement en nature n'est qu'un succédané du règlement normal en argent. Cela étant, lorsque le règlement en nature résulte d'une convention conclue au cours de la liquidation ou d'une décision du juge, le législateur estime que dans les rapports entre époux, il doit être « *considéré comme une opération de partage lorsque les biens attribués n'étaient pas compris dans le patrimoine originaire ou lorsque l'époux attributaire vient à la succession de l'autre* » (C. civ., art. 1576, al. 3). Il en résulte que toutes les conséquences attachées à cette qualification doivent être appliquées : effet déclaratif, sanction d'une éventuelle lésion, *etc.* En revanche, lorsque les biens attribués ne dépendent pas des acquêts, la qualification de dation en paiement s'impose[2].

1. V. J. Flour et G. Champenois, *op. cit.*, n° 804.
2. En ce sens, v. not. A. Colomer, *Droit civil – Régimes matrimoniaux*, *op. cit.*, n° 1310 – art. préc., n° 271 – G. Cornu, *op. cit.*, p. 832 et s. – F. Terré et Ph. Simler, *op. cit.*, n° 851.

TITRE

42. L'exposé du canevas liquidatif

SECTION 0

ORIENTEUR

42.00 Plan du titre.

Chap. 421 Exposé théorique du canevas liquidatif
Sect. 1 Règlement de l'indivision
Sect. 2 Liquidation de la créance de participation
Sect. 3 Liquidation des créances entre époux
Sect. 4 Établissement du compte final
Chap. 422 Exposé pratique du canevas liquidatif
Sect. 1 Énoncé du cas pratique
Sect. 2 Corrigé du cas pratique

CHAPITRE

421. Exposé théorique du canevas liquidatif

SECTION 0 ORIENTEUR

421.00 **Plan du chapitre.**

Sect. 1		Règlement de l'indivision
	§ 1	Comptes d'indivision
	§ 2	Actif indivis
	§ 3	Passif indivis
	§ 4	Balance et droits des parties
Sect. 2		Liquidation de la créance de participation
Sect. 3		Liquidation des créances entre époux
Sect. 4		Établissement du compte final

421.05 **Présentation.** La liquidation des intérêts patrimoniaux des époux mariés sous le régime de la séparation de la participation aux acquêts n'est pas sans rappeler, dans le développement de ses opérations successives, le plan logique de la liquidation d'une séparation de biens. Elle exige, tout d'abord, la liquidation de l'indivision conjugale (sect. 1), puis de la créance de participation (sect. 2) et, enfin, des créances entre époux (sect. 3). Restera alors à opérer un compte final (sect. 4).

SECTION 1 RÈGLEMENT DE L'INDIVISION

421.11 **Observations préalables.** Comme pour toute liquidation, avant d'envisager les différentes étapes de la liquidation proprement dite, il est indispensable de formuler quelques observations préalables. À ce titre, il est donc nécessaire de déterminer le régime matrimonial des époux. En cas de présence d'un élément d'extranéité, il conviendra également de justifier de l'applicabilité du droit français. Enfin, le liquidateur se doit de fixer la date de dissolution du régime matrimonial.

421.12 **Absence de reprises.** La liquidation du régime de la participation aux acquêts, comme celui de la séparation de biens ne suppose pas d'inscrire les éventuelles reprises des biens personnels des époux dans l'acte de liquidation.

§ 1 Comptes d'indivision

421.13 **Justification.** Dans le cadre de la liquidation d'un régime de participation aux acquêts, les comptes d'indivision sont en principe réglés dans le cadre du partage de l'indivision, et non par compensation avec les autres mouvements de valeur, contrairement aux comptes d'indivision liés à une indivision post-communautaire. Il en résulte que ces comptes doivent être déterminés dès la liquidation de l'indivision.

421.14 **Établissement d'un compte pour chaque époux.** Bien que la loi n'impose rien en la matière, la pratique notariale consiste à établir pour chaque époux un compte de créance d'indivision, à l'image du compte de récompenses. Au crédit de ce compte seront portées les créances que l'époux a, à l'encontre de l'indivision, et, au débit, les dettes à l'égard de cette dernière. La balance du compte permet enfin de déterminer si l'époux est, au final, créancier ou débiteur de l'indivision.

§ 2 Actif indivis

421.15 **Méthode.** L'établissement du poste d'actif d'indivision a pour objet de récapituler les différents biens acquis en indivision par les époux au cours de l'union, en les valorisant. Une fois cette opération réalisée, le solde permet de fixer l'actif brut de l'indivision. Il convient de rappeler que lorsque le règlement des comptes d'indivision a lieu en moins prenant, le solde du compte d'indivision favorable à l'indivision doit être porté à l'actif.

§ 3
Passif indivis

421.16 Méthode. À l'instar de l'actif indivis, l'établissement du passif suppose la récapitulation des différentes dettes indivises, déterminées préalablement, en les valorisant. Une fois cette opération réalisée, le solde permet de fixer le passif de l'indivision. Il convient là aussi de rappeler que lorsque le règlement des comptes d'indivision a lieu en « plus prenant », le solde du compte d'indivision favorable à l'époux est porté au passif de l'indivision.

§ 4
Balance et droits des parties

421.17 Détermination des droits théoriques des parties. Une fois l'actif brut et le passif indivis déterminés, il convient de récapituler les résultats obtenus et d'en faire la balance, c'est-à-dire de déterminer l'actif net (ou *boni* de liquidation). Ce *boni* de liquidation doit alors être partagé entre les parties, conformément à leurs droits dans l'indivision, ce qui revient à déterminer leurs droits théoriques dans la communauté.

421.18 Cas où les biens sont tous indivis par moitié. Lorsque les biens indivis le sont par moitié entre les époux, ce qui est le cas le plus fréquent, la détermination des droits théoriques suppose simplement de diviser par deux le *boni* de liquidation. C'est l'hypothèse la plus simple.

421.19 Cas où certains biens ne sont pas indivis par moitié. Lorsque les biens indivis des époux ne sont pas tous indivis par moitié, la méthode précédente ne peut, en toute logique, être appliquée. Si aucune présentation particulière n'est imposée en la matière, le plus simple consiste sans doute à récapituler les droits de chacun sous forme de tableau (v. s[s] n° 321.20).

421.20 Détermination des droits effectifs des parties. Lorsqu'il existe des comptes d'indivisions et que leur règlement a lieu en moins prenant (lorsque le solde du compte d'indivision de l'époux en question est favorable à l'indivision) ou « en plus prenant » (lorsque le solde du compte est favorable à l'époux), ce qui est la règle dans la pratique notariale en cas de partage amiable, la fixation des droits des époux ne peut se limiter à leurs droits théoriques. Il convient en effet d'ajouter ou d'ôter à ces droits la valeur du solde de leur compte d'indivision. L'on ajoutera donc le solde du compte aux droits de l'époux lorsque celui-ci est favorable à ce dernier. À l'inverse, l'on ôtera de la valeur de ses droits théoriques le montant du solde de son compte lorsque celui-ci est favorable à la communauté. Lorsque les droits des époux dans les biens indivis sont inégaux, le mieux est, là encore, de réaliser cette opération sous forme de tableau, conformément au modèle proposé ci-dessus.

SECTION 2
LIQUIDATION DE LA CRÉANCE DE PARTICIPATION

421.21 Liquidation autonome. C'est là que réside l'originalité de la liquidation de la participation aux acquêts, par rapport au régime de la séparation de biens. Très matériellement, la liquidation de la créance de participation aux acquêts suppose la réalisation de trois étapes successives.

421.22 Détermination des acquêts nets de l'épouse[1]. La détermination des acquêts nets de l'épouse suppose l'établissement de l'actif originaire net, puis de l'actif final net. Une fois ces deux patrimoines déterminés, il reste alors à soustraire l'actif originaire de l'actif final pour déterminer les acquêts nets.

421.23 Détermination des acquêts nets de l'époux. La détermination des acquêts nets de l'époux implique, *mutatis mutandis*, la réalisation des mêmes opérations que pour l'épouse.

421.24 Calcul de la créance de participation. Le principe et le montant de l'éventuelle créance de participation sont ensuite déterminés par la comparaison des acquêts nets de chacun des époux. Il s'agit ici ni plus ni moins de faire la balance entre l'enrichissement net de l'épouse et celui de l'époux. Celui des deux qui s'est le plus enrichi devient alors débiteur d'une créance de participation à l'égard de son conjoint.

SECTION 3
LIQUIDATION DES CRÉANCES ENTRE ÉPOUX

421.25 Établissement d'un compte pour chaque époux. Il convient ensuite, pour le liquidateur, d'établir un compte au nom de chaque époux, qui récapitule les créances dont chacun est titulaire envers son conjoint. En revanche, il n'est pas utile de reprendre les dettes des époux à l'égard de son conjoint, les dettes de l'un étant les créances de l'autre.

1. Ou de l'époux. Aucun ordre particulier n'est à respecter en la matière.

421.26 Balance des comptes de créances entre époux. Le solde du compte de chacun doit ensuite être compensé avec celui du conjoint afin de déterminer lequel des deux époux est finalement créancier de l'autre. Seule la créance ainsi obtenue sera alors prise en considération dans le cadre du compte final.

SECTION 4
ÉTABLISSEMENT DU COMPTE FINAL

421.27 Récapitulatif des différentes créances. Une fois la liquidation de l'indivision (ou des indivisions s'il existe une indivision pré-conjugale), des créances entre époux et le partage réalisés, il reste au liquidateur à compenser les différentes créances obtenues au cours de ces étapes. L'opération consiste ici à compenser les sommes dues au titre du partage de l'indivision et la créance de participation avec celles dues au titre des créances entre époux, ce qui permet de déterminer lequel des deux époux, au final, est créancier de l'autre et, le cas échéant, pour quel montant.

Le liquidateur fait ainsi apparaître la soulte éventuellement due par l'un des époux à son conjoint au titre du règlement du régime matrimonial de la participation aux acquêts.

CHAPITRE

422. Exposé pratique du canevas liquidatif

SECTION 0
ORIENTEUR

422.00 **Plan du chapitre.**

Sect. 1 Énoncé du cas pratique
Sect. 2 Corrigé du cas pratique
§ 1 Observations préalables à la liquidation
§ 2 Identification des patrimoines et des mouvements de valeurs
§ 3 État liquidatif

SECTION 1
ÉNONCÉ DU CAS PRATIQUE

422.11 Après avoir vécu quelques années en concubinage, Monsieur Jean-Marc LURAULT et Madame Nadia TOURAILLE, parents d'un enfant prénommé Dylan, se sont mariés sous le régime de la participation aux acquêts aux termes d'un contrat de mariage, en date du 20 juin 1992, reçu par Maître GOUNOT, Notaire à CHENIERS (Creuse), préalable à leur union célébrée le 18 juillet 1992 à la mairie de CHENIERS (Creuse).

Une ordonnance de non-conciliation a été rendue par le tribunal de grande instance de CRÉTEIL (Val-de-Marne), le 2 février 2006.

Madame TOURAILLE a délivré une assignation en divorce pour faute à son époux, par exploit d'huissier en date du 3 mai 2006.

Le divorce a été prononcé aux torts partagés par un jugement rendu par le tribunal de grande instance de CRÉTEIL, le 6 mars 2007. Il a acquis force de chose jugée le 2 mai 2008.

À l'occasion de la procédure de divorce, Nadia a demandé et obtenu le report de la date de dissolution du régime matrimonial à la date où les époux ont cessé de collaborer et de cohabiter, soit le 2 juin 2005.

Maître BALSAMO a été nommé en qualité de notaire liquidateur, par délégation du Président de la Chambre interdépartemental des notaires de PARIS.

Dans le cadre des opérations de liquidation et de partage après divorce, les parties ont communiqué au notaire désigné les informations suivantes.

Monsieur Jean-Marc LURAULT avait apporté, au moment du mariage :

- une maison d'habitation située à ROUEN, recueillie dans la succession de son père prédécédé, d'une valeur, lors de son mariage, de 46 000 €;
- divers comptes bancaires de 100 000 €.

En outre, il se souvient qu'il était alors débiteur d'une somme de 50 000 €, laquelle constituait la dernière annuité de prestation compensatoire en capital due à sa première épouse, Christine, en vertu de leur jugement de divorce.

Pour sa part, Nadia possédait, au jour de leur mariage :

- un terrain à bâtir à SEDAN, d'une valeur, lors de son mariage, de 100 000 €;
- un appartement à COMPIÈGNE, d'une valeur, lors de son mariage, de 150 000 €;
- divers comptes bancaires d'un montant, à cette même date, de 20 000 €.

En juillet 1996, les époux ont acquis un appartement situé au PLESSIS-TRÉVISE (Val-de-Marne), 13, rue Thérèse, qui a constitué le logement de la famille jusqu'à leur divorce, pour un coût global de 200 000 €, réglé comptant. Aux termes de l'acte d'acquisition, il apparaît que cette acquisition a été effectuée en indivision, à concurrence de moitié chacun.

La valeur vénale actuelle de l'appartement est de 500 000 €.

Au cours de leur mariage, Monsieur LURAULT a recueilli dans la succession de sa mère, décédée le 5 mai 1998 :

- un appartement situé à LA ROCHELLE évalué alors à 200 000 €;

- une ferme en BRETAGNE, évaluée alors à 150 000 € et vendue le 2 avril 1999, au prix de 200 000 €.

Monsieur LURAULT a remployé cet argent dans l'achat, le 3 septembre 1999, d'un appartement situé à Reims, au prix de 350 000 €, auquel il convient d'ajouter 50 000 € de frais. Pour compléter son financement, Monsieur LURAULT a dû recourir à un emprunt auprès du Crédit Lyonnais, d'un montant de 200 000 €.

En janvier 2002, Monsieur LURAULT a acquis un appartement à HONFLEUR (Calvados) pour une somme de 100 000 €, qu'il a donné à leur fils Dylan, après y avoir effectué quelques travaux améliorations. En tenant compte de ces derniers, la valeur était de 300 000 € au jour de la donation. Elle est aujourd'hui de 400 000 €. Nadia était parfaitement d'accord avec cette donation et est même intervenue à l'acte en ce sens.

Quelques mois plus tard, Nadia a fait donation de l'appartement de COMPIÈGNE (Oise), dont elle était propriétaire, à Dylan, sans même prendre le soin d'informer son époux. Au jour de la donation, la valeur du bien s'élevait à 175 000 €. Elle est aujourd'hui de 190 000 €. Toutefois, Monsieur LURAULT vous précise que durant le mariage, il avait procédé à quelques travaux d'amélioration sur le bien, pour un coût global de 10 000 €. Selon lui, le bien, sans les travaux, avait une valeur de 155 000 € au moment de la donation et il aurait actuellement une valeur de 160 000 €.

En mars 2004, les époux ont acquis en indivision, moitié chacun, une maison à AIGURANDE (Centre) pour un coût global de 100 000 €, réglé comptant. La valeur vénale actuelle de la maison est de 120 000 € et sa valeur locative mensuelle peut être évaluée à 200 €.

Aujourd'hui, Monsieur LURAULT possède :

- la maison située à ROUEN (Seine Maritime), d'une valeur de 92 000 €;

- l'appartement situé à Reims, d'une valeur inchangée depuis son acquisition;

- l'appartement de LA ROCHELLE, d'une valeur de 300 000 €;

- divers comptes bancaires pour une valeur de 3 000 €;

- du mobilier estimé à 6 200 €;

- une voiture à son nom d'une valeur ARGUS de 3 800 €.

Pour sa part, Madame TOURAILLE possède :

- une maison d'habitation située à SEDAN, édifiée sur son terrain au cours du mariage, à l'aide de ses revenus. L'ensemble (maison et terrain) peut être évalué à 300 000 €. Elle vous précise qu'un terrain à bâtir nu, en tout point identique au sein, situé à proximité vient d'être vendu pour une somme de 200 000 € nets vendeur;

- divers comptes bancaires d'une valeur de 7 000 €;

- un fonds de commerce, qu'elle a ouvert durant le mariage, estimé à 50 000 €. Ce fonds est grevé d'un passif professionnel arrêté par le comptable à la somme de 10 000 € comprenant le solde en capital et intérêt du prêt souscrit pour son installation.

En outre, les époux étaient titulaires d'un compte joint, dont le solde peut être estimé aujourd'hui à 60 000 €.

Grâce à l'intervention du notaire commis et des avocats respectifs des parties, ces dernières sont parvenues à un accord, aux termes duquel il est prévu qu'outre les mouvements de valeur intervenus entre eux et qui ne sauraient être éludés, Madame TOURAILLE conservera l'appartement du PLESSIS-TRÉVISE (Val-de-Marne), quitte à verser une soulte à son ex-époux.

Ayant une grande confiance en vos aptitudes, Maître BALSAMO vous demande d'établir l'acte.

SECTION 2
CORRIGÉ DU CAS PRATIQUE

§ 1
Observations préalables à la liquidation

422.12 Détermination du régime matrimonial. Monsieur LURAULT et Madame TOURAILLE se sont mariés le 18 juillet 1992, en faisant précéder leur union d'un contrat de mariage, en date du 20 juin 1992. Aux termes de ce contrat, ils ont choisi le régime de la participation aux acquêts. Rien n'indiquant dans le thème un quelconque changement conventionnel ou judiciaire du régime matrimonial des époux, ceux-ci sont donc soumis au régime de participation aux acquêts.

422.13 Date de dissolution. La date de dissolution de principe du régime matrimonial de la participation aux acquêts est sujette à controverse en cas de divorce. En effet, selon l'article 1572 du code civil, le régime est réputé dissous au jour de la demande. Mais, il est également possible d'invoquer les dispositions propres au divorce. Dans ce cas, l'assignation en divorce ayant été délivrée par Nadia TOURAILLE le 3 mai 2006, le divorce serait régi par les dispositions nouvelles, issues de la loi du 26 mai 2004. En conséquence, la date de dissolution de principe du régime matrimonial des époux devrait en principe être fixée à la date de l'ordonnance de non-conciliation (C. civ., art. 262-1), soit le 2 février 2006.

Cela étant, le jugement de divorce a fait droit à la demande de Madame TOURAILLE de reporter la date de dissolution à la date de la cessation de la cohabitation et de la collaboration des époux (C. civ., art. 262-1), soit le 2 juin 2005. Par conséquent, cette date sera retenue dans le cadre des opérations de liquidation-partage.

§ 2 Identification des patrimoines et des mouvements de valeurs

422.14 Biens apportés par Monsieur LURAULT. Monsieur LURAULT a « *apporté* » au moment du mariage une maison sise à ROUEN ainsi que plusieurs comptes bancaires. Il s'agit donc incontestablement de bien originaires, qui devront donc être portés à l'actif originaire de Monsieur LURAULT dans le cadre de la liquidation de la créance de participation (C. civ., art. 1570, al. 1er).

Ces biens devront être portés à l'actif originaire pour leur valeur actuelle, mais dans l'état dans lequel ils étaient au jour du mariage (C. civ., art. 1571, al. 1er). S'agissant de la maison de ROUEN, le bien était estimé à 46 000 € au jour du mariage, étant entendu que sa valeur actuelle est de 92 000 €. Aucune amélioration n'a été réalisée sur ce bien entre le jour du mariage et la liquidation, de sorte que la plus-value prise par ce bien est purement économique. Ce bien devra donc être porté à l'actif originaire pour sa valeur actuelle, soit 92 000 €.

Quant aux sommes portées en compte, elles ont été consommées, mais non investies. Dans ce cas, une application stricte de l'article 1571 du code civil imposerait de retenir une valorisation nulle à l'actif originaire. On sait cependant qu'il est préférable de les inscrire pour leur valeur nominale, soit 100 000 €.

La maison de ROUEN étant toujours présente dans le patrimoine de Monsieur LURAULT au jour de la dissolution, ce bien doit également être inscrit à l'actif final (C. civ., art. 1572, al. 1er). Il devra y être porté pour sa valeur actuelle, dans l'état dans lequel il était au jour de la dissolution (C. civ., art. 1574). Le bien n'ayant fait l'objet d'aucune amélioration entre la date de dissolution et le jour de la liquidation, il devra donc être inscrit à l'actif final de Monsieur LURAUTL pour sa valeur actuelle, soit 92 000 €.

422.15 Dette de prestation compensatoire de Monsieur LURAULT. Au jour de la célébration du mariage, Monsieur LURAULT était par ailleurs débiteur d'une somme de 50 000 €, au titre de la prestation compensatoire qu'il devait à son ex-épouse.

Il s'agit incontestablement d'une dette originaire (C. civ., art. 1571, al. 2). La dette n'ayant pas permis la réalisation d'une opération d'investissement, elle doit figurer à l'actif originaire de Monsieur LURAULT pour sa valeur nominale (C. civ., art. 1571, al. 2), soit 50 000 €.

En revanche, la dette ayant manifestement été réglée au cours de l'union, elle ne devra pas figurer à son passif final (C. civ., art. 1574, al. 2 *a contrario*).

422.16 Biens apportés par Madame TOURAILLE. Madame TOURAILLE possédait au moment du mariage un terrain à bâtir sis à SEDAN, un appartement à COMPIÈGNE ainsi que divers comptes bancaires. Il s'agit donc incontestablement de bien originaires (C. civ., art. 1570, al. 1er).

– S'agissant du terrain à bâtir sis à SEDAN, ce bien devra être porté à l'actif originaire pour sa valeur actuelle, mais dans l'état dans lequel il était au jour du mariage (C. civ., art. 1571, al. 1er). Le bien était estimé à 100 000 € au jour du mariage et il est indiqué qu'au cours de l'union, Madame TOURAILLE a fait construire sur ce terrain une maison d'habitation à l'aide de fonds prêtés par son mari. L'ensemble est valorisé au jour de la liquidation à 300 000 € et il est précisé que sans la maison, le terrain ne vaudrait que 200 000 €. La plus-value procurée au bien doit donc ici être prise en considération, de sorte que le terrain à bâtir devra être porté à l'actif originaire pour sa valeur actuelle sans les travaux, soit 200 000 €.

Le bien existant toujours au jour de la dissolution, il devra également être porté à l'actif final, pour sa valeur actuelle dans l'état dans lequel il était au jour de la dissolution (C. civ., art. 1574, al. 1er). Le bien n'ayant fait l'objet d'aucune amélioration entre la date de dissolution et le jour de la liquidation, il devra donc être inscrit à l'actif final de Madame TOURAILLE pour sa valeur actuelle, soit 300 000 €. La plus-value profite donc aux acquêts de l'épouse.

– Quant à l'appartement de COMPIÈGNE, qui était estimé à 150 000 € au jour de l'union, ce bien a été donné en 2002 au fils commun des époux Dylan. L'exposé du cas indique que sa valeur au jour de la donation s'élevait à 175 000 €, étant entendu que Madame TOURAILLE avait fait procéder à des travaux avant la donation. Sans ces travaux, le bien n'aurait valu que 155 000 € au jour de la donation et il vaudrait à ce jour 160 000 €. S'agissant d'un bien originaire donné, il ne doit pas être intégré à l'actif originaire de Madame TOURAILLE (C. civ., art. 1570, al. 1er *in fine*).

En revanche, la donation ayant été donnée sans le consentement de Monsieur LURAULT (l'exposé du cas indique en effet que Nadia n'a pas pris la peine de l'informer), les améliorations qui ont été faites avant la donation devront être portées à l'actif final pour leur valeur « *au jour de l'aliénation* » (C. civ., art. 1574, al. 3). La valeur de ces améliorations doit donc être calculée en déduisant de la valeur du bien au jour de l'aliénation (175 000 €) la valeur qu'il aurait si ces travaux n'avaient pas été réalisés (155 000 €). La valeur à intégrer à l'actif final du chef de ces améliorations est donc de 20 000 €.

De plus, les travaux réalisés sur le bien ayant été financés par Monsieur LURAULT, la question se pose de savoir si celui peut se prévaloir d'une créance contre Madame TOURAILLE de ce chef. Rien dans le thème ne laissant penser que Monsieur LURAULT a été animé d'une intention libérale, il convient de considérer qu'il s'agit d'un prêt d'argent, dont il peut demander le remboursement. Les fonds avancés ayant manifestement été des fonds dépendant des acquêts, la revalorisation de cette créance n'apparaît pas utile. On la comptera donc pour le nominal, soit 10 000 €. Cette somme devra donc être portée à l'actif final de Monsieur LURAULT et également au passif final de Madame TOURAILLE. De plus, elle devra être intégrée au compte de créance entre époux.

- Enfin, s'agissant des sommes portées sur les comptes en banques, elles ont été consommées, mais non investies. Dans ce cas, une application stricte de l'article 1571 du code civil imposerait de retenir une valorisation nulle à l'actif originaire. On sait cependant qu'il est préférable de les inscrire pour leur valeur nominale, soit 20 000 €.

422.17 Appartement du PLESSIS-TRÉVISE. Ce bien a été acquis ensemble par les époux au cours de l'union, pour une moitié indivise chacun. Il devra donc être inscrit à l'actif indivis pour sa valeur actuelle, soit 500 000 €.

De plus, la quote-part de chaque époux sur ce bien devra être portée à leur actif final (C. civ., art. 1572, al. 1er), pour sa valeur actuelle, dans l'état dans lequel était le bien au jour de la dissolution (C. civ., art. 1574, al. 1er). Le bien n'ayant fait l'objet d'aucune amélioration entre la date de dissolution et le jour de la liquidation, il conviendra d'intégrer la quote-part des époux à l'actif final pour sa valeur actuelle, soit 250 000 €.

422.18 Succession recueillie par Monsieur LURAULT. Au cours de l'année 1998, Monsieur LURAULT a recueilli plusieurs biens par succession. Il s'agit donc de biens originaires (C. civ., art. 1570, al. 1er).

- S'agissant de l'appartement sis à LA ROCHELLE, ce bien devra être inscrit à l'actif originaire pour sa valeur actuelle, dans l'état dans lequel il était au jour de la succession (C. civ., art. 1571, al. 1er). Ce bien n'ayant pas fait l'objet d'amélioration entre le jour où il a été reçu et le jour de la liquidation, il doit être inscrit à l'actif originaire pour sa valeur actuelle, soit 300 000 €. Il devra également être intégré à l'actif final, pour sa valeur actuelle, dans l'état dans lequel il était au jour de la dissolution (C. civ., art. 1574, al. 1er). Le bien n'ayant fait l'objet d'aucune amélioration entre la date de dissolution et le jour de la liquidation, il devra être inscrit à l'actif final pour sa valeur actuelle, soit 300 000 €.

- Concernant la ferme de BRETAGNE, ce bien a été vendu en 1999. Ce bien devra néanmoins être intégré à l'actif originaire de Monsieur LURAULT (art. 1570, al. 1er *in fine a contrario*). Pour quelle valeur devra-t-il y être compté ? Le bien ayant été vendu et les fonds issus de la vente utilisés pour acquérir un nouveau bien sis à REIMS, nous sommes en présence d'un cas de subrogation. Dans ce cas, on sait qu'il convient de prendre en considération la valeur intégrale du nouveau bien si la subrogation a été totale et seulement une quote-part de cette valeur en cas de subrogation partielle, compte tenu de l'état du bien subrogé au jour de son entrée dans le patrimoine de l'époux, (C. civ., art. 1571, al. 1er). En l'espèce, la subrogation n'a été que partielle puisque le prix d'acquisition de l'appartement de REIMS (400 000 €) n'a été financé qu'à hauteur de 200 000 € à l'aide des fonds issus de la vente de la ferme. La contribution originaire à l'acquisition est donc de 200 000 € / 350 000 €. Par conséquent, la ferme de BRETAGNE devra être intégrée à l'actif originaire pour :

$$\frac{200\,000\text{ €}^{a}}{400\,000\text{ €}^{b}} \times 350\,000\text{ €}^{c} = 175\,000\text{ €}$$

a = Fonds originaires
b = Prix d'acquisition du nouveau bien
c = Valeur actuelle du nouveau bien

La ferme de BRETAGNE ne figurera pas à l'actif final de Monsieur LURAULT, puisqu'elle ne lui appartient plus au jour de la dissolution (art. 1572 al. 1er *a contrario*). En revanche, l'appartement de REIMS devra y figurer, pour sa valeur actuelle, dans l'état dans lequel il était au jour de la dissolution (C. civ., art. 1574, al. 1er). Le bien n'ayant fait l'objet d'aucune amélioration entre la date de dissolution et le jour de la liquidation, il devra être inscrit à l'actif final pour sa valeur actuelle, soit 350 000 €.

422.19 Appartement de HONFLEUR. Ce bien a été acquis par Monsieur LURAULT en janvier 2002 et il a été donné au fils commun, Dylan. Il ne devra pas être intégré à l'actif final de Monsieur LUBRAULT, car il s'agit d'un acquêt qui a été donné avec le consentement de Nadia (article 1573 C. civ.). Les améliorations apportées à ce bien avant la donation ne devront pas davantage être portées à l'actif final de Monsieur LURAULT.

422.20 Divers biens de Monsieur LURAULT. Sont réputés acquêts des époux tous les biens meubles ou immeubles si l'on ne prouve qu'ils sont originaires par application d'une disposition de la loi (C. civ., art. 1572). Doivent donc être tenus pour des acquêts, et inscrits comme tels à l'actif final de Monsieur LURAULT, son mobilier, ses divers comptes bancaires ainsi que son véhicule automobile.

Ces biens doivent être comptés pour leur valeur actuelle, dans l'état dans lequel ils étaient au jour de la dissolution. N'ayant fait l'objet d'aucune amélioration entre la date de dissolution et le jour de la liquidation, ils seront comptés pour leur valeur actuelle, soit 3 000 € pour les comptes bancaires, 6 200 € pour le mobilier et 3 800 € pour la voiture.

422.21 Divers biens de Madame TOURAILLE. Par application de la présomption d'acquêts de l'article 1572 du code civil, doivent être tenus pour des acquêts et donc portés au patrimoine final de Madame TOURAILLE, ses comptes bancaires ainsi que son fonds de commerce, étant entendu que la dette grevant ce fonds devra également être portée au patrimoine final de Madame TOURAILLE, au titre du passif.

Les éléments d'actif doivent être comptés pour leur valeur actuelle, dans l'état dans lequel ils étaient au jour de la dissolution. N'ayant fait l'objet d'aucune amélioration entre la date de dissolution et le jour de la liquidation, ils seront comptés pour leur valeur actuelle, soit 50 000 € pour le fonds de commerce et 7 200 € pour les comptes bancaires.

En ce qui concerne le passif grevant le fonds de commerce, celui-ci doit être compté pour sa valeur nominale, faute pour le législateur d'avoir mis en place un système de revalorisation des dettes finales, soit 10 000 €.

422.22 Compte joint. Les époux sont également titulaires d'un compte joint. Faute de précision, et toujours par application de la présomption d'acquêts de l'article 1572 du code civil, ce compte doit être considéré comme ayant été ouvert au cours de l'union. Il devra donc être porté à l'actif final de chacun des époux à hauteur de ses droits. On sait que les fonds déposés sur un compte joint sont réputés indivis par moitié, sauf preuve contraire. Rien dans le thème n'indique que ce compte aurait été alimenté exclusivement par l'un des époux. Par conséquent, le solde du compte sera tenu pour indivis par moitié entre les époux, pour sa valeur actuelle. La somme de 30 000 € devra donc être inscrite à l'actif final de chaque époux du chef de sa quote-part indivise sur le compte joint.

De plus, le solde de ce compte devra être porté à l'actif de l'indivision pour sa valeur actuelle, soit 60 000 €.

§ 3
État liquidatif

Règlement de l'indivision.

1° COMPTES D'INDIVISION :

a) Madame TOURAILLE

- Créances contre l'indivision .... Néant
- Dettes à l'égard de l'indivision .... Néant

b) Monsieur Naudin

- Créances contre l'indivision .... Néant
- Dettes à l'égard de l'indivision :
  - Acquisition des tableaux .... Néant

2° ACTIF INDIVIS :

- Appartement Plessis-Trévise .... 500 000 €
- Compte joint .... 60 000 €
- Total de l'actif .... 560 000 €

3° PASSIF INDIVIS : .... Néant

4° BALANCE ET DROITS DES PARTIES :

- Actif brut .... 560 000 €
- Passif .... 0 €
- Actif net .... 560 000 €
- Droits des parties .... 280 000 €

5° PARTAGE :

1. - Attributions à Mme TOURAILLE
   - Appartement Plessis-Trévise .... 500 000 €
   - Moitié du compte joint .... 30 000 €
   - À charge de verser une soulte à M. LURAULT .... 250 000 €
   - Total égal à ses droits .... 280 000 €
2. - Attributions à M. LURAULT
   - Moitié du compte joint .... 30 000 €
   - Soulte due par Mme TOURAILLE .... 250 000 €
   - Total égal à ses droits .... 280 000 €

Règlement de la créance de participation.

1° MONSIEUR LURAULT :

a) Patrimoine final

1. Actif final :
   - Maison de ROUEN .... 92 000 €
   - Comptes bancaires .... 3 000 €
   - Appartement sis à LA ROCHELLE .... 300 000 €
   - Mobilier .... 6 200 €
   - Véhicule automobile .... 3 800 €
   - Appartement sis à REIMS .... 350 000 €
   - Créance entre époux pour COMPIÈGNE .... 10 000 €

- Moitié appartement du PLESSIS-TRÉVISE .... 250 000 €
- Moitié du compte joint .... 30 000 €
- Total .... 1 045 000 €

2. Passif final : .... Néant

3. Actif net final :
- Actif net final .... 1 045 000 €

b) Patrimoine originaire

1. Actif originaire :
- Maison de ROUEN .... 92 000 €
- Comptes bancaires .... 100 000 €
- Appartement sis à LA ROCHELLE ... 300 000 €
- Ferme de BRETAGNE .... 175 000 €
- Total .... 667 000 €

2. Passif originaire :
- Dette de prestation compensatoire ... 50 000 €

3. Actif net originaire :
- Actif brut originaire .... 667 000 €
- Passif originaire .... 50 000 €
- Actif net originaire .... 617 000 €

c) Acquêts nets
- Actif net final .... 1 045 000 €
- Actif net originaire .... 617 000 €
- Acquêts nets .... 428 000 €

2° MADAME TOURAILLE :

a) Patrimoine final

1. Actif final :
- Ensemble immobilier de SEDAN .... 300 000 €
- Comptes bancaires .... 7 200 €
- Fonds de commerce .... 50 000 €
- Améliorations apportées à l'appartement sis à COMPIÈGNE .... 20 000 €
- Moitié de l'appartement du PLESSIS-TRÉVISE .... 250 000 €
- Moitié du compte joint .... 30 000 €
- Total .... 657 200 €

2. Passif final :
- Dette professionnelle .... 10 000 €
- Dette à l'égard de M. LURAULT pour les travaux réalisés sur l'appartement sis à COMPIÈGNE .... 10 000 €
- Total .... 20 000 €

3. Actif net final :
- Actif brut final .... 657 200 €
- Passif final .... 20 000 €
- Actif net final .... 637 200 €

b) Patrimoine originaire

1. Actif originaire :
- Terrain à bâtir sis à SEDAN .... 200 000 €
- Comptes bancaires .... 20 000 €
- Total .... 220 000 €

2. Passif originaire : .... Néant

3. Actif net originaire :
- Actif brut originaire .... 220 000 €
- Passif originaire .... Néant
- Actif net originaire .... 220 000 €

c) Acquêts nets
- Actif net final .... 637 200 €
- Actif net originaire .... 220 000 €
- Acquêts nets .... 417 200 €

Liquidation de la créance de participation.
- Acquêts nets de M. LURAULT (428 000 €) - acquêts nets de Mme TOURAILLE (417 200 €) .... 10 800 €
- Dont la moitié correspond à la créance de participation due par M. LURAULT à Mme TOURAILLE .... 5 400 €

Règlement des créances entre époux.
- Créances de Mme TOURAILLE contre M. LURAULT : .... Néant
- Créances de M. LURAULT contre Mme TOURAILLE :
  - Travaux réalisés sur l'appartement sis à COMPIÈGNE .... 10 000 €
- Balance du compte de créance entre époux :
  - Au total, le solde du compte de créances entre époux représente un excédent de créance faveur de M. TOURAILLE .... 10 000 €

Établissement du compte final.
- Au titre du partage de l'indivision, Mme TOURAILLE doit à M. LURAULT une soulte de .... 250 000 €
- Au titre de la créance de participation, M. LURAULT doit à Mme TOURAILLE .... 5 400 €
- Au titre des créances entre époux, Mme TOURAILLE doit à M. LURAULT .... 10 000 €
- Au total, Mme TOURAILLE doit à M. LURAULT .... 254 600 €

Principales abréviations utilisées

	signifie
Adde	Ajouter
AJDA	*Actualité juridique Droit administratif (Dalloz)*
AJ fam.	*Actualité juridique famille (Dalloz)*
AJ pénal	*Actualité juridique pénal (Dalloz)*
ALD	*Actualité législative Dalloz (années 1983-1995)*
API	allocation de parent isolé
art.	article
ass.	Assemblée
Ass. plén.	Cour de cassation, assemblée plénière
AN	Assemblée nationale
Bull. civ.	*Bulletin des arrêts de la Cour de cassation (chambres civiles)*
Bull. crim.	*Bulletin des arrêts de la Cour de cassation (chambre criminelle)*
BICC.	*Bulletin d'information de la Cour de cassation*
CAF	caisse d'allocations familiales
CASF	code de l'action sociale et des familles
CEDH	Cour européenne des droits de l'Homme
CNAF	Caisse nationale d'allocations familiales
ch.	chambre
chron.	chronique
Circ.	circulaire
C. civ.	code civil
C. fam.	code de la famille et de l'aide sociale
CJCE	Cour de justice des Communautés européennes
COJ	code de l'organisation judiciaire
C. pens. retr.	code des pensions civiles et militaires de retraite
C. trav.	code du travail
CGI	code général des impôts
C. pén.	code pénal
CSP	code de la santé publique
CSS	code de la sécurité sociale
comp.	comparer
concl.	Conclusion(s)
CE	Conseil d'État
CONTRA	solution contraire
Conv. EDH	Convention européenne des droits de l'Homme
Civ. 1re	Cour de cassation, première chambre civile
Civ. 2e	Cour de cassation, deuxième chambre civile
Civ. 3e	Cour de cassation, troisième chambre civile
Crim.	Cour de cassation, chambre criminelle
Ch. mixte	Cour de cassation, chambre mixte
Ch. réunies	Cour de cassation, chambres réunies
DA	Dalloz analytique
DALLOZ ACTION DR. FAM.	« Dalloz Action », *Droit de la famille*
DALLOZ ACTION DR. PATR. FAM.	« Dalloz Action », *Droit patrimonial de la famille*
DH	Dalloz hebdomadaire
DP	Dalloz périodique
D.	Dalloz-Sirey (Recueil)
Décr.	Décret
Defrénois	*Répertoire du notariat Defrénois*

doctr. Doctrine
Doc. fr. Documentation française
Dr. et patr. *Droit et patrimoine*
Dr. fam. *Droit de la famille*
Dr. pénal *Droit pénal*
Dr. soc. *Droit social*

éd. édition
esp. espèce

fasc. fascicule

GACEDH *Grands arrêts de la Cour européenne des droits de l'Homme*
GADIP *Grands arrêts de droit international privé*
GAJC *Grands arrêts de la jurisprudence civile*
Gaz. Pal. *Gazette du Palais*

IR Informations rapides
IR Impôt sur le revenu
ISF Impôt sur la fortune

Jur. jurisprudence
JAF juge aux affaires familiales
JAM juge aux affaires matrimoniales
J.-CL. CIVIL *Juris-Classeur Civil*
J.-CL. INTERNAT. *Juris-Classeur International*
J.-CL. PÉN. *Juris-Classeur Pénal*
JCP *Juris-Classeur Périodique*
JCP N *Juris-Classeur Notarial*
JDI *Journal du droit international (Clunet)*
JEX juge de l'exécution
JME juge de la mise en état
JO *Journal officiel (Lois et Décrets)*
JOAN Q *Journal officiel (réponses ministérielles à questions écrites)*
Journ. not. *Journal des notaires et des avocats*
Juris-Data *Juris-Data* (Base de données juridiques)
Jur. gén. Jurisprudence générale Dalloz

L. Loi
Lamy Lamy
Lebon Recueil des décisions du Conseil d'État
loc. cit. *loco citato*
LPA *Les Petites Affiches*

n° numéro
NOT. notamment

obs. observation
ONC ordonnance de non-conciliation
Ord. Ordonnance
OSTC ordonnance sur tentative de conciliation

p. page
PACS pacte civil de solidarité
pan. panorama
préc. précité
Procédures *Procédures*

rapp. rapport
rappr. rapprocher
RDIP *Revue de droit international privé*
RDSS *Revue de droit sanitaire et social*
Rec. CE *Recueil des décisions du Conseil d'État [Lebon]*
RÉP. CIV. DALLOZ Répertoire de droit civil de l'Encyclopédie Dalloz
RÉP. INTERNAT. DALLOZ Répertoire de droit international de l'Encyclopédie Dalloz
Rép. min. réponse ministérielle (à question écrite)
RÉP. PÉN. DALLOZ Répertoire de droit pénal de l'Encyclopédie Dalloz
req. requête
Req. Cour de cassation, chambre des requêtes
Rev. crit. DIP *Revue critique de droit international privé*
Rev. dr. européen *Revue de droit européen*
RJF *Revue de jurisprudence fiscale*
RFDA *Revue française de droit administratif*
RF aff. soc. *Revue française des affaires sociales*
RID comp. *Revue internationale de droit comparé*
RJPF Revue juridique personnes et famille
RSA revenu de solidarité active
RSC *Revue de science criminelle et de droit pénal comparé*

RLDC *Revue Lamy droit civil*
RTD civ. *Revue trimestrielle de droit civil*
RTD com. *Revue trimestrielle de droit commercial*
RTD eur. *Revue trimestrielle de droit européen*

S. *Sirey (Recueil)*
SCI société civile immobilière
Soc. Cour de cassation, chambre sociale
sol. impl. solution implicite
somm. sommaire
s. suivant(s)

t. tome
TA tribunal administratif
T. civ. tribunal civil
T. enfants tribunal pour enfants
TGI tribunal de grande instance
th. thèse
TI tribunal d'instance

V° (pluriel *V^{is}*) *Verbo* (pluriel *Verbis*)
V. voir
vol. volume

Index alphabétique thématique

• *Les chiffres renvoient aux numéros de paragraphes des développements de l'ouvrage*
• *Le signe « + » qui précède une entrée secondaire indique un renvoi à une entrée principale identique plus riche*
• *Le signe « ▶ » qui précède une entrée secondaire indique un renvoi*

A

Actif financier
+ communauté conventionnelle, 212.22
+ communauté légale, 111.31, 122.22
+ séparation de biens, 322.23

Assurance-vie
+ communauté légale, 122.25
+ récompenses (communauté légale), 112.28

B

Bien commun
+ donation, 112.27
+ patrimoine commun, 111.23 s.

Bien indivis
+ dégradation (dette d'un époux), 113.48 s.
+ détérioration (dette d'un époux), 113.48 s.
+ fruits et revenus (perception par un époux), 113.42 s.
– indemnité pour jouissance privative, 113.32 s.
– jouissance du – (dette d'un époux), 113.31

Bien meuble
+ bien propre, 111.16
+ communauté de meubles et acquêts (exclusion), 211.13

Bien propre
– bien meuble, 111.16
+ charge de la jouissance (récompenses), 112.33
+ communauté de meubles et acquêts, 211.13
– dépense d'entretien commun (récompenses), 112.33
– financement (bien propre par nature, récompenses), 112.39 s.
– frais d'acquisition (récompenses), 112.25
– fruit (récompenses), 112.31
– notion, 111.12 s.
– par dépendance à un autre bien, 111.14
– par nature, 111.13
– par origine, 111.12
– par subrogation à un autre bien, 111.15
– plus-value industrielle (récompenses), 112.39 s.
+ preuve, 111.16
+ reprises (évaluation), 121.19
– utilité de la distinction, 111.11

C

Calcul des récompenses
– absence de profit subsistant, 112.80
– choix de la méthode de calcul (nature de la dépense), 112.77
– date d'évaluation (dépense faite), 112.49
– dépense d'acquisition (cas particulier), 112.48
– dépense d'acquisition ou d'amélioration, 112.88 s.
– dépense de conservation, 112.95 s.
– dépense faite (notion), 112.47 s.
– dépense nécessaire, 112.83 s.
– dépense ordinaire, 112.78 s.
– emprunt, 112.92 s.
– exceptions, 112.82
– principe de calcul, 112.45 s.
+ profit subsistant, 112.50 s.

Cas pratique
– liquidation de la communauté de meubles et acquêts, 212.11 s.
– liquidation du régime matrimonial de la communauté légale, 122.11 s.
– liquidation du régime matrimonial de la séparation de biens, 322.11

Charges de la jouissance
– caractère absolu de la règle, 112.37
– notion, 112.34
+ récompenses (communauté légale), 112.33

Communauté conventionnelle
– déchéance, 2.08
– règles applicables, 2.06 s.
▶ Voir *Communauté de meubles et acquêts,* et *Communauté universelle*

Communauté de meubles et acquêts
– actif, 211.12
+ bien propre (exclusion), 211.13
– canevas liquidatif (élaboration), 211.11 s.
– canevas liquidatif (exposé), 212.11 s.
– cas pratique, 212.11 s.
– passif, 211.14 s.
+ récompenses, 211.19
– régime conventionnel, 21.08
– régime légal, 21.08

Communauté légale
– canevas liquidatif (élaboration), 111.11 s.
– canevas liquidatif (exposé), 121.09 s., 122.11 s.
– cas pratique, 122.11 s.
+ compte d'indivision, 113.11 s.
+ créances entre époux, 114.11 s.

+ mouvement de valeurs, 112.11 s., 113.11 s., 114.11 s.
+ patrimoine commun, 111.23 s.
+ patrimoine indivis, 111.17 s.
+ patrimoine propre, 111.11 s.
+ récompenses, 112.11 s.
+ règlement de l'indivision pré-communautaire, 121.11 s.
+ règlement de la communauté légale, 121.14 s.

Communauté universelle
- actif, 221.11 s.
- canevas liquidatif (élaboration), 221.11 s.
- canevas liquidatif (exposé), 222.11 s.
- cas pratique, 22.12 s.
- passif, 221.13 s.

Comptes d'indivision (communauté légale)
+ bien indivis (fruits et revenus par un époux), 113.42 s.
+ bien indivis (jouissance), 113.31 s.
+ créance d'indivision (règlement), 113.51 s.
- créance d'un époux, 113.11
- détérioration d'un bien indivis, 113.48 s.
- dette des époux envers l'indivision, 113.30 s.
- établissement, 113.10 s.
+ gestion d'un bien indivis, 113.24 s.
+ impenses, 113.12 s.
+ indemnité pour jouissance privative, 113.32 s.
- liquidation (compte d'indivision post-communautaire), 121.29 s.
- nature, 113.52
- preuve (droit à remboursement d'impenses), 113.13
- preuve des éléments du compte, 113.53
+ récompenses (distinction), 112.14
- solde du compte (règlement), 113.61
- utilité, 113.51

Comptes d'indivision (séparation de biens)
- actif indivis, 321.16
- balance, 321.18 s.
- bien non indivis par moitié, 321.15, 321.20
- droits des parties, 321.18 s.
- partage, 321.21
- passif indivis, 321.17
- utilité, 321.13

Compte joint
+ communauté légale, 422.22
+ participation aux acquêts, 422.22
+ séparation de biens, 311.24

Contribution aux charges du mariage
+ absence de neutralisation (dette d'indivision), 313.15
+ charges du mariage, 313.20
- dette ménagère (ou dette non-ménagère), 313.20
- durée, 313.18
- étendue, 313.21
- limites à la neutralisation, 313.17 s.
+ objet, 313.20
+ principe de neutralisation, 313.12 s.
+ récompenses (société d'acquêts), 313.16
- société d'acquêts, 313.16, 313.21

Créance d'indivision
- dette (constitution de l'indivision), 312.35
- exigibilité (séparation de biens), 312.36, 314.12
- fruits et revenus indivis (restitution), 312.33
+ impenses (séparation de biens), 312.34
+ indemnité pour jouissance privative (séparation de biens), 312.32
+ règlement, 113.51 s.
+ règlement (imputation), 314.15
+ règlement (prélèvement), 314.16, 314.17
- règlement (séparation de biens), 312.37, 314.13

Créance de participation (liquidation)
- acquêts nets, 421.22 s.
- calcul, 421.24
- liquidation autonome, 421.21
+ patrimoine originaire, 412.11 s.
+ règlement, 414.11 s.

Créance entre époux (communauté légale)
- bien acquis en indivision, 114.14
- compte final, 121.34
+ impenses, 114.15
- liquidation, 121.32 s.
- nature, 114.08
- nées après le mariage (exclusion), 114.12
- nées avant le mariage (exclusion), 114.13
- nées durant le mariage, 114.11
- notion, 114.07
+ patrimoine commun (exclusion), 111.26, 111.39
+ patrimoine indivis (futurs époux, exclusion), 111.22 ▶ V. aussi *Créance d'indivision*
+ pratique notariale, 114.27
+ règlement, 114.21 s.
+ valorisation, 114.16 s.

Créance entre époux (participation aux acquêts)
- balance des comptes, 421.26
- compte, 421.25
- évaluation des biens, 412.49
+ patrimoine final, 412.44

Créance entre époux (séparation de biens)
- exigibilité, 314.11
- intérêt, 312.14
- liquidation, 321.22 s.
- remboursement d'un prêt, 312.11 s.
- valorisation, 312.12

D

Date
- date de jouissance (distinction), 02.11 s.
- demande de report, 012.20 s.
+ participation aux acquêts, 011.12, 012.17
- pluralité 01.11.
+ point de départ, 012.23
- preuve, 012.19
+ règle générale, 011.11 s.
+ report (principe), 012.11 s.
+ report conventionnel, 012.14 s.
+ report judiciaire, 012.16

Deniers du conjoint
+ séparation de biens, 311.14

Deniers personnels
+ séparation de biens, 311.13

Dépense
+ bien propre, 112.33
+ indemnité pour jouissance privative, 113.38
+ patrimoine originaire, 412.22, 412.24
+ récompenses, 112.33, 112.35
+ valorisation des créances entre époux, 114.18

▶ Voir aussi *Calcul des récompenses, Profit subsistant*

Détérioration
+ bien indivis, 113.48 s.
+ évaluation, 113.49

Deniers
- absence, 313.28
- remise, 313.27

Dette
- à titre définitif, 111.35

- d'indivision, 111.39
- d'un seul époux, 111.36
- des deux époux, 111.37
- exclue, 11.38
+ récompenses, 112.26

Donation
+ biens communs, 112.27
+ récompenses, 122.27
▶ Voir aussi *Donation (neutralisation), Donation rémunératoire, Révocation de donation*

Donation (neutralisation)
- contentieux, 313.29
+ deniers (remise de –), 313.27 s.
- dualité du régime, 313.22
- donation pure et simple, 313.25
+ donation rémunératoire, 313.22.1 s.
- prêt, 313.26

Donation rémunératoire
- condition, 313.23
- notion, 313.22.1
- preuve, 313.24
+ séparation de biens, 312.22
▶ Voir aussi *Donation (neutralisation)*

Droit à remboursement d'impenses
- preuve, 113.13

E

Emprunt
+ calcul des récompensess, 112.92 s.
+ impenses, 113.22
- intérêt d'–, 412.39
+ passif de communauté, 111.41
+ pratique notariale, 111.41, 322.16

Enrichissement sans cause
- cumul, 312.29
- intérêt, 312.30
- valorisation, 312.28

F

Fruits et revenus indivis
- perception, 113.42 s.
- restitution, 312.33

G

Gestion d'un bien indivis
+ bien indivis (détérioration), 113.48 s.
+ bien indivis (fruits et revenus), 113.42 s.
- créance d'un époux (compte d'indivision), 113.24 s.
- droit à rémunération (principe), 113.25 s.
- gérant associé, 113.27
- gérant libéral, 113.27
- indemnité (régime), 113.25, 113.28
- indemnité des résultats de la gestion, 113.25-1
- indivisaire gérant, 113.25, 113.28
- mise en pratique (conseils de l'auteur), 113.27
- prescription (indemnité), 113.29
- produit net de la gestion, 113.26
- rémunération (calcul de la –), 113.27

H

Héritage
+ communauté conventionnelle, 212.17
+ participation aux acquêts, 422.18

I

Impenses
- amélioration, 113.15
- calcul des –, 113.14, 113.17, 113.21
- emprunt, 113.22
- équité, 113.18, 113.23
- industrie personnelle d'un époux
- jouissance privative, 113.20
- nécessaire (conservation d'un bien), 113.19 s.
- notion, 113.12
+ pratique notariale, 113.20
- preuve (droit à remboursement d'impenses), 113.13
+ séparation de biens, 312.34
- sur un bien personnel, 114.15
- utilité, 113.15

Impôt foncier
+ communauté conventionnelle, 212.20
+ communauté universelle, 222.17
+ séparation de biens, 322.18

Indemnité pour jouissance privative
- caractère gratuit, 113.34
- caractère onéreux, 113.32
+ créance d'indivision (séparation de biens), 312.32
- dépense sur le bien, 113.38
- durée de l'–, 113.39 s.
- enfant, 113.37
- évaluation, 113.35 s.
- prescription, 113.41
- quantum, 113.31, 113.36 s.

Indivision pré-communautaire
- autonomie, 111.17
- communauté des époux (distinction), 111.18
- existence, 111.17
+ pratique notariale, 112.16
+ récompenses (particularité), 112.16

Indivision présumée
+ compte joint, 311.24
- présomption d'acquêts (distinction), 311.23
+ séparation de biens, 311.23

Indivision volontaire
- acquisition à titre onéreux, 311.19
- financement à proportions différentes, 311.20
- SCI, 311.22
+ séparation de biens, 311.19
- subrogation, 311.21

J

Jouissance divise
- date de dissolution (distinction), 02.11 s.

Jouissance privative
+ indemnité pour –, 113.32 s.
- notion, 113.33

L

Liquidation
- communauté conventionnelle, 21.08 s.
+ communauté de meubles et acquêts, 211.11 s.
+ communauté légale, 111.11 s.
+ communauté universelle, 221.11 s.
+ participation aux acquêts, 41.08 s., 411.11 s.
+ séparation de biens, 311.11 s.

M

Masse indivise
- composition active, 111.20
- composition passive, 111.21

Mouvement de valeurs (communauté légale)
+ compte d'indivision, 113.11 s.
- communauté / patrimoine propre, 112.11 s.
+ créances entre époux, 114.11 s.
- entre deux patrimoines propres, 114.11 s.
- indivision / patrimoine personnel, 113.11 s.
+ récompenses, 112.11 s.

Mouvement de valeurs (séparation de biens)
+ contribution aux charges du mariage, 313.11 s.
+ créance d'indivision, 312.31
+ créance entre époux, 312.11 s.

+ donation rémunératoire, 313.22.1
+ enrichissement sans cause, 312.27 s.
– neutralisation, 313.11 s.
– recensement, 312.11 s.
+ récompenses, 312.38
+ règlement des créances, 314.11 s.
+ remboursement d'un prêt, 312.11 s.
+ responsabilité civile, 312.24 s.
+ révocation d'une donation, 312.15 s.

N

Neutralisation (donation)
▶ Voir *Donation (neutralisation)*

Neutralisation (obligation contributive)
▶ Voir *Contribution aux charges du mariage*

O

Obligation contributive
▶ Voir *Contribution aux charges du mariage*

P

Partage amiable
– indemnité d'occupation, 113.41
+ règlement des comptes d'indivision, 321.19, 421.20
+ règlement des récompenses, 121.25

Participation aux acquêts
– acquêts nets, 412.56 s.
– actif indivis, 421.15
– balance, 421.17
– biens indivis par moitié, 421.18
– biens non indivis par moitié, 421.19
– canevas liquidatif (exposé), 412.11 s., 412.12 s.
– cas pratique, 422.11 s.
– compensation, 412.57
– compte d'indivision, 421.13 s.
– compte final, 421.27 s.
– comptes annexes, 413.11 s.
+ créance de participation, 411.06, 412.11
+ créance de participation (liquidation), 421.25 s.
+ date de dissolution, 011.12, 012.17
– droits des parties, 421.17 s.
– liquidation de l'indivision, 411.11 s.
– passif indivis, 421.16
+ règlement de la créance de participation, 414.11 s.
+ règlement de l'indivision, 421.11 s.
– régime (particularité), 41.08

Passif de la communauté
+ créance entre époux, 111.39
– détermination, 111.34 s.
+ dette, 111.35 s.
– dette d'indivision, 111.39
+ emprunt, 111.41
– évaluation, 111.40 s.
+ pratique notariale, 11.35, 121.25, 121.29
– recensement, 111.33 s.

Patrimoine commun
– actif commun (date), 111.27
– actif commun (détermination), 114.25
– actif de la communauté (évaluation), 111.28
– actifs financiers, 111.31
– créances d'indivision (exclusion), 111.26
+ créances entre époux (exclusion), 111.26
– date distincte (évaluation), 111.30
– disparition d'un bien, 111.32
– jouissance divise, 111.28, 111.40
+ passif de la communauté, 111.33 s.
– recensement, 111.24 s.

Patrimoine final (participation aux acquêts)
– actif final (évaluation), 412.47 s.
– actif final, 412.42 s.
– amélioration, 412.51
– bien existant (évaluation), 412.48
– bien existant (notion), 412.42
– compte final, 412.55
+ créance entre époux, 412.44, 412.49
– éléments réunis fictivement (évaluation), 412.50 s.
– éléments réunis fictivement (notion), 412.45 s.
– passif final, 412.52 s.
– passif final (évaluation), 412.54 s.
+ preuve, 412.46
+ preuve (passif final), 412.53

Patrimoine indivis
+ créance entre futurs époux (exclusion), 111.22
– dette indivise, 311.26
– divorce, 111.19
+ indivision pré-communautaire, 111.17
– liquidation (nécessaire), 111.19
+ masse indivise, 111.20 s.
+ séparation de biens, 311.16 s.

Patrimoine propre
+ bien propre (notion), 111.12 s.
+ bien propre (utilité de la distinction), 111.11
+ recensement, 111.11 s.
+ séparation de biens, 311.11 s.

Patrimoine originaire (participation aux acquêts)
– actif originaire, 412.12 s.
– actif originaire (évaluation), 412.17
– aliénation, 412.27
– amélioration (deniers originaires), 412.23
– bien consomptible, 412.29
– bien exclu, 412.14
– bien subrogé, 412.13
– compte originaire (établissement), 412.40
– dépense d'entretien, 412.24
– dépense de conservation, 412.22
– dépense nécessaire, 412.22
– dette exclue, 412.34
– dette personnelle, 412.33
– dette présente et future, 412.31
– dette originaire, 412.32
– évaluation (passif originaire), 412.36 s.
– intérêt d'emprunt, 412.39
– moins-value économique, 412.20
– passif originaire, 412.31 s.
– perte fortuite, 412.28
– plus-value économique, 412.19
– plus-value industrielle, 412.25
+ preuve, 412.15 s.
+ preuve (passif originaire), 412.35
– subrogation, 412.30

Pratique notariale
– actif financier, 111.31, 122.22, 212.22
+ coût global d'acquisition (notion), 112.63 s.
+ créance d'indivision (séparation de biens), 314.19
+ créance entre époux (règlement), 114.27
+ emprunt, 114.41, 322.16
+ impenses, 113.20
+ indivision pré-communautaire, 112.16
+ méthode de l'imputation, 112.103, 314.15
+ méthode du prélèvement, 112.104, 112.109, 314.19
– neutralisation, 313.11 s.
+ partage amiable, 121.25, 321.19, 421.20
+ passif (détermination), 111.35, 121.25, 121.29

Prescription
+ bien indivis (perception des fruits et revenus), 113.45
- indemnité de l'indivisaire gérant, 113.29
+ indemnité pour jouissance privative, 113.41
+ règlement des créances d'indivision (suspension), 113.59
+ règlement des récompenses (communauté légale), 112.100

Preuve
+ bien propre, 111.16
+ compte d'indivision, 113.13, 113.53
+ donation, 313.24
+ droit à remboursement d'impenses, 113.13
+ impenses, 113.13
+ patrimoine final, 412.46, 412.53
+ patrimoine originaire, 412.15, 412.35
+ récompenses, 112.21, 112.43 s.
+ règlement des créances d'indivision, 113.53

Profit subsistant
- absence de –, 112.80
- accession à la propriété, 112.57
- acquisition à titre gratuit, 112.67
- aliénation ultérieure, 112.71
- biens indivis (accroissement de –), 112.69
- cascade d'acquisitions, 112.76
- choix du calcul (nature de la dépense), 112.77 s.
- coût global d'acquisition, 112.63 s.
- date d'évaluation, 112.51
- dépense d'acquisition, 112.59 s., 112.88 s.
- dépense d'amélioration, 112.89 s.
- dépense de conservation, 112.58, 112.95 s.
- dépense nécessaire, 112.83 s.
- dépense unique, 112.57
- investissement partiel, 112.61
- investissement total, 112.60
- modification ultérieure, 112.62
- notion, 112.50
- pluralité de dépenses, 112.56
- règle de trois, 112.59
- subrogation, 112.72 s.
- travaux (dépense), 112.53 s.
- valeurs mobilières (accroissement de –), 112.70

R

Rapport en moins prenant
▶ Voir *Principe du rapport en moins prenant*

Recensement
+ bien propre, 111.11 s.
- passif de communauté, 111.33 s.

Récompenses (communauté légale)
+ assurance-vie, 112.28
+ bien propre (frais d'acquisition), 112.25
+ bien propre (fruit), 112.31
+ bien propre par nature (financement), 112.39 s.
+ calcul, 112.45
- caractère supplétif, 112.17
+ charge de la jouissance (bien propre), 112.33 s.
- clientèle civile, 112.41
+ communauté de meubles et acquêts, 211.19
+ compte d'indivision (distinction), 112.14
- contribution aux charges du mariage, 112.22
- dépense d'entretien, 112.35
+ dépense d'entretien commun (bien propre), 112.33
- dépense de menu entretien, 112.36
+ dette personnelle, 112.26
- domaine d'application, 112.13
+ donation de biens communs, 112.27
- droit à récompenses (exclusion), 112.32 s.
- dues à la communauté, 112.23 s.
- dues par la communauté, 112.19 s.
+ indivision pré-communautaire (particularité), 112.16
- localisation, 112.19 s.
- masse commune (distinction), 112.15
- objet, 112.11
- patrimoine d'un tiers (distinction), 112.15
- plus-value industrielle (bien propre), 112.39 s.
- prescription (fruit d'un bien propre), 112.31
- preuve, 112.21, 112.43 s.
+ règlement, 112.98
+ règlement (imputation), 111.25, 112.103, 112.104
+ règlement (prélèvement), 112.104, 112.105
+ règlement de la communauté légale, 121.20 s.
+ rente viagère, 112.29
+ retraite sans réversion, 112.30
- travaux d'amélioration (financement), 112.25
- travaux de conservation (financement), 112.25
- travaux nécessaires (financement), 112.25

Régimes conventionnels
+ communauté de meubles et acquêts, 21.08
+ communauté universelle, 221.11 s.

Régime légal
+ communauté de meubles et acquêts, 21.08

Règlement de l'indivision pré-communautaire
- règlement distinct (nécessité), 121.11
- schéma liquidatif, 121.12

Règlement de l'indivision (participation aux acquêts)
- reprises (absence de –), 421.12

Règlement de l'indivision (séparation de biens)
+ pratique notariale, 321.14, 421.14
- reprises (absence de –), 321.12

Règlement de la communauté légale
- actif de communauté, 121.22
- balance, 121.24
- cas pratique, 122.11 s.
- compte final, 121.34
- convention d'indivision, 121.26, 121.28
- droits des parties, 121.24 s.
+ liquidation des créances entre époux, 121.32 s.
- liquidation des comptes d'indivision post-communautaire, 121.29 s.
- opérations (chronologie), 121.15
- partage, 121.26, 121.27
- passif de communauté, 121.23
+ récompenses, 121.20
+ reprises, 121.16

Règlement de la créance de participation
- bien existant (insuffisance), 414.13
- créance (garantie), 414.12
- dette concernée, 414.06
- règlement en argent (application pratique), 414.11 s.
- règlement en argent (hypothèses), 414.15 s.
- règlement en argent (principe), 414.11 s.
- règlement en nature, 414.16

Règlement de la société d'acquêts
- règles applicables, 321.22

Règlement des créances d'indivision
- éléments du compte (perte d'identité), 113.57
- éléments du compte (preuve), 113.53
- entrée en compte, 113.54 s.
- intérêts, 113.60
+ prescription (suspension), 113.59
+ règlement (imputation), 314.15
+ règlement (prélèvement), 314.16, 314.17
- report de l'exigibilité, 113.58

Règlement des créances entre époux
- absence de compte, 114.21
- caractère supplétif, 114.23
+ créance d'indivision (séparation de biens), 314.12
+ créance entre époux (séparation de biens), 314.11
- créance entre ex-époux, 114.22
- créance entre futurs époux, 114.22
- date d'exigibilité, 114.24
- intérêt, 114.25
- modalités de paiement, 114.26
- pratique notariale, 114.24
+ récompenses (séparation de biens), 314.20

Règlement des récompenses (communauté légale)
- établissement des comptes, 112.98
- indisponibilité, 112.100
- intérêt, 112.99
- mode de paiement, 112.101
+ prescription, 112.100
- principe du rapport en moins prenant, 112.102 s.
- solde en faveur d'un époux, 112.107 s.
- solde en faveur de la communauté, 112.102 s.

Rente viagère
+ récompenses (communauté légale), 112.29
+ recouvrement de la créance en participation, 414.13

Reprises
- absence de – (séparation de biens), 321.12
+ bien propre (évaluation), 121.19
- dette (exclusion), 121.18
- reconstitution des patrimoines, 121.16
+ règlement de la communauté légale, 121.16

Responsabilité civile
- gestion des biens personnels par l'autre époux, 312.25
- opération d'aliénation ou d'encaissement, 312.26

Revenus des époux
+ indivision pré-communautaire, 112.16
+ séparation de biens, 311.12
+ société d'acquêts, 313.16
- sort, 311.28

Révocation d'une donation
- domaine, 312.16
- intérêt, 312.23
- valorisation, 312.17 s.

S

Séparation de biens
- acquisition (deniers du conjoint), 311.14
- acquisition (deniers personnels), 311.13
- actif, 311.19 s.
- bien personnel (exclusion), 311.15
- canevas liquidatif (élaboration), 311.11 s.
- canevas liquidatif (exposé), 321.11 s., 322.11 s.
+ cas pratique, 322.11 s.
- compte final, 321.24
+ contribution aux charges du mariage, 313.11
+ créance d'indivision, 314.12
+ créance entre époux, 314.11
- date de règlement de l'indivision, 311.18
- dette indivise, 311.26
+ donation rémunératoire, 313.22.1
+ indivision présumée, 311.23
+ indivision volontaire, 311.19
+ liquidation des créances entre époux, 321.22
+ liquidation du régime matrimonial, 311.11 s.
+ mouvement de valeurs (neutralisation), 313.11 s.
+ mouvement de valeurs (recensement), 312.11 s.
+ mouvement de valeurs (règlement des créances), 314.11 s.
- passif, 311.25 s.
- patrimoine (identification), 311.11 s.
- patrimoine (indépendance), 311.11
- patrimoine de la société d'acquêts, 311.27 s.
+ patrimoine indivis, 311.16 s.
- patrimoine personnel, 311.11 s.
+ pratique notariale, 314.19
+ récompenses, 314.20
+ règlement de l'indivision, 321.11 s.
+ règlement de la société d'acquêts, 321.22
- revenus des époux, 311.12

Société d'acquêts
- composition, 311.27 s.
+ revenus des époux, 313.16

V

Valorisation des créances entre époux
- dépense ordinaire, 114.18
- dette de valeur, 114.16
+ profit subsistant, 114.16
- règlement anticipé, 114.19
- règles applicables (caractère supplétif), 114.20

Photocomposition : **SCM**, Toulouse

708923 - (II) - (1,2) - OSB - A - 70 g - SCM - HCH
Achevé d'imprimer sur les presses de l'Imprimerie CHIRAT
42540 Saint-Just-la-Pendue
Dépôt légal février 2011 - N° 201111.0096
Réimpression en novembre 2011

Imprimé en France